中國國家圖書館編

國家圖書館藏敦煌遺書

第五十一册　北敦〇三六六〇號——北敦〇三七一七號

北京圖書館出版社

圖書在版編目(CIP)數據

國家圖書館藏敦煌遺書·第五十一册/中國國家圖書館編;任繼愈主編. —北京:北京圖書館出版社,2007.1

ISBN 978-7-5013-3203-8

Ⅰ.國… Ⅱ.①中…②任… Ⅲ.敦煌學—文獻 Ⅳ.K870.6

中國版本圖書館 CIP 數據核字(2007)第 008301 號

書　　名　國家圖書館藏敦煌遺書·第五十一册
著　　者　中國國家圖書館編　任繼愈主編
責任編輯　徐　蜀　孫　彦
封面設計　李　璀

出　　版　北京圖書館出版社　(100034　北京西城區文津街 7 號)
發　　行　010-66139745　66151313　66175620　66126153
66174391(傳真)　66126156(門市部)
E-mail　cbs@nlc.gov.cn(投稿)　btsfxb@nlc.gov.cn(郵購)
Website　www.nlcpress.com
經　　銷　新華書店
印　　刷　北京文津閣印務有限責任公司

開　　本　八開
印　　張　55.25
版　　次　2007 年 3 月第 1 版第 1 次印刷
印　　數　1-250 册(套)

書　　號　ISBN 978-7-5013-3203-8/K·1430
定　　價　990.00 圓

目錄

北敦〇三六六〇號　大般若波羅蜜多經卷三五九……一
北敦〇三六六一號　大般若波羅蜜多經卷一九八……二
北敦〇三六六二號　大寶積經卷四〇……一二
北敦〇三六六三號　維摩詰所説經卷中……一三
北敦〇三六六四號　金光明最勝王經卷一……二五
北敦〇三六六五號　大般涅槃經（北本）卷四〇……三四
北敦〇三六六六號　維摩詰所説經卷下……四二
北敦〇三六六七號　四分律（兑廢稿）卷六……五二
北敦〇三六六八號　思益梵天所問經（異卷）卷二……五三
北敦〇三六六九號一　金光明經懺悔滅罪傳……五六
北敦〇三六六九號二　金光明經卷一……五八
北敦〇三六七〇號　大乘稻竿經……六七
北敦〇三六七一號　大方廣佛華嚴經（唐譯八十卷本）卷六〇……七一

北敦〇三六七二號　十誦律（兌廢稿）卷八……七四
北敦〇三六七三號　妙法蓮華經卷三……七六
北敦〇三六七四號　妙法蓮華經卷六……七八
北敦〇三六七五號　四分律（兌廢稿）卷三一……七九
北敦〇三六七六號　妙法蓮華經卷四……八〇
北敦〇三六七七號　四分律（兌廢稿）卷三一……八五
北敦〇三六七八號　十輪經卷七……八六
北敦〇三六七九號　佛名經（十六卷本）卷六……九四
北敦〇三六八〇號　佛名經（十六卷本）卷一〇……一一〇
北敦〇三六八一號　妙法蓮華經卷三……一二八
北敦〇三六八二號　維摩詰所說經卷上……一四二
北敦〇三六八三號　維摩詰所說經卷上……一四七
北敦〇三六八四號　佛名經（十六卷本）卷一……一五六
北敦〇三六八五號　大般涅槃經（北本）卷三六……一八〇
北敦〇三六八六號一　金藏論卷五……一九二
北敦〇三六八六號二　金藏論卷六……二〇九
北敦〇三六八六號背　維摩經疏（擬）……二一〇
北敦〇三六八七號　佛名經（十六卷本）卷三……二一七
北敦〇三六八八號　佛名經（十六卷本）卷三……二二五
北敦〇三六八九號　妙法蓮華經卷五……二三二

北敦〇三六九〇號　妙法蓮華經卷六……二四四
北敦〇三六九一號　維摩詰所說經卷中……二四九
北敦〇三六九二號　金光明最勝王經卷七……二六〇
北敦〇三六九三號　無量壽宗要經……二七一
北敦〇三六九四號　大方廣佛華嚴經（唐譯八十卷本）卷七二……二七三
北敦〇三六九五號　金剛般若波羅蜜經……二七四
北敦〇三六九六號　妙法蓮華經卷四……二七五
北敦〇三六九七號　大方廣佛華嚴經（唐譯八十卷本）卷七二……二九一
北敦〇三六九八號　大方廣佛華嚴經（唐譯八十卷本）卷五六……二九二
北敦〇三六九九號　金光明最勝王經卷九……二九二
北敦〇三六九九號背　布曆（擬）……二九五
北敦〇三七〇〇號　金光明最勝王經卷一〇……二九六
北敦〇三七〇一號　妙法蓮華經卷五……三〇一
北敦〇三七〇二號　金剛般若波羅蜜經……三〇二
北敦〇三七〇三號　妙法蓮華經卷五……三〇九
北敦〇三七〇四號　金剛般若波羅蜜經……三一一
北敦〇三七〇五號　金光明最勝王經卷六……三一五
北敦〇三七〇六號　大般若波羅蜜多經卷五四……三一九
北敦〇三七〇七號　大方便佛報恩經卷五……三三〇
北敦〇三七〇八號　妙法蓮華經卷七……三三七

北敦〇三七〇九號　式叉尼六法文並沙彌十戒及八敬等法……三四二
北敦〇三七一〇號　維摩詰所説經卷下……三四四
北敦〇三七一一號　金剛般若波羅蜜經……三五四
北敦〇三七一二號　長者女庵提遮師子吼了義經……三六二
北敦〇三七一三號一　佛頂尊勝陀羅尼經（佛陀波利本）序……三六五
北敦〇三七一三號二　佛頂尊勝陀羅尼經（佛陀波利本）……三六六
北敦〇三七一四號　大般涅槃經（北本　異卷）卷九……三七一
北敦〇三七一五號　提謂五戒經並威儀卷下……三八二
北敦〇三七一六號　淨名經集解關中疏……三九三
北敦〇三七一七號　十誦比丘尼羯磨（擬）……四一五
著録凡例……一
條記目録……三
新舊編號對照表……一七

果…道聖諦亦隨證得四靜
慮四無量四無色定亦隨證得八解脫八勝
處九次第定遍處亦隨證得四念住四正
斷四神足五根五力七等覺支八聖道支亦
隨證得空無相無願解脫門亦隨證得五眼
六神通亦隨證得佛十力四無所畏四無礙
解大慈大悲大喜大捨十八佛不共法亦隨
證得無忘失法恒住捨性亦隨證得一切智
道相智一切相智亦隨證得一切陁羅尼門
一切三摩地門善現若菩薩摩訶薩如如依
此甚深般若波羅蜜多所說而學是菩薩摩訶
薩如是如是轉近所求一切智智善現若
菩薩摩訶薩如此般若波羅蜜多所說而學
是菩薩摩訶薩所有魔事隨起即滅是故善
現若菩薩摩訶薩欲疾滅除一切業障應正
攝受方便善巧當學般若波羅蜜多
復次善現若時菩薩摩訶薩行是般若波羅
蜜多脩是般若波羅蜜多習是般若波羅蜜
多是時菩薩摩訶薩便為十方無量無數無
邊世界一切如來應正等覺現在住持說正

BD03660號　大般若波羅蜜多經卷三五九　（3–1）

…摩訶薩所有魔事隨起即滅是故善
現若菩薩摩訶薩欲疾滅除一切業障應正
攝受方便善巧當學般若波羅蜜多
復次善現若時菩薩摩訶薩行是般若波羅
蜜多脩是般若波羅蜜多習是般若波羅蜜
多是時菩薩摩訶薩便為十方無量無數無
邊世界一切如來應正等覺現在住持說正
法者皆共護念所以者何過去未來現在諸
佛無不皆從如是般若波羅蜜多而出生故
是故善現若菩薩摩訶薩能行般若波羅蜜
多應作是念過去未來現在諸佛所證得法
我亦當得如是善現諸菩薩摩訶薩應勤脩
學如是般若波羅蜜多若勤脩學如是般若
波羅蜜多是菩薩摩訶薩疾證無上正等菩
提是故善現諸菩薩摩訶薩常應不離一切
智智相應作意脩行般若波羅蜜多
復次善現若菩薩摩訶薩於此般若波羅蜜
多如實脩行經彈指頃是菩薩摩訶薩所獲
福聚其量甚多假使有人教化三千大千世
界諸有情類皆令安住布施淨戒安忍精進
靜慮般若或令安住解脫及解脫智見或令
安住預流一來不還阿羅漢果或令安住獨
覺菩提人雖獲無量福聚而猶不及彼善
薩摩訶薩於此般若波羅蜜多如實脩行經
彈指頃何以故善現如是般若波羅蜜多能
生一切布施淨戒安忍精進靜慮般若能生
一切解脫及解脫智見能生預流一來不還
阿羅漢果能生獨覺菩提能生無上正等菩
提現在十方無量無數無邊世界一切如來

BD03660號　大般若波羅蜜多經卷三五九　（3–2）

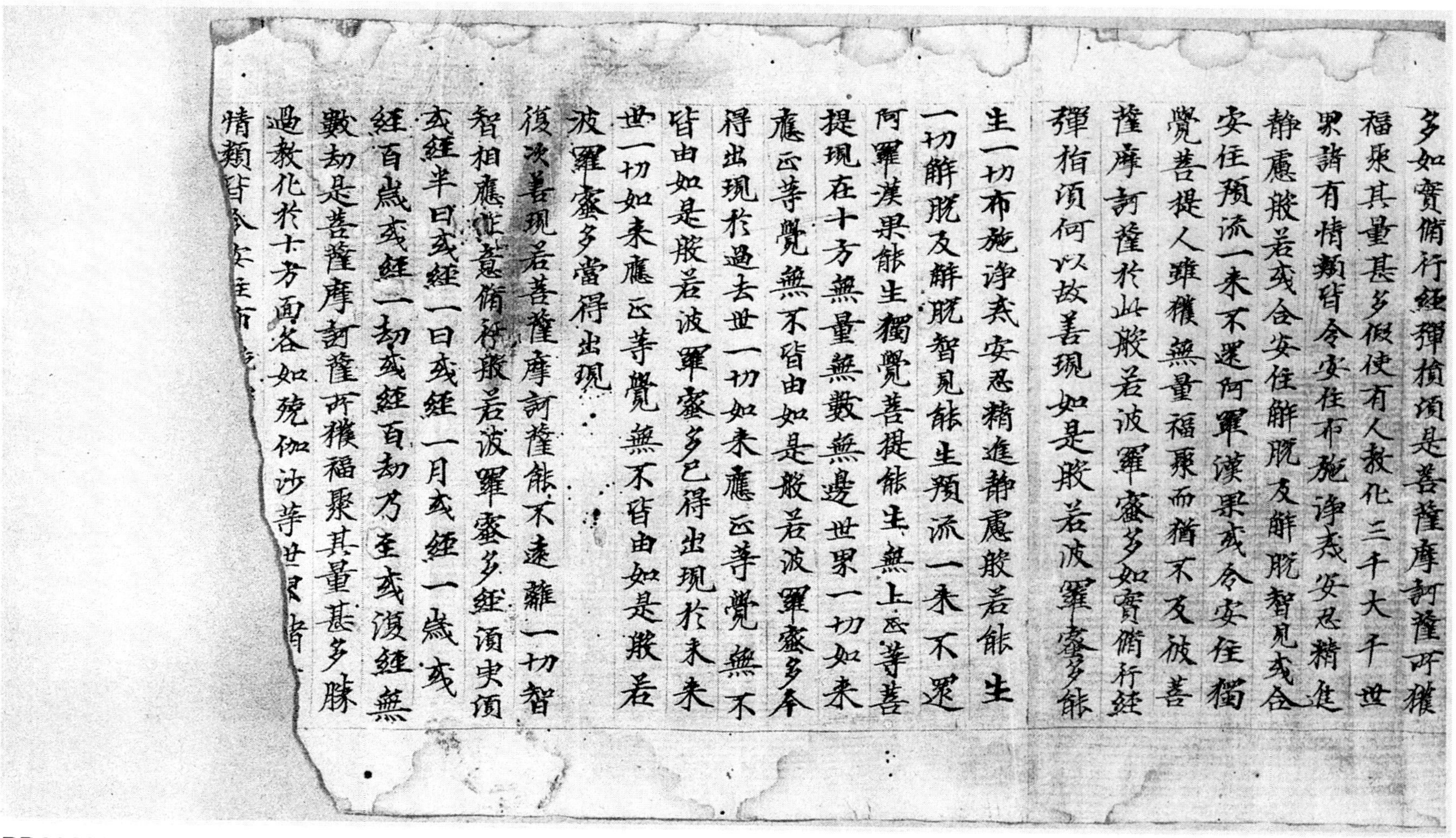
多如實脩行經彈指頃是菩薩摩訶薩所獲
福聚其量甚多假使有人教化三千大千世
界諸有情類皆令安住布施淨戒安忍精進
靜慮般若或令安住解脫及解脫智見或令
安住預流一來不還阿羅漢果或令安住獨
覺菩提人雖獲無量福聚而猶不及彼菩
薩摩訶薩於此般若波羅蜜多如實脩行經
彈指頃何以故善現如是般若波羅蜜多能
生一切布施淨戒安忍精進靜慮般若能生
一切解脫及解脫智見能生預流一來不還
阿羅漢果能生獨覺菩提能生無上正等菩
提現在十方無量無數無邊世界一切如來
應正等覺無不皆由如是般若波羅蜜多今
得出現於過去世一切如來應正等覺無不
皆由如是般若波羅蜜多已得出現於未來
世一切如來應正等覺無不皆由如是般若
波羅蜜多當得出現
復次善現若菩薩摩訶薩能不遠離一切智
智相應作意脩行般若波羅蜜多經須臾頃
或經半日或經一日或經一月或經一歲或
經百歲或經一劫或經百劫乃至或復經無
數劫是菩薩摩訶薩所獲福聚其量甚多勝
過教化於十方面各如殑伽沙等世界諸
情類皆令安住布

BD03660號　大般若波羅蜜多經卷三五九

（3–3）

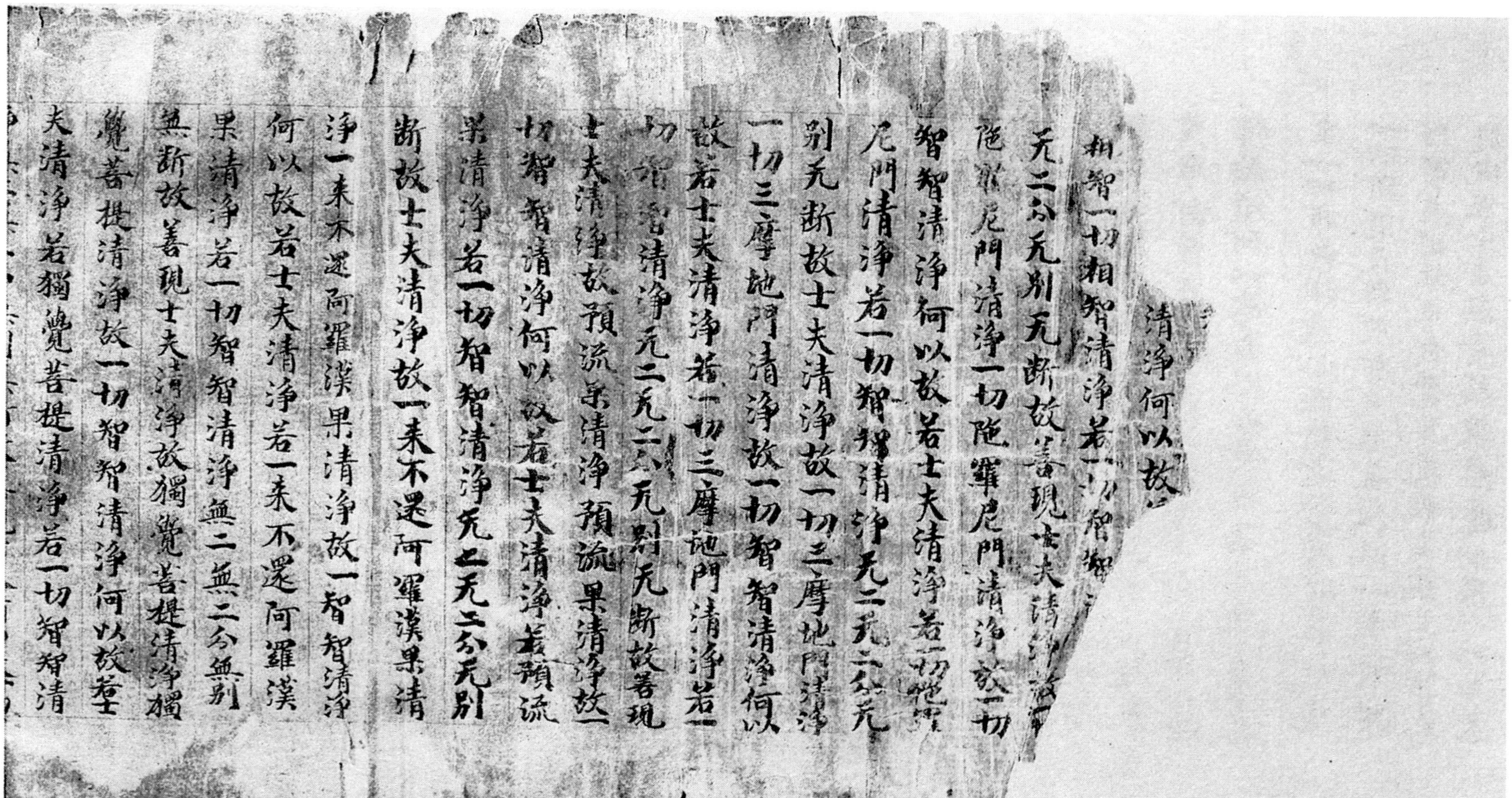
清淨何以故
相智一切相智清淨若一切智智
无二分无別无斷故善現士夫清淨
陁羅尼門清淨一切陁羅尼門清淨故一切
智智清淨何以故若士夫清淨若一切陁羅
尼門清淨若一切智智清淨无二无二分无
別无斷故士夫清淨故一切三摩地門清淨
一切三摩地門清淨故一切智智清淨何以
故若士夫清淨若一切三摩地門清淨若一
切智智清淨无二无二分无別无斷故善現
士夫清淨故預流果清淨預流果清淨故一
切智智清淨何以故若士夫清淨若預流
果清淨若一切智智清淨无二无二分无別
斷故士夫清淨故一來不還阿羅漢果清
淨一來不還阿羅漢果清淨故一切智智清淨
何以故若士夫清淨若一來不還阿羅漢
果清淨若一切智智清淨無二無二分無別
無斷故善現士夫清淨故獨覺菩提清淨獨
覺菩提清淨故一切智智清淨何以故若士
夫清淨若獨覺菩提清淨若一切智智清

BD03661號　大般若波羅蜜多經卷一九八

（19–1）

淨一來不還阿羅漢果清淨故一智智清淨
何以故若士夫清淨若一來不還阿羅漢
果清淨若一切智智清淨無二無二分無別
無斷故善現士夫清淨故獨覺菩提清淨獨
覺菩提清淨故一切智智清淨何以故若士
夫清淨若獨覺菩提清淨若一切智智清
淨無二無二分無別無斷故善現士夫清淨故一切
菩薩摩訶薩行清淨一切菩薩摩訶薩行
清淨一切智智清淨何以故若士夫清淨若一
切菩薩摩訶薩行清淨若一切智智清淨無
二無二分無別無斷故善現士夫清淨故諸
佛無上正等菩提清淨諸佛無上正等菩
提清淨故一切智智清淨何以故若士夫清淨
若諸佛無上正等菩提清淨若一切智智淨
淨無二無分無別無斷故
復次善現補特伽羅清淨故色清淨色清
淨故一切智智清淨何以故若補特伽羅清淨
若色清淨若一切智智清淨無二無二分無
別無斷故補特伽羅清淨故受想行識清淨
受想行識清淨故一切智智清淨何以故若
補特伽羅清淨若受想行識清淨若一切智
智清淨無二無二分無別無斷故善現補特
伽羅清淨故眼處清淨眼處清淨故一切智
智清淨何以故若補特伽羅清淨若眼處
清淨若一切智智清淨無二無二分無別無
斷故補特伽羅清淨故耳鼻舌身意處清

[illegible]
伽羅清淨故眼處清淨眼處清淨故一切智
智清淨何以故若補特伽羅清淨若眼處
清淨若一切智智清淨無二無二分無別無
斷故補特伽羅清淨故耳鼻舌身意處清
淨耳鼻舌身意處清淨故一切智智清淨
何以故若補特伽羅清淨若耳鼻舌身意處
清淨若一切智智清淨無二無二分無別無斷
故善現補特伽羅清淨故色處清淨色處清
清故一切智智清淨何以故若補特伽羅清淨
若色處清淨若一切智智清淨無二無二分
無別無斷故補特伽羅清淨故聲香味觸
法處清淨聲香味觸法處清淨故一切智智
清淨何以故若補特伽羅清淨若聲香味觸
法處清淨若一切智智清淨無二無二分無別
無斷故善現補特伽羅清淨故眼界清淨
眼界清淨故一切智智清淨何以故若補特伽
羅清淨若眼界清淨若一切智智清清無二
無二分無別無斷故補特伽羅清淨故色界
眼識界及眼觸眼觸為緣所生諸受清淨色
界乃至眼觸為緣所生諸受清淨故一切智
智清淨何以故若補特伽羅清淨若色界乃
至眼觸為緣所生諸受清淨若一切智智清
淨無二無二分無別無斷故善現補特伽羅
清淨故耳界清淨耳界清淨故一切智智清
淨何以故若補特伽羅清淨若耳界清淨

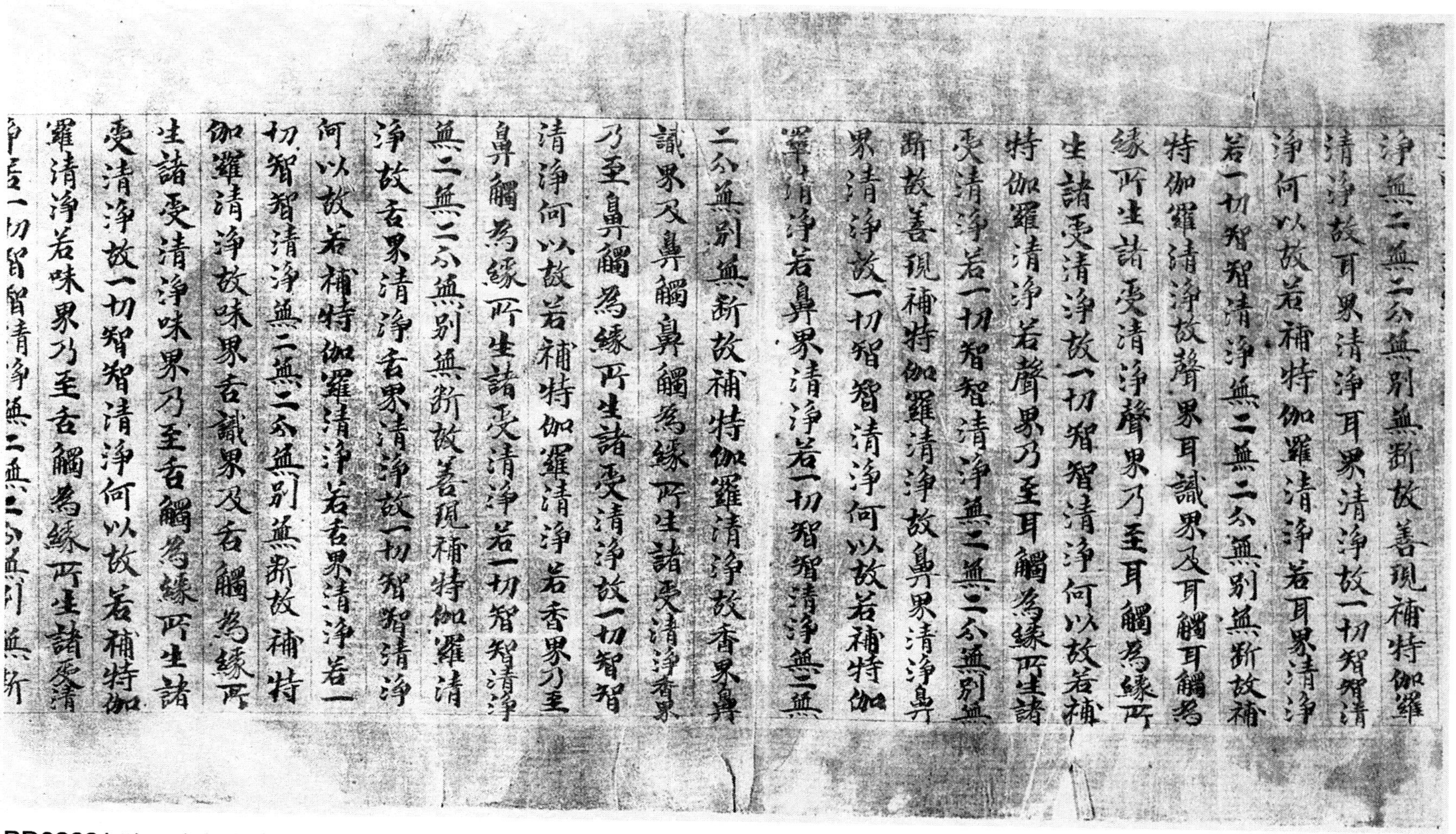
淨無二無二分無別無斷故善現補特伽羅
清淨故耳界清淨耳界清淨故一切智智清
淨何以故若補特伽羅清淨若耳界清淨
若一切智智清淨無二無二分無別無斷故補
特伽羅清淨故聲界耳識界及耳觸耳觸爲
緣所生諸受清淨聲界乃至耳觸爲緣所
生諸受清淨故一切智智清淨何以故若補
特伽羅清淨若聲界乃至耳觸爲緣所生諸
受清淨若一切智智清淨無二無二分無別無
斷故善現補特伽羅清淨故鼻界清淨鼻
界清淨故一切智智清淨何以故若補特伽
羅清淨若鼻界清淨若一切智智清淨無二無
二分無別無斷故補特伽羅清淨故香界鼻
識界及鼻觸鼻觸爲緣所生諸受清淨香界
乃至鼻觸爲緣所生諸受清淨故一切智智
清淨何以故若補特伽羅清淨若香界乃至
鼻觸爲緣所生諸受清淨若一切智智清淨
無二無二分無別無斷故善現補特伽羅清
淨故舌界清淨舌界清淨故一切智智清淨
何以故若補特伽羅清淨若舌界清淨若一
切智智清淨無二無二分無別無斷故補特
伽羅清淨故味界舌識界及舌觸舌觸爲緣所
生諸受清淨味界乃至舌觸爲緣所生諸
受清淨故一切智智清淨何以故若補特伽
羅清淨若味界乃至舌觸爲緣所生諸受清
淨若一切智智清淨無二無二分無別無斷

BD03661 號　大般若波羅蜜多經卷一九八

（19–4）

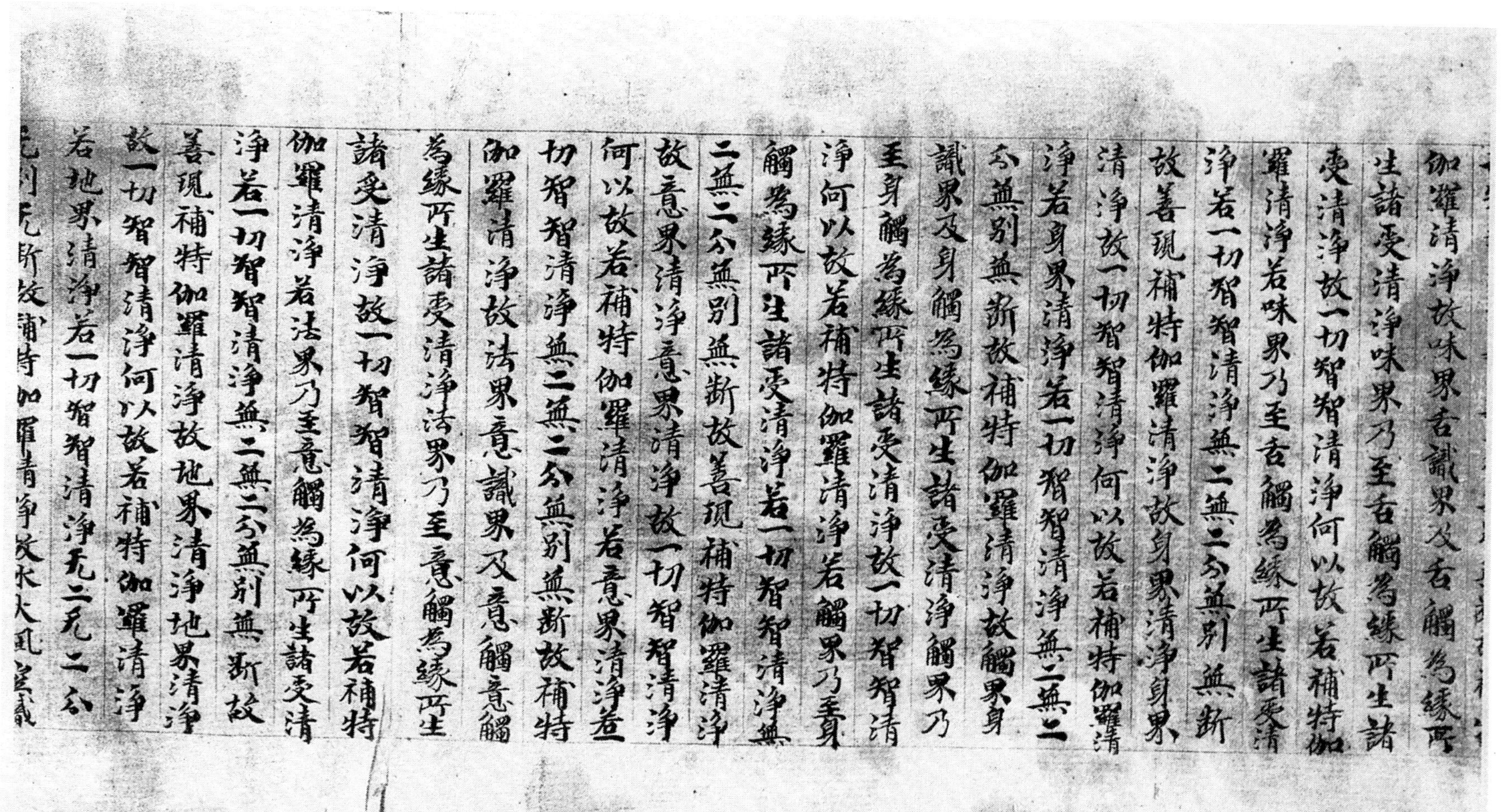
伽羅清淨故味界舌識界及舌觸舌觸爲緣所
生諸受清淨味界乃至舌觸爲緣所生諸
受清淨故一切智智清淨何以故若補特伽
羅清淨若味界乃至舌觸爲緣所生諸受清
淨若一切智智清淨無二無二分無別無斷
故善現補特伽羅清淨故身界清淨身界
清淨故一切智智清淨何以故若補特伽羅清
淨若身界清淨若一切智智清淨無二無二
分無別無斷故補特伽羅清淨故觸界身
識界及身觸身觸爲緣所生諸受清淨觸界乃
至身觸爲緣所生諸受清淨故一切智智清
淨何以故若補特伽羅清淨若觸界乃至身
觸爲緣所生諸受清淨若一切智智清淨無
二無二分無別無斷故善現補特伽羅清淨
故意界清淨意界清淨故一切智智清淨
何以故若補特伽羅清淨若意界清淨若
一切智智清淨無二無二分無別無斷故補特
伽羅清淨故法界意識界及意觸意觸
爲緣所生諸受清淨法界乃至意觸爲緣所生
諸受清淨故一切智智清淨何以故若補特
伽羅清淨若法界乃至意觸爲緣所生諸受清
淨若一切智智清淨無二無二分無別無斷故
善現補特伽羅清淨故地界清淨地界清淨
故一切智智清淨何以故若補特伽羅清淨
若地界清淨若一切智智清淨無二無二分
無別無斷故補特伽羅清淨故水火風空識

BD03661 號　大般若波羅蜜多經卷一九八

（19–5）

善現補特伽羅清淨故地界清淨地界清淨
故一切智智清淨何以故若補特伽羅清淨
若地界清淨若一切智智清淨无二无二分
无別无斷故補特伽羅清淨故水火風空識
界清淨水火風空識界清淨故一切智智清
淨何以故若補特伽羅清淨若水火風空識
界清淨若一切智智清淨无二无二分无別
无斷故善現補特伽羅清淨故无明清淨无
明清淨故一切智智清淨何以故若補特伽
羅清淨若无明清淨若一切智智清淨无
二无二分无別无斷故補特伽羅清淨故行識
名色六處觸受愛取有生老死愁歎苦憂
惱清淨行乃至老死愁歎苦憂惱清淨故一切
智智清淨何以故若補特伽羅清淨若行乃
至老死愁歎苦憂惱清淨若一切智智清
淨无二无二分无別无斷故
善現補特伽羅清淨故布施波羅蜜多清
淨布施波羅蜜多清淨故一切智智清淨何
以故若補特伽羅清淨若布施波羅蜜多清
淨若一切智智清淨无二无二分无別无斷故
補特伽羅清淨故淨戒安忍精進靜慮般若
波羅蜜多清淨淨戒乃至般若波羅蜜多
清淨故一切智智清淨何以故若補特伽羅清
淨若淨戒乃至般若波羅蜜多清淨若一切
智智清淨无二无二分无別无斷故善現補特
伽羅清淨故內空清淨內空清淨故一切智

BD03661號　大般若波羅蜜多經卷一九八　（19–6）

清淨故一切智智清淨何以故若補特伽羅清
淨若淨戒乃至般若波羅蜜多清淨若一切
智智清淨无二无二分无別无斷故善現補特
伽羅清淨故內空清淨內空清淨故一切智
智智淨何以故若補特伽羅清淨若內空清
淨若一切智智清淨无二无二分无別无斷
故補特伽羅清淨故外空內外空空空大空
勝義空有為空无為空畢竟空无際空散
空无變異空本性空自相空共相空一切法空
不可得空无性空自性空无性自性空清淨
外空乃至无性自性空清淨故一切智智清
淨何以故若補特伽羅清淨若外空乃至无
性自性空清淨若一切智智清淨无二无二
分无別无斷故善現補特伽羅清淨故真如
清淨真如清淨故一切智智清淨何以
補特伽羅清淨若真如清淨若一切智智清
淨无二无二分无別无斷故補特伽羅清淨
故法界法性不虛妄性不變異性平等性離
生性法定法住實際虛空界不思議界清淨
法界乃至不思議界清淨故一切智智清淨
何以故若補特伽羅清淨若法界乃至不思
議界清淨若一切智智清淨无二无二分无
別无斷故善現補特伽羅清淨故苦聖諦清
淨苦聖諦清淨故一切智智清淨何以故若
補特伽羅清淨若苦聖諦清淨若一切智智
清淨无二无二分无別无斷故補特伽羅清
淨故集滅道聖諦清淨集滅道聖諦清

BD03661號　大般若波羅蜜多經卷一九八　（19–7）

別无斷故補特伽
淨若聖諦清淨故一切智智清淨何以故若
補特伽羅清淨若苦聖諦清淨若一切智智
清淨无二无二分无別无斷故補特伽羅清
淨故集滅道聖諦清淨集滅道聖諦清
淨故一切智智清淨何以故若補伽羅清淨
若集滅道聖諦清淨若一切智智清淨
无二无分无別无斷故
善現補特伽羅清淨故四靜慮清淨四靜慮
清淨故一切智智清淨何以故若補特伽羅
清淨若四靜慮清淨若一切智智清淨无二
无二分无別无斷故補特伽羅清淨故四无
量四无色定清淨何以故若補伽羅清淨若
一切智智清淨何以故若補特伽羅清淨若
四无量四无色定清淨若一切智智清淨无
二无二分无別无斷故善現補特伽羅清淨
故八解脫清淨八解脫清淨故一切智智清
淨何以故若補特伽羅清淨若八解脫清淨
若一切智智清淨无二无二分无別无斷故
補特伽羅清淨故八勝處九次第定十遍
處清淨八勝處九次第定十遍處清淨故一切
智智清淨何以故若補特伽羅清淨若八勝
處九次第定十遍處清淨若一切智智清淨
无二无二分无別无斷故善現補特伽羅清
淨故四念住清淨四念住清淨故一切智智
清淨何以故若補特伽羅清淨若四念住清
淨若一切智智清淨无二无二分无別无斷

BD03661號　大般若波羅蜜多經卷一九八

(19–8)

處九次第定十遍處清淨若一切智智清淨
无二无二分无別无斷故善現補特伽羅清
淨故四念住清淨四念住清淨故一切智智
清淨何以故若補特伽羅清淨若四念住清
淨若一切智智清淨无二无二分无別无斷
故補特伽羅清淨故四正斷四神足五根五
力七等覺支八聖道支清淨四正斷乃至八
聖道支清淨故一切智智清淨何以故若補
特伽羅清淨若四正斷乃至八聖道支清淨
若一切智智清淨无二无二分无別无斷故
善現補特伽羅清淨故空解脫門清淨空
解脫門清淨故一切智智清淨何以故若補特
伽羅清淨若空解脫門清淨若一切智智清
淨无二无二分无別无斷故補特伽羅清淨
故无相无願解脫門清淨无願解
清淨故一切智智清淨何以故若補特伽羅
清淨若无相无願解脫門清淨若一切智智
清淨无二无二分无別无斷故善現補特伽
羅清淨故菩薩十地清淨菩薩十地清淨
故一切智智清淨何以故若補特伽羅清淨
菩薩十地清淨若一切智智清淨无二无二
分无別无斷故
善現補特伽羅清淨故五眼清淨五眼清淨
故一切智智清淨何以故若補特伽羅清淨
若五眼清淨若一切智智清淨无二无二分
无別无斷故補特伽羅清淨故六神通清淨

BD03661號　大般若波羅蜜多經卷一九八

(19–9)

善現補特伽羅清淨故五眼清淨五眼清淨
故一切智智清淨何以故若補特伽羅清淨
若五眼清淨若一切智智清淨无二无二分
无別无斷故補特伽羅清淨故六神通清淨
六神通清淨故一切智智清淨何以故若
補特伽羅清淨若六神通清淨若一切智智
清淨无二无二分无別无斷故善現補特伽
羅清淨故佛十力清淨佛十力清淨故一切智
智清淨何以故若補特伽羅清淨若佛十力
清淨若一切智智清淨无二无二分无別无
斷故補特伽羅清淨故四无所畏四无礙解
大慈大悲大喜大捨十八佛不共法清淨四
无所畏乃至十八佛不共法清淨故一切智
智清淨何以故若補特伽羅清淨若四无所
畏乃至十八佛不共法清淨若一切智智清
淨无二无二分无別无斷故善現補特伽羅
清淨故无忘失法清淨无忘失法清淨故一
切智智清淨何以故若補特伽羅清淨若无
忘失法清淨若一切智智清淨无二无二分
无別无斷故補特伽羅清淨故恒住捨性清
淨恒住捨性清淨故一切智智清淨何以故
若補特伽羅清淨若恒住捨性清淨若一切
智智清淨无二无二分无別无斷故善現補
特伽羅清淨故一切智智清淨一切智清淨
故一切智智清淨何以故若補特伽羅清淨若
一切智清淨若一切智智清淨无二无二分

若補特伽羅清淨若恒住捨性清淨若一切
智智清淨无二无二分无別无斷故善現補
特伽羅清淨故一切智智清淨一切智清淨
故一切智智清淨何以故若補特伽羅清淨若
一切智清淨若一切智智清淨无二无二分
无別无斷故補特伽羅清淨故道相智一切
相智清淨道相智一切相智清淨故一切智
智清淨何以故若補特伽羅清淨若道相
智一切相智清淨若一切智智清淨无二无二
分无別无斷故善現補特伽羅清淨故一切
陁羅尼門清淨一切陁羅尼門清淨故一切
智智清淨何以故若補特伽羅清淨若一切
陁羅尼門清淨若一切智智清淨无二无二
分无別无斷故補特伽羅清淨故一切三摩
地門清淨一切三摩地門清淨故一切智智
清淨何以故若補特伽羅清淨若一切三摩
地門清淨若一切智智清淨无二无二分无
別无斷故善現補特伽羅清淨故預流果
清淨預流果清淨故一切智智清淨何以故
若補特伽羅清淨若預流果清淨若一切智
智清淨无二无二分无別无斷故補特伽
羅清淨故一來不還阿羅漢果清淨一來不還
阿羅漢果清淨故一切智智清淨何以故若補
特伽羅清淨若一來不還阿羅漢果清淨若
一切智智清淨无二无二分无別无斷故善
現補特伽羅清淨故獨覺菩提清淨獨覺
菩提清淨故一切智智清淨何以故若補特伽

阿羅漢果清淨故一切智智清淨何以故若補
特伽羅清淨若一來不還阿羅漢果清淨若
一切智智清淨无二无二分无別无斷故善
現補特伽羅清淨故獨覺菩提清淨獨覺
菩提清淨故一切智智清淨何以故若補特伽
羅清淨若獨覺菩提清淨若一切智智清
无二无二分无別无斷故善現補特伽羅清淨
故一切菩薩摩訶薩行清淨一切菩薩摩訶
薩行清淨故一切智智清淨何以故若補特伽
羅清淨若一切菩薩摩訶薩行清淨若一切
智智清淨无二无二分无別无斷故善現補
特伽羅清淨故諸佛无上正等菩提清淨諸
佛无上正等菩提清淨故一切智智清淨何
以故若補特伽羅清淨若諸佛无上正等
菩提清淨若一切智智清淨无二无二分
无別无斷故
復次善現意生清淨故色清淨色清淨故一
切智智清淨何以故若意生清淨若色清淨
若一切智智清淨无二无二分无別无斷故意
生清淨故受想行識清淨受想行識清淨
故一切智智清淨何以故若意生清淨若受
想行識清淨若一切智智清淨无二无二分
无別无斷故善現意生清淨故眼處清淨
眼處清淨故一切智智清淨何以故若意生
清淨若眼處清淨若一切智智清淨无二无
二分无別无斷故意生清淨故耳鼻舌身意

BD03661號　大般若波羅蜜多經卷一九八　（19–12）

无別无斷故善現意生清淨故眼處清淨
眼處清淨故一切智智清淨何以故若意生
清淨若眼處清淨若一切智智清淨无二无
二分无別无斷故意生清淨故耳鼻舌身意
處清淨耳鼻舌身意處清淨故一切智智清
淨何以故若意生清淨若耳鼻舌身意處
淨若一切智智清淨无二无二分无別无斷故善
現意生清淨故色處清淨色處清淨故一切
智智清淨何以故若意生清淨若色處清淨
若一切智智清淨无二无二分无別无斷故意
生清淨故聲香味觸法處清淨聲香味
觸法處清淨故一切智智清淨何以故若意
生清淨若聲香味觸法處清淨若一切智智清
淨无二无二分无別无斷故善現意生清淨
故眼界清淨眼界清淨故一切智智清淨何
以故若意生清淨若眼界清淨若一切智智
清淨无二无二分无別无斷故意生清淨故
色界眼識界及眼觸眼觸為緣所生諸受清
淨色界乃至眼觸為緣所生諸受清淨故一
切智智清淨何以故若意生清淨若色界乃
至眼觸為緣所生諸受清淨若一切智智清
淨无二无二分无別无斷故善現意生清淨故
耳界清淨耳界清淨故一切智智清淨何以
故若意生清淨若耳界清淨若一切智智
清淨无二无二分无別无斷故意生清淨故
聲界耳識界及耳觸耳觸為緣所生諸受清

BD03661號　大般若波羅蜜多經卷一九八　（19–13）

耳界清淨耳界清淨故一切智智清淨何以
故若意生清淨若耳界清淨若一切智智
清淨无二无二分无別无斷故意生清淨故
聲界耳識界及耳觸耳觸為緣所生諸受清
淨聲界乃至耳觸為緣所生諸受清淨故一
切智智清淨何以故若意生清淨若聲界乃
至耳觸為緣所生諸受清淨若一切智智清
淨无二无二分无別无斷故善現意生清淨
故鼻界清淨鼻界清淨故一切智智清淨何
以故若意生清淨若鼻界清淨若一切智智
清淨无二无二分无別无斷故意生清淨故
香界鼻識界及鼻觸鼻觸為緣所生諸受
清淨香界乃至鼻觸為緣所生諸受清淨
故一切智智清淨何以故若意生清淨若香界乃
至鼻觸為緣所生諸受清淨若一切智智清
淨无二无二分无別无斷故善現意生清淨
故舌界清淨舌界清淨故一切智智清淨何
故以若意生清淨若舌界清淨若一切智智
清淨无二无二分无別无斷故意生清淨故
味界舌識界及舌觸舌觸為緣所生諸受
清淨味界乃至舌觸為緣所生諸受清淨故
一切智智清淨何以故若意生清淨若味界乃
至舌觸為緣所生諸受清淨若一切智智清
淨无二无二分无別无斷故善現意生清淨
故身界清淨身界清淨故一切智智清淨何
以故若意生清淨若身界清淨若一切智智

一切智智清淨何以故若意生清淨若味界乃
至舌觸為緣所生諸受清淨若一切智智清
淨无二无二分无別无斷故善現意生清淨
故身界清淨身界清淨故一切智智清淨何
以故若意生清淨若身界清淨若一切智智
清淨无二无二分无別无斷故意生清淨故
觸界身識界及身觸身觸為緣所生諸受
清淨觸界乃至身觸為緣所生諸受清淨故
一切智智清淨何以故若意生清淨若觸界乃
至身觸為緣所生諸受清淨若一切智智清
淨无二无二分无別无斷故善現意生清淨
故意界清淨意界清淨故一切智智清淨何
以故若意生清淨若意界清淨若一切智智
清淨无二无二分无別无斷故意生清淨故
法界意識界及意觸意觸為緣所生諸受清
淨法界乃至意觸為緣所生諸受清淨故一
切智智清淨何以故若意生清淨若法界乃
至意觸為緣所生諸受清淨若一切智智清
淨无二无二分无別无斷故善現意生清淨
故地界清淨地界清淨故一切智智清淨何
以故若意生清淨若地界清淨若一切智智清
淨无二无二分无別无斷故意生清淨故水
火風空識界清淨水火風空識界清淨故一
切智智清淨何以故若意生清淨若水火風
空識界清淨若一切智智清淨无二无二分
无別无斷故善現意生清淨故无明清淨

切智智清淨何以故若意生清淨若水火風
空識界清淨若一切智智清淨无二无二分
无别无斷故善現意生清淨故无明清淨
无明清淨故一切智智清淨何以故若意生
清淨若无明清淨若一切智智清淨无二无
二分无别无斷故意生清淨故行識名色六
處觸受愛取有生老死愁歎苦憂惱清淨
行乃至老死愁歎苦憂惱清淨故一切智智
清淨何以故若意生清淨若行乃至老死愁歎
苦憂惱清淨若一切智智清淨无二无二分无
别无斷故
善現意生清淨故布施波羅蜜多清淨布
施波羅蜜多清淨故一切智智清淨何以故若
意生清淨若布施波羅蜜多清淨若一切智智
清淨无二无二分无别无斷故意生清淨故
淨戒安忍精進靜慮般若波羅蜜多清淨
淨戒乃至般若波羅蜜多清淨故一切智智
清淨何以故若意生清淨若淨戒乃至般若
波羅蜜多清淨若一切智智清淨无二无二
分无别无斷故善現意生清淨故内空清淨
内空清淨故一切智智清淨何以故若意生
清淨若内空清淨若一切智智清淨无二无
二分无别无斷故意生清淨故外空内外空
空空大空勝義空有為空无為空畢竟空
无際空散空无變異空本性空自相空共相

BD03661 號　大般若波羅蜜多經卷一九八

（19–16）

清淨若内空清淨若一切智智清淨无二无
二分无别无斷故意生清淨故外空内外空
空空大空勝義空有為空无為空畢竟空
无際空散空无變異空本性空自相空共相
空一切法空不可得空无性空自性空无性自
性空清淨外空乃至无性自性空清淨故一
切智智清淨何以故若意生清淨若外空乃
至无性自性空清淨若一切智智清淨无二
无二分无别无斷故善現意生清淨故真如
清淨真如清淨故一切智智清淨何以故若
意生清淨若真如清淨若一切智智清淨无
无无二分无别无斷故意生清淨故法界法
性不虛妄性不變異性平等性離生性法定
法住實際虛空界不思議界清淨法界乃至
不思議界清淨故一切智智清淨何以故若
意生清淨若法界乃至不思議界清淨若一
切智智清淨无二无二分无别无斷故善現
意生清淨故苦聖諦清淨苦聖諦清淨故
一切智智清淨何以故若意生清淨若苦聖
諦清淨若一切智智清淨无二无二分无别无
斷故意生清淨故集滅道聖諦清淨集滅
道聖諦清淨故一切智智清淨何以故若意生
清淨若集滅道聖諦清淨若一切智智清淨
无二无二分无别无斷故善現意生清淨故
四靜慮清淨四靜慮清淨故一切智智清淨
何以故若意生清淨若四靜慮清淨若一切

BD03661 號　大般若波羅蜜多經卷一九八

（19–17）

清淨若集滅道聖諦清淨若一切智智清淨
无二无二分无別无斷故善現意生清淨故
四靜慮清淨四靜慮清淨故一切智智清淨
何以故若意生清淨若四靜慮清淨若一切
智智清淨无二无二分无別无斷故意生清
淨故四无量四无色定清淨四无量四无色
定清淨故一切智智清淨何以故若意生清
淨若四无量四无色定清淨若一切智智清
淨无二无二分无別无斷故善現意生清淨
故八解脫清淨八解脫清淨故一切智智清
淨何以故若意生清淨若八解脫清淨若一
切智智清淨无二无二分无別无斷故意生
清淨故八勝處九次第定十遍處清淨八勝
處九次第定十遍處清淨故一切智智清淨
何以故若意生清淨若八勝處九次第定十
遍處清淨若一切智智清淨无二无二分无
別无斷故善現意生清淨故四念住清淨四
念住清淨故一切智智清淨何以故若意生
清淨若四念住清淨若一切智智清淨无二
无二分无別无斷故意生清淨故四正斷四
神足五根五力七等覺支八聖道支清淨四
正斷乃至八聖道支清淨故一切智智清淨
何以故若意生清淨若四正斷乃至八聖道
支清淨若一切智智清淨无二无二分无別
无斷故善現意生清淨故空解脫門清淨
空解脫門清淨故一切智智清淨何以故若意

BD03661號　大般若波羅蜜多經卷一九八　（19–18）

四正斷乃至八聖道支清淨故一切智智清淨
何以故若意生清淨若四正斷乃至八聖道
支清淨若一切智智清淨无二无二分无別
无斷故善現意生清淨故空解脫門清淨
空解脫門清淨故一切智智清淨何以故若意
生清淨若空解脫門清淨若一切智智清淨
无二无二分无別无斷故意生清淨故无相
无願解脫門清淨无相无願解脫門清淨故
一切智智清淨何以故若意生清淨若无相
无願解脫門清淨若一切智智清淨无二无
二分无別无斷故善現意生清淨故菩薩
十地清淨菩薩十地清淨故一切智智清淨何
以故若意生清淨若菩薩地十清淨若一切
智智清淨无二无二分无別无斷故

大般若波羅蜜多經卷第一百九十八

BD03661號　大般若波羅蜜多經卷一九八　（19–19）

BD03661 號背　勘記　　（1–1）

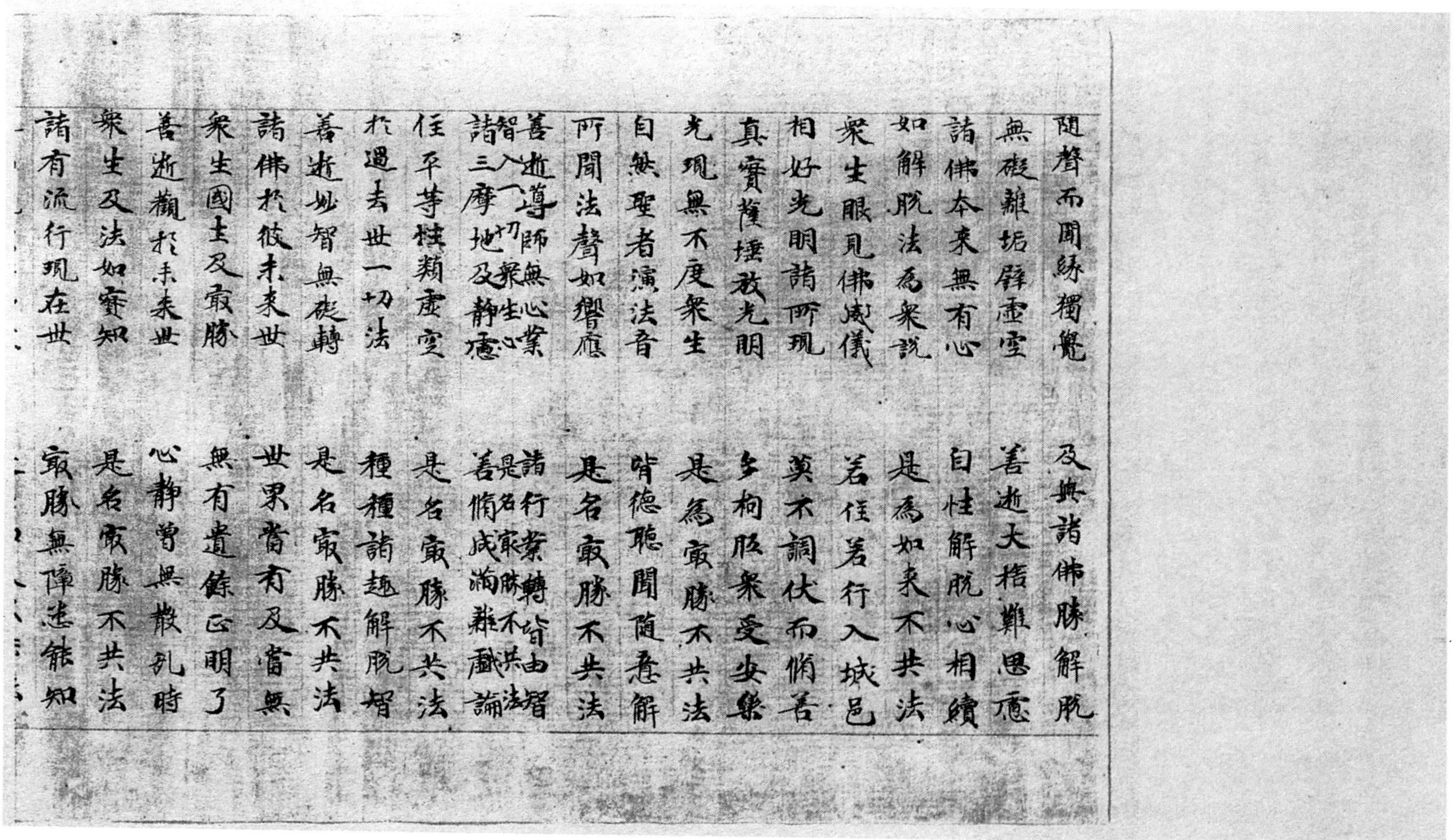

隨聲而聞緣覺　及與諸佛勝解脫
無礙離垢辟虛空　善逝大悲難思慮
諸佛本來無有心　自性解脫心相續
如解脫法為衆說　是為如來不共法
衆生眼見佛威儀　若住若行入城邑
相好光明諸所現　莫不調伏而脩善
真實護持放光明　多拘服衆受安樂
光現無不度衆生　是為最勝不共法
自然聖者演法音　皆德聽聞隨意解
所聞法聲如響應　是名最勝不共法
善逝導師無心業　諸行業轉皆由智
智入一切衆生心　是名最勝不共法
諸三摩地及靜慮　善脩成滿難測論
任平等枝類虛空　是名最勝不共法
於過去世一切法　種種諸趣解脫智
善逝妙智無礙轉　是名最勝不共法
諸佛於彼未來世　世界皆有及當無
衆生國土及最勝　無有遺餘正明了
善逝觀於未來世　心靜曾無散亂時
衆生及法如實知　是名最勝不共法
諸有流行現在世　最勝無障悉能知

BD03662 號　大寶積經卷四〇　　（2–1）

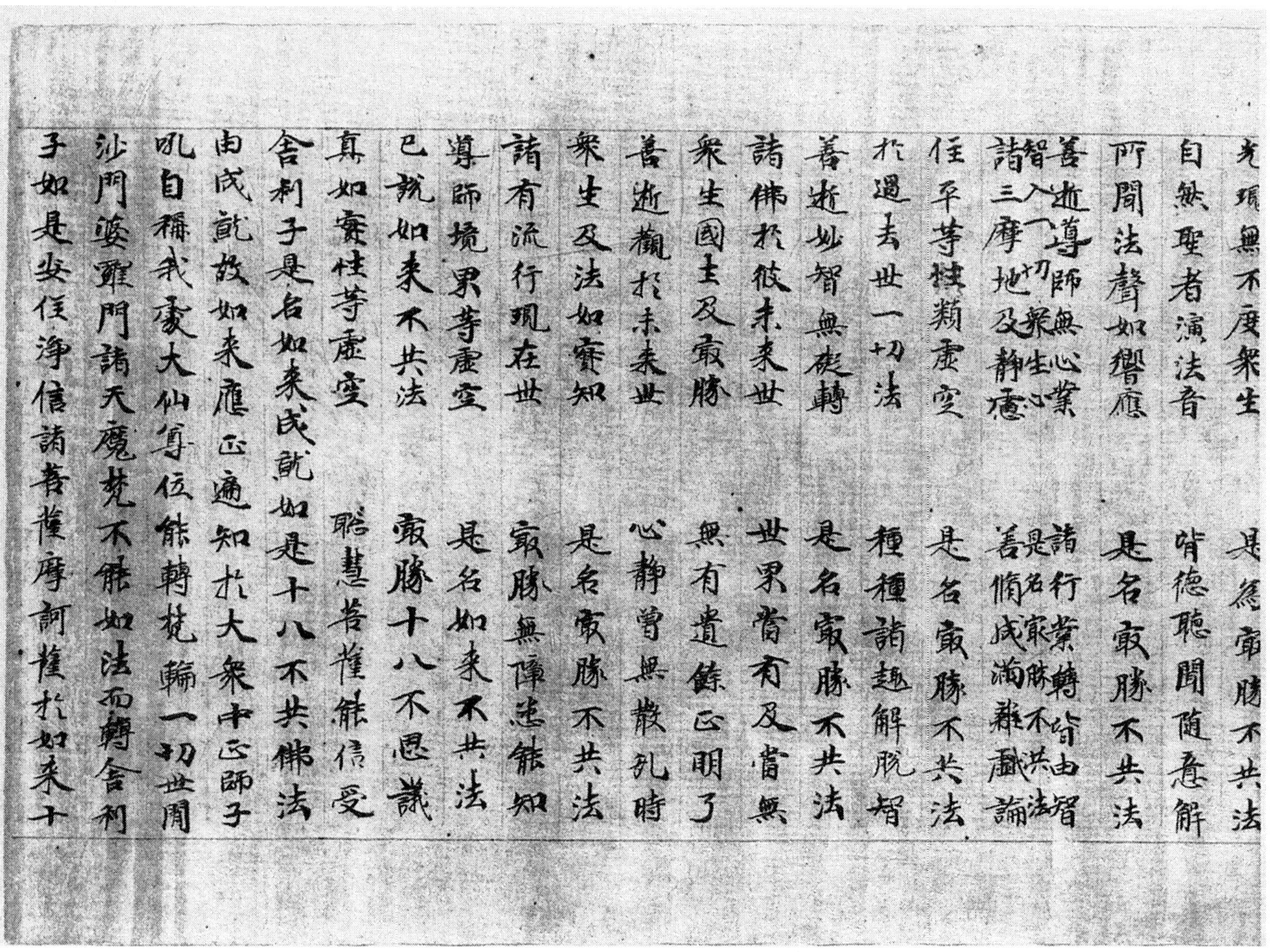

光現無不度衆生　是爲常勝不共法
自然聖者演法音　皆德聽聞隨意解
所聞法聲如響應　是名最勝不共法
善逝導師無心業智入一切衆生心諸三摩地及靜慮　諸行業轉皆由智是名最勝不共法善修成滿離戲論
住平等性類虛空　是名最勝不共法
於過去世一切法　種種諸趣解脫智
善逝妙智無礙轉　是名最勝不共法
諸佛於彼未來世　世界皆有及皆無
衆生國土及最勝　無有遺餘正明了
善逝觀於未來世　心靜曾無散亂時
衆生及法如實知　是名最勝不共法
諸有流行現在世　最勝無障悉能知
導師境界等虛空　是名如來不共法
已說如來不共法　最勝十八不思議
真如實性等虛空　聰慧菩薩能信受
舍利子是名如來成就如是十八不共佛法
由成就故如來應正遍知於大衆中正師子
吼自稱我處大仙尊位能轉梵輪一切世間
沙門婆羅門諸天魔梵不能如法而轉舍利
子如是安住淨信諸菩薩摩訶薩於如來十

BD03662 號　大寶積經卷四〇　　（2–2）

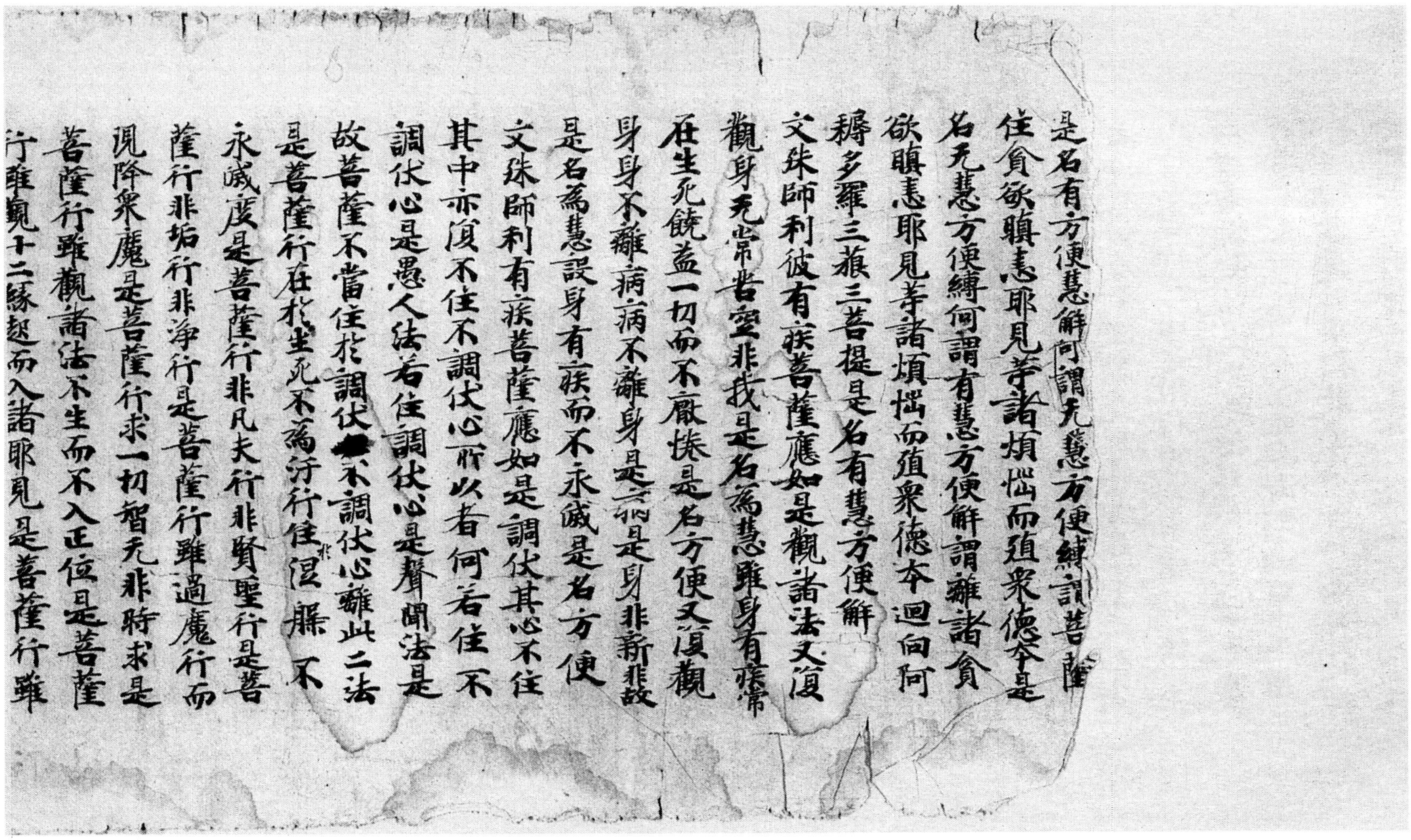

是名有方便慧解何謂无慧方便縛謂菩薩
住貪欲瞋恚耶見等諸煩惱而殖衆德本是
名无慧方便縛何謂有慧方便解謂離諸貪
欲瞋恚耶見等諸煩惱而殖衆德本迴向阿
耨多羅三藐三菩提是名有慧方便解
文殊師利彼有疾菩薩應如是觀諸法又復
觀身无常苦空非我是名爲慧雖身有疾常
在生死饒益一切而不厭惓是名方便又復觀
身身不離病病不離身是病是身非新非故
是名爲慧設身有疾而不永滅是名方便
文殊師利有疾菩薩應如是調伏其心不住
其中亦復不住不調伏心所以者何若住不
調伏心是愚人法若住調伏心是聲聞法是
故菩薩不當住於調伏不調伏心離此二法
是菩薩行在於生死不爲污行住（非）涅槃不
永滅度是菩薩行非凡夫行非賢聖行是菩
薩行非垢行非淨行是菩薩行雖過魔行而
現降衆魔是菩薩行求一切智无非時求是
菩薩行雖觀諸法不生而不入正位是菩薩
行雖觀十二緣起而入諸耶見是菩薩行雖

BD03663 號　維摩詰所說經卷中　　（24–1）

[illegible]度是菩薩行非凡夫行非賢聖行是菩
薩行非垢行非淨行是菩薩行雖過魔行而
現降衆魔是菩薩行求一切智无非時求是
菩薩行雖觀諸法不生而不入正位是菩薩
行雖觀十二緣起而入諸耶見是菩薩行雖
攝一切衆生而不愛著是菩薩行雖樂遠離
而不依身心盡是菩薩行雖行三界而不壞
法性是菩薩行雖行於空而殖衆德本是菩
薩行雖行无相而度衆生是菩薩行雖行无
作而現受身是菩薩行雖行无起而起一切
善行是菩薩行雖行六波羅蜜而遍知衆生
心心數法是菩薩行雖行六通而不盡漏是
菩薩行雖行四无量心而不貪著生於梵世是
菩薩行雖行禪定解脫三昧而不隨禪生是
菩薩行雖行四念處而不畢竟永離身受心
法是菩薩行雖行四正勤而不捨身心精進是
菩薩行雖行四如意足而得自在神通是菩
薩行雖行五根而分別衆生諸根利鈍是菩薩
行雖行五力而樂求佛十力是菩薩行雖行
七覺分而分別佛之智慧是菩薩行雖行
八正道而樂行无量佛法是菩薩行雖行止
觀助道之法而不畢竟墮於寂滅是菩薩行
雖行諸法不生不滅而以相好莊嚴其身是
菩薩行雖現聲聞辟支佛威儀而不捨佛法
是菩薩行雖隨諸法究竟淨相而隨所應爲
現其身是菩薩行雖觀諸佛國土永寂如空

菩薩行雖現聲聞辟支佛威儀而不捨佛法
是菩薩行雖隨諸法究竟淨相而隨所應爲
現其身是菩薩行雖觀諸佛國土永寂如空
而現種種清淨佛土是菩薩行雖得佛道轉
于法輪入於涅槃而不捨於菩薩之道是菩
薩行說是語時文殊師利所將大衆其中八
千天子皆發阿耨多羅三藐三菩提心

不思議品第六

爾時舍利弗見此室中无有牀座作是念斯
諸菩薩大弟子衆當於何坐長者維摩詰知
其意語舍利弗言云何仁者爲法來耶求牀
座耶舍利弗言我爲法來非爲牀座維摩詰
言唯舍利弗夫求法者不貪軀命何況牀座
夫求法者非有色受想行識之求非有界入
之求非有欲色无色之求唯舍利弗夫求法
者不著佛求不著法求不著衆求夫求法者
无見苦求无斷集求无造盡證脩道之求所
以者何法无戲論若言我當見苦斷集證滅
脩道是則戲論非求法也唯舍利弗法名寂
滅若行生滅是求生滅非求法也法名无染
若染於法乃至涅槃是則染著非求法也法
无行處若行於法是則行處非求法也法無
取捨若取捨法是則取捨非求法也法无處
所若著處所是則著處非求法也法名無相
若隨相識是則求相非求法也法不可住若
住於法是則住法非求法也法不可見聞覺

取捨若取捨法是則取捨非求法也法名无處
所若著處所是則著處非求法也法名無相
若隨相識是則求相非求法也法不可住若
住於法是則住法非求法也法不可見聞覺
知若行見聞覺知是則見聞覺知非求法也
法名无為若行有為是求有為非求法也是
故舍利弗若求法者於一切法應无所求說
是語時五百天子於諸法中得法眼淨
尒時長者維摩詰問文殊師利仁者遊於无
量千万億阿僧祇國何等佛土有好上妙功
德成就師子之座文殊師利言居士東方度
卅六恒河沙國有世界名須弥相其佛号須
弥燈王今現在彼佛身長八万四千由旬其
師子座高八万四千由旬嚴飾第一於是長
者維摩詰現神通力即時彼佛遣三万二千
師子座高廣嚴好来入維摩詰室諸菩薩大
弟子釋梵四天王等昔所未見其室廣博悉
苞容受三万二千師子座无所妨礙於毗耶離
城及閻浮提四天下亦不迫迮悉見如故尒
時維摩詰語文殊師利就師子座與諸菩薩
上人俱坐當自立身如彼坐像其得神通菩
薩即自變身為四万二千由旬坐師子座諸
新發意菩薩及大弟子皆不能昇尒時維摩
詰語舍利弗就師子座舍利弗言居士此座
高廣吾不能昇維摩詰言唯舍利弗為須弥
燈王如来作礼乃可得坐於是新發意菩薩

BD03663 號　維摩詰所說經卷中　（24–4）

薩即自變身為四万二千由旬坐師子座諸
新發意菩薩及大弟子皆不能昇尒時維摩
詰語舍利弗就師子座舍利弗言居士此座
高廣吾不能昇維摩詰言唯舍利弗為須弥
燈王如来作礼乃可得坐於是新發意菩薩
及大弟子即為須弥燈王如来作礼便得坐
師子座舍利弗言居士未曾有也如是小室
乃容受此高廣之座於毗耶離城无所妨礙
又於閻浮提聚落城邑及四天下諸天龍王
鬼神宮殿亦不迫迮維摩詰言唯舍利弗諸
佛菩薩有解脫名不可思議若菩薩住是解
脫者以須弥之高廣內芥子中无所增減須
弥山王本相如故而四天王忉利諸天不覺
不知己之所入唯應度者乃見須弥入芥子
中是名不可思議解脫法門又以四大海水
入一毛孔不嬈魚鱉黿鼉水性之屬而彼大
海本相如故諸龍鬼神阿脩羅等不覺不知
己之所入於此衆生亦无所嬈又舍利弗住
不可思議解脫菩薩斷取三千大千世界如
陶家輪著右掌中擲過恒河沙世界之外其
中衆生不覺不知己之所往又復還置本處
都不使人有往来想而此世界本相如故又
舍利弗或有衆生樂久住世而可度者菩薩
即演七日以為一劫令彼衆生謂之一劫或
有衆生不樂久住而可度者菩薩即促一劫
以為七日令彼衆生謂之七日舍利弗住

BD03663 號　維摩詰所說經卷中　（24–5）

都不使人有往來想而此世界本相如故又
舍利弗或有衆生樂久住世而可度者菩薩
即演七日以為一劫令彼衆生謂之一劫或
有衆生不樂久住而可度者菩薩即促一劫
以為七日令彼衆生謂之七日又舍利弗住
不可思議解脫菩薩以一切佛土嚴飾之事
集在一國示於衆生又菩薩以一佛土衆生
置之右掌飛到十方遍示一切而不動本處
又舍利弗十方衆生供養諸佛之具菩薩於
一毛孔皆令得見又十方國土所有日月星
宿於一毛孔普使見之又舍利弗十方世界
所有諸風菩薩悉能吸著口中而身无損外
諸樹木亦不摧折又十方世界劫盡燒時以
一切火内於腹中火事如故而不為害又於
下方過恒河沙等諸佛世界取一佛土舉著
上方過恒河沙无數世界如持針鋒舉一棗
葉而无所嬈又舍利弗住不可思議解脫菩
薩能以神通現作佛身或現辟支佛身或現
聲聞身或現帝釋身或現梵王身或現世主
身或現轉輪王身又十方世界所有衆聲上
中下音皆能變之令作佛聲演出无常苦空
无我之音及十方諸佛所說種種之法皆於
其中普令得聞舍利弗我今略說菩薩不可
思議解脫之力若廣說者窮劫不盡是時大
迦葉聞說菩薩不可思議解脫法門歎未曾
有謂舍利弗譬如有人於盲者前現衆色像非

BD03663號　維摩詰所說經卷中

（24–6）

无我之[illegible]
其中普令得聞舍利弗我今略說菩薩不可
思議解脫之力若廣說者窮劫不盡是時大
迦葉聞說菩薩不可思議解脫法門歎未曾
有謂舍利弗譬如有人於盲者前現衆色像非
彼所見一切聲聞聞是不可思議解脫法門
不能解了為若此也智者聞是其誰不發阿
耨多羅三藐三菩提心我等何為永絕其根
於此大乘已如敗種一切聲聞聞是不可思
議解脫法門皆應號泣聲震三千大千世界
一切菩薩應大欣慶頂受此法若有菩薩信
解不可思議解脫門者一切魔衆无如之何
大迦葉說是語時三万二千天子皆發阿耨
多羅三藐三菩提心
尒時維摩詰語大迦葉仁者十方无量阿僧
祇世界中作魔王者多是住不可思議解脫
菩薩以方便力教化衆生現作魔王又迦葉
十方无量菩薩或有人從乞手足耳鼻頭目
髓腦血肉皮骨聚落城邑妻子奴婢象馬車
乘金銀瑠璃車𤦲馬瑙珊瑚虎珀真珠珂貝
衣服飲食如此乞者多是住不可思議解脫
菩薩以方便力而往試之令其堅固所以者
何住不可思議解脫菩薩有威德力故行逼
迫示諸衆生如是難事凡夫下劣无有力勢
不能如是逼迫菩薩譬如龍象蹴蹋非驢所
堪是名住不可思議解脫菩薩智慧方便之門

BD03663號　維摩詰所說經卷中

（24–7）

菩薩以方便力故往詣之令其堅固所以者
何住不可思議解脫菩薩有威德力故行逼
迫示諸衆生如是難事凡夫下劣无有力勢
不能如是逼迫菩薩譬如龍象蹴蹋非驢所
堪是名住不可思議解脫菩薩智慧方便之門
觀衆生品第七
尒時文殊師利問維摩詰言菩薩云何觀於
衆生維摩詰言譬如幻師見所幻人菩薩觀
衆生為若此如智者見水中月如鏡中見其
面像如熱時焰如呼聲響如空中雲如水聚
沫如水上泡如芭蕉堅如電久住如第五大
如第六陰如第七情如十三入如十九界菩
薩觀衆生為若此如无色界色如燋穀牙如
須陁洹身見如阿那含入胎如阿羅漢三毒
如得忍菩薩貪恚毀禁如佛煩惱習如盲者
見色如入滅盡定出入息如空中鳥跡如石女
兒如化人煩惱如夢所見已悟如滅度者
受身如无烟之火菩薩觀衆生為若此
文殊師利言若菩薩作是觀者云何行慈維
摩詰言菩薩作是觀已自念我當為衆生說
如斯法是即真實慈也行寂滅慈无所生故
行不熱慈无煩惱故行等之慈等三世故行
无諍慈无所起故行不二慈内外不合故行
不壞慈畢竟盡故行堅固慈心无毀故行清
淨慈諸法性淨故行无邊慈如虛空故行阿
羅漢慈破結賊故行菩薩慈安衆生故行如

无諍慈无所起故行不二慈内外不合故行
不壞慈畢竟盡故行堅固慈心无毀故行清
淨慈諸法性淨故行无邊慈如虛空故行阿
羅漢慈破結賊故行菩薩慈安衆生故行如
来慈得如相故行佛之慈覺衆生故行自然
慈无因得故行菩提慈等一味故行无等慈
断諸愛故行大悲慈導以大乘故行无猒慈觀
空无我故行法施慈无遺惜故行持戒慈化
毀禁故行忍辱慈護彼我故行精進慈荷負
衆生故行禪定慈不受味故行智慧慈无
不知時故行方便慈一切示現故行无隱慈直
心清淨故行深心慈无雜行故行无誑慈不
虛假故行安樂慈令得佛樂故菩薩之慈為
若此也
文殊師利又問何謂為悲答曰菩薩所作功
德皆與一切衆生共之何謂為喜答曰有所
饒益歡喜无悔何謂為捨答曰所作福祐无
所希望文殊師利又問生死有畏菩薩當何
所依維摩詰言菩薩於死畏中當依如来
功德之力文殊師利又問菩薩欲依如来功
德之力當於何住答曰菩薩欲依如来功德
力者當住度脫一切衆生又問欲度衆生當
何所除答曰欲度衆生除其煩惱又問欲除
煩惱當何所行答曰當行正念又問云何行
於正念答曰當行不生不滅又問何法不生
可法不滅答曰不善不生善法不滅又問善不

力者當住度脫一切衆生又問欲度衆生當
何所除答曰欲度衆生除其煩惱又問欲除
煩惱當何所行答曰當行正念又問云何行
於正念答曰當行不生不滅又問何法不生
何法不滅答曰不善不生善法不滅又問善
不善孰爲本答曰身爲本又問身孰爲本答
曰欲貪爲本又問欲貪孰爲本答曰虛妄分
別爲本又問虛妄分別孰爲本答曰顛倒想
爲本又問顛倒想孰爲本答曰无住爲本又
問无住孰爲本答曰无住則无本文殊師利
從无住本立一切法
時維摩詰室有一天女見諸大人聞所說法
便現其身即以天華散諸菩薩大弟子上華
至諸菩薩即皆墮落至大弟子便著不墮一
切弟子神力去華不能令去尒時天問舍利
弗何故去華答曰此華不如法是以去之天
曰勿謂此華爲不如法所以者何是華无所
分別仁者自生分別想耳若於佛法出家有
所分別爲不如法若无分別是則如法觀諸
菩薩華不著者以斷一切分別想故譬如人
畏時非人得其便如是弟子畏生死故色聲
香味觸得其便已離畏者一切五欲无能爲
也結習未盡華著身耳結習盡者華不著也
舍利弗言天止此室其已久如答曰我止此
室如耆年解脫舍利弗言止此久耶天曰耆
年解脫亦何如久舍利弗默然不答天曰如

香味觸得其便已離畏者一切五欲无能爲
也結習未盡華著身耳結習盡者華不著也
舍利弗言天止此室其已久如答曰我止此
室如耆年解脫舍利弗言止此久耶天曰耆
年解脫亦何如久舍利弗默然不答天曰如
何耆舊大智而默答曰解脫者无所言說故
吾於是不知所云天曰言說文字皆解脫相
所以者何解脫者不內不外不在兩間文字
亦不內不外不在兩間是故舍利弗无離文
字說解脫也所以者何一切諸法皆是解脫
相舍利弗言不復以離婬怒癡爲解脫乎天
曰佛爲增上慢人說離婬怒癡爲解脫耳若
无增上慢者佛說婬怒癡性即是解脫舍利
弗言善哉善哉天女汝何所得以何爲證辯
乃如是天曰我无得无證故辯如是所以者
何若有得有證者則於佛法爲增上慢
舍利弗問天汝於三乘爲何志求天曰以聲
聞法化衆生故我爲聲聞以因緣法化衆生
故我爲辟支佛以大悲化衆生故我爲大乘
舍利弗如人入瞻蔔林唯齅瞻蔔不齅餘香
如是若入此室但聞佛功德之香不樂聲
聞辟支佛功德香也舍利弗其有釋梵四天
王諸天龍鬼神等入此室者聞斯上人講說
正法皆樂佛功德之香發心而出舍利弗吾
止此室十有二年初不聞說聲聞辟支佛法
但聞菩薩大慈大悲不可思議諸佛之法舍

聞辟支佛功德香也舍利弗其有釋梵四天
王諸天龍鬼神等入此室者聞斯上人講說
正法皆樂佛功德之香發心而出舍利弗吾
止此室十有二年初不聞說聲聞辟支佛法
但聞菩薩大慈大悲不可思議諸佛之法舍
利弗此室常現八未曾有難得之法何等為
八此室常以金色光照晝夜无異不以日月
所照為明是為一未曾有難得之法此室入者
不為諸垢之所惱也是為二未曾有難得之
法此室常有釋梵四天王他方菩薩來會
不絕是為三未曾有難得之法此室常說六
波羅蜜不退轉法是為四未曾有難得之法
此室常作天人第一之樂絃出无量法化之
聲是為五未曾有難得之法此室有四大藏
衆寶積滿周窮濟乏求得无盡是為六未曾
有難得之法此室釋迦牟尼佛阿彌陁佛阿
閦佛寶德寶焰寶月寶嚴難勝師子響一切
利成如是等十方无量諸佛是上人念時即
皆為來廣說諸佛秘要法藏說已還去是
為七未曾有難得之法此室一切諸天嚴飾宮
殿諸佛淨土皆於中現是為八未曾有難得
之法舍利弗此室常現八未曾有難得之法
誰有見斯不思議事而復樂於聲聞法乎舍
利弗言汝何以不轉女身天曰我從十二年
來求女人相了不可得當何所轉譬如幻師
化作幻女若有人問何以不轉女身是人為

BD03663號　維摩詰所說經卷中　（24–12）

之法舍利弗此室常現八未曾有難得之法
誰有見斯不思議事而復樂於聲聞法乎舍
利弗言汝何以不轉女身天曰我從十二年
來求女人相了不可得當何所轉譬如幻師
化作幻女若有人問何以不轉女身是人為
正問不舍利弗言不也幻无定相當何所轉
天曰一切諸法亦復如是无有定相云何
乃問不轉女身即時天女以神通力變舍利
弗令如天女天自化身如舍利弗而問言何
以不轉女身舍利弗以天女像而荅言我今
不知何轉而變為女身天曰舍利弗若能轉
此女身則一切女人亦當能轉如舍利弗非
女而現女身一切女人亦復如是雖現女身
而非女也是故佛說一切諸法非男非女即
時天女還攝神力舍利弗身還復如故天問
舍利弗女身色相今何所在舍利弗言女身
色相无在无不在天曰一切諸法亦復如是
无在无不在夫无在无不在者佛所說也舍
利弗問天汝於此沒當生何所天曰佛化所
生吾如彼生曰佛化所生非沒生也天曰衆
生猶然无沒生也舍利弗問天汝久如當得
阿耨多羅三藐三菩提天曰如舍利弗還為
凡夫我乃當成阿耨多羅三藐三菩提舍利
弗言我作凡夫无有是處天曰我得阿耨多
羅三藐三菩提亦无是處所以者何菩提无
住處是故无有得者舍利弗言今諸佛得阿

BD03663號　維摩詰所說經卷中　（24–13）

凡夫我乃當成阿耨多羅三藐三菩提舍利
弗言我作凡夫无有是處天曰我得阿耨多
羅三藐三菩提亦无是處所以者何菩提无
住處是故无有得者舍利弗言今諸佛得阿
耨多羅三藐三菩提已得當得今得如恒河
沙皆何謂乎天曰皆以世俗文字數故說有
三世非謂菩提有去來今天曰舍利弗汝得阿
羅漢道耶曰无所得故而得天曰諸佛菩薩
亦復如是无所得故而得尒時維摩詰語舍
利弗是天女曾已供養九十二億佛已能遊
戲菩薩神通所願具足得无生忍住不退轉
以本願故隨意能現教化衆生

佛道品第八

尒時文殊師利問維摩詰言菩薩云何通達
佛道維摩詰言若菩薩行於非道是為通達
佛道又問云何菩薩行於非道答曰若菩薩
行五无間而无惱恚至于地獄无諸罪垢至
于畜生无有无明憍慢等過至于餓鬼而具
足功德行色无色界道不以為勝示行貪欲
離諸染著示行瞋恚於諸衆生无有恚閡示
行愚癡而以智慧調伏其心示行慳貪而捨
内外所有不惜身命示行毀禁而安住淨戒
乃至小罪猶懷大懼示行瞋恚而常慈忍示行
懈怠而勤脩功德示行乱意而常念定示行
愚癡而通達世間出世間慧示行諂偽而善
方便隨諸經義示行憍慢而於衆生猶如橋

BD03663號　維摩詰所說經卷中

（24-14）

懈怠而勤脩功德示行乱意而常念定示行
愚癡而通達世間出世間慧示行諂偽而善
方便隨諸經義示行憍慢而於衆生猶如橋
梁示行諸煩惱而心常清淨示入於魔而順
佛智慧不隨他教示入聲聞而為衆生說未
聞法示入辟支佛而成就大悲教化衆生示
入貧窮而有寶手功德无盡示入形殘而具
諸相好以自莊嚴示入下賤而生佛種性中
具諸功德示入羸劣醜陋而得那羅延身一
切衆生之所樂見示入老病而永斷病根
超越死畏示有資生而恒觀无常實无所貪
示有妻妾婇女而常遠離五欲淤泥現於訥
鈍而成就辯才總持无失示入耶濟而以正濟
度諸衆生現遍入諸道而斷其因緣現於涅
槃而不斷生死文殊師利菩薩能如是行於
非道是為通達佛道
於是維摩詰問文殊師利何等為如來種文
殊師利言有身為種无明有愛為種貪恚癡
為種四顛倒為種五蓋為種六入為種七識
處為種八耶法為種九惱處為種十不善道
為種以要言之六十二見及一切煩惱皆是
佛種曰何謂也答曰若見无為入正位者不
能復發阿耨多羅三藐三菩提心譬如高原
陸地不生蓮華卑濕汙泥乃生此華如是見
無為法入正位者終不復能生於佛法煩惱
泥中乃有衆生起佛法耳又如殖種於空終

BD03663號　維摩詰所說經卷中

（24-15）

為種以要言之六十二見及一切煩惱皆是
佛種曰何謂也答曰若見无為入正位者不
能復發阿耨多羅三藐三菩提心譬如高原
陸地不生蓮華卑濕淤泥乃生此華如是見
無為法入正位者終不復能生於佛法煩惱
泥中乃有衆生起佛法耳又如殖種於空終
不得生糞壤之地乃能滋茂如是入无為正
位者不生佛法起於我見如須弥山猶能發
于阿耨多羅三藐三菩提心生佛法矣是故
當知一切煩惱為如來種譬如不入巨海不
能得无價寶珠如是不入煩惱大海則不能
生一切智寶之心
尒時大迦葉歎言善哉善哉文殊師利快說
此語誠如所言塵勞之疇為如來種我等今
者不復堪任發阿耨多羅三藐三菩提心乃
至五无間罪猶能發意生於佛法而今我等
永不能發譬如根敗之士其於五欲不能復
利如是聲聞諸結斷者於佛法中无所復益
永不志願是故文殊師利凡夫於佛法有反
復而聲聞无也所以者何凡夫聞佛法能起
无上道心不斷三寶正使聲聞終身聞佛法
力无畏等永不能發无上道意尒時會中有
菩薩名普現色身問維摩詰言居士父母妻
子親戚眷屬吏民知識悉為是誰奴婢僮僕
象馬車乘皆何所在於是維摩詰以偈答曰
智度菩薩母　方便以為父　一切衆導師　无不由是生

菩薩名普現色身問維摩詰言居士父母妻
子親戚眷屬吏民知識悉為是誰奴婢僮僕
象馬車乘皆何所在於是維摩詰以偈答曰
智度菩薩母　方便以為父　一切衆導師　无不由是生
法喜以為妻　慈悲心為女　善心誠實男　畢竟空寂舍
弟子衆塵勞　隨意之所轉　道品善知識　由是成正覺
諸度法等侶　四攝為妓女　歌詠誦法言　以此為音樂
總持之園苑　无漏法林樹　覺意淨妙華　解脫智慧果
八解之浴池　定水湛然滿　布以七淨華　浴此无垢人
象馬五通馳　大乘以為車　調御以一心　遊於八正路
相具以嚴容　衆好飾其姿　慚愧之上服　深心為華鬘
富有七財寶　教授以滋息　如所說脩行　迴向為大利
四禪為牀座　從於淨命生　多聞增智慧　以為自覺音
甘露法之食　解脫味為漿　淨心以澡浴　戒品為塗香
摧滅煩惱賊　勇健无能踰　降伏四種魔　勝幡建道場
雖知无起滅　示彼故有生　悉現諸國土　如日无不現
供養於十方　无量億如來　諸佛及己身　无有分別想
雖知諸佛國　及與衆生空　而常脩淨土　教化於群生
諸有衆生類　形聲及威儀　无畏力菩薩　一時能盡現
覺知衆魔事　而示隨其行　以善方便智　隨意皆能現
或示老病死　成就諸群生　了知如幻化　通達无有礙
或現劫盡燒　天地皆洞然　衆人有常想　照令知无常
无數億衆生　俱來請菩薩　一時到其舍　化令向佛道
經書禁呪術　工巧諸伎藝　盡現行此事　饒益諸群生
世間衆道法　悉於中出家　因以解人惑　而不墮邪見
或作日月天　梵王世界主　或時作地水　或復作風火

无數億衆生　俱來請菩薩　一時到其舍　化令向佛道
經書禁呪術　工巧諸伎藝　盡現行此事　饒益諸群生
世間衆道法　悉於中出家　因以解人惑　而不墮邪見
或作日月天　梵王世界主　或時作地水　或復作風火
劫中有疾疫　現作諸藥草　若有服之者　除病消衆毒
劫中有飢饉　現身作飲食　先救彼飢渴　却以法語人
劫中有刀兵　為之起慈悲　化彼諸衆生　令住无諍地
若有大戰陣　立之以等力　菩薩現威勢　降伏使和安
一切國土中　諸有地獄處　輒往到于彼　勉濟諸苦惱
一切國土中　畜生相食噉　皆現生於彼　為之作利益
示受於五欲　亦復現行禪　令魔心憒亂　不能得其便
火中生蓮華　是可謂希有　在欲而行禪　希有亦如是
或現作婬女　引諸好色者　先以欲鉤牽　後令入佛智
或為邑中主　或作商人道　國師及大臣　以祐利衆生
諸有貧窮者　現為无盡藏　因以勸導之　令發菩提心
我心憍慢者　為現大力士　消伏諸貢高　令住佛上道
其有恐懼者　居前而安慰　先施以无畏　後令發道心
或現離婬欲　為五通仙人　開導諸群生　令住戒忍慈
見須供事者　現為作僮僕　既悅可其意　乃發以道心
隨彼之所須　得入於佛道　以善方便力　皆能給足之
如是道无量　所行无有崖　智慧无邊際　度脫无數衆
假令一切佛　於无數億劫　讚歎其功德　猶尚不能盡
誰聞如是法　不發菩提心　除彼不肖人　癡冥无智者

入不二法門品第九

爾時維摩詰謂衆菩薩言諸仁者云何菩薩
入不二法門各隨所樂說之會中有菩薩名
法自在說言諸仁者生滅為二法本不生今

入不二法門品第九

爾時維摩詰謂衆菩薩言諸仁者云何菩薩
入不二法門各隨所樂說之會中有菩薩名
法自在說言諸仁者生滅為二法本不生今
則无滅得此无生法忍是為入不二法門
德首菩薩曰我我所為二因有我故便有我
所若无有我則无我所是為入不二法門
不眴菩薩曰受不受為二若法不受則不可
得以不可得故无取无捨无作无行是為入
不二法門
德頂菩薩曰垢淨為二見垢實性則无淨相
順於滅相是為入不二法門
善宿菩薩曰是動是念為二不動則无念无
念則无分別通達此者是為入不二法門
善眼菩薩曰一相无相為二若知一相即是无
相亦不取无相入於平等是為入不二法門
妙臂菩薩曰菩薩心聲聞心為二觀心相空
如幻化者无菩薩心无聲聞心是為入不二法門
弗沙菩薩曰善不善為二若不起善不善入
无相際而通達者是為入不二法門
師子菩薩曰罪福為二若達罪性則與福无
異以金剛慧決了此相无縛无解者是為入
不二法門
師子意菩薩曰有漏无漏為二若得諸法等
則不起漏不漏想不著於相亦不住无相是

異以金剛慧決了此相无縛无解者是為入
不二法門
師子意菩薩曰有漏无漏為二若得諸法等
則不起漏不漏想不著於相亦不住无相是
為入不二法門
淨解菩薩曰有為无為為二若離一切數則
心如虛空以清淨慧无所礙者是為入不二
法門
那羅延菩薩曰世間出世間為二世間性空
即是出世間於其中不入不出不溢不散是
為入不二法門
善意菩薩曰生死涅槃為二若見生死性則
无生死无縛无解不然不滅如是解者是為
入不二法門
現見菩薩曰盡不盡為二法若究竟盡若不
盡皆是无盡相无盡相即是空空則无有盡
不盡相如是入者是為入不二法門
普首菩薩曰我无我為二我尚不可得非我
何可得見我實性者不復起二是為入不二法門
電天菩薩曰明无明為二无明實性即是明
明亦不可取離一切數於其中平等无二者
是為入不二法門
喜見菩薩曰色色空為二色即是空非色滅
空色性自空如是受想行識識空為二識即
是空非識滅空識性自空於其中而通達者

喜見菩薩曰色色空為二色即是空非色滅
空色性自空如是受想行識識空為二識即
是空非識滅空識性自空於其中而通達者
是為入不二法門
明相菩薩曰四種異空種異為二四種性即
是空種性如前際後際空故中際亦空若能
如是知諸種性者是為入不二法門
妙意菩薩曰眼色為二若知眼性於色不貪
不恚不癡是名寂滅如是耳聲鼻香舌味身
觸意法為二若知意性於法不貪不恚不癡
是名寂滅安住其中是為入不二法門
无盡意菩薩曰布施迴向一切智為二布施
性即是迴向一切智性如是持戒忍辱精進
禪定智慧迴向一切智為二智慧性即是迴
向一切智性於其中入一相者是為入不二法門
深慧菩薩曰是空是无相是无作為二空即
是无相无相即是无作若空无相无作則无
心意識於一解脫門即是三解脫門者是為
入不二法門
寂根菩薩曰佛法眾為二佛即是法法即是
眾是三寶皆无為相與虛空等一切法亦尒
能隨此行者是為入不二法門
心无礙菩薩曰身身滅為二身即是身滅所
以者何見身實相者不起見身及見滅身身
與滅身无二无分別於其中不驚不懼者是

能隨此行者是爲入不二法門
心无礙菩薩曰身身滅爲二身即是身滅所
以者何見身實相者不起見身及見滅身身
與滅身无二无分别於其中不驚不懼者是
爲入不二法門
上善菩薩曰身口意善爲二是三業皆无作
相身无作相即口无作相口无作相即意无
作相是三業无作相即一切法无作相能如
是隨无作慧者是爲入不二法門
福田菩薩曰福行罪行不動行爲二三行實
性即是空空則无福行无罪行无不動行於
此三行而不起者是爲入不二法門
華嚴菩薩曰從我起二爲二見我實相者
不起二法若不住二法則无有識无所識者
是爲入不二法門
德藏菩薩曰有所得相爲二若无所得則无
取捨无取捨者是爲入不二法門
月上菩薩曰闇與明爲二无闇无明則无有
二所以者何如入滅受想定无闇无明一切
法亦復如是於其中平等入者是爲入不二
法門
寶印手菩薩曰樂涅槃不樂世間爲二若不
樂涅槃不厭世間无有二所以者何若有縛
則有解若本无縛其誰求解无縛无解則无
樂厭是爲入不二法門
珠頂王菩薩曰正道耶道爲二住正道者則

BD03663號　維摩詰所說經卷中　（24–22）

寶印手菩薩曰樂涅槃不樂世間爲二若不
樂涅槃不厭世間无有二所以者何若有縛
則有解若本无縛其誰求解无縛无解則无
樂厭是爲入不二法門
珠頂王菩薩曰正道耶道爲二住正道者則
不分别是耶是正離此二法是爲入不二法門
樂實菩薩曰實不實爲二實見者尚不見實
何況非實所以者何非肉眼所見慧眼乃能
見而此慧眼无見无不見是爲入不二法門
如是諸菩薩各各說已問文殊師利何等是
菩薩入不二法門文殊師利曰如我意者於
一切法无言无說无示无識離諸問答是爲
入不二法門於是文殊師利問維摩詰我
等各自說已仁者當說何等是菩薩入不二
法門時維摩詰默然无言文殊師利歎言善
哉善哉乃至无有文字語言是真入不二法
門說是不二法門時於此衆中五千菩薩皆
入不二法門得无生法忍

維摩詰經卷中

BD03663號　維摩詰所說經卷中　（24–23）

BD03663號　維摩詰所說經卷中　　（24–24）

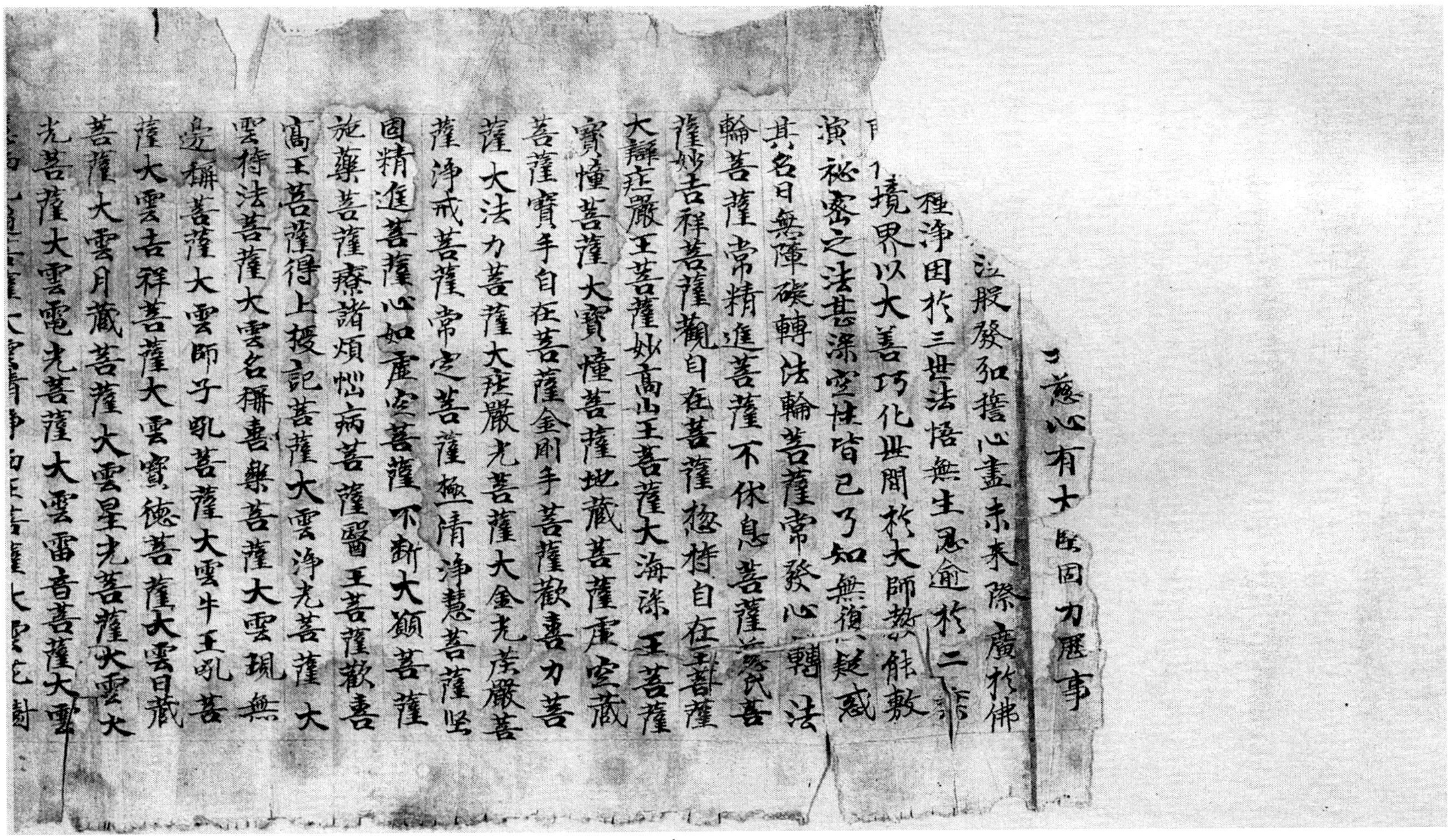

BD03664號　金光明最勝王經卷一　　（16–1）

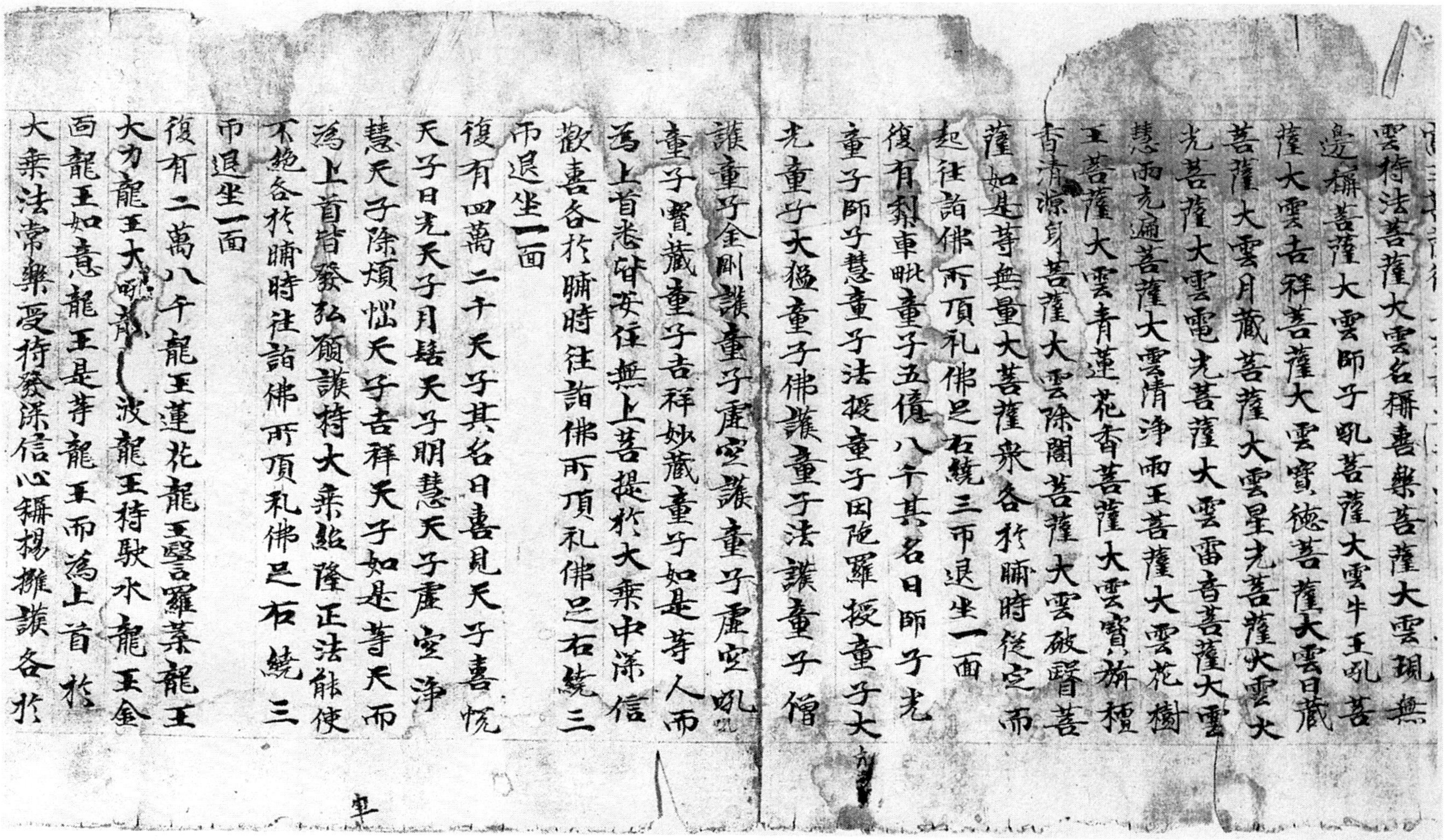
雲持法菩薩大雲名稱喜樂菩薩大雲現無
邊稱菩薩大雲師子吼菩薩大雲牛王吼菩
薩大雲吉祥菩薩大雲寶德菩薩大雲日藏
菩薩大雲月藏菩薩大雲星光菩薩大雲火
光菩薩大雲電光菩薩大雲雷音菩薩大雲
慧雨充遍菩薩大雲清淨雨王菩薩大雲花樹
王菩薩大雲青蓮花香菩薩大雲寶旃檀
香清涼身菩薩大雲除闇菩薩大雲破瞖菩
薩如是等無量大菩薩眾各於晡時從定而
起往詣佛所頂礼佛足右繞三帀退坐一面
復有梨車毗童子五億八千其名曰師子光
童子師子慧童子法授童子因陁羅授童子大光
光童子大猛童子佛護童子法護童子僧
護童子金剛護童子虛空護童子虛空吼
童子寶藏童子吉祥妙藏童子如是等人而
為上首悉皆安住無上菩提於大乘中深信
歡喜各於晡時往詣佛所頂礼佛足右繞三
帀退坐一面
復有四萬二千天子其名曰喜見天子喜悅
天子日光天子月髻天子明慧天子虛空淨
慧天子除煩惱天子吉祥天子如是等天而
為上首皆發弘願護持大乘紹隆正法能使
不絕各於晡時往詣佛所頂礼佛足右繞三
帀退坐一面
復有二萬八千龍王蓮花龍王醫羅葉龍王
大力龍王大吼龍王波龍王持駃水龍王金
面龍王如意龍王是等龍王而為上首於
大乘法常樂受持發深信心稱揚擁護各於

BD03664 號　金光明最勝王經卷一　(16–2)

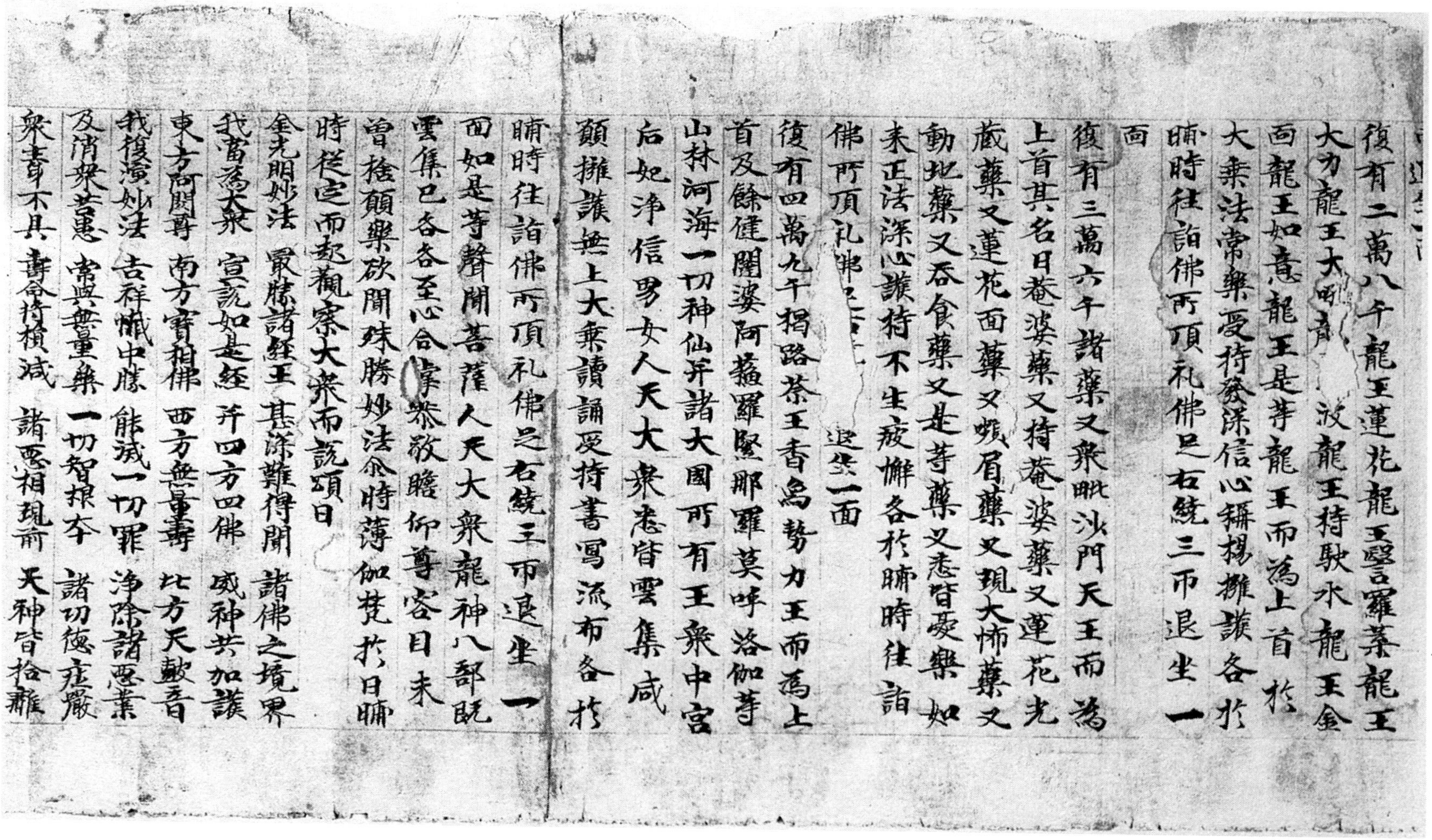
復有二萬八千龍王蓮花龍王醫羅葉龍王
大力龍王大吼龍王波龍王持駃水龍王金
面龍王如意龍王是等龍王而為上首於
大乘法常樂受持發深信心稱揚擁護各於
晡時往詣佛所頂礼佛足右繞三帀退坐一
面
復有三萬六千諸藥叉眾毗沙門天王而為
上首其名曰菴婆藥叉持菴婆藥叉蓮花光
藏藥叉蓮花面藥叉顰眉藥叉現大怖藥叉
動地藥叉吞食藥叉是等藥叉悉皆愛樂如
來正法深心護持不生疲懈各於晡時往詣
佛所頂礼佛足[illegible]退坐一面
復有四萬九千揭路荼王香象勢力王而為上
首及餘揵闥婆阿蘇羅緊那羅莫呼洛伽等
山林河海一切神仙并諸大國所有王眾中宮
后妃淨信男女人天大眾悉皆雲集咸
願擁護無上大乘讀誦受持書寫流布各於
晡時往詣佛所頂礼佛之右繞三帀退坐一
面如是等聲聞菩薩人天大眾龍神八部既
雲集已各各至心合掌恭敬瞻仰尊容目未
曾捨願樂欲聞殊勝妙法尒時薄伽梵於日晡
時從定而起觀察大眾而說頌曰
金光明妙法　最勝諸經王　甚深難得聞　諸佛之境界
我當為大眾　宣說如是經　并四方四佛　威神共加護
東方阿閦尊　南方寶相佛　西方無量壽　北方天鼓音
我復演妙法　吉祥懺中勝　能滅一切罪　淨除諸惡業
及消眾苦患　常與無量樂　一切智根本　諸功德莊嚴
眾生身不具　壽命將損減　諸惡相現前　天神皆捨離

BD03664 號　金光明最勝王經卷一　(16–3)

金光明妙法　最勝諸經王　甚深難得聞　諸佛之境界
我當為大衆　宣說如是經　并四方四佛　威神共加護
東方阿閦尊　南方寶相佛　西方無量壽　北方天鼓音
我復演妙法　吉祥懺中勝　能滅一切罪　淨除諸惡業
及消衆苦患　常與無量樂　一切智根本　諸功德莊嚴
衆生身不具　壽命將損減　諸惡相現前　天神皆捨離
親友懷瞋恨　眷屬悉分離　彼此共乖違　珍財皆散失
惡星為變怪　或被邪蠱侵　若復多憂愁　衆苦之所逼
睡眠見惡夢　因此生煩惱　是人當澡浴　應著鮮潔衣
於此妙經王　甚深佛所讚　專注心無亂　讀誦聽受持
由此經威力　能離諸災橫　及餘衆苦難　無不皆除滅
護世四王衆　及大臣眷屬　無量諸藥叉　一心皆擁衛
大辯才天女　尼連河水神　訶利底母神　堅牢地神衆
梵王帝釋主　龍王緊那羅　及金翅鳥王　阿蘇羅天衆
如是天神等　并將其眷屬　皆來護是人　晝夜常不離
我當說是經　甚深佛行處　諸佛秘密教　千万劫難逢
若有聞是經　能為他演說　若心生隨喜　或設於供養
如是諸人等　當於無量劫　常為諸天人　龍神所恭敬
此福聚無量　數過於恒沙　讀誦是經者　當獲斯功德
亦為十方尊　深行諸菩薩　擁護持經者　令離諸苦難
供養是經者　如前澡浴身　飲食及香花　恒起慈悲意
若欲聽是經　令心淨無垢　常生歡喜念　能長諸功德
若以尊重心　聽聞是經者　善生於人趣　遠離諸苦難
彼人善根熟　諸佛之所讚　方得聞是經　及以懺悔法
金光明最勝王經如來壽量品第二
尒時王舍大城有一菩薩摩訶薩名曰妙幢
已於過去無量俱胝那庾多百千佛所承事
供養殖諸善根是時妙幢菩薩獨於靜處
作是思惟以何因緣釋迦牟尼如來壽命短促

BD03664號　金光明最勝王經卷一　（16–4）

尒時王舍大城有一菩薩摩訶薩名曰妙幢
已於過去無量俱胝那庾多百千佛所承事
供養殖諸善根是時妙幢菩薩獨於靜處
作是思惟以何因緣釋迦牟尼如來壽命短促
唯八十年復作是念如佛所說有二因緣得
壽命長云何為二一者不害生命二者施他
飲食然釋迦牟尼如來曾於無量百千万億
無數大劫不害生命行十善道常以飲食惠
施一切飢餓衆生乃至己身血肉骨髓亦持施
與令得飽滿況餘飲食時彼菩薩於世尊所
作是念時以佛威力其室忽然廣博嚴淨帝
青琉璃種種衆寶雜彩間飾如佛淨土有
妙香氣過諸天香芬馥充滿於其四面各有
上妙師子之座四寶所成以天寶衣而敷其
上復於此座有妙蓮花種種珍寶以為嚴飾
量等如來自然顯現於蓮花上有四如來東
方不動南方寶相西方無量壽北天鼓音是四
如來各於其座跏趺而坐放大光明周遍照
耀王舍大城及此三千大千世界乃至十方
恒河沙等諸國土雨諸天花奏諸天樂尒
時於此贍部洲中及三千大千世界所有衆
生以佛威力受勝妙樂無有乏少若身不具
皆蒙具足盲者能視聾者得聞瘂者能言愚
者得智若心亂者得本心若衣無者得衣服
被惡賤者人所敬有垢穢者身清潔於此世
間所有利益未曾有事悉皆顯現
尒時妙幢菩薩見四如來及希有事歡喜踊
躍合掌一心瞻仰諸佛殊勝之相亦復思惟

BD03664號　金光明最勝王經卷一　（16–5）

被惡賊者人所敬有垢穢者身淨於山世
間所有利益未曾有事悉皆顯現
尒時妙幢菩薩見四如來及希有事歡喜踊
躍合掌一心瞻仰諸佛殊勝之相亦復思惟
釋迦牟尼如來無量功德唯於壽命生疑惑心
云何如來功德無量壽命短促唯八十年
尒時四佛告妙幢菩薩言善男子汝今不
應思忖如來壽命長短何以故善男子我等
不見諸天世間梵摩沙門婆羅門等人及非
人有能算知佛之壽量知其齊限唯除無上
正遍知者時四如來欲說釋迦牟尼佛所有
壽量以佛威力欲色界天諸龍鬼神揵闥婆
阿蘇羅揭路荼緊那羅莫呼洛伽及無量百
千億那庾多菩薩摩訶薩悉來集會入妙
幢菩薩淨妙室中尒時四佛於大衆中欲顯
釋迦牟尼如來所有壽量而說頌曰
一切諸海水　可知其渧數　無有能數知　釋迦之壽量
析諸妙山　如芥可知數　無有能數知　釋迦之壽量
一切大地土　可知其塵數　無有能算知　釋迦之壽量
假使量虛空　可得盡邊際　無有能度知　釋迦之壽量
若人住億劫　盡力常算數　亦復不能知　世尊之壽量
不害衆生命　及施於飲食　由斯二種因　得壽命長遠
是故大覺尊　壽命難知數　如劫無邊際　壽量亦如是
妙幢汝當知　不應起疑惑　最勝壽無量　莫能知數者
尒時妙幢菩薩聞四如來說釋迦牟尼佛壽
量無限白言世尊云何如來示現如是短促
壽量時四世尊告妙幢菩薩言善男子彼釋
迦牟尼佛於五濁世出現之時人壽百年稟
性下劣善根微薄復無信解此諸衆生多有

BD03664號　金光明最勝王經卷一　（16–6）

尒時妙幢菩薩聞四如來說釋迦牟尼佛壽
量無限白言世尊云何如來示現如是短促
壽量時四世尊告妙幢菩薩言善男子彼釋
迦牟尼佛於五濁世出現之時人壽百年稟
性下劣善根微薄復無信解此諸衆生多有
我見人見衆生壽者養育邪見我我所見斷
常見等為欲利益此諸異生及衆外道如是
等類令生正解速得成就無上菩提是故釋
迦牟尼如來示現如是短促壽命善男子然
彼如來欲令衆生見涅槃已生難遭想憂
苦等想於佛世尊所說經教速當受持讀誦
通利為人解說不生謗毀是故如來現斯短
壽何以故彼諸衆生若見如來不般涅槃不
生恭敬難遭之想如來所說甚深經典亦不
受持讀誦通利為人宣說所以者何以常見佛
不尊重故善男子譬如有人見其父母多有
財產珍寶豐盈便於財物不生希有難遭之想
所以者何於父財物生常想故善男子彼
諸衆生亦復如是若見如來不入涅槃不生
希有難遭之想所以者何由常見故善男子
譬如有人父母貧窮資財乏少然彼貧人或
詣王家或大臣舍見其倉庫種種珍財悉皆
盈滿生希有心難遭之想時彼貧人為欲求
財廣設方便策勤無怠所以者何為捨貧窮
受安樂故善男子彼諸衆生亦復如是若見
如來入於涅槃生難遭想乃至憂苦等想復
作是念於無量劫諸佛如來出現於世如烏
曇跋花時乃一現彼諸衆生發希有心起難遭
想若遇如來心生敬信聞說正法生實語想

BD03664號　金光明最勝王經卷一　（16–7）

如来入於涅槃生難遭想乃至憂苦等想復
作是念於無量劫諸佛如来出現於世如烏
曇跋花時乃一現彼諸衆生發希有心起難遭
想若遇如来心生敬信聞說正法生實語想
所有經典悉皆受持不生毀謗善男子以是
因緣彼佛世尊不久住世速入涅槃善男子是諸
如来以如是等善巧方便成就衆生尒時四佛
說是語已忽然不現
尒時妙幢菩薩摩訶薩與無量百千菩薩
及無量億那庾多百千衆生俱共往詣鷲峯
山中釋迦牟尼如来正遍知所頂礼佛足在一
面立時妙幢菩薩以如上事具白世尊時四
如来亦詣鷲峯至釋迦牟尼佛所各隨本方
就座而坐告侍者菩薩言善男子汝今可詣
釋迦牟尼佛所為我致問少病少惱起居輕
利安樂行不復作是言善哉善哉釋迦牟尼
如来今可演說金光明經甚深法要為欲饒
益一切衆生除去飢饉令得安樂我當隨喜
時彼侍者各詣釋迦牟尼佛所頂礼雙足却
住一面俱白佛言彼天人師致問無量少病
少惱起居輕利安樂行不復作是言善哉善
哉釋迦牟尼如来今可演說金光明經甚深
法要為欲利益一切衆生除去飢饉令得安
樂尒時釋迦牟尼如来應正等覺告彼侍者
諸菩薩言善哉善哉彼四如来乃能為諸衆
生饒益安樂勸請於我宣揚正法尒時世尊
而說頌曰

BD03664號　金光明最勝王經卷一　（16–8）

樂尒時釋迦牟尼如来應正等覺告彼侍者
諸菩薩言善哉善哉彼四如来乃能為諸衆
生饒益安樂勸請於我宣揚正法尒時世尊
而說頌曰
我常在鷲山　宣說此經寶　成就衆生故　亦現般涅槃
凡夫起邪見　不信我所說　為成就彼故　亦現般涅槃
時大會中有婆羅門姓憍陳如名曰法師授
記與無量百千婆羅門衆供養佛已聞世尊
說入般涅槃涕淚交流前礼佛足白言世尊
若實如来於諸衆生有大慈悲憐愍利益令
得安樂猶如父母餘無等者能與世間作歸
依處如淨滿月以大智慧能為照明如日初
出普觀衆生愛無偏黨如羅怙羅唯願世尊
施我一願尒時世尊黙然而止佛威力故於此
衆中有梨車毗童子名一切衆生喜見語
婆羅門憍陳如言大婆羅門汝今從佛欲乞
何願我能與汝婆羅門言童子我欲供養無
上世尊今從如来求請舍利如芥子許何以
故我曾聞說若善男子善女人得佛舍利如
芥子許恭敬供養是人當生三十三天而為
帝釋是時童子語婆羅門曰若欲願生三十
三天受勝報者應當至心聽是金光明最勝
王經於諸經中最為殊勝難解難入聲聞獨
覺所不能知此經能生無量無邊福德果報
乃至成辦無上菩提我今為汝略說其事婆
羅門言善哉童子此金光明甚深最上難解
難入聲聞獨覺尚不能知何況我等邊鄙之
人智慧微淺而能解了是故我今求佛舍利

BD03664號　金光明最勝王經卷一　（16–9）

羅門言善哉童子此金光明甚深最上難解
難入聲聞獨覺尚不能知何況我等邊鄙之
人智慧微淺而能解了是故我今求佛舍利
如芥子許持還本處置寶函中恭敬供養命
終之後得為帝釋常受安樂云何汝今不能
為我從明行足求斯一願作是語已尒時童子
即為婆羅門而說頌曰
恒河駛流水　可生白蓮花　黃鳥作白形　黑烏變為赤
假使贍部樹　可生多羅果　朅樹羅枝中　能出菴羅葉
斯等希有物　或容可轉變　世尊之舍利　畢竟不可得
假使用龜毛　織成上妙服　寒時可被著　方求佛舍利
假使蚊蚋足　可使成樓觀　堅固不搖動　方求佛舍利
假使水蛭蟲　口中生白齒　長大利如鋒　方求佛舍利
假使持兔角　用成於梯蹬　可昇上天宮　方求佛舍利
鼠緣梯上　除去阿蘇羅　能障空中月　方求佛舍利
若蠅飲酒醉　周行村邑中　廣造於舍宅　方求佛舍利
若使驢脣色　赤如頻婆果　善作於歌舞　方求佛舍利
烏與鵂鶹鳥　同共一處栖　彼此相順從　方求佛舍利
假使波羅葉　可成於傘蓋　能遮於大雨　方求佛舍利
假令大船舶　盛滿諸財寶　能令陸地行　方求佛舍利
假使鷦鷯鳥　以觜銜香山　隨處任遊行　方求佛舍利
尒時法師授記婆羅門聞此頌已亦以伽他荅一
切眾生喜見童子曰
善哉大童子　此眾中吉祥　善巧方便心　得佛無上記
如來大威德　能救護世間　仁可至心聽　我今次第說
諸佛境難思　世間無與等　法身性常住　修行無差別
諸佛體皆同　所說法亦尒　諸佛無作者　亦復本無生
世尊金剛體　權現於化身　是故佛舍利　無如芥子許

BD03664號　金光明最勝王經卷一　（16–10）

諸佛境難思　世間無與等　法身性常住　修行無差別
諸佛體皆同　所說法亦尒　諸佛無作者　亦復本無生
世尊金剛體　權現於化身　是故佛舍利　無如芥子許
佛非血肉身　云何有舍利　方便留身骨　為益諸眾生
法身是正覺　法界即如來　此是佛真身　亦說如是法
尒時會中三万二千天子聞說如來壽命長
遠皆發阿耨多羅三藐三菩提心歡喜踊躍
得未曾有異口同音而說頌曰
佛不般涅槃　正法亦不滅　為利眾生故　示現有滅盡
世尊不思議　妙體無異相　為利眾生故　現種種莊嚴
尒時妙幢菩薩親於佛前及四如來并二大士
諸天子所聞說釋迦牟尼如來壽量事已復
從座起合掌恭敬白佛言世尊若實如是
諸佛如來不般涅槃無舍利者云何經中說
有涅槃及佛舍利令諸人天恭敬供養過去
諸佛現有身骨流布於世人天供養得福無
邊今復言無致生疑惑唯願世尊哀愍我
等廣為分別
尒時佛告妙幢菩薩及諸大眾汝等當知云
般涅槃有舍利者是密意說如是之義當一
心聽善男子菩薩摩訶薩知如是法有其十
法能解如來應正等覺真實理趣說有究
竟大般涅槃云何為十一者諸佛如來究
竟斷盡諸煩惱障所知障故名為涅槃二者諸
如來善能解了有情無性及法無性故名為
涅槃三者能轉身依及法依故名為涅槃四
者於諸有情任運休息化因緣故名為涅槃
五者證得真實無差別相平等法身故名為

BD03664號　金光明最勝王經卷一　（16–11）

如來善能解了有情無性及法無性故名為
涅槃三者能轉身依及法依故名為涅槃四
者於諸有情任運休息化因緣故名為涅槃
五者證得真實無差別相平等法身故名為
涅槃六者了知生死及以涅槃無二性故名為涅
槃七者於一切法了其根本證清淨故名
為涅槃八者於一切法無生無滅善修行
故名為涅槃九者真如法界實際平等行正
智故名為涅槃十者於諸法性及涅槃性得
無差別故名為涅槃是謂十法說有涅槃
復次善男子菩薩摩訶薩如是應知復有十
法能解如來應正等覺真實現趣說有究
竟大般涅槃云何為十一者一切煩惱以樂欲
為本從樂欲生諸佛世尊斷樂欲故名為涅
槃二者以諸如來斷諸樂欲不取一法以不
取故無去無來無所取故名為涅槃三者以
無去來及無所取是則法身不生不滅無生
滅故名為涅槃四者此無生滅非言所宣言
語斷故名為涅槃五者無有我人唯法生滅
得轉依故名為涅槃六者煩惱隨惑皆是客
塵法性是主無來無去佛了知故名為涅槃
七者真如是實餘皆虛妄實性體者即是真
如真如性者即是如來名為涅槃八者實際
之性無有戲論唯獨如來證實際法戲論
永斷名為涅槃九者無生是實生是虛妄愚癡
之人漂溺生死如來體實無有虛妄名為涅槃
十者不實之法是從緣生真實之法不從
緣起如來法身體是真實名為涅槃善男子

BD03664號　金光明最勝王經卷一　（16–12）

永斷名為涅槃九者無生是實生是虛妄愚癡
之人漂溺生死如來體實無有虛妄名為涅槃
十者不實之法是從緣生真實之法不從
緣起如來法身體是真實名為涅槃善男子
是謂十法說有涅槃
復次善男子菩薩摩訶薩如是應知復有十
法能解如來應正等覺真實現趣說有究竟
大般涅槃云何為十一者如來善知施及施
果無我我所此施及果不正分別永除滅故
名為涅槃二者如來善知戒及戒果無我我
所此戒及果不正分別永除滅故名為涅槃
三者如來善知忍及忍果無我我所此忍及
果不正分別永除滅故名為涅槃四者如來
善知勤及勤果無我我所此勤及果不正分
別永除滅故名為涅槃五者如來善知定及
定果無我我所此定及果不正分別永除
故名為涅槃六者如來善知慧果無我我
所此慧及果不正分別永除滅故名為涅
槃七者諸佛如來善能了知一切有情非有
情一切諸法皆無性不正分別永除滅故名
為涅槃八者若自愛善便起追求由追求故
愛衆苦惱諸佛如來除自愛故永絕追求无
追求故名為涅槃九者有為之法皆有數量
无為法者數量皆除佛離有為證无為法无
數量故名為涅槃十者如來了知有情及法
體性皆空離空非有空性即是真法身故名
為涅槃善男子是謂十法說有涅槃
復次善男子豈唯如來不般涅槃是為希有

BD03664號　金光明最勝王經卷一　（16–13）

數量故名涅槃十者如来了知有情乃至法
體性皆空離空非有空性即是真法身故名
為涅槃善男子是謂十法說有涅槃
復次善男子豈唯如来不般涅槃是為希有
復有十種希有之法是如来行云何十一
者生死過失涅槃寂靜由於生死及以涅槃證
平等故不處流轉不住涅槃於諸有情不
生猒背是如来行二者佛於衆生不作是念
此諸愚夫行顛倒見為諸煩惱之所纏迫我
今開悟令得解脫然由往昔慈善根力於彼
有情隨其根性意樂勝解不起分別任運
濟度示教利喜盡未来際無有窮盡是如来
行三者佛無是念我今演說十二分教利益
有情然由往昔慈善根力於彼有情廣說乃至
盡未来際无有窮盡是如来行四者佛无是
念我今往彼城邑聚落王及大臣婆羅門剎
帝利薜舍戍達羅等舍從其乞食然由往昔
身語意行串習力故任運詣彼為利益事而
行乞食是如来行五者如来之身無有飢渴
亦無便利羸憊之相雖行乞取而無所食亦
無分別然為任運利益有情是有食相是如
来行六者佛無是念此諸衆生有上中下隨
彼機性而為說法然佛世尊无有分別隨其
器量善應機緣為彼說法是如来行七者佛
無是念此類有情不恭敬我常於我所出呵
罵言不能與彼共為言論彼類有情恭敬於
我常於我所共相讚歎我當與彼共為言說
然而如来起慈悲心平等無二是如来行八
者諸佛如来无有愛憎憍慢貪惜及諸煩惱

BD03664號　金光明最勝王經卷一　（16–14）

器量善應機緣為彼說法是如来行七者佛
無是念此類有情不恭敬我常於我所出呵
罵言不能與彼共為言論彼類有情恭敬於
我常於我所共相讚歎我當與彼共為言說
然而如来起慈悲心平等無二是如来行八
者諸佛如来无有愛憎憍慢貪惜及諸煩惱
然而如来常樂寂靜讚歎少欲離諸諠閙是
如来行九者如来无有一法不知不善通達
於一切處鏡智現前无有分別然而如来見
彼有情所作事業隨彼意轉方便誘引令得
出離是如来行十者如来若見一分有情得
富盛時不生歡喜見其衰損不起憂慼然
而如来見彼有情修習正行無礙大慈自然
救攝若見有情修習邪行無礙大悲自然救
攝是如来行善男子如是當知如来應正等覺
說有如是无邊正行汝等當知是謂涅槃真
實之相或時見有般涅槃者是權方便及留
舍利令諸有情恭敬供養皆是如来慈善根
力若供養者於未来世遠離八難逢事諸佛
遇善知識不失善心福報無邊速當出離不
為生死之所纏縛如是妙行汝等勤修勿為
放逸
尒時妙幢菩薩聞佛親說不般涅槃及甚深
行合掌恭敬白言我今始知如来大師不般
涅槃及留舍利普益衆生身心踊悅歎未曾
有說是如来壽量品時无量无數无邊衆生
皆發无等等阿耨多羅三藐三菩提心時四而
起還其本處

BD03664號　金光明最勝王經卷一　（16–15）

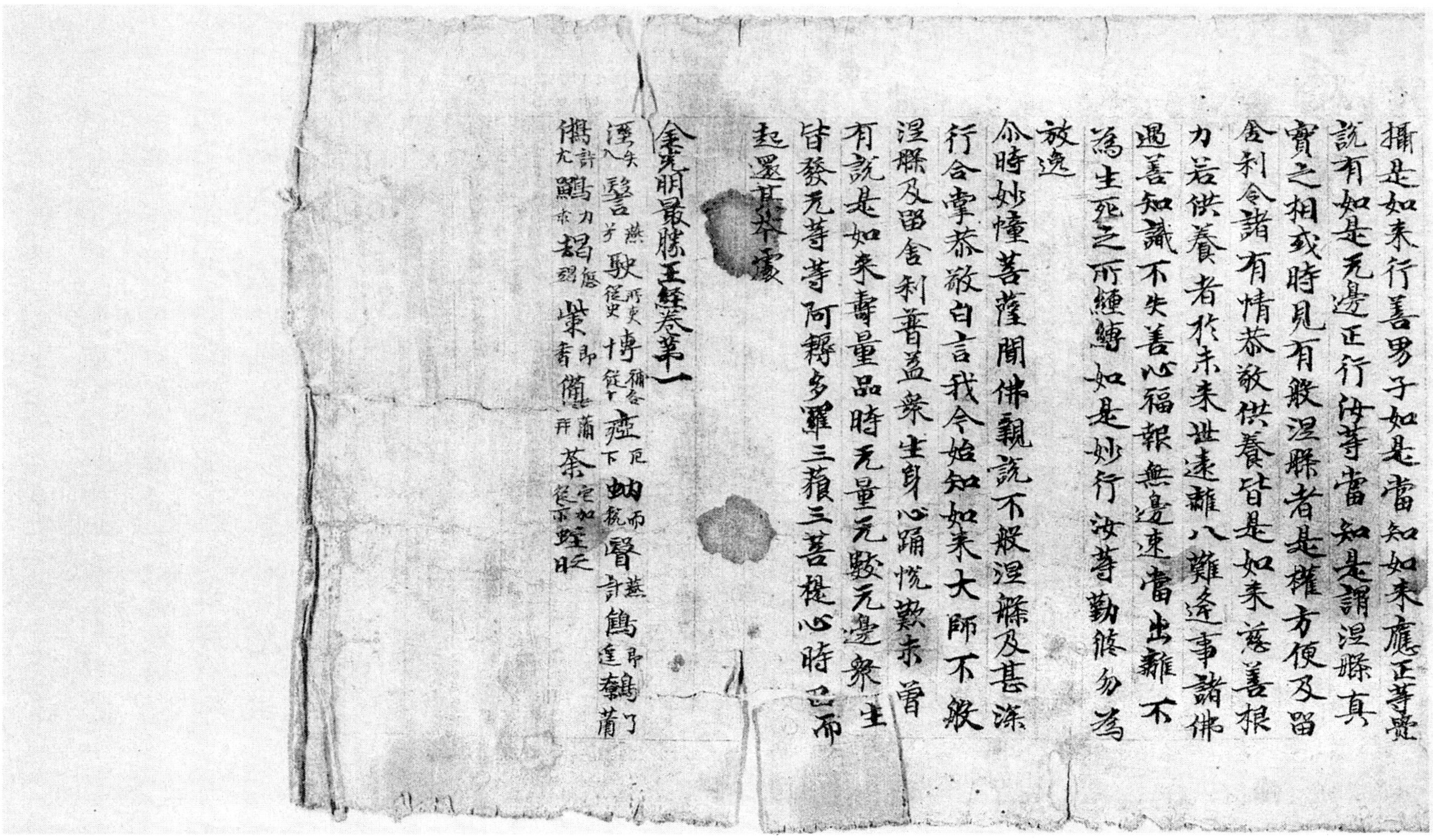

攝是如來行善男子如是當知如來應正等覺
說有如是无邊正行汝等當知是謂涅槃真
實之相或時見有般涅槃者是權方便及留
舍利令諸有情恭敬供養皆是如來義善根
力若供養者於未來世遠離八難逢事諸佛
遇善知識不失善心福報無邊速當出離不
為生死之所纏縛如是妙行汝等勤修勿為
放逸
尒時妙幢菩薩聞佛親說不般涅槃及甚深
行合掌恭敬白言我今始知如來大師不般
涅槃及留舍利普益衆生身心踊悅歎未曾
有說是如來壽量品時无量无數无邊衆生
皆發无等等阿耨多羅三藐三菩提心時四佛
起還其本處

金光明最勝王經卷第一

BD03664號　金光明最勝王經卷一　（16–16）

BD03664號背　雜寫　（1–1）

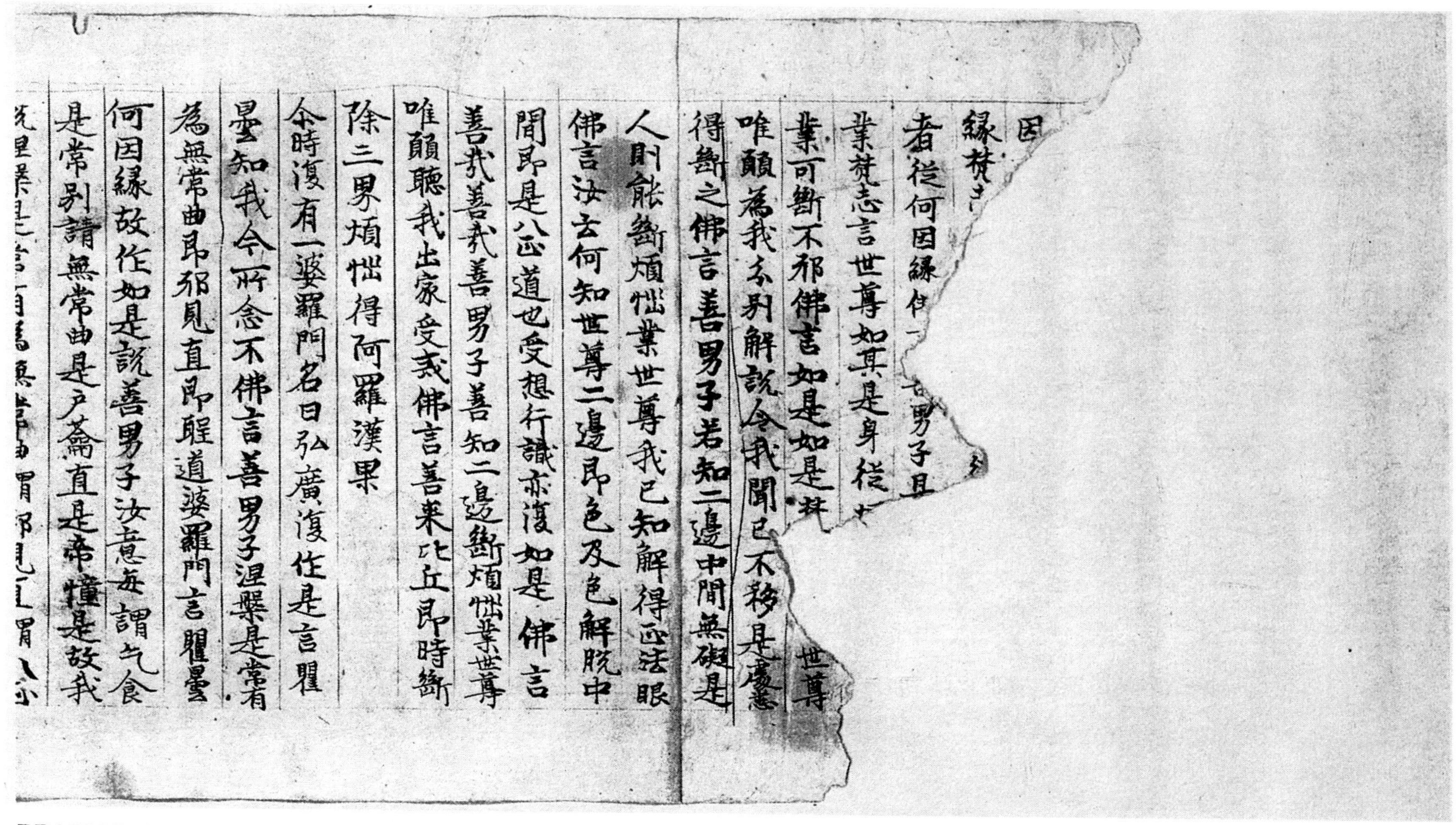
因
緣梵志
者從何因緣作　男子且
業梵志言世尊如其是身從
業可斷不邪佛言如是如是梵
唯願為我分別解說令我聞已不移是處　世尊
得斷之佛言善男子若知二邊中間無礙是
人則能斷煩惱業世尊我已知解得正法眼
佛言汝云何知世尊二邊即色及色解脫中
間即是八正道也受想行識亦復如是　佛言
善哉善哉善男子善知二邊斷煩惱業世尊
唯願聽我出家受戒佛言善來比丘即時斷
除三界煩惱得阿羅漢果
尒時復有一婆羅門名曰弘廣復作是言瞿
曇知我今所念不佛言善男子涅槃是常有
為無常曲即邪見直即聖道婆羅門言瞿曇
何因緣故作如是說善男子汝意每謂乞食
是常別請無常曲是戶籥直是帝幢是故我
說涅槃是　有為無常曲謂邪見直謂八正

BD03665號　大般涅槃經（北本）卷四〇　（17–1）

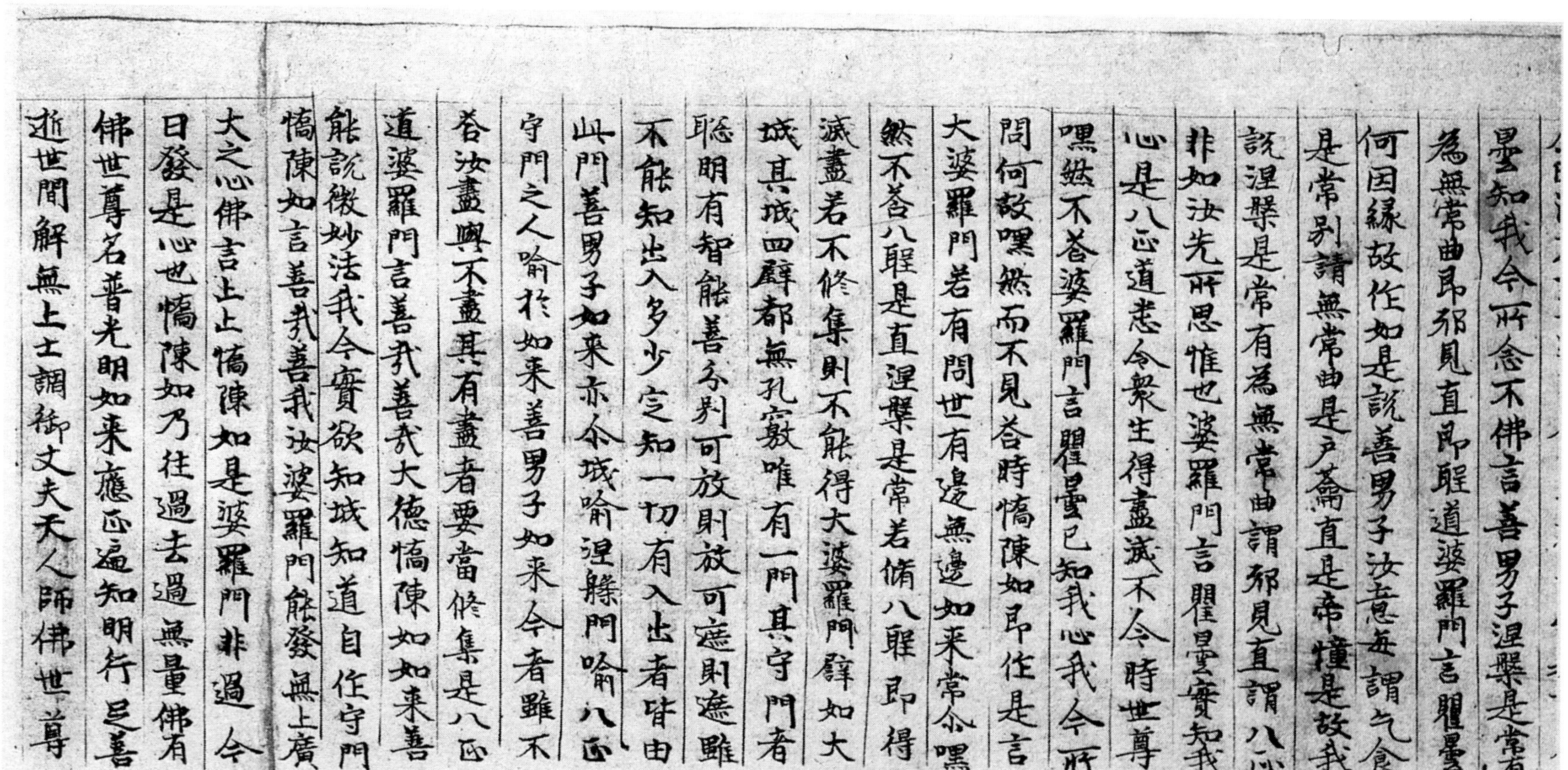
曇知我今所念不佛言善男子涅槃是常有
為無常曲即邪見直即聖道婆羅門言瞿曇
何因緣故作如是說善男子汝意每謂乞食
是常別請無常曲是戶籥直是帝幢是故我
說涅槃是常有為無常曲謂邪見直謂八正
非如汝先所思惟也婆羅門言瞿曇實知我
心是八正道悉令眾生得盡滅不令時世尊
嘿然不荅婆羅門言瞿曇已知我心我今所
問何故嘿然而不見荅時憍陳如即作是言
大婆羅門若有問世有邊無邊如來常尒嘿
然不荅八聖是直涅槃是常若脩八聖即得
滅盡若不脩集則不能得大婆羅門譬如大
城其城四壁都無孔竅唯有一門其守門者
聰明有智能善分別可放則放可遮則遮雖
不能知出入多少定知一切有入出者皆由
此門善男子如來亦尒城喻涅槃門喻八正
守門之人喻於如來善男子如來今者雖不
荅汝盡與不盡其有盡者要當脩集是八正
道婆羅門言善哉善哉大德憍陳如如來善
能說微妙法我今實欲知城知道自作守門
憍陳如言善哉善哉汝婆羅門能發無上廣
大之心佛言止止憍陳如是婆羅門非適今
日發是心也憍陳如乃往過去過無量佛有
佛世尊名普光明如來應正遍知明行足善
逝世間解無上士調御丈夫天人師佛世尊

BD03665號　大般涅槃經（北本）卷四〇　（17–2）

大之心佛言上上憍陳如是婆羅門非過　今
日發是心也憍陳如乃往過去過無量佛有
佛世尊名普光明如來應正遍知明行足善
逝世間解無上士調御丈夫天人師佛世尊
是人先已於彼佛所發阿耨多羅三藐三菩
提心此賢劫中當得作佛久已通達了知法
相為眾生故現處外道亦無所知以是因緣
汝憍陳如不應讚言善哉善哉汝今能發如
是大心尒時世尊知已即告憍陳如言阿難
比丘今為所在憍陳如言世尊阿難比丘　在
娑羅林外去此大會十二由延而為六万四
千億魔之所嬈亂是諸魔眾悉自變身為如
來像或有宣說一切諸法不從因生或有說
言一切因緣皆是常法從緣生者悉是無常
或有說言五陰是實或說虛假入界亦尒或
有說言十二因緣或有說言正有四緣　或說
諸法如幻如化如熱時焰或有說言因聞　得
法或有說言因思得法或有說言因修得法
或復有說不淨觀法或復有說出息入息或
復有說四念處觀或復有說三種觀義七種
方便或復有說煖法頂法忍法世間第一法
學無學地菩薩初住乃至十住或有說空無
相無作或復有說修多羅祇夜和伽羅那伽
陀憂陀那比陀那阿波陀那伊帝日多伽闍
陀伽毗佛略阿浮陀達磨憂波提舍或說四

BD03665號　大般涅槃經（北本）卷四〇　（17–3）

學無學地菩薩初住乃至十住或有說空無
相無作或復有說修多羅祇夜和伽羅那伽
陀憂陀那比陀那阿波陀那伊帝日多伽闍
陀伽毗佛略阿浮陀達磨憂波提舍或說四
念處四正勤四如意足五根五力七覺八聖
道或說內空外空內外空有為空無為空無
始空性空遠離空散空自相空無相空陰入
界空善空不善空無記空菩提空道空
涅槃空行空得空第一義空空空大空或有亦
現神通變化身出水火或身上出火身下出
水身下出水身上出火左脅在下右脅出水
右脅在下左脅出水一脅震雷一脅降雨或
有亦現諸佛世界或復亦現菩薩初生行至
七步處在深宮受五欲時初始出家修苦行
時往菩提樹坐三昧時壞魔軍眾轉法輪
時亦大神通入涅槃時世尊阿難比丘見是事
已作是念言如是神變昔來未見誰之所作
將非世尊釋迦作耶欲起欲語都不從意阿
難比丘入魔羂故復作是念諸佛所說各各
不同我於今者當受誰語世尊阿難今者撫
受大苦雖念如來無能救者以是因緣不來
至此大眾之中
尒時文殊師利菩薩摩訶薩白佛言世尊　此
大眾中有諸菩薩已於一生發阿耨多羅三
藐三菩提心至無量生發菩提心已能供養

BD03665號　大般涅槃經（北本）卷四〇　（17–4）

至此大衆之中
尒時文殊師利菩薩摩訶薩白佛言世尊此
大衆中有諸菩薩已於一生發阿耨多羅三
藐三菩提心至無量生發菩提心已能供養
無量諸佛其心堅固具足修行檀波羅蜜乃
至般若波羅蜜成就功德久已親近無量諸
佛淨修梵行得不退轉菩提之心得不退忍
不退轉持得如法忍首楞嚴等無量三昧如
是等輩聞大乘經終不生疑善能分别宣說
三寶同一性相常住不變聞不思議不生驚
怙聞種種空心不怖懅了了通達一切法性
能持一切十二部經廣解其義亦能受持無
量諸佛十二部經何憂不能受持如是大涅
槃典何因緣故問憍陳如何難所在
尒時世尊告文殊師利諦聽諦聽善男子我
成佛已過二十年住王舍城尒時我告諸比
丘言諸比丘今此衆中誰能為我受持如來
十二部經供給左右所須之事亦使不失自
身善利時憍陳如在彼衆中來白我言我能
受持十二部經供給左右不失所作自利益
事我言憍陳如汝已朽邁當須使人去何方
欲為我給使時舍利弗復作是言我能受持
佛一切語供給所須不失所作自利益事我
言舍利弗汝已朽邁當須使人去何方欲為
我給使乃至五百諸阿羅漢皆亦如是佛悉

事我言憍陳如汝已朽邁當須使人去何方
欲為我給使時舍利弗復作是言我能受持
佛一切語供給所須不失所作自利益事我
言舍利弗汝已朽邁當須使人去何方欲為
我給使乃至五百諸阿羅漢皆亦如是佛悉
不受尒時目連在大衆中作是思惟如來今
者不受五百比丘給使佛意為欲令誰作耶
思惟是已即便入定見如來心在阿難許如
日初出光照西壁見是事已即從定起語憍
陳如大德我觀如來欲令阿難給事左右尒
時憍陳如與五百阿羅漢往阿難所作如是
言阿難汝今當為如來給使請受是事阿難
言諸大德我實不堪給事如來何以故如來
尊重如師子王如龍如火我今穢弱云何能
辦諸比丘言阿難汝受我語給事如來得大
利益第二第三亦復如是阿難言諸大德我
亦不求大利益事實不堪任奉給左右時目
揵連復作是言阿難汝今未知阿難言大德
唯願說之目揵連言如來先日僧中求使五
百羅漢皆求為之如來不聽我即入定見如
來意欲令汝為汝今云何反更不受阿難聞
已合掌長跪作如是言諸大德若有是事如
來世尊與我三願當順僧命給事左右目揵
連言何等三願阿難言一者如來設以故衣
賜我聽我不受二者如來設受檀越别請聽
我不往三者聽我出入無有時節如是三事

来世尊與我三願當順僧命給事左右目揵
連言何等三願阿難言一者如来設以故衣
賜我聽我不受二者如来設受檀越别請聽
我不往三者聽我出入無有時節如是三事
佛若聽者當順僧命奉給左右時憍陳如五
百比丘還来我所作如是言我等已勸阿難
比丘唯求三願若佛聽者當順僧命文殊師
利我於尒時讃阿難言善哉善哉阿難比丘
具足智慧預見譏嫌何以故當有人言汝為
衣食奉給如来是故先求不受故衣不隨别
請憍陳如阿難比丘具足智慧入出有時則
不能得廣作利益四部之衆是故求欲出入
無時憍陳如我為阿難開是三事隨其意願
時目揵連還阿難所語阿難言吾已為汝啓
請三事如来大慈皆已聽許阿難言大德若
佛聽者請往給侍文殊師利阿難事我二十
餘年具足八種不可思議何等為八一者事
我已来二十餘年初不隨我受别請食二者
事我已来初不受我陳故衣服三者自事我
来至我所時終不非時四者自事我来具足
煩惱隨我入出諸王剎利豪貴大姓見諸女
人及天龍女不生欲心五者自事我来持我
所說十二部經一逕於耳曾不再問如寫瓶
水置之一瓶唯除一問善男子瑠璃太子煞
諸釋氏壞迦毗羅城阿難尒時心懷愁惱發

BD03665 號　大般涅槃經（北本）卷四〇　（17–7）

煩惱隨我入出諸王剎利豪貴大姓見諸女
人及天龍女不生欲心五者自事我来持我
所說十二部經一逕於耳曾不再問如寫瓶
水置之一瓶唯除一問善男子瑠璃太子煞
諸釋氏壞迦毗羅城阿難尒時心懷愁惱發
聲大哭来至我所作如是言我與如来俱生
此城同一釋種云何如来光顏如常我則憔
悴我時答言阿難我脩空定故不同汝過三
年已還来問我世尊我往於彼迦毗羅城曾
聞如来脩空三昧是事虛實我言阿難如是
如是如汝所說六者自事我来雖未獲得知
他心智常知如来所入諸定七者自事我来
未得願智而能了知如是衆生到如来所現
在能得四沙門果有後得者有得人身有得
天身八者自事我来如来所有祕密之言悉
能了知善男子阿難比丘具足如是八不思
議是故我稱阿難比丘為多聞藏善男子阿
難比丘具足八法能具足持十二部經何等
為八一者信根堅固二者其心質直三者身
無病苦四者常勤精進五者具足念心六者
心無憍慢七者成就定意八者具足從聞生
智文殊師利毗婆尸佛侍者弟子名阿叔迦
亦復具足如是八法尸棄如来侍者弟子名
差摩迦羅毗舍浮佛侍者弟子名憂波扇陀
迦羅鳩村大佛侍者弟子名曰拔提迦那牟
尼佛侍者弟子名曰蘇坻迦葉佛侍者弟子

BD03665 號　大般涅槃經（北本）卷四〇　（17–8）

智文殊師利毗婆尸佛侍者弟子名阿尌迦
亦復具足如是八法尸棄如来侍者弟子名
差摩迦羅毗舍浮佛侍者弟子名憂波扇陀
迦羅鳩村大佛侍者弟子名日扶提迦那牟
尼佛侍者弟子名日蘇坻迦葉佛侍者弟子
名葉婆蜜多皆亦具足如是八法我今阿難
亦復如是具足八法是故我稱阿難比丘爲
多聞藏善男子如汝所說此大衆中雖有無
量無邊菩薩是諸菩薩皆有重任所謂大慈
大悲如是慈悲之因緣故各各忩務調伏眷
屬莊嚴自身以是因緣我涅槃後不能宣通
十二部經若有菩薩或時能說人不信受文
殊師利阿難比丘是吾之弟給事我来二十
餘年所可聞法具足受持喻如寫水置之一
器是故我今顧問阿難爲何所在欲令受持
是涅槃經善男子我涅槃後阿難比丘所未
聞者弘廣菩薩當能流布阿難所聞自能宣
通文殊師利阿難比丘今在他處去此會外
十二由延而爲六万四千億魔之所惱亂汝可
往彼發大聲言一切諸魔諦聽諦聽如来
今說大陁羅尼一切天龍乹闥婆阿脩羅迦
樓羅緊那羅摩睺羅伽人與非人山神樹神
河神海神舍宅等神聞是持名無不恭敬受
持之者是陁羅尼十恒河沙諸佛世尊所共
宣說能轉女身自識宿命若受五事一者梵
行二者斷肉三者斷酒四者斷辛五者樂在

BD03665 號　大般涅槃經（北本）卷四〇

（17–9）

持之者是陁羅尼十恒河沙諸佛世尊所共
宣說能轉女身自識宿命若受五事一者梵
行二者斷肉三者斷酒四者斷辛五者樂在
寂靜處受五事已至心信受讀誦書寫是陁
羅尼當知是人則得超越七十七億弊惡之
身尒時世尊即便說之
阿摩隸　毗摩隸　涅摩隸　瞢伽隸
醯摩羅若竭椑　三曼那拔提　娑婆陁娑
檀尼　波羅摩他娑檀尼　摩那斯　阿拙
啼　比羅祇　菴摩賴坻　波嵐弥婆嵐
摩莎隸　富泥　富那摩　奴賴隸
尒時文殊師利從佛受是陁羅尼已至阿難
所在魔衆中住如是言諸魔眷屬諦聽我說
所從佛受陁羅尼呪魔王聞是陁羅尼已悉
發阿耨多羅三藐三菩提心捨於魔業即放
阿難文殊師利與阿難俱来至佛所阿難見
佛至心礼敬却住一面
佛告阿難言是娑羅林外有一梵志名須拔
陁其年極老已百二十雖得五通未捨憍慢
獲得非想非非想定生一切智起涅槃想汝
可往彼語須拔言如来出世如優曇花於今
中夜當般涅槃若有所作可及時作莫於後
日而生悔心阿難汝之所說彼定信受何以
故汝曾往昔五百世中作須拔陁子其人愛
心習猶不盡以是因緣信受汝語尒時阿難

BD03665 號　大般涅槃經（北本）卷四〇

（17–10）

可往彼語須抜言如来出世如憂曇花於今
中夜當般涅槃若有所作可及時作莫於後
日而生悔心阿難汝之所說彼定信受何以
故汝曾往昔五百世中作須抜陁子其人愛
心習猶不盡以是因緣信受汝語尒時阿難
受佛勅已往須抜所作如是言仁者當知如
来出世如憂曇花於今中夜當般涅槃欲有
所作可及時作莫於後日生悔心也須抜言
善哉阿難我今當往至如来所
尒時阿難與須抜陁還至佛所時須抜陁到
已問信作如是言瞿曇我今欲問隨我意荅
佛言須抜今正是時隨汝所問我當方便隨
汝意荅瞿曇有諸沙門婆羅門等作如是言
一切衆生受苦樂報皆隨往日本業因緣是
故若有持戒精進受身心苦能壞本業本業
既盡衆苦盡滅衆苦盡滅即得涅槃是義云
何佛言善男子若有沙門婆羅門等作是說
者我為憐愍常當往来如是人所既至彼已
我當問之仁者實作如是說不彼若見荅我
如是說何以故瞿曇我見衆生習行諸惡多
饒財寶身得自在又見修善貧窮多之不得
自在又見有人多役力用求財不得又見不
求自然得之又見有人慈心不煞反更中夭
又見喜殺終保年壽又見有人淨修梵行精
勤持戒有得解脫有不得者是故我說一切

自在又見有人多役力用求財不得又見不
求自然得之又見有人慈心不煞反更中夭
又見喜殺終保年壽又見有人淨修梵行精
勤持戒有得解脫有不得者是故我說一切
衆生受苦樂報皆由往日本業因緣須抜我
復當問仁者實見過去業不若有是業為
多少耶現在苦行能破多少耶能知是業已盡
不盡耶是業既盡一切盡耶彼若見荅我實
不知我便當為彼人引喻譬如有人身被毒
箭其家眷屬為請醫師令抜此箭既抜箭已
身得安隱其後十年是人猶憶了了分明是
醫為我抜出毒箭以藥塗拊令我得差安隱
受樂仁既不知過去本業云何能知現在苦
行定能破壞過去業耶彼若復言瞿曇汝今
亦有過去本業何故獨責我過去業瞿曇經
中亦作是說若見有人豪富自在當知是人
先世好施如是不名過去業耶我復荅言仁
者如是知者名為比知不名真知我佛法中
或有從因知果或有從果知因我佛法中有
過去業有現在業汝則不尒唯有過去業無
現在業汝法不從方便斷業我法不尒從方
便斷汝業盡已則得苦盡我則不尒煩惱盡
已業苦則盡是故我今責汝過去業彼人若
言瞿曇我實不知從師受之師作是說我實
無咎我言仁者汝師是誰彼若見荅是富蘭
那我復言曰汝昔何不一一諮啓大師實知

便斷汝業盡已則得苦盡我則不介於此
已業苦則盡是故我今責汝過去業彼人若
言瞿曇我實不知從師受之師作是說我實
無咎我言仁者汝師是誰彼若見答是富蘭
那我復言曰汝昔何不一一諮啓大師實知
過去業不汝師若言我不知者汝復云何受
是師語若言我知復應問言下苦因緣受中
上苦不中苦因緣受下上苦不上苦因緣受
中下苦不若言不者復應問言師云何說苦
樂之報唯過去業非現在耶復應問言是現
在苦過去有不苦過去有過去之業悉已都
盡若都盡者云何復受今日之身若過去無
唯現在有云何復言衆生苦樂皆過去業仁
者若知現在苦行能壞過業現在苦行復以
何破如其不破苦即是常若是常云何說
言得苦解脫若更有行壞苦行者過去已盡
云何有苦仁者如是苦行能令樂業受苦果
不復令苦業受樂果不能令無苦無樂業作
不受果不能令現報作生報不能令生報作
現報不令是二報作無報不能令定報作無
報不能令無報作定報不彼若復言瞿曇不
能我復當言仁者如其不能何因緣故受是
苦行仁者當知定有過業現在因緣是故我
言因煩惱生業因業受報仁者當知一切衆
生有過去業有現在因衆生雖有過去壽業
要賴現在飲食因緣仁者若說衆生受苦受

BD03665號　大般涅槃經（北本）卷四〇　（17–13）

能我復當言仁者如其不能何因緣故受是
苦行仁者當知定有過業現在因緣是故我
言因煩惱生業因業受報仁者當知一切衆
生有過去業有現在因衆生雖有過去壽業
要賴現在飲食因緣仁者若說衆生受苦受
樂定由過去本業因緣是事不然何以故仁
者譬如有人為王除怨以是因緣多得財寶
因是財寶受現在樂如是之人現作樂因現
受樂報譬如有人煞王愛子以是因緣喪失
身命如是之人現作苦因現受苦報仁者一
切衆生現在因於四大時節土地人民受苦
受樂是故我說一切衆生不必盡因過去本
業受苦樂也仁者若以斷業因緣力故得解
脫者一切聖人不得解脫何以故一切衆生
過去本業無始終故是故我說修聖道時
是道能遮無始終業仁者若受苦行使得道者
一切畜生悉應得道是故先當調伏其心不
調伏身以是因緣我經中說斫伐此林莫斫
伐樹何以故從林生怖不從樹生欲調伏身
先當調心心喻於林身喻於樹須扶隨言世
尊我已先調伏心佛言善男子汝今云何能
先調心須扶隨言世尊我先思惟欲是無常
無樂無淨觀色即是常樂我淨作是觀已欲
界結斷獲得色處是故名為先調伏心次復
觀色色是無常如癰如瘡如毒如箭見無色
常青淨寂靜如是觀已色界結盡得無色處

BD03665號　大般涅槃經（北本）卷四〇　（17–14）

先調心須扙隨言世尊我先思惟欲是無常
無樂無淨觀色即是常樂我淨住是觀已欲
界結斷獲得色處是故名爲先調伏心次復
觀色色是無常如癰如瘡如毒如箭見無色
常清淨寂靜如是觀已色界結盡得無色處
是故名爲先調伏心次復觀想即是無常癰
瘡毒箭如是觀已獲得非想非非想處是非
非想即一切智寂靜清淨無有墮墜常恒不
變是故我能調伏其心佛言善男子汝云何
能調伏心耶汝今所得非想非非想定猶名
爲想涅槃無想汝云何言獲得涅槃善男子
汝已先能呵責麁想今者云何愛著細想不
知呵責如是非想非非想處故名爲想如癰
如瘡如毒如箭善男子汝師鬱頭藍弗利根
聰明尚不能斷如是非想非非想處受於惡
身況其餘者世尊云何能斷一切諸有佛言
善男子若觀實想是人能斷一切諸有須扙
隨言世尊云何名爲實想善男子無想之想
名爲實想世尊云何名爲無想之想善男子
一切法無自相他相及自他相無無因相無
作相無受相無作者相無受者想無法非法
相無男女相無士夫相無微塵相無時節相
無爲自相無爲他相無爲自他相無有相無
無相無生相無生者相無因相無因因相無
果相無果果相無晝夜相無明闇相無見相

相無男女相無士夫相無微塵相無時節相
無爲自相無爲他相無爲自他相無有相無
無相無生相無生者相無因相無因因相無
果相無果果相無晝夜相無明闇相無見相
無見者相無聞相無聞者相無覺知相無覺
知者相無菩提相無得菩提者相無業相無
業主相煩惱相無煩惱主相善男子如是
等相隨所滅處名真實相善男子一切諸法
皆是虛假隨其滅處是名爲實是名實想是
名法界名畢竟智名第一義諦第一義空善
男子是想法界畢竟智第一義諦第一義空
下智觀故得聲聞菩提中智觀故得緣覺菩
提上智觀故得無上菩提說是法時十千菩
薩得一生實想万五千菩薩得二生法界二
万五千菩薩得畢竟智三万五千菩薩悟第
一義諦是第一義諦亦名第一義空亦名首
楞嚴三昧四万五千菩薩得虛空三昧是虛
空三昧亦名廣大三昧亦名智印三昧五万
五千菩薩得不退忍是不退忍亦名如法忍
亦名如法界六万五千菩薩得陁羅尼是陁
羅尼亦名大念心亦名無礙智七万五千菩
薩得師子吼三昧是師子吼亦名金剛三昧
亦名五智印三昧八万五千菩薩得平等三
昧是平等三昧亦名大慈大悲無量恒河沙
等衆生發阿耨多羅三藐三菩提心無量恒

提上智觀故得無上菩提說是法時十千菩
薩得一生實想万五千菩薩得二生法界二
万五千菩薩得畢竟智三万五千菩薩悟第
一義諦是第一義諦亦名第一義空亦名首
楞嚴三昧四万五千菩薩得虛空三昧是虛
空三昧亦名廣大三昧亦名智印三昧五万
五千菩薩得不退忍是不退忍亦名如法忍
亦名如法界六万五千菩薩得陁羅尼是陁
羅尼亦名大念心亦名無礙智七万五千菩
薩得師子吼三昧是師子吼亦名金剛三昧
亦名五智印三昧八万五千菩薩得平等三
昧是平等三昧亦名大慈大悲無量恒河沙
等衆生發阿耨多羅三藐三菩提心無量恒
河沙等衆生發緣覺心無量恒河沙等衆生
發聲聞心人女天女二万億人現轉女身得男
子身須跋陁羅得阿羅漢果

大般涅槃經卷第卌

BD03665號　大般涅槃經（北本）卷四〇　（17–17）

門居士等聞是香氣身意快然嘆未曾有
於是長者子月蓋從八万四千人來入維摩
詰舍見其室中菩薩甚多諸師子坐高廣嚴
好皆大歡喜礼衆菩薩及大弟子却住一面諸
地神虛空神及欲色界諸天聞此香氣亦皆
來入維摩詰舍時維摩詰語舍利弗等諸大
聲聞仁者可食如來甘露味飯大悲所薰无
以限意食之使不消也有異聲聞念是飯少
而此大衆人人當食化菩薩曰勿以聲聞小德
小智稱量如來无量福慧四海有竭此飯无
盡使一切人食揣若須彌乃至一劫猶不能
盡所以者何无盡戒定智慧解脫解脫知
見功德具足者所食之餘終不可盡於是鉢
飯悉飽衆會猶故不賜其諸菩薩聲聞天人
食此飯者身安快樂譬如一切樂莊嚴國諸
菩薩也又諸毛孔皆出妙香亦如衆香國土
諸樹之香
尒時維摩詰問衆香菩薩香積如來以何說
法彼菩薩曰我土如來无文字說但以衆香

BD03666號　維摩詰所說經卷下　（19–1）

食山飯者身安快樂譬如一切樂庄嚴國諸
菩薩也又諸毛孔皆出妙香亦如衆香國土
諸樹之香
尒時維摩詰問衆香菩薩香積如來以何說
法彼菩薩曰我土如來无文字說但以衆香
令諸天人得入律行菩薩各各坐香樹下聞
斯妙香即獲一切德藏三昧得是三昧者菩
薩所有功德皆悉具足彼諸菩薩問維摩
詰今世尊釋迦牟尼以何說法維摩詰言此
土衆生剛強難化故佛爲說剛強之語以調
伏之言是地獄是畜生是餓鬼是諸難處是
愚人生處是身邪行是身邪行報是口邪行
是口邪行報是意邪行是意邪行報是殺生
是殺生報是不與取是不與取報是邪婬是
邪婬報是妄語是妄語報是兩舌是兩舌報
是惡口是惡口報是無義語是無義語報是
貪嫉是貪嫉報是瞋惱是瞋惱報是邪見是
邪見報是慳悋是慳悋報是毀戒是毀戒報
是瞋恚是瞋恚報是懈怠是懈怠報是亂意
是亂意報是愚癡是愚癡報是結戒是持戒
是犯戒是應作是不應作是鄣礙是不鄣礙
是得罪是離罪是淨是垢是有漏是无漏是
邪道是正道是有爲是无爲是世間是涅槃
以難化之人心如猨猴故以若干種法制御其
心乃可調伏譬如象馬𢤱悷不調加諸楚
毒乃至徹骨然後調伏如是剛強難化衆生

BD03666號　維摩詰所說經卷下　（19–2）

耶道是正道是有爲是无爲是世間是涅槃
以難化之人心如猨猴故以若干種法制御其
心乃可調伏譬如象馬𢤱悷不調加諸楚
毒乃至徹骨然後調伏如是剛強難化衆生
故以一切苦切之言乃可入律彼諸菩薩聞說
是已皆曰未曾有也如世尊釋迦牟尼佛隱其
无量自在之力乃以貧所樂法度脫衆生斯諸
菩薩亦能勞謙以无量大悲生是佛土維摩
詰言此土菩薩於諸衆生大悲堅固誠如所言
然其一世饒益衆生多於彼國百千劫行所
以者何此娑婆世界有十事善法諸餘淨土
之所无有何等爲十以布施攝貧窮以淨戒
攝毀禁以忍辱攝瞋恚以精進攝懈怠以禪
定攝亂意以智慧攝愚癡說除難法度八難
者以大乘法度樂小乘者以諸善根濟无德者
常以四攝成就衆生是爲十彼菩薩曰菩薩
成就幾法於此世界行无瘡疣生于淨土維
摩詰言菩薩成就八法於此世界行无瘡疣
生于淨土何等爲八饒益衆生而不望報代
一切衆生受諸苦惱所作功德盡以施之等
心衆生謙下无礙於諸菩薩視之如佛所未
聞經聞之不疑不與聲聞而相違背不嫉彼
供不高己利而於其中調伏其心常省己過不
訟彼短恒以一心求諸功德是爲八維摩詰文
殊師利於大衆中說是法時百千天人皆發阿
耨多羅三藐三菩提心十千菩薩得无生法忍

BD03666號　維摩詰所說經卷下　（19–3）

供不高已利而於其中調伏其心常省己過不
訟彼短恒以一心求諸功德是為八維摩詰文
殊師利於大衆中說是法時百千天人皆發阿
耨多羅三藐三菩提心十千菩薩得无生法忍

菩薩行品第十一

是時佛說法於菴羅樹園其地忽然廣博嚴
事一切衆會皆作金色阿難白佛言世尊以
何因緣有此瑞應是處忽然廣博嚴事一切
衆會皆作金色佛告阿難是維摩詰文殊師
利與諸大衆恭敬圍繞發意欲來故先為此
瑞應於是維摩詰語文殊師利可共見佛與
諸菩薩礼事供養文殊師利言善哉行矣今
正是時維摩詰即以神力持諸大衆并師子
座置於右掌往詣佛所到已着地稽首佛足
右遶七匝一心合掌在一面立其諸菩薩即
皆避座稽首佛足亦繞七匝於一面立諸大弟
子釋梵四天王等亦皆避座稽首佛足在一
面立於是世尊如法慰問諸菩薩已各令
復坐即皆受教衆坐已定佛語舍利弗汝見
菩薩大士自在神力之所為乎唯然已見汝
意云何世尊我覩其為不可思議非意所圖
非度所測尒時阿難白佛言世尊今所聞香
自昔未有是為何香佛告阿難是彼菩薩毛
孔之香於是舍利弗語阿難言我等毛孔亦
出是香阿難言此所從來曰是長者維摩詰
從衆香國取佛餘飯於舍食者一切毛孔皆

BD03666 號　維摩詰所說經卷下

（19–4）

非度所測尒時阿難白佛言世尊今所聞香
自昔未有是為何香佛告阿難是彼菩薩毛
孔之香於是舍利弗語阿難言我等毛孔亦
出是香阿難言此所從來曰是長者維摩詰
從衆香國取佛餘飯於舍食者一切毛孔皆
香若此阿難問維摩詰是香氣住當久如維
摩詰言至此飯消曰此飯久如當消曰此飯
勢力至于七日然後乃消又阿難若聲聞人
未入正位食此飯者得入正位然後乃消已
入正位食此飯者得心解脫然後乃消若未
發大乘意食此飯者至發意然後乃消已發
意食此飯者得无生忍然後乃消已得无生忍
食此飯者至一生補處然後乃消譬如有藥名
曰上味其有服者身諸毒滅然後乃消此飯
如是滅除一切諸煩惱毒然後乃消阿難白
佛言未曾有也世尊如此香飯能作佛事佛
言如是如是阿難或有佛土以佛光明而作佛
事有以諸菩薩而作佛事有以佛所化人而
作佛事有以菩提樹而作佛事有以佛衣
服卧具而作佛事有以飯食而作佛事有以
園林臺觀而作佛事有以卅二相八十隨形好
而作佛事有以佛身而作佛事有以虛空
而作佛事衆生應以此緣得入律行有以夢
幻影響鏡中像水中月熱時炎如是等喻而
作佛事有以音聲語言文字而作佛事或有
清淨佛土寂寞无言无說无示无識无作无

BD03666 號　維摩詰所說經卷下

（19–5）

幻影響鏡中像水中月熱時炎如是等喻而
作佛事有以音聲語言文字而作佛事或有
清淨佛土寂寞无言无說无示无識无作无
為而作佛事如是阿難諸佛威儀進止諸所
施為无非佛事阿難有此四魔八万四千諸煩
惱門而諸衆生為之疲勞諸佛即以此法而
作佛事是名入一切諸佛法門菩薩入此門者
若見一切淨好佛土不以為喜不貪不
高若見一切不淨佛土不以為憂不礙不没
但於諸佛生清淨心歡喜恭敬嘆未曾有也
諸佛如来功德平等為教化衆生故而現佛
土不同阿難汝見諸佛國土地有若干而虛
空无若干也如是見諸佛色身有若干耳其
无礙慧无若干也阿難諸佛色身威相種姓
戒定智慧解脫解脫知見力无所畏不共之
法大慈大悲威儀所行及其壽命說法教化
成就衆生淨佛國土具諸佛法悉皆同等是
故名為三藐三佛陁名為多陁阿伽度名為
佛陁阿難若我廣說此三句義汝以劫壽不
能盡受正使三千大千世界滿中衆生皆如
阿難多聞第一得念揔持此諸人等以劫之
壽亦不能受如是阿難諸佛阿耨多羅三藐
三菩提无有限量智慧辯才不可思議阿難
白佛言我從今以往不敢自謂以為多聞佛
告阿難勿起退意所以者何我說汝於聲聞
中為最多聞非謂菩薩且止阿難其有智者

BD03666號　維摩詰所說經卷下　（19–6）

三菩提无有限量智慧辯才不可思議阿難
白佛言我從今以往不敢自謂以為多聞佛
告阿難勿起退意所以者何我說汝於聲聞
中為最多聞非謂菩薩且止阿難其有智者
不應限度諸菩薩也一切海淵尚可測量菩薩
禪定智慧揔持辯才一切功德不可量也阿
難汝等捨置菩薩所行是維摩詰一時所現
神通之力一切聲聞辟支佛於百千劫盡力
變化所不能作
介時衆香世界菩薩来者合掌白佛言世尊
我等初見此土生下劣想今自悔責捨離是
心所以者何諸佛方便不可思議為度衆生
故隨其所應現佛國異唯然世尊願賜少法
還於彼土當念如来佛告諸菩薩有盡无盡
解脫法門汝等當學何謂為盡謂有為法何
謂无盡謂无為法如菩薩者不盡有為不住
无為何謂不盡有為謂不離大慈不捨大悲
深發一切智心而不忽忘教化衆生終不厭
惓於四攝法常念順行護持正法不惜軀命
種諸善根无有疲厭志常安住方便迴向求
法不懈說法无悋勤供諸佛故入生死而无
所畏於諸榮辱心无憂喜不輕未學敬學如
佛墮煩惱者令發正念於遠離樂不以為貴
不著己樂慶於彼樂在諸禪定如地獄想於
生死中如園觀想見来求者為善師想捨諸
所有具一切智想見毀戒人起救護想諸波

BD03666號　維摩詰所說經卷下　（19–7）

佛墮煩惱者令發正念於遠離樂不以為貴
不著己樂慶於彼樂在諸禪定如地獄想於
生死中如園觀想見來求者為善師想捨諸
所有具一切智想見毀戒人起救護想諸波
羅蜜為父母想道品法為眷屬想發行善根
无有齊限以諸淨國嚴飾之事成己佛土行
无限施具足相好除一切惡淨身口意故生
死无數劫意而有勇聞佛无量德志而不惓
以智慧劍破煩惱賊出陰界入荷負眾生永
使解脫以大精進摧伏魔軍常求无念實相
智慧行少欲知足而不捨世法不壞威儀而
能隨俗起神通慧引導眾生得念總持所聞
不忘善別諸根斷眾生疑以樂說辯演法无
礙淨十善道受天人福脩四无量開梵天道
勸請說法隨喜讚善得佛音聲身口意善得
佛威儀深脩善法所行轉勝以大乘教成菩
薩僧心无放逸不失眾善行如此法是名菩
薩不盡有為何謂菩薩不住无為謂脩學空
不以空為證脩學无相无作不以无相无作
為證脩學无起不以无起為證觀於无常而
不厭善本觀世間苦而不惡生死觀於无我
而誨人不惓觀於寂滅而不永寂滅觀於遠
離而身心脩善觀无所歸而歸趣善法觀於
无生而以生法荷負一切觀於无漏而不斷諸
漏觀无所行而以行法教化眾生觀於空
无而不捨大悲觀正法位而不隨小乘觀諸

BD03666 號　維摩詰所說經卷下　（19–8）

而誨人不惓觀於寂滅而不永寂滅觀於遠
離而身心脩善觀无所歸而歸趣善法觀於
无生而以生法荷負一切觀於无漏而不斷諸
漏觀无所行而以行法教化眾生觀於空
无而不捨大悲觀正法位而不隨小乘觀諸
法虛妄无牢无人无主无相本願未滿而不
虛福德禪定智慧脩如此法是名菩薩不住
无為又具福德故不住无為具智慧故不盡
有為大慈悲故不住无為滿本願故不盡有
為集法藥故不住无為隨授藥故不盡有為
知眾生病故不住无為滅眾生病故不盡有
為諸正士菩薩已脩此法不盡有為不住无
為是名盡无盡解脫法門汝等當學尒時彼
諸菩薩聞說是法皆大歡喜以眾妙華若干
種色若干眾香散遍三千大千世界供養於
佛及此經法并諸菩薩已稽首佛足歎未曾
有言釋迦牟尼佛乃能於此善行方便言已
忽然不現還到彼國
見阿閦佛品第十二
尒時世尊問維摩詰汝欲見如來為以何等
觀如來乎維摩詰言如自觀身實相觀佛亦
然我觀如來前際不來後際不去今則无住不
觀色不觀色如不觀色性不觀受想行識不觀識
如不觀識性非四大起同於虛空六入无積眼耳
鼻舌身心已過不在三界三垢已離順三脫門
具足三明與无明等不一相不異相不自相不他相

BD03666 號　維摩詰所說經卷下　（19–9）

觀色不觀色如不觀色性不觀受想行識不觀識
如不觀識性非四大起同於虛空六入无積眼耳
鼻舌身心已過不在三界三垢已離順三脫門
具足三明與无明等不一相不異相不自相不他相
非无相非取相不此岸不彼岸不中流而化衆生
觀於寂滅亦不永滅不此不彼不以此不以彼不可
以智知不可以識識无晦无明无名无相无強
无弱非淨非穢不在方不離方非有為非无
為无示无說不施不慳不戒不犯不忍不恚不進
不怠不定不亂不智不愚不誠不欺不來不去
不出不入一切言語道斷非福田非不福田非
應供養非不應供養非取非捨非有相非无相
同真際等法性不可稱不可量過諸稱量非大
非小非見非聞非覺非知離衆結縛等諸智同
衆生於諸法无分別一切无失无濁无惱无作
无起无生无滅无畏无憂无喜无厭无著无
已有无當有无今有不可以一切言說分別顯示
世尊如來身為若此作如是觀以斯觀者名為
正觀若他觀者名為邪觀
尒時舍利弗問維摩詰汝於何沒而來生此維
摩詰言汝所得法有沒生乎舍利弗言无沒生
也若諸法无沒生相云何問言汝於何沒而來
生此於意云何譬如幻師幻作男女寧沒生耶
舍利弗言无沒生耶汝豈不聞佛說諸法如幻
相乎答曰如是若一切法幻相者云何問言
汝於何沒而來生此舍利弗沒者為虛誑法

BD03666號　維摩詰所說經卷下　（19–10）

也若諸法无沒生相云何問言汝於何沒而來
生此於意云何譬如幻師幻作男女寧沒生耶
舍利弗言无沒生耶汝豈不聞佛說諸法如幻
相乎答曰如是若一切法幻相者云何問言
汝於何沒而來生此舍利弗沒者為虛誑法
壞敗之相生者為虛誑法相續之相菩薩雖沒
不盡善本雖生不長諸惡是時佛告舍利弗
有國名妙喜佛号无動是維摩詰於彼國沒而
來生此舍利弗言未曾有也世尊是人乃能捨清淨
土而來樂此多怒害處維摩詰語舍利弗於意
云何日光出時與冥合乎答曰不也日光出時
則无衆冥維摩詰言夫日何故行閻浮提答曰
欲以明照為之除冥維摩詰言菩薩如是雖生
不淨佛土為化衆生不與愚闇而共合也但滅
衆生煩惱闇耳
是時大衆渴仰欲見妙喜世界无動如來及其
菩薩聲聞之衆佛知一切衆會所念告維摩詰
言善男子為此衆會現妙喜國无動如來及諸
菩薩聲聞之衆皆欲見於是維摩詰心念吾
當不起于座接妙喜國鐵圍山川溪谷江河大
海泉源須弥諸山及日月星宿天龍鬼神梵天
等宮并諸菩薩聲聞之衆城邑聚落男女大
小乃至无動如來及菩提樹諸妙蓮華能於十方
作佛事者三道寶階從閻浮提至忉利天以此
寶階諸天來下悉為礼敬无動如來聽受經法
閻浮提人亦登其階上昇忉利見彼諸天妙善

BD03666號　維摩詰所說經卷下　（19–11）

等宮并諸菩薩聲聞之衆城邑聚落男女大
小乃至无動如来及菩提樹諸妙蓮華能於十方
作佛事者三道寶階從閻浮提至忉利天以此
寶階諸天来下悉為礼敬无動如来聽受經法
閻浮提人亦登其階上昇忉利見彼諸天妙喜
世界成就如是无量功德上至阿迦膩吒天下
至水際以右手斷取如陶家輪入此世界猶持
華鬘示一切衆作是念已入於三昧現神通力
以其右手斷取妙喜世界置於此土彼得神
通菩薩及聲聞衆并餘天人俱發聲言唯然
世尊誰取我去願見救護无動佛言非我所為
是維摩詰神力所作其餘未得神通者不覺不
知己之所往妙喜世界雖入此土而不增減於
是世界亦不迫隘如本无異
尒時釋迦牟尼佛告諸大衆汝等且觀妙喜
世界无動如来其國嚴飾菩薩行淨弟子清白
皆曰唯然已見佛言若菩薩欲得如是清淨佛
土當學无動如来所行之道現此妙喜國時娑
婆世界十四那由他人發阿耨多羅三藐三菩提
心皆願生於妙喜佛土釋迦牟尼佛即記之曰
當生彼國時妙喜世界於此國土所應饒益其
事訖已還復本處衆皆見佛告舍利弗汝
見此妙喜世界及无動佛不唯然已見世尊願使
一切衆生得清淨土如无動佛獲神通力如維
摩詰世尊我等快得善利得見是人親近供養
其諸衆生若今現在若佛滅後聞此經者亦得

當生彼國時妙喜世界於此國土所應饒益其
事訖已還復本處衆皆見佛告舍利弗汝
見此妙喜世界及无動佛不唯然已見世尊願使
一切衆生得清淨土如无動佛獲神通力如維
摩詰世尊我等快得善利得見是人親近供養
其諸衆生若今現在若佛滅後聞此經者亦得
善利况復聞已信解受持讀誦解説如法脩行
若有手得是經典者便為已得法寶之藏若有
讀誦解釋其義如説脩行則為諸佛之所護念
其有供養如是人者當知則為供養於佛其有
書持此經卷者當知其室則有如来若聞是經
能隨喜者斯人則為取一切智若能信解此經
乃至一四句偈為他説者當知此人即是受阿
耨多羅三藐三菩提記
法供養品第十三
尒時釋提桓因於大衆中白佛言世尊我雖從
佛及文殊師利聞百千經未曾聞此不可思議
自在神通決定實相經典如我解佛所説義趣
若有衆生聞是經法信解受持讀誦之者必得
是法不疑何况如説脩行斯人則為閉衆惡趣
開諸善門常為諸佛之所護念降伏外學摧滅
魔怨脩菩提道安處道場履踐如来所行之跡
世尊若有受持讀誦如説脩行者我當與諸眷
屬供養給事所在聚落城邑山林曠野有是經
處我亦與諸眷屬聽受法故共到其所其未信
者當令生信其已信者當為作護佛言善哉

世尊若有受持讀誦如說脩行者我當與諸眷
屬供養給事所在聚落城邑山林曠野有是經
處我亦與諸眷屬聽受法故共到其所其未信
者當令生信其已信者當為作護佛言善哉
善哉天帝如汝所說吾助汝喜此經廣說過去
未来現在諸佛不可思議阿耨多羅三藐三
菩提是故天帝若善男子善女人受持讀誦供
養是經者則為供養去来今佛天帝正使三千大
千世界如来滿中譬如甘蔗竹葦稻麻叢林若有
善男子善女人或以一劫或減一劫恭敬尊重
讚嘆供養奉諸所安至諸佛滅後以一一全身
舍利起七寶塔縱廣一四天下高至梵天表
剎莊嚴以一切華香瓔珞幢幡伎樂微妙第一
若一劫若減一劫而供養之於天帝意云何其
人殖福寧為多不釋提桓因言多矣世尊彼之
福德若以百千億劫說不能盡佛告天帝當知
是善男子善女人聞是不可思議解脫經典信
解受持讀誦脩行福多於彼所以者何諸佛菩
提皆從是生菩提之相不可限量以是因緣福
不可量佛告天帝過去无量阿僧祇劫時世有
佛号曰藥王如来應供正遍知明行足善逝世
間解无上士調御丈夫天人師佛世尊世界曰
大莊嚴劫曰莊嚴佛壽廿小劫其聲聞僧卅六
億那由他菩薩僧有十二億天帝是時有轉輪
聖王名曰寶蓋七寶具足主四天下王有千子
端正勇健能伏怨敵尒時寶蓋與其眷屬供養

BD03666 號　維摩詰所說經卷下　（19–14）

間解无上士調御丈夫天人師佛世尊世界曰
大莊嚴劫曰莊嚴佛壽廿小劫其聲聞僧卅六
億那由他菩薩僧有十二億天帝是時有轉輪
聖王名曰寶蓋七寶具足主四天下王有千子
端正勇健能伏怨敵尒時寶蓋與其眷屬供養
藥王如来施諸所安至滿五劫過五劫已告其
千子汝等亦當如我以深心供養於佛於是千
子受父王命供養藥王如来復滿五劫一切施
安其王一子名曰月蓋獨坐思惟寧有供養殊
過此者以佛神力空中有天曰善男子法之供
養勝諸供養即問何謂法之供養天曰汝可往
問藥王如来當廣為汝說法之供養即時月蓋
王子行詣藥王如来稽首佛足却住一面白佛
言世尊諸供養中法供養勝云何為法供養佛
言善男子法供養者諸佛所說深經一切世間
難信難受微妙難見清淨无染非但分別思惟
之所能得菩薩法藏所攝陁羅尼印印之至不
退轉成就六度善分別義順菩提法衆經之上
入大慈悲離衆魔事及諸邪見順因緣法无我无
人无衆生无壽命空无相无作无起能令衆生
坐於道場而轉法輪諸天龍神乾闥婆等所共
嘆譽能令衆生入佛法藏攝諸賢聖一切智慧說
衆菩薩所行之道依於諸法實相之義明宣无
常苦空无我寂滅之法能救一切毀禁衆生諸
魔外道及貪著者能使怖畏諸佛賢聖所共稱嘆
背生死苦示涅槃樂十方三世諸佛所說若聞如

BD03666 號　維摩詰所說經卷下　（19–15）

坐於道場而轉法輪諸天龍神乹闥婆等所共
嘆譽能令衆生入佛法藏攝諸賢聖一切智慧說
衆菩薩所行之道依於諸法實相之義明宣无
常苦空无我寂滅之法能救一切毀禁衆生諸
魔外道及貪著者能使怖畏諸佛賢聖所共稱嘆
背生死苦示涅槃樂十方三世諸佛所說若聞如
是等經信解受持讀誦以方便力為諸衆生分
別解說顯示分明守護法故是名法之供養
又於諸法如說脩行隨順十二因緣離諸邪見
得无生忍決定无我无有衆生而於因緣果報
无違无諍離諸我所依於義不依語依於智不
依識依了義經不依不了義經依於法不依人
隨順法相无所入无所歸无明畢竟滅故諸行
亦畢竟滅乃至生畢竟滅故老死亦畢竟滅作
如是觀十二因緣无有盡相不復起見是名最
上法之供養
佛告天帝王子月蓋從藥王佛聞如是法得柔
順忍即解寶衣嚴身之具以供養佛白佛言世
尊如来滅後我當行法供養守護正法願以威
神加哀建立令我得降魔怨脩菩薩行佛知其
深心所念而記之曰汝於末後守護法城天帝
時王子月蓋見法清淨聞佛受記以信出家脩
集善法精進不久得五神通逮菩薩道得陁羅
尼无斷辯才於佛滅後以其所得神通總持辯
才之力滿十小劫藥王如来所轉法輪隨而分
布月蓋比丘以守護法勤行精進即於此身化

集善法精進不久得五神通逮菩薩道得陁羅
尼无斷辯才於佛滅後以其所得神通總持辯
才之力滿十小劫藥王如来所轉法輪隨而分
布月蓋比丘以守護法勤行精進即於此身化
百万億人於阿耨多羅三藐三菩提立不退轉
十四那由他人深發聲聞辟支佛心无量衆生
得生天上天帝時王寶蓋豈異人乎今現得
佛号寶炎如来其王千子即賢劫中千佛是也
從迦羅鳩孫馱為始得佛最後如来号曰樓至
月蓋比丘則我身是如是天帝當知此要以法
供養於諸供養為上為最第一无比是故天
帝當以法之供養供養於佛

囑累品第十四

於是佛告弥勒菩薩言弥勒我今以是无量
億阿僧祇劫所集阿耨多羅三藐三菩提法付
囑於汝如是輩經於佛滅後末世之中汝等當以
神力廣宣流布於閻浮提无令斷絕所以者何未
来世中當有善男子善女人及天龍鬼神乹闥
婆羅刹等發阿耨多羅三藐三菩提心樂于大
法若使不聞如是等經則失善利如此輩人
聞是等經必多信樂發希有心當以頂受隨諸
衆生所應得利而為廣說弥勒當知菩薩有二
相何謂為二一者好於雜句文飾之事二者不
畏深義如實能入若好雜句文飾事者當知是
為新學菩薩若於如是无染无着甚深經典无

衆生所應得利而為廣說弥勒當知菩薩有二
相何謂為二一者好於雜句文餝之事二者不
畏深義如實能入若好雜句文餝事者當知是
為新學菩薩若於如是无染无著甚深經典无
有恐畏能入其中聞已心淨受持讀誦如說脩
行當知是為久脩道行弥勒復有二法名新學
者不得決定於甚深法何等為二一者所未聞
深經聞之驚怖生疑不能隨順毀謗不信而作
是言我初不聞從何所來二者若有護持解說
如是深經者不肯親近供養恭敬或時於中說
其過惡有此二法當知是新學菩薩為自毀傷
不能於深法中調伏其心弥勒復有二法菩薩
雖信解深法猶自毀傷而不能得无生法忍何
等為二一者輕慢新學菩薩而不教二者雖
解深法而取相分別是為二法
弥勒菩薩聞說是已白言世尊未曾有也如
佛所說我當遠離如斯之惡奉持如來无數阿
僧祇劫所集阿耨多羅三藐三菩提法若未來
世善男子善女人求大乘者當令手得如是等
經與其念力使受持讀誦為他廣說世尊
若後末世有能受持讀誦為他說者當知是弥
勒神力之所建立佛言善哉善哉弥勒如汝所說佛
助尒喜於是一切菩薩合掌白佛 我等亦於如
來滅後十方國土廣宣流布阿耨多羅三藐三
菩提復當開導諸法者令得是經

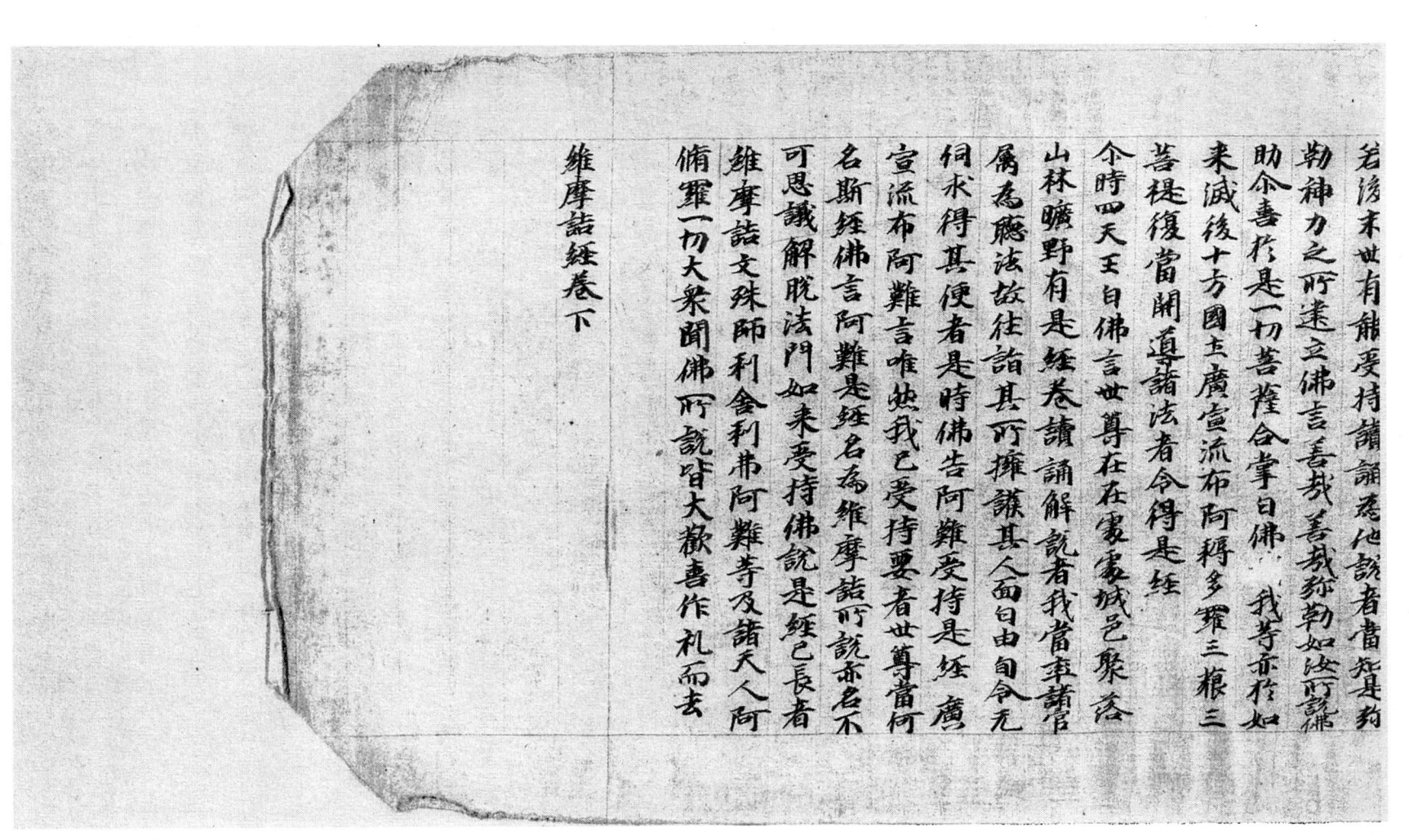

BD03666 號　維摩詰所說經卷下　（19–18）

若後末世有能受持讀誦為他說者當知是弥
勒神力之所建立佛言善哉善哉弥勒如汝所說佛
助尒喜於是一切菩薩合掌白佛 我等亦於如
來滅後十方國土廣宣流布阿耨多羅三藐三
菩提復當開導諸法者令得是經
尒時四天王白佛言世尊在在處處城邑聚落
山林曠野有是經卷讀誦解說者我當率諸官
屬為聽法故往詣其所擁護其人面百由旬令无
伺求得其便者是時佛告阿難受持是經廣
宣流布阿難言唯然我已受持要者世尊當何
名斯經佛言阿難是經名為維摩詰所說亦名不
可思議解脫法門如來受持佛說是經已長者
維摩詰文殊師利舍利弗阿難等及諸天人阿
脩羅一切大衆聞佛所說皆大歡喜作礼而去
維摩詰經卷下

BD03666 號　維摩詰所說經卷下　（19–19）

義如上說衣已竟者三衣也迦絺那衣已出
三衣者僧伽梨欝多羅僧安陀會衣者有十
種如上說僧者一說貳一羯磨不失衣者僧
伽藍裏有一界失衣者僧伽藍裏有若干界
不失衣者樹有一界失衣者樹有若干界不
失衣者場有一界失衣者場有若干界不失
衣者車有一界失衣者車有若干界不失衣
者船有一界失衣者船有若干界不失衣者
村有一界失衣者村有若干界不失衣者舍
有一界失衣者舍有若干界不失衣者堂有
一界失衣者堂有若干界不失衣者庫藏有一
倉有一界失衣者倉有若干界
界失衣者庫藏有若干界僧伽藍者有四種
如上樹者與人等足蔭覆跏趺坐場者於中
治五穀處車者若車迴轉處船者若船迴轉
處村者有四種如上堂者多敞露倉者儲積
米穀庫藏者積藏諸車乘輦轝販賣之物僧
伽藍界者此僧伽藍界非彼僧伽藍界此僧
伽藍界非彼樹界及至庫藏界非彼庫藏界
亦如是此樹界非彼樹界乃至庫藏界僧伽
藍界亦如是此場界非彼場界乃至僧伽藍
界樹界亦如是餘者作句亦如上僧伽藍界

BD03667 號　四分律（兌廢稿）卷六　（2–1）

村有一界失衣者村有若干界不失衣者舍
有一界失衣者舍有若干界不失衣者堂有
一界失衣者堂有若干界不失衣者庫藏有一
倉有一界失衣者倉有若干界
界失衣者庫藏有若干界僧伽藍者有四種
如上樹者與人等足蔭覆跏趺坐場者於中
治五穀處車者若車迴轉處船者若船迴轉
處村者有四種如上堂者多敞露倉者儲積
米穀庫藏者積藏諸車乘輦轝販賣之物僧
伽藍界者此僧伽藍界非彼僧伽藍界此僧
伽藍界非彼樹界及至庫藏界非彼庫藏界
亦如是此樹界非彼樹界乃至庫藏界僧伽
藍界亦如是此場界非彼場界乃至僧伽藍
界樹界亦如是餘者作句亦如上僧伽藍界
者在僧伽藍邊以中人若用石若塼擲所及
處是名界乃至庫藏界亦如是若比丘置衣
在僧伽藍內乃在樹下宿明相未出若捨衣
若手捉衣若至擲石所及處若不捨衣若不
手捉衣若不至擲石所及處明相出隨所離
衣宿尼薩耆波逸提除三衣若餘離衣突
吉羅若比丘留衣着僧伽藍內往場處宿明

BD03667 號　四分律（兌廢稿）卷六　（2–2）

梵天言汝不行六波羅蜜然後而得受記耶網
明言如汝所說菩薩行六波羅蜜而得受記梵
天若菩薩捨一切煩惱名為檀波羅蜜於諸
法无所起名為尸羅波羅蜜於法无所傷名
為羼提波羅蜜於諸法離相為毗棃耶波
羅蜜於諸法无所住名為禪波羅蜜於諸法
无戲論名為般若波羅蜜梵天若菩薩如是
行六波羅蜜於何處行梵天言无處行也
所以者何凡所有行皆是不行若行即是不
行若不行即是行梵天以是故當知一无所行
即是菩提如汝所問汝得受菩提記者如如
法性得受記我受記亦如是
梵天言善男子法性无受記網明言諸菩
薩受記相皆亦如是如如法性尒時思益梵
天白佛言世尊菩薩以何行諸佛授阿耨多
羅三藐三菩提記佛言若菩薩不行生法不
行滅法不行善不行不善不行世間不行出
世間不行有罪法不行无罪法不行有漏法
不行无漏法不行有為法不行无為法不行

BD03668號　思益梵天所問經（異卷）卷二　（6–1）

薩受記相皆亦如是如如法性尒時思益梵
天白佛言世尊菩薩以何行諸佛授阿耨多
羅三藐三菩提記佛言若菩薩不行生法不
行滅法不行善不行不善不行世間不行出
世間不行有罪法不行无罪法不行有漏法
不行无漏法不行有為法不行无為法不行
脩道不行除斷不行生死不行涅槃不行見
法不行聞法不行覺法不行知法不行施不
行捨不行戒不行覆不行忍不行善不行發
不行精進不行禪不行三昧不行慧不行行
不行智不行得梵天若菩薩如是行者諸佛
則授阿耨多羅三藐三菩提記
所以者何諸所有行皆有所是无所是是菩
提諸所有行皆是分別无分別是菩提諸所
有行皆是起作无起作是菩提諸所有行皆
是戲論无戲論是菩提是故當知若菩薩
過諸所行則得受記唯然世尊受記者有何義
佛言離諸法二相是受記義不分別生滅是受
記義離身口意業相是受記義
梵天我念過去有劫名日喜見我於此劫供養
七十二那由他佛是諸如來不見授記又過是
劫劫名善化我於此劫供養廿二億佛是諸
如來亦不見授記又過是劫劫名梵歎我
於是劫供養万八千佛是諸如來亦不見授
記又過是劫劫名无各我於此劫供養三万二
千佛是諸如來亦不見授記又過是劫劫名

BD03668號　思益梵天所問經（異卷）卷二　（6–2）

如来亦不見授記又過是劫劫名梵歎我
於是劫供養万八千佛是諸如來亦不見授
記又過是劫劫名无咎我於此劫供養三万二
千佛是諸如来亦不見授記又過是劫劫名
莊嚴我於此劫供養四百四十万佛我皆以一切
供養之具而供養之是諸如来亦不見授記
梵天我於往昔供養諸佛恭敬尊重讚歎淨
脩梵行一切布施一切持戒及行頭陁離於瞋
恚忍辱慈心如所說行懃脩精進一切所聞
皆能受持獨處遠離入諸禪定隨所聞慧
讀誦思惟是諸如来亦不見授記何以故我
依止所行故以是當知若諸菩薩出過一切諸
行則得受記我若以一劫若減一劫說是諸
佛名号不可得盡梵天我於是後見燃燈佛
即得无生法忍佛時授我記言汝於来世當
得作佛号釋迦牟尼如来應正遍知我於尒
時出過一切諸行具足六波羅蜜所以者何
若菩薩能捨諸相名為檀波羅蜜能滅諸
所受持名為尸波羅蜜不為六塵所傷名為
羼提波羅蜜離諸所行名為毗梨耶波羅
蜜不憶念一切法名為禪波羅蜜能忍諸法无
生性名為般若波羅蜜我於燃燈佛所具足
如是六波羅蜜梵天我從初發菩提心已来
所作布施於此五華布施百分不及一百千
万億分乃至筭數譬喻所不能及我從初發
心已来受戒持戒行頭陁於此常滅戒百分

BD03668號　思益梵天所問經（異卷）卷二

（6–3）

如是六波羅蜜梵天我從初發菩提心已来
所作布施於此五華布施百分不及一百千
万億分乃至筭數譬喻所不能及我從初發
心已来受戒持戒行頭陁於此常滅戒百分
不及一乃至筭數譬喻所不能及我從初發
心已来柔和忍辱於畢竟忍法百分不及一
乃至筭數譬喻所不能及我從初發心已来
發懃精進於不取不捨精進百分不及一乃至
筭數譬喻所不能及我從初發心已来禪定獨
處於此无住禪定百分不及一乃至筭數譬
喻所不能及我從初發心已来思惟籌量智
慧於无戲論智慧百分不及一百千万億分
乃至筭數譬喻所不能及
梵天是故當知我尒時具足六波羅蜜世尊
云何名具足六波羅蜜梵天若不念施不依
止戒不分別忍不取精進不住禪定不二於
慧是名具足六波羅蜜又問具足六波羅蜜
已能滿足何法佛言具足六波羅蜜已能滿
足薩婆若梵天布施平等即是薩婆若平等
持戒平等即是薩婆若平等忍辱平等即
是薩婆若平等精進平等即是薩婆若平等
禪定平等即是薩婆若平等智慧平等即是
薩婆若平等以是平等平等一切法名為薩婆若又
梵天具足布施相持戒相忍辱相精進相禪
定相智慧相是名薩婆若梵天如是具足六
波羅蜜能滿足薩婆若世尊云何當知滿

BD03668號　思益梵天所問經（異卷）卷二

（6–4）

禪定平等即是薩婆若平等智慧平等即是
薩婆若平等以是平等一切法名為薩婆若又
梵天具足布施相持戒相忍辱相精進相禪
定相智慧相是名薩婆若梵天如是具足六
波羅蜜能滿足薩婆若世尊云何當知滿
足薩婆若梵天若不受眼不受色不受耳不
受聲不受鼻不受香不受舌不受味不受身
不受觸不受意不受法若不受是內外二入名
為滿足薩婆若我得如是滿足薩婆若於眼
色无所着於耳聲鼻香舌味身觸意法无
所着是故如來名為无㝵知見薩婆若梵天
薩婆若於法无所受何以故以无用故无用
即是无所有義无所有義即是空如虛空義
同虛空相是薩婆若是故於法无所受梵天
辟如一切所作皆因虛空而虛空无所依如是諸
智慧皆從薩婆若出而薩婆若无所依
梵天白佛言世尊所說薩婆若薩婆若者為
何謂也梵天一切所行是智為真智非諸聲聞
辟支佛所及故名薩婆若諸有所行皆能成
就故名薩婆若能破一切所念戲論故名薩
婆若諸所教勅諸所防制如此衆生所行之
法皆從中出故名薩婆若得諸聖智若學智
若无學智若辟支佛智皆從中出故名薩婆
若正行故名薩婆若能分別一切藥故名薩
婆若能滅一切衆生病故名薩婆若能除一
切煩惱習氣故名薩婆若常在定故名薩婆

BD03668號　思益梵天所問經（異卷）卷二　（6–5）

若无學智若辟支佛智皆從中出故名薩婆
若正行故名薩婆若能分別一切藥故名薩
婆若能滅一切衆生病故名薩婆若能除一
切煩惱習氣故名薩婆若常在定故名薩婆
若一切法中无疑故名薩婆若若一切世間出
世間智慧皆從中出故名薩婆若善知一切
智慧方便相故名薩婆若尒時思益梵天白
佛言未曾有也世尊諸佛如來智慧甚深心
无所緣而知一切衆生心心所行世尊薩婆若
得如是无量功德其誰善男子善女人不發阿
耨多羅三藐三菩提心

思益梵天經卷第二

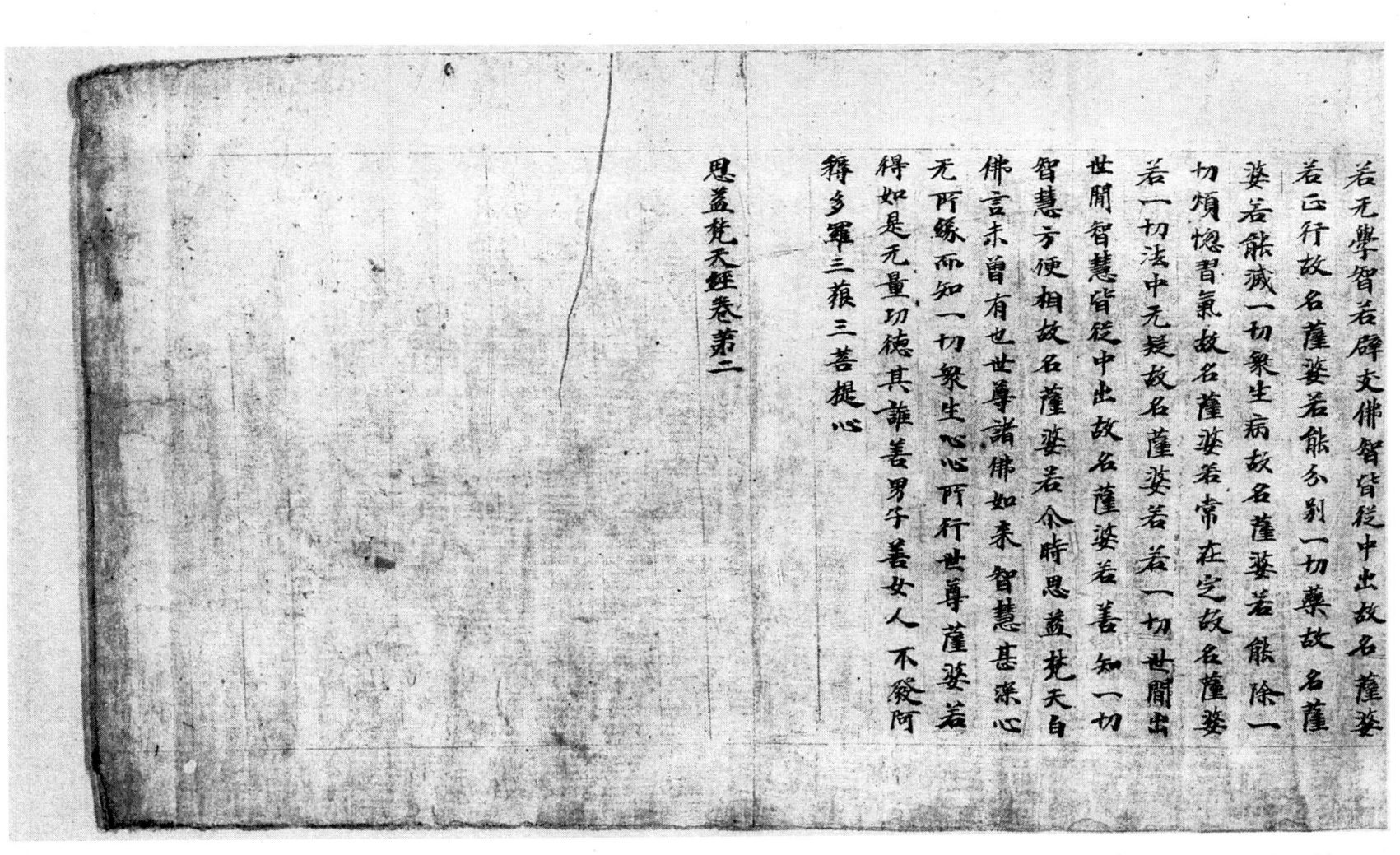

BD03668號　思益梵天所問經（異卷）卷二　（6–6）

懺悔滅罪金光明經傳
昔温州治中張居道滄州景城縣人未莅
職日因嫡女事屠宰諸命牛羊猪雞鵝鴨
之類未踰一旬卒得重病絶音不語因尒便死
唯心尚暖家人不即葬之經三夜使活起坐索
飲諸親非親隣里遠近聞之大小奔赴居道
說由緣初見四人來一人把棒一人把索一人把
帒一人著青騎馬戴帽至門下馬喚居道
省有衆人枚一張文書示居道看及是猪
羊等同詞共訴居道其詞曰猪等雖前身
積罪合受畜生之身配在世間自有年限年
限雖畢自合成人然猪等自計受畜生身化

BD03669 號 1　金光明經懺悔滅罪傳

（22–1）

帒一人著青騎馬戴帽至門下馬喚居道
省有衆人枚一張文書示居道看及是猪
羊等同詞共訴居道其詞曰猪等雖前身
積罪合受畜生之身配在世間自有年限年
限雖畢自合成人然猪等自計受畜生身化
時未到遂被居道枉相屠煞時限欠少更歸
畜生一箇罪身弃遣刀机在於幽法理不可
當裁後有判差司命追過使人見居道看
遍即唱三人近前一人以索繫居道頭又縛
居道兩手將去直行一道向北行至路半
使人所詣居道吾被差來時撿你笇壽元
不合死但坐你煞命訴衆生被怨家遂頌居
道即云俗世宍眼但知造罪不識善惡但見
俗人煞害無數不見此驗文報而居道當其
正首緘口受死當何方便而求活路自咨
往悞悔難可及使人曰怨家債主三十餘頭專
在閻羅王門底坐精待至我輩入道當由其
側非但王法嚴峻但見怨家何由免其蹤
頓之者居道聞之弥增驚怕步步倒地前人
掣繩挽之後人以棒打之居道曰自計往悞誠難
免脫若為老不余一計校且使免逢怨家之面闍
王嶮法當如之何使人語居道汝但能為所煞
衆生發心願造金光明經四卷當得免脫居道
承教連聲弃唱願造金光明經四卷盡身供
養願怨解釋少時望見城門使人引向東
入曲向北見閻王廳前無數億人閙辯答犍
著枷被鏁遭杻履械鞭撻狼藉哀聲痛

BD03669 號 1　金光明經懺悔滅罪傳

（22–2）

養顔惡解釋少時望見城門使人引向東
入曲向北見閻王廳前無數億人問辯答款
著枷被鏁遣杻履械鞭撻很藉哀聲痛
響不可聽使人即過狀閻王唱名出見音此人
極大罪過何為捉來遲晚令此豬等弄訴急
喚訴者將來使人走出諸處叫喚求覓所訴
命者不得走來報王諸處追豬等不見王即
更散遣人分頭巡問曹府咸悉稱無王即
帖五道大神檢化形業少時有一主者 把狀
走來其狀云依檢某日得司善膆報世人張
居道為煞生故願造金光明經四卷依料其
所遣煞並合乘此功德隨業化形膆至崔法
處分者其張居道怨家訴者以某日准司善
膆並判化從人道生於世界訖王既狀極懷歡
喜日居道雖煞衆生能設方計為其發願
修造功德令此債主便生人路既無執對偏
詞不可懸信判放居道再歸生路當宜善
念多造功德斷味心煞勿復慳貪惜財不作
橋梁專為惡業於是出城如從夢歸居道
當說此由緣發心造經一百餘人斷宍心煞不
可計數此經天下少本詢訪不獲躬應
諸方遂於衛州禪寂寺檢得抄寫隨身供養
居道及至當官之日合家大小悉斷宍味其
温州安固縣承妻病經一年絶音不語獨自狂
語口中唱痛叩頭死罪狀有所訴居道聞之
為其夫說如此之狀多是怨家債命文案未決
命故不絶自當思忖省悟已來由緣所聞 煞

BD03669 號 1　金光明經懺悔滅罪傳　（22–3）

居道及至當官之日合家
温州安固縣承妻病經一年絶音不語獨自狂
語口中唱痛叩頭死罪狀有所訴居道聞之
為其夫說如此之狀多是怨家債命文案未決
命故不絶自當思忖省悟已來由緣所聞 煞
害生命急為造金光明經分明懺唱此經側
近無本唯居道家有此經縣承依尊其教
請本雇人抄寫未畢妻便醒悟說云狀如
夢夢惛惛當有雞豬鵝鴨一日三迴覓來喫
噬痛不可當從來應其到時遂乃見惟有
或豬或羊或牛或雞之類皆是人身來與
我別云雖是怨家遣你屠害以你為我敘造
功德所以令我得化形成人今與怨家解散
不相遠情語訖即去因爾不復如此病即輕差
平復如本當此之時温州一郡所養雞豬鵝鴨
宍用之徒咸悉放生家家斷宍人善念不
立屠行爰及比州隣縣聞此並起淨行不心
一家當今所煞無所徵勤者斯是衆生業滿
合死故無報應只是盡人身還作畜生、
屠煞害若衆生日限未足遣人煞者立被訟
注世人卒死及羸病連年累月眼中唱痛狂
言或語並是衆生執注文案一定方始命斷
一切衆罪懺悔皆滅唯有煞生懺悔不除
為怨家專心訟對自非為其修造功德經像
或被人所遣或事計難禁煞事不已者 當
慚愧為其傷嘆將刀所煞如割己宍銜責
与人取其財價以為豐足一造一本分明懺唱
令此功德資及怨家早生人道孝訟自休

BD03669 號 1　金光明經懺悔滅罪傳　（22–4）

或被人所遣或事計難禁煞事不已者當
慚愧為其傷嘆將刀所煞如割己宍衒賣
與人取其財價以為豐足一造一本分明懺唱
令此功德資及怨家早生人道孝訟自休
不復執逮善男女等明當誡之
金光明經傳
金光明經序品第一
如是我聞一時佛在王舍大城耆闍崛山是
時如來遊於无量甚深法性諸佛行處過
諸菩薩所行清淨是金光明諸經之王若有
聞者則能思惟无上微妙甚深之義如是
經典常為四方四佛世尊之所護持東方阿
閦南方寶相西方无量壽北方微妙聲
我今當說懺悔等法所生功德為无有上
能壞一切諸苦盡不善業
一切種智　而為根本　无量功德　之所莊嚴
滅除諸苦　與无量樂　諸根不具　壽命減損
貧窮困苦　諸天捨離　親厚鬬訟　王法所加
各各忿諍　財物損耗　愁憂恐怖　惡星災異
衆邪蠱道　變怪相續　卧見惡夢　晝夜愁惱
當淨洗浴　聽是經典　至心清淨　著淨潔衣
專聽諸佛　甚深行處　是經威德　能悉滅除
如是諸惡　令其寂滅　護世四王　將諸官屬
并及无量　夜叉之衆　悉來擁護　持是經者
大辯天神　尼連河神　鬼子母神　地神堅牢
大梵尊天　三十三天　大神龍王　緊那羅王

BD03669 號 1　金光明經懺悔滅罪傳
BD03669 號 2　金光明經卷一

（22–5）

專聽諸佛　甚深行處　是經威德　能悉滅除
如是諸惡　令其寂滅　護世四王　將諸官屬
并及无量　夜叉之衆　悉來擁護　持是經者
大辯天神　尼連河神　鬼子母神　地神堅牢
大梵尊天　三十三天　大神龍王　緊那羅王
迦樓羅王　阿脩羅王　與其眷屬　悉共至彼
擁護是人　晝夜不離
我今所說　諸佛世尊　甚深秘密　微妙行處
億百千劫　甚難得值　若得聞經　若為他說
若心隨喜　若設供養　如是之人　於无量劫
常為諸天　八部所敬　如是脩行　生功德者
得不思議　无量福聚　亦為十方　諸佛世尊
深行菩薩　之所護持　著淨衣服　以上妙香
慈心供養　常不遠離　身意清淨　无有垢穢
歡喜悅豫　深樂是典　若得聽聞　當知善得
人身人道　及以正命　若聞懺悔　執持在心
是上善根　諸佛所讚
金光明經壽量品第二
尒時王舍城中有菩薩摩訶薩名曰信相已
曾供養過去无量億那由他百千諸佛種諸
善根是信相菩薩作是思惟何因何緣釋迦
如來壽命短促方八十年復更念言如佛所說
有二因緣壽命得長何等為二一者不煞二
者不盜而我世尊於无量百千億那由
他阿僧祇劫脩不煞戒具足十善飲食惠施
不可限量乃至己身骨髓肉血充足飽滿飢餓

BD03669 號 2　金光明經卷一

（22–6）

有二因緣壽命得長何等爲二一者不煞二
者不害而我世尊於无量百千億那由
他阿僧祇劫脩不煞戒具足十善飲食惠施
不可限量乃至已身骨髓肉血充足飽滿飢餓
衆生況餘飲食大士如是至心念佛思是義時
其室自然廣博嚴事天紺琉璃種種衆寶
雜廁間錯以成其地猶如如來所居淨土有
妙香氣過諸天香烟雲垂布遍滿其室其
室四面各有四寶上妙高坐自然而出純以天衣
而爲敷具是妙坐上各有諸佛所愛用華衆
寶合成於蓮華上有四如來東方名阿閦南
方名寶相西方名无量壽北方名微妙聲是四
如來自然而坐師子座上放大光明照王舍
城及此三千大千世界及至十方恒河沙等
諸佛世界雨諸天華作天伎樂尒時三千
大千世界所有衆生以佛神力受天快樂
諸根不具即得具足舉要言之一切世間所有
利益未曾有事悉具足現
尒時信相菩薩見是諸佛及希有事歡喜
踊躍恭敬合掌向諸世尊至心念佛作是思
惟釋迦如來无量功德唯壽命中心生疑惑
云何如來壽命如是方八十年尒時四佛以
正遍知告信相菩薩善男子汝今不應思量
如來壽命短促何以故善男子我等不見
諸天世人魔衆梵衆沙門婆羅門人及非
人有能思筭如來壽量如是齊限唯除如來
時四如來將欲宣暢釋迦文佛所得壽命欲

BD03669 號 2　金光明經卷一　（22–7）

如來壽命短促何以故善男子我等不見
諸天世人魔衆梵衆沙門婆羅門人及非
人有能思筭如來壽量如是齊限唯除如來
時四如來將欲宣暢釋迦文佛所得壽命欲
色界天諸龍鬼神乾闥婆阿脩羅迦樓羅緊
那羅摩睺羅伽及无量百千億那由他菩薩
摩訶薩以佛神力悉來聚集信相菩薩摩
訶薩室尒時四佛於大衆中略以偈喻說釋迦
如來所得壽量而作頌曰

一切諸水　可知幾渧　无有能數　釋尊壽命
諸須彌山　可知斤兩　无有能量　釋尊壽命
一切大地　可知塵數　无有能筭　釋尊壽命
虛空界分　尚可盡邊　无有能計　釋尊壽命
不可計劫　億百千万　佛壽如是　无量无邊
以是因喻　故說二乘　不害物命　施食无量
是故大士　壽不可計　无量无邊　亦无齊限
是故汝今　不應於佛　无量壽命　而生疑惑

尒時信相菩薩摩訶薩聞是四佛宣說如來
壽命无量深心信解歡喜踊躍說是如來壽
命品時无量无邊阿僧祇衆生發阿耨多羅
三藐三菩提心時四如來忽然不現

金光明經懺悔品第三

尒時信相菩薩即於其夜夢見金鼓其狀殊
大其明普照喻如日光復於光中得見十方
无量无邊諸佛世尊衆寶樹下坐瑠璃座
與无量百千眷屬圍繞而爲說法見有一人似
婆羅門以桴擊鼓出大音聲其聲演說

BD03669 號 2　金光明經卷一　（22–8）

大其明普照喻如日光復於光中得見十方
无量无邊諸佛世尊衆寶樹下坐瑠璃座
與无量百千眷屬圍繞而為說法見有一人似
婆羅門以桴擊鼓出大音聲其聲演說
懺悔偈頌時信相菩薩從夢寤已至心憶念夢
中聞懺悔偈頌過夜至旦出王舍城尒時亦
有无量无邊百千衆生與菩薩俱往耆闍
崛山至於佛所至佛所已頂礼佛足右遶三匝
却坐一面敬心合掌瞻仰尊顏以其夢中
所說金鼓及聞懺悔偈頌向如來說
昨夜所夢　至心憶持　夢見金鼓　妙色光曜
其光大盛　明踰於日　遍照十方　恒河世界
又因此光　得見諸佛　衆寶樹下　坐瑠璃座
无量大衆　圍遶說法
見婆羅門　擊是金鼓　其鼓音中　說如是偈
是大金鼓　所出妙音　悉能滅除　三世諸苦
地獄餓鬼　畜生等苦　貧窮困厄　及諸有苦
斷衆怖畏　令得无懼　猶如諸佛　得无所畏
諸佛聖人　所成功德　離於生死　到大智岸
如是衆生　所得功德　定及助道　猶如大海
是鼓所出　如是妙音　令衆生得　梵音深遠
證佛无上　菩提勝果　轉无上輪　微妙清淨
住壽无量　不思議劫　演說正法　利益衆生
能害煩惱　消除諸苦　貪瞋癡等　悉令寂滅
若有衆生　處在地獄　大火熾然　燒炙其身
若聞金鼓　微妙音聲　所出言教　即尋礼佛

BD03669號2　金光明經卷一　　（22–9）

住壽无量　不思議劫　演說正法　利益衆生
能害煩惱　消除諸苦　貪瞋癡等　悉令寂滅
若有衆生　處在地獄　大火熾然　燒炙其身
若聞金鼓　微妙音聲　所出言教　即尋礼佛
亦令衆生　得知宿命　百生千生　千萬億生
令心正念　諸佛世尊　亦聞无上　微妙之言
是金鼓中　所出妙音　復令衆生　值遇諸佛
遠離一切　諸佛業等　善脩无量　白淨之業
諸天世人　及餘衆生　隨其所思　諸所念求
如是金鼓　所出之音　皆悉能令　成就具足
若有衆生　隨大地獄　猛火炎熾　梵燒其身
无有救護　流轉諸難　當令是等　悉滅諸苦
若有衆生　諸苦所切　三惡道報　及以人中
如是金鼓　所出之音　悉能除滅　一切諸苦
无依无歸　无有救護　我為是等　作歸依處
是諸世尊　今當證知　久已於我　生大悲心
在在處處　十方諸佛　現在世雄　兩足之尊
我本所作　惡不善業　今者懺悔　十方力前
不識諸佛　及父母恩　不解善法　造作衆惡
自恃種性　及諸財寶　盛年放逸　作諸惡行
心念不善　口作惡業　隨心所作　不見其過
凡夫愚行　无知闇覆　親近惡友　煩惱亂心
五欲因緣　心生忿恚　不知猒足　故作衆惡
親近非聖　因生慳嫉　貧窮因緣　奸諂作惡
繫屬於他　常有怖畏　不得自在　而造諸惡
貪欲恚癡　擾動其心　渴愛所逼　造作衆惡

BD03669號2　金光明經卷一　　（22–10）

心念不善　口作惡業　隨心所作　不見其過
凡夫愚行　无知闇覆　親近惡友　煩惱亂心
五欲因緣　心生忿恚　不知猒足　故作眾惡
親近非聖　因生慳嫉　貧窮因緣　奸諂作惡
繫屬於他　常有怖畏　不得自在　而造諸惡
貪欲恚癡　擾動其心　渴愛所逼　造作眾惡
依因衣食　及以女色　諸結惱熱　造作眾惡
身口意惡　所集三業　如是眾罪　今悉懺悔
或不恭敬　佛法聖眾　如是諸罪　今悉懺悔
或不恭敬　緣覺菩薩　如是眾罪　今悉懺悔
以无智故　誹謗正法　不知恭敬　父母尊長
如是眾罪　今悉懺悔
愚惑所覆　憍慢放逸　因貪恚癡　造作眾惡
如是眾罪　今悉懺悔　我今供養　无量无邊
三千大千　世界諸佛　我當拔濟　十方一切
无量眾生　所有諸苦　我當安止　不可思議
阿僧祇劫　令住十地　已得安止　住十地者
悉令具足　如來正覺　為一眾生　億劫修行
使无量眾　令度苦海　我當為是　諸眾生等
演說微妙　甚深悔法　所謂金光　滅除諸惡
千劫所作　極重惡業　若能至心　一懺悔者
如是眾罪　悉皆滅盡　我今已說　懺悔之法
是金光明　清淨微妙　速能滅除　一切業鄣
我當安止　住於十地　十種珍寶　以為腳足
成佛无上　功德光明　令諸眾生　度三有海
諸佛所有　甚深法藏　不可思議　无量功德
一切種智　願悉具足　百千禪定　根力覺道

BD03669 號 2　金光明經卷一　(22–11)

我當安止　住於十地　十種珍寶　以為腳足
成佛无上　功德光明　令諸眾生　度三有海
諸佛所有　甚深法藏　不可思議　无量功德
一切種智　願悉具足　百千禪定　根力覺道
不可思議　諸陀羅尼　十力世尊　我當成就
諸佛世尊　有大慈悲　當證微誠　哀受我悔
若我百劫　所作眾惡　以是因緣　生大憂苦
貧窮困乏　愁憂恐懼　怖畏惡業　心常怯劣
在在處處　暫无歡樂　十方現在　大悲世尊
能除眾生　一切怖畏　願當受我　誠心懺悔
令我怨懼　悉得消除　以大悲水　洗除令淨
唯願現在　諸佛世尊　我之所有　煩惱業垢
過去諸惡　今悉悔過　現在作罪　誠心發露
所未作者　更不敢作　已作之者　不敢覆藏
身業三種　口業有四　意三業行　今悉懺悔
身口所作　及以意思　十種惡業　一切懺悔
遠離十惡　修行十善　安止十地　速十力尊
所造惡業　應受惡報　今於佛前　誠心懺悔
若此國土　及餘世界　所有善法　悉以迴向
我所修行　身口意善　願於來世　證无上道
若在諸有　六趣險難　愚癡无智　造作諸惡
今於佛前　皆悉懺悔　世間所有　生死險難
種種嬈欲　愚煩惱難　如是諸難　我今懺悔
心輕躁難　近惡友難　三有險難　及三毒難
愚无艱難　值好時難　修功德難　值佛亦難
如是諸難　今悉懺悔
諸佛世尊　我所依止　是故我今　敬禮佛海

BD03669 號 2　金光明經卷一　(22–12)

種種嬈欲 愚煩惱難 如是諸難 我今懺悔
心輕躁難 近惡友難 三有嶮難 及三毒難
愚无艱難 值好時難 脩功德難 值佛亦難
如是諸難 今悉懺悔
諸佛世尊 我所依止 是故我今 敬礼佛海
金色晃曜 猶如須弥 是故我今 頂礼最勝
其色无上 猶如真金 眼目清淨 如紺琉璃
功德威神 名稱顯著 佛日大悲 滅一切闇
善淨无垢 離諸塵翳 无上佛日 大光普照
煩惱大熾 令心燋熱 唯佛能除 如月清涼
三十二相 八十種好 莊嚴其身 視之无猒
功德巍巍 明網顯曜 安住三界 如日照世
猶如琉璃 淨无瑕穢 妙色廣大 種種各異
其色紅赤 如日初出 頗梨白銀 校飾光網
如是種種 莊嚴佛日 三有之中 生死大河
瀁水波蕩 惱亂我心 其未苦毒 最為麤澁
如來網明 能令枯涸 妙身端嚴 相好殊特
金色光明 遍照一切 智慧大海 弥滿三界
是故我今 稽首敬礼 如大海水 其量難知
大地微塵 不可稱計 諸須弥山 難可度量
虛空邊際 亦不可得 諸佛亦尒 功德无量
一切有心 无能知者 於无量劫 極心思惟
不能得知 佛功德邊 大地諸山 尚可知量
毛渧海水 亦可知數 諸佛功德 无能知者
相好莊嚴 名稱讃嘆 如是功德 令衆皆得
我以善業 諸因緣故 來世不久 成於佛道
講宣妙法 利益衆生 度脫一切 无量諸苦

BD03669 號 2　金光明經卷一　（22–13）

毛渧海水 亦可知數 諸佛功德 无能知者
相好莊嚴 名稱讃嘆 如是功德 令衆皆得
我以善業 諸因緣故 來世不久 成於佛道
講宣妙法 利益衆生 度脫一切 无量諸苦
摧伏諸魔 及其眷屬 轉於无上 清淨法輪
住壽无量 不思議劫 充足衆生 甘露法味
我當具足 六波羅蜜 猶如過佛 之所成就
斷諸煩惱 除一切苦 悉滅貪欲 及恚癡等
我當憶念 宿命之事 百生千生 百千億生
常當至心 正念諸佛 聞說微妙 无上正法
我因善業 常值諸佛 遠離諸惡 脩諸善業
一切世界 所有衆生 无量苦惱 我當悉滅
若有衆生 諸根毀壞 不具足者 悉令具足
十方世界 所有病苦 羸瘦頓乏 无救護者
悉令解脫 如是諸苦 還得勢力 平服如故
若犯王法 臨當刑戮 无量怖畏 愁憂苦惱
如是之人 悉令解脫
若受鞭撻 繫縛枷鎖 種種苦事 逼切其身
无量百千 愁憂驚畏 種種恐懼 擾亂其心
如是无邊 諸苦惱等 願使一切 皆得解脫
若有衆生 飢渴所惱 令得種種 甘美飲食
盲者得視 聾者得聽 啞者能言 裸者得衣
貧窮之者 即得寶藏 倉庫盈溢 无所乏少
一切皆受 安隱快樂 乃至无有 一人受苦
衆生相視 和顏悅色 形貌端嚴 人所喜見
心常思念 他人善事 飲食飽滿 功德具足
[illegible]

BD03669 號 2　金光明經卷一　（22–14）

盲者得視　聾者得聽　啞者能言　裸者得衣
貧窮之者　即得寶藏　倉庫盈溢　无所乏少
一切皆受　安隱快樂　乃至无有　一人受苦
衆生相視　和顏悅色　形貌端嚴　人所喜見
心常思念　他人善事　飲食飽滿　功德具足
隨諸衆生　之所思念　皆願令得　種種伎樂
箜篌箏笛　琴瑟鼓吹　如是種種　微妙音聲
江河池沼　流泉諸水　金華遍布　及優鉢羅
隨諸衆生　之所思念　即得種種　衣服飲食
錢財珍寶　金銀琉璃　真珠璧玉　雜廁瓔珞
願諸衆生　不聞惡聲　乃至无有　可惡見者
願諸衆生　色貌微妙　各各相於　共相愛念
世間所有　資生之具　隨其所念　悉令具足
願諸衆生　諸有求索　如其所須　應念即得
香華諸珍　常於三時　雨細末香　及塗身香
衆生受者　歡喜快樂　願諸衆生　常得供養
不可思議　十方諸佛　无上妙法　清淨无垢
及諸菩薩　聲聞大衆　願諸衆生　常得遠離
三惡八難　值无難處　覲觀諸佛　无上之王
願諸衆生　常生尊貴　多饒財寶　安隱豐樂
上妙色像　莊嚴其身　功德成就　有大名稱
願諸女人　皆成男子　具足智慧　精進不懈
一切皆行　菩薩之道　懃心脩集　六波羅蜜
常見十方　无量諸佛　坐寶樹下　琉璃座上
安住禪定　自在快樂　演說正法　衆所樂聞
若我現生　及過去世　所作惡業　諸有嶮難

BD03669 號 2　金光明經卷一　（22–15）

願諸女人　皆成男子　具足智慧　精進不懈
一切皆行　菩薩之道　懃心脩集　六波羅蜜
常見十方　无量諸佛　坐寶樹下　琉璃座上
安住禪定　自在快樂　演說正法　衆所樂聞
若我現在　及過去世　所作惡業　諸有嶮難
應得惡果　不適意者　願悉盡滅　令无有餘
若諸衆生　三有繫縛　生死羅網　弥密牢固
願以智刀　割斷破壞　除諸苦惱　早成菩提
若此閻浮　及餘他方　无量世界　所有衆生
所作種種　善巧功德　我念深心　隨其歡喜
我念以此　隨喜功德　及身口意　所作善業
願於來世　成无上道　得淨无垢　吉祥果報
若有敬礼　讚歎十方　信心清淨　无諸疑罔
能作如是　所說懺悔　便得超越　六十劫罪
諸善男子　及善女人　諸王剎利　婆羅門等
若有恭敬　合掌向佛　稱讚如來　并讚此偈
在在處處　常識宿命
諸根具足　清淨端嚴　種種功德　悉皆成就
在在處處　常為國王　輔相大臣　之所供養
非於一佛　五佛十佛　種諸功德　聞是懺悔
若於无量　百千万億　諸佛如來　種諸善根
然後乃得　聞是懺悔
金光明經讚歎品第四
尒時佛告地神堅牢善女天過去有王名
金龍尊常以讚歎讚歎去來現在諸佛
我金龍尊　敬礼讚歎　去來現在　十方諸佛

BD03669 號 2　金光明經卷一　（22–16）

金光明經讚嘆品第四
尒時佛告地神堅牢善女天過去有王名
金龍尊常以讚歎讚歎去来現在諸佛
我今尊重　敬礼讚嘆　去来現在　十方諸佛
諸佛清淨　微妙寂滅　色中上色　金光照曜
於諸聲中　佛聲最上　猶如大梵　深遠雷音
其髮紺黑　光踰蜂王　蜂翠孔雀　色不得喻
其齒鮮白　猶如珂雪　顯發金顔　分齊分明
其目脩廣　清淨无垢　如青蓮華　映水開敷
舌相廣長　形色紅暉　光明照曜　如華初生
眉間毫相　白如軻月　右旋潤澤　如淨琉璃
眉細脩揚　形如月初　其色黑曜　過於蜂王
鼻高圓直　如鋌金鋒　微妙淨滿　當于面門
如来勝相　次第最上　得味真正　无與等者
一一毛孔　一毛旋生　濡細紺青　猶孔雀項
即於生時　身放大光　普照十方　無量國土
滅盡三界　一切諸苦　令諸衆生　悉受快樂
地獄畜生　及以餓鬼　諸天人等　安隱无患
悉滅一切　无量惡趣
身色微妙　如融金聚　面貌清淨　如月盛滿
佛身明曜　如日初出　進止威儀　猶如師子
脩臂下垂　立過于膝　猶如風動　娑樹羅枝
圓光一尋　能照无量　猶如聚集　百千日月
佛身淨妙　无諸垢穢　其明普照　一切佛剎
佛光巍巍　明炎大盛　悉能隱蔽　无量日月
佛日燈炬　照无量界　皆令衆生　尋光見佛

BD03669 號 2　金光明經卷一　（22–17）

脩臂下垂　立過于膝　猶如風動　娑樹羅枝
圓光一尋　能照无量　猶如聚集　百千日月
佛身淨妙　无諸垢穢　其明普照　一切佛剎
佛光巍巍　明炎大盛　悉能隱蔽　无量日月
佛日燈炬　照无量界　皆令衆生　尋光見佛
本所脩集　百千行業　聚集功德　莊嚴佛身
臂臑纖圓　如象王鼻　手足淨濡　敬愛无猒
去来諸佛　數如微塵　現在諸佛　亦復如是
如是如来　我今悉礼　身口清淨　意亦如是
以妙華香　供養奉獻　百千功德　讚詠歌歎
設以百舌　於千劫中　嘆佛功德　不能得盡
如来所有　現世功德　種種深固　微妙第一
設復嘆美　欲讚一佛　尚不能盡　功德少分
況欲歎美　諸佛功德
大地及天　以為大海　乃至有頂　滿月中水
尚以一毛　知其渧數　无有能知　佛一功德
我今以礼　讚嘆諸佛　身口意業　悉皆清淨
一切所脩　无量善業　興諸衆生　證无上道
如是人王　讚嘆佛已　復作如是　无量誓願
若我来世　无量无邊　阿僧祇劫　在在生處
常於夢中　見妙金鼓　得聞懺悔　深奧之辭
今所讚嘆　面貌清淨　願我来世　亦得如是
諸佛功德　不可思議　於百千劫　甚難得值
願於當来　无量之世　夜則夢見　晝則實說
我當具足　脩行六度　濟拔衆生　越於苦海

BD03669 號 2　金光明經卷一　（22–18）

今[illegible]讚[illegible] 面貌清淨 願我來世 亦得如是
諸佛功德 不可思議 於百千劫 甚難得值
願於當來 无量之世 夜則夢見 晝則實說
我當具足 脩行六度 濟拔眾生 越於苦海
然後我身 成无上道 令我世界 无與等者
奉貢金鼓 讚佛因緣 以此果報 當來之世
值釋迦佛 得受記莂
并令二子 金龍金藏 常生我家 同共受記
若有眾生 无救護者 眾苦逼切 无所依止
我於當來 為是等輩 作大救護 及依止處
能除眾苦 悉令滅盡 施與眾生 諸善安樂
我未來世 行菩提道 不計劫數 如盡本際
以此金光 懺悔因緣 使我惡海 及以業海
煩惱大海 悉竭无餘
我功德海 願悉成就 智慧寶海 清淨具足
无量功德 助菩提道 猶如大海 珍寶具足
以此金光 懺悔力故 菩提功德 光明无㝵
慧光无垢 照徹清淨
我當來世 身光普照 功德威神 光明炎盛
於三界中 最勝殊特 諸功德力 无所減少
當度眾生 越於苦海 并復安置 功德大海
來世多劫 行菩提道 如昔諸佛 行菩提者
三世諸佛 淨妙國土 諸佛世尊 无量功德
令我來世 得此殊異 功德淨土 如佛世尊
信相當知 尒時國王 金龍尊者 則汝身是
尒時二子 金龍金光 今汝二子 銀相等是

BD03669 號 2　金光明經卷一　（22–19）

三世諸佛 淨妙國土 諸佛世尊 无量功德
令我來世 得此殊異 功德淨土 如佛世尊
信相當知 尒時國王 金龍尊者 則汝身是
尒時二子 金龍金光 今汝二子 銀相等是

金光明經空品第五

无量餘經 已廣說空 是故此中 略而解說
眾生根鈍 尠於智慧 不能廣知 无量空義
今此尊經 略而說之
異妙方便 種種因緣 為鈍根故 起大悲心
我今演說 此妙經典 如我所解 知眾生意
是身虛偽 猶如空聚 六入村落 結賊所止
一切自住 各不相知
眼根受色 耳分別聲 鼻嗅諸香 舌嗜於味
所有身根 貪受於觸 意根分別 一切諸法
六情諸根 各各自緣 諸塵境界 不行他緣
心如幻化 馳騁六情 而常妄相 分別諸法
猶如世人 馳走空聚 六賊所害 愚不知避
心常依止 六根境界 各各自知 所伺之處
隨行色聲 香味觸法
心處六情 如鳥投網 其心在在 常處諸根
隨逐諸塵 无有暫捨 身空虛偽 不可長養
无有諍訟 亦无正主
從諸因緣 和合而有 无有堅實 妄相故起
業力機關 假為空聚
地水火風 合集成立 隨時增長 共相殘害
猶如四蛇 同處一篋

BD03669 號 2　金光明經卷一　（22–20）

无有諍訟　亦无正主
從諸因緣　和合而有　无有堅實　妄相故起
業力機關　假爲空聚
地水火風　合集成立　隨時增長　共相殘害
猶如四蛇　同處一篋
四大蚖蛇　其性各異　二上二下　諸方亦尒
如是蛇大　悉滅无餘
地水二蛇　其性沉下　風火二蛇　性輕上昇
心識二性　躁動不停　隨業受報　天人諸趣
隨所作業　而墮三有
水火風動　散滅壞時　大小不淨　盈流於外
體生諸虫　无可愛樂　捐棄塚間　如朽敗木
善女當觀　諸法如是　何處有人　及以衆生
本性空寂　无明故有
如是諸大　一一不實　本自不生　性无和合
以是因緣　我說諸大　從本不實　和合而有
无明體性　本亦不有　妄相因緣　和合而生
无所有故　假名无明　是故我說　名曰无明
行識名色　六入觸受　愛取有生　老死愁惱
衆苦行業　不可思議　生死无際　輪轉不息
本无有生　亦无和合　不善思惟　心行所造
我斷一切　諸見纏等　以智慧力　裂煩惱網
五陰舍宅　觀悉空寂　證无上道　微妙功德
開甘露門　示甘露器　入甘露城　處甘露室
令諸衆生　食甘露味
吹大法蠡　擊大法鼓　然大法燈　雨勝法雨
我今摧伏　一切怨結　竪立第一　微妙法幢

BD03669號2　金光明經卷一

(22–21)

无明體性　本亦不有　妄相因緣　和合而生
无所有故　假名无明　是故我說　名曰无明
行識名色　六入觸受　愛取有生　老死愁惱
衆苦行業　不可思議　生死无際　輪轉不息
本无有生　亦无和合　不善思惟　心行所造
我斷一切　諸見纏等　以智慧力　裂煩惱網
五陰舍宅　觀悉空寂　證无上道　微妙功德
開甘露門　示甘露器　入甘露城　處甘露室
令諸衆生　食甘露味
吹大法蠡　擊大法鼓　然大法燈　雨勝法雨
我今摧伏　一切怨結　竪立第一　微妙法幢
度諸衆生　於生死海　永斷三惡　无量苦惱
煩惱熾燃　燒諸衆生　无有救護　无所依止
我以甘露　清涼美味　充足是輩　令離燋熱
於无量劫　遵脩諸行　供養恭敬　諸佛世尊
堅牢脩集　菩提之道　求於如來　真實法身
捨諸所重　支節手足　頭目髓惱　所愛妻子
錢財珍寶　真珠瓔珞　金銀琉璃　種種異物

金光明經卷第一

BD03669號2　金光明經卷一

(22–22)

佛説大乘稻芉經
如是我聞一時薄伽梵住王舍城耆闍崛山與大比丘衆千二百五十人及諸菩薩摩訶薩
俱尒時具壽舍利子往弥勒菩薩摩訶薩經行之處到已共相慰問俱坐盤陁石上
是時具壽舍利子向弥勒菩薩摩訶薩作如是言弥勒今日世尊覩見稻芉告諸比丘
作如是説諸比丘若見因緣彼即見法若見於法即能見佛作是語已默然無言弥勒善逝
何故作如是説其事云何何者因緣何者是法何者是佛云何見因緣即能見法云何見法
即能見佛作是語已弥勒菩薩摩訶薩答具壽舍利子言今佛法王正徧知告諸比丘
若見因緣即能見法若見於法即能見佛者此中何者是因緣言因緣者此有故彼有
此生故彼生所謂无明緣行行緣識識緣名色名色緣六入六入緣觸觸緣受受緣愛愛
緣取取緣有有緣生生緣老死愁嘆苦憂惱而得生起如是唯生純極大苦之聚此
中无明滅故行滅行滅故識滅識滅故名色滅名色滅故六入滅六入滅故觸滅觸滅故
受滅受滅故愛滅愛滅故取滅取滅故有滅有滅故生滅生滅故老死愁嘆苦憂
惱得滅如是唯滅純極大苦之聚此是世尊所説因緣之法何者是法所謂八聖道正見正
思惟正語正業正命正精進正念正定此是八聖道之果及涅槃世尊所説名之為法
何者是佛所謂知一切法者名之為佛以彼慧眼及法身能見作菩提學无學法故
云何見因緣如佛所説若能見因緣之法常无壽離壽如實性无錯謬性无生无起无
作无為无障㝵境界寂靜无畏无侵奪不寂靜相者是
若能如是於法亦見常无壽離壽如實性无生无起无作无為无障㝵无境界寂
滅无畏无侵奪不寂靜相者得正智故能悟勝法以无上法身而見於佛
問曰何故名因緣答曰有因有緣名為因緣非无因无緣故名為因緣之法世尊略説因
緣之相彼緣生果如來出現若不出現法性常住乃至法性法住性法定性與因緣相應
性真如性无錯謬性无變異性真實性實際性不虚妄性不顛倒性等作如是説

作无為无障㝵境界寂靜无畏无侵奪不寂靜相者是
若能如是於法亦見常无壽離壽如實性无生无起无作无為无障㝵无境界寂
滅无畏无侵奪不寂靜相者得正智故能悟勝法以无上法身而見於佛
問曰何故名因緣荅曰有因有緣名為因緣非无因无緣故名為因緣之法世尊略說因
緣之相彼緣生果如來出現若不出現法性常住乃至法性法住性法定性與因緣相應
性真如性无錯謬性无變異性真實性實際性不虛妄性不顛倒性等作如是說
此因緣法以其二種而得生起云何為二所謂因相應緣相應彼復有二謂內及外此中何
者是外因緣法因相應所謂從種生芽從芽生葉從葉生莖從莖生節從節生穗
從穗生花從花生實若无有種芽即不生乃至若无有花實亦不生有種芽生如是
有花實亦得生彼種亦不作是念我能生芽芽亦不作是念我從種生乃至花亦不作
是念我能生實實亦不作是念我從花生雖然有種故而芽得生如是有花故實即
而能成就應如是觀外因緣法因相應義
應云何觀因緣法緣相應義為六界和合故以何六界和合所謂地水火風空時界等
和合外因緣法而得生起應如是觀外因緣法緣相應義地界者能持於種水界者潤
漬於種火界者能暖於種風界者動搖於種空界者不障於種時則能變種子若无此
衆緣種則不能而生於芽若具外地界无不具足如是乃至水火風空時等无不具足一切
和合種子滅時而芽得生
此中地界不作是念我任持種子如是水界亦不作是念我能潤漬於種火界亦不作是念
我能暖於種子風界亦不作念我能動搖於種空界亦不作念我能不障於種時亦不作念
我能變於種子種子亦不作是念我能生芽芽亦不作是念我今從此衆緣而生雖然有
此衆緣而種滅時芽即得生如是有花之時實即得生彼芽亦非自作亦非他作非自他俱作
非自在作亦非時變非自性生亦非无因而生雖然地水火風空時界等和合種滅之時而芽
得生是故應如是觀外因緣法緣相應義
應以五種觀彼外因緣法何等為五不常不斷不移從於小因而生大果與彼相似
云何不常為芽與種各別異故彼芽非種非種壞時而芽得生亦非不滅而得
生起種壞之時而芽得生是故不常云何不斷非過去種壞而生於芽亦非不滅
而德生起種子亦壞當尒之時如秤高下而芽得生是故不斷云何不移芽與
種別芽非種故是故不移云何小因而生大果從小種子而生大果是故從於小因而
生大果云與彼相似如所植種生彼果故是故與彼相似是以五種觀外因緣之
法
如是內因緣法亦以二種而德生起云何為二所謂因相應緣相應何者是內因緣法
因相應義所謂始從无明緣行乃至生緣老死若无明不生行亦不有乃至若

種別等非種故是故不移云何小因而生大果從小種子而生大果是故從於小因而
生大果云與彼相似如所植種生彼果故是故與與彼相似是以五種觀外因緣之
法
如是內因緣法亦以二種而得生起云何為二所謂因相應緣相應何者是內因緣法
因相應義所謂始從无明緣行乃至生緣老死若无明不生行亦不有乃至若
无明有生老死非有如是有无明故行乃得生乃至有生故老死得有无明亦
不作是念我能生行行亦不作是念我從无明而生乃至生亦不作是念我能生於
老死老死亦不作是念我從生有雖然有无明故行乃得生如是有生故老死
得有是故應如是觀內因緣法因相應義
應云何觀內因緣法緣相應事為六界和合故以何六界和合所謂地水火風空
識界等和合故應如是觀內因緣法緣相應事
應云何觀內因緣法地界之相為此身中作堅硬者名為地界為令此身而聚集者
名為水界能消身所食飲嚼噉者名為火界為此身中作內外出息者名風
界為此身中作虛通者名為空界五識身相應及有漏意識猶如束蘆能
成就此身名色芽者名為識界若无此眾緣身則不生若內地界无不具足如
是乃至水火風空識界等无不具足一切和合身即得生
彼地界亦不作是念我能而作身中堅硬之事水界亦不作是念我能為身而
作聚集火界亦不作是念我能而消身所食飲嚼噉之事風界亦不作是念我
能作內外出入息空界亦不作念我能而作身中虛通之事識界亦不作念我能
成就此身名色之芽身亦不作是念我從此眾緣而生雖然有此眾緣之時
身即得生彼地界亦非是我非是眾生非命者非生者非儒童非作者非男非女
非黃門非自在非我所亦非餘等如是乃至水界火界風界空界識界亦非是
我非是眾生非命者非生者非儒童非作者非男非女非黃門非自在非我
所亦非餘等
何者是无明於此六界起於一想合想常想堅牢想不壞想安樂想眾生命者養
育士夫人儒童作者我我所想等及餘種種无知此是无明有无明故於諸境界
起貪瞋癡於諸境界起貪瞋癡者此是无明緣行而於諸事能了別者名之
為識與識俱生四取蘊者此是名色依名色諸根名為六入三法和合名之為觸
覺受觸者名之為受於受貪著名之為愛增長愛者名之為取從取
而生能生業者名之為有而從彼因所生之蘊名之為生生已蘊成熟者名
之老老已蘊滅壞者名之為死臨終之時內具貪著及熱惱者名之為愁從愁而生
諸言辭者名之為嘆五識身受苦者名之為苦作意意識受諸苦者名之為憂具
如是等及隨煩惱者名之為惱大黑闇故故名无明造作故名諸行了別故名識

為識與識俱生四取蘊者此是色依名色諸根名為六入三法和合名之為觸
覺受觸者名之為受於受會嗔著名之為愛增長愛者名之為取生取
而生能生業者名之為有而後彼因所生之蘊名之為生生已蘊成熟者名
之老老已蘊滅壞者名之為死臨終之時內具貪著及熱惱者名之為愁從愁而生
諸言辭者名之為嘆五識身受苦者名之為苦作意意識受諸苦者名之為憂貪
如是等及隨煩惱者名之為惱大黑闇故故名无明造作故名諸行了別故名識相
名識相依故名名色為生門故名六入觸故名觸受故名受渴故名愛取故名取生後
有故名有生蘊故名生蘊熟故名老蘊壞故名死愁故名愁嘆故名嘆惱身故名苦
惱心故名憂惱故名惱復次不了真性顛倒无知名為无明如是有明故能成三行所
謂福行罪不動行從於福行而生福行識者此是无明緣行從於罪行而生罪行識
者此則名為行緣識從於不動行生而不動行識者此則名為識名色名色增長故從
六入門中能成事者此是名色緣六入從於六入而生三六聚能者此是六入緣觸從於所觸
而生彼受者此則名為觸緣受受知別受已而生樂著染者此則名為受緣愛知已而生樂
著染故不欲遠離好色及於安樂而生願樂者此是愛緣取生願樂已從身口意造
後有業者此是取緣有從於彼業所生蘊者此是有緣生生已諸蘊成熟及滅壞者
此則名為生緣老死是故彼因緣十二支法互相為因互相為緣非常非无常非有為非
无為非无因非无緣非有受非盡法非懷法非滅法從无始已來如暴流水而无斷絕
雖然此因緣十二支法互相為因相為緣非常非无常非有為非无為非无因非无緣非
有受非盡法非懷法非滅法從无始已來如暴流水而无斷絕有其四支能攝十二因緣
之法云何為四所謂无明愛業識識者以種子性為因業者以田性為因无明及愛以
煩惱性為此中業及煩惱能生種子之識業則能作種子識田愛則能潤種子之識无
无明能殖種子之識若无此眾緣種子之識亦不能成
彼業亦不作念我今能作

衆悉不能見唯除有住此三昧者如來所現
不可思議諸佛境界亦復如是菩薩具見聲
聞莫覩譬如有人以翳形藥自塗其眼在於
衆會去來坐立无能見者而能悉覩衆會
中事應知如來亦復如是超過於世普見世
間非諸聲聞所能得見唯除趣向一切智境諸
大菩薩如人生已則有二天恒相隨逐一曰同
生二曰同名天常見人人不見天應知如來亦
復如是在諸菩薩大集會中現大神通諸
大聲聞悉不能見譬如比丘得心自在入滅
盡定六根作業皆悉不行一切語言不知不
覺定力持故不般涅槃一切聲聞亦復如是
雖復住在逝多林中具足六根而不知不見
不解不入如來自在菩薩衆會諸所作事何
以故如來境界甚深廣大難見難知難測難
量超諸世間不可思議无能壞者非是一切
二乘境界是故如來自在神力菩薩衆會及
逝多林普遍一切清淨世界如是等事諸大

BD03671 號　大方廣佛華嚴經（唐譯八十卷本）卷六〇　（7–1）

不解不入如來自在菩薩衆會諸所作事何
以故如來境界甚深廣大難見難知難測難
量超諸世間不可思議无能壞者非是一切
二乘境界是故如來自在神力菩薩衆會及
逝多林普遍一切清淨世界如是等事諸大
聲聞悉不知見非其器故尒時毗盧遮那願
光明菩薩承佛神力觀察十方而說頌言
汝等應觀察　佛道不思議　於此逝多林　示現神通力
善逝威神力　所現无央數　一切諸世間　迷惑不能了
法王深妙法　无量難思議　所現諸神通　舉世莫能測
以了法无相　是故名為佛　而具相莊嚴　稱揚不可盡
今於此林內　示現大神力　甚深无有邊　言辭莫能辯
汝觀大威德　无量菩薩衆　十方諸國土　而來見世尊
所願皆具足　所行无障礙　一切諸世間　无能測量者
一切諸緣覺　及彼大聲聞　皆悉不能知　菩薩行境界
菩薩大智慧　諸地悉究竟　高建勇猛幢　難摧難可動
諸大名稱士　无量三昧力　所現諸神變　法界悉充滿
尒時不可壞精進王菩薩承佛神力觀察十
方而說頌言
汝觀諸佛子　智慧功德藏　究竟菩提行　安隱諸世間
其心本明達　善入諸三昧　智慧无邊際　境界不可量
今此逝多林　種種皆嚴飾　菩薩衆雲集　親近如來住
汝觀无所著　无量大衆海　十方來詣此　坐寶蓮花座
无來亦无住　无依无戲論　離垢心无礙　究竟於法界
建立智慧幢　堅固不動搖　知无變化法　而現變化事
十方无量剎　一切諸佛所　同時悉往詣　而亦不分身

BD03671 號　大方廣佛華嚴經（唐譯八十卷本）卷六〇　（7–2）

令此逝多林 種種皆嚴飾 菩薩衆雲集 親近如來住
汝觀无所著 无量大衆海 十方來詣此 坐寶蓮花座
无來亦无住 无依无戲論 離垢心无礙 究竟於法界
建立智慧幢 堅固不動搖 知无變化法 而現變化事
十方无量剎 一切諸佛所 同時悉往詣 而亦不分身
汝觀釋師子 自在神通力 能令菩薩衆 一切俱來集
一切諸佛法 法界悉平等 言說故不同 此衆咸通達
諸佛常安住 法界平等際 演說差別法 言辭无有盡
尒時普勝无上威德王菩薩承佛神力觀察
十方而說頌言
汝觀无上士 廣大智圓滿 善達時非時 為衆演說法
摧伏衆外道 一切諸異論 普隨衆生心 為現神通力
正覺非有量 亦復非无量 若量若无量 牟尼悉超越
如日在虛空 照臨一切處 佛智亦如是 了達三世法
譬如十五夜 月輪无減缺 如來亦復然 白法悉圓滿
譬如空中日 運行无暫已 如來亦如是 神變恒相續
譬如十方剎 於空无所礙 世燈現變化 於世亦復然
譬如世間地 群生之所依 照世燈法輪 為依亦如是
譬如猛疾風 所行无障礙 佛法亦如是 速遍於世間
譬如大水輪 世界所依住 智慧輪亦尒 三世佛所依
尒時无礙勝藏王菩薩承佛神力觀察十方
而說頌言
譬如大寶山 饒益諸含識 佛山亦如是 普益於世間
譬如大海水 澄淨无垢濁 見佛亦如是 能除諸渴愛
譬如須彌山 出於大海中 世間燈亦尒 從於法海出
如海具衆寶 求者皆滿足 无師智亦然 見者悉開悟

BD03671 號　大方廣佛華嚴經（唐譯八十卷本）卷六〇　（7–3）

譬如大寶山 饒益諸含識 佛山亦如是 普益於世間
譬如大海水 澄淨无垢濁 見佛亦如是 能除諸渴愛
譬如須彌山 出於大海中 世間燈亦尒 從於法海出
如海具衆寶 求者皆滿足 无師智亦然 見者悉開悟
如來甚深智 无量无有數 是故神通力 示現難思議
譬如工幻師 示現種種事 佛智亦如是 現諸自在力
譬如如意寶 能滿一切欲 最勝亦復然 滿諸清淨願
譬如明淨寶 普照一切物 佛智亦如是 普照群生心
譬如八面寶 等鑒於諸方 无礙燈亦然 普照於法界
譬如水精珠 能清諸濁水 見佛亦如是 諸根悉清淨
尒時化現法界願月王菩薩承佛神力觀察
十方而說頌言
譬如帝青寶 能青一切色 見佛者亦然 悉發菩提行
一一微塵內 佛現神通力 令无量无邊 菩薩皆清淨
甚深微妙力 无邊不可知 菩薩之境界 世間莫能測
如來所現身 清淨相莊嚴 普入於法界 成就諸菩薩
難思佛國土 於中成正覺 一切諸菩薩 世主皆充滿
釋迦无上尊 於法悉自在 示現神通力 无邊不可量
菩薩種種行 无量无有盡 如來自在力 為之悉示現
佛子善修學 甚深諸法界 成就无礙智 明了一切法
善逝威神力 為衆轉法輪 神變普充滿 令世皆清淨
如來智圓滿 境界亦清淨 譬如大龍王 普濟諸群生
尒時法慧光焰王菩薩承佛神力觀察十方
而說頌言
三世諸如來 聲聞大弟子 悉不能知佛 舉足下足事
去來現在世 一切諸緣覺 亦不知如來 舉足下足事

BD03671 號　大方廣佛華嚴經（唐譯八十卷本）卷六〇　（7–4）

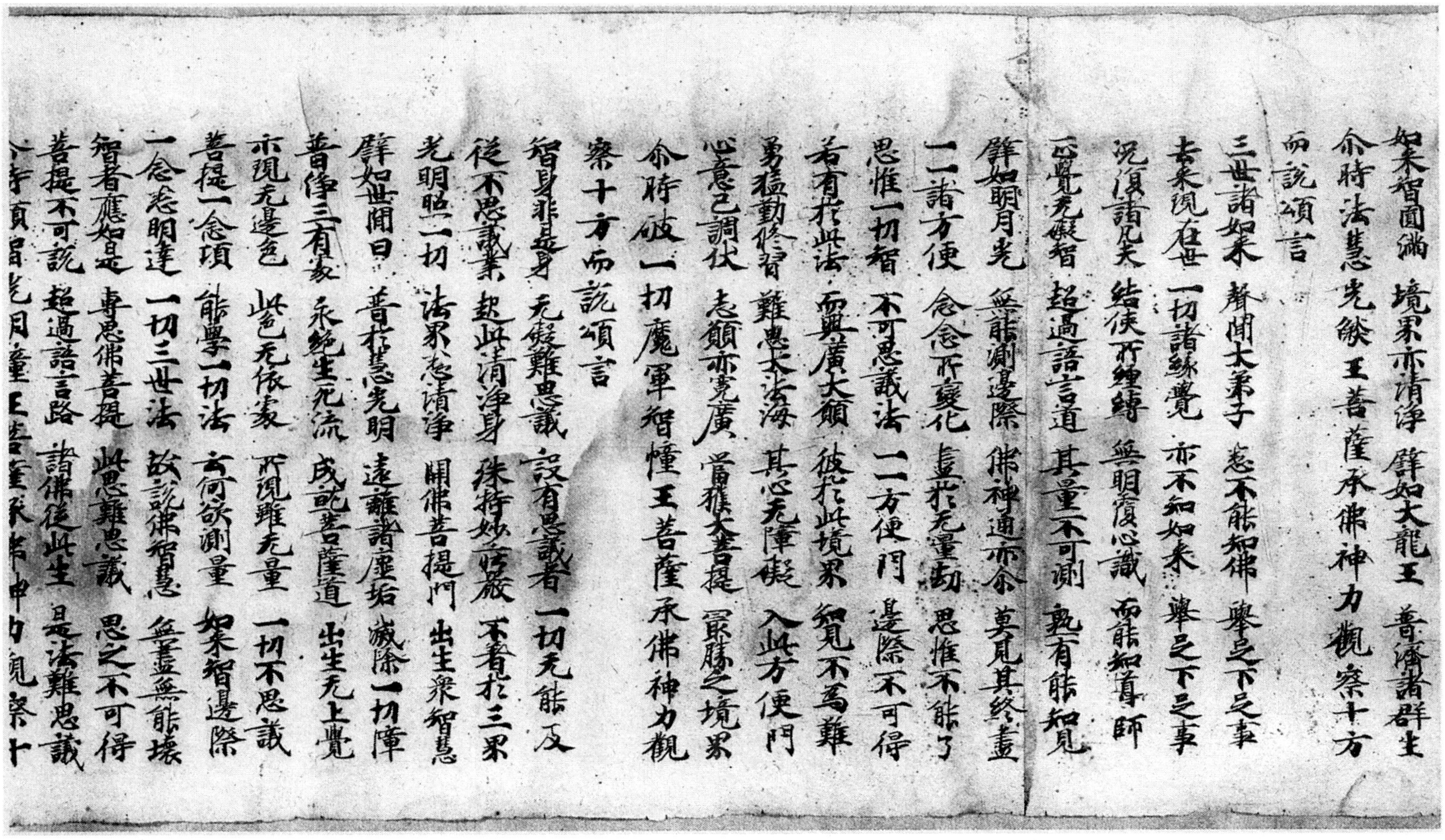

如來智圓滿　境界亦清淨　譬如大龍王　普濟諸群生
尒時法慧光燄王菩薩承佛神力觀察十方
而說頌言
三世諸如來　聲聞大弟子　悉不能知佛　舉足下足事
去來現在世　一切諸緣覺　亦不知如來　舉足下足事
況復諸凡夫　結使所纏縛　無明覆心識　而能知導師
正覺无礙智　超過語言道　其量不可測　孰有能知見
譬如明月光　無能測邊際　佛神通亦尒　莫見其終盡
一一諸方便　念念所變化　盡於无量劫　思惟不能了
思惟一切智　不可思議法　一一方便門　邊際不可得
若有於此法　而興廣大願　彼於此境界　知見不為難
勇猛勤修習　難思大法海　其心无障礙　入此方便門
心意已調伏　志願亦寬廣　當獲大菩提　最勝之境界
尒時破一切魔軍智幢王菩薩承佛神力觀
察十方而說頌言
智身非是身　无礙難思議　設有思議者　一切无能及
從不思議業　起此清淨身　殊特妙莊嚴　不著於三界
光明照一切　法界悉清淨　開佛菩提門　出生衆智慧
譬如世間日　普放慧光明　遠離諸塵垢　滅除一切障
普淨三有處　永絕生死流　成就菩薩道　出生无上覺
示現无邊色　此色无依處　所現雖无量　一切不思議
菩提一念頃　能覺一切法　云何欲測量　如來智邊際
一念悉明達　一切三世法　故說佛智慧　無盡無能壞
智者應如是　專思佛菩提　此思難思議　思之不可得
菩提不可說　超過語言路　諸佛從此生　是法難思議
尒時願智光明幢王菩薩承佛神力觀察十

BD03671號　大方廣佛華嚴經（唐譯八十卷本）卷六〇　（7–5）

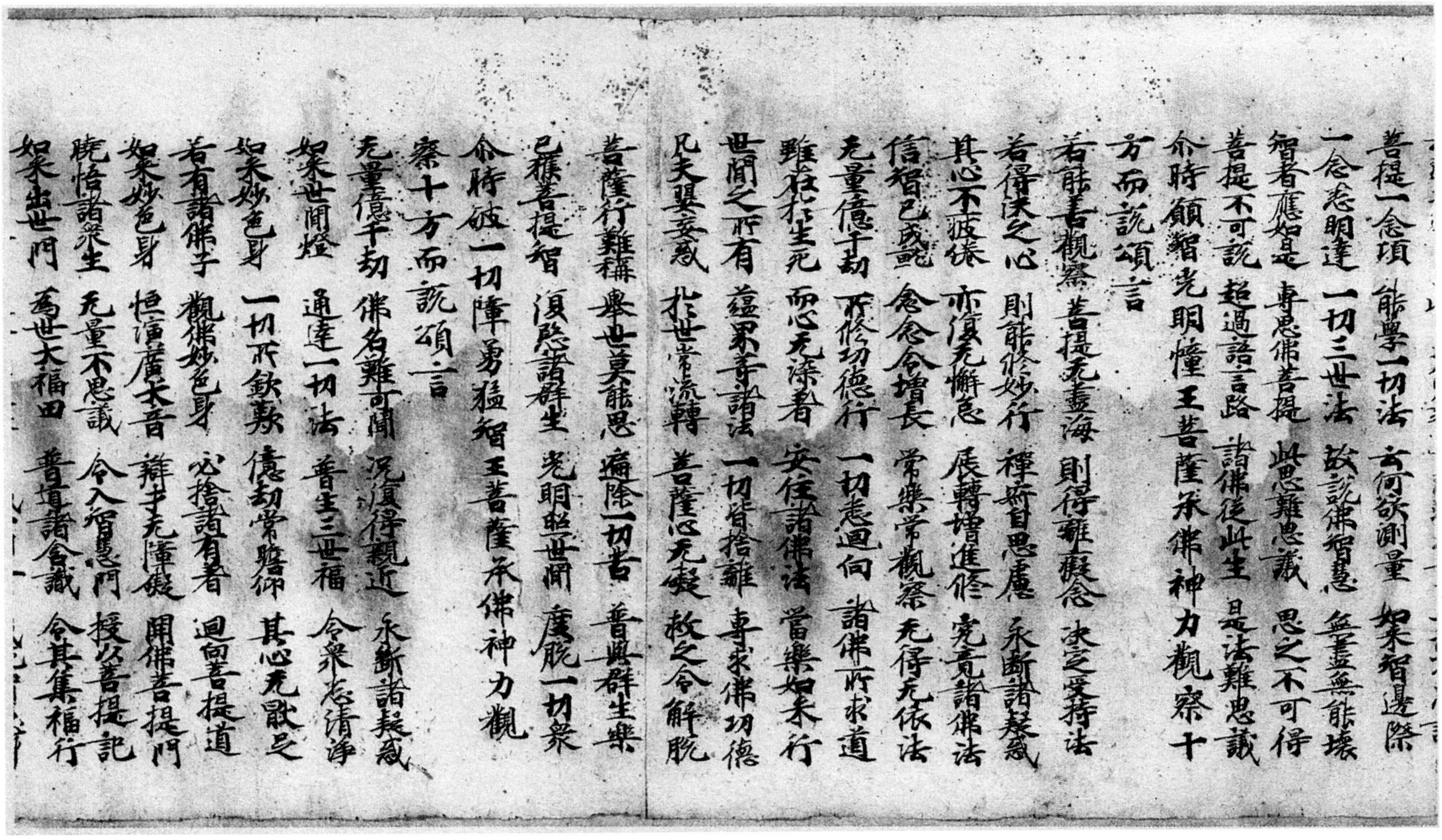

菩提一念頃　能學一切法　云何欲測量　如來智邊際
一念悉明達　一切三世法　故說佛智慧　無盡無能壞
智者應如是　專思佛菩提　此思難思議　思之不可得
菩提不可說　超過語言路　諸佛從此生　是法難思議
尒時願智光明幢王菩薩承佛神力觀察十
方而說頌言
若能善觀察　菩提无盡海　則得離癡念　決定受持法
若得決定心　則能修妙行　禪寂自思慮　永斷諸疑惑
其心不疲倦　亦復无懈怠　展轉增進修　究竟諸佛法
信智已成就　念念令增長　常樂常觀察　无得无依法
无量億千劫　所修功德行　一切悉迴向　諸佛所求道
雖在於生死　而心无染著　安住諸佛法　常樂如來行
世間之所有　蘊界等諸法　一切皆捨離　專求佛功德
凡夫嬰妄惑　於世常流轉　菩薩心无礙　救之令解脫
菩薩行難稱　舉世莫能思　遍除一切苦　普與群生樂
已獲菩提智　復愍諸群生　光明照世間　度脫一切衆
尒時破一切障勇猛智王菩薩承佛神力觀
察十方而說頌言
无量億千劫　佛名難可聞　況復得親近　永斷諸疑惑
如來世間燈　通達一切法　普生三世福　令衆悉清淨
如來妙色身　一切所欽歎　億劫常瞻仰　其心无厭足
若有諸佛子　觀佛妙色身　必捨諸有著　迴向菩提道
如來妙色身　恒演廣大音　辯才无障礙　開佛菩提門
曉悟諸衆生　无量不思議　令入智慧門　授以菩提記
如來出世間　為世大福田　普導諸含識　令其集福行

BD03671號　大方廣佛華嚴經（唐譯八十卷本）卷六〇　（7–6）

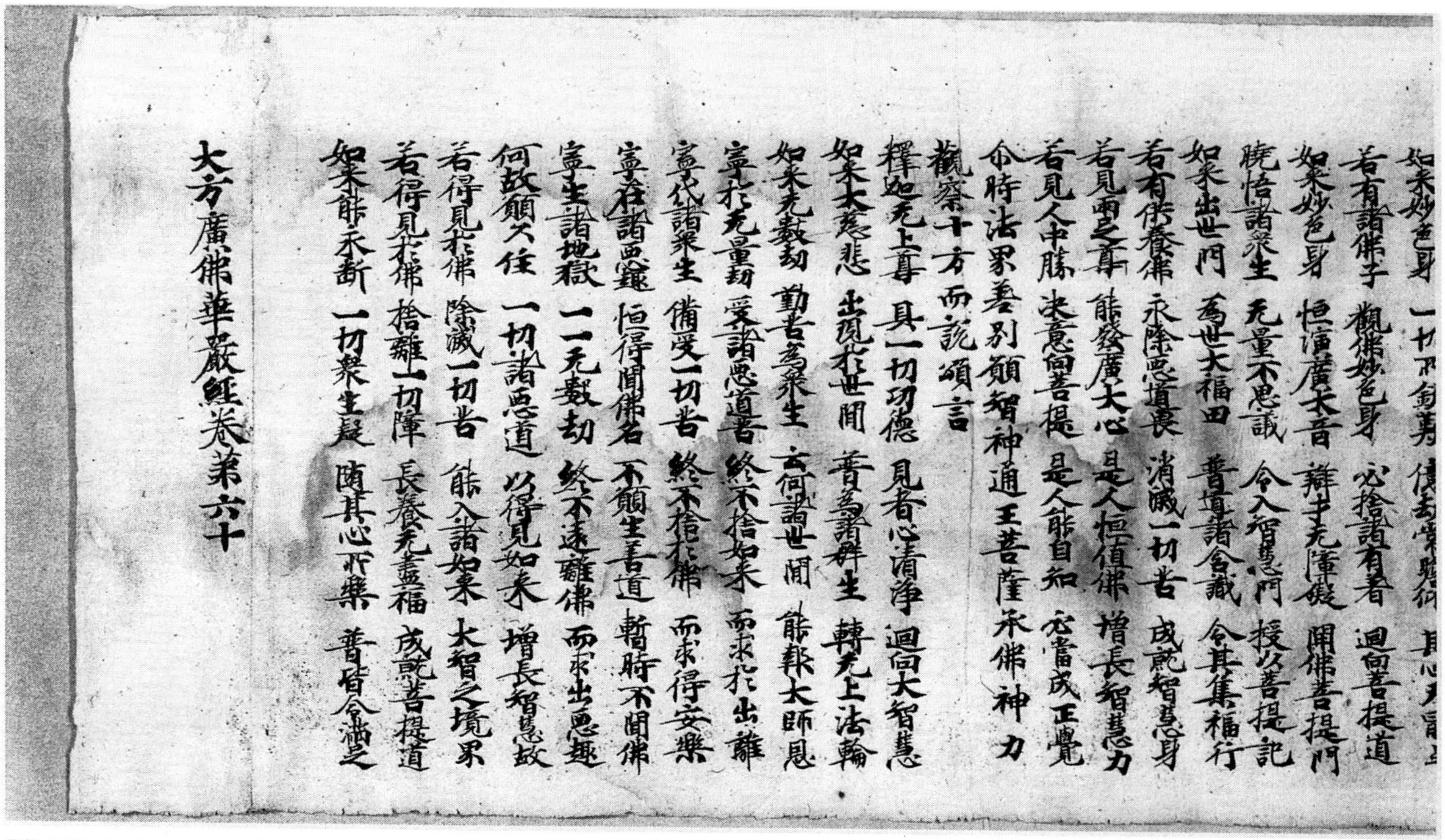

如來妙色身　一切所欽歎　億劫常瞻仰　其心无[illegible]
若有諸佛子　觀佛妙色身　必捨諸有著　迴向菩提道
如來妙色身　恒演廣大音　辯才无障礙　開佛菩提門
曉悟諸眾生　无量不思議　令入智慧門　授以菩提記
如來出世間　為世大福田　普導諸含識　令其集福行
若有供養佛　永除惡道畏　消滅一切苦　成就智慧身
若見兩足尊　能發廣大心　是人恒值佛　增長智慧力
若見人中勝　決意向菩提　是人能自知　必當成正覺
爾時法界差別願智神通王菩薩承佛神力
觀察十方而說頌言
釋迦无上尊　具一切功德　見者心清淨　迴向大智慧
如來大慈悲　出現於世間　普為諸群生　轉无上法輪
如來无數劫　勤苦為眾生　云何諸世間　能報大師恩
寧於无量劫　受諸惡道苦　終不捨如來　而求於出離
寧代諸眾生　備受一切苦　終不捨於佛　而求得安樂
寧在諸惡趣　恒得聞佛名　不願生善道　暫時不聞佛
寧生諸地獄　一一无數劫　終不遠離佛　而求出惡趣
何故願久住　一切諸惡道　以得見如來　增長智慧故
若得見於佛　除滅一切苦　能入諸如來　大智之境界
若得見於佛　捨離一切障　長養无盡福　成就菩提道
如來能永斷　一切眾生疑　隨其心所樂　普皆令滿足

大方廣佛華嚴經卷第六十

BD03671號　大方廣佛華嚴經（唐譯八十卷本）卷六〇　（7–7）

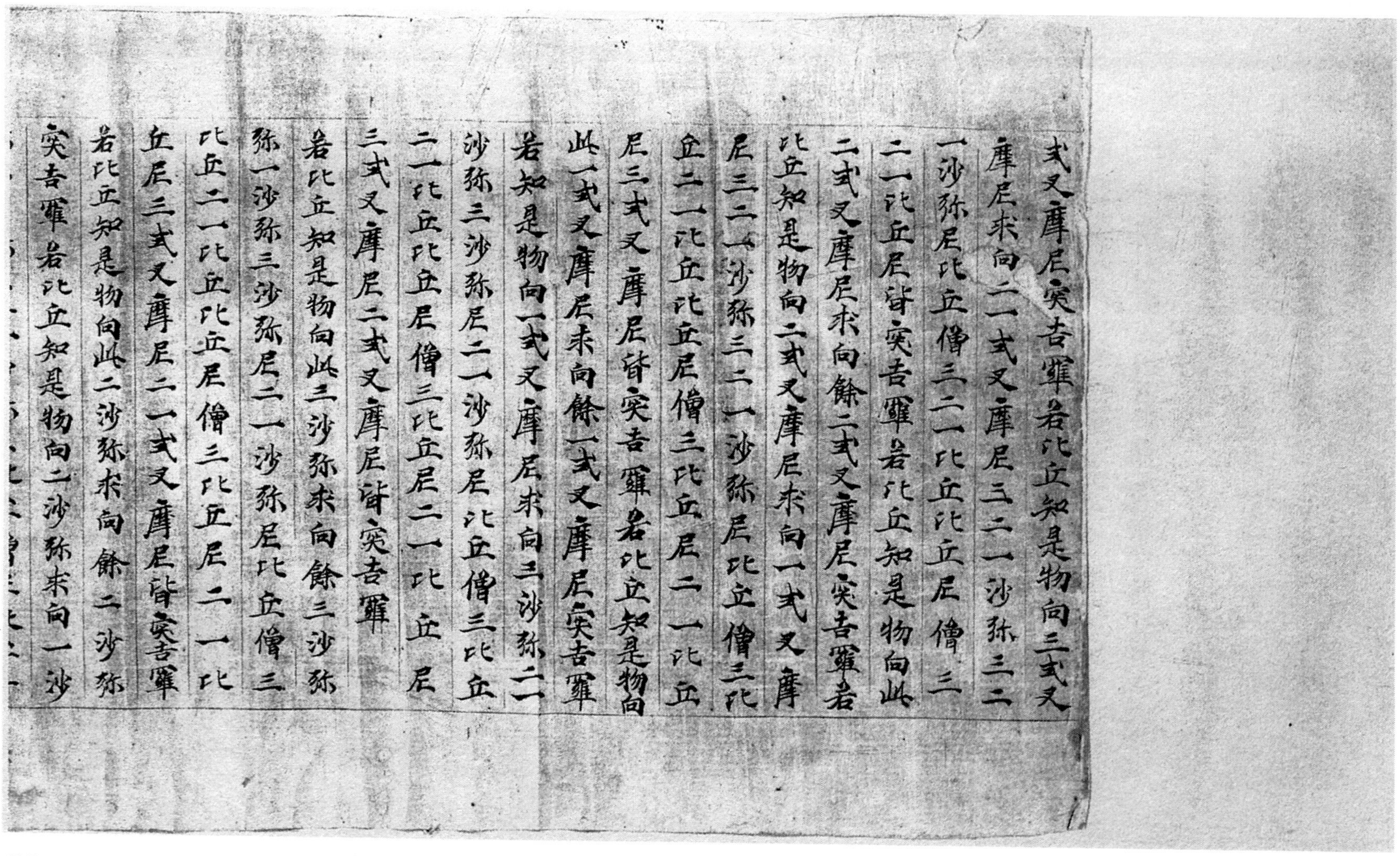

式叉摩尼突吉羅若比丘知是物向三式叉
摩尼求向二一式叉摩尼三二一沙弥三二
一沙弥尼比丘僧三二一比丘比丘尼僧三
二一比丘尼皆突吉羅若比丘知是物向此
二式叉摩尼求向餘二式叉摩尼突吉羅若
比丘知是物向二式叉摩尼求向一式叉摩
尼三二一沙弥三二一沙弥尼比丘僧三比
丘二一比丘比丘尼僧三比丘尼二一比丘
尼三式叉摩尼皆突吉羅若比丘知是物向
此一式叉摩尼求向餘一式叉摩尼突吉羅
若知是物向一式叉摩尼求向三沙弥二一
沙弥三沙弥尼二一沙弥尼比丘僧三比丘
二一比丘比丘尼僧三比丘尼二一比丘尼
三式叉摩尼二式叉摩尼皆突吉羅
若比丘知是物向此三沙弥求向餘三沙弥
弥一沙弥三沙弥尼二一沙弥尼比丘僧三
比丘二一比丘比丘尼僧三比丘尼二一比
丘尼三式叉摩尼二一式叉摩尼皆突吉羅
若比丘知是物向此二沙弥求向餘二沙弥
突吉羅若比丘知是物向二沙弥求向一沙

BD03672號　十誦律（兌廢稿）卷八　（2–1）

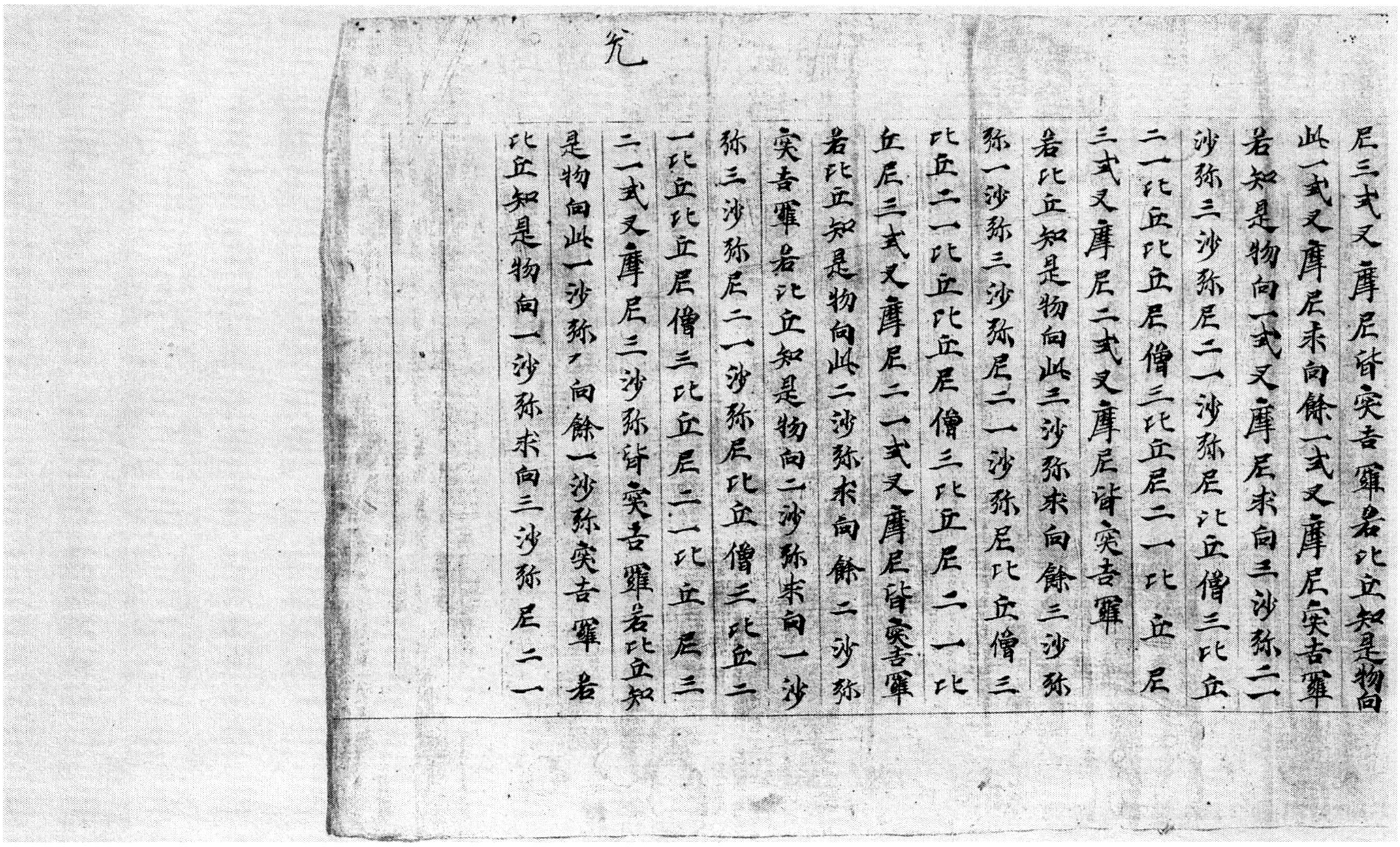

兊

尼三式叉摩尼皆突吉羅若比丘知是物向
此一式叉摩尼求向餘一式叉摩尼突吉羅
若知是物向一式叉摩尼求向三沙弥二
沙弥三沙弥尼二一沙弥尼比丘僧三比丘
二一比丘比丘尼僧三比丘尼二一比丘尼
三式叉摩尼二式叉摩尼皆突吉羅
若比丘知是物向此三沙弥求向餘三沙弥
弥一沙弥三沙弥尼二一沙弥尼比丘僧三
比丘二一比丘比丘尼僧三比丘尼二一比
丘尼三式叉摩尼二一式叉摩尼皆突吉羅
若比丘知是物向此二沙弥求向餘二沙弥
突吉羅若比丘知是物向二沙弥求向一沙
弥三沙弥尼二一沙弥尼比丘僧三比丘二
一比丘比丘尼僧三比丘尼二一比丘尼三
二一式叉摩尼三沙弥皆突吉羅若比丘知
是物向此一沙弥〻向餘一沙弥突吉羅 若
比丘知是物向一沙弥求向三沙弥尼二一

BD03672 號　十誦律（兊廢稿）卷八　　（2–2）

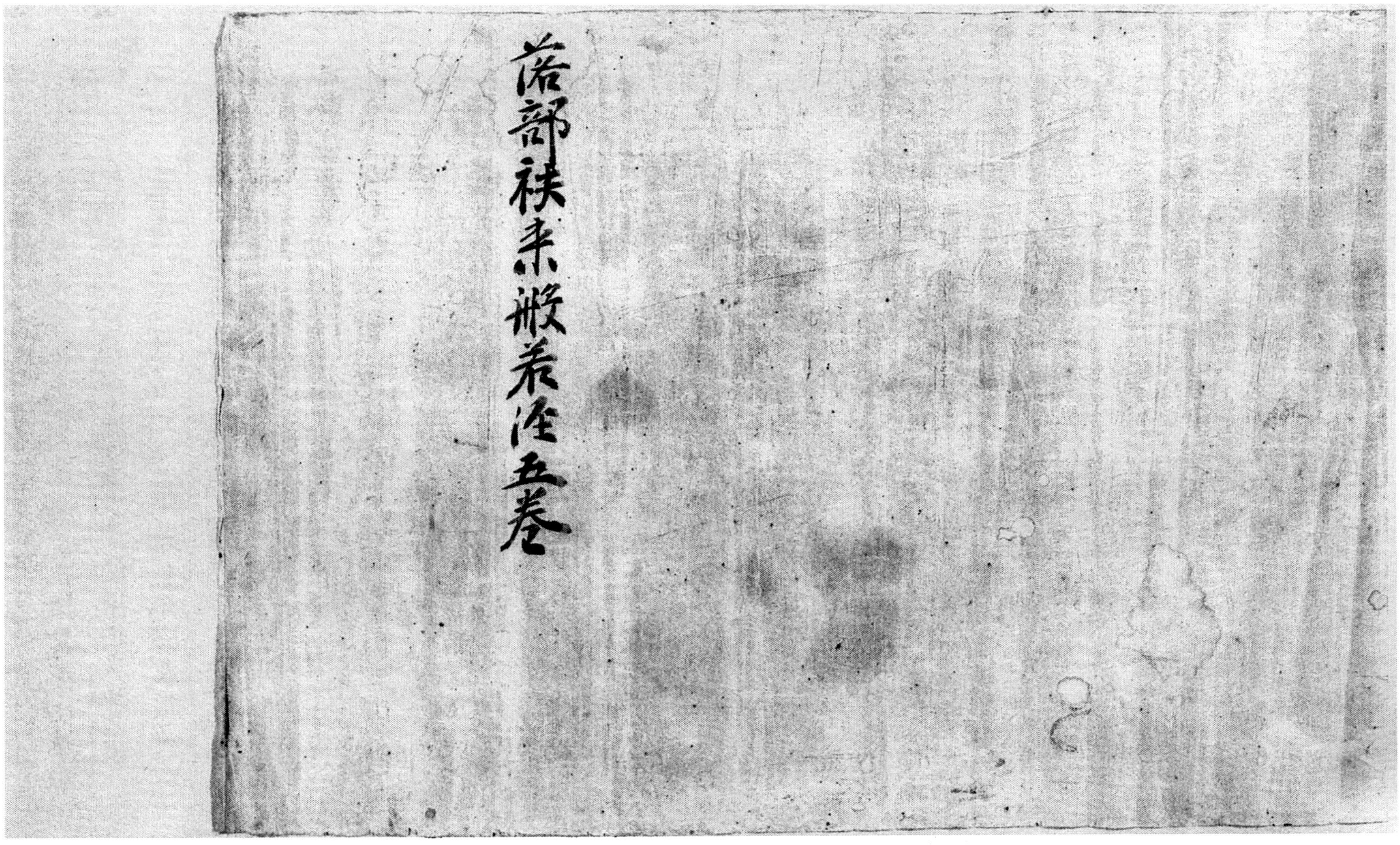

落部袟未搬若注五卷

BD03672 號背　勘記　　（1–1）

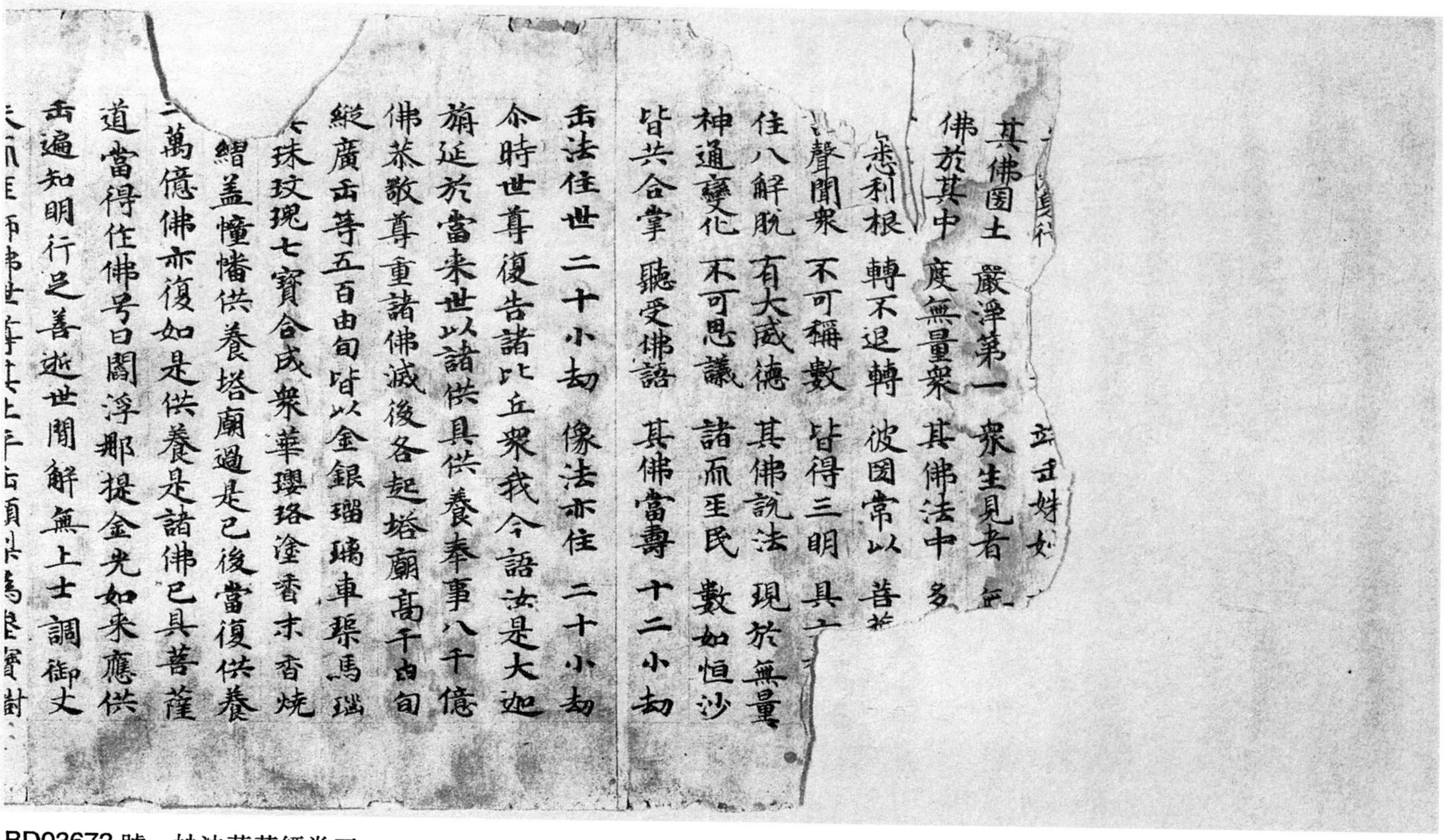

其佛國土　嚴淨第一　衆生見者　無
佛於其中　度無量衆　其佛法中　多
悉利根　轉不退轉　彼國常以　菩薩
聲聞衆　不可稱數　皆得三明　具六
住八解脫　有大威德　其佛說法　現於無量
神通變化　不可思議　諸天人民　數如恒沙
皆共合掌　聽受佛語　其佛當壽　十二小劫
正法住世　二十小劫　像法亦住　二十小劫
爾時世尊復告諸比丘衆我今語汝是大迦
旃延於當來世以諸供具供養奉事八千億
佛恭敬尊重諸佛滅後各起塔廟高千由旬
縱廣正等五百由旬皆以金銀瑠璃車璖馬瑙
真珠玫瑰七寶合成衆華瓔珞塗香末香燒
繒蓋幢幡供養塔廟過是已後當復供養
二萬億佛亦復如是供養是諸佛已具菩薩
道當得作佛号曰閻浮那提金光如來應供
正遍知明行足善逝世間解無上士調御丈

BD03673 號　妙法蓮華經卷三

（4–1）

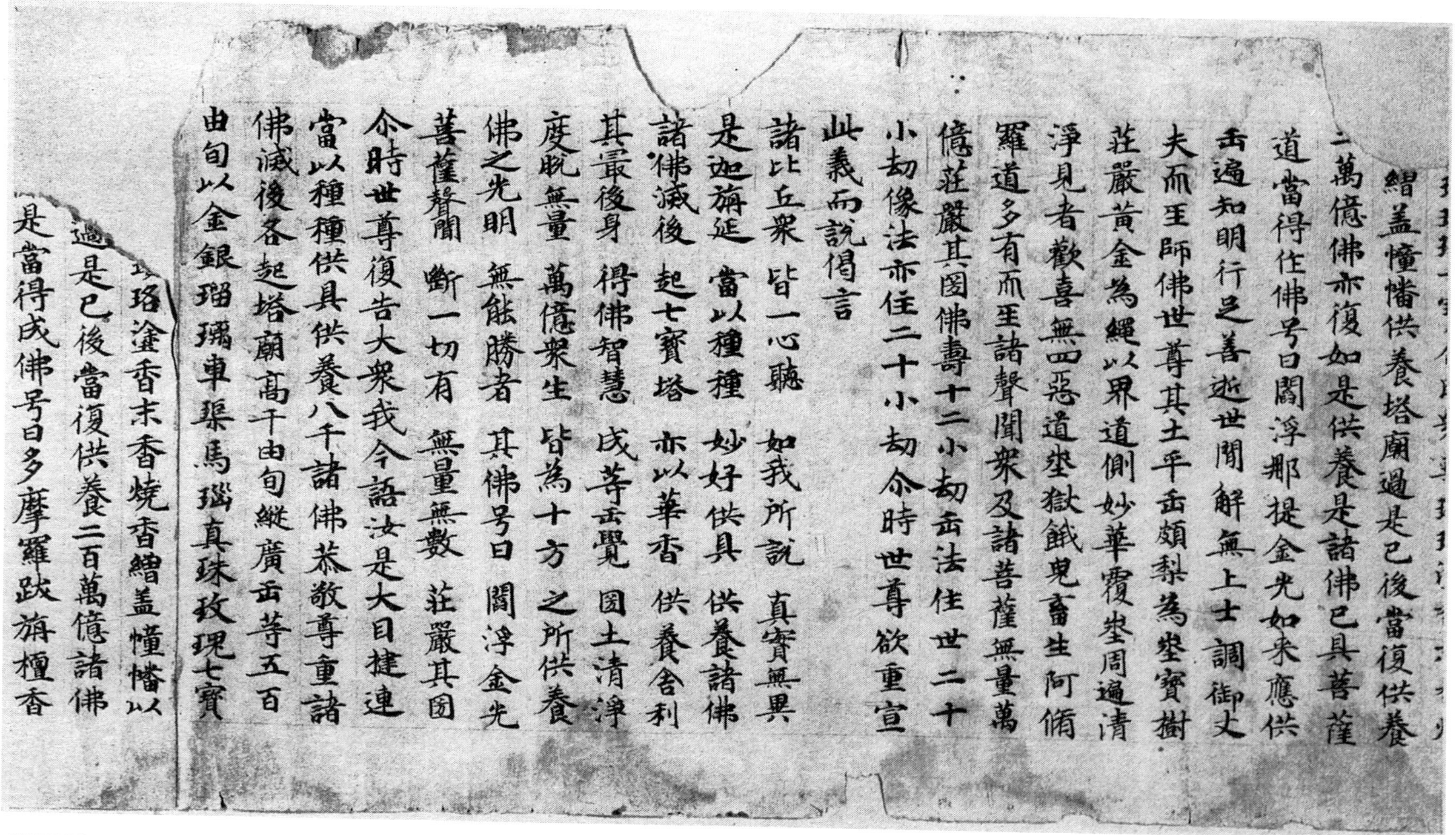

繒蓋幢幡供養塔廟過是已後當復供養
二萬億佛亦復如是供養是諸佛已具菩薩
道當得作佛号曰閻浮那提金光如來應供
正遍知明行足善逝世間解無上士調御丈
夫天人師佛世尊其土平正頗梨為地寶樹
莊嚴黄金為繩以界道側妙華覆地周遍清
淨見者歡喜無四惡道地獄餓鬼畜生阿脩
羅道多有天人諸聲聞衆及諸菩薩無量萬
億莊嚴其國佛壽十二小劫正法住世二十
小劫像法亦住二十小劫爾時世尊欲重宣
此義而說偈言
諸比丘衆　皆一心聽　如我所說　真實無異
是迦旃延　當以種種　妙好供具　供養諸佛
諸佛滅後　起七寶塔　亦以華香　供養舍利
其最後身　得佛智慧　成等正覺　國土清淨
度脫無量　萬億衆生　皆為十方　之所供養
佛之光明　無能勝者　其佛号曰　閻浮金光
菩薩聲聞　斷一切有　無量無數　莊嚴其國
爾時世尊復告大衆我今語汝是大目揵連
當以種種供具供養八千諸佛恭敬尊重諸
佛滅後各起塔廟高千由旬縱廣正等五百
由旬以金銀瑠璃車璖馬瑙真珠玫瑰七寶
瓔珞塗香末香燒香繒蓋幢幡以
過是已後當復供養二百萬億諸佛
是當得成佛号曰多摩羅跋旃檀香

BD03673 號　妙法蓮華經卷三

（4–2）

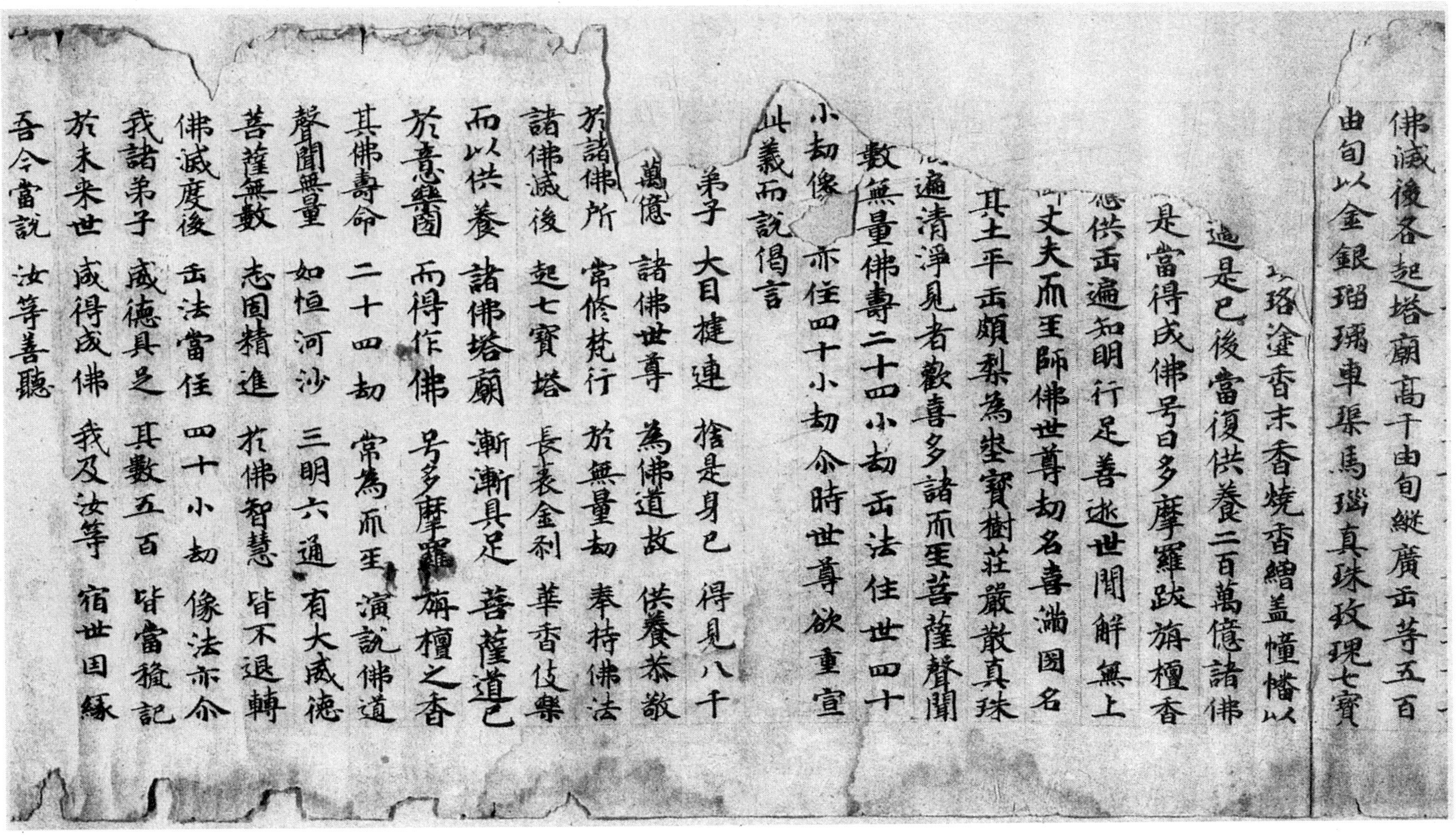

佛滅後各起塔廟高千由旬縱廣正等五百
由旬以金銀琉璃車𤦲馬瑙真珠玫瑰七寶
珞塗香末香燒香繒蓋幢幡以
過是已後當復供養二百萬億諸佛
是當得成佛号曰多摩羅跋栴檀香
應供正遍知明行足善逝世間解無上
丈夫天人師佛世尊劫名喜滿國名
其土平正頗梨為地寶樹莊嚴散真珠
遍清淨見者歡喜多諸天人菩薩聲聞
數無量佛壽二十四小劫正法住世四十
小劫像法亦住四十小劫尒時世尊欲重宣
此義而說偈言
弟子　大目揵連　捨是身已　得見八千
萬億　諸佛世尊　為佛道故　供養恭敬
於諸佛所　常修梵行　於無量劫　奉持佛法
諸佛滅後　起七寶塔　長表金剎　華香伎樂
而以供養　諸佛塔廟　漸漸具足　菩薩道已
於意樂國　而得作佛　号多摩羅　栴檀之香
其佛壽命　二十四劫　常為天人　演說佛道
聲聞無量　如恒河沙　三明六通　有大威德
菩薩無數　志固精進　於佛智慧　皆不退轉
佛滅度後　正法當住　四十小劫　像法亦尒
我諸弟子　威德具足　其數五百　皆當授記
於未來世　咸得成佛　我及汝等　宿世因緣
吾今當說　汝等善聽

BD03673號　妙法蓮華經卷三　　（4-3）

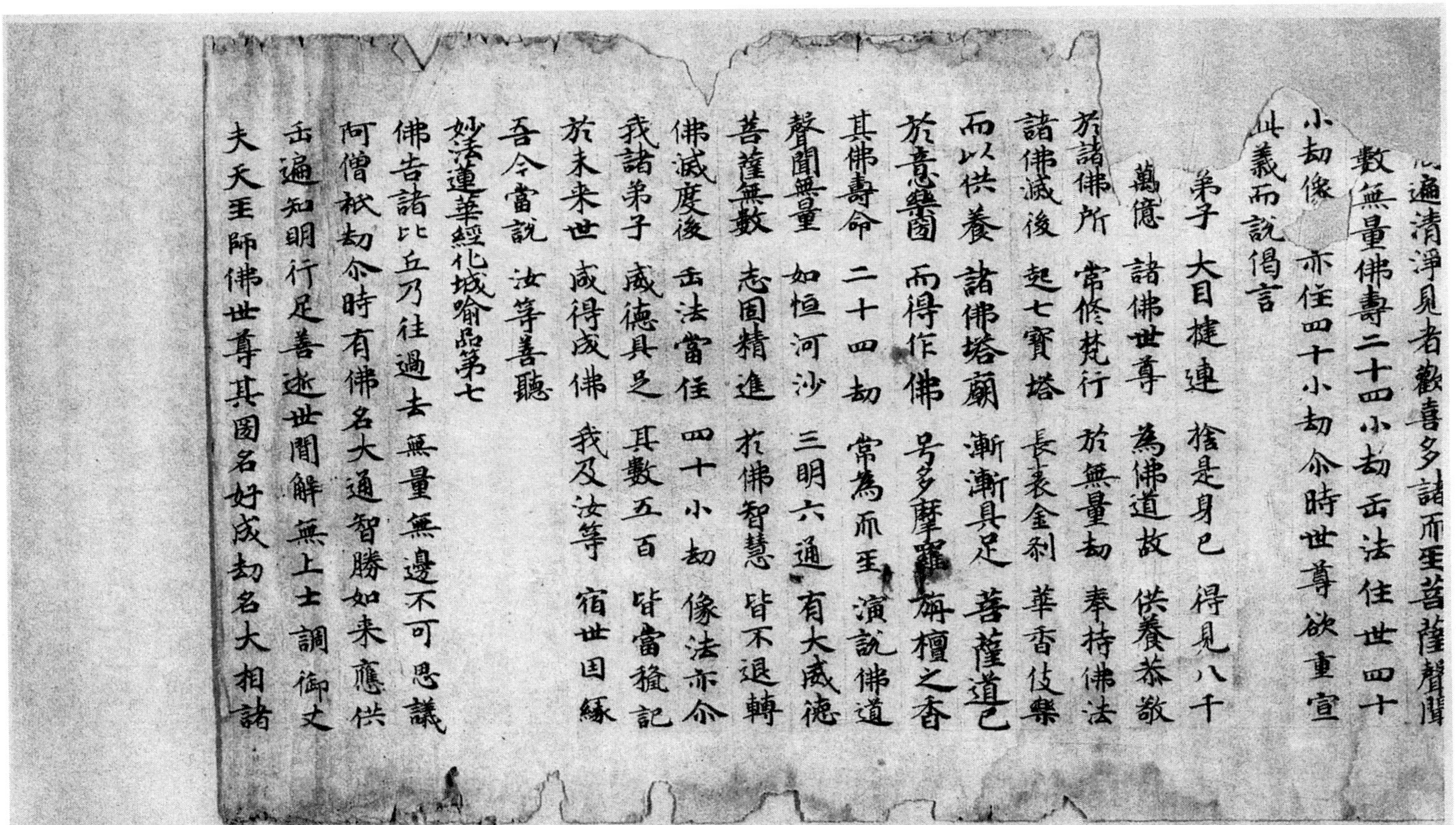

遍清淨見者歡喜多諸天人菩薩聲聞
數無量佛壽二十四小劫正法住世四十
小劫像法亦住四十小劫尒時世尊欲重宣
此義而說偈言
弟子　大目揵連　捨是身已　得見八千
萬億　諸佛世尊　為佛道故　供養恭敬
於諸佛所　常修梵行　於無量劫　奉持佛法
諸佛滅後　起七寶塔　長表金剎　華香伎樂
而以供養　諸佛塔廟　漸漸具足　菩薩道已
於意樂國　而得作佛　号多摩羅　栴檀之香
其佛壽命　二十四劫　常為天人　演說佛道
聲聞無量　如恒河沙　三明六通　有大威德
菩薩無數　志固精進　於佛智慧　皆不退轉
佛滅度後　正法當住　四十小劫　像法亦尒
我諸弟子　威德具足　其數五百　皆當授記
於未來世　咸得成佛　我及汝等　宿世因緣
吾今當說　汝等善聽
妙法蓮華經化城喻品第七
佛告諸比丘乃往過去無量無邊不可思議
阿僧祇劫尒時有佛名大通智勝如来應供
正遍知明行足善逝世間解無上士調御丈
夫天人師佛世尊其國名好成劫名大相諸

BD03673號　妙法蓮華經卷三　　（4-4）

妙法蓮華經隨喜功德品第十八　六
尒時彌勒菩薩摩訶薩白佛言世尊若有善
男子善女人聞是法華經隨喜者得幾所福
而說偈言
世尊滅度後　其有聞是經　若能隨喜者　為得幾所福
尒時佛告彌勒菩薩摩訶薩阿逸多如來滅
後若比丘比丘尼優婆塞優婆夷及餘智者
若長若幼聞是經隨喜已從法會出至於餘
處若在僧坊若空閑地若城邑巷陌聚落田
里如其所聞為父母宗親善友知識隨力演
說是諸人等聞已隨喜復行轉教餘人聞已
亦隨喜轉教如是展轉至第五十阿逸多其
第五十善男子善女人隨喜功德我今說之
汝當善聽若四百万億阿僧祇世界六趣四
生衆生卵生胎生濕生化生若有形无形有想
无想非有想非无想无足二足四足多足如
是等在衆生數者有人求福隨其所欲娛
樂之具皆給與之一一衆生與滿閻浮提金
銀瑠璃車𤦲馬瑙珊瑚虎珀諸妙珎寶及象
馬車乘七寶所成宮殿樓閣等是大施主如
是布施滿八十年已而作是念我已施衆生

BD03674號　妙法蓮華經卷六

（2–1）

尒時佛告彌勒菩薩摩訶薩阿逸多如來滅
後若比丘比丘尼優婆塞優婆夷及餘智者
若長若幼聞是經隨喜已從法會出至於餘
處若在僧坊若空閑地若城邑巷陌聚落田
里如其所聞為父母宗親善友知識隨力演
說是諸人等聞已隨喜復行轉教餘人聞已
亦隨喜轉教如是展轉至第五十阿逸多其
第五十善男子善女人隨喜功德我今說之
汝當善聽若四百万億阿僧祇世界六趣四
生衆生卵生胎生濕生化生若有形无形有想
无想非有想非无想无足二足四足多足如
是等在衆生數者有人求福隨其所欲娛
樂之具皆給與之一一衆生與滿閻浮提金
銀瑠璃車𤦲馬瑙珊瑚虎珀諸妙珎寶及象
馬車乘七寶所成宮殿樓閣等是大施主如
是布施滿八十年已而作是念我已施衆生
娛樂之具隨意所欲然此衆生皆已衰老年
過八十髮白面皺將死不久我當以佛法而
訓導之即集此衆生宣布法化示教利喜一
時皆得須陁洹道斯陁含道阿那含道阿羅
漢道盡諸有漏於深禪定皆得自在具八解
脫於汝意云何是大施主所得功德寧為多

BD03674號　妙法蓮華經卷六

（2–2）

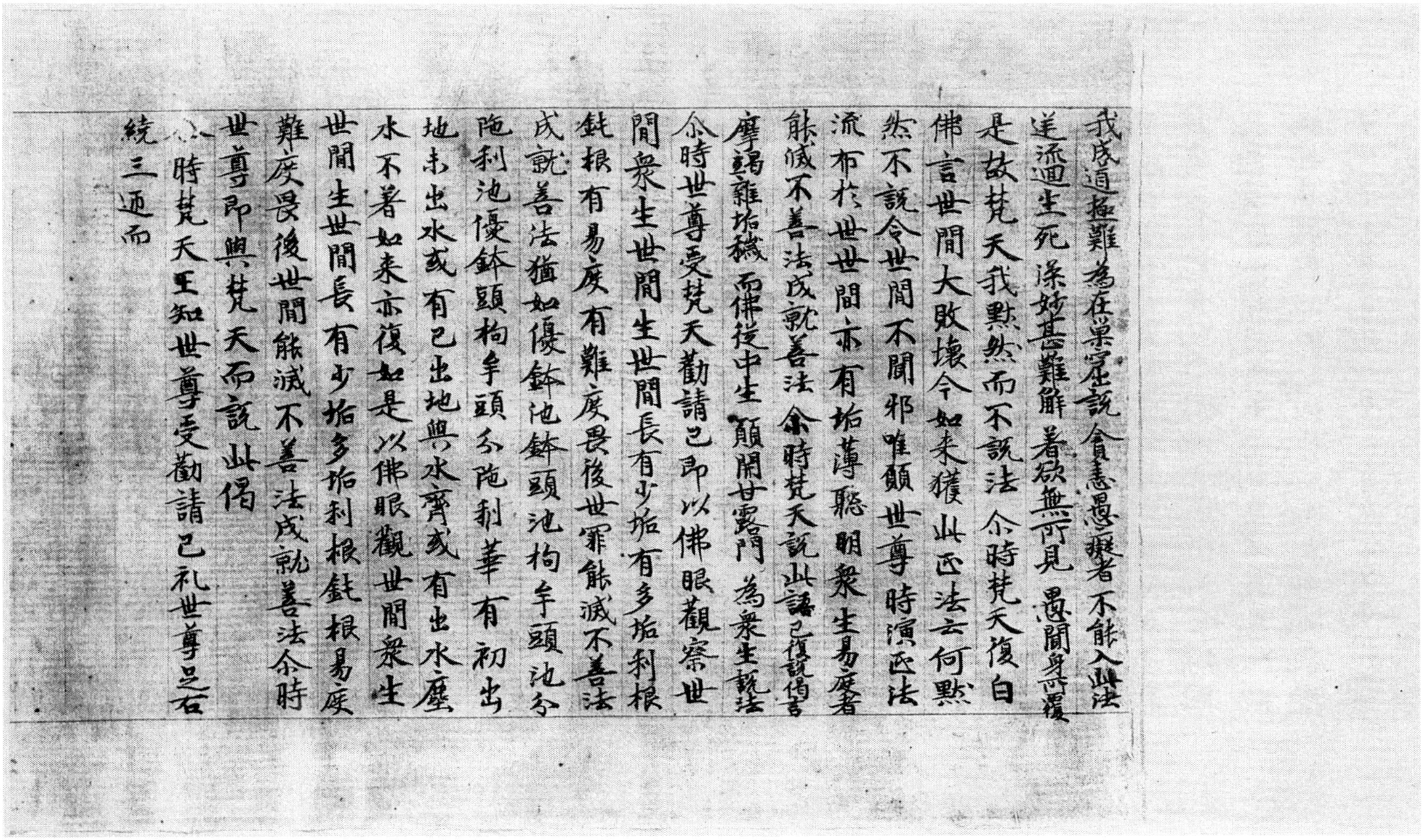
我成道極難 為在巢窟說 貪恚愚癡者 不能入此法
逆流迴生死 深妙甚難解 著欲無所見 愚闇身所覆
是故梵天我默然而不說法 尒時梵天復白
佛言世間大敗壞 令如来獲此正法 云何默
然不說令世間不聞邪唯願世尊時演正法
流布於世世間亦有垢薄聰明衆生易度者
能滅不善法成就善法 尒時梵天說此語已復說偈言
摩竭雜垢穢 而佛從中生 願開甘露門 為衆生說法
尒時世尊受梵天勸請已即以佛眼觀察世
間衆生世間生世間長有少垢有多垢利根
鈍根有易度有難度畏後世罪能滅不善法
成就善法猶如優鉢池鉢頭池拘牟頭池分
陁利池優鉢頭拘牟頭分陁利華有初出
地未出水或有已出地與水齊或有出水塵
水不著如来亦復如是以佛眼觀世間衆生
世間生世間長有少垢多垢利根鈍根易度
難度畏後世罪能滅不善法成就善法尒時
世尊即與梵天而說此偈
尒時梵天王知世尊受勸請已礼世尊足右
繞三迊而

BD03675號　四分律（兑廢稿）卷三二　（2–1）

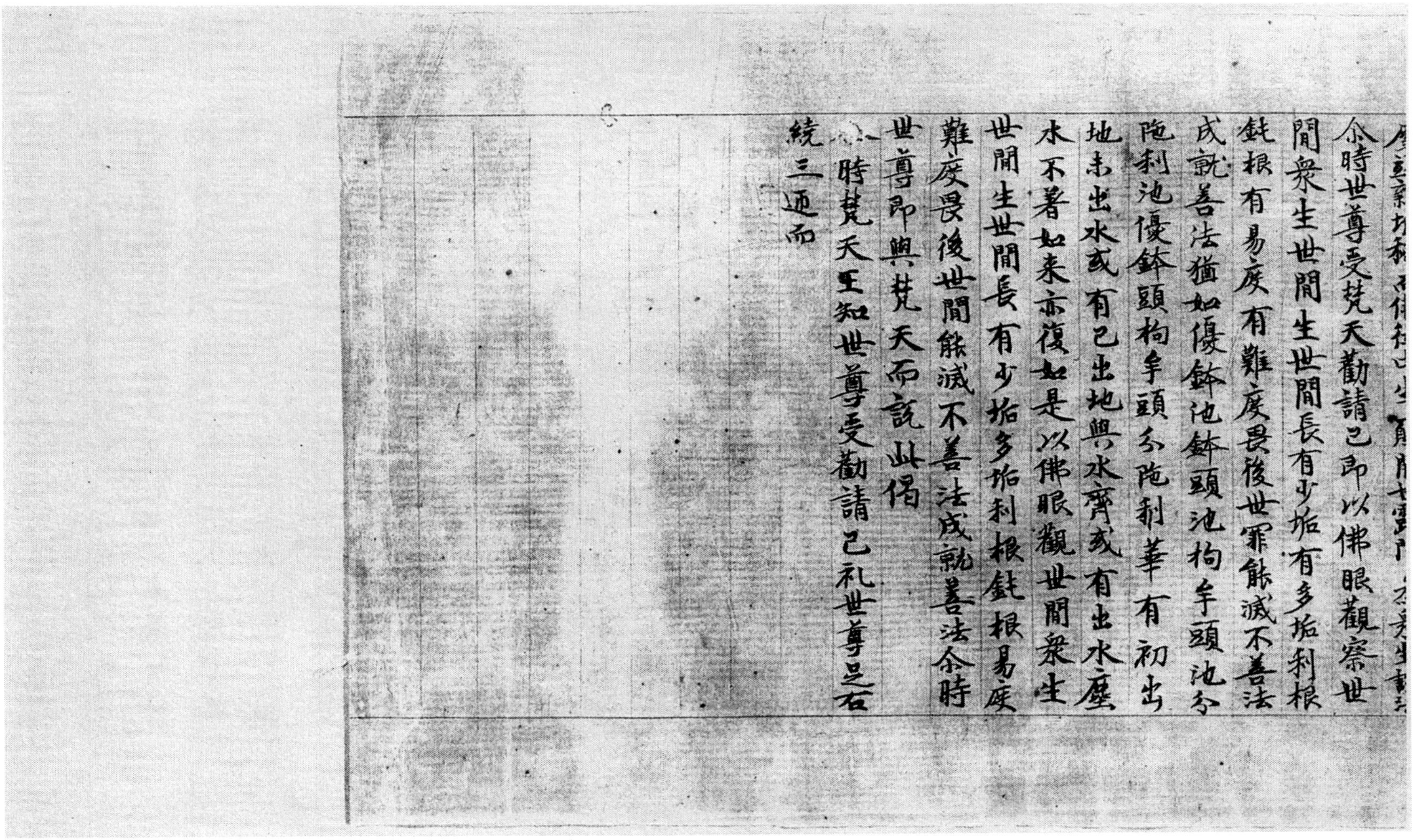
摩竭雜垢穢 而佛從中生 願開甘露門 為衆生說法
尒時世尊受梵天勸請已即以佛眼觀察世
間衆生世間生世間長有少垢有多垢利根
鈍根有易度有難度畏後世罪能滅不善法
成就善法猶如優鉢池鉢頭池拘牟頭池分
陁利池優鉢頭拘牟頭分陁利華有初出
地未出水或有已出地與水齊或有出水塵
水不著如来亦復如是以佛眼觀世間衆生
世間生世間長有少垢多垢利根鈍根易度
難度畏後世罪能滅不善法成就善法尒時
世尊即與梵天而說此偈
尒時梵天王知世尊受勸請已礼世尊足右
繞三迊而

BD03675號　四分律（兑廢稿）卷三二　（2–2）

法人中亦最第一
通達得四無礙智
疑惑具足菩薩神通之力
行彼佛世人咸皆謂之實是聲聞而富樓那
以斯方便饒益無量百千衆生又化無量阿
僧祇人令立阿耨多羅三藐三菩提爲淨佛
土故常作佛事教化衆生諸比丘富樓那亦
於七佛說法人中而得第一今於我所說法
人中亦爲第一於賢劫中當來諸佛說法人
中亦復第一而皆護持助宣佛法亦於未來世
護持助宣無量無邊諸佛之法教化饒益無
量衆生令立阿耨多羅三藐三菩提爲淨佛
土故常懃精進教化衆生漸漸具足菩薩之
道過無量阿僧祇劫當於此土得阿耨多羅
三藐三菩提号曰法明如來應供正遍知明
行足善逝世間解無上士調御丈夫天人師
佛世尊其佛以恒河沙等三千大千世界爲
一佛土七寶爲地地平如掌無有山陵谿澗溝
壑七寶臺觀充滿其中諸天宮殿近處

BD03676號　妙法蓮華經卷四

（10–1）

道過無量阿僧祇劫當於此土得阿耨多羅
三藐三菩提号曰法明如來應供正遍知明
行足善逝世間解無上士調御丈夫天人師
佛世尊其佛以恒河沙等三千大千世界爲
一佛土七寶爲地地平如掌無有山陵谿澗溝
壑七寶臺觀充滿其中諸天宮殿近處虛
空人天交接兩得相見無諸惡道亦無女人
一切衆生皆以化生無有婬欲得大神通身
出光明飛行自在志念堅固精進智慧普皆
金色三十二相而自莊嚴其國衆生常以二
食一者法喜食二者禪悅食有無量阿僧祇
千萬億那由他諸菩薩衆得大神通四無礙
智善能教化衆生之類其聲聞衆筭數校計
所不能知皆得具足六通三明及八解脫其
佛國土有如是等無量功德莊嚴成就劫名
寶明國名善淨其佛壽命無量阿僧祇劫法
住甚久佛滅度後起七寶塔遍滿其國尒時
世尊欲重宣此義而說偈言
諸比丘諦聽　佛子所行道　善學方便故　不可得思議
知衆樂小法　而畏於大智　是故諸菩薩　作聲聞緣覺
以無數方便　化諸衆生類　自說是聲聞　去佛道甚遠
度脫無量衆　皆悉得成就　雖小欲懈怠　漸當令作佛
內祕菩薩行　外現是聲聞　少欲厭生死　實自淨佛土
示衆有三毒　又現邪見相　我弟子如是　方便度衆生
若我具足說　種種現化事　衆生聞是者　心則懷疑惑

BD03676號　妙法蓮華經卷四

（10–2）

度脫無量衆　皆悉得成就　雖小欲懈怠　漸當令作佛
內祕菩薩行　外現是聲聞　少欲厭生死　實自淨佛土
示衆有三毒　又現邪見相　我弟子如是　方便度衆生
若我具足說　種種現化事　衆生聞是者　心則懷疑惑
今此富樓那　於昔千億佛　勤脩所行道　宣護諸佛法
為求無上慧　而於諸佛所　現居弟子上　多聞有智慧
所說無所畏　能令衆歡喜　未曾有疲惓　而以助佛事
已度大神通　具四無礙智　知諸根利鈍　常說清淨法
演暢如是義　教諸千億衆　令住大乘法　而自淨佛土
未來亦供養　無量無數佛　護助宣正法　亦自淨佛土
常以諸方便　說法無所畏　度不可計衆　成就一切智
供養諸如來　護持法寶藏　其後得成佛　号名曰法明
其國名善淨　七寶所合成　劫名為寶明　菩薩衆甚多
其數無量億　皆度大神通　威德力具足　充滿其國土
聲聞亦無數　三明八解脫　得四無礙智　以是等為僧
其國諸衆生　婬欲皆已斷　純一變化生　具相莊嚴身
法喜禪悅食　更無餘食想　無有諸女人　亦無諸惡道
富樓那比丘　功德悉成滿　當得斯淨土　賢聖衆甚多
如是無量事　我今但略說
尒時千二百阿羅漢心自在者作是念我等
歡喜得未曾有若世尊各見授記如餘大弟
子者不亦快乎佛知此等心之所念告摩訶
迦葉是千二百阿羅漢我今當現前次第與
受阿耨多羅三藐三菩提記於此衆中我大
弟子憍陳如比丘當供養六萬二千億佛然
後得成為佛号曰普明如来應供正遍知明

BD03676號　妙法蓮華經卷四　（10–3）

迦葉是千二百阿羅漢我今當現前次第與
受阿耨多羅三藐三菩提記於此衆中我大
弟子憍陳如比丘當供養六萬二千億佛然
後得成為佛号曰普明如来應供正遍知明
行足善逝世間解無上士調御丈夫天人師
佛世尊其五百阿羅漢優樓頻螺迦葉伽耶
迦葉那提迦葉迦留陁夷優陁夷阿㝹樓馱
離婆多劫賓那薄拘羅周陁莎伽陁等皆當
得阿耨多羅三藐三菩提盡同一号名曰普
明尒時世尊欲重宣此義而說偈言
憍陳如比丘　當見無量佛　過阿僧祇劫　乃成等正覺
常放大光明　具足諸神通　名聞遍十方　一切之所敬
常說無上道　故号為普明　其國土清淨　菩薩皆勇猛
咸昇妙樓閣　遊諸十方國　以無上供具　奉獻於諸佛
作是供養已　心懷大歡喜　須臾還本國　有如是神力
佛壽六萬劫　正法住倍壽　像法復倍是　法滅天人憂
其五百比丘　次第當作佛　同号曰普明　轉次而授記
我滅度之後　某甲當作佛　其所化世間　亦如我今日
國土之嚴淨　及諸神通力　菩薩聲聞衆　正法及像法
壽命劫多少　皆如上所說　迦葉汝已知　五百自在者
餘諸聲聞衆　亦當復如是　其不在此會　汝當為宣說
尒時五百阿羅漢於佛前得受記已歡喜踊
躍即從座起到於佛前頭面礼足悔過自責
世尊我等常作是念自謂已得究竟滅度今
乃知之如無智者所以者何我等應得如来

BD03676號　妙法蓮華經卷四　（10–4）

尒時五百阿羅漢於佛前得受記已歡喜踊
躍即從座起到於佛前頭面礼足悔過自責
世尊我等常作是念自謂已得究竟滅度今
乃知之如無智者所以者何我等應得如來
智慧而便自以小智為足世尊譬如有人至
親友家酔酒而卧是時親友官事當行以無
價寶珠繫其衣裹與之而去其人酔卧都不
覺知起已遊行到於他國為衣食故懃力求
索甚大艱難若少有所得便以為足於後親
友會遇見之而作是言咄哉丈夫何為衣食
乃至如是我昔欲令汝得安樂五欲自恣於
某年日月以無價寶珠繫汝衣裹今故現在
而汝不知懃苦憂惱以求自活甚為癡也汝
今可以此寶貿易所須常可如意無所乏短
佛亦如是為菩薩時教化我等令發一切智
心而尋廢忘不知不覺既得阿羅漢道自謂
滅度資生艱難得少為足一切智願猶在不
失今者世尊覺悟我等作如是言諸比丘汝
等所得非究竟滅我久令汝等種佛善根以
方便故示涅槃相而汝謂為實得滅度世尊
我今乃知實是菩薩得受阿耨多羅三藐三
菩提記以是因緣甚大歡喜得未曾有尒時
阿若憍陳如等欲重宣此義而說偈言
我等聞無上　安隱授記聲　歡喜未曾有　礼無量智佛
今於世尊前　自悔諸過咎　於無量佛寶　得少涅槃分
如無智愚人　便自以為足　譬如貧窮人　往至親友家

BD03676號　妙法蓮華經卷四　（10–5）

菩提記以是因緣甚大歡喜得未曾有尒時
阿若憍陳如等欲重宣此義而說偈言
我等聞無上　安隱授記聲　歡喜未曾有　礼無量智佛
今於世尊前　自悔諸過咎　於無量佛寶　得少涅槃分
如無智愚人　便自以為足　譬如貧窮人　往至親友家
其家甚大富　具設諸餚饍　以無價寶珠　繫著內衣裹
嘿與而捨去　時卧不覺知　是人既已起　遊行詣他國
求衣食自濟　資生甚艱難　得少便為足　更不願好者
不覺內衣裹　有無價寶珠　與珠之親友　後見此貧人
苦切責之已　示以所繫珠　貧人見此珠　其心大歡喜
富有諸財物　五欲而自恣　我等亦如是　世尊於長夜
常愍見教化　令種無上願　我等無智故　不覺亦不知
得少涅槃分　自足不求餘　今佛覺悟我　言非實滅度
得佛無上慧　尒乃為真滅　我今從佛聞　受記莊嚴事
及轉次受決　身心遍歡喜

妙法蓮華經授學無學人記品第九

尒時阿難羅睺羅而作是念我等每自思惟
設得受記不亦快乎即從座起到於佛前頭
面礼足俱白佛言世尊我等於此亦應有分
唯有如來我等所歸又我等為一切世間天
人阿脩羅所見知識阿難常為侍者護持法
藏羅睺羅是佛之子若佛見授阿耨多羅三
藐三菩提記者我願既滿衆望亦足尒時學
無學聲聞弟子二千人皆從座起偏袒右肩
到於佛前一心合掌瞻仰世尊如阿難羅睺
羅所願住立一面尒時佛告阿難汝於來世

BD03676號　妙法蓮華經卷四　（10–6）

藐三菩提記者我願既滿衆望亦足尒時學
無學聲聞弟子二千人皆從座起偏袒右肩
到於佛前一心合掌瞻仰世尊如阿難羅睺
羅所願住立一面尒時佛告阿難汝於來世
當得作佛号山海慧自在通王如來應供正
遍知明行足善逝世間解無上士調御丈夫
天人師佛世尊當供養六十二億諸佛護持
法藏然後得阿耨多羅三藐三菩提教化二
十千萬億恒河沙諸菩薩等令成阿耨多羅
三藐三菩提國名常立勝幡其土清淨琉璃
為地劫名妙音遍滿其佛壽命無量千萬億
阿僧祇劫若人於千萬億無量阿僧祇劫中
筭數校計不能得知正法住世倍於壽命像
法住世復倍正法阿難是山海慧自在通王
佛為十方無量千萬億恒河沙等諸佛如來
所共讚嘆稱其功德尒時世尊欲重宣此義
而說偈言
我今僧中說　阿難持法者　當供養諸佛　然後成正覺
号曰山海慧　自在通王佛　其國土清淨　名常立勝幡
教化諸菩薩　其數如恒沙　佛有大威德　名聞滿十方
壽命無有量　以愍衆生故　正法倍壽命　像法復倍是
如恒河沙等　無數諸衆生　於此佛法中　種佛道因緣
尒時會中新發意菩薩八千人咸作是念我
等尚不聞諸大菩薩得如是記有何因緣而
諸聲聞得如是決尒時世尊知諸菩薩心之

BD03676號　妙法蓮華經卷四　（10–7）

如恒河沙等　無數諸衆生　於此佛法中　種佛道因緣
尒時會中新發意菩薩八千人咸作是念我
等尚不聞諸大菩薩得如是記有何因緣而
諸聲聞得如是決尒時世尊知諸菩薩心之
所念而告之曰諸善男子我與阿難等於空
王佛所同時發阿耨多羅三藐三菩提心阿
難常樂多聞我常懃精進是故我已得成阿
耨多羅三藐三菩提而阿難護持我法亦護
將來諸佛法藏教化成就諸菩薩衆其本願
如是故獲斯記阿難面於佛前自聞受記及
國土莊嚴所願具足心大歡喜得未曾有即
時憶念過去無量千萬億諸佛法藏通達無
㝵如今所聞亦識本願尒時阿難而說偈言
世尊甚希有　令我念過去　無量諸佛法　如今日所聞
我今無復疑　安住於佛道　方便為侍者　護持諸佛法
尒時佛告羅睺羅汝於來世當得作佛号蹈
七寶華如來應供正遍知明行足善逝世間
解無上士調御丈夫天人師佛世尊當供養
十世界微塵等數諸佛如來常為諸佛而作
長子猶如今也是蹈七寶華佛國土莊嚴壽
命劫數所化弟子正法像法亦如山海慧自
在通王如來無異亦為此佛而作長子過是已
後當得阿耨多羅三藐三菩提尒時世尊欲
重宣此義而說偈言
我為太子時　羅睺為長子　我今成佛道　受法為法子

BD03676號　妙法蓮華經卷四　（10–8）

在通王如来無異然為此佛而作長子過是已
後當得阿耨多羅三藐三菩提尒時世尊欲
重宣此義而說偈言
我為太子時　羅睺為長子　我今成佛道　受法為法子
於未來世中　見無量億佛　皆為其長子　一心求佛道
羅睺羅密行　唯我能知之　現為我長子　以示諸衆生
無量億千萬　功徳不可數　安住於佛法　以求無上道
尒時世尊見學無學二千人其意柔軟寂然
清淨一心觀佛佛告阿難汝見是學無學二
千人不唯然已見阿難是諸人等當供養五
十世界微塵數諸佛如来恭敬尊重護持法
藏末後同時於十方國各得成佛皆同一号
名曰寶相如来應供正遍知明行足善逝世
閒解無上士調御丈夫天人師佛世尊壽命
一劫國土莊嚴聲聞菩薩正法像法皆悉同
等尒時世尊欲重宣此義而說偈言
是二千聲聞　今於我前住　悉皆與授記　未來當成佛
所供養諸佛　如上說塵數　護持其法藏　後當成正覺
各於十方國　悉同一名号　俱時坐道場　以證無上慧
皆名為寶相　國土及弟子　正法與像法　悉等無有異
咸以諸神通　度十方衆生　名聞普周遍　漸入於涅槃
尒時學無學二千人聞佛授記歡喜踊躍而
說偈言
世尊慧明　我聞授記音　心歡喜充滿　如甘露見灌
妙法蓮華経法師品第十

BD03676號　妙法蓮華經卷四

(10–9)

名曰寶相如来應供正遍知明行足善逝世
閒解無上士調御丈夫天人師佛世尊壽命
一劫國土莊嚴聲聞菩薩正法像法皆悉同
等尒時世尊欲重宣此義而說偈言
是二千聲聞　今於我前住　悉皆與授記　未來當成佛
所供養諸佛　如上說塵數　護持其法藏　後當成正覺
各於十方國　悉同一名号　俱時坐道場　以證無上慧
皆名為寶相　國土及弟子　正法與像法　悉等無有異
咸以諸神通　度十方衆生　名聞普周遍　漸入於涅槃
尒時學無學二千人聞佛授記歡喜踊躍而
說偈言
世尊慧明　我聞授記音　心歡喜充滿　如甘露見灌
妙法蓮華経法師品第十
尒時世尊因藥王菩薩告八萬大士藥王汝
見是大衆中無量諸天龍王夜叉乾闥婆阿
脩羅迦樓羅緊那羅摩睺羅伽人與非人及
比丘比丘尼優婆塞優婆夷求聲聞者求辟
支佛者求佛道者如是等類咸於佛前聞妙
法華経一偈一句乃至一念隨喜者我皆與
授記當得阿耨多羅三藐三菩提佛告藥王

BD03676號　妙法蓮華經卷四

(10–10)

兑　兑

我成道極難　為在巢窟說　貪恚愚癡者　不能入此法
逆流迴生死　深妙甚難解　著欲無所見　愚闇身所覆
是故梵天我默然而不說法　尒時梵天復白
佛言世間大敗壞今如來獲此正法　云何默
然不說令世間不聞　唯願世尊時演正法
流布於世　世間亦有垢薄聰明衆生易度者
能滅不善法成就善法　尒時梵天說此語已
復說偈言
摩竭難垢穢　而佛從中生　願開甘露門　為衆生說法
尒時世尊受梵天勸請已即以佛眼觀察世
間衆生世間生世間長有少垢有多垢利根
鈍根有易度有難度畏後世罪能滅不善法
成就善法猶如優鉢池鉢頭池拘牟頭池分
陀利池優鉢鉢頭拘牟頭分陀利華有初出
地未出水或有已出地與水齊或有出水塵
水不著如來亦復如是以佛眼觀世間衆生
世間生世間長有少垢多垢利根鈍根易度
難度畏後世罪能滅不善法成就善法尒時
世尊即與梵天而說此偈

BD03677號　四分律（兑廢稿）卷三二　（2–1）

兑

摩竭難垢穢　而佛從中生　願開甘露門　為衆生說
尒時世尊受梵天勸請已即以佛眼觀察世
間衆生世間生世間長有少垢有多垢利根
鈍根有易度有難度畏後世罪能滅不善法
成就善法猶如優鉢池鉢頭池拘牟頭池分
陀利池優鉢鉢頭拘牟頭分陀利華有初出
地未出水或有已出地與水齊或有出水塵
水不著如來亦復如是以佛眼觀世間衆生
世間生世間長有少垢多垢利根鈍根易度
難度畏後世罪能滅不善法成就善法尒時
世尊即與梵天而說此偈
梵天我告汝　今開甘露門　諸聞者信受　不為嬈故說
梵天微妙法　牟尼所得法
尒時梵天王知世尊受勸請已礼世尊足右
繞三帀而去即沒不現時世尊復作是念我
今當先與誰說法聞便即解即念阿蘭迦蘭
垢薄利根聰明有智我今寧可先與說法念
已復更智主今阿蘭迦蘭命終已經七日亦有
諸天來白我言阿蘭迦蘭命終來七日時
佛作是念言何其苦哉汝有所失此法極妙
如何不聞若得聞者速疾得解時世尊復作

BD03677號　四分律（兑廢稿）卷三二　（2–2）

如轉輪聖王若欲
諸寶皆悉隨後能滅一切諸四天下
惡之令四天下一切人民身意受樂善
訶薩亦復如是若成就十輪於聲聞乘无所
譏嫌乃至一切衆生之依止所存善男子譬
如大車具足四輪多人依止乘於正路𨒣有
塊石衆草乃至根莖華菓爲輪所踐皆悉消
滅如是菩薩摩訶薩爲諸衆生若有鄣法一
切罪業艱斷消滅令不受報善男子譬如劒
輪悉能斬截怨敵等首既斷支節手足更不
任用菩薩摩訶薩若能成就如是十輪一切
六趣欲界諸惡皆悉斷除令盡无餘不復受
報善男子譬如五日出時一切四天下大地
所有水處无不乾竭如是菩薩成就十輪能
爲衆生除諸業鄣及鄣法等罪衆苦根本一
切消滅譬如風災起時四方大風一時俱起
能吹一切大石諸山皆爲微塵如是菩薩摩
訶薩能成就十輪爲諸衆生同共依止令四

BD03678號　十輪經卷七

（16–1）

爲衆生除諸業鄣及鄣法等罪衆苦根本一
切消滅譬如風災起時四方大風一時俱起
能吹一切大石諸山皆爲微塵如是菩薩摩
訶薩能成就十輪爲諸衆生同共依止令四
倒山結使諸業鄣法重罪滅苦根本令得无
餘善男子譬如師子王若欲吼時一切畜生
諸衆生等皆悉怖畏如是菩薩摩訶薩亦復
如是乃至外道及諸異學惡知識等皆令驚
畏忘失言辯善男子譬如釋提桓因以軍園
遶手執金剛杵破壞阿脩羅如是菩薩摩訶
薩成就十輪者一切倒見外道之屬惡知識
皆悉壞滅善男子譬如如意寶珠著高幢上
雨種種寶如是菩薩摩訶薩成就十種輪者
能持戒幢雨衆法雨以拯一切无量衆生
善男子譬如夜闇明月出現滅一切闇若有
一切迷失道者令得正道如是菩薩摩訶薩
成就十輪者无明黑闇如此衆生失八正道
之爲衆生說種種法令其照明盡諸苦際示
八正道善男子譬如日初出時一切藂林皆
悉增長諸華開敷及諸藥藂盡得成熟雪
山消流諸河充溢以漸次第流於大海如是
菩薩摩訶薩成就十輪者但調伏戒慈悲死暖
故爲諸衆生說无量法能生善根種種華菓
一切結使業執惡行及耶見山悉得消滅至
究竟證於涅槃一切妙菓无不悉得信戒拯
聞慧无量三昧如是次第猶如大河以漸流

BD03678號　十輪經卷七

（16–2）

菩薩摩訶薩成就十輪者但調伏戒慈悲水暖
故為諸衆生說无量法能生善根種種華菓
一切結使業熱惡行及耶見山悉得消滅至
究竟證於涅槃一切妙菓无不悉得信戒捨
聞慧无量三昧如是次第猶如大河以漸滿
足以漸滿故能令衆生入於无畏涅槃之城
善男子云何名菩薩摩訶薩十種輪者所謂
十善是也菩薩成就此十輪故乃能成熟一
切衆生菩薩以離煞生故能令一切衆生无
驚无怖无有一切憂悲苦惱善根成熟具
足果報若於前際流轉六趣没生死何以如
是等不煞生因緣先世所作身口意等惡業
諸罪一切煩惱能令衆生鄣於正法自作教
他作乃至見作隨喜受持如是不煞輪故皆
悉蠲除一切惡業鄣尋罪報令无有餘之以
不煞因緣能令一切諸天人等皆生愛樂无
有疑悔壽命得長臨欲終時所愛妻子及諸
眷屬悉皆圍遶身不受苦乃至神逝所往之
處終不見閻羅王及諸獄卒若臨死時遇善
知識清淨持戒心樂福田捨此身已得生人
中諸根聰利復值善知識清淨持戒常樂福
田斷除諸惡而求一切大菩薩行入深智海
速得菩提其所生處常離刀杖諸惡國土壽
命長遠自在清國離諸驚怖如彼佛壽无量
无邊之復能作如是壽命為諸衆生說法教
化乃至佛涅槃後令法久住善男子是名善

BD03678 號　十輪經卷七　（16–3）

速得菩提其所生處常離刀杖諸惡國土壽
命長遠自在清國離諸驚怖如彼佛壽无量
无邊之復能作如是壽命為諸衆生說法教
化乃至佛涅槃後令法久住善男子是名菩
薩摩訶薩初輪也菩薩成就此輪於聲聞
乘辟支佛乘无所闕失於一切如來聲聞弟
子之无闕失不退大乘一切三昧諸陀羅尼
及諸忍等到於一切自在之地常隨善知識
佛及菩薩得聞正法供養衆僧殖諸善根恒
无厭足脩諸菩薩一切行願之无厭足何以
故過去諸佛於此十惡皆悉遠離於一一惡不
善業等之不讚嘆以是故善男子於此十善
若能守一善業以如是相所獲果報之如前
說復次善男子菩薩摩訶薩脩行不盜能捨
一切衆生无驚无怖无畏忍无愁惱已所
有物如法飲食資身財業恒求一切如法利
益无非法欲以此善根行業果報假使曾於
六趣流轉没生死何以不盜力故身口意業所
作衆罪能鄣正法乃至財業等鄣自作教他
見作隨喜以不盜輪皆悉蠲除令无有餘忽
令人天一切愛樂而无疑悔乃至臨命終時
妻子眷屬一切圍遶身不受苦若命終後神
逝所往不見閻羅王及諸獄卒恒遇所愛諸
善知識持戒清淨心樂福田乃至能離一切
惡法成就一切无量善法隨所生處得大財
業有財業已能離怖畏而悉不与水火賊共

BD03678 號　十輪經卷七　（16–4）

逝所往不見閻羅王及諸獄卒恒遇所愛諸
善知識持戒清淨心樂福田乃至能離一切
惡法成就一切无量善法隨所生處得大財
業有財業已能離怖畏而悉不与水火賊共
乃至到於菩提悉得衆寶嚴餝佛國寶樹具
足无我我所无取无著成就一切衆生行業
无我所无所愛无壽无衆生而悉調伏於彼
佛國善男子是名菩薩摩訶薩第二輪也若
菩薩成就此輪於聲聞辟支佛乘悉无闕失
乃至如來聲聞弟子亦无譏嫌而自於彼摩
訶衍乘无有散乏悉得一切諸三昧門及陁
羅尼忍地亦不捨於一切誓願復次善男子
菩薩摩訶薩終身遠離耶婬一切衆生皆為
欲流之所沉沒而能拔於无畏无嫉无勢惱
害於己妻色恒生知足无非法欲以是善根
果報力故若有宿世耶婬果報六趣生死流
轉諸有自作教他見作隨喜而今悉離諸耶
婬輪縣斷惡業令无有餘乃至成菩提道生
於淨國无女人處第一清淨彼諸衆生皆悉
化生不從父母和合受身善男子是名菩薩
摩訶薩第三輪也菩薩摩訶薩成就此輪乃
至不捨一切願行復次善男子菩薩摩訶薩
盡其形壽離諸妄語常隨慎語以是因緣人
天歡喜乃至逮得菩提不誑衆生而生其國
所言真實无有虛偽是名菩薩摩訶薩第四
輪也若菩薩成就此輪乃至常求一切菩薩

BD03678號　十輪經卷七

(16–5)

盡其形壽離諸妄語常隨慎語以是因緣人
天歡喜乃至逮得菩提不誑衆生而生其國
所言真實无有虛偽是名菩薩摩訶薩第四
輪也若菩薩成就此輪乃至常求一切菩薩
願行而无猒足終不輟捨復次善男子菩薩
摩訶薩於終身中常離兩舌乃至以此善根
至成菩提調伏衆生脩六和敬来生其國皆
共一心互相恭敬而无違失脩質直法善根
是名菩薩摩訶薩第五輪也菩薩摩訶薩成
就此輪乃至常求菩薩行願无有猒足終不
不輟捨復次善男子菩薩摩訶薩遠離惡口
乃至成就菩提耳終不聞不適意事常生佛
國恒聞種種柔濡人聲及音樂聲聞諸法聲
周遍佛國志念成就梵音清徹如是衆生来
生其國善男子是名菩薩摩訶薩第六輪也
若有菩薩成就此輪從初發心乃至成佛恒
求菩薩一切行願而无猒足終不捨離復次
善男子菩薩摩訶薩於其終身遠離綺語乃
至菩提常於佛國聞諸菩薩摩訶薩百千法
音周遍佛國而恒遠離一切綺語成就无量
善語法語如是衆生来生其國善男子是名
菩薩摩訶薩第七轉也若菩薩成就此輪乃
至菩提常求菩薩一切行願而无猒足終不
輟捨復次善男子菩薩摩訶薩於其終身遠
離貪欲乃至菩提常生淨國地平如掌衆寶
莊嚴之以寶樹而嚴餝之復有若干種无價

BD03678號　十輪經卷七

(16–6)

至菩提常求菩薩一切行願而无猒足終不
輟捨復次善男子菩薩摩訶薩於其終身遠
離貪欲乃至菩提常生淨國地平如掌衆寶
充滿之以寶樹而嚴飾之復有若干種无貫
寶衣瓔珞幢播金繩珠瓔而放世界種種莊
嚴羅網寶樹放中衆生遠離憍慢我心貢高
顏貌端嚴諸根具足其心平等如是衆生来
生其國善男子是名菩薩摩訶薩苐八輪也
若菩薩能成就此輪乃至菩提恒求菩薩一
切行願而无猒足終不輟捨復次善男子菩
薩摩訶薩於其終身遠離瞋恚乃至菩提志
除一切垢惱穢濁塵雲暴風於彼淨國无諸
濁惡斷除憍慢生彼國已形色端政相好第
一諸根不缺禪定慈悲以自嚴飾如是衆生
来生其國善男子是名菩薩摩訶薩苐九輪
也若菩薩成就是輪乃至菩提恒求菩薩所
作願行而无猒足終不輟捨復次善男子菩
薩摩訶薩於其終身遠離耶見復能以此離
耶見輪令諸人天一切愛樂若有衆生流轉
六趣没生死河如是人等起身口意一切業
鄣及煩惱鄣而鄣正法自作教他見作隨喜
以此離耶見輪難斷業結令滅无餘妻子眷
屬圍遶左右臨命終時身不受苦神逝所住
之終不見閻羅王等及　卒隨善知識持
戒清淨心樂福田恒生正信命終之後得生
人中久与善知識持戒持戒福田之人而相

BD03678號　十輪經卷七　（16–7）

之終不見閻羅王等及　卒隨善知識持
戒清淨心樂福田恒生正信命終之後得生
人中久与善知識持戒持戒福田之人而相
遭遇還相依止令得正見為善知識之所教
授循習善法恒離一切不善等惡於諸善根
皆悉成就一切菩薩所行之道无不循習以
是因緣能度一切衆生入摩訶衍正法大海
乃至得菩提道一切疑网及諸吉相常見斷
見離我我所見如此衆生来生其國壽命无
量悉同法味皆是大乘棄捨聲聞辟支佛及
諸天魔一切外道并魔眷屬皆悉已離如是
等惡来生其國彼佛壽命无量无邊恒於其
中而作佛事般涅槃後令法久住无所損減
而更熾燃皆悉一味善男子是名菩薩苐十
輪也若菩薩摩訶薩成就此輪於聲聞乘辟
支佛乘不生譏嫌及二乘人亦无譏嫌乃至
大乘亦復如是於大乘人能令增廣熾燃三
寶於諸如来聲聞弟子成器及不成器者亦
无譏嫌而能莊嚴摩訶衍道一切三昧諸陀
羅尼乃至忍地恒善循學證勝進法不離諸
佛及大菩薩善知識等聽法信受樂供養衆
心无猒足求諸善根終不輟捨菩薩所行六
波羅蜜亦无猒足善男子若能成就如是十
輪者菩薩摩訶薩疾成无上正真道覺何以
故過去諸佛脩行十善離一切惡能現如是

BD03678號　十輪經卷七　（16–8）

心无厭足求諸善根終不轉捨菩薩所行六
波羅蜜之无厭足善男子若能成就如是十
輪者菩薩摩訶薩疾成无上正真道覺何以
故過去諸佛脩行十善離一切惡能現如是
種種果報因緣无量相根具足菩提道悉斷
一切煩惱結使盡竭三惡皆使无餘是故能
令紹三寶種久住於世常得熾盛使不復受
三有之身向於涅槃為除陰入界等入无畏
城以此遠離十惡因緣具足果報如上所說
以是義故善男子若於此十善不脩一者求
於佛道而復自言我是大乘皆應當得无上
菩提如此之人是大妄語多行諂曲種種欺
誑於諸佛所能斷一切衆生善根趣向三惡
是故善男子具足十善刹利大姓婆羅門大
家四天王天乃至非想非非想天聲聞乘辟
支佛乘脩行如是十善功德悉能具足阿耨
多羅三藐三菩提故善男子以此十善而自
莊嚴求无上果脩學大乘疾成佛道者此則
安立一切功德善根處所若能守護十善便
於善根增顛滿足成无上道尒時世尊欲重
宣此義而說偈言

以十輪覺悟　欲離一切苦　不應識聲聞　惱著衆聚者
隨順緣覺乘　信心懃精進　安樂諸衆生　而受行大乘
一切諸緣覺　覺了寂勝法　淨脩於佛道　速證得菩提
遠離於殺生　人天皆愛念　生生得長壽　善脩无害業
一切所生處　常樂於佛法　親近世尊者　速證得菩提

BD03678號　十輪經卷七

（16–9）

隨順緣覺乘　信心懃精進　安樂諸衆生　而受行大乘
一切諸緣覺　覺了寂勝法　淨脩於佛道　速證得菩提
遠離於殺生　人天皆愛念　生生得長壽　善脩无害業
一切所生處　常樂於佛法　親近世尊者　速證得菩提
若離於偷盜　一切智所敬　悉滅諸慳貪　守護不盜戒
生處常大富　為他作施主　而得嚴淨國　以衆寶莊嚴
滅除煩惱熾　乾渴於愛欲　能遠離邪婬　速得清淨國
永離欲於婬　解脫淨衆生　令入於大乘　由離邪婬故
欲得聖智者　讚嘆於實語　棄捨諸妄語　悉滅於苦惱
究竟得實證　常值於諸佛　速疾成菩提　遠離妄語故
勘任為善器　而遠離兩舌　常与諸佛會　永捨於斷見
得聽无染著　速攝持辯才　能知深法海　不久得菩提
常說柔濡語　遠離於惡口　衆生所愛樂　能滅先世業
令衆得歡悅　菩薩之法將　悉知諸佛行　得入第十地
智者所愛敬　遠離於綺語　具足五功德　所說皆覺了
欲聞尊賢教　及与求聖道　供養諸佛海　速得一切智
一心除貪嫉　不壞於正法　供養染衣者　熾燃三乘道
常生清淨國　法將之住處　於彼獲妙智　第一无上乘
常行於慈心　遠離諸瞋恚　速疾得禪定　悉樂賢聖行
生於清淨國　遠離一切過　隨佛所住處　永離一切瞋
專一脩純信　遠離諸邪見　顯示三乘道　是名法供養
擺離於惡趣　解脫值賢聖　具足菩薩行　速得寂上智
安住而說法　能成於菩提　三昧持惣忍　皆由十善故
具足輪成德　悉顯除惡趣　盡滅業結鄣　疾成正法將

佛說大方廣十輪經十善品之十

BD03678號　十輪經卷七

（16–10）

專一脩純信　遠離諸耶見　顯示三乘道　是名法供養
捨離於惡趣　解脫値賢聖　具足菩薩行　逮得最上智
安住而說法　能成於菩提　三昧持揔忍　皆由十善故
具足輪成德　悉驅除惡趣　盡滅業結鄣　疾成正法持

佛說大方廣十輪經十善品之十

復次善男子若成就十輪菩薩摩訶薩從初
發心一切五欲皆悉捨離勝於一切聲聞辟
支佛人亦能為依二乘而作福田何等為十
常行布施所謂飲食衣服象馬輦轝乃至己
身手足頭目髓腦耳鼻皮骨血宍一一皆捨
若行施時不著軀命亦不為己求世間出世
間樂恒念度脫一切眾生脩大慈悲巧方便
智如是心施於諸眾生為令一切皆得安樂
故施為滅一切眾生結使故施不受後有故
施不麁心故施无嫉妒故施乃至最下乞人
亦如是施不為受報故施不求聲聞辟支佛
故施求一切種智故施乃至一人亦常如是
脩行施於是名菩薩摩訶薩心施成就初輪
莊嚴法施如是菩薩從初發心能為一切聲
聞辟支佛作大福田應當守護恭敬供養何
以故一切聲聞辟支佛為斷己身三惡趣貧
但自饒益而不為他脩行布施菩薩摩訶薩
為斷一切眾生苦惱以大慈悲哀愍心施是
故能為聲聞辟支佛而作福田不為於己而
求果報唯為最上第一樂故常行於施終不
染著人天生死五欲樂故脩行於施而為利

但自饒益而不為他脩行布施菩薩摩訶薩
為斷一切眾生苦惱以大慈悲哀愍心施是
故能為聲聞辟支佛而作福田不為於己而
求果報唯為最上第一樂故常行於施終不
染著人天生死五欲樂故脩行於施而為利
益一切眾生不念自身所受善惡脩行於施
為斷一切眾生苦報脩行於施菩薩能如是
行檀波羅蜜故堪任為聲聞辟支佛福田若
不染著世間五欲而為具足大慈大悲能如
是施名為菩薩摩訶薩之名聲聞辟支佛福
田假設脩行无量布施若不斷於世間五欲
不名為施亦不名菩薩不能与聲聞辟支佛
作大福田不為賢聖所印是故應斷五欲无
染著施若染五欲則不名菩薩之非福田如
斯施者不能滅於煩惱少分何況能除一切
結習尒時世尊欲重宣此義而說偈曰

成就於施輪　習者清淨心　盡離於五欲　令眾得妙樂
乃至施少分　皆為除眾苦　不令受少果　應獲上福田
雖復種種施　而不離五欲　此施非聖印　不墮決定聚
捨欲而行施　施假而重報　聲聞辟支佛　俱以為福田
是故應離欲　常為清淨水　安樂諸眾生　是名真福田

復次善男子菩薩摩訶薩有十種法施輪若
能成就十種法施輪者速疾得日光三昧能
為一切聲聞辟支佛作大福田何等為十所
謂依止佛法依止聲聞法依止辟支佛法依
止摩訶衍法依止世間出世間法依止有漏

能成就十種法施輪者速疾得日光三昧能
為一切聲聞辟支佛作大福田何等為十所
謂依止佛法依止聲聞法依止辟支佛法依
止摩訶衍法依止世間出世間法依止有漏
无漏法尊重恭敬一切聽受隨順受持為他
廣說若為聲聞人說應四諦法究竟涅槃而
无嫉妬憍慢之心不為利養一切名稱之不
自舉亦不輕他恒為一切發大慈悲分別演
說不為說辟支佛法及與大乘若為辟支佛
人說應十二因緣法離老病死得盡苦際都
不為說聲聞小乘菩薩等法若為大乘人說
應六波羅蜜具足諸行證无上道之不為說
聲聞辟支佛法但隨諸衆生所應修行而為
說之於說如來所演言教乃至一句一偈恭
敬尊重終不誹謗之不隱沒而作鄣导於說
法人作世尊想於聽法者作病人想於正法
中作妙藥想棄捨五欲為欲說法心常平等
而不取相善男子是名菩薩摩訶薩十種法
施輪也若菩薩成就如是十種法施輪者便
速疾得日光三昧能為一切聲聞辟支佛作
大福田常為一切守護供養尒時世尊欲重
宣此義而說偈言

智者脩法施　演說於三乘　不勸法器者　終不令謗法
聲聞及緣覺　多人而脩集　辟支佛利智　教令入大乘
但為成法器　非器不妄說　隨諸根利鈍　漸教令昇進
於法常恭敬　信受不誹謗　有能說法者　供養如世尊

宣此義而說偈言

智者脩法施　演說於三乘　不勸法器者　終不令謗法
聲聞及緣覺　多人而脩集　辟支佛利智　教令入大乘
但為成法器　非器不妄說　隨諸根利鈍　漸教令昇進
於法常恭敬　信受不誹謗　有能說法者　供養如世尊
惡法諸衆生　令滅於煩惱　不貪著名譽　利養而說法

佛說大方廣十輪法施品之十一

復次善男子菩薩摩訶薩發大莊嚴具足戒
輪若成就此輪從初發心遠離五欲於聲聞
辟支佛中第一最勝為大福田皆應供養而
守護之何等為菩薩摩訶薩莊嚴戒輪善男
子菩薩摩訶薩有能出家受具足戒就波羅
提木叉而不與聲聞辟支佛共若菩薩不以
此戒能為衆生除諸煩惱一切邪見是則不
名為摩訶薩亦不名為聲聞辟支佛大福田
也善男子若菩薩摩訶薩於一切衆生心常
平等護持淨戒志念堅固而不退轉心恒專
一不生異相若見持戒破戒慳貪布施上中
下等有若干種无量衆生瞋恚惱害行住
坐臥於三有中陰入諸界而无分別如是持
戒不著於欲界持戒不著色无色界持戒不
分別觀察有想持戒不為到不到彼持戒善男
子菩薩摩訶薩以如是相狠發大莊嚴清淨
戒輪從初發心常離五欲如是菩薩摩訶薩
則能為一切聲聞辟支佛作大福田之為衆生
守護供養尒時世尊欲重宣此義而說偈言

子菩薩摩訶薩以如是相狠發大莊嚴清淨
戒輪從初發心常離五欲如是菩薩摩訶薩
則能為一切聲聞辟支佛作大福田亦為衆生
守護供養尒時世尊欲重宣此義而說偈言
優婆塞律儀　住於解脫戒　雖与二乘共　不名摩訶薩
若脩於空法　不依於世間　亦不依諸有　智者護淨戒
不取於戒相　清淨離諸漏　如是護戒者　最勝之福田
復次善男子云何名菩薩摩訶薩發大莊嚴
具足忍輪若菩薩成就此輪者從初發意能
除五欲堪為聲聞辟支佛作大福田亦為衆
生尊重恭敬供養守護善男子菩薩摩訶薩
忍有二種一者世間二者出世間又菩薩
有漏忍者則受諸有亦不能无衆生之相依
心果報依心功德之名住色聲香味觸忍亦
名羸劣忍无所堪忍非慈念衆生而脩行忍
但是諂曲悅彼故忍不為安樂衆生故忍如是
忍者則与聲聞辟支佛同非大莊嚴亦非
菩薩但有假名如是菩薩終不堪任為諸聲
聞辟支佛作大福田是名菩薩世間忍輪云
何名菩薩以大莊嚴出世間忍為諸衆生故
脩行於忍而不染著若於一切所作事務言
語相狠音聲名字瞋所住處皆悉隨順而不
捨於三結三受三相三世三有三業如是等
事悉不依止心恒窮滅而脩行忍是名菩薩
出世間忍輪善男子菩薩摩訶薩成就如是

BD03678 號　十輪經卷七　（16–15）

菩薩但有假名如是菩薩終不堪任為諸聲
聞辟支佛作大福田是名菩薩世間忍輪云
何名菩薩以大莊嚴出世間忍為諸衆生故
脩行於忍而不染著若於一切所作事務言
語相狠音聲名字瞋所住處皆悉隨順而不
捨於三結三受三相三世三有三業如是等
事悉不依止心恒窮滅而脩行忍是名菩薩
出世間忍輪善男子菩薩摩訶薩成就如是
大莊嚴忍輪從初發心常離五欲是諸菩薩
摩訶薩能為聲聞辟支佛作大福田為衆生
一切衆生守護供養尒時世尊欲重宣此義
而說偈言
此忍說二乘　有相及无相　有相脩行忍　智者所不貴
有相說三乘　唯依於忍住　是名有漏忍　非是大人相
於四顛倒中　脩於无著忍　窮滅於三業　是忍為最勝
滅於一切行　不依相无相　心猶如虛空　是忍為最勝
衆生皆所行　諸法空窮滅　心无无有著　是忍最為利

十輪經卷第七

BD03678 號　十輪經卷七　（16–16）

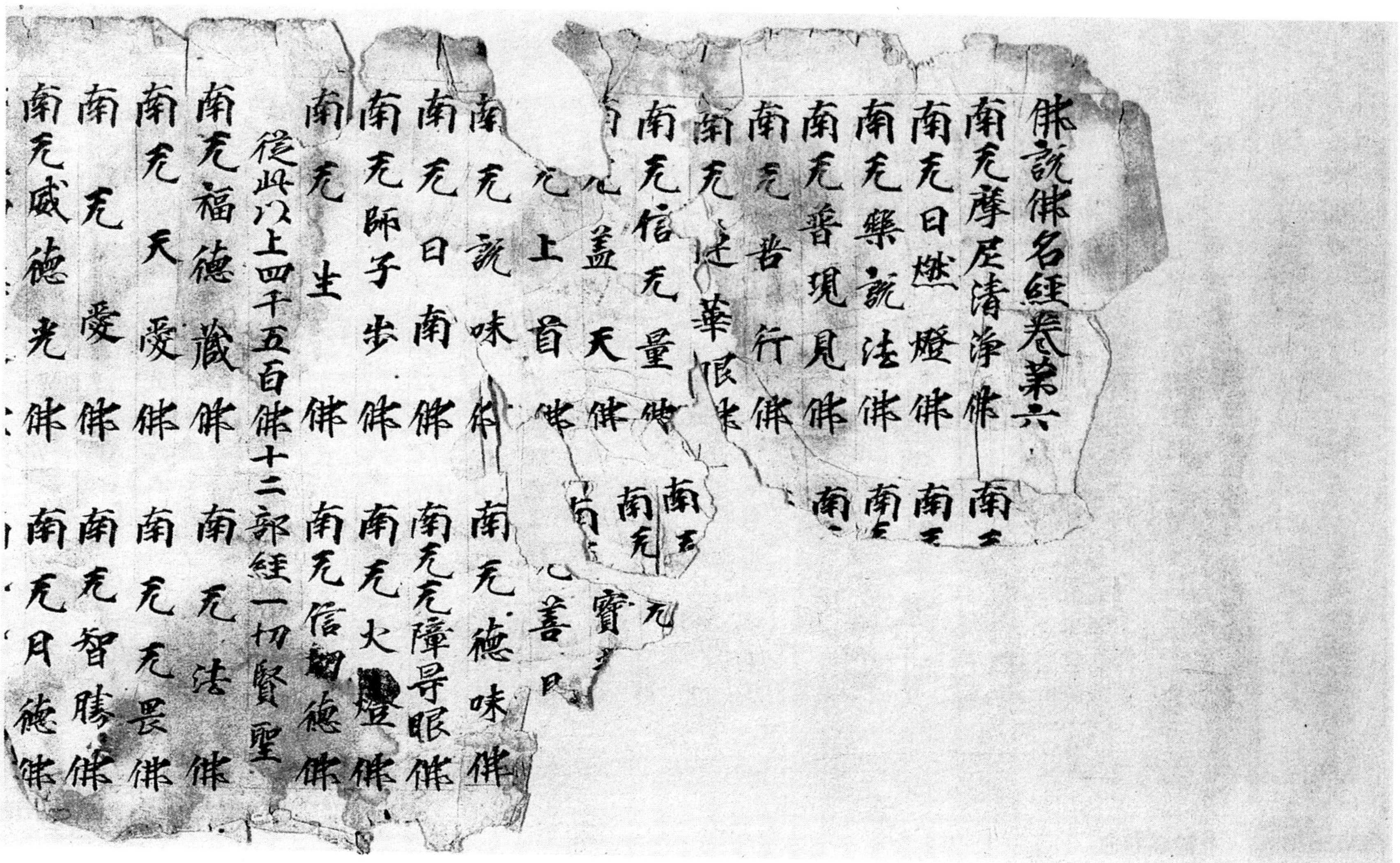
佛說佛名經卷第六
南无摩尼清淨佛　南[illegible]
南无日燃燈佛　南[illegible]
南无樂說法佛　南[illegible]
南无普現見佛　南[illegible]
南无普行佛
南无迷華眼佛
南无信无量佛　南[illegible]
[illegible]无蓋天佛　南无寶[illegible]
[illegible]无上首佛　[illegible]善日[illegible]
南无說味佛　南无德味佛
南无日南佛　南无无障导眼佛
南无師子步佛　南无大燈佛
南无生佛　南无信功德佛
從此以上四千五百佛十二部經一切賢聖
南无福德藏佛　南无法佛
南无天愛佛　南无无畏佛
南无愛佛　南无智勝佛
南无威德光佛　南无月德佛
[illegible]佛　[illegible]

BD03679號　佛名經（十六卷本）卷六

（32–1）

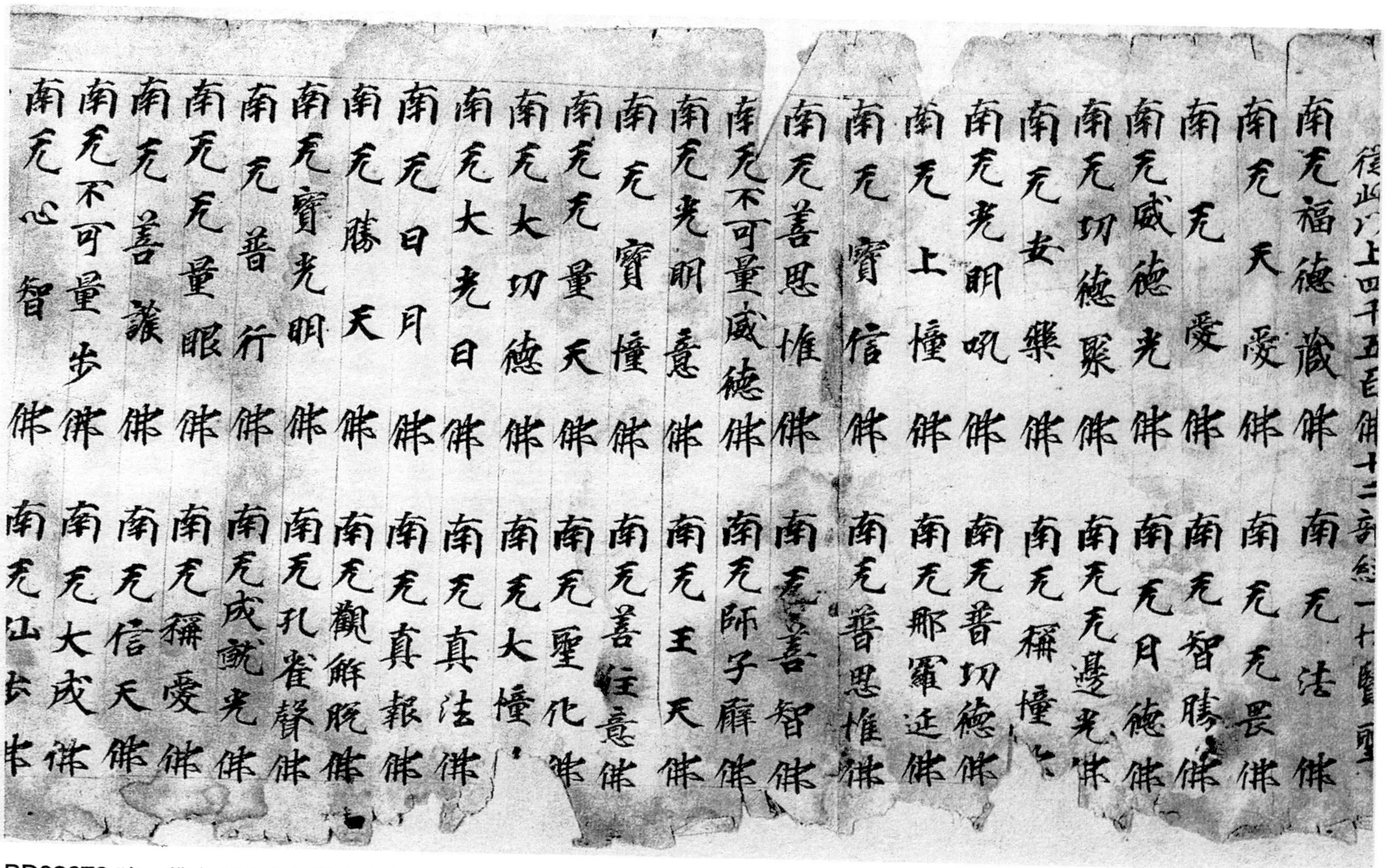
從此以上四千五百佛十二部經一切賢聖
南无福德藏佛　南无法佛
南无天愛佛　南无无畏佛
南无愛佛　南无智勝佛
南无威德光佛　南无月德佛
南无功德聚佛　南无无邊光佛
南无安樂佛　南无稱幢佛
南无光明吼佛　南无普功德佛
南无上幢佛　南无那羅延佛
南无寶信佛　南无普思惟佛
南无善思惟佛　南无善智佛
南无不可量威德佛　南无師子辟佛
南无光明意佛　南无王天佛
南无寶幢佛　南无善住意佛
南无无量天佛　南无聖化佛
南无大功德佛　南无大幢佛
南无大光日佛　南无真法佛
南无日月佛　南无真報佛
南无勝天佛　南无觀解脫佛
南无寶光明佛　南无孔雀聲佛
南无普行佛　南无成就光佛
南无无量眼佛　南无稱愛佛
南无善讓佛　南无信天佛
南无不可量步佛　南无大成佛
南无心智佛　南无山長佛

BD03679號　佛名經（十六卷本）卷六

（32–2）

南无无量眼佛　南无稱愛佛
南无善讓佛　南无信天佛
南无不可量步佛　南无大成佛
南无心智佛　南无仙步佛
南无大脩佛　南无大步佛
南无勝天佛　南无成就義脩佛
南无月愛佛　南无師子聲佛
南无信說佛　南无智光佛
南无華威德佛　南无光明聚佛
南无神通光佛　南无无量威德佛
南无无量光佛　南无勝藏佛
南无普照稱佛　南无寶幢佛
南无勝威德佛　南无日幢佛
南无大弥留佛　南无供養莊嚴佛
南无世間聞名佛　南无勝德佛
南无勝稱佛　南无成就步佛
南无大供養佛　南无寶佛
南无不可降伏稱佛　南无應光明佛
南无大燈佛　南无行威儀畏佛
南无奮迅佛　南无障㝵見佛
南无離疑佛　南无大行佛
南无不失步佛　南无天國土佛
南无喜喜佛　南无華光佛
南无能與光明佛　南无天愛佛
[illegible]

BD03679號　佛名經（十六卷本）卷六　（32–3）

[illegible]
南无離疑佛　南无大行佛
南无不失步佛　南无天國土佛
南无喜喜佛　南无華光佛
南无能與光明佛　南无天愛佛
南无解脫光明佛　南无放光明佛
南无作功德佛　南无成智佛
南无道光佛　南无海佛
南无喜菩提佛　南无法光佛
南无大天佛　南无深智佛
從此以上四千六百佛十二部經一切賢聖
南无法自在佛　南无大信佛
南无智心意佛　南无智光佛
南无不諦思佛　南无起福德佛
南无漏稱佛　南无大莊嚴佛
南无月光佛　南无天光佛
南无清淨行佛　南无功德愛佛
南无師子意佛　南无地清淨佛
南无寶光明佛　南无使光明佛
南无種種日佛　南无月愛佛
南无月蓋佛　南无普觀佛
南无无染佛　南无稱勝佛
南无月面佛　南无龍天佛
南无功德聚佛　南无功德智佛
南无華勝佛　南无世愛佛
[illegible]

BD03679號　佛名經（十六卷本）卷六　（32–4）

南无无染佛　南无稱勝佛
南无月面佛　南无龍天佛
南无功德聚佛　南无功德智佛
南无華勝佛　南无世愛佛
南无甘露威德佛　南无寶幢佛
南无日光明佛　南无甘露光佛
南无說法愛佛　南无應愛佛
南无地光佛　南无功德作佛
南无華勝佛　南无功德辟佛
南无法燈佛　南无普光佛
南无梵聲佛　南无大莊嚴佛
南无解脫日佛　南无堅精進佛
南无佛光明佛　南无功德稱佛
南无智慧佛　南无不可量莊嚴佛
南无師子愛佛　南无功德步佛
南无上天佛　南无觀行佛
南无日天佛　南无電光佛
南无勝愛佛　南无弥留幢佛
南无華光佛　南无上意佛
南无香山佛　南无功德奮迅佛
南无勝意佛　南无信聖佛
南无寶洲佛　南无上威德佛
南无衆後見佛　南无歡喜莊嚴佛
南无功德藏勝佛　南无无垢鏡佛
南无威德力佛　南无清淨眼佛

BD03679號　佛名經（十六卷本）卷六　（32–5）

南无衆後見佛　南无歡喜莊嚴佛
南无功德藏勝佛　南无无垢鏡佛
南无威德力佛　南无清淨眼佛
南无智行佛　南无不謬足佛
南无聖眼佛　南无樂解脫佛
南无大聲佛　南无上國土佛
南无脩行光明佛　南无念業佛
南无信功德佛　南无盧舍稱佛
南无照闇佛　南无愛自在佛
南无月光佛　南无上聲佛
南无功德勝佛　南无攝受釋佛
南无相王佛　南无離病智佛
南无能與聖佛　南无法洲佛
南无甘露功德佛　南无无瞋恨佛
南无甘露香佛　南无月明佛
南无吼聲佛　南无无畏日佛
南无得无畏佛　南无喜愛佛
從此以上四千七百佛十二部經一切賢聖
南无天燈佛　南无信聖佛
南无天蓋佛　南无龍光佛
南无勝步佛　南无法威德佛
南无見有佛　南无慙愧面佛
南无勝色佛　南无普眼佛
南无功德光佛　南无勝積佛

BD03679號　佛名經（十六卷本）卷六　（32–6）

南无勝步佛
南无法威德佛
南无見有佛
南无慚愧面佛
南无勝色佛
南无普眼佛
南无功德光佛
南无勝積佛
南无定寶佛
南无功德幢佛
南无世自在劫佛
南无无畏親佛
南无攝智佛
南无降怨佛
南无去光明佛
南无勝積佛
南无一念光佛
南无力士奮迅佛
南无師子足佛
南无求愛佛
南无信世間佛
南无勝威德光明佛
南无師子奮迅蹟佛
南无无垢去佛
南无杖定智佛
南无離无明佛
南无功德聚佛
南无攝慧佛
南无大智味佛
南无寶步佛
南无心日佛
南无觀方佛
南无信説佛
南无思惟忍佛
南无法蓋佛
南无不可降伏月佛
南无天華佛
南无天波頭摩佛
南无普威德佛
南无月明佛
南无功德莊嚴佛
南无相王佛
南无攝思惟佛
南无樹幢佛
南无淨行佛
南无威德步佛
南无信衆佛
南无善香佛
南无智者讃歎佛
南无智慧光明佛

BD03679 號　佛名經（十六卷本）卷六　（32–7）

南无攝思惟佛
南无樹幢佛
南无淨行佛
南无威德步佛
南无信衆佛
南无善香佛
南无智者讃歎佛
南无智慧光明佛
南无智鎧佛
南无威德力佛
南无勝威德佛
南无佛歡喜佛
南无勝信佛
南无一切愛佛
南无離諸佛
南无思義佛
南无大高佛
南无聖人面佛
南无黠慧信佛
南无攝菩提佛
南无妙聲佛
南无大威德佛
南无藥師子佛
南无普寶佛
南无一切世愛佛
南无分金剛佛
南无師子聲佛
南无過大佛
南无道師佛
南无人月佛
南无大莊嚴佛
南无日光佛
南无杖佛
南无普摩尼香佛
南无舜行佛
南无攝稱佛
南无梵供養佛
南无大吼佛
南无應供佛
南无黠慧信佛
南无无量顏佛
南无世光佛
南无見忍佛
南无大華佛
南无有我佛
南无如意佛
南无善菩提根佛
南无地得佛

BD03679 號　佛名經（十六卷本）卷六　（32–8）

南无應供佛 南无黠慧信佛
南无无量顧佛 南无世光佛
南无見忍佛 南无大華佛
南无有我佛 南无如意佛
南无善菩提根佛 南无地得佛
南无天德佛 南无不怯弱聲佛
南无普現佛 南无月光明佛
南无勝信佛 南无決定色佛
從此以上四千八百佛十二部經一切賢聖
南无方便心佛 南无智味佛
南无功德信佛 南无難降伏佛
南无普見佛 南无月光明佛
南无月蓋佛 南无世福佛
南无信供養佛 南无樂勝佛
南无善蓋佛 南无慙愧賢佛
南无能觀佛 南无師子聲佛
南无丈行佛 南无普信佛
南无器聲佛 南无勝愛佛
南无普行佛 南无普智佛
南无大奮迅佛 南无月幢佛
南无堅行佛 南无天供養佛
南无能驚怖佛 南无勝稱佛
南无成就一切德佛 南无堅固佛
南无甘露光佛 南无大聲佛
南无□□佛 南□□□□

BD03679號　佛名經（十六卷本）卷六　（32–9）

南无能驚怖佛 南无勝稱佛
南无成就一切德佛 南无堅固佛
南无甘露光佛 南无大聲佛
南无高聲佛 南无大力佛
南无大畫佛 南无信甘露佛
南无行菩提佛 南无勝聲思惟佛
南无高光佛 南无怖勝佛
南无樂種種聲佛 南无愛義佛
南无脩行信佛 南无離憂佛
南无善生佛 南无威德力佛
南无信功德佛 南无聲稱佛
南无放光明德佛 南无疑奮迅佛
南无勝王佛 南无林華佛
南无功德華佛 南无捨諍佛
南无大廣佛 南无大稱佛
南无虛空愛佛 南无甘露奮迅佛
南无日聚佛 南无月聲佛
南无天幢佛 南无与清淨佛
南无能曰佛 南无快可見佛
南无堅意勝聲佛 南无雨甘露佛
南无无畏聲佛 南无善根聲佛
南无勝聲佛 南无勝愛佛
南无甘露稱佛 南无法華佛
南无大莊嚴佛 南无世間尊重佛
南无勝意佛 南无彌留光佛
南□□□□佛 南□□□□

BD03679號　佛名經（十六卷本）卷六　（32–10）

南无无畏聲佛　南无善根聲佛
南无勝聲佛　南无勝愛佛
南无甘露稱佛　南无法華佛
南无大莊嚴佛　南无世間尊重佛
南无勝意佛　南无弥留光佛
南无清淨思惟佛　南无高光明佛
南无破怨佛　南无甘露城佛
南无華佛　南无大稱佛
次礼十二部尊經大藏法輪
南无弥勒上下經　南无陁羅尼經
南无小泥洹經　南无摩登伽經
南无十輪經　南无五戒經
南无不退輪經　南无入大乘輪經
南无付法藏經　南无楞伽經
南无楞伽阿梭多羅經　南无大夫經
南无善薜菩薩經　南无弥勒發問經
南无法自在經　南无勝鬘經
南无文殊師利經　南无佛說明度經
南无佛說安般經　南无十緣經
從此以上四千九百佛十二部經一切賢聖
南无佛說般泥洹經　南无佛說決定比丘經
南无佛說觀弥勒菩薩生兜率天經
南无佛說危脆經　南无相經解脫經
南无寶車經　南无千佛名目七卷佛名經

BD03679號　佛名經（十六卷本）卷六　（32–11）

南无佛說觀弥勒菩薩生兜率天經
南无佛說危脆經　南无相經解脫經
南无寶車經　南无千佛名目七卷佛名經
南无僧忍經
次礼十方諸大菩薩
南无日藏菩薩　南无不歎意菩薩
南无觀世音菩薩　南无滿尸利菩薩
南无執寶印菩薩　南无常舉手菩薩
南无弥勒菩薩　南无敬首菩薩
南无覺首菩薩　南无寶首菩薩
南无惠首菩薩　南无德首菩薩
南无目首菩薩　南无明首菩薩
南无法首菩薩　南无智首菩薩
南无賢首菩薩　南无法慧菩薩
南无一切德林菩薩　南无金剛幢菩薩
南无金剛藏菩薩　南无善財童子菩薩
南无轉不退法輪菩薩　南无發即轉法輪菩薩
南无離垢淨菩薩　南无除諸蓋菩薩
南无示威儀見皆愛喜菩薩　南无妙相嚴淨王意菩薩
南无不誑一切衆生菩薩　南无无量功德海意菩薩
南无諸根常定不亂菩薩　南无寶意菩薩
次礼聲聞緣覺一切賢聖
南无阿利多辟支佛　南无婆梨多辟支佛
南无多伽樓辟支佛　南无稱辟支佛
南无見辟支佛

BD03679號　佛名經（十六卷本）卷六　（32–12）

南无諸根常定不亂菩薩　南无寶意菩薩
次礼贊聞緣覺一切賢聖
南无阿利多辟支佛　南无婆梨多辟支佛
南无多伽樓辟支佛　南无稱辟支佛
南无見辟支佛　南无愛見辟支佛
南无覺辟支佛　南无乾陁羅辟支佛
南无妻辟支佛　南无梨沙婆辟支佛
礼三寶已次復懺悔
已懺煩惱障已懺悔業障所除報障今當次
第披陳懺悔經中說言業報至時非非海中
非入山石間无有他方所脫之不受報唯有懺
悔力乃能得除滅何以知然釋提桓因五衰相
見恐懼切心歸誠三寶五相即滅得延天年如
是等比經教所明其事非一故知懺悔實能滅
禍但凡夫之人若不值善友將導則靡惡不造
致使大命將盡臨窮之際地獄惡相皆現在前
當介之時悔懼交至不預脩善臨窮方悔後
將何及乎殃禍異處宿預嚴持當獨趣入遠
到地獄所往得前行入於火鑊身心摧折精神
痛苦如此之時欲求一礼一懺豈復可得衆生
等莫自恃盛年財寶勢力懶墮懈怠放逸
自恣死苦一至无問老少貧富貴賤皆悉摩滅
奄忽而至不令人知夫人命无常喻如朝露
出息雖存入息難保云何以此而不懺悔且牙
天使者既來无常煞鬼卒至盛年生色无得

BD03679 號　佛名經（十六卷本）卷六　（32–13）

痛苦如此之時欲求一礼一懺豈復可得衆生
等莫自恃盛年財寶勢力懶墮懈怠放逸
自恣死苦一至无問老少貧富貴賤皆悉摩滅
奄忽而至不令人知夫人命无常喻如朝露
出息雖存入息難保云何以此而不懺悔且牙
天使者既來无常煞鬼卒至盛年壯色无得
免者當介之時華堂邃宇何關人事高車大
馬豈得自隨妻子眷屬非復我親七寶珍
餚迺為他玩以此而言世間果報皆為幻化上天
雖樂會歸敗壞壽盡魂逝墮落三塗是故佛
須拔陁言法師鬱頭藍弗利根聰明能伏煩惱
至於非非想處命終還作畜生道中飛狸之身
況復其餘故知未登聖果已還皆應流轉脩經
惡趣如不謹慎忽介一朝親嬰斯事將悔不及
或如今被罪行詣公門已是小苦情地慞惶眷
屬恐懼求救百端地獄衆苦比於此者百千万
倍不得為喻衆等相与歷劫以來罪若須弥
云何聞此晏然不畏不驚不恐令此精神復嬰
斯苦實為可痛是為弟子運此單誠歸依佛
南无東方調御佛　南无南方金剛藏佛
南无西方登法界佛　南无北方无邊眼佛
南无東南方无憂德佛　南无西南方除諸怖畏佛
南无西北方勇猛伏佛　南无東北方大力光明佛
南无下方歡喜路佛　南无上方香上王佛
弟子等從无始以來至於今日所有報障然

BD03679 號　佛名經（十六卷本）卷六　（32–14）

南无東南方无憂德佛　南无西南方懷諸怖畏佛
南无西北方勇猛伏佛　南无東北方大力光明佛
南无下方歡喜路佛　南无上方香上王佛
弟子等從无始以來至於今日所有報障然

其重者第一唯有阿鼻地獄如經所明今當略
說其相此獄周迊有七重鐵城復有七重鐵網
羅覆其上下有七重刀林无量猛火縱廣八
万四千由旬罪人之身遍滿其中罪業因緣不相
妨㝵上火徹下下火徹上東西南北通徹交過
如魚在熬脂膏皆盡此中罪苦亦復如是其城
四門有四大銅狗其身縱廣四千由旬牙抓鋒鋩
眼如掣電復有无量鐵觜諸鳥奮翼飛騰
噉罪人肉牛頭獄卒形如羅刹而有九尾尾
如鐵叉復有八頭頭上有十八角有六十四眼
一一眼中皆悉迸出諸鐵丸燒罪人肉然其一
瞋一怒皆吼之時聲如霹靂復有无量自然刀
輪空中而下從罪人頂入從足而出於是罪
人痛徹骨髓苦切肝心如是經无量歲求生
不得求死不得如是等報今日皆悉稽顙慚
愧懺悔其餘地獄刀山劍樹身首脫落罪報
懺悔鑊湯爐炭地獄燒煮罪報懺悔鐵床
銅柱地獄燋然罪報懺悔刀輪火車地獄霹
靂罪報懺悔拔舌耕犁地獄楚痛罪報懺悔
吞噉鐵丸烊銅灌口地獄五內消爛罪報懺悔
鐵碓鐵磨地獄

懺悔鑊湯爐炭地獄燒煮罪報懺悔鐵床
銅柱地獄燋然罪報懺悔刀輪火車地獄霹
靂罪報懺悔拔舌耕犁地獄楚痛罪報懺悔
吞噉鐵丸烊銅灌口地獄五內消爛罪報懺悔
鐵碓鐵磨地獄骨肉灰粉罪報懺悔黑繩
鐵網地獄支節分離罪報懺悔灰河沸屎地
獄煙悶罪報懺悔醎水寒氷地獄皮膚折裂
裸凍罪報懺悔虎狼鷹犬地獄更相殘害
罪報懺悔刀兵距地獄更相摶攊斫刺罪報
懺悔火埄地獄炮炙罪報懺悔兩石相磕地獄
形骸破碎罪報懺悔衆合黑耳地獄解剔罪
報懺悔闇冥肉山地獄斬斲罪報懺悔鋸解
釘身地獄斲截罪報懺悔鐵棒倒懸地獄屠
割罪報懺悔燋熱叫喚地獄煩惌罪報懺悔
大小鐵圍山間長夜冥冥不識三光罪報懺
悔阿波波地獄阿婆婆地獄阿吒吒地獄阿羅
羅地獄如是八寒八熱一切諸地獄一一獄中復
有八万四千鬲子地獄以為眷屬此中罪苦炮
煮楚痛剝皮脈肉剔骨打髓抽腸拔肺无量
諸苦不可聞不可說
南无佛今日在此中者或是我等无始以來經
生父母一切眷屬我等相與命終之後或當復
墮如此獄中今日洗心至到叩頭稽顙向十方
佛大地菩薩求哀懺悔令此一切報障畢竟消滅

南无佛今日在此中者或是我等无始以來經
生父母一切眷屬我等相與命終之後或當復
墮如此獄中今日洗心至到叩頭稽顙向十方
佛大地菩薩求哀懺悔今此一切報障畢竟消滅
願弟子等承是懺悔地獄等報所生功德即時
破壞阿鼻鐵城悲與淨土无惡道名其餘地
獄一切苦具轉為樂緣刀山劍樹變成寶林鑊
湯爐炭蓮華化生牛頭獄卒除捨暴虐皆起
慈悲无有惡念地獄衆生得離苦果更不造
因等受安樂如第三禪一時俱發无上道心 礼一拜
南无安隱恩佛 南无道威德佛
南无清淨心佛 南无天供養佛
南无慶涅佛 南无離有佛
南无法華佛 南无大勝佛
南无可樂光明佛 南无火光佛
南无見愛佛 南无光明愛佛
南无喜聲佛 南无大施德佛
南无寶步佛 南无无滯导智佛
南无得威德佛 南无月藏佛
南无淨光明佛 南无大莊嚴佛
南无得樂自在佛 南无妙光明佛
南无所光佛 南无離疑佛
南无无過智慧佛 南无成就行佛
南无清淨身佛 南无无畏愛佛
南无稱吼佛

BD03679號　佛名經（十六卷本）卷六　（32–17）

南无无過智慧佛 南无成就行佛
南无清淨身佛 南无无畏愛佛
南无稱吼佛 南无大吼佛
南无善思佛 南无大思佛
南无清淨色佛 南无大奮迅佛
南无樂眼佛 南无命清淨佛
南无行清淨佛 南无離熱智佛
從此以上五千佛十二部經一切賢聖
南无應稱佛 南无善集智佛
南无普信佛 南无設尸威德佛
南无不死成佛 南无不護聲佛
南无化田佛 南无善住思惟佛
南无高信佛 南无須摩那光明佛
南无光明力佛 南无功德布佛
南无法俱拘蘇摩佛 南无淨威德佛
南无淨行佛 南无天色心佛
南无力佛 南无普觀佛
南无梵供養佛 南无聖華佛
南无虛空佛 南无降伏鬱弥佛
南无辟智佛 南无降伏刹佛
南无降伏城佛 南无應愛佛
南无求功德佛 南无平等勿思佛
南无不怯弱心佛 南无精進信佛

BD03679號　佛名經（十六卷本）卷六　（32–18）

南无辟智佛　南无降伏刹佛
南无降伏城佛　南无應愛佛
南无弌切德佛　南无平等勿思佛
南无不怯弱心佛　南无精進信佛
南无高光明佛　南无聞智佛
南无异心聲佛　南无无畏光佛
南无甘露聲佛　南无種種日佛
南无勝黠慧佛　南无可脩敬佛
南无德王佛　南无護根佛
南无禪解脫佛　南无大威德佛
南无旃檀香佛　南无見信佛
南无妙橋梁佛　南无可觀佛
南无不可量智佛　南无千日威德佛
南无捨重擔佛　南无稱信佛
南无諸方聞佛　南无自在佛
南无邊智佛　南无无垢光佛
南无甘露信佛　南无妙眼佛
南无解脫行佛　南无可樂見佛
南无高光明佛　南无大聲佛
南无大威德聚佛　南无光明幢佛
南无應供養佛　南无福德威德積佛
南无信相佛　南无大夫佛
南无應信佛　南无善住思惟佛
南无須提他佛　南无智作佛
南无普寶佛　南无日光佛

BD03679 號　佛名經（十六卷本）卷六　（32–19）

南无應信佛　南无善住思惟佛
南无須提他佛　南无智作佛
南无普寶佛　南无日光佛
南无須提他佛　南无灭眼佛
南无師子身佛　南无稱親光佛
南无清淨聲佛　南无怖樂佛
南无寂靜增上佛　南无寶威德佛
南无善威德供養佛　南无无光佛
南无世間尊佛　南无善行淨佛
南无菩提他威德佛　南无應眼佛
南无大步佛　南无成義佛
南无安隱愛佛　南无天摩杈多佛
南无捨湯流佛　南无捨寶佛
南无智滿佛　南无橋佛
南无解脫賢佛　南无衆步佛
南无光明威德佛　南无慈力佛
南无月勝佛　南无寂光佛
從此以上五千一百佛十二部經一切賢聖
南无愛眼佛　南无踰尸羅聲佛
南无不死色佛　南无樂法佛
南无大月佛　南无无障导聲佛
南无功德奮迅佛　南无不死華佛
南无平等見佛　南无大月佛
南无功德味佛　南无十光佛

BD03679 號　佛名經（十六卷本）卷六　（32–20）

南无不……佛　南无集……佛
南无大月佛　南无无障导聲佛
南无功德奮迅佛　南无不元華佛
南无平等見佛　南无大月佛
南无功德味佛　南无十光佛
南无種種華佛　南无龍德佛
南无雲聲佛　南无功德步佛
南无思功德佛　南无大聲佛
南无了聲佛　南无遠離惡處佛
南无天華佛　南无快眼佛
南无大然燈佛　南无離癡行佛
南无堅固希佛　南无捨耶佛
南无相華佛　南无不可思議光明佛
南无普賢佛　南无月妙佛
南无樂德佛　南无清淨聲佛
南无勝慧佛　南无賢光佛
南无堅固華佛　南无光明意佛
南无福德佛　南无意成就佛
南无樂解脫佛　南无離濁河佛
南无調怨佛　南无不去捨佛
南无甘露光明佛
南无樂聲佛　南无不可量眼佛
南无快脩行佛　南无妙高光佛
南无集功德佛　南无可樂佛
南无大心佛　南无天言佛

BD03679 號　佛名經（十六卷本）卷六　（32–21）

南无甘露光明佛
南无樂聲佛　南无不可量眼佛
南无快脩行佛　南无妙高光佛
南无集功德佛　南无可樂佛
南无大心佛　南无天信佛
南无思惟甘露佛　南无黠慧佛
南无勝燈佛　南无堅意佛
南无力步佛　南无蓮華葉眼佛
南无菩提光明佛　南无妙吼聲佛
南无六通聲佛　南无威德力佛
南无人稱佛　南无勝華集佛
南无大髻佛　南无不隨他佛
南无无畏行佛　南无不怯弱佛
南无離憂闇佛　南无過瀨佛
南无月光佛　南无心勇猛佛
南无解脫慧佛　南无不取捨佛
南无薝蔔燈佛　南无勝大佛
南无善思意佛　南无勝威德色佛
南无信世間佛　南无妙慧佛
南无善喜信佛　南无華光佛
南无人華佛　南无善香佛
南无勝功德佛　南无種種華佛
南无高勝佛　南无虛空劫佛
南无天信佛　南无可敬橋佛
南无月光佛　南无大……佛

BD03679 號　佛名經（十六卷本）卷六　（32–22）

南无勝功德佛　南无種種華佛
南无高高勝佛　南无虛空劫佛
南无天信佛　南无可敬稱佛
南无月光佛　南无大聚佛
南无家力佛　南无智地佛
南无高意佛　南无山王智佛
南无杖昇佛　南无妙身佛
南无勝親佛　南无離惡佛
從此以上五千二百佛十二部經一切賢聖
南无應行佛　南无勝香佛
南无淨行佛　南无脩行功德佛
南无大精進心佛　南无然光明佛
南无攝步佛　南无脩行深心佛
南无香希佛　南无香手佛
南无寂靜智佛　南无妙心佛
南无功德莊嚴佛　南无增上行佛
南无智意佛　南无功德山清淨聲佛
南无攝集佛　南无妙信佛
南无月見佛　南无功德王光明佛
南无法不可力佛　南无離諸畏驚怖佛
南无稱王佛　南无攝諸根佛
南无上去佛　南无甘露光佛
南无甘露心佛　南无諸衆上佛
南无[illegible]

BD03679號　佛名經（十六卷本）卷六　（32–23）

南无稱王佛　南无攝諸根佛
南无上去佛　南无甘露光佛
南无甘露心佛　南无諸衆上佛
南无語佛　南无不可降伏色佛
南无普信佛　南无莊嚴王佛
南无甘露日佛　南无勝燈佛
南无波頭上佛　南无寶藏佛
南无普光佛　南无家勝王佛
南无普光明上勝積王佛　南无普現佛
南无普賢佛　南无還華勝佛
南无自在轉法王佛　南无千世自在聲佛
南无千善无垢聲自在王佛　南无離十方畏聲自在佛
南无千垢威德自在王佛　南无五百自在佛
南无五百衆自在聲佛　南无日龍歡喜佛
南无離畏稱王佛　南无妙光幢佛
南无離光聲佛　南无稱自在聲佛
南无妙法稱聲佛　南无勝藏稱王佛
南无不可思議意王佛　南无寶幢佛
南无大自在佛　南无聖智自在幢勇猛佛
南无不可思慧佛　南无智藏佛
南无智高憶佛　南无智海王佛
南无大精進聲自在王佛　南无彌留勝劫佛
南无智頭自在種子善无垢吼自在王佛
南无降伏功德海王佛　南无寶成就力王佛
南无勝道自在王佛　南无[illegible]

BD03679號　佛名經（十六卷本）卷六　（32–24）

南无智高幢佛　南……
南无大精進聲自在王佛　南无弥留勝劫佛
南无智頸自在種子善无垢吼自在王佛
南无降伏功德海王佛　南无智成就力王佛
南无勝道自在王佛　南无勝闍積自在佛
南无華勝積智佛　南无金剛師子佛
南无成勝佛　南无賢勝佛
南无无邊光佛　南无師子喜佛
南无无盡智積佛　南无寶行佛
南无智波羅婆佛　南无師子稱佛
南无智功德王佛　南无法華雨佛
南无能作光佛　南无高山佛
南无法妙王无垢佛　南无香自在无垢眼佛
南无集大导佛　南无无障导力王佛
南无自福德力佛　南无无量安隱佛
南无自在佛　南无智衣佛
南无智集佛　南无大弥留佛
南无日藏佛　南无作功德莊嚴佛
南无華幢佛　南无功德光明佛
南无離功德闇王佛
從此以上五千三百佛十二部經一切賢聖
南无功德王佛　南无法幢佛
南无聲自在王佛　南无自讃佛
南无金剛密迹佛　南无寶自在佛
南无妙幢佛　南无山劫佛

BD03679 號　佛名經（十六卷本）卷六

（32–25）

南无功德王佛　南无法幢佛
南无聲自在王佛　南无自讃佛
南无金剛密迹佛　南无寶自在佛
南无妙幢佛　南无山劫佛
南无藥雲佛　南无法作佛
南无娑羅王佛　南无普功德堅固王佛
南无旃檀佛　南无善住佛
南无善至佛　南无幢勝燈佛
南无智步佛　南无堅幢佛
南无散法稱佛　南无降伏憍慢佛
南无功德炎佛　南无智光明佛
南无智燃燈佛　南无无畏王佛
南无智聲幢稱佛　南无金剛燈佛
南无莊嚴王佛　南无勝數佛
南无善住意佛　南无月王佛
南无次第降伏王佛　南无堅固自在王佛
南无師子步佛　南无那羅延勝藏佛
南无集寶藏佛　南无樹提藏佛
南无星宿差別稱佛　南无功德力堅固王佛
南无妙聲佛　南无梵聲佛
南无勝梵佛　南无堅固土佛
南无千音佛　南无波頭摩勝王佛
南无光輪光佛　南无大光明王佛
南无香波頭摩王佛　南无疾无邊功德海智上佛

BD03679 號　佛名經（十六卷本）卷六

（32–26）

南无勝梵佛　南无堅固土佛
南无千香佛　南无波頭摩勝王佛
南无光輪光佛　南无大光明王佛
南无香波頭摩王佛　南无寂光邊功德海智佛
南无閻浮影佛　南无功德山幢佛
南无師子幢佛　南无龍吼佛
南无華威德王佛　南无善香種子佛
南无我甘露功德威德王劫佛
南无須有八千同名无我甘露功德威王劫佛
南无法智佛　南无龍自在解脫佛
南无金華佛　南无龍吼自在聲佛
南无寶積佛　南无華勝佛
南无大香佛　南无須摩那華佛
南无山王佛　南无世眼佛
南无淨王佛　南无閻浮影佛
南无根本上佛　南无寶山佛
南无海藏佛　南无堅力佛
南无上聖佛　南无自在聖佛
南无拘隣佛　南无師子步佛
南无智幢佛　南无佛聞聲佛
南无廣勝佛　南无安佛
南无智光佛　南无大自在佛
南无寂世佛　南无手喜佛
南无尼拘律王佛　南无金銀佛

BD03679號　佛名經（十六卷本）卷六　（32–27）

南无智光佛　南无大自在佛
南无寂世佛　南无手喜佛
南无尼拘律王佛　南无金銀佛
南无供養佛　南无日喜佛
南无寶炎佛　南无善眼佛
南无高淨佛　南无淨聖佛
南无吼聲佛　南无見義佛
南无稱喜佛　南无稱勝佛
次礼十二部尊經大藏法輪
南无八龍王大神呪經　南无和休經
南无羅什辟喻經　南无稻芉經
從此以上五千四百佛十二部經一切賢聖
南无觀發諸王惡偈經　南无鸚鵡王經
南无佛説隨隣尼經　南无方便心論經
南无佛説王耶經　南无鉢記經
南无佛説四願經　南无佛説六字呪王經
南无佛説迦葉經　南无佛説中心經
南无照明三昧經　南无五夢經
南无賢者威儀經　南无法鏡經
南无老母人經　南无未曾有經
南无未生怨經　南无弥勒慧經
南无大泥洹經　南无薩和普王經
南无人本欲生經　南无十二因緣經
南无野雞經　南无我所經
次礼十方諸大菩薩

BD03679號　佛名經（十六卷本）卷六　（32–28）

南无大涅□經　南无薩和菩王經
南无人本欲生經　南无十二因緣經
南无野雞經　南无我所經
次礼十方諸大菩薩
南无隨羅戹自在王菩薩　南无辯才莊嚴菩薩
南无須弥頂王菩薩　南无海德寶嚴淨意菩薩
南无大嚴淨菩薩　南无大相菩薩
南无光相菩薩　南无光德菩薩
南无淨意菩薩　南无喜王菩薩
南无堅勢菩薩　南无堅意菩薩
南无慈王法王子菩薩　南无自法王子菩薩
南无梵音法王子菩薩　南无妙色法王子菩薩
南无旃檀林法王子菩薩　南无師子吼音法王子菩薩
南无妙聲法王子菩薩　南无妙色形很法王子菩薩
南无種種莊嚴法王子菩薩　南无檡幢法王子菩薩
南无須生法王子菩薩
次礼聲聞緣覺一切賢聖
南无聞辟支佛　南无智身辟支佛
南无毗耶離辟支佛　南无俱薩羅辟支佛
南无波蘇陁辟支佛　南无无毒淨心辟支佛
南无黑辟支佛　南无唯黑辟支佛
礼三寶已次復懺悔
已懺地獄報竟今當復次懺悔三惡道報
經中佛說多欲之人多求利故苦惱亦多知

BD03679 號　佛名經（十六卷本）卷六

（32–29）

南无波蘇陁辟支佛　南无无毒淨心辟支佛
南无黑辟支佛　南无唯黑辟支佛
礼三寶已次復懺悔
已懺地獄報竟今當復次懺悔三惡道報
經中佛說多欲之人多求利故苦惱亦多知
足之人雖卧地上猶以為樂不知足者雖處
天堂猶不稱意但世間人忽有急難便能
捨財不計多少而不知此身臨於三塗深坑
之上一息不還便應墮落忽有知識營功
德福令脩未來善法資粮執此慳執心无
肯作理夫如此者極為愚惑何以故佘經中
佛說生時不賫一文而來死亦不持一文而去
苦身積聚為之憂惱於已无益徒為他有
无善可恃无德可怙致使命終墮諸惡道是
故弟子等今日稽顙猥到歸依佛
南无東方大光曜佛　南无南方虛空住佛
南无西方金剛步佛　南无北方无邊力佛
南无東南方无邊王佛　南无西南方壞諸怨賊佛
南无西北方離垢光佛　南无東北方金色音佛
南无下方師子遊戲佛　南无上方月幢王佛
如是十方盡虛空界一切三寶
弟子今日次復懺悔畜生道中无所識知罪報
懺悔畜生道中負重牽犁償他宿債罪報
懺悔畜生道中不得自在為他斫刺屠割罪報

BD03679 號　佛名經（十六卷本）卷六

（32–30）

弟子今日次復懺悔畜生道中无所識知罪報
懺悔畜生道中負重牽犁償他宿債罪報
懺悔畜生道中不得自在為他斫刺屠割罪報
懺悔畜生无足二足四足多足罪報懺悔畜生
道中身諸毛羽鱗甲之內為諸小虫之所嗍食
罪報如是畜生道中有无量罪報今日至誠皆悉懺悔
次復懺悔餓鬼道中長飢罪報懺悔餓鬼百千
万歲初不曾聞漿水之名罪報懺悔餓鬼食噉
膿血糞穢罪報懺悔餓鬼動身之時一切支節
火然罪報懺悔餓鬼腹大咽小罪報如是餓鬼
道中无量苦報今日稽顙皆悉懺悔
復次一切鬼神脩羅道中諂誑詐稱罪報懺
悔鬼神道檐沙負石塡河塞海罪報懺悔鬼
神羅刹鳩槃茶諸惡鬼神生噉血肉受此醜
陋罪報如是鬼神道中无量无邊一切罪報今
日稽顙向十方佛大地菩薩求哀懺悔悉令消滅
願弟子等承是懺悔畜生等報所生功德生
生世世滅愚癡垢自識業緣智慧明照斷惡
道身願以懺悔餓鬼等報所生功德生生世
世永離慳貪飢渴之苦常喰甘露解脫之味
願以懺悔鬼神脩羅等報所生功德生生世
世質直无諂離耶命因除醜陋果福利人天
願弟子等從今以去乃至道場決定不受
四惡道報唯除大悲為衆生故以誓願力
處之无猒 礼一拜

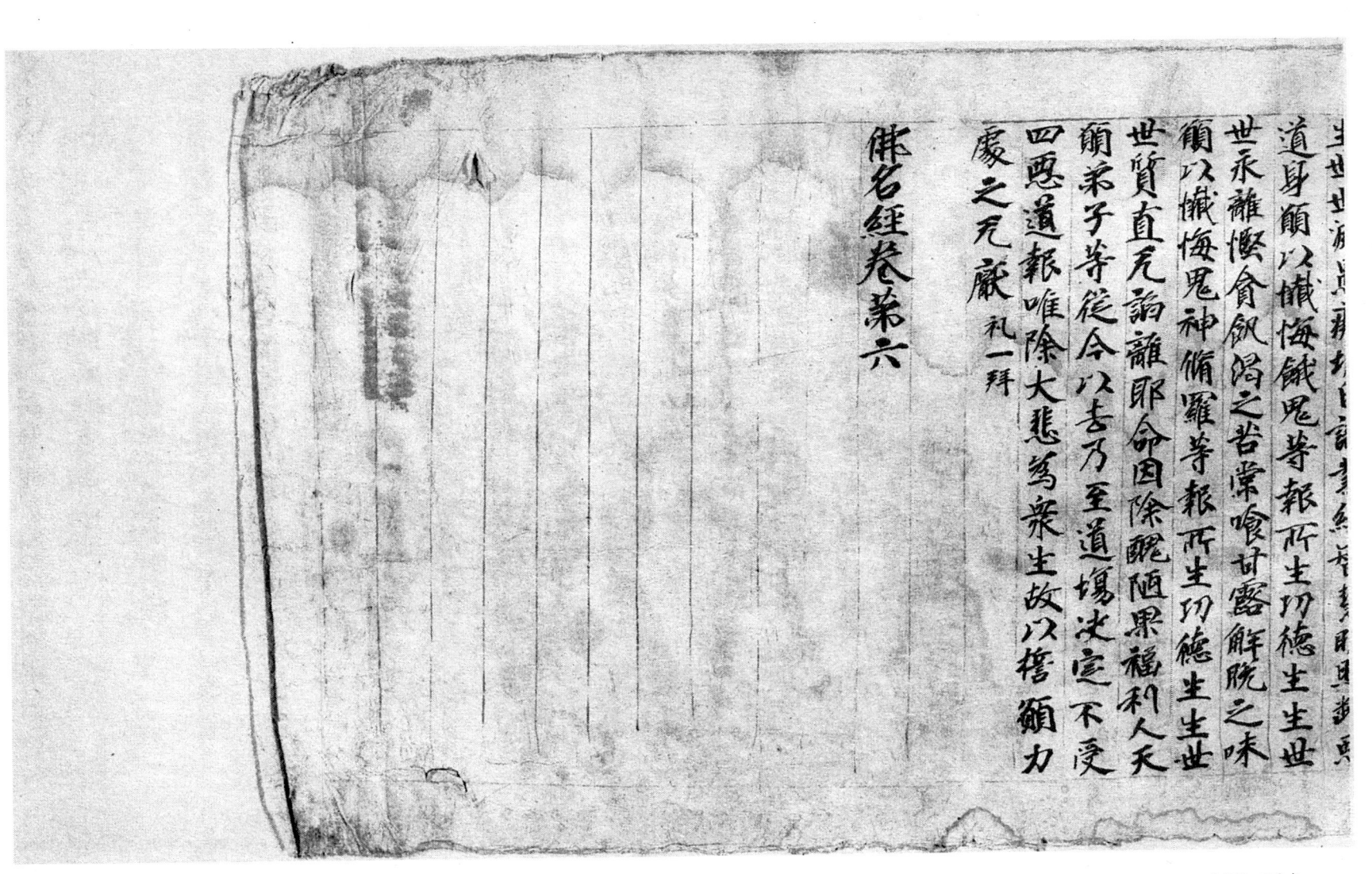

BD03679號　佛名經（十六卷本）卷六　（32–31）

生世世滅愚癡垢自識業緣智慧明照斷惡
道身願以懺悔餓鬼等報所生功德生生世
世永離慳貪飢渴之苦常喰甘露解脫之味
願以懺悔鬼神脩羅等報所生功德生生世
世質直无諂離耶命因除醜陋果福利人天
願弟子等從今以去乃至道場決定不受
四惡道報唯除大悲為衆生故以誓願力
處之无猒 礼一拜

佛名經卷第六

BD03679號　佛名經（十六卷本）卷六　（32–32）

佛說佛名經卷第
優波摩那比丘白佛言世尊未來幾許佛佛
告優波摩那比丘汝今諦聽當為汝說未來星宿
劫中有三百佛出世同名大難勝
復有十千同名莊嚴王佛
華作劫中有一億百千万佛出世同名菩提覺華八類
娑羅佛出世同名離麦佛　多處波摩劫中有六十佛
□□同名□□勝佛　□齊劫中娑羅自在高幢世界
出世同名清淨　優婆羅香山佛
善華劫中有十千八百佛出同離麦佛
復有千三百佛出世同名梵聲佛
復有劫中三十億佛出世同名釋迦牟尼佛
復有劫中八千同名佛出世
復有劫中六千同名徹喜佛出世
復有劫中三億佛出世同名弗沙佛
復有劫中十八千佛出世同名莎羅自在王佛

BD03680號　佛名經（十六卷本）卷一〇　　（35–1）

復有劫中八千同名佛出世
復有劫中六千同名徹喜佛出世
復有劫中三億佛出世同名弗沙佛
復有劫中十八千佛出世同名莎羅自在王佛
復有劫中三百佛出世同名波頭摩勝佛
復有劫中五百佛出世同名波多婆佛
復有劫中千佛出世同名閻浮檀佛
復有劫中十二八千万佛出世同名見一切義佛
復有劫中千佛出世同名俱隣佛
復有劫中十八佛出世同名因陁羅幢佛
復有劫中六十佛出世同名因陁幢佛
復有劫中六十億佛出世同名大莊嚴佛
復有劫中十五佛出世同名日佛
復有劫中九千佛出世同名迦葉佛
復有劫中五百佛出世同名日佛
復有劫中六十二百佛出世同名鄰行
復有劫中八千佛出世同名堅精進
復有劫中六十億佛出世同名莎羅自在王
復有劫中百億佛出世同名決定光明
復有劫中八十億佛出世同名寶法決定
復有劫中六十二佛出世同名毗留那
復有劫中六十千佛出世同名妙波頭摩
復有劫中四十千佛出世同名頭莊嚴

BD03680號　佛名經（十六卷本）卷一〇　　（35–2）

復有劫中百億佛出世同名[illegible]定光明
復有劫中八十億佛出世同名寶法决定
復有劫中六十二佛出世同名毗留那
復有劫中六十千佛出世同名妙波頭摩
復有劫中四十千佛出世同名顛莊嚴
復有劫中五百佛出世同名華勝王
復有劫中四十億那由他佛出世同名妙聲
復有劫中千佛出世同名功德蓋安隱自在王
復有劫中六十千佛出世同名堅脩柔濡
復有劫中十佛國土微塵數百千万不可說不可量
佛出世同名普賢。
復有劫中七千佛出世同名法莊嚴王
比丘舉要言之未來諸佛无量无邊不可說不可
說不可窮盡比丘汝應當一心歸命如是等諸佛
尒時舍利弗從坐而起偏袒右肩右膝著地踞跪合掌
白佛言世尊頗見佛現在佛告舍利弗汝見我現在我
也舍利弗言如是世尊我今實見佛身復告舍利弗我
今見十方无量无邊不可說不可說世界同我名釋迦牟
尼佛在世者如汝見我无異如是同名然燈佛同名毗婆
尸佛同名尸弃佛同名毗舍浮佛同名拘留孫佛同名俱
那含佛同名迦葉佛舍利弗要言之我若一劫若百千万
億那由佛劫說同名諸佛不可窮盡何況異名佛此如
是等諸佛皆是文殊師利初教發阿耨多羅三藐三菩提

尸佛同名尸弃佛同名毗舍浮佛同名拘留孫佛同名俱
那含佛同名迦葉佛舍利弗要言之我若一劫若百千万
億那由佛劫說同名諸佛不可窮盡何況異名佛此如
是等諸佛皆是文殊師利初教發阿耨多羅三藐三菩提
舍利弗汝應當一心歸命如是等諸佛
舍利弗現在劫五百同名智憶佛
復有劫五百同名法幢佛
復有劫六十二同名然燈佛
復有劫六十二同名尸弃佛
復有劫千同名然大單奉自在王聲佛
復有劫二千不同名智勝佛
或名炬燈王　或名法勝　或有名梵勝
舍利弗汝應當一心歸命如是等諸佛
舍利弗復有佛名妙聲分聲佛
舍利弗彼妙聲分聲佛壽命六十百歲過是東方
名智自在雨足尊彼智自在如來壽命十二千歲
過智自在世尊復有佛名威德自在雨足尊威德自在
佛壽命七十六千歲
過威德自在世尊復有佛名摩醯首羅彼摩醯首羅
佛壽命滿一億歲
過摩醯首羅復有佛名梵聲彼梵聲佛壽命滿足
十億歲
過梵聲世尊復有佛名大衆自在彼大衆自在佛

過威德自在世尊復有佛名摩醯首羅彼摩醯首羅
佛壽命滿一億歲
過摩醯首羅復有佛名梵聲彼梵聲佛壽命滿足
十億歲
過梵聲世尊復有佛名大衆自在彼大衆自在佛
壽命滿足六十千歲
過大衆自在世尊復有佛名聲自在彼聲自在佛壽
命滿足一億歲
過聲自在世尊復有佛名勝聲彼勝聲佛壽命滿
足百億歲
過彼勝聲世尊復有佛名月面佛壽一日一夜
過月面世尊復有佛名日面彼日面佛壽命滿足千八百
歲
過日面世尊復有佛名梵面彼梵面佛壽命滿足二十三
千歲
過梵面世尊復有佛名梵訶娑婆彼梵訶娑婆佛壽
命滿足千八百歲
舍利弗汝應當一心歸命如是等佛
舍利弗復過一劫中二百佛出世我說彼佛佛名汝當
歸命
南无不可思身佛　南无稱名佛
南无威德佛　南无稱吼佛
南无…上佛　南…聲清淨佛

歸命
南无不可思身佛　南无稱名佛
南无威德佛　南无稱吼佛
南无稱上佛　南无聲清淨佛
南无智勝佛　南无智解佛
南无黠慧佛　南无智通佛
南无智成就佛　南无智供養佛
南无智妙佛　南无智炎佛
南无智勇猛佛　南无淨上佛
南无梵天佛　南无善梵天佛
南无淨婆藪佛　南无妙梵聲佛
南无梵自在佛　南无梵天自在佛
南无日那陁佛　南无梵吼佛
南无梵德佛　南无威德力佛
南无威德自在佛　南无善威德佛
從此以上七千八百佛十二部經一切賢聖
南无威德自在佛　南无威德趣佛
南无善決定威德佛　南无威德天佛
南无威德勝佛　南无无驚怖佛
南无驚怖意佛　南无驚怖面佛
南无驚怖衆生佛　南无驚怖惠佛
南无驚怖起佛　南无威德決定畢竟佛

南无威德勝佛 南无无驚怖佛
南无驚怖意佛 南无驚怖惠佛
南无驚怖衆生佛 南无驚怖面佛
南无驚怖起佛 南无威德決定畢竟佛
南无威德天佛 南无驚怖寶佛
南无見驚怖佛 南无善眼佛
南无月勝佛 南无深聲佛
南无无邊聲佛 南无淨聲佛
南无清淨聲佛 南无无量聲佛
南无放聲佛 南无降伏魔力聲佛
南无住持聲佛 南无善目佛
南无清淨而佛 南无善肶佛
南无无邊眼佛 南无普眼佛
南无稱眼佛 南无眼莊嚴佛
南无不可嬈眼佛 南无調柔語佛
南无調勝佛 南无善調心佛
南无善寂根佛 南无善寂意佛
南无善寂妙佛 南无善寂行佛
南无善寂去佛 南无善寂彼岸佛
南无善寂勇猛佛 南无住勝佛
南无善寂淨心佛 南无衆上首在王佛
南无有衆佛 南无衆自在佛

BD03680號　佛名經（十六卷本）卷一〇　（35–7）

南无善寂去佛 南无善寂彼岸佛
南无善寂勇猛佛 南无住勝佛
南无善寂淨心佛 南无衆上首在王佛
南无有衆佛 南无衆自在佛
南无衆勝佛 南无清淨智佛
南无大衆自在佛 南无衆勇猛佛
南无放妙香佛 南无法方佛
南无法難兜佛 南无法行佛
南无法寶佛 南无法力佛
南无法佛 南无善法佛
南无法勇猛佛 南无法樂決定佛
南无寶法決定一劫中八十億同名佛
第二劫中八十億亦同名決定佛
南无決定佛 南无名勝成就佛
亦應一心敬礼
南无安隱佛 南无拘隣佛
南无善歡喜佛 南无善眼佛
南无頭陁羅吒佛 南无毗留博叉佛
南无善眼佛 南无妙眼佛
南无善見佛 南无善解佛
南无釋迦牟尼佛 南无妙去佛
南无勝佛 南无旃檀佛

BD03680號　佛名經（十六卷本）卷一〇　（35–8）

南无善眼佛 南无妙眼佛
南无善見佛 南无善解佛
南无釋迦牟尼佛 南无妙去佛
南无勝佛 南无稍幢佛
南无慶佛 南无滅惡佛
南无大功德佛 南无摩黎支佛
南无光明佛 南无滿月佛
南无淨名佛 南无淨德佛
南无淨住佛 南无善勝佛
南无月幢佛 南无寶起佛
南无无畏佛 南无然燈佛
南无妙法佛 南无高顯佛
南无稱妙佛 南无次勝妙釋迦牟尼佛
從此以上七千九百佛十二部經一切賢聖
南无吉沙佛 南无弗沙佛
南无毗婆尸佛 南无尸弃佛
南无毗舍浮佛 南无拘留孫佛
南无拘那含佛 南无迦葉佛
佛復告舍利弗現在東方可樂世界中名阿閦佛
應當一心敬礼
南无日藏佛 南无龍王自在王佛
南无日作佛 南无龍歡喜佛
南无自在佛 南无稱光明佛

BD03680號 佛名經(十六卷本)卷一〇

(35-9)

應當一心敬礼
南无日藏佛 南无龍王自在王佛
南无日作佛 南无龍歡喜佛
南无自在佛 南无稱光明佛
南无山城佛 南无普次信佛
南无普實佛 南无稱自在王佛
南无行法行稱佛 南无初智慧佛
南无智山佛 南无德日光明佛
南无生勝佛 南无弥留藏佛
南无智海佛 南无大精進佛
南无高山勝佛 南无功德藏佛
南无智法界佛 南无无畏自在佛
南无大精進成就佛 南无智成就佛
南无无寻王佛 南无地力精進佛
南无持佛 南无力王佛
南无善見佛 南无法光明王佛
南无降伏魔佛 南无不斷炎佛
南无功德山佛 南无智齊佛
南无无障力王佛 南无善思惟佛
南无師子歡喜佛 南无義光明佛
南无杖勝王佛 南无盡智藏佛
南无實面勝佛 南无智波婆佛
南无丈之稱佛 南无无邊觀王佛

BD03680號 佛名經(十六卷本)卷一〇

(35-10)

南无无障□王佛　南无善思惟佛
南无師子奮喜佛　南无載光明佛
南无快勝王佛　南无盡智藏佛
南无寶面勝佛　南无智波娑佛
南无決定稱佛　南无无邊觀王佛
南无法華雨佛　南无作光明佛
南无高山王佛　南无成就法輪王佛
南无无垢眼佛　南无大名聲德佛
南无无㝵智力王佛　南无无㝵安隱佛
南无解門佛　南无福德力精進佛
南无智衣王佛　南无法自在王佛
南无无妨安隱佛　南无智成就佛
南无大力弥留藏佛　南无觀德功精進佛
南无得无障不迷佛　南无香光明佛
南无功德聚進王佛　南无法齊底佛
南无聲自在王佛　南无護聲佛
南无種種力精進王佛　南无寶光明勝王佛
南无過一切須弥山王佛　南无寶弥留佛
南无不動法佛　南无堅固蓋王佛
南无普功德佛　南无法娑羅弥留佛
南无聚集智聲佛　南无智炎華月王佛
南无龍王自在王佛　南无憂曇末華王佛
南无真金色王佛　南无增長法幢王佛

BD03680 號　佛名經（十六卷本）卷一〇　（35–11）

南无不動法佛　南无堅固蓋王佛
南无普功德佛　南无法娑羅弥留佛
南无聚集智聲佛　南无智炎華月王佛
南无龍王自在王佛　南无憂曇末華王佛
南无真金色王佛　南无增長法幢王佛
南无旃檀波羅光佛　南无住法功德稱佛
南无堅固意精進佛　南无然塵燈佛
南无精進步佛　南无无邊堅固幢佛
南无最法稱佛　南无法王佛
南无降伏大眾佛　南无有光炎華高山佛
南无智勝照佛　南无十威德照燈佛
從此以上八千佛十二部經一切賢聖
南无无諍无畏佛　南无智化聲佛
南无二輪成就佛　南无妙身蓋佛
南无勝莊嚴王佛　南无師子坐善坐佛
南无放月光華王佛
復次舍利弗現在南方佛汝應當一心歸命
南无法自在吼佛　南无師子奮迅王佛
南无發心香自在娑羅佛
南无那羅延自在藏弥留勝佛
南无寶山精進自在集功德佛
南无樹提藏佛　南无无量星宿方便稱佛
南无功德力娑羅王佛　南无妙聲吼奮迅佛

BD03680 號　佛名經（十六卷本）卷一〇　（35–12）

南无那羅延自在藏弥留勝佛
南无寶山精進自在集切德佛
南无樹提藏佛　南无无量星宿方便稱佛
南无切德力娑羅王佛　南无妙聲吼奮迅佛
南无得一切衆生意佛　南无大意佛
南无妙聲佛　南无寶地山佛
南无法雲吼聲佛　南无光波婆吒佛
南无香波頭摩精進王成就佛
南无无垢光明佛　南无切德跡佛
南无因緣光明佛　南无无邊切德王佛
次礼十二部尊經大藏法輪
南无數東意音十經　南无龍施本起經
南无道德章經　南无師子畜生王經
南无更出小品經　南无摩訶般難問經
南无昊維摩詰經　南无摩經
南无浮光經　南无問所眼種經
南无摩調王經　南无勇伏經
南无色爲非常念經　南无摩達經
南无盧夷一旦經　南无照藏經
南无普法義經
南无奇異道家難問住處經
南无奇異道家難問法本經

BD03680 號　佛名經（十六卷本）卷一〇　（35–13）

南无色爲非常念經　南无摩達經
南无盧夷一旦經　南无照藏經
南无普法義經
南无奇異道家難問住處經
南无奇異道家難問法本經
南无鳥步經　南无給身經
南无菩首章經　南无衆祐經
南无滋方等經　南无獨居思惟息念經
南无長者須達經　南无獨坐思惟意中念生經
南无无本經
次礼十方諸大菩薩
南无金纓珞明德菩薩　南无離諸音菩薩
南无心无尋菩薩　南无一切行淨菩薩
南无等見菩薩　南无等不等見菩薩
南无三昧遊戲菩薩　南无法自在菩薩
南无法相菩薩　南无明莊嚴菩薩
南无大莊嚴菩薩　南无寶頂菩薩
南无寶印首菩薩　南无常舉手菩薩
南无常下手菩薩　南无常慘菩薩
南无常喜菩薩　南无喜王菩薩
南无得辯才音聲菩薩　南无虛空雷音菩薩
南无持寶炬菩薩　南无勇德菩薩
南无帝網菩薩　南无馬光菩薩

BD03680 號　佛名經（十六卷本）卷一〇　（35–14）

南无常喜菩薩　南无喜王菩薩
南无得辯才音聲菩薩　南无虛空雷音菩薩
南无持寶炬菩薩　南无勇德菩薩
南无帝網菩薩　南无馬光菩薩
南无定光焰菩薩　南无寶勝菩薩
南无天王菩薩　南无破魔菩薩
南无雷得菩薩　南无自在菩薩
次礼聲聞緣覺一切賢聖
南无阿利多辟支佛　南无婆利多辟支佛
南无多伽樓辟支佛　南无稱辟支佛
南无見辟支佛　南无愛見辟支佛
南无見辟支佛　南无乾陀羅辟支佛
南无无妻辟支佛　南无梨沙婆辟支佛
歸命如是等无量无邊辟支佛
礼三寶已次復懺悔
次復懺悔劫盜之業經中說言若物屬他他所守護
於此物中一草一葉不與不取何況盜竊但自衆生唯
見現在利故以種種方便非道而取致使未來受此
殃果是故經言劫盜之罪能令衆生墮於地獄餓
鬼受苦若在畜生則受牛馬驢騾駱駝等形以其所
有身力血肉償他宿債若生人中為他奴婢衣不蔽形
食不充命貧寒困苦人理殆盡劫盜既有如是苦報是

BD03680 號　佛名經（十六卷本）卷一〇　（35–15）

殃果是故經言劫盜之罪能令衆生墮於地獄餓
鬼受苦若在畜生則受牛馬驢騾駱駝等形以其所
有身力血肉償他宿債若生人中為他奴婢衣不蔽形
食不充命貧寒困苦人理殆盡劫盜既有如是苦報是
故弟子今日至到稽首歸依於佛
南无東方壞諸煩惱佛　南无南方妙音自在佛
南无西方大雲光佛　南无北方雲自在王佛
從此以上八千一百佛十二部經一切賢聖
南无東南方无緣莊嚴佛　南无西南方過諸魔界佛
西北方見无恐懼佛　東北方一切德嚴佛
南无下方妙善住王佛　南无上方蓮華藏光佛
如是十方盡虛空界一切三寶
弟子等无始以來至于今日或盜他財寶興刃強奪或自
恃身逼迫而取或恃公威或假勢力高桁大械枉抑良
善吞納姦貨考直為曲為此因緣身羅憲網或邪治
或領他財物侵公益私侵私益公損彼利此損此利彼
割他自饒口與心悋或竊沒租估偷度關稅匿公謂輸
藏隱使役如是等罪今悉懺悔或是佛法僧物不與而
取或經像物或治塔寺物或供養常住僧物或擬
招提僧物或盜取悞用恃勢不還或自借或貸人或復
換貸漏忘或三寶物混乱雜用或以衆物穀米薪蒭鹽
豉醬酢菜茹菓實錢帛竹木繒綵幡蓋香花油燭隨

BD03680 號　佛名經（十六卷本）卷一〇　（35–16）

[illegible]
招提僧物或盜取悮用恃勢不還或自借或貸人或復
換貸漏忘或三寶物混亂雜用或以衆物穀米薪蒭鹽
豉醬酢菜茹菓實錢帛竹木繒綵幡蓋香花油燭隨
情逐意或自用或與人或摘佛花菓用僧鬘物因三寶
財私自利己如是等罪无量无邊今日慚愧皆悉懺悔
又復无始以來至于今日或作周旋朋友師僧同學父母兄
弟六親眷屬共住同止百一所須更相欺罔或於鄉隣比
近移籬拓墻侵他田宅改標易相虛田園因公託私奪人
邸店及以毛野如是等罪今悉懺悔
又復无始以來或攻城破邑燒村壞柵偷賣良民誘他
奴婢又復枉押无罪之人使其形殂血肉身被徒鎖家業破
散骨肉生離分張異域生死隔絶如是等罪无量无邊
今悉至到皆盡懺悔
又復无始以來至於今日或商估博貨邸店市易輕秤
小斗減割尺寸盜竊分銖欺罔圭合以麤易細以短換長
欺誑百端希望毫利如是等罪今悉懺悔
又復无始以來至於今日穿窬墻壁斷道抄掠抵捍債
息負情違要面欺心取或非道陵奪鬼神禽獸四生之
物或假託卜相取人財寶如是乃至以利求利惡求多求
无厭无足如是等罪无量无邊不可說盡今日至到向十
方佛尊法聖衆皆悉懺悔
願弟子等承是懺悔劫盜等罪所生功德生生世世得

BD03680號　佛名經（十六卷本）卷一〇

（35–17）

物或假託卜相取人財寶如是乃至以利求利惡求多求
无厭无足如是等罪无量无邊不可說盡今日至到向十
方佛尊法聖衆皆悉懺悔
願弟子等承是懺悔劫盜等罪所生功德生生世世得
如意寶常雨七珎上妙衣服百味甘露種種湯藥隨意
所須應念即至令一切衆生无偷奪想一切皆能少欲知足
不耽不染常樂惠施行急濟貧道頭目髓腦捨身如弃
涕唾迴向滿足檀波羅蜜 礼一拜
南无增長眼佛　南无師子聲奮迅佛
南无法華通佛　南无敬法清淨佛
南无天力師子奮迅佛　南无觀法佛
南无堅精進奮迅佛　南无自精進佛
南无弥留光佛　南无功德阿尼羅佛
南无淨根佛　南无喚智佛
南无智慧作佛　南无不破廣惠佛
南无力惠佛　南无憂頭鉢佛
南无法堅固歡喜佛　南无堅固意自在佛
南无平等須弥山面佛　南无發捨成就佛
南无清淨藏佛　南无一切衆生自在佛
南无勝業清淨見佛　南无智自在佛
南无善決奮迅佛　南无无障无著精進佛
南无世間自在佛　南无廣法行佛

BD03680號　佛名經（十六卷本）卷一〇

（35–18）

南无……佛　南无……佛
南无勝業清淨見佛　南无智自在佛
南无善決奮迅佛　南无無障無著精進佛
南无世間自在佛　南无廣法行佛
南无一切德成就佛　南无不怯弱成就佛
南无城如意通佛　南无如觀法佛
南无旃檀頭佛　南无敬重藏王佛
南无寶名佛　南无龍王自在聲佛
南无大智莊嚴佛　南无無孤獨功德佛
南无阿羅摩佛　南无不減莊嚴佛
南无淨功德莊嚴佛　南无自在相好莊嚴稱佛
南无行自在王佛　南无法華彌留佛
南无法性莊嚴佛　南无顯滿足佛
南无大捨莊嚴佛　南无千法無畏佛
南无有自在成就佛　南无樂法奮迅佛
南无寂王佛　南无解脫王佛
南无有彌留佛　南无如意力電王佛
南无無障佛月佛　南无不讚嘆世間勝佛
南无法王決定佛　南无寶星雲王佛
南无地勇名佛　南无無邊勝寶名佛
南无名智奮迅王佛　南无名樹迦那伽王佛
南无名增長慧佛　南无法華通直心佛
南无名杖照光明精進通集佛

南无地勇名佛　南无無邊勝寶名佛
南无名智奮迅王佛　南无名樹迦那伽王佛
南无名增長慧佛　南无法華通直心佛
南无名杖照光明精進通集佛
南无名照觀佛王佛　南无名智盡天佛
南无名不著惡勝佛　南无名勝妙法佛
南无名大智聲智慧佛　南无名見一切世間不畏佛
南无名見無畏佛　南无名聲去佛
南无如來行無畏王佛
復次舍利弗現在西方佛法應當一心敬礼
南无初光明華心照佛　南无妙聲脩行吼佛
南无任勝智稱佛　南无普現佛
南无作非作心華光佛　南无法行熾燈佛
南无普勝佛　南无智吼稱王佛
南无梵聲歡喜吼佛　南无千眼佛
南无海香尖佛　南无千月自在藏佛
從此以上八千二百佛十二部經一切賢聖
南无法速樂行佛　南无身賢速光佛
南无師子廣眼佛　南无十力光明勝佛
南无智來佛　南无無邊精進勝面佛
南无大勝成就法佛　南无不空見佛
南无不可盡色佛　南无觀法智佛
南无無坊王佛　南无無邊德佛

南无智来佛　南无无邊精進勝面佛
南无大勝成就法佛　南无不空見佛
南无不可盡色佛　南无覩法智佛
南无无妨王佛　南无无邊德佛
南无智察法佛　南无一切善根菩提通佛
南无无量精進善思惟奮迅王佛
南无上智勝善住功德佛
南无智香勝佛　南无智勝見尸弃王佛
南无妙功德智佛　南无不夏法等吼王佛
南无法清淨来佛　南无勝上功德佛
南无開法門藏佛　南无照法同王佛
南无力王善住法佛　南无善釋力得佛
南无邊門見佛　南无善化莊嚴佛
南无不似見佛　南无離瞋功德王佛
南无離塵億勝佛　南无大力般若奮迅王佛
南无法鏡像佛　南无堅又利成就佛
南无一切智功德勝佛　南无不樂出功德佛
南无精進過精進自在王佛
南无一切世間自在橋梁勝佛
南无示現盡德佛　南无清淨戒功德王佛
南无華嚴作莊嚴佛　南无獨王佛
南无得大通願力佛　南无吼聲迷精進佛

南无一切世間自在橋梁勝佛
南无示現盡德佛　南无清淨戒功德王佛
南无華嚴作莊嚴佛　南无獨王佛
南无得大通願力佛　南无吼聲迷精進佛
南无勝身羅迮智佛　南无那羅迮佛
南无寶光阿尼羅勝佛　南无大海弥留勝王佛
南无不住生戒勝功德王佛
南无初不濁天王佛　南无虛空樂說无量稱佛
南无勝惠佛　南无无比藏稱佛
南无天自在梵增上佛　南无善行見王佛
南无種種行王佛　南无盧舍那勝功德佛
南无自在佛　南无住華佛
南无智善根成就性佛　南无无障身智成就佛
南无善决法佛　南无善性莊嚴觀樂說稱佛
南无三寶光燈佛　南无摩訶思惟藏佛
南无不可思議王佛　南无自在億佛
南无師子句藏佛　南无智王莊嚴佛
南无自在根佛　南无離聲眼佛
南无善香佛　南无不染佛
南无波頭摩佛　南无法身佛
南无廣戒王佛　南无心善行稱佛
南无法自在佛　南无如意通觀藏佛

南无善香佛 南无不染佛
南无波頭摩佛 南无法身佛
南无廣求王佛 南无心善行稱佛
南无法自在佛 南无如意通觀藏佛
南无然燈王佛 南无世間意成就善法佛
南无福德勝田佛 南无善觀佛法勝佛
復次舍利弗現在北方佛汝當一心歸命
南无初勝藏山佛 南无放光明佛
南无无邊智慧佛 南无龍華佛
南无一切龍奮迅勇猛佛 南无降伏一切魔佛
南无法世間鏡像佛 南无福德莊嚴佛
南无勝娑婆山佛 南无法來王佛
南无普莊嚴樹行勝佛 南无佛化成就佛
南无寶積成就佛 南无一切成就稱佛
南无三世智勝佛 南无勝威善住佛
南无種種願光佛
從此以上八千三百佛十二部經一切賢聖
南无不退百勝光佛
南无分陀羅勝佛 南无寂一切邪見佛
南无得佛眼輪佛 南无得一切佛智佛
南无大慈悲救護勝佛 南无師子智橋梁佛
南无住寶除王佛 南无諸善根福德法成就佛

BD03680號　佛名經（十六卷本）卷一〇　（35–23）

南无得佛眼輪佛 南无得一切佛智佛
南无大慈悲救護勝佛 南无師子智橋梁佛
南无住寶除王佛 南无諸善根福德法成就佛
南无大无畏智佛 南无智勝王佛
南无佛法波頭摩佛 南无與一切相佛
南无隨一切意法雲佛 南无滿足精進寶惠佛
南无大毗留嗏佛 南无勝光明佛
南无不動法智光佛 南无旃檀雲王佛
南无不染波頭摩賛佛 南无法增上聲王佛
南无選擇法无尋華稱佛 南无无垢劫佛
南无佛眼无垢精進增上輪佛
南无智自在稱佛 南无无邊髮佛
南无奮迅德自在王佛 南无无邊智奮迅无尋心佛
南无法道善住佛 南无一切生智佛
南无降伏魔力堅固意佛
南无精進自在寶王佛 南无成德藏佛
南无見利益一切歡喜佛
南无大步佛王佛 南无種種日藏佛
南无聲分妙寶乳佛 南无无尋法王佛
南无不退精進示現佛 南无莊嚴佛國土王佛
南无智根本華佛 南无不稱涅槃佛
南无一切龍摩尼藏佛 南无樂法自在佛

BD03680號　佛名經（十六卷本）卷一〇　（35–24）

[illegible]
南无不退精進示現佛 南无莊嚴佛國土王佛
南无智根本華佛 南无不稱涅槃佛
南无一切龍摩尼藏佛 南无樂法自在佛
南无得法相自在佛 南无无邊寶功德藏佛
南无清淨華山佛 南无大法王拘摩勝佛
南无一切盡不盡藏佛 南无華弥留善佛
南无虛空智山佛 南无智力王佛
南无无量聲智佛 南无无邊佛聲藏佛
南无智王不盡稱佛 南无心意奮迅王佛
南无自性清淨智佛 南无智自在法王佛
南无正見佛 南无語見佛
南无滿足法香見佛 南无龍月佛
南无自陀羅山无量王佛 南无寶自在娑羅王佛
南无見一切衆生佛 南无不住持光明王佛
南无學一切法佛 南无智寶法勝佛
南无精進自在意法藏佛 南无无量山佛
南无无垢鬚佛 南无放光明照佛
南无弥留力自在藏佛 南无炎自在藏佛
南无精進自在弥留家自在佛
南无堅无畏功德佛 南无堅勇猛寶佛
南无堅猛寂靜王佛 南无降伏閻弥留山王佛
南无勝丈夫芬陀梨佛

BD03680號　佛名經（十六卷本）卷一〇

（35–25）

南无精進自在弥留家自在佛
南无堅无畏功德佛 南无堅勇猛寶佛
南无堅猛寂靜王佛 南无降伏閻弥留山王佛
南无勝丈夫芬陀梨佛
南无聖聲藏他佛 南无普賢芬陀利佛
南无法等法身佛 南无難勝佛
南无難可意佛 南无不動佛
南无妙聲佛 南无勝聲佛
南无娑羅奮迅佛 南无寶勝佛
南无愛見佛 南无然燈佛
南无須弥劫佛 南无月光佛
南无日上佛 南无佛
南无藥樹王佛 南无星宿佛
從此以上八千四百佛十二部經一切賢聖
南无覺法衆佛 南无受記佛
南无受作佛 南无无畏作佛
南无華寶旃檀佛
南无龍功德佛 南无盧舍那佛
南无无垢佛 南无无煩惱佛
南无善來佛 南无金色色佛
南无无根本佛 南无須弥燈佛
南无可樂見光佛 南无能作光佛
[illegible]

BD03680號　佛名經（十六卷本）卷一〇

（35–26）

南无善來佛　南无金色色佛
南无无根本佛　南无須弥燈佛
南无可樂見光佛　南无能作光佛
南无无一切濁佛　南无无染佛
南无淨法性佛　南无解脫佛
南无華樹佛　南无善法佛
南无善護聲佛　南无得意佛
南无斷愛佛　南无内外佛
南无成就幢佛　南无梵聲佛
南无妙聲佛　南无勝聲佛
南无金剛佛　南无大通佛
南无无畏佛　南无離一切煩惱佛
南无離怖佛　南无離怯弱佛
南无不可動佛　南无樂解脫佛
南无成佛　南无二足尊佛
南无一切動智佛　南无相莊嚴佛
南无不可動可量言佛　南无不畏言佛
南无常相應言佛　南无梵衆相應佛
南无世天衆相應佛　南无守金色佛
南无捨結佛　南无娑羅華佛
南无金華佛　南无拘牟頭相佛
南无頂勝佛　南无一切通智佛

BD03680號　佛名經（十六卷本）卷一〇　（35–27）

南无世天衆相應佛　南无守金色佛
南无捨結佛　南无娑羅華佛
南无金華佛　南无拘牟頭相佛
南无頂勝佛　南无一切通智佛
南无得一切法彼岸佛　南无不可相佛
南无善住佛　南无莊嚴相佛
南无妙寂佛　南无捨浮羅奮迅佛
南无清淨衆生佛　南无常香佛
南无畢竟大悲佛　南无成就堅佛
南无常微笑佛　南无離濁佛
南无百相功德佛　南无隨順佛
南无勝藏佛　南无般若幢佛
南无寶若般畢竟佛　南无滿足意佛
南无觀音世自在佛　南无大炎聚佛
南无勝功德威德佛　南无梵勝天佛
南无内寶佛　南无三菩提幢佛
南无勝燈佛　南无善燿願起勝娑羅王佛
南无无垢光明佛　南无照闇佛
南无无畏觀佛　南无樂說莊嚴佛
南无无垢月雞兜稱佛　南无華莊嚴光明光作佛
南无火奮迅佛　南无寶上佛
南无无畏智觀佛　南无師子奮迅齊佛

BD03680號　佛名經（十六卷本）卷一〇　（35–28）

南无无畏觀佛 南无樂説莊嚴佛
南无无垢月難光稱佛 南无華莊嚴光明光作佛
南无火奮迅佛 南无寶上佛
南无无畏智觀佛 南无師子奮迅齊佛
南无遠離一切驚怖毛竪等稱光佛
南无伽耶伽羅光明威德佛 南无觀世音佛
南无尼弥佛 南无寶火佛
南无寶山佛 南无自在佛
南无寶精進日月光明莊嚴威德黠聲王佛
南无初發心念觀一切疑即斷煩惱佛
南无斷闇三昧勝王佛
南无寶炎佛 南无大聚佛
從此以上八千五百佛十二部經一切賢聖
南无旃檀香佛 南无虚空平等佛
南无礼拜增上佛 南无不動作佛
南无歡喜佛 南无離畏佛
南无善清淨勝佛 南无光明王佛
南无不可降伏幢佛 南无勝一切佛
南无聞聲勝佛 南无善解佛
南无寶蓋佛 南无善解佛
南无月高佛 南无善見佛
南无照賢首勝佛 南无得聖佛

BD03680 號 佛名經（十六卷本）卷一〇

（35–29）

[illegible]勝佛 南无善[illegible]
南无寶蓋佛 南无善解佛
南无月高佛 南无善見佛
南无照賢首勝佛 南无得聖佛
南无成就一切事佛 南无山峯佛
南无普寶蓋莊嚴佛
南无廣光明王佛 南无寶善喜佛
南无清淨一切願威德勝王佛
南无照賢勝佛 南无樂日佛
南无普賢佛 南无功德王光明佛
南无善清淨佛
次礼十二部尊經大藏法輪
南无檀呂經 南无月明童子經
南无无憂施經 南无无思議孩童經
南无隨藍經 南无法律三昧經
南无給孤獨四生家門受戒經
南无檀祈法相經 南无法受塵經
南无頻多和多經 南无羅云母經
南无嚴調經 南无七處三觀經
南无貧女經 南无次抱持經
南无七智經 南无所祇經
南无七章經 南无耆闍崛山解經
[illegible]

BD03680 號 佛名經（十六卷本）卷一〇

（35–30）

南无貧女經 南无决揔持經
南无七智經 南无所祇經
南无七章經 南无耆闍崛山解經
南无留多經 南无未生王經
南无三乘經 南无便賢者稱經
南无颰陁悔過經 南无三轉月明經
南无施經 南无是時日梵日守經
南无三品脩行經
次礼十方諸大菩薩
南无頂相菩薩 南无出過菩薩
南无師子吼菩薩 南无雲音菩薩
南无能勝菩薩 南无相轉王菩薩
南无香像菩薩 南无大乘像菩薩
南无日香像菩薩 南无常精進菩薩
南无不休息菩薩 南无妙生菩薩
南无華嚴菩薩 南无觀世音菩薩
南无德大勢菩薩 南无水王菩薩
南无山王菩薩 南无帝網菩薩
南无寶施菩薩 南无破魔菩薩
南无莊嚴國土菩薩 南无金髻菩薩
南无珠髻菩薩
如是等諸大菩薩皆應憶念恭敬礼拜求向惟越

BD03680號　佛名經（十六卷本）卷一〇　（35–31）

南无莊嚴國土菩薩 南无金髻菩薩
南无珠髻菩薩
如是等諸大菩薩皆應憶念恭敬礼拜求向惟越
致地
次礼聲聞緣覺一切賢聖
南无毗耶離辟支佛 南无俱薩羅辟支佛
南无婆藪陁辟支佛 南无无毒淨心辟支佛
南无寶无垢辟支佛 南无福德辟支佛
南无黑辟支佛 南无惟黑辟支佛
南无直福德辟支佛 南无識辟支佛
南无香辟支佛 南无有香辟支佛
歸命如是等无量无邊辟支佛
從此以上八千六百佛十二部經一切賢聖
礼三寶以此復懺悔
次復懺悔貪愛之罪經中說言經爲貪欲閉在癡獄沒
生死河莫之能出衆生爲是五欲因緣從昔以來流轉
生死一一衆生一劫之中所積身骨如王舍城毗富羅山所
飲母乳如四海水身所出血復過於此父母兄弟六親
眷屬命終哭泣所出目淚如四海水是故說言有愛則
生愛盡則滅故知生死貪愛爲本所以經言婬欲之罪
能令衆生墮於地獄餓鬼受苦若在畜生則受鴿雀
鴛鴦等身若生人中妻不貞良得不隨意眷屬婬
欲既有如此惡業是故弟子今日至到稽顙歸依佛

BD03680號　佛名經（十六卷本）卷一〇　（35–32）

能令衆生墮於地獄餓鬼受苦若在畜生則受鴿雀
鴛鴦等身若生人中妻不貞良得不隨意眷屬婬
欲既有如此惡業是故弟子今日至到稽顙歸依佛
南无東方師子音王佛　南无南方大雲藏佛
南无西方无量壽佛　南无北方紅蓮華光佛
東南方无垢瑙瑞佛　西南方勝調伏上佛
南无西北方散華生德佛　東北方心同虛空佛
南无下方垢稱王佛　南无上方淨智慧海佛
如是十方盡虛空界一切三寶
弟子等自從无始以來至於今日或過人妻妾棄他婦
女侵陵貞潔汙比丘尼破他梵行逼迫不道濁心邪見
視言語嘲調或復惡他門戶汙賢善名或於男子五
種人所起不淨行如是等罪今悉懺悔
又復无始以來至於今日或眼為色或愛染玄黃紅綠
朱紫珍玩寶飾或取男女長短黑白姿態妄相起非法
相耳貪好聲宮商絃管伎樂歌唱或取男子音聲語
言啼咲之相起非法想或舌貪好味鮮美甘肥衆血
宍滋養四大更增苦本起非法想身樂華綺錦繡繒
縠一切細滑七珎礦服起非法想或意多亂想觸向乖
法有六想造罪尤甚如是等罪无量无邊今日至到向
十方佛尊法聖衆皆悉懺悔
願弟子等承是懺悔婬欲等罪悉令消滅所生功德

BD03680號　佛名經（十六卷本）卷一〇　（35–33）

縠一切細滑七珎礦服起非法想或意多亂想觸向乖
法有六想造罪尤甚如是等罪无量无邊今日至到向
十方佛尊法聖衆皆悉懺悔
願弟子等承是懺悔婬欲等罪悉令消滅所生功德
生生世世自然化生不遊胞胎清淨皎潔光色奇麗六情
開朗聰利明了達見愛由如桎梏觀此六塵如幻如化
於五欲境決定厭離乃至夢中不起邪想內外因緣永不
能動願以懺悔眼根功德願令此眼徹見十方諸佛菩
薩清淨法身不以二相　願以懺悔耳根功德願令此
耳常聞十方諸佛賢聖所說正法如教奉行
願以懺悔鼻根功德願令此鼻常聞香積入法味香捨
離生死不淨臭穢　願以懺悔舌根功德願令此舌常
飡法喜禪悅之食不貪衆生血肉之味
願以懺悔身根功德願令此身披如來衣著忍辱鎧臥
无畏床坐四禪座　願以懺悔意根功德願令此意成
就十想洞達五明深觀二諦空平等理從方便慧起
十妙行入法流水念念增明顯發如來大无生忍　礼拜

佛說佛名經卷第十

BD03680號　佛名經（十六卷本）卷一〇　（35–34）

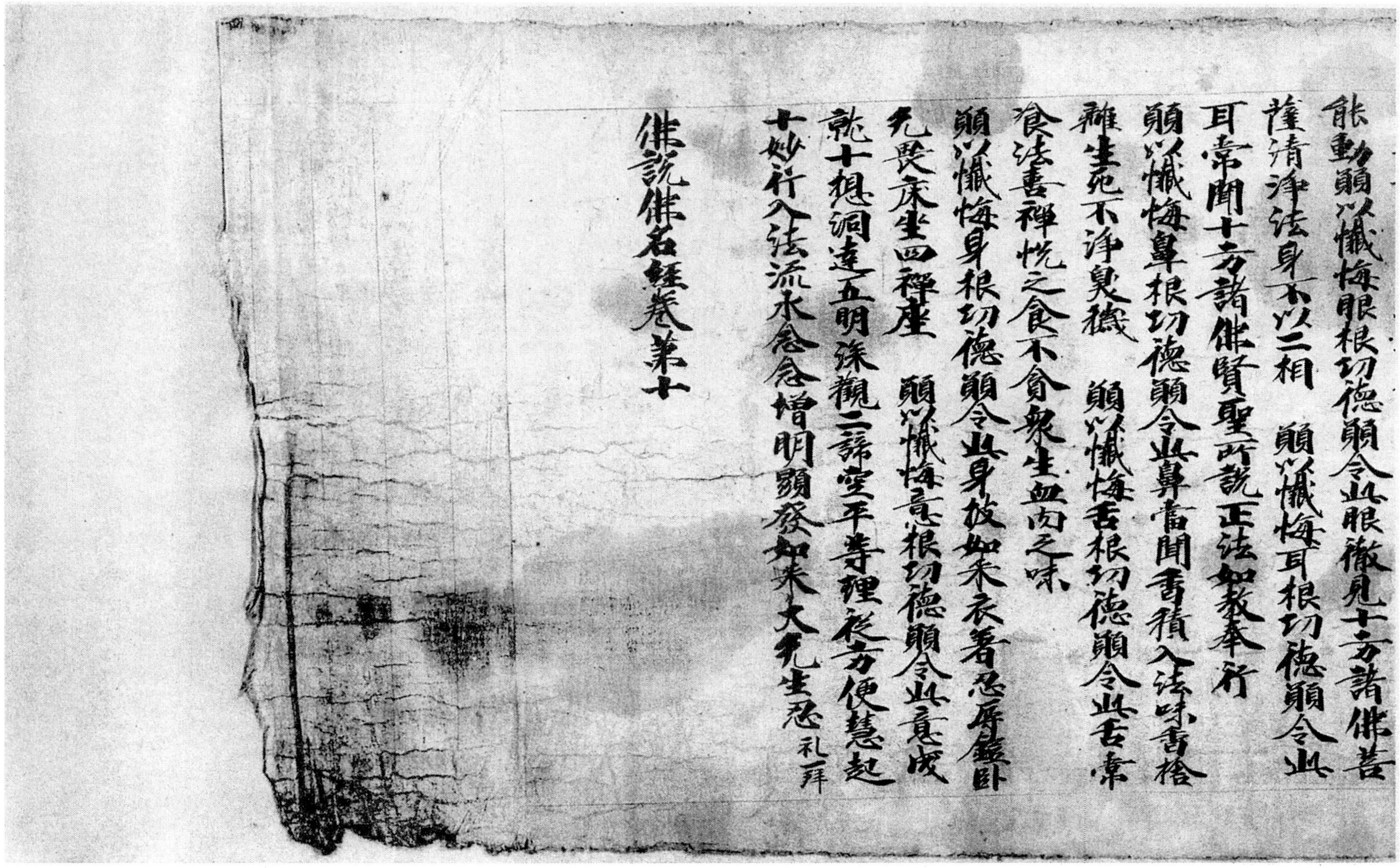
能動願以懺悔眼根功德願令此眼徹見十方諸佛菩
薩清淨法身不以二相　願以懺悔耳根功德願令此
耳常聞十方諸佛賢聖所説正法如教奉行
願以懺悔鼻根功德願令此鼻常聞香積入法味香捨
離生死不淨臭穢　願以懺悔舌根功德願令此舌常
飡法喜禪悅之食不貪衆生血肉之味
願以懺悔身根功德願令此身披如來衣著忍辱鎧臥
无畏床坐四禪座　願以懺悔意根功德願令此意成
就十想洞達五明深觀二諦空平等理從方便慧起
十妙行入法流水念念增明顯發如來大忍生忍　礼拜

佛說佛名經卷第十

BD03680 號　佛名經（十六卷本）卷一〇　（35–35）

BD03680 號背　勘記　（1–1）

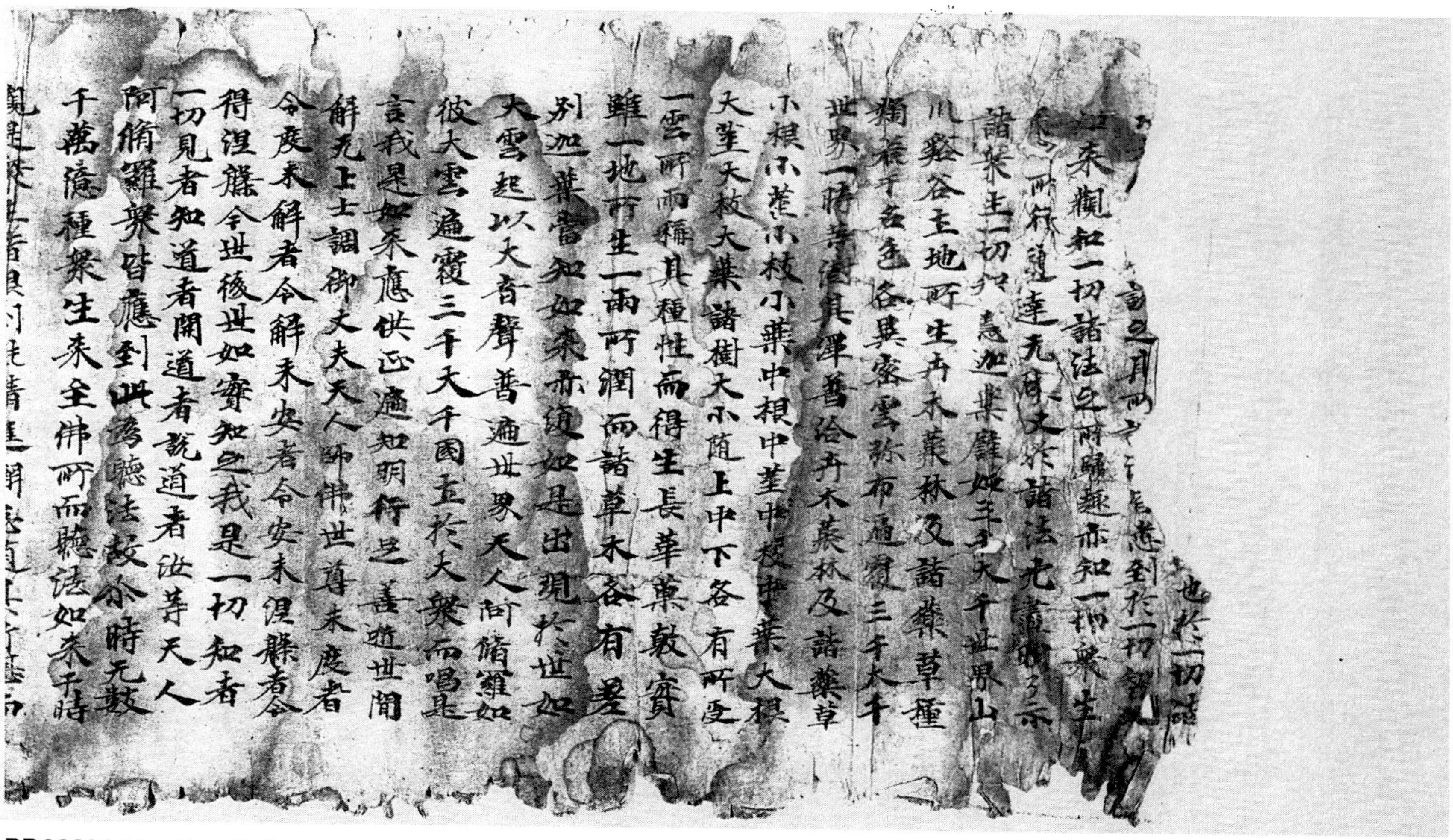

……也於一切……

……說之……悉到於一切智……

……來觀知一切諸法之所歸趣亦知一切衆生
……所行通達无导又於諸法究盡明了示
諸衆生一切智慧迦葉譬如三千大千世界山
川谿谷土地所生卉木叢林及諸藥草種
類若干名色各異密雲弥布遍覆三千大千
世界一時等澍其澤普洽卉木叢林及諸藥草
小根小莖小枝小葉中根中莖中枝中葉大根
大莖大枝大葉諸樹大小隨上中下各有所受
一雲所雨稱其種性而得生長華菓敷實
雖一地所生一雨所潤而諸草木各有差
別迦葉當知如來亦復如是出現於世如
大雲起以大音聲普遍世界天人阿脩羅如
彼大雲遍覆三千大千國土於大衆而唱是
言我是如來應供正遍知明行足善逝世間
解无上士調御丈夫天人師佛世尊未度者
令度未解者令解未安者令安未涅槃者令
得涅槃今世後世如實知之我是一切知者
一切見者知道者開道者說道者汝等天人
阿脩羅衆皆應到此為聽法故尒時无數
千萬億種衆生來至佛所而聽法如來于時
觀是衆生諸根……

BD03681 號　妙法蓮華經卷三

（27–1）

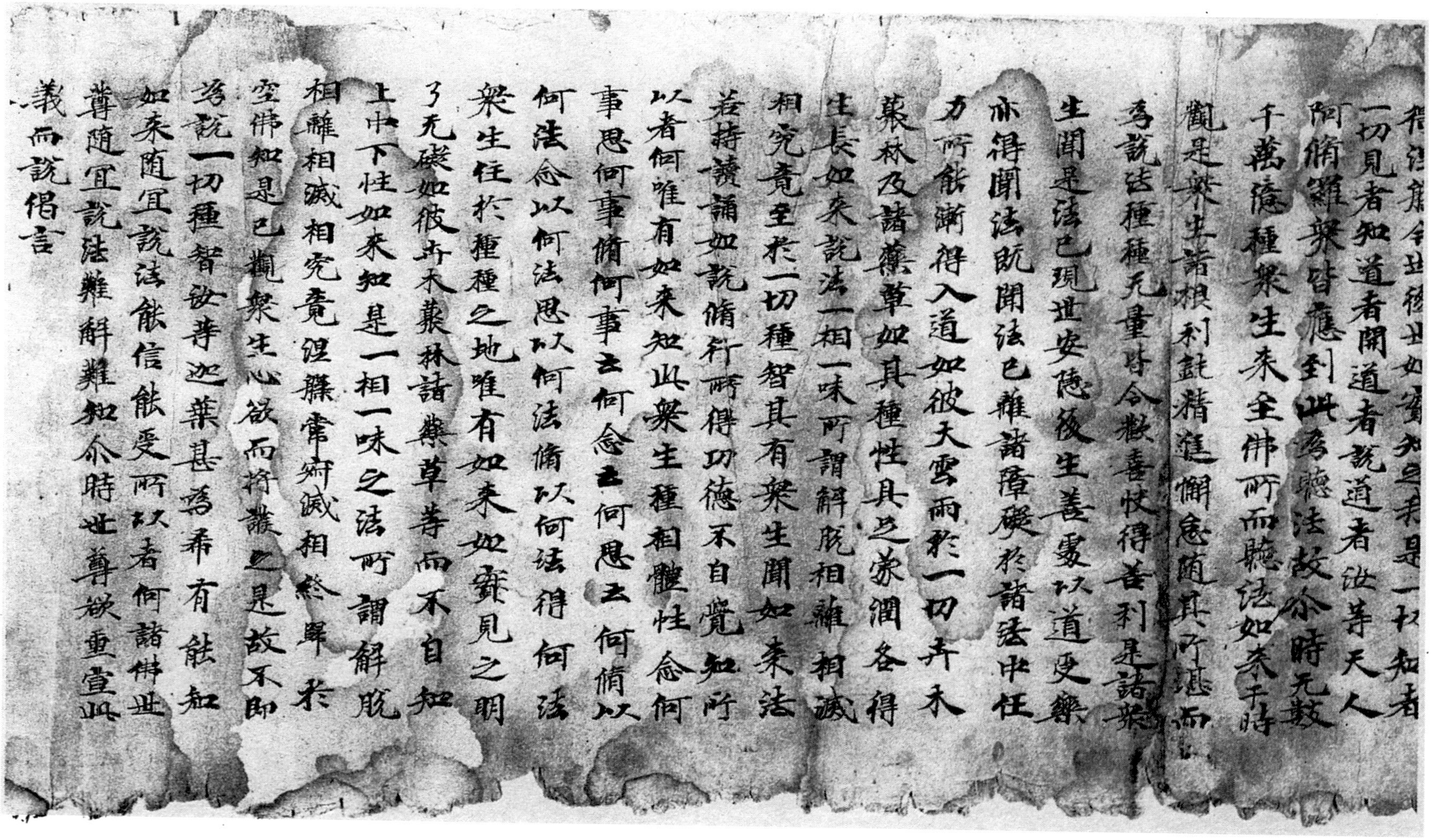

得涅槃今世後世如實知之我是一切知者
一切見者知道者開道者說道者汝等天人
阿脩羅衆皆應到此為聽法故尒時无數
千萬億種衆生來至佛所而聽法如來于時
觀是衆生諸根利鈍精進懈怠隨其所堪而
為說法種種无量皆令歡喜快得善利是諸衆
生聞是法已現世安隱後生善處以道受樂
亦得聞法既聞法已離諸障导於諸法中任
力所能漸得入道如彼大雲雨於一切卉木
叢林及諸藥草如其種性具足蒙潤各得
生長如來說法一相一味所謂解脫相離相滅
相究竟至於一切種智其有衆生聞如來法
若持讀誦如說脩行所得功德不自覺知所
以者何唯有如來知此衆生種相體性念何
事思何事脩何事云何念云何思云何脩以
何法念以何法思以何法脩以何法得何法
衆生住於種種之地唯有如來如實見之明
了无导如彼卉木叢林諸藥草等而不自知
上中下性如來知是一相一味之法所謂解脫
相離相滅相究竟涅槃常寂滅相終歸於
空佛知是已觀衆生心欲而將護之是故不即
為說一切種智汝等迦葉甚為希有能知
如來隨宜說法能信能受所以者何諸佛世
尊隨宜說法難解難知尒時世尊欲重宣此
義而說偈言

BD03681 號　妙法蓮華經卷三

（27–2）

為說一切種智汝等迦葉甚為希有能知
如來隨宜說法能信能受所以者何諸佛世
尊隨宜說法難解難知尒時世尊欲重宣此
義而說偈言
破有法王　出現世間　隨衆生欲　種種說法
如來尊重　智慧深遠　久默斯要　不務速說
有智若聞　則能信解　无智疑悔　則為永失
是故迦葉　隨力為說　以種種緣　令得正見
迦葉當知　譬如大雲　起於世間　遍覆一切
慧雲含潤　電光晃曜　雷聲遠震　令衆悅豫
日光掩蔽　地上清涼　靉靆垂布　如可承攬
其雨普等　四方俱下　流澍无量　率土充洽
山川險谷　幽邃所生　卉木藥草　大小諸樹
百穀苗稼　甘蔗蒲萄　雨之所潤　无不豐足
乾地普洽　藥木並茂　其雲所出　一味之水
草木叢林　隨分受潤　一切諸樹　上中下等
稱其大小　各得生長　根莖枝葉　華菓光色
一雨所及　皆得鮮澤　如其體相　性分大小
所潤是一　而各滋茂　佛亦如是　出現於世
譬如大雲　普覆一切　既出于世　為諸衆生
分別演說　諸法之實　大聖世尊　於諸天人
一切衆中　而宣是言　我為如來　兩足之尊
出于世間　猶如大雲　充潤一切　枯槁衆生
皆令離苦　得安隱樂　世間之樂　及涅槃樂

BD03681號　妙法蓮華經卷三　（27–3）

譬如大雲　普覆一切　既出于世　為諸衆生
分別演說　諸法之實　大聖世尊　於諸天人
一切衆中　而宣是言　我為如來　兩足之尊
出于世間　猶如大雲　充潤一切　枯槁衆生
皆令離苦　得安隱樂　世間之樂　及涅槃樂
諸天人衆　一心善聽　皆應到此　覲无上尊
我為世尊　无能及者　安隱衆生　故現於世
為大衆說　甘露淨法　其法一味　解脫涅槃
以一妙音　演暢斯義　常為大乘　而作因緣
我觀一切　普皆平等　无有彼此　愛憎之心
我无貪著　亦无限礙　恒為一切　平等說法
如為一人　衆多亦然　常演說法　曾无他事
去來坐立　終不疲猒　充足世間　如雨普潤
貴賤上下　持戒毀戒　威儀具足　及不具足
正見邪見　利根鈍根　等雨法雨　而无懈惓
一切衆生　聞我法者　隨力所受　住於諸地
或處人天　轉輪聖王　釋梵諸王　是小藥草
知无漏法　能得涅槃　起六神通　及得三明
獨處山林　常行禪定　得緣覺證　是中藥草
知无漏法　能得涅槃　起六神通　及得三明
獨處山林　常行禪定　得緣覺證　是中藥草
求世尊處　我當作佛　行精進定　是上藥草
又諸佛子　專心佛道　常行慈悲　自知作佛

BD03681號　妙法蓮華經卷三　（27–4）

知无漏法 能得涅槃 起六神通 及得三明
獨處山林 常行禪定 得緣覺證 是中藥草
求世尊處 我當作佛 行精進定 是上藥草
又諸佛子 專心佛道 常行慈悲 自知作佛
決定無疑 是名小樹 安住神通 轉不退輪
度无量億 百千衆生 如是菩薩 名為大樹
佛平等說 如一味雨 隨衆生性 所受不同
如彼草木 所稟各異 佛以此喻 方便開示
種種言辭 演說一法 於佛智慧 如海一渧
我雨法雨 充滿世間 一味之法 隨力脩行
如彼叢林 藥草諸樹 隨其大小 漸增茂好
諸佛之法 常以一味 令諸世間 普得具足
漸次脩行 皆得道果 聲聞緣覺 處於山林
住㝡後身 聞法得果 是名藥草 各得增長
若諸菩薩 智慧堅固 了達三界 求㝡上乘
是名小樹 而得增長 復有住禪 得神通力
聞諸法空 心大歡喜 放无數光 度諸衆生
是名大樹 而得增長 如是迦葉 佛所說法
譬如大雲 以一味雨 潤於人華 各得成實
迦葉當知 以諸因緣 種種譬喻 開示佛道
是我方便 諸佛亦然 今為汝等 說㝡實事
諸聲聞衆 皆非滅度 汝等所行 是菩薩道
漸漸脩學 悉當成佛
妙法蓮華經授記品第六

是我方便 諸佛亦然 今為汝等 說㝡實事
諸聲聞衆 皆非滅度 汝等所行 是菩薩道
漸漸脩學 悉當成佛
妙法蓮華經授記品第六
尒時世尊 說是偈已 告諸大衆 唱如是言 我
此弟子摩訶迦葉 於未來世 當得奉覲三
百万億諸佛世尊 供養恭敬 尊重讚歎 廣
宣諸佛无量大法 於㝡後身 得成為佛 名曰
光明如來應供正遍知明行足善逝世間解无
上士調御丈夫天人師佛世尊 國名光德 劫名
大莊嚴 佛壽十二小劫 正法住世二十小劫 像
法亦住二十小劫 國界嚴飾 无諸穢惡 瓦
礫荊棘 便利不淨 其土平正 无有高下坑坎
堆阜 琉璃為地 寶樹行列 黃金為繩 以界道
側 散諸寶華 周遍清淨 其國菩薩 无量千
億 諸聲聞衆 亦復无數 无有魔事 雖有魔
及魔民 皆護佛法 尒時世尊 欲重宣此義 而說
偈言
告諸比丘 我以佛眼 見是迦葉 於未來世
過无數劫 當得作佛 而於來世 供養奉覲
三百万億 諸佛世尊 為佛智慧 淨脩梵行
供養㝡上 二足尊已 脩習一切 无上之慧
於㝡後身 得成為佛 其土清淨 琉璃為地

過无數劫　當得作佛　而於來世　供養奉覲
三百万億　諸佛世尊　為佛智慧　淨脩梵行
供養最上　二足尊已　脩習一切　无上之慧
於最後身　得成為佛　其土清淨　琉璃為地
多諸寶樹　行列道側　金繩界道　見者歡喜
常出好香　散衆名華　種種奇妙　以為莊嚴
其地平正　无有丘坑　諸菩薩衆　不可稱計
其心調柔　逮大神通　奉持諸佛　大乘經典
諸聲聞衆　无漏後身　法王之子　亦不可計
乃以天眼　不能數知　其佛當壽　十二小劫
正法住世　二十小劫　像法亦住　二十小劫
光明世尊　其事如是
尒時大目揵連須菩提摩訶迦旃延等皆悉
悚慄一心合掌瞻仰尊顏目不蹔捨即共同
聲而說偈言
大雄猛世尊　諸釋之法王　哀愍我等故　而賜佛音聲
若知我深心　見為授記者　如以甘露灑　除熱得清涼
如從飢國來　忽遇大王饍　心猶懷疑懼　未敢即便食
若復得王教　然後乃敢食　我等亦如是　每惟小乘過
不知當云何　得佛无上慧　雖聞佛音聲　言我等作佛
心尚懷憂懼　如未敢便食　若蒙佛授記　尒乃快安樂
大雄猛世尊　常欲安世間　願賜我等記　如飢須教食
尒時世尊知諸大弟子心之所念告諸比丘
是須菩提於當來世奉覲三百萬億那由
他佛供養恭敬尊重讚歎常脩梵行

BD03681 號　妙法蓮華經卷三　（27–7）

心尚懷憂懼　如未敢便食　若蒙佛授記　尒乃快安樂
大雄猛世尊　常欲安世間　願賜我等記　如飢須教食
尒時世尊知諸大弟子心之所念告諸比丘
是須菩提於當來世奉覲三百萬億那由
他佛供養恭敬尊重讚歎常脩梵行具菩薩
道於最後身得成為佛号曰名相如來應供
正遍知明行足善逝世間解无上士調御丈夫
天人師佛世尊劫名有寶國名寶生其土平
正頗梨為地寶樹莊嚴无諸丘坑沙礫荊蕀
處寶臺珎妙樓閣聲聞弟子无量无邊筭
數譬喻所不能知諸菩薩衆无數千萬億那由
他佛壽十二小劫正法住世二十小劫像法
亦住二十小劫其佛常處虛空為衆說法度
脫无量菩薩及聲聞衆尒時世尊欲重宣
此義而說偈言
諸比丘衆　今告汝等　皆當一心　聽我所說
我大弟子　須菩提者　當得作佛　号曰名相
當供无數　萬億諸佛　隨佛所行　漸具大道
最後身得　三十二相　端正殊妙　猶如寶山
其佛國土　嚴淨第一　衆生見者　无不愛樂
佛於其中　度无量衆　其佛法中　多諸菩薩
皆悉利根　轉不退輪　彼國常以　菩薩莊嚴
諸聲聞衆　不可稱數　皆得三明　具六神通
住八解脫　有大威德　其佛說法　現於无量
神通變化　不可思議　諸天人民　數如恒沙
皆共合掌　聽受佛語　其佛當壽　十二小劫

BD03681 號　妙法蓮華經卷三　（27–8）

佛於其中　度无量衆　其佛法中　多諸菩薩
皆悉利根　轉不退輪　彼國常以　菩薩莊嚴
諸聲聞衆　不可稱數　皆得三明　具六神通
住八解脫　有大威德　其佛說法　現於无量
神通變化　不可思議　諸天人民　數如恒沙
皆共合掌　聽受佛語　其佛當壽　十二小劫
正法住世　二十小劫　像法亦住　二十小劫
尒時世尊復告諸比丘衆我今語汝是大迦
旃延於當來世以諸供具供養奉事八千億
佛恭敬尊重諸佛滅後各起塔廟高千由旬
縱廣正等五百由旬以金銀琉璃車璖馬瑙
真珠玫瑰七寶合成衆華瓔珞塗香末香燒
香繒蓋幢幡供養塔廟過是已後當復供
養二萬億佛亦復如是供養是諸佛已具菩薩
道當得作佛号曰閻浮那提金光如來應
供正遍知明行足善逝世間解无上士調御丈
夫天人師佛世尊其土平正頗梨為地寶樹
莊嚴黃金為繩以界道側妙華覆地周遍
清淨見者歡喜无四惡道地獄餓鬼畜生阿
脩羅道多有天人諸聲聞衆及諸菩薩无量
万億莊嚴其國佛壽十二小劫正法住世二十
小劫像法亦住二十小劫尒時世尊欲重宣
此義而說偈言
諸比丘衆　皆一心聽　如我所說　真實无異
是迦旃延　當以種種　妙好供具　供養諸佛
諸佛滅後　起七寶塔　亦以華香　供養舍利

BD03681號　妙法蓮華經卷三

（27–9）

此義而說偈言
諸比丘衆　皆一心聽　如我所說　真實无異
是迦旃延　當以種種　妙好供具　供養諸佛
諸佛滅後　起七寶塔　亦以華香　供養舍利
其最後身　得佛智慧　成等正覺　國土清淨
度脫无量　萬億衆生　皆為十方　之所供養
佛之光明　无能勝者　其佛号曰　閻浮金光
菩薩聲聞　斷一切有　无量无數　莊嚴其國
尒時世尊復告大衆我今語汝是大目揵連
當以種種供具供養八千諸佛恭敬尊重諸
佛滅後各起塔廟高千由旬縱廣正等五百
由旬以金銀琉璃車璖馬瑙真珠玫瑰七寶
合成衆華瓔珞塗香末香燒香繒蓋幢幡以
用供養過是已後當復供養二百万億諸佛
亦復如是當得成佛号曰多摩羅跋栴檀香
如來應供正遍知明行足善逝世間解无上
士調御丈夫天人師佛世尊劫名喜滿國名
意樂其土平正頗梨為地寶樹莊嚴散真珠
華周遍清淨見者歡喜多諸天人菩薩聲聞
其數无量佛壽二十四小劫正法住世四十小
劫像法亦住四十小劫尒時世尊欲重宣此
義而說偈言
我此弟子　大目揵連　捨是身已　得見八千
二百万億　諸佛世尊　為佛道故　供養恭敬
於諸佛所　常脩梵行　於无量劫　奉持佛法
諸佛滅後　起七寶塔　長表金刹　華香伎樂

BD03681號　妙法蓮華經卷三

（27–10）

義而說偈言

我此弟子　大目揵連　捨是身已　得見八千
二百万億　諸佛世尊　為佛道故　供養恭敬
於諸佛所　常脩梵行　於无量劫　奉持佛法
諸佛滅後　起七寶塔　長表金刹　華香伎樂
而以供養　諸佛塔廟　漸漸具足　菩薩道已
於意樂國　而得作佛　号多摩羅　栴檀之香
其佛壽命　二十四劫　常為天人　演說佛道
聲聞无量　如恒河沙　三明六通　有大威德
菩薩无數　志固精進　於佛智慧　皆不退轉
佛滅度後　正法當住　四十小劫　像法亦尒
我諸弟子　威德具足　其數五百　皆當授記
於未來世　咸得成佛　我及汝等　宿世因緣
吾今當說　汝等善聽

妙法蓮華經化城喻品第七

佛告諸比丘乃往過去无量无邊不可思議阿僧祇劫尒時有佛名大通智勝如來應供正遍智明行足善逝世間解无上士調御丈夫天人師佛世尊其國名好成劫名大相諸比丘彼佛滅度已來大久遠譬如三千大千世界所有地種假使有人磨以為墨過於東方千國土乃下一點大如微塵又過千國土復下一點如是展轉盡地種墨於汝等意云何是諸國土若算師若算師弟子能得邊際知其數不不也世尊諸比丘是人所經國

方千國土乃下一點大如微塵又過千國土復下一點如是展轉盡地種墨於汝等意云何是諸國土若算師若算師弟子能得邊際知其數不不也世尊諸比丘是人所經國土若點不點盡末為塵一塵一劫彼佛滅度已來復過是數无量无邊百千萬億阿僧祇劫我以如來知見力故觀彼久遠猶若今日尒時世尊欲重宣此義而說偈言

我念過去世　无量无邊劫　有佛兩足尊　名大通智勝
如人以力磨　三千大千土　盡此諸地種　皆悉以為墨
過於千國土　乃下一塵點　如是展轉點　盡此諸塵墨
如是諸國土　點與不點等　復盡末為塵　一塵為一劫
此諸微塵數　其劫復過是　彼佛滅度來　如是无量劫
如來无礙智　知彼佛滅度　及聲聞菩薩　如見今滅度
諸比丘當知　佛智淨微妙　无漏无所礙　通達无量劫

佛告諸比丘大通智勝佛壽五百四十萬億那由他劫其佛本坐道場破魔軍已垂得阿耨多羅三藐三菩提而諸佛法不現在前如是一小劫乃至十小劫結跏趺坐身心不動而諸佛法猶不在前尒時忉利諸天先為彼佛於菩提樹下敷師子座高一由旬佛於此坐當得阿耨多羅三藐三菩提適坐此座時諸梵天王雨衆天華面百由旬香風時來吹去萎華更雨新者如是不絕滿十小劫供養

佛於菩提樹下敷師子座高一由旬佛於此
座當得阿耨多羅三藐三菩提適坐此座時
諸梵天王雨衆天華面百由旬香風時來吹
去萎華更雨新者如是不絕滿十小劫供養
於佛乃至滅度常雨此華四王諸天為供養
佛常擊天鼓其餘諸天作天伎樂滿十小劫
至于滅度亦復如是諸比丘大通智勝佛過十
小劫諸佛之法乃現在前成阿耨多羅三
藐三菩提其佛未出家時有十六子其第一
者名曰智積諸子各有種種珍異玩好之具
聞父得成阿耨多羅三藐三菩提皆捨所珍
往詣佛所諸母涕泣而隨送之其祖轉輪聖
王與一百大臣及餘百千萬億人民皆共圍
繞隨至道場咸欲親近大通智勝如來供養
恭敬尊重讚歎到已頭面礼足繞佛畢已一心
合掌瞻仰世尊以偈頌曰
大威德世尊　為度衆生故　於无量億歲　尒乃得成佛
諸願已具足　善哉吉无上　世尊甚希有　一坐十小劫
身體及手足　靜然安不動　其心常憺怕　未曾有散亂
究竟永寂滅　安住无漏法　今者見世尊　安隱成佛道
我等得善利　稱慶大歡喜　衆生常苦惱　盲瞑无導師
不識苦盡道　不知求解脫　長夜增惡趣　減損諸天衆
從冥入於冥　永不聞佛名　今佛得最上　安隱无漏道
我等及天人　為得最大利　是故咸稽首　歸命无上尊
尒時十六王子偈讚佛已勸請世尊轉於法輪
咸作是言世尊說法多所安隱憐愍饒益

BD03681號　妙法蓮華經卷三　（27-13）

不識苦盡道　不知求解脫　長夜增惡趣　減損諸天衆
從冥入於冥　永不聞佛名　今佛得最上　安隱无漏道
我等及天人　為得最大利　是故咸稽首　歸命无上尊
尒時十六王子偈讚佛已勸請世尊轉於法輪
咸作是言世尊說法多所安隱憐愍饒益
諸天人民重說偈言
世雄无等倫　百福自莊嚴　得无上智慧　願為世間說
度脫於我等　及諸衆生類　為分別顯示　令得是智慧
若我等得佛　衆生亦復然　世尊知衆生　深心之所念
亦知所行道　又知智慧力　欲樂及脩福　宿命所行業
世尊悉知已　當轉无上輪
佛告諸比丘大通智勝佛得阿耨多羅三藐
三菩提時十方各五百萬億諸佛世界六種
震動其國中間幽冥之處日月威光所不能照
而皆大明其中衆生各得相見咸作是言
此中云何忽生衆生又其國界諸天宮殿乃
至梵宮六種震動大光普照遍滿世界勝諸
天光尒時東方五百萬億諸國土中梵天宮
殿光明照曜倍於常明諸梵天王各作是念
今者宮殿光明昔所未有以何因緣而現此
相是時諸梵天王即各相詣共議此事時彼
衆中有一大梵天王名救一切為諸梵衆而
說偈言
我等諸宮殿　光明昔未有　此是何因緣　宜各共求之
為大德天生　為佛出世間　而此大光明　遍照於十方
尒時五百萬億國土諸梵天王與宮殿俱各以
[illegible]

BD03681號　妙法蓮華經卷三　（27-14）

說偈言
我等諸宮殿　光明昔未有　此是何因緣　宜各共求之
為大德天生　為佛出世間　而此大光明　遍照於十方
尒時五百萬億國土諸梵天王與宮殿俱各以
衣裓盛諸天華共詣西方推尋是相見大通
智勝如來處于道場菩提樹下坐師子座諸
天龍王乾闥婆緊那羅摩睺羅伽人非人等
恭敬圍繞及見十六王子請佛轉法輪即時
諸梵天王頭面礼佛繞百千匝即以天華而
散佛上其所散華如須弥山并以供養佛菩
提樹其菩提樹高十由旬華供養已各以宮
殿奉上彼佛而作是言唯見哀愍饒益我等
所獻宮殿願垂納處時諸梵天王即於佛前
一心同聲以偈頌曰
世尊甚希有　難可得值遇　具無量功德　能救護一切
天人之大師　哀愍於世間　十方諸眾生　普皆蒙饒益
我等所從來　五百萬億國　捨深禪定樂　為供養佛故
我等先世福　宮殿甚嚴飾　今以奉世尊　唯願哀納受
尒時諸梵天王偈讚佛已各作是言唯願世
尊轉於法輪度脫眾生開涅槃道時諸梵天
王一心同聲而說偈言
世雄兩足尊　唯願演說法　以大慈悲力　度苦悩眾生
尒時大通智勝如來默然許之又諸比丘東南
方五百萬億國土諸大梵王各自見宮殿光
明照曜昔所未有歡喜踊躍生希有心即各
相詣共議此事時彼眾中有一

BD03681號　妙法蓮華經卷三　（27–15）

世雄兩足尊　唯願演說法　以大慈悲力　度苦悩眾生
尒時大通智勝如來默然許之又諸比丘東南
方五百萬億國土諸大梵王各自見宮殿光
明照曜昔所未有歡喜踊躍生希有心即各
相詣共議此事時彼眾中有一大梵天王名曰
大悲為諸梵眾而說偈言
是事何因緣　而現如此相　我等諸宮殿　光明昔未有
為大德天生　為佛出世間　未曾見此相　當共一心求
過千萬億土　尋光共推之　多是佛出世　度脫苦眾生
尒時五百萬億諸梵天王與宮殿俱各以衣
裓盛諸天華共詣西北方推尋是相見大通
智勝如來處于道場菩提樹下坐師子座
諸天龍王乾闥婆緊那羅摩睺羅伽人非人
等恭敬圍繞及見十六王子請佛轉法輪時諸
梵天王頭面礼佛繞百千匝即以天華而散佛
上所散之華如須弥山并以供養佛菩提樹
華供養已各以宮殿奉上彼佛而作是言唯
見哀愍饒益我等所獻宮殿願垂納受尒
時諸梵天王即於佛前一心同聲以偈頌曰
聖主天中天　迦陵頻伽聲　哀愍眾生者　我等今敬礼
世尊甚希有　久遠乃一現　一百八十劫　空過無有佛
三惡道充滿　諸天眾減少　今佛出於世　為眾生作眼
世間所歸趣　救護於一切　為眾生之父　哀愍饒益者
我等宿福慶　今得值世尊
尒時諸梵天王偈讚佛已各作是言唯願世尊
哀愍一切轉於法輪度脫眾生時諸梵天王
一心同聲而說偈言

BD03681號　妙法蓮華經卷三　（27–16）

世間所歸趣　救護於一切　為衆生之父　哀愍饒益者
我等宿福慶　今得值世尊
尒時諸梵天王偈讚佛已各作是言唯願世尊
哀愍一切轉於法輪度脫衆生時諸梵天王
一心同聲而說偈言
大聖轉法輪　顯示諸法相　度苦惱衆生　令得大歡喜
衆生聞此法　得道若生天　諸惡道減少　忍善者增益
尒時大通智勝如來默然許之又諸比丘南方
五百萬億國土諸大梵王各自見宮殿光
明照曜昔所未有歡喜踊躍生希有心即各
相詣共議此事以何因緣我等宮殿有此光
曜而彼衆中有一大梵天王名曰妙法為諸梵
衆而說偈言
我等諸宮殿　光明甚威耀　此非无因緣　是相宜求之
過於百千劫　未曾見是相　為大德天生　為佛出世間
尒時五百万億諸梵天王與宮殿俱各以衣
裓盛諸天華共詣北方推尋是相見大通智
勝如來處于道場菩提樹下坐師子座諸天
龍王乾闥婆緊那羅摩睺羅伽人非人等恭
敬圍繞及見十六王子請佛轉法輪時諸梵天
王頭面礼佛繞百千匝即以天華而散佛
上所散之華如須弥山并以供養佛菩提樹
華供養已各以宮殿奉上彼佛而作是言唯
見哀愍饒益我等所獻宮殿願垂納處尒時
諸梵天王即於佛前一心同聲以偈頌曰
世尊甚難見　破諸煩惱者　過百三十劫　今乃得一見

BD03681號　妙法蓮華經卷三

(27–17)

華供養已各以宮殿奉上彼佛而作是言唯
見哀愍饒益我等所獻宮殿願垂納處尒時
諸梵天王即於佛前一心同聲以偈頌曰
世尊甚難見　破諸煩惱者　過百三十劫　今乃得一見
諸飢渴衆生　以法雨充滿　昔所未曾覩　无量智慧者
如優曇鉢華　今日乃值遇　我等諸宮殿　蒙光故嚴飾
世尊大慈愍　唯願垂納受
尒時諸梵天王偈讚佛已各作是言唯願世尊
轉於法輪令一切世間諸天魔梵沙門婆羅
門皆獲安隱而得度脫時諸梵天王一心同聲
以偈頌曰
唯願天中尊　轉无上法輪　擊于法鼓　而吹大法螺
普雨大法雨　度无量衆生　我等咸歸請　當演深遠音
尒時大通智勝如來默然許之西南方乃至下
方亦復如是尒時上方五百万億國土諸大
梵王皆悉自覩所止宮殿光明威曜昔所未
有歡喜踊躍生希有心即各相詣共議此事
以何因緣我等宮殿有斯光明時彼衆中有
一大梵天王名曰尸棄為諸梵衆而說偈言
今以何因緣　我等諸宮殿　威德光明曜　嚴飾未曾有
如是之妙相　昔所未聞見　為大德天生　為佛出世間
尒時五百萬億諸梵天王與宮殿俱各以衣
裓盛諸天華共詣下方推尋是相見大通智
勝如來處于道場菩提樹下坐師子座諸天
龍王乾闥婆緊那羅摩睺羅伽人非人等恭

BD03681號　妙法蓮華經卷三

(27–18)

爾時五百萬億諸梵天王與宮殿俱各以衣
裓盛諸天華共詣下方推尋是相見大通智
勝如來處于道場菩提樹下坐師子座諸天
龍王乾闥婆緊那羅摩睺羅伽人非人等恭
敬圍繞及見十六王子請佛轉法輪時諸梵
天王頭面礼佛繞百千匝即以天華而散佛
上所散之華如須弥山并以供養佛菩提樹
華供養已各以宮殿奉上彼佛而作是言唯
見哀愍饒益我等所獻宮殿願垂納處時諸
梵天王即於佛前一心同聲以偈頌曰
善哉見諸佛　救世之聖尊　能於三界獄　勉出諸衆生
普智天人尊　愍哀群萌類　能開甘露門　廣度於一切
於昔无量劫　空過无有佛　世尊未出時　十方常闇暝
三惡道增長　阿脩羅亦盛　諸天衆轉減　死多墮惡道
不從佛聞法　常行不善事　色力及智慧　斯等皆減少
罪業因緣故　失樂及樂想　住於邪見法　不識善儀則
不蒙佛所化　常墮於惡道　佛為世間眼　久遠時乃出
哀愍諸衆生　故現於世間　超出成正覺　我等甚欣慶
及餘一切衆　喜歎未曾有　我等諸宮殿　蒙光故嚴飾
今以奉世尊　唯垂哀納受　願以此功德　普及於一切
我等與衆生　皆共成佛道
爾時五百萬億諸梵天王偈讚佛已各白佛言
唯願世尊轉於法輪多所安隱多所度脫時諸
梵天王而說偈言
世尊轉法輪　擊甘露法鼓　度苦惱衆生　開示涅槃道

BD03681號　妙法蓮華經卷三　（27–19）

我等與衆生　皆共成佛道
爾時五百萬億諸梵天王偈讚佛已各白佛言
唯願世尊轉於法輪多所安隱多所度脫時諸
梵天王而說偈言
世尊轉法輪　擊甘露法鼓　度苦惱衆生　開示涅槃道
唯願受我請　以大微妙音　哀愍而敷演　无量劫習法
爾時大通智勝如來受十方諸梵天王及十
六王子請即時三轉十二行法輪若沙門婆
羅門若天魔梵及餘世間所不能轉謂是苦
是苦集是苦滅是苦滅道及廣說十二因緣
法无明緣行行緣識識緣名色名色緣六入
六入緣觸觸緣受受緣愛愛緣取取緣有有
緣生生緣老死憂悲苦惱无明滅則行滅行
滅則識滅識滅則名色滅名色滅則六入滅
六入滅則觸滅觸滅則受滅受滅則愛滅愛滅
則取滅取滅則有滅有滅則生滅生滅則老死
憂悲苦惱滅佛於天人大衆之中說是法時
六百萬億那由他人以不受一切法故而於諸漏心得
解脫皆得深妙禪定三明六通具八解脫第二第
三第四說法時千万億恒河沙那由他等衆生亦
以不受一切法故而於諸漏心得解脫從是已後諸
聲聞衆无量无邊不可稱數爾時十六王子皆
以童子出家而為沙弥諸根通利智慧明了已曾供
養百千萬億諸佛淨脩梵行求阿耨多羅三藐
三菩提俱白佛言世尊是諸无量千万億大

BD03681號　妙法蓮華經卷三　（27–20）

以不受一切法故而於諸漏心得解脫從是已後諸
聲聞衆无量无邊不可稱數尒時十六王子皆
以童子出家而為沙弥諸根通利智慧明了已曾供
養百千萬億諸佛淨脩梵行求阿耨多羅三藐
三菩提俱白佛言世尊是諸无量千万億大
德聲聞皆已成就世尊亦當為我等說阿耨
多羅三藐三菩提法我等聞已皆共脩學世尊
我等志願如來知見深心所念佛自證知尒時
轉輪聖王所將衆中八万億人見十六王子出家
亦求出家王即聽許尒時彼佛受沙弥請過二
万劫已乃於四衆之中說是大乘經名妙法蓮華
教菩薩法佛所護念說是經已十六沙弥為阿
耨多羅三藐三菩提故皆共受持諷誦通利說
是經時十六菩薩沙弥皆悉信受聲聞衆中亦
信解其餘衆生千萬億種皆生疑惑佛說是經
於八千劫未曾休廢說此經已即入靜室住於禪定
八萬四千劫是時十六菩薩沙弥知佛入室寂然禪
定各昇法座亦於八万四千劫為四部衆廣說分
別妙法華經一一皆度六百万億那由他恒河沙
等衆生示教利喜令發阿耨多羅三藐三菩提
心大通智勝佛過八萬四千劫已從三昧起往詣法
座安詳而坐普告大衆是十六菩薩沙弥甚為希
有諸根通利智慧明了已曾供養无量千萬億數
諸佛於諸佛所常脩梵行受持佛智開示衆生令
入其中汝等皆當數數親近而供養之所以者
何若聲聞辟支佛及諸菩薩能信是十六菩
薩所說經法受持不毀者是人皆當得阿耨

BD03681號　妙法蓮華經卷三　（27–21）

諸佛於諸佛所常脩梵行受持佛智開示衆生令
入其中汝等皆當數數親近而供養之所以者
何若聲聞辟支佛及諸菩薩能信是十六菩
薩所說經法受持不毀者是人皆當得阿耨
多羅三藐三菩提如來之慧佛告諸比丘是
十六菩薩常樂說是妙法蓮華經一一菩薩
所化六百万億那由他恒河沙等衆生世世所
生與菩薩俱從其聞法悉皆信解以此因緣得
值四万億諸佛世尊于今不盡諸比丘我今語
汝彼佛弟子十六沙弥今皆得阿耨多羅三
藐三菩提於十方國土現在說法有无量
百千万億菩薩聲聞以為眷屬其二沙弥
東方作佛一名阿閦在歡喜國二名須弥頂
東南方二佛一名師子音二名師子相南方
二佛一名虛空住二名常滅西南方二佛一
名帝相二名梵相西方二佛一名阿弥陁二名
度一切世間苦惱西北方二佛一名多摩羅跋
栴檀香神通二名須弥相北方二佛一名雲
自在二名雲自在王東北方佛名壞一切世間
怖畏第十六我釋迦牟尼佛於娑婆國土成
阿耨多羅三藐三菩提諸比丘我等為沙弥
時各各教化无量百千万億恒河沙等衆生
從我聞法為阿耨多羅三藐三菩提此諸衆
生于今有住聲聞地者我常教化阿耨多羅三
藐三菩提是諸人等應以是法漸入佛道

BD03681號　妙法蓮華經卷三　（27–22）

時各各教化无量百千万億恒河沙等衆生
從我聞法為阿耨多羅三藐三菩提此諸衆
生于今有住聲聞地者我常教化阿耨多羅三
藐三菩提是諸人等應以是法漸入佛道所
以者何如來智慧難信難解尒時所化无量
恒河沙等衆生者汝等諸比丘及我滅度後未
來世中聲聞弟子是也我滅度後復有弟子
不聞是經不知不覺菩薩所行自於所得功
德生滅度想當入涅槃我於餘國作佛更有異
名是人雖生滅度之想入於涅槃而於彼土求
佛智慧得聞是經唯以佛乘而得滅度更无
餘乘除諸如來方便說法諸比丘若如來自知
涅槃時到衆又清淨信解堅固了達空法深入
禪定便集諸菩薩及聲聞衆為說是經世
間无有二乘而得滅度唯一佛乘得滅度耳比
丘當知如來方便深入衆生之性知其志樂小法
深著五欲為是等故說於涅槃是人若聞則便信
受譬如五百由旬險難惡道曠絶无人怖畏之處
若有多衆欲過此道至珎寶處有一導師聰慧
明達善知險道通塞之相將導衆人欲過此難
所將人衆中路懈退白道師言我等疲極而復
怖畏不能復進前路猶遠今欲退還導師多諸
方便而作是念此等可愍云何捨大珎寶而欲退
還作是念已以方便力於險道中過三百由旬化

BD03681號　妙法蓮華經卷三　（27–23）

所將人衆中路懈退白道師言我等疲極而復
怖畏不能復進前路猶遠今欲退還導師多諸
方便而作是念此等可愍云何捨大珎寶而欲退
還作是念已以方便力於險道中過三百由旬化
作一城告衆人言汝等勿怖莫得退還今此大城可
於中止隨意所作若入是城快得安隱若能前至
寶所亦可得去是時疲極之衆心大歡喜歎未
曽有我等今者免斯惡道快得安隱於是衆人
前入化城生已度想生安隱想尒時導師知此人衆
既得止息无復疲惓即滅化城語衆人言汝等
去來寶處在近向者大城我所化作為止息耳
諸比丘如來亦復如是今為汝等作大道師
知諸生死煩惱惡道險難長遠應去應度若
衆生但聞一佛乘者則不欲見佛不欲親近
便作是念佛道長遠久受勤苦乃可得成
佛知是心怯弱下劣以方便力而於中道為止
息故說二涅槃若衆生住於二地如來尒時即
便為說汝等所作未辨汝所住地近於佛慧當
觀察籌量所得涅槃非真實也但是如來方
便之力於一佛乘分別說三如彼導師為止息
故化作大城既知息已而告之言寶處在近此
城非實我化作耳尒時世尊欲重宣此義而說偈言
大通智勝佛　十劫坐道場　佛法不現前　不得成佛道
諸天神龍王　阿脩羅衆等　常雨於天華　以供養彼佛
諸天擊天鼓　并作衆伎樂　香風吹萎華　更雨新好者
過十小劫已　乃得成佛道　諸天及世人　心皆懷踊躍

BD03681號　妙法蓮華經卷三　（27–24）

城非實我化作耳尒時世尊欲重宣此義而說偈言
大通智勝佛　十劫坐道場　佛法不現前　不得成佛道
諸天神龍王　阿脩羅衆等　常雨於天華　以供養彼佛
諸天擊天鼓　并作衆伎樂　香風吹萎華　更雨新好者
過十小劫已　乃得成佛道　諸天及世人　心皆懷踊躍
彼佛十六子　皆與其眷屬　千萬億圍遶　俱行至佛所
頭面礼佛足　而請轉法輪　聖師子法雨　充我及一切
世尊甚難值　久遠時一遇　為覺悟群生　震動於一切
東方諸世界　五百万億國　梵宮殿光曜　昔所未曾有
諸梵見此相　尋來至佛所　散華以供養　并奉上宮殿
請佛轉法輪　以偈而讚歎　佛知時未至　受請默然坐
三方及四維　上下亦復尒　散華奉宮殿　請佛轉法輪
世尊甚難值　願以大慈悲　廣開甘露門　轉无上法輪
无量慧世尊　受彼衆人請　為宣種種法　四諦十二緣
无明至老死　皆從生緣有　如是衆過患　汝等應當知
宣暢是法時　六百万億姟　得盡諸苦際　皆成阿羅漢
第二說法時　千万恒沙衆　於諸法不受　亦得阿羅漢
從是後得道　其數无有量　万億劫筭數　不能得其邊
時十六王子　出家作沙弥　皆共請彼佛　演說大乘法
我等及營從　皆當成佛道　願得如世尊　慧眼第一淨
佛知童子心　宿世之所行　以无量因緣　種種諸譬喻
說六波羅蜜　及諸神通事　分別真實法　菩薩所行道
說是法華經　如恒河沙偈　彼佛說經已　靜室入禪定
一心一處坐　八万四千劫　是諸沙弥等　知佛禪未出
為无量億衆　說佛无上慧　各各坐法座　說是大乘經

BD03681 號　妙法蓮華經卷三　（27–25）

說是法華經　如恒河沙偈　彼佛說經已　靜室入禪定
一心一處坐　八万四千劫　是諸沙弥等　知佛禪未出
為无量億衆　說佛无上慧　各各坐法座　說是大乘經
於佛宴寂後　宣揚助法化　一一沙弥等　所度諸衆生
有六百万億　恒河沙等衆　彼佛滅度後　是諸聞法者
在在諸佛土　常與師俱生　是十六沙弥　具足行佛道
今現在十方　各得成正覺　尒時聞法者　各在諸佛所
其有住聲聞　漸教以佛道　我在十六數　曾亦為汝說
是故以方便　引汝趣佛慧　以是本因緣　今說法華經
令汝入佛道　慎勿懷驚懼　譬如險惡道　迥絕多毒獸
又復无水草　人所怖畏處　无數千万衆　欲過此險道
其路甚曠遠　經五百由旬　時有一導師　強識有智慧
明了心決定　在險濟衆難　衆人皆疲惓　而白導師言
我等今頓乏　於此欲退還　導師作是念　此輩甚可愍
如何欲退還　而失大珍寶　尋時思方便　當設神通力
化作大城郭　莊嚴諸舍宅　周帀有園林　渠流及浴池
重門高樓閣　男女皆充滿　即作是化已　慰衆言勿懼
汝等入此城　各可隨所樂　諸人既入城　心皆大歡喜
皆生安隱想　自謂已得度　導師知息已　集衆而告言
汝等當前進　此是化城耳　我見汝疲極　中路欲退還
故以方便力　權化作此城　汝今勤精進　當共至寶所
我亦復如是　為一切導師　見諸求道者　中路而懈廢
不能度生死　煩惱諸險道　故以方便力　為息說涅槃
言汝等苦滅　所作皆已辦　既知到涅槃　皆得阿羅漢
尒乃集大衆　為說真實法　諸佛方便力　分別說三乘

BD03681 號　妙法蓮華經卷三　（27–26）

皆生安隱想　自謂已得度　導師知息已　集眾而告言
汝等當前進　此是化城耳　我見汝疲極　中路欲退還
故以方便力　權化作此城　汝今勤精進　當共至寶所
我亦復如是　為一切導師　見諸求道者　中路而懈廢
不能度生死　煩惱諸險道　故以方便力　為息說涅槃
言汝等苦滅　所作皆已辦　既知到涅槃　皆得阿羅漢
爾乃集大眾　為說真實法　諸佛方便力　分別說三乘
唯有一佛乘　息處故說二　今為汝說實　汝所得非滅
為佛一切智　當發大精進　汝證一切智　十力等佛法
具三十二相　乃是真實滅　諸佛之導師　為息說涅槃
既知是息已　引入於佛慧

妙法蓮華經卷第三

BD03681 號　妙法蓮華經卷三　（27–27）

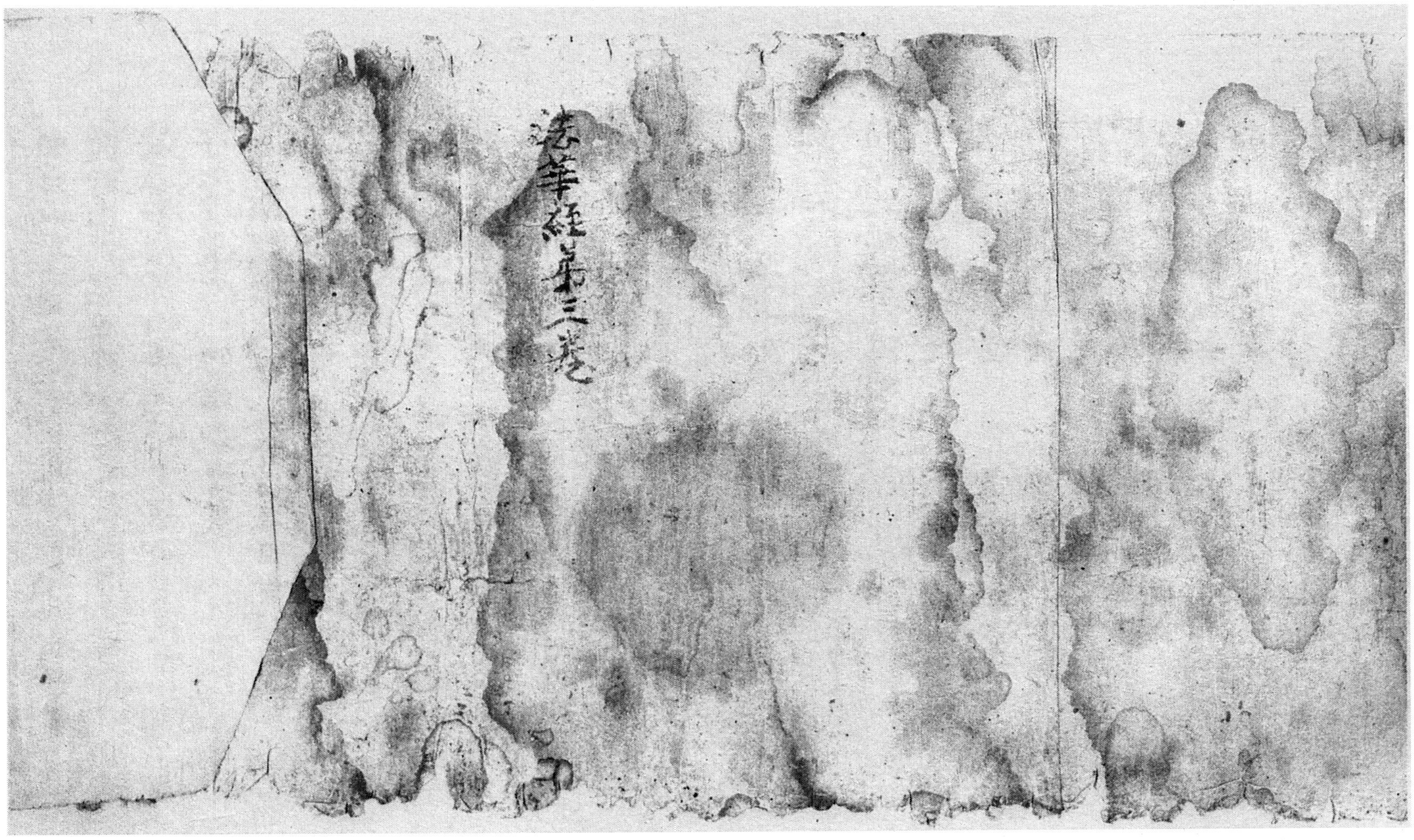

法華經第三卷

BD03681 號背　勘記　（1–1）

義[illegible]菩薩[illegible]　炬菩
薩寶見菩薩帝網菩薩明網菩薩
薩慧積菩薩寶勝菩薩天王菩薩壞　薩
電得菩薩自在王菩薩功德相嚴菩薩師子吼
菩薩雷音菩薩山相擊音菩薩香象菩薩
白香象菩薩常精進菩薩不休息菩薩妙生
菩薩華嚴菩薩觀世音菩薩得大勢菩薩
網菩薩寶杖菩薩无勝菩薩嚴土菩薩金髻
菩薩珠髻菩薩弥勒菩薩文殊師利法王子
菩薩如是等三万二千人
復有万梵天王尸棄等從餘四天下來詣佛所
而聽法復有万二千天帝亦從餘四天下來在
會坐并餘大威力諸天龍神夜叉乾闥婆阿
脩羅迦樓羅緊那羅摩睺羅伽等悉來會
坐諸比丘比丘尼優婆塞優婆夷俱來會坐
彼時佛與无量百千之衆恭敬圍遶而為
說法譬如須弥山王顯于大海安處衆寶師
子之坐蔽於一切諸來大衆

BD03682 號　維摩詰所說經卷上　（10–1）

坐諸比丘比丘尼優婆塞優婆夷俱來會坐
彼時佛與无量百千之衆恭敬圍遶而為
說法譬如須弥山王顯于大海安處衆寶師
子之坐蔽於一切諸來大衆
尒時毗耶離城有長者子名曰寶積與五百
長者子俱持七寶蓋來詣佛所頭面礼足各
以其蓋共供養佛佛之威神令諸寶蓋合成
一蓋遍覆三千大千世界而此世界廣長之
相悉於中現又此三千大千世界諸須弥山雪
山目真隣陁山摩訶目真隣陁山香山寶山
金山黑山鐵圍山大鐵圍山大海江河川流
泉源及日月星辰天宮龍宮諸尊神宮悉
現於寶蓋中又十方諸佛諸佛說法亦現於
寶蓋中尒時一切大衆覩佛神力嘆未曾有
合掌礼佛瞻仰尊顏目不暫捨長者子寶
積即於佛前以偈頌曰
目淨脩廣如青蓮　心淨已度諸禪定
久積淨業稱无量　導衆以寂故稽首
既見大聖以神變　普現十方无量土
其中諸佛演說法　於是一切悉見聞
法王法力超羣生　常以法財施一切
能善分別諸法相　於第一義而不動
已於諸法得自在　是故稽首此法王
說法不有亦不无　以因緣故諸法生
无我无造无受者　善惡之業亦不亡

BD03682 號　維摩詰所說經卷上　（10–2）

[illegible]
能善分別諸法相　於第一義而不動
已於諸法得自在　是故稽首此法王
說法不有亦不无　以因緣故諸法生
无我无造无受者　善惡之業亦不亡
始在佛樹力降魔　得甘露滅覺道成
已无心意无受行　而悉摧伏諸外道
三轉法輪於大千　其輪本來常清淨
天人得道此為證　三寶於是現世間
以斯妙法濟群生　一受不退常寂然
度老病死大醫王　當禮法海德无邊
毀譽不動如須彌　於善不善等以慈
心行平等如虛空　孰聞人寶不敬承
今奉世尊此微蓋　於中現我三千界
諸天龍神所居宮　乾闥婆等及夜叉
悉見世間諸所有　十力哀現是變化
眾覩希有皆歎佛　今我稽首三界尊
大聖法王眾所歸　淨心觀佛靡不欣
各見世尊在其前　斯則神力不共法
佛以一音演說法　眾生隨類各得解
皆謂世尊同其語　斯則神力不共法
佛以一音演說法　眾生各各隨所解
普得受行獲其利　斯則神力不共法
佛以一音演說法　或有恐畏或歡喜
或生厭離或斷疑　斯則神力不共法
稽首十力大精進　稽首已得无所畏

BD03682 號　維摩詰所說經卷上　（10–3）

普得受行獲其利　斯則神力不共法
佛以一音演說法　或有恐畏或歡喜
或生厭離或斷疑　斯則神力不共法
稽首十力大精進　稽首已得无所畏
稽首住於不共法　稽首一切大導師
稽首能斷眾結縛　稽首已到於彼岸
稽首能度諸世間　稽首永離生死道
悉知眾生來去相　善於諸法得解脫
不著世間如蓮華　常善入於空寂行
達諸法相无罣閡　稽首如空无所依
尒時長者子寶積說此偈已白佛言世尊是
五百長者子皆已發阿耨多羅三藐三菩提
心願聞得佛國土清淨唯願世尊說諸菩薩
淨土之行佛言善哉寶積乃能為諸菩薩問
於如來淨土之行諦聽諦聽善思念之當為
汝說於是寶積及五百長者子受教而聽佛
言寶積眾生之類是菩薩佛土所以者何菩
薩隨所化眾生而取佛土隨所調伏眾生而
取佛土隨諸眾生應以何國入佛智慧而取
佛土隨諸眾生應以何國起菩薩根而取佛
土所以者何菩薩取於淨國皆為饒益諸眾
生故譬如有人欲於空地造立宮室隨意无
㝵若於虛空終不能成菩薩如是為成就眾
生故願取佛國願取佛國者非於空也寶積
當知直心是菩薩淨土菩薩成佛時不諂眾
生來生其國深心是菩薩淨土菩薩成佛時

BD03682 號　維摩詰所說經卷上　（10–4）

[illegible]
生故願取佛國願取佛國者非於空也寶積
當知直心是菩薩淨土菩薩成佛時不諂衆
生來生其國深心是菩薩淨土菩薩成佛時
具足功德衆生來生其國大乘心是菩薩淨
土菩薩成佛時大乘衆生來生其國布施是
菩薩淨土菩薩成佛時一切能捨衆生來生
其國持戒是菩薩淨土菩薩成佛時行十善
道滿願衆生來生其國忍辱是菩薩淨土菩
薩成佛時三十二相莊嚴衆生來生其國精
進是菩薩淨土菩薩成佛時勤脩一切功德衆
生來生其國禪定是菩薩淨土菩薩成佛時
攝心不亂衆生來生其國智慧是菩薩淨土
菩薩成佛時正定衆生來生其國四无量心
是菩薩淨土菩薩成佛時成就慈悲喜捨衆
生來生其國四攝法是菩薩淨土菩薩成佛
時解脫所攝衆生來生其國方便是菩薩淨
土菩薩成佛時於一切法方便无导衆生來
生其國三十七道品是菩薩淨土菩薩成佛
時念處正勤神足根力覺道衆生來生其國
迴向心是菩薩淨土菩薩成佛時得一切具足
功德國土說除八難是菩薩淨土菩薩成佛
時國土无有三惡八難自守戒行不譏彼闕
是菩薩淨土菩薩成佛時國土无有犯禁之
名十善是菩薩淨土菩薩成佛時命不中夭
大富梵行所言誠諦常以軟語眷屬不離善

BD03682號　維摩詰所說經卷上　（10–5）

功德國土說除八難是菩薩淨土菩薩成佛
時國土无有三惡八難自守戒行不譏彼闕
是菩薩淨土菩薩成佛時國土无有犯禁之
名十善是菩薩淨土菩薩成佛時命不中夭
大富梵行所言誠諦常以軟語眷屬不離善
和諍訟言必饒益不嫉不恚正見衆生來生
其國如是寶積菩薩隨其直心則能發行隨
其發行則得深心隨其深心則意調伏隨意
調伏則如說行隨如說行則能迴向隨其迴
向則有方便隨其方便則成就衆生隨成就
衆生則佛土淨隨佛土淨則說法淨隨說法
淨則智慧淨隨智慧淨則其心淨隨其心淨
則一切功德淨是故寶積若菩薩欲得淨土
當淨其心隨其心淨則佛土淨
尒時舍利弗承佛威神作是念若菩薩心淨
則佛土淨者我世尊本為菩薩時意豈不淨
而是佛土不淨若此佛知其念即告之言於
意云何日月豈不淨耶而盲者不見對曰不
也世尊是盲者過非日月咎舍利弗衆生罪
故不見如來佛國嚴淨非如來咎舍利弗我
此土淨而汝不見尒時螺髻梵王語舍利弗
勿作是意謂此佛土以為不淨所以者何我
見釋迦牟尼佛土清淨譬如自在天宮舍利
弗言我見此土丘陵坑坎荊蕀沙礫土石諸
山穢惡充滿螺髻梵王言仁者心有高下不依
佛慧故見此土為不淨耳舍利弗菩薩於一

BD03682號　維摩詰所說經卷上　（10–6）

勿作是意謂此佛土以為不淨所以者何我
見釋迦牟尼佛土清淨譬如自在天宮舍利
弗言我見此土丘陵坑坎荊棘沙礫土石諸
山穢惡充滿螺髻梵言仁者心有高下不依
佛慧故見此土為不淨耳舍利弗菩薩於一
切衆生悉皆平等深心清淨依佛智慧則能
見此佛土清淨於是佛以足指按地即時
三千大千世界若干百千珍寶嚴飾譬如寶
莊嚴佛无量功德寶莊嚴土一切大衆歎未
曾有而皆自見坐寶蓮華佛告舍利弗汝
且觀是佛土嚴淨舍利弗言唯然世尊本所
不見本所不聞今佛國土嚴淨悉現佛語舍利
弗我佛國土常淨若此為欲度斯下劣人故
示是衆惡不淨土耳譬如諸天共寶器食隨
其福德飯色有異如是舍利弗若人心淨
見此土功德莊嚴當佛現此國土嚴淨之時
寶積所將五百長者子皆得无生法忍八万
四千人發阿耨多羅三藐三菩提心佛攝神
足於是世界還復如故求聲聞乘三万二千
天及人知有為法皆悉无常遠塵離垢得法眼
淨八千比丘不受諸法漏盡意解

維摩詰方便品第二

尒時毗耶離大城中有長者名維摩詰已曾
供養无量諸佛深殖善本得无生忍辯才无
閡遊戲神通逮諸揔持獲无所畏降魔勞怨
入深法門善於智度通達方便大願成就明

BD03682號　維摩詰所說經卷上　（10–7）

供養无量諸佛深殖善本得无生忍辯才无
閡遊戲神通逮諸揔持獲无所畏降魔勞怨
入深法門善於智度通達方便大願成就明
了衆生心之所趣又能分別諸根利鈍久於佛
道心已純淑決定大乘諸有所作能善思
量住佛威儀心大如海諸佛咨嗟弟子釋梵
世主所敬欲度人故以善方便居毗耶離資
財无量攝諸貧民奉戒清淨攝諸毀禁以忍
調行攝諸恚怒以大精進攝諸懈怠一心禪
寂攝諸亂意以決定慧攝諸无智雖為白衣
奉持沙門清淨律行雖處居家不著三界
示有妻子常修梵行現有眷屬常樂遠離
雖服寶飾而以相好嚴身雖復飲食而以禪悅
為味若至博弈戲處輒以度人受諸異道不
毀正信雖明世典常樂佛法一切見敬為供
養中最執持正法攝諸長幼一切治生諧偶
雖獲俗利不以喜悅遊諸四衢饒益衆生入
治政法救護一切入講論處導以大乘入諸
學堂誘開童蒙入諸婬舍示欲之過入諸酒
肆能立其志若在長者長者中尊為說勝
法若在居士居士中尊斷其貪著若在刹
利刹利中尊教以忍辱若在婆羅門婆羅門中
尊除其我慢若在大臣大臣中尊教以正法若
在王子王子中尊示以忠孝若在內官內官中
尊化正宮女若在庶民庶民中尊令興福力
若在梵天梵天中尊誨以勝慧若在帝釋

BD03682號　維摩詰所說經卷上　（10–8）

剎利中尊教以忍辱若在婆羅門婆羅門中
尊除其我慢若在大臣大臣中尊教以正法若
在王子王子中尊示以忠孝若在內官內官中
尊化正宮女若在庶民庶民中尊令興福力
若在梵天梵天中尊誨以勝慧若在帝釋
帝釋中尊示現无常若在護世護世中尊護諸
衆生長者維摩詰以如是等无量方便饒益
衆生其以方便現身有疾以其疾故國王大
臣長者居士婆羅門等及諸王子并餘官
屬无數千人皆往問疾其往者維摩詰因以
身疾廣爲說法諸仁者是身无常无彊无力
无堅速朽之法不可信也爲苦爲惱衆病所
集諸仁者如此身明智者所不怙是身如聚
沫不可撮摩是身如泡不得久立是身如炎
從渴愛生是身如芭蕉中无有堅是身如幻
從顛倒起是身如夢爲虛妄見是身如影從
業緣現是身如響屬諸因緣是身如浮雲須
臾變滅是身如電念念不住是身无主爲如
地是身无我爲如火是身无壽爲如風是身
无人爲如水是身不實四大爲家是身爲空
離我我所是身无知如草木瓦礫是身无作
風力所轉是身不淨穢惡充滿是身爲虛偽
雖假以澡浴衣食必歸磨滅是身爲災百一
病惱是身如丘井爲老所逼是身无定爲要
當死是身如毒虵如怨賊如空聚陰界諸入

BD03682號　維摩詰所說經卷上

（10–9）

離我我所是身无知如草木瓦礫是身无作
風力所轉是身不淨穢惡充滿是身爲虛偽
雖假以澡浴衣食必歸磨滅是身爲災百一
病惱是身如丘井爲老所逼是身无定爲要
當死是身如毒虵如怨賊如空聚陰界諸入
所共合成諸仁者此可患猒當樂佛身所以
者何佛身者即法身也從无量功德智慧生
從戒定慧解脫解脫知見生從慈悲喜捨生
從布施持戒忍辱柔和勤行精進禪定解脫
三昧多聞智慧諸波羅蜜生從方便生從六
通生從三明生從三十七道品生從止觀生
從十力四无所畏十八不共法生從斷一切不
善法集一切善法生從真實生從不放逸生
從如是无量清淨法生如來身諸仁者欲
得佛身斷一切衆生病者當發阿耨多羅三
藐三菩提心如是長者維摩詰爲諸問疾者
如應說法令无數千人皆發阿耨多羅三藐
三菩提心

維摩詰弟子品第三

尒時長者維摩詰自念寢疾于床世尊大

BD03682號　維摩詰所說經卷上

（10–10）

慈寧不垂愍佛知其意即告舍利弗汝行詣維
摩詰問疾舍利弗白佛言世尊我不堪任詣
彼問疾所以者何憶念我昔曾於林中宴坐
樹下時維摩詰來謂我言唯舍利弗不必是
坐為宴坐也夫宴坐者不於三界現身意是
為宴坐不起滅定而現諸威儀是為宴坐不
捨道法而現凡夫事是為宴坐心不住內亦
不在外是為宴坐於諸見不動而脩行三十
七品是為宴坐不斷煩惱而入涅槃是為宴
坐若能如是坐者佛所印可時我世尊聞是
語默然而止不能加報故我不任詣彼問疾
佛告大目揵連汝行詣維摩詰問疾目連白
佛言世尊我不堪任詣彼問疾所以者何憶
念我昔入毗耶離大城於里巷中為諸居士
說法時維摩詰來謂我言唯大目連為白衣
居士說法不當如仁者所說夫說法者當如
法說法无衆生離衆生垢故法无有我離我垢
故法无壽命離生死故法无有人前後際斷
故法常寂然滅諸相故法離於相无所緣故

BD03683號　維摩詰所說經卷上　（18–1）

說法時維摩詰來謂我言唯大目連為白衣
居士說法不當如仁者所說夫說法者當如
法說法无衆生離衆生垢故法无有我離我垢
故法无壽命離生死故法无有人前後際斷
故法常寂然滅諸相故法離於相无所緣故
法无名字言語斷故法无有說離覺觀故法
无形相如虛空故法无戲論畢竟空故法无
我所離我所故法无分別離諸識故法无有
比无相待故法不屬因不在緣故法同法性
入諸法故法隨於如无所隨故法住實際諸
邊不動故法无動搖不依六塵故法无去來
常不住故法順空隨无相應无作法離好醜
法无增損法无生滅法无所歸法過眼耳鼻
舌身心法无高下法常住不動法離一切觀
行唯大目連法相如是豈可說乎夫說法者
无說无示其聽法者无聞无得譬如幻士為
幻人說法當建是意而為說法當了衆生
根有利鈍善於知見无所罣㝵以大悲心讚
于大乘念報佛恩不斷三寶然後說法維摩
詰說是法時八百居士發阿耨多羅三藐三
菩提心我无此辯是故不任詣彼問疾
佛告大迦葉汝行詣維摩詰問疾迦葉白佛
言世尊我不堪任詣彼問疾所以者何憶念
我昔於貧里而行乞食時維摩詰來謂我言
唯大迦葉有慈悲心而不能普捨豪富從貧乞

BD03683號　維摩詰所說經卷上　（18–2）

佛告大迦葉汝行詣維摩詰問疾迦葉白佛
言世尊我不堪任詣彼問疾所以者何憶念
我昔於貧里而行乞食時維摩詰來謂我言
唯大迦葉有慈悲心而不能普捨豪富從貧乞
迦葉住平等法應次行乞食為不食故應行乞
食為壞和合相故應取揣食為不受故應受
彼食以空聚想入於聚落所見色與盲等所
聞聲與響等所嗅香與風等所食味不分別
受諸觸如智證知諸法如幻相无自性无他
性本自不然今則无滅迦葉若能不捨八邪入
八解脫以邪相入正法以一食施一切供養
諸佛及衆賢聖然後可食如是食者非有
煩惱非離煩惱非入定意非起定意非住
世間非住涅槃其有施者无大福无小福不
為益不為損是為正入佛道不依聲聞迦葉
若如是食為不空食人之施也時我世尊聞
說是語得未曾有即於一切菩薩深起敬心
復作是念斯有家名辯才智慧乃能如是其誰
不發阿耨多羅三藐三菩提心我從是來不
復勸人以聲聞辟支佛行是故不任詣彼
問疾
佛告須菩提汝行詣維摩詰問疾須菩提白
佛言世尊我不堪任詣彼問疾所以者何憶
念我昔入其舍從乞食時維摩詰取我鉢
盛滿飯謂我言唯須菩提若能於食等者諸
法亦等諸法等者於食亦等如是行乞乃可取

BD03683號　維摩詰所說經卷上

（18–3）

佛告須菩提汝行詣維摩詰問疾須菩提白
佛言世尊我不堪任詣彼問疾所以者何憶
念我昔入其舍從乞食時維摩詰取我鉢
盛滿飯謂我言唯須菩提若能於食等者諸
法亦等諸法等者於食亦等如是行乞乃可取
食若須菩提不斷婬怒癡亦不與俱不壞於
身而隨一相不滅癡愛起於明脫以五逆相
而得解脫亦不解不縛不見四諦非不見諦非
得果非不得果非凡夫非離凡夫法非聖人非
不聖人雖成就一切法而離諸法相乃可取食若
須菩提不見佛不聞法彼外道六師富蘭那
迦葉末伽梨拘賒梨子刪闍夜毗羅胝子阿
耆多翅舍欽婆羅迦羅鳩馱迦旃延尼揵陀
若提子等是汝之師因其出家彼師所墮汝
亦隨墮乃可取食若須菩提入諸邪見不到
彼岸住於八難不得无難同於煩惱離清淨
法汝得无諍三昧一切衆生亦得是定其施
汝者不名福田供養汝者墮三惡道為與衆
魔共一手作諸勞侶汝與衆魔及諸塵勞等
无有異於一切衆生而有怨心謗諸佛毀於
法不入衆數終不得滅度汝若如是乃可取
食時我世尊聞此茫然不識是何言不知以
何答便置鉢欲出其舍維摩詰言唯須菩
提取鉢勿懼於意云何如來所作化人若以是
事詰寧有懼不我言不也維摩詰言一切諸
法如幻化相汝今不應有所懼也所以者何一切

BD03683號　維摩詰所說經卷上

（18–4）

法不入衆數終不得滅度汝若如是乃可取
食時我世尊聞此惘然不識是何言不知以
何荅便置鉢欲出其舍維摩詰言唯須菩
提取鉢勿懼於意云何如來所作化人若以是
事詰寧有懼不我言不也維摩詰言一切諸
法如幻化相汝今不應有所懼也所以者何一切
言說不離是相至於智者不著文字故无所
懼何以故文字性離无有文字是則解脫解
脫相者則諸法也維摩詰說是法時二百天
子得法眼淨故我不任詣彼問疾
佛告富樓那彌多羅尼子汝行詣維摩詰問
疾富樓那白佛言世尊我不堪任詣彼問疾
所以者何憶念我昔於大林中在一樹下為
諸新學比丘說法時維摩詰來謂我言唯富
樓那先當入定觀此人心然後說法无以穢食
置於寶器當知是比丘心之所念无以琉璃
同彼水精汝不能知衆生根原无得發起以
小乘法彼自无創勿傷之也欲行大道莫
示小徑无以大海內於牛跡无以日光等彼
螢火富樓那此比丘久發大乘心中忘此意
如何以小乘法而教導之我觀小乘智慧微
淺猶如盲人不能分別一切衆生根之利鈍
時維摩詰即入三昧令此比丘自識宿命曾
於五百佛所殖衆德本迴向阿耨多羅三藐
三菩提即時豁然還得本心於是諸比丘稽
首礼維摩詰足時維摩詰因為說法於阿

BD03683號　維摩詰所說經卷上　（18–5）

時維摩詰即入三昧令此比丘自識宿命曾
於五百佛所殖衆德本迴向阿耨多羅三藐
三菩提即時豁然還得本心於是諸比丘稽
首礼維摩詰足時維摩詰因為說法於阿
耨多羅三藐三菩提不復退轉我念聲聞不
觀人根不應說法是故不任詣彼問疾
佛告摩訶迦旃延汝行詣維摩詰問疾迦旃
延白佛言世尊我不堪任詣彼問疾所以者
何憶念昔者佛為諸比丘略說法要我即於
後敷演其義謂无常義苦義空義无我義寂
滅義時維摩詰來謂我言唯迦旃延无以生
滅心行說實相法迦旃延諸法畢竟不生不
滅是无常義五受陰洞達空无所起是苦義
諸法究竟无所有是空義於我无我而不二
是无我義法本不然今則无滅是寂滅義說
是法時彼諸比丘心得解脫故我不任詣彼
問疾
佛告阿那律汝行詣維摩詰問疾阿那律白
佛言世尊我不堪任詣彼問疾所以者何憶
念我昔於一處經行時有梵王名曰嚴淨與
万梵俱放淨光明來詣我所稽首作礼問我
言幾何阿那律天眼所見我即荅言仁者吾
見此釋迦牟尼佛土三千大千世界如觀掌
中菴摩勒菓時維摩詰來謂我言唯阿那律
天眼所見為作相耶无作相耶假使作相則與
外道五通等若无作相即是无為不應有見世

BD03683號　維摩詰所說經卷上　（18–6）

中菴摩勒菓時維摩詰來謂我言唯阿那律
天眼所見爲作相耶无作相耶假使作相則與
外道五通等若无作相即是无爲不應有見世
尊我時嘿然彼諸梵聞其言得未曾有即
爲作禮而問曰世孰有真天眼者維摩詰言
有佛世尊得真天眼常在三昧悉見諸佛國
不以二相於是嚴淨梵王及其眷屬五百梵
天皆發阿耨多羅三藐三菩提心禮維摩
詰足已忽然不現故我不任詣彼問疾
佛告優波離汝行詣維摩詰問疾優波離白
佛言世尊我不堪任詣彼問疾所以者何憶
念昔者有二比丘犯律行以爲恥不敢問佛
來問我言唯優波離我等犯律誠以爲恥不
敢問佛願解疑悔得免斯咎我即爲其如法
解說時維摩詰來謂我言唯優波離无重增
此二比丘罪當直除滅勿擾其心所以者何
彼罪性不在內不在外不在中間如佛所說心
垢故衆生垢心淨故衆生淨心亦不在內不
在外不在中間如其心然罪垢亦然諸法亦
然不出於如如優波離以心相得解脫時寧
有垢不我言不也維摩詰言一切衆生心相
无垢亦復如是唯優波離妄想是垢无妄想
是淨顛倒是垢无顛倒是淨取我是垢不取
我是淨優波離一切法生滅不住如幻如電
諸法不相待乃至一念不住諸法皆妄見如

BD03683 號　維摩詰所說經卷上

（18–7）

是淨顛倒是垢无顛倒是淨取我是垢不取
我是淨優波離一切法生滅不住如幻如電
諸法不相待乃至一念不住諸法皆妄見如
夢如炎如水中月如鏡中像以妄想生其知
此者是名奉律其知此者是名善解於是二
比丘言上智哉是優波離所不及持律之上
不能說我荅言自捨如來未有聲聞及菩薩
能制其樂說之辯其智慧明達爲若此也時
二比丘疑悔即除發阿耨多羅三藐三菩提
心作是願言令一切衆生皆得是辯故我不
任詣彼問疾
佛告羅睺羅汝行詣維摩詰問疾羅睺羅
白佛言世尊我不堪任詣彼問疾所以者何
憶念昔時毗耶離諸長者子來詣我所稽首
作禮問我言唯羅睺羅汝佛之子捨轉輪王
位出家爲道其出家者有何等利我即如法
爲說出家功德之利時維摩詰來謂我言唯
羅睺羅不應說出家功德之利所以者何无
利无功德是爲出家有爲法者可說有利有
功德夫出家者爲无爲法无爲法中无利无
功德唯羅睺羅夫出家者无彼无此亦无中間
離六十二見處於涅槃智者所受聖所行處降
伏衆魔度五道淨五眼得五力立五根不惱
於彼離衆雜惡摧諸外道超越假名出淤泥
无繫著无我所无所受无擾亂內懷喜護彼
意隨禪定離衆過若能如是真出家

BD03683 號　維摩詰所說經卷上

（18–8）

離六十二見處於涅槃智者所受聖所行處
伏衆魔度五道淨五眼得五力立五根不惱
於彼離衆雜惡摧諸外道超越假名出淤泥
无繫著无我所无所受无擾亂內懷喜護
意隨禪定離衆過若能如是是真出家
維摩詰語諸長者子汝等於正法中宜共出家
所以者何佛世難值諸長者子言居士我聞佛
言父母不聽不得出家維摩詰言然汝等
便發阿耨多羅三藐三菩提心即是出家是
即具足尒時三十二長者子皆發阿耨多
三藐三菩提心故我不任詣彼問疾
佛告阿難汝行詣維摩詰問疾阿難白佛言
世尊我不堪任詣彼問疾所以者何憶念昔
時世尊身小有疾當用牛乳我即持鉢詣大
婆羅門家門下立時維摩詰來謂我言唯阿
難何為晨朝持鉢住此我言居士世尊身
有疾當用牛乳故來至此維摩詰言止止
難莫作是語如來身者金剛之體諸惡已
衆善普會當有何疾當有何惱嘿往阿難勿
謗如來莫使異人聞此麁言无令大威德諸
天及他方淨土諸來菩薩得聞斯語阿難轉
輪聖王以少福故尚得无病豈況如來无量
福會普勝者哉行矣阿難勿使我等受斯
恥也外道梵志若聞此語當作是念何名為
師自疾不能救而能救諸疾人可密速去勿
使人聞當知阿難諸如來身即是法身非思

BD03683號　維摩詰所說經卷上　（18–9）

輪聖王以少福故尚得无病豈況如來无量
福會普勝者哉行矣阿難勿使我等受斯
恥也外道梵志若聞此語當作是念何名為
師自疾不能救而能救諸疾人可密速去勿
使人聞當知阿難諸如來身即是法身非思
欲身佛為世尊過於三界佛身无漏諸漏已
盡佛身无為不墮諸數如此之身當有何疾
時我世尊實懷慙愧得无近佛而謬聽耶即
聞空中聲曰阿難如居士言但為佛出五濁
惡世現行斯法度脫衆生行矣阿難取乳勿
慙世尊維摩詰智慧辯才為若此也是故不任
詣彼問疾如是五百大弟子各各向佛說其
本緣稱述維摩詰所言皆曰不任詣彼問疾
維摩詰菩薩品第四
於是佛告彌勒菩薩汝行詣維摩詰問疾
彌勒白佛言世尊我不堪任詣彼問疾所以
者何憶念我昔為兜率天王及其眷屬說不
退轉地之行時維摩詰來謂我言彌勒世尊
授仁者記一生當得阿耨多羅三藐三菩提
為用何生得受記乎過去耶未來耶現在耶若
過去生過去生已滅若未來生未來生未至
若現在生現在生无住如佛所說比丘汝今即
時亦生亦老亦滅若以无生得受記者无生
即是正位於正位中亦无受記亦无得阿耨
多羅三藐三菩提云何彌勒受一生記乎為
從如生得受記耶為從如滅得受記耶若以

BD03683號　維摩詰所說經卷上　（18–10）

即是正位於正位中亦无受記亦无得阿耨
多羅三藐三菩提云何弥勒受一生記乎為
從如生得受記耶為從如滅得受記耶若以
如生得受記者如无有生若以如滅得受記
者如无有滅一切衆生皆如也一切法亦如
也衆賢聖亦如也至於弥勒亦如也若弥勒
得受記者一切衆生亦應受記所以者何夫
如者不二不異若弥勒得阿耨多羅三藐三
菩提者一切衆生皆亦應得所以者何一
切衆生即菩提相若弥勒滅度者一切衆生
亦當滅度所以者何諸佛知一切衆生畢竟
寂滅即涅槃相不復更滅是故弥勒无以此
法誘諸天子實无發阿耨多羅三藐三菩提心
者亦无退者弥勒當令此諸天子捨於分
別菩提之見所以者何菩提者不可以身得
不可以心得寂滅是菩提滅諸相故不觀
是菩提離諸緣故不行是菩提无憶念故斷
是菩提捨諸見故離是菩提離諸妄想故鄣
是菩提鄣諸願故不入是菩提无貪著故順
是菩提順於如故住是菩提住法性故至是
菩提至實際故不二是菩提離意法故等是
菩提等虛空故无為是菩提无生住滅故智
是菩提了衆生心行故不會是菩提諸入不
會故不合是菩提離煩惱習故无處是菩提
无形色故假名是菩提名字空故如化是菩
提无取捨故无亂是菩提常自靜故善寂是

菩提等虛空故无為是菩提无生住滅故智
是菩提了衆生心行故不會是菩提諸入不
會故不合是菩提離煩惱習故无處是菩提
无形色故假名是菩提名字空故如化是菩
提无取捨故无亂是菩提常自靜故善寂是
菩提性清淨故无取是菩提離攀緣故无異
是菩提諸法等故无比是菩提无可喻故微
妙是菩提諸法難知故世尊維摩詰說是
法時二百天子得无生法忍故我不任詣彼
問疾
佛告光嚴童子汝行詣維摩詰問疾光嚴
白佛言世尊我不堪任詣彼問疾所以者何
憶念我昔出毗耶離大城時維摩詰方入城
我即為作礼而問言居士從何所來答我言
吾從道場來我問道場者何所是答曰直心
是道場无虛假故發行是道場能辦事故深
心是道場增益功德故菩提心是道場无錯
謬故布施是道場不望報故持戒是道場
得願具故忍辱是道場於諸衆生心无㝵
故精進是道場不懈退故禪定是道場心
調柔故智慧是道場現見諸法故慈是道
場等衆生故悲是道場忍疲苦故喜是道場
悅樂法故捨是道場憎愛斷故神通是道場成
就六通故解脫是道場能背捨故方便是道
場教化衆生故四攝是道場攝衆生故多聞
是道場如聞行故伏心是道場正觀諸法故三

場等衆生故悲是道場忍疲苦故喜是道場
悅樂法故捨是道場增愛斷故神通是道場成
就六通故解脫是道場能背捨故方便是道
場教化衆生故四攝是道場攝衆生故多聞
是道場如聞行故伏心是道場正觀諸法故三
十七品是道場捨有為法故諦是道場不誑世
間故緣起是道場无明乃至老死皆无盡故諸煩
惱是道場知如實故衆生是道場知无我故
一切法是道場知諸法空故降魔是道場不
傾動故三界是道場无所趣故師子吼是道
場无所畏故力无畏不共法是道場无諸過故
三明是道場无餘㝵故一念知一切法是道場
成就一切智故如是善男子菩薩若應諸
波羅蜜教化衆生諸有所作舉足下足當知
皆從道場來住於佛法矣說是法時五百天
人皆發阿耨多羅三藐三菩提心故我不任
詣彼問疾
佛告持世菩薩汝行詣維摩詰問疾持世白
佛言世尊我不堪任詣彼問疾所以者何憶
念我昔住於靜室時魔波旬從万二千天女
狀如帝釋鼓樂絃歌來詣我所與其眷屬稽
首我足合掌恭敬於一面立我意謂是帝釋
而語之言善來憍尸迦雖福應有不當自恣當
觀五欲无常以求善本於身命財而脩堅法
即語我言正士受是万二千天女可備掃灑我
言憍尸迦无以此非法之物要我沙門釋子此

BD03683號 維摩詰所說經卷上 （18-13）

觀五欲无常以求善本於身命財而脩堅法
即語我言正士受是万二千天女可備掃灑我
言憍尸迦无以此非法之物要我沙門釋子此
非我宜所言未訖時維摩詰來謂我言非
帝釋也是為魔來嬈固汝耳即語魔言是
諸女等可以與我如我應受魔即驚懼念
維摩詰將无惱我欲隱形去而不能隱盡其
神力亦不得去即聞空中聲曰波旬以女與
之乃可得去魔以畏故俛仰而與尒時維摩
詰語諸女言魔以汝等與我今汝皆當發阿
耨多羅三藐三菩提心即隨所應而為說法
令發道意復言汝等以發道意有法樂可以
自娛不應復樂五欲樂也天女即問何謂法
樂答言樂常信佛樂欲聽法樂供養衆樂
離五欲樂觀五陰如怨賊樂觀四大如毒蛇樂
觀內入如空聚樂隨護道意樂饒益衆生樂
敬養師樂廣行施樂堅持戒樂忍辱柔和
樂勤集善根樂禪定不亂樂離垢明慧樂廣
菩提心樂降伏衆魔樂斷諸煩惱樂淨佛國土
樂成就相好故脩諸功德樂莊嚴道場樂聞
深法不畏樂三脫門不樂非時樂近同學樂
於非同學中心无恚㝵樂將護惡知識樂近
善知識樂心喜清淨樂脩无量道品之法是
為菩薩法樂於是波旬告諸女言我欲與汝
俱還天宮諸女言以我等與此居士有法樂

BD03683號 維摩詰所說經卷上 （18-14）

於非同學中心无恚㝵樂將護惡知識樂近
善知識樂心喜清淨樂脩无量道品之法是
爲菩薩法樂於是波旬告諸女言我欲與汝
俱還天宮諸女言以我等與此居士有法樂
我等甚樂不復樂五欲樂也魔言居士可捨
此女一切有施於彼者是爲菩薩維摩詰言
我以捨矣汝便將去令一切衆生得法願具足
於是諸女問維摩詰我等云何止於魔宮維
摩詰言諸姊有法門名无盡燈汝等當學无
盡燈者譬如一燈燃百千燈冥者皆明明終
不盡如是諸姊夫一菩薩開導百千衆生令
發阿耨多羅三藐三菩提心於其道意亦不
滅盡隨所說法而自增益一切善法是名无
盡燈也汝等雖住魔宮以是无盡燈令无數
天子天女發阿耨多羅三藐三菩提心者爲
報佛恩亦大饒益一切衆生爾時天女頭面
礼維摩詰足隨魔還宮忽然不現世尊維摩
詰有如是自在神力智慧辯才故我不任詣
彼問疾
佛告長者子善德汝行詣維摩詰問疾
白佛言世尊我不堪任詣彼問疾所以者何憶
念我昔自於父舍設大施會供養一切沙門
婆羅門及諸外道貧窮下賤孤獨乞人期滿
七日時維摩詰來入會中謂我言長者子夫
大施會不當如汝所設當爲法施之會何用
是財施會爲我言居士何謂法施之會法施

BD03683 號　維摩詰所說經卷上

（18–15）

念我昔自於父舍設大施會供養一切沙門
婆羅門及諸外道貧窮下賤孤獨乞人期滿
七日時維摩詰來入會中謂我言長者子夫
大施會不當如汝所設當爲法施之會何用
是財施會爲我言居士何謂法施之會法施
會者无前无後一時供養一切衆生是名法
施之會曰何謂也謂以菩提起於慈心以救
衆生起大悲心以持正法起於喜心以攝智
慧行於捨心以攝慳貪起檀波羅蜜以化犯
戒起尸波羅蜜以无我法起羼提波羅蜜以
離身心相起毗梨耶波羅蜜以菩提相起禪
波羅蜜以一切智起般若波羅蜜教化衆生
而起於空不捨有爲法而起无相示現受生
而起无作護持正法起方便力以度衆生起
四攝法以敬事一切起除慢法於身命財起
三堅法於六念中起思念法於六和敬起質
直心正行善法起於淨命心淨歡喜起近賢
聖不憎惡人起調伏心以出家法起於深心
以如說行起於多聞以无諍法起空閑處趣
向佛慧起於宴坐解衆生縛起脩行地以具
相好及淨佛土起福德業知一切衆生心念
如應說法起於智業知一切法不取不捨入
一相門起於慧業斷一切煩惱一切鄣㝵一
切不善法起一切善業以得一切智慧一切
善法起於一切助佛道法如是善男子是爲
法施之會若菩薩住是法施會者爲大施主

BD03683 號　維摩詰所說經卷上

（18–16）

一相門起於慧業斷一切煩惱一切鄣㝵一
切不善法起一切善業以得一切智慧一切
善法起於一切助佛道法如是善男子是為
法施之會若菩薩住是法施會者為大施主
亦為一切世間福田世尊維摩詰說是法時
婆羅門衆中二百人皆發阿耨多羅三藐三菩提
心我時心得清淨歎未曾有稽首礼維摩詰
足即解瓔珞價直百千以上之不肯取我言
居士願必納受隨意所與維摩詰乃受瓔珞
分作二分持一分施此會中一最下乞人持一
分奉彼難勝如來一切衆會皆見光明國土難
勝如來又見珠瓔在彼佛上變成四柱寶臺
四面嚴飾不相障蔽時維摩詰現神變已作
是言若施主等心施一最下乞人猶如如來
福田之相无所分別等于大悲不求果報是
則名曰具足法施城中一最下乞人見是神
力聞其所說皆發阿耨多羅三藐三菩提心
故我不任詣彼問疾如是諸菩薩各各向佛
說其本緣稱述維摩詰所言皆曰不任詣彼
問疾

維摩詰經卷上

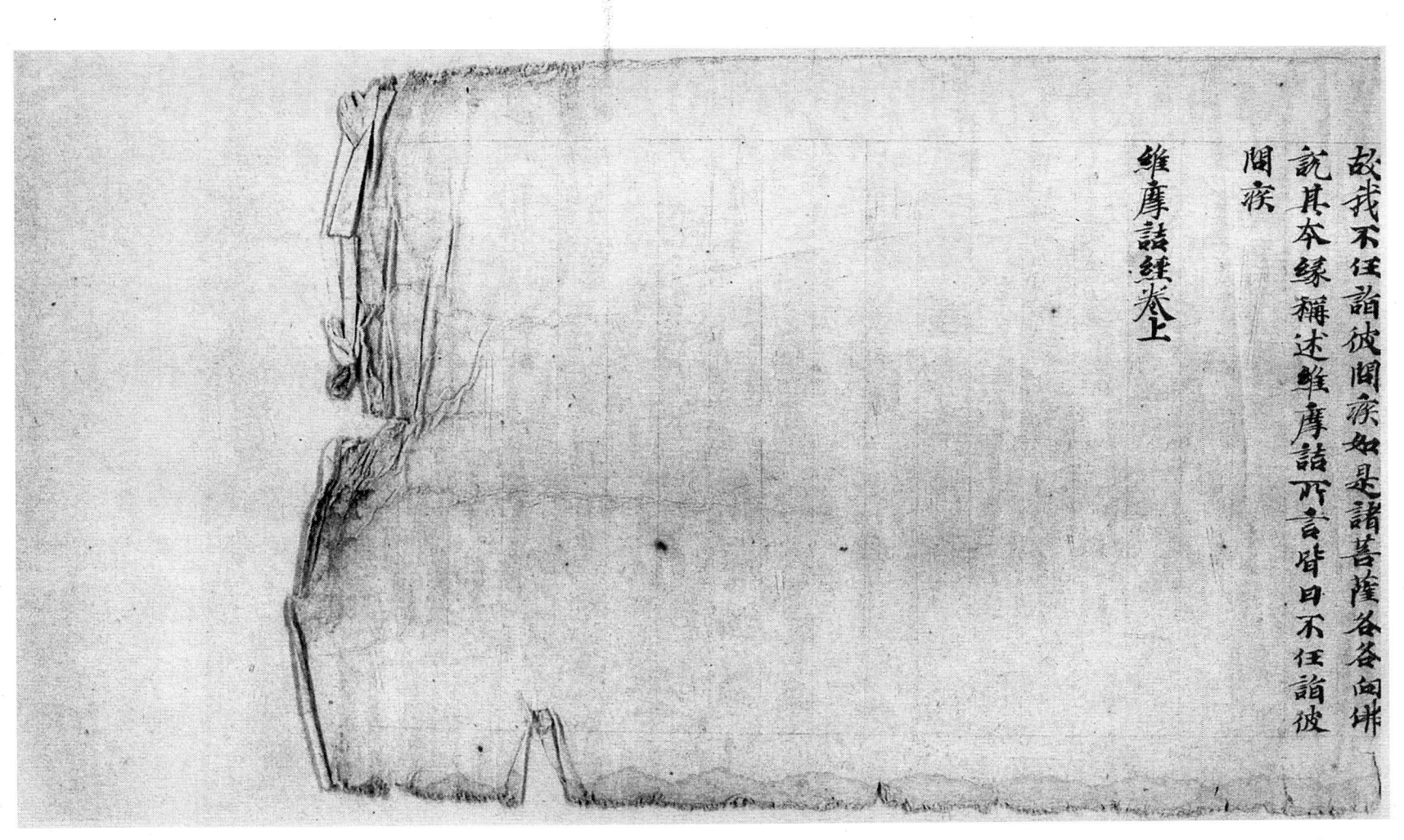

BD03683號　維摩詰所說經卷上　（18–17）

故我不任詣彼問疾如是諸菩薩各各向佛
說其本緣稱述維摩詰所言皆曰不任詣彼
問疾

維摩詰經卷上

BD03683號　維摩詰所說經卷上　（18–18）

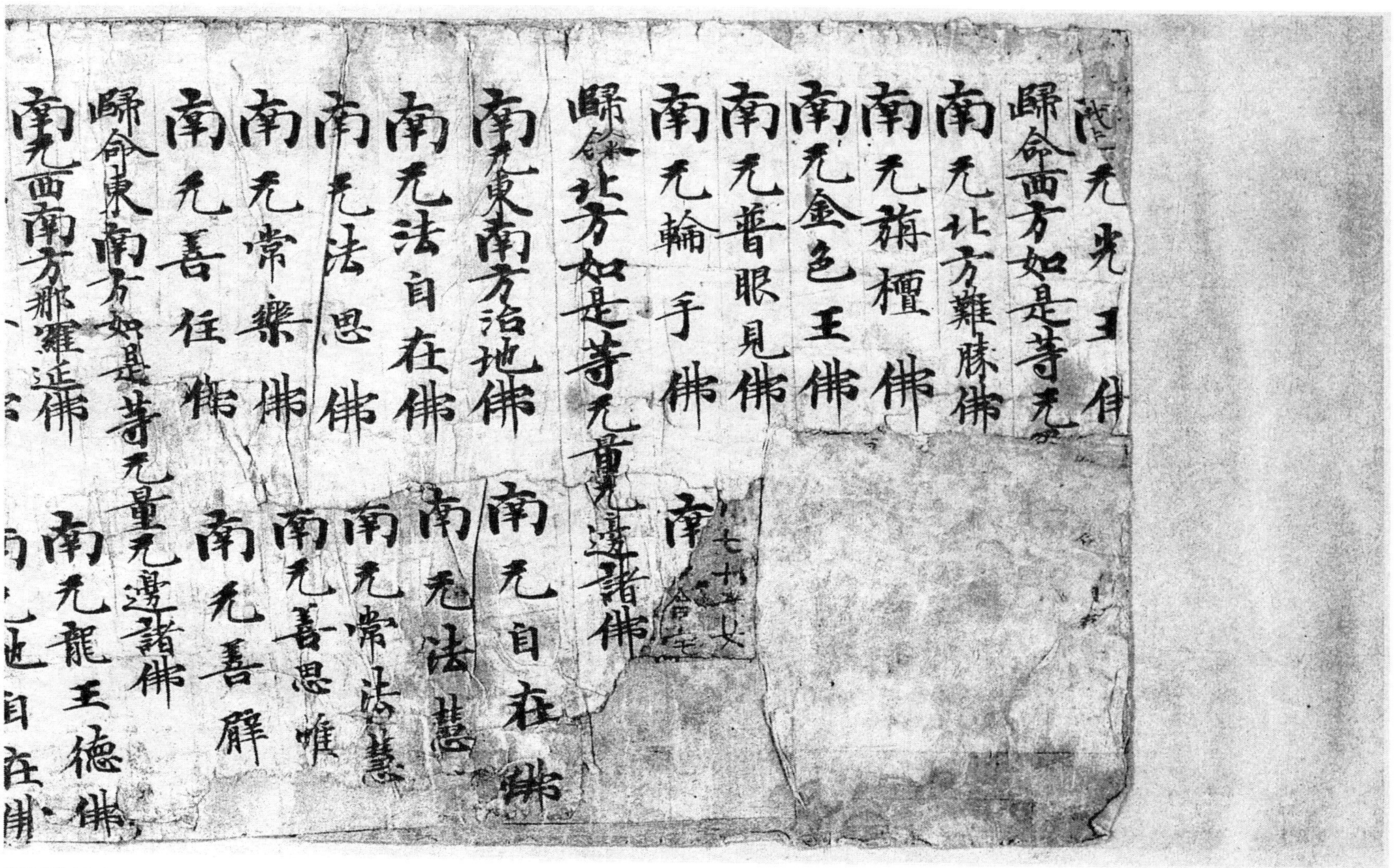

……无光王佛
歸命西方如是等无……
南无北方難勝佛
南无栴檀佛
南无金色王佛
南无普眼見佛
南无輪手佛　南……
歸命北方如是等无量无邊諸佛
南无東南方治地佛　南无自在佛
南无法自在佛　南无法慧佛
南无法思佛　南无常法慧佛
南无常樂佛　南无善思惟
南无善住佛　南无善辟
歸命東南方如是等无量无邊諸佛
南无西南方那羅延佛　南无龍王德佛
南……　南无……自在佛

BD03684號　佛名經（十六卷本）卷一　（46–1）

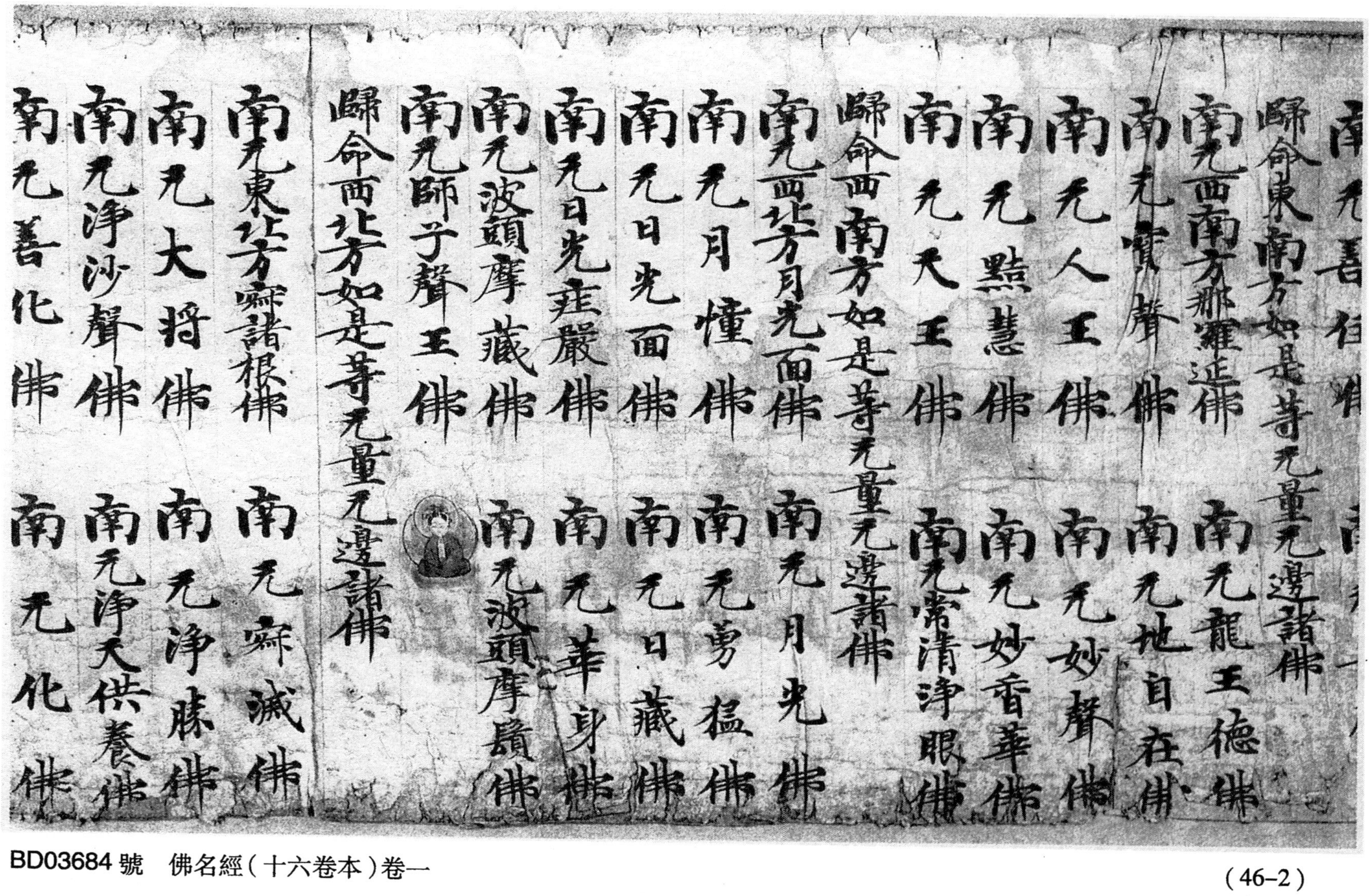

南无善住佛　南……
歸命東南方如是等无量无邊諸佛
南无西南方那羅延佛　南无龍王德佛
南无實聲佛　南无地自在佛
南无人王佛　南无妙聲佛
南无點慧佛　南无妙香華佛
南无天王佛　南无常清淨眼佛
歸命西南方如是等无量无邊諸佛
南无西北方月光面佛　南无月光佛
南无月幢佛　南无勇猛佛
南无日光面佛　南无日藏佛
南无日光莊嚴佛　南无華身佛
南无波頭摩藏佛　南无波頭摩勝佛
南无師子聲王佛
歸命西北方如是等无量无邊諸佛
南无東北方寂諸根佛　南无寂滅佛
南无大將佛　南无淨勝佛
南无淨沙聲佛　南无淨天供養佛
南无善化佛　南无化佛

BD03684號　佛名經（十六卷本）卷一　（46–2）

南无東北方寂諸根佛
南无寂滅佛
南无大將佛
南无淨勝佛
南无淨沙聲佛
南无淨天供養佛
南无善化佛
南无化佛
南无善意佛
南无善意住持佛
歸命東北方如是等无量无邊諸佛
南无下方實行佛
南无疾行佛
南无點慧佛
南无堅固王佛
南无金剛齊佛
南无師子佛
南无奮迅佛

從此以上一百佛
南无如實住佛
南无成功德佛
南无功德得佛
南无善安樂佛
歸命下方如是等无量无邊諸佛
南无上方无量勝佛
南无雲王佛
南无雲功德佛
南无无量稱名佛
南无聞身王佛
南无大功德佛
南无大須弥佛
南无降伏魔王佛

BD03684號　佛名經（十六卷本）卷一　（46–3）

南无聞身王佛
南无大功德佛
南无大須弥佛
南无降伏魔王佛
歸命上方如是等无量无邊佛
南无未來普賢佛
南无弥勒佛
南无觀世自在佛
南无得大勢王佛
南无虛空藏佛
南无无垢稱佛
南无成就義佛
南无實聲佛
南无大海佛
南无无盡意佛
歸命未來如是等无量无邊佛
善男子若人受持讀誦是諸佛名現世安隱
遠離諸難及消滅諸罪未來畢竟得阿耨多
羅三藐三菩提

南无无垢光佛
南无樂莊嚴思惟佛
南无无垢月憶稱佛
南无華光佛
南无大光佛
南无寶上佛
南无无畏觀佛
南无遠離諸畏驚怖佛
南无无師子奮迅力佛
南无金光明王佛
若善男子善女人十日讀誦思惟是佛名忍遠離

BD03684號　佛名經（十六卷本）卷一　（46–4）

南无无師子奮迅力佛　南无金光明王佛
若善男子善女人十日讀誦思惟是佛名不遠離
一切業障

南无一切同名佛　南无日龍奮迅二佛
南无一切同名日龍奮迅佛　南无六十功德寶佛
南无一切同名功德寶佛　南无六十二毗留羅佛
南无一切同名毗留羅佛　南无八万四千名自在幢佛
南无一切同名自在幢佛　南无三百大幢佛
南无一切同名大幢佛　南无五百淨聲王佛
南无一切同名淨聲王佛　南无五百波頭魔王佛
南无一切同名波頭摩王佛　南无五百日聲佛
南无一切同名日聲佛　南无五百樂自在聲佛
南无一切同日樂自在聲佛　南无五百日佛
南无一切同名日佛　南无五百普光佛
南无一切同名普光佛　南无五百波頭摩上王佛
南无一切同名波頭摩上王佛　南无七百法光莊嚴佛
南无一切同名法光莊嚴佛　南无千法莊嚴王佛
南无一切同名法莊嚴王佛　南无千八百稱聲王佛

BD03684號　佛名經（十六卷本）卷一　（46–5）

南无一切同名波頭摩上王佛　南无七百法光莊嚴佛
南无一切同名法光莊嚴佛　南无千法莊嚴王佛
南无一切同名法莊嚴王佛　南无千八百稱聲王佛
南无一切同名八百稱聲佛　南无三万散華佛
南无一切同名散華佛　南无三万三百稱聲王佛
南无一切同名稱聲王佛　南无八万四千阿難陀佛
南无一切同名阿難陀佛　南无千八百寂滅佛
南无一切同名寂滅佛　南无五百歡喜佛
南无一切同名歡喜佛　南无五百威德佛
南无一切同名威德佛　南无五百上威德佛
南无一切同名威德佛　南无五百日王佛
南无一切同名日王佛　南无千雲雷聲王佛
南无一切同名雲雷聲王佛　南无千日熾自在聲佛
南无一切同名日熾自在聲佛　南无千離垢聲自在王佛
南无一切同名離垢聲自在王佛
南无千勢自在聲佛　南无一切同名勢力自在聲佛
南无千功德蓋幢安隱自在王佛
南无一切同名功德蓋幢安隱自在王佛
南无千閻浮檀佛　南无一切同名閻浮檀佛

BD03684號　佛名經（十六卷本）卷一　（46–6）

南无一切同名功德盖幢安隱自在王佛
南无千閻浮檀佛　南无一切同名閻浮檀佛
南无千无垢聲自在王佛　南无一切同名无垢聲自在王佛
南无遠離諸怖聲自在王佛
南无一切同名遠離諸怖聲自在王佛
南无二千駒隣佛

從此以上二百佛
南无一切同名駒隣佛
南无二千寶幢佛　南无一切同名寶幢佛
南无八千堅精進佛　南无一切同名堅精進佛
南无八千威德佛　南无一切同名威德佛
南无八千然燈佛　南无一切同名然燈佛
南无十千迦葉佛　南无一切同名迦葉佛
南无十千清淨面蓮華香積佛
南无一切同名清淨面蓮華香積佛
南无十千莊嚴王佛　南无一切同名莊嚴王佛
南无十千星宿佛　南无一切同名星宿佛
南无八千娑羅王佛　南无一切同名娑羅王佛

南无十千莊嚴王佛　南无一切同名莊嚴王佛
南无十千星宿佛　南无一切同名星宿佛
南无八千娑羅王佛　南无一切同名娑羅王佛
南无一万八千娑羅自在王佛　南无一切同名娑羅自在王佛
南无一万八千普護佛　南无一切同名普護佛
南无四万顛莊嚴佛　南无一切同名顛莊嚴佛
南无三千毗盧舍那佛　南无一切同名毗盧舍那佛
南无三千毗盧舍那佛　南无一切同名毗盧舍那佛
南无三千放光佛　南无一切同名放光佛
南无三千釋迦牟尼佛　南无一切同名釋迦牟尼佛
南无三万日月太白佛　南无一切同名日月太白佛
南无六万波頭摩上王佛　南无一切同名波頭摩上王佛
南无六万能令衆生離諸見佛
南无一切同名能令衆生離諸見佛
南无六十百千万成就義見佛
南无一切同名成就義見佛

南无无量百千万名不可勝佛
南无一切同名不可勝佛
南无一[illegible]　南无一切同名[illegible]

南无无量百千万名不可勝佛
南无一切同名不可勝佛
南无二億拘隣佛　南无一切同名拘隣佛
南无三億弗沙佛　南无一切同名弗沙佛
南无六十億大莊嚴佛　南无一切同名大莊嚴佛
南无八十億實體法決定佛
南无一切同名實體法決定佛
南无六十七億娑羅自在王佛
南无一切同名娑羅自在王佛

南无十八億實體法決定佛
南无一切同名實體法決定佛
南无十八億日月燈明佛
南无一切同名日月燈明佛
南无百億決定光明佛
南无一切同名決定光明佛
南无一切同名決定光明佛

南无二十億日月燈明佛
南无一切同名日月燈明佛

BD03684號　佛名經（十六卷本）卷一　（46-9）

南无一切同名決定光明佛

南无二十億日月燈明佛
南无一切同名日月燈明佛
南无二十億妙聲王佛　南无一切同名妙聲王佛
南无三千百億雲自在王佛　南无一切同名雲自在王佛
南无三十億釋迦牟尼佛　南无一切同名釋迦牟尼佛
南无二十億千怖畏聲王佛　南无一切同名怖畏聲王佛
南无四十億那由他妙聲佛　南无一切同名妙聲佛
南无億千樂莊嚴佛　南无一切同名樂莊嚴佛
南无億那由他百千寶佛　南无一切同名寶華佛
南无六十頻婆羅遠離諸怖畏佛
南无一切同名遠離諸怖畏佛
南无須弥微塵數一切功德山王勝佛
南无一切同名功德山王勝名佛
南无十佛國土不可說億那由他微塵普賢佛
南无過去未來現在諸佛
南无一切同名普賢佛
南无栴檀遠離諸煩惱藏佛
南无功德奮迅佛　南无勝奮迅佛

BD03684號　佛名經（十六卷本）卷一　（46-10）

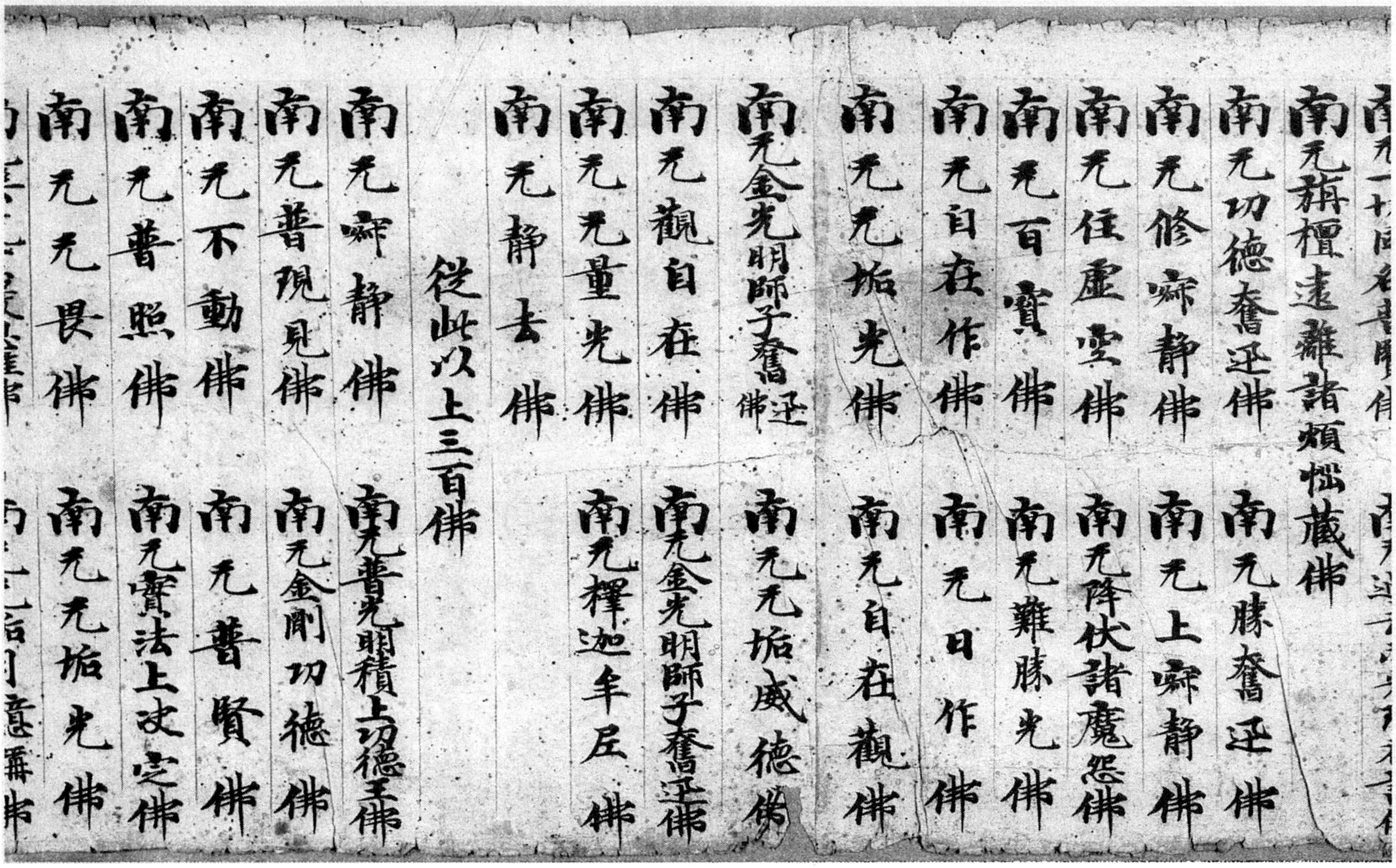

南无一切同名普賢佛
南无旃檀遠離諸煩惱藏佛
南无功德奮迅佛　南无勝奮迅佛
南无修寂靜佛　南无上寂靜佛
南无住虛空佛　南无降伏諸魔怨佛
南无百寶佛　南无離勝光佛
南无自在作佛　南无日作佛
南无无垢光佛　南无自在觀佛
南无金光明師子奮迅佛　南无无垢威德佛
南无觀自在佛　南无金光明師子奮迅王佛
南无无量光佛　南无釋迦牟尼佛
南无靜去佛
從此以上三百佛
南无寂靜佛　南无普光明積上功德王佛
南无普現見佛　南无金剛功德佛
南无不動佛　南无普賢佛
南无普照佛　南无寶法上決定佛
南无无畏佛　南无无垢光佛

BD03684號　佛名經（十六卷本）卷一　（46–11）

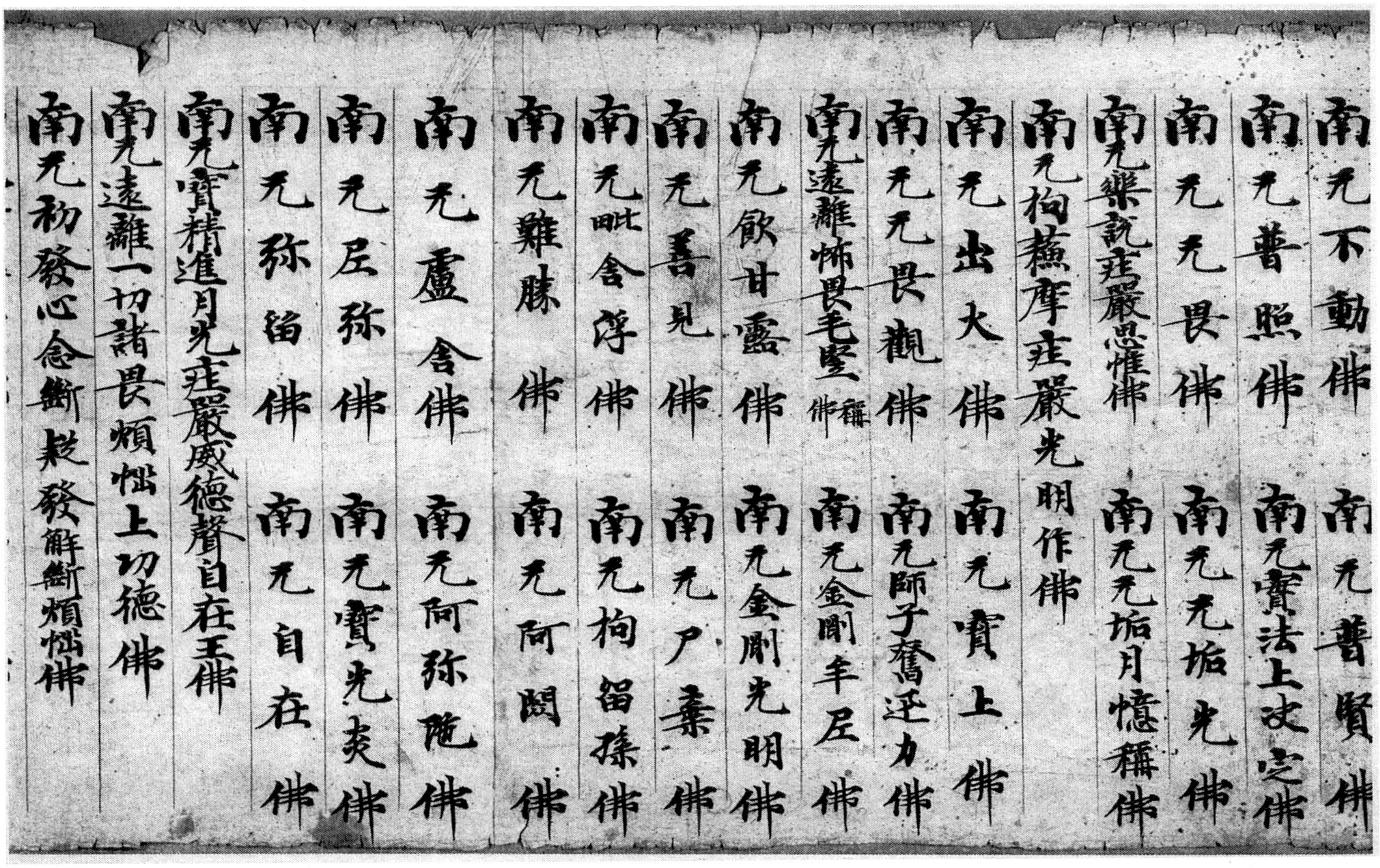

南无不動佛　南无普賢佛
南无普照佛　南无寶法上決定佛
南无无畏佛　南无无垢光佛
南无樂說莊嚴思惟佛　南无无垢月憶稱佛
南无拘蘇摩莊嚴光明作佛
南无出火佛　南无寶上佛
南无无畏觀佛　南无師子奮迅力佛
南无遠離怖畏毛竪稱佛　南无金剛牢堅佛
南无飲甘露佛　南无金剛光明佛
南无善見佛　南无尸棄佛
南无毗舍浮佛　南无拘留孫佛
南无離勝佛　南无阿閦佛
南无盧舍佛　南无阿弥陁佛
南无尼弥佛　南无寶光炎佛
南无弥留佛　南无自在佛
南无寶精進月光莊嚴威德聲自在王佛
南无遠離一切諸畏煩惱上功德佛
南无初發心念斷疑發解斷煩惱佛

BD03684號　佛名經（十六卷本）卷一　（46–12）

南无[illegible]
南无遠離一切諸畏煩惱上功德佛
南无初發心念斷疑發解斷煩惱佛
南无斷諸煩惱闇三昧上王佛
南无寳炎佛 南无大炎積佛
南无稱檀佛 南无手上王佛
南无寳上佛 南无善住智王无障佛
南无大光悪滅皆闇佛 南无烏增上佛
南无截金剛佛 南无天王佛
南无一切義上王佛 南无三昧喻佛
南无念王佛 南无光明觀佛
南无一切所依王佛 南无善護幢王佛
南无發趣速自在乘佛 南无寳炎佛
南无積大炎佛 南无稱檀香佛
南无善住慧王无障佛 南无炎智音佛
南无寳藏佛 南无放炎佛
南无迦葉佛 南无多羅住佛
南无智來佛 南无能聖佛
南[illegible]一切[illegible]王佛 南无一切功德莊嚴佛

BD03684號　佛名經(十六卷本)卷一

(46–13)

南无迦葉佛 南无多羅住佛
南无智來佛 南无能聖佛
南无遍一切憂惱王佛 南无一切功德莊嚴佛
南无成就一切義佛 南无无畏王佛
南无一切衆生導師佛 次礼十二部尊經大藏法輪
凡閻浮界內一切經合有八万四千卷
南无山海慧經 南无日曜經
南无月曜經 南无日淨經
南无池喻經 南无月淨經
南无華嚴經 南无斧柯經
南无法華經 南无摩訶般若波羅蜜經
南无摩訶衍經 南无毗婆沙經
南无增一阿含經 南无華嚴經
南无大般涅槃經 南无大品經
南无阿毗曇經 南无大集經
南无誠實輪經 南无雜阿毗曇經
南无長阿含經 南无諸佛下生經
南无舍利弗阿毗曇經 南无出曜經

BD03684號　佛名經(十六卷本)卷一

(46–14)

南无[illegible]經　南无[illegible]經
南无長阿含經　南无諸佛下生經
南无舍利弗阿毗曇經　南无出曜經
南无四分經　南无妙讚經
南无光讚經　南无雜阿含經
從此以上四百佛十二部經
次礼十方諸大菩薩　南无文殊師利菩薩
南无无垢稱菩薩　南无文殊師利菩薩
南无虛空藏菩薩　南无觀世音菩薩
南无大勢至菩薩　南无香象菩薩
南无大香象菩薩　南无藥王菩薩
南无藥上菩薩　南无藥王菩薩
南无藥上菩薩　南无金剛藏菩薩
南无解脫勝月菩薩　南无弥勒菩薩
南无奮迅菩薩　南无无所發菩薩
南无陀羅尼自在王菩薩
南无无盡意菩薩　南无堅意菩薩
南无歸命如是无量无邊菩薩
南无東方九十億百千万同名梵勝菩薩

BD03684號　佛名經（十六卷本）卷一　（46–15）

南无陀羅尼自在王菩薩
南无无盡意菩薩　南无堅意菩薩
南无歸命如是无量无邊菩薩
南无東方九十億百千万同名梵勝菩薩
南无南方九十億百千万同名不降陀羅菩薩
南无西方九十億百千万同名大功德菩薩
南无北方九十億百千万同名大藥王菩薩
歸命如是等十方世界无量无邊菩薩
南无舍利弗應當敬礼十方諸大菩薩摩訶薩
南无文殊師利菩薩摩訶薩　南无觀世音菩薩
南无大勢至菩薩　南无普賢菩薩
南无龍勝菩薩　南无龍德菩薩
次礼聲聞緣覺一切賢聖
南无阿利多辟支佛　南无婆利多辟支佛
南无多伽樓辟支佛　南无稱辟支佛
南无見辟支佛　南无憂見辟支佛
南无見辟支佛　南无羅陀辟支佛
南无无妻辟支佛　南无梨沙婆辟支佛
歸命如是等无量无邊辟支佛

BD03684號　佛名經（十六卷本）卷一　（46–16）

南无見辟支佛　南无羅陀辟支佛
南无无妻辟支佛　南无梨沙婆辟支佛
歸命如是等无量无邊辟支佛
礼三寶已次復懺悔
大欲礼懺必須先敬三寶所以然者三寶即是一切
衆生良友福田若能歸向者則滅无量罪長无量福
能令行者離生死苦得解脫樂是故弟子某甲
等歸依十方盡虛空界一切諸佛歸依十方盡虛空界一切
尊法歸依十方盡虛空界一切聖僧弟子今日所以懺悔
者正言无始以來在凡夫地莫問貴賤罪自无量或因
三業而生罪或從六根而起或以內心自耶思惟藉外境
起於染著如是乃至十惡增長八万四千諸塵勞門然
其罪相雖復无量大而為語不出有三何等為三一者
煩惱二者是業三者是果報此三種法能障聖道及以
人天勝妙好事是故經中目為三障所以諸佛菩薩
教作方便懺悔除滅此三障者則六根十惡乃至八万四
千諸塵勞門皆悉清淨是故弟子今日運此增上
勝心懺悔三障欲滅此三罪者當用何等心可令此罪

BD03684號　佛名經（十六卷本）卷一　（46–17）

千諸塵勞門皆悉清淨是故弟子今日運此增上
勝心懺悔三障欲滅此三罪者當用何等心可令此罪
滅除先當興七種心以為方便然後此罪乃可得滅何
等為七一者慚愧二者恐怖三者猒離四者發菩提心
五者怨親平等六者念報佛恩七者觀罪性空第一
慚愧者自惟我与釋迦如來同為凡夫而今世尊成道以來
已經尒所塵沙劫數而我等相与耽染六塵流浪生死永
无出期此實天下可慚可羞可恥
第二恐怖者既是凡夫身口意業常與罪相應以
是因緣命終之後應墮地獄畜生餓鬼受无量苦如此實
為驚可恐可怖可懼
第三猒離者相与常觀生死之中唯有无常苦空无
我不淨虛假如水上泡速起速滅往來流轉猶若車輪
生老病死八苦交煎无時暫息衆等相与但觀自身從
頭至足其中但有卅六物髮毛爪齒膿囊咦唾生熟二
藏大腸小腸脾腎心肺肝膽膈胃肪膏腦膜筋脉骨髓
大小便利九孔常流是故經言此身苦所集一切皆不淨何
有智惠者而當樂此身生死既有如此種種惡法甚可

BD03684號　佛名經（十六卷本）卷一　（46–18）

大小便利九孔常流是故經言此身苦所集一切皆不淨何
有智慧者而當樂此身生死既有如此種種惡法甚可
患厭第四發菩提心者經言當樂佛身佛身者即法身也
從无量功德智慧生從六波羅蜜生從慈悲喜捨生從卅
七助菩提法生從如是等種種功德智慧生如來身欲
得此身者當發菩提心求一切種智常樂我淨薩婆若
果淨佛國土成就衆生於身命財无所悋惜
第五怨親平等者於一切衆生起慈悲心无彼我想何以
故尒若見怨異親即是分別以分別故起諸相著著相因
緣生諸煩惱煩惱因緣造諸惡業惡業因緣故得苦果
第六念報佛恩者如來往昔无量劫中捨頭目髓腦支
節手足國城妻子象馬七珍為我等故脩諸苦行此恩
此德實難酬報是故經言若以頂戴兩肩荷負於恒
河劫亦不能報我等欲報如來恩者當於此世勇猛精
進捍勞忍苦不惜身命建立三寶弘通大乘廣化衆
生同入正道
第七觀罪性空者无有實相從因緣生顛倒而有既
從因緣而生則可從因緣而滅從因緣而生者狎近惡友

BD03684號　佛名經（十六卷本）卷一　（46–19）

生同入正道
第七觀罪性空者无有實相從因緣生顛倒而有既
從因緣而生則可從因緣而滅從因緣而生者狎近惡友
造作无端從因緣而滅者即是今日洗心懺悔是故經言
此罪相不在內不在外不在中間故知此罪從本是空生
如是等七種心已緣想十方諸佛賢聖擎捧合掌披陳
至到慚愧改革舒歷心肝洗蕩腸胃如此懺悔亦何罪而
不滅亦何障而不消若復正尒彼攸緩縱情慮徒自勞形
於事何益且復人命无常喻如轉燭一息不還便同灰壤
三塗苦報即身應受不可以錢財寶貨囑託求脫窈
冥冥恩赦无期獨嬰此苦无代受者莫言我今生中无
有此罪所以不能狠到懺悔經中道言凡夫之人舉足動
步无非是罪又復過去生中皆悉成就无量惡業追逐
行者如影隨形若不懺悔罪惡日深故知苞藏瑕疵佛教
不許說悔先罪淨名所尚故知長淪苦海寔由隱覆是故弟
子今日發露懺悔不敢覆藏所言三障者一曰煩惱二名
為業三是果報此三種法更相由藉因煩惱故所以起惡
業惡業因緣故得苦果是故弟子今日至心第一先應

BD03684號　佛名經（十六卷本）卷一　（46–20）

子今日發露懺悔不敢覆藏所言三障者一曰煩惱二名
為業三是果報此三種法更相由藉因煩惱故所以起惡
業惡業因緣故得苦果是故弟子今日至心第一先應
懺悔煩惱障又此煩惱諸佛菩薩入理聖人種種呵責
亦詺此煩惱以為怨家何以故斷衆生慧命根故亦詺
此煩惱以之為賊能劫衆生諸善法故詺此煩惱以為
瀑河能漂衆生入於生死大苦海故亦詺此煩惱以為
羈鏁衆生於生死獄不能得出故所以六道牽連四
生不絕惡業无窮苦果不息當知皆是煩惱過患
是故弟子今日運此增上心歸依佛
東方善德佛　南方寶相佛
西方普光佛　北方相德佛
東南方網明佛　西南方上智佛
西北方華德佛　東北方明智佛
下方明德佛　上方香積佛
如是十方盡虛空界一切三寶
弟子從无始以來至于今日或在人天六道受報有此
心識常懷愚惑繁滿胸衿或因三毒根造一切罪或

如是十方盡虛空界一切三寶
弟子從无始以來至于今日或在人天六道受報有此
心識常懷愚惑繁滿胸衿或因三毒根造一切罪或
因三漏造一切罪或因三苦造一切罪或緣三假造一切罪
或貪三有造一切罪如是等罪无量无邊惱亂一切六
道四生今日慚愧皆悉懺悔
又復弟子无始以來至于今日或因四識住造一切罪或
因四流造一切罪或因四取造一切罪或因四執造一切罪或
因四緣造一切罪或因四大造一切罪或因四縛造一切罪或
因四食造一切罪或因四生造一切罪如是等罪无量无
邊惱亂六道一切衆生今日慚愧皆悉懺悔
又復弟子无始以來至於今日或因五住地煩惱造一切
罪或因五受根造一切罪或因五蓋造一切罪或因五慳
造一切罪或因五見造一切罪或因五心造一切罪如是等
煩惱无量无邊惱亂六道一切四生今日發露皆悉懺悔
又復弟子无始以來至於今日或因六情根造一切罪或
因六識造一切罪或因六想造一切罪或因六受造一切罪
或因六行造一切罪或因六愛造一切罪或因六疑造一切

因六識造一切罪或因六想造一切罪或因六受造一切罪
或因六行造一切罪或因六愛造一切罪或因六疑造一切
罪如是等煩惱无量无邊惱亂六道一切四生今日慚
愧發露皆悉懺悔
又復弟子无始以來至於今日或因七漏造一切罪或因七
使造一切罪或因八倒造一切罪或因八垢造一切罪或因八
苦造一切罪惱亂六道一切四生今日發露皆悉懺悔
又復无始以來至於今日或因九惱造一切罪或因九結造
一切罪或因九上緣造一切罪或因煩惱造一切罪或因十
纏造一切罪或因十一遍使造一切罪或因十二入造一切
罪或因十六知見造一切罪或因十八界造一切罪或因廿五
我造一切罪或因六十二見造一切罪或因見諦思惟九十
八使一百八煩惱晝夜熾然開諸漏門造一切罪惱亂賢
聖及以四生遍滿三界彌亘六道无處可藏无處可避
今日至到向十方佛尊法聖衆慚愧發露皆悉懺悔
願弟子承是懺悔三毒一切煩惱生生世世三慧明三
達朗三苦滅三願滿弟子承是懺悔四識等一切煩惱
所生功德生生世世廣四等心立四信業四惡趣滅得四

BD03684號　佛名經（十六卷本）卷一　（46–23）

今日至到向十方佛尊法聖衆慚愧發露皆悉懺悔
願弟子承是懺悔三毒一切煩惱生生世世三慧明三
達朗三苦滅三願滿弟子承是懺悔四識等一切煩惱
所生功德生生世世廣四等心立四信業四惡趣滅得四
无畏願弟子承是懺悔五蓋等諸煩惱度五道樹五
根淨五眼成五分懺悔六愛等諸煩惱所生功德願
生生世世具足六神通滿足六度業不為六塵或常
行六妙行又願弟子承是懺悔七漏八垢九結十纏等
一切諸煩悔所生功德生生世世坐七淨華洗塵八水具
九斷智成十地行願以懺悔十一遍使及十二入十八界等
一切諸煩惱所生功德願十一空解常用栖心自在能轉十
二行輪具足十八不共之法无量功德一切圓滿
三部合卷　罪報應經　此經有六十品略此一品流行
南无不動光觀自在无量命足彌寶炎彌留金剛佛
南无大奮迅通佛　南无善寂慧月佛
南无聲自在王佛　南无清淨月輪佛
南无住阿僧祇精進功德佛
南无无盡意佛　南无寶幢佛
南无无明无垢藏佛　南无大奮迅通佛

BD03684號　佛名經（十六卷本）卷一　（46–24）

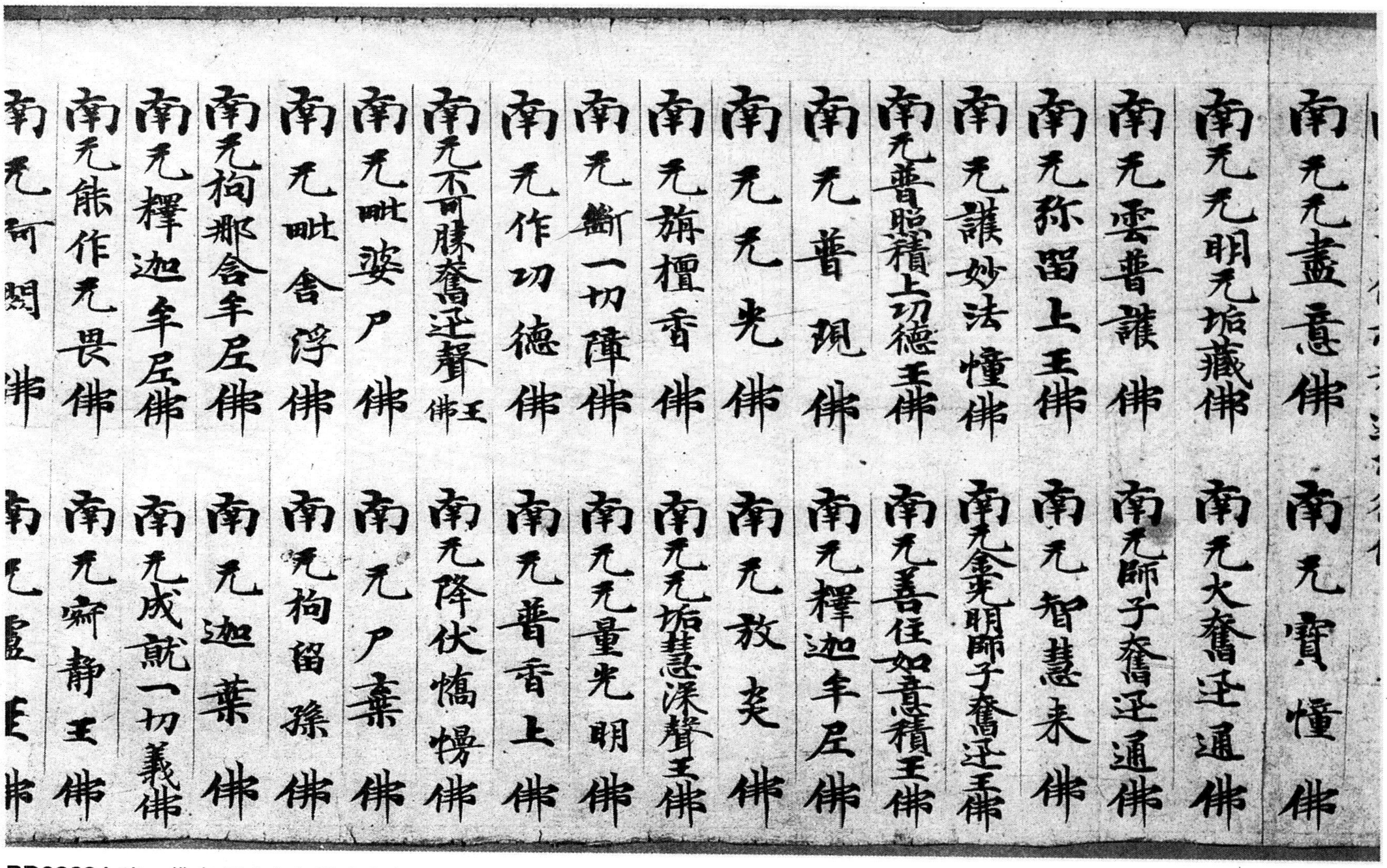

南无无盡意佛　南无寶幢佛
南无无明无垢藏佛　南无大奮迅通佛
南无雲普護佛　南无師子奮迅通佛
南无彌留上王佛　南无智慧来佛
南无護妙法幢佛　南无金光明師子奮迅王佛
南无普照積上功德王佛　南无善住如意積王佛
南无普現佛　南无釋迦牟尼佛
南无无光佛　南无教炎佛
南无旃檀香佛　南无无垢慧深聲王佛
南无斷一切障佛　南无无量光明佛
南无作功德佛　南无普香上佛
南无不可勝奮迅聲王佛　南无降伏憍慢佛
南无毗婆尸佛　南无尸棄佛
南无毗舍浮佛　南无拘留孫佛
南无拘那含牟尼佛　南无迦葉佛
南无釋迦牟尼佛　南无成就一切義佛
南无能作无畏佛　南无寂静王佛
南无阿閦佛　南无盧王佛

BD03684號　佛名經（十六卷本）卷一　（46–25）

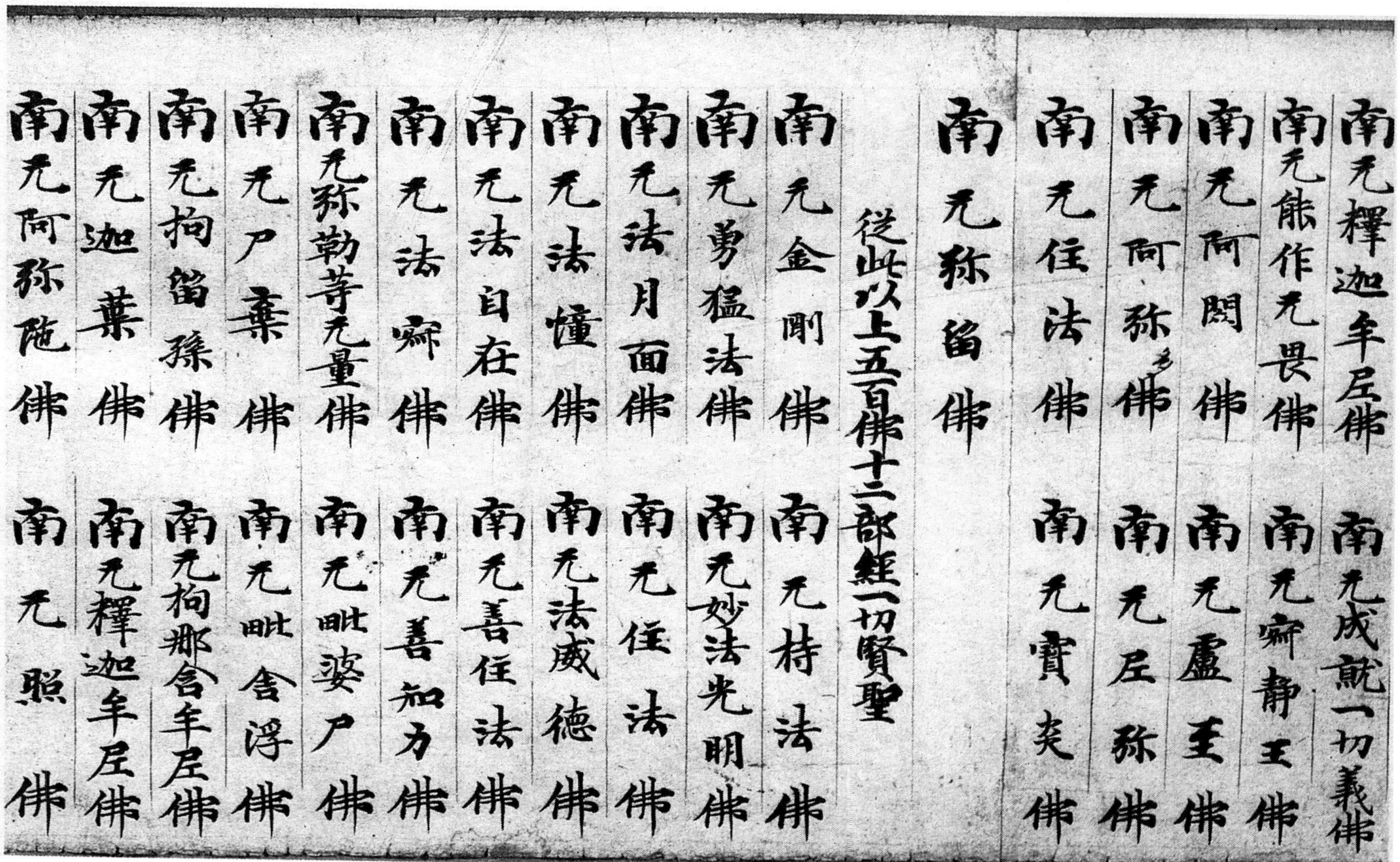

南无釋迦牟尼佛　南无成就一切義佛
南无能作无畏佛　南无寂静王佛
南无阿閦佛　南无盧王佛
南无阿彌佛　南无尼彌佛
南无住法佛　南无寶炎佛
南无彌留佛
從此以上五百佛十二部經一切賢聖
南无金剛佛　南无持法佛
南无勇猛法佛　南无妙法光明佛
南无法月面佛　南无住法佛
南无法幢佛　南无法威德佛
南无法自在佛　南无善住法佛
南无法寂佛　南无善知力佛
南无彌勒菩无量佛　南无毗婆尸佛
南无尸棄佛　南无毗舍浮佛
南无拘留孫佛　南无拘那含牟尼佛
南无迦葉佛　南无釋迦牟尼佛
南无阿彌陁佛　南无照佛

BD03684號　佛名經（十六卷本）卷一　（46–26）

南无拘留孫佛 南无拘那含牟尼佛
南无迦葉佛 南无釋迦牟尼佛
南无阿弥陁佛 南无照佛
南无勝色佛 南无衆意佛
南无大導師佛 南无大聖天佛
南无那羅延佛 南无樹提佛
南无慈他佛 南无毗盧遮那佛
南无旃檀佛 南无具足佛
南无化佛 南无善化佛
南无世自在佛 南无人自在佛
南无摩醯那自在佛
南无勝自在佛 南无十力自在佛
南无毗頭羅佛 南无離諸畏佛
南无離諸憂佛 南无能破諸耶佛
南无散諸耶佛 南无破異意佛
南无智慧嚴佛 南无降魔佛
南无弥留嶽佛 南无降魔佛
南无善才佛 南无堅才佛
南无堅奮迅佛 南无堅精進佛

BD03684號　佛名經（十六卷本）卷一　　（46–27）

南无弥留嶽佛 南无降魔佛
南无善才佛 南无堅才佛
南无堅奮迅佛 南无堅精進佛
南无堅莎羅佛 南无堅心佛
南无堅勇猛破陣佛
南无破陣佛 南无寶體佛
南无曇无竭佛 南无尼陁佛
南无波羅羅堅佛 南无普光佛
南无普賢佛 南无勝海佛
南无功德海佛 南无法海佛
南无虛空寂佛 南无虛空功德佛
南无虛空庫藏佛 南无虛空心佛
南无虛空多羅佛 南无无垢心佛
南无放光世界中現在說法虛空勝離塵无垢塵
平等眼清淨功德幢光明華波頭摩瑠璃光寶香
爲身勝妙羅網莊嚴頂无量日月光明照莊嚴頂上
莊嚴法界善化无障导王佛彼佛世界中有菩薩名
比彼佛授記不久得阿耨多羅三藐三菩提号種種光

BD03684號　佛名經（十六卷本）卷一　　（46–28）

[illegible]
莊嚴法界善化无障㝵王佛彼佛世界中有菩薩名
比彼佛授記不久得阿耨多羅三藐三菩提号種種光
華寶波頭摩金色身當照普莊嚴不住眼放光照十
方世界幢王佛
若有善男子善女人信心受持讀誦彼佛及菩薩名
是善男子善女人越超閻浮提微塵數劫得陁羅尼
一切諸惡病不及其身
南无无量功德寶集樂示現金光明師子奮迅王佛
南无師子奮迅心雲聲王佛
南无无垢淨光明覺寶華不斷光莊嚴王佛
南无寶光明莊嚴智功德聲自在王佛
南无寶波頭摩智清淨上王佛
南无摩善住山王佛　南无光花種種奮迅王佛
南无拘蘇摩奮迅王佛　南无波頭摩上弥留幢王佛
南无法幢空俱蘇摩王佛　南无娑羅華上光王佛
南无无垢眼上光王佛　南无无垢意山王佛
南无種種樂說莊嚴王佛　南无无㝵藥王成就勝王佛
南无千雷雲聲王佛　南无金光明師子奮迅王佛

南无无垢眼上光王佛　南无无垢意山王佛
南无種種樂說莊嚴王佛　南无无㝵藥王成就勝王佛
南无千雷雲聲王佛　南无金光明師子奮迅王佛
南无善寂慧月聲自在王佛　南无善住摩尼山王佛
南无歡喜藏勝山王佛　南无普光上勝功德山王佛
南无功德藏增上山王佛
南无動山嶽王佛　南无善住諸禪藏王佛
南无法海潮功德王佛　南无稱功德山王佛
從此以上六百佛十二部經一切賢聖
南无一切華香自在王佛
南无銀幢蓋王佛　南无雷燈幢王佛
南无月摩尼光王佛　南无波頭摩上星宿王佛
南无无量上王佛　南无覺王佛
南无弥留幢王佛　南无娑羅華上王佛
南无因陁羅幢王佛　南无師子奮迅王佛
南无俱蘇摩生王佛　南无微細華佛
南无說義佛　南无无量精進佛
南无无邊弥留佛　南无離藏佛

南无說義佛　南无无量精進佛
南无无邊弥留佛　南无離藏佛
南无无量眼佛　南无无量發行佛
南无發行難佛　南无无所發行佛
南无无量發行佛　南无斷諸難佛
南无不定願佛　南无善任諸願佛
南无不念示現佛　南无无量善根成就行佛
南无无垢奮迅佛　南无不住奮迅佛
南无妙色佛　南无无相聲佛
南无虛空星宿增上佛　南无栴檀窟佛
南无樂意佛　南无善行佛
南无境界自在佛　南无樂行佛
南无樂解脫佛　南无遠離怖畏毛竪佛
南无清淨眼佛　南无進寂靜佛
南无世間可樂佛　南无隨世間意佛
南无隨世間眼佛　南无寶佛
南无寶憂佛　南无羅睺羅佛

BD03684號　佛名經（十六卷本）卷一　（46–31）

南无隨世間眼佛　南无寶佛
南无寶憂佛　南无羅睺羅佛
南无羅睺羅天佛　南无羅睺羅淨佛
南无寶慧佛　南无寶髻佛
南无寶形佛　南无羅網手佛
南无摩尼輪佛　南无解脫威德佛
南无善行佛　南无大憂佛
南无人面佛　南无吉佛
南无夢陀羅佛　南无淨聖佛
南无淨宿佛　南无離胎佛
南无虛空莊嚴佛　南无集功德佛
南无師子步佛　南无功德海佛
南无摩尼功德佛　南无廣功德佛
南无稱成佛　南无大如意輪佛
南无无畏上王佛　南无俱蘇摩國土佛
南无功德幢佛　南无威德佛
南无□眼佛　南无善身佛

BD03684號　佛名經（十六卷本）卷一　（46–32）

南无无畏上王佛　南无俱蘇摩國土佛
南无功德幢佛　南无威德佛
南无華眼佛　南无喜身佛
南无慧國土佛　南无喜威德佛
南无波頭池智慧奮迅佛
南无功德聚佛　南无寂滅慧佛
南无降摩佛　南无无上光佛
南无法自在佛　南无得世間功德佛
南无實諦稱佛　南无智勝佛
南无智憂佛　南无得智佛
南无智幢佛　南无羅網光幢佛
善男子善女人与一切衆生安隱樂如諸佛者當
讀誦是諸佛名復作是言
南无離諸无智暗佛　南无虛空平等心佛
南无清淨无垢佛　南无善无垢藏佛
南无堅固行佛　南无精進聲佛
從此以上七百佛十二部經一切賢聖

BD03684號　佛名經（十六卷本）卷一

（46–33）

[illegible]
南无清淨无垢佛　南无善无垢藏佛
南无堅固行佛　南无精進聲佛
從此以上七百佛十二部經一切賢聖
南无不離一切衆生請佛　南无斷諸過佛
南无成就觀佛　南无平等須弥面佛
南无无障无礙精進堅佛
南无娑羅華華王佛
南无无量功德王佛　南无弥留燈王佛
南无藥王聲聲王佛　南无梵聲王佛
南无妙鼓聲王佛　南无雲聲王佛
南无龍自在王佛　南无世間自在王佛
南无陁羅尼自在王佛　南无滌王佛
南无治諸病王佛　南无藥王佛
南无鷹王佛　南无燈王佛
南无樹提王佛　南无喜王佛
南无星宿王佛　南无雲王佛
南无雲王佛　南无娑羅王佛

BD03684號　佛名經（十六卷本）卷一

（46–34）

南无樹提王佛　南无喜王佛
南无星宿王佛　南无雲王佛
南无雲王佛　南无娑羅王佛
南无堅固自在王佛　南无功德聚佛
南无華聚佛　南无寶聚佛
南无寶住持莊燎佛　南无住持功德佛
南无住持无障力佛　南无住持地力進佛
南无一切寶莊嚴色住持佛　南无住持妙无垢位佛
南无自在轉一切法佛　南无轉法輪佛
南无勝威德佛　南无淨威德佛
南无聖威德佛　南无大威德佛
南无師子威德佛　南无莎羅威德佛
南无慧威德佛　南无地威德佛
南无无垢威德佛　南无无垢瑠璃佛
南无无垢辟佛　南无无垢眼佛
南无无垢面佛　南无波頭摩面佛
南无月面佛　南无日面佛
南无威德莊嚴佛　南无金色佛

BD03684號　佛名經（十六卷本）卷一　（46–35）

南无无垢辟佛　南无无垢眼佛
南无无垢面佛　南无波頭摩面佛
南无月面佛　南无日面佛
南无威德莊嚴佛　南无金色佛
南无金色形佛　南无可樂色佛
南无瞻婆伽色佛　南无能與樂佛
南无能與眼佛　南无難勝佛
南无難降伏佛　南无斷諸惡佛
南无難量佛　南无難成佛
南无俱蘇摩成佛　南无甘露成佛
南无寶成就佛　南无功德成就佛
南无日成就佛　南无華成就佛
南无成就樂有佛　南无成就功德佛
南无大勝佛　南无妙佛
南无无垢佛　南无離諸障佛
南无婆樓那佛　南无婆樓那天佛
南无勇猛仙佛　南无精進仙佛
南无无垢山佛　南无金剛山佛

BD03684號　佛名經（十六卷本）卷一　（46–36）

南无娑樓那佛　南无娑樓那天佛
南无勇猛仙佛　南无精進仙佛
南无无垢仙佛　南无金剛仙佛
南无觀眼佛　南无无障㝵佛
南无任虛空佛　南无任清淨佛
南无善任清淨佛　南无善跡佛
南无善思義佛　南无善化佛
南无善思義佛　南无善化佛
南无善愛佛　南无善眼佛
南无善親佛　南无善行佛
南无善生佛　南无善華佛
南无善香佛　南无善聲佛
從此以上八百佛十二部經一切賢聖
南无善辟佛　南无善光佛
南无善山佛　南无一切德山佛
南无寶山佛　南无智山佛
南无[illegible]山佛　南无上山佛

BD03684號　佛名經（十六卷本）卷一

（46–37）

南无善山佛　南无一切德山佛
南无寶山佛　南无智山佛
南无勝山佛　南无上山佛
南无光明莊嚴佛　南无大光明莊嚴佛
南无清淨莊嚴佛　南无波頭摩莊嚴佛
南无寶中佛　南无金剛合佛
南无金剛齊佛　南无碎金剛佛
南无碎金剛堅佛　南无降伏魔佛
南无不空見佛　南无愛見佛
南无現見佛　南无善見佛
南无大善見佛　南无普見佛
南无无垢見佛　南无見平等見不平等佛
南无見一切義佛　南无斷一切障㝵佛
南无斷一切衆生病佛　南无一切世間愛見佛
南无上妙佛　南无大莊嚴佛
南无一切三昧佛　南无度一切疑佛
南无度一切法佛　南无不取諸法佛

BD03684號　佛名經（十六卷本）卷一

（46–38）

南无錦一切衆生病佛　南无一切世間愛見佛
南无上妙佛　南无大莊嚴佛
南无一切三昧佛　南无度一切疑佛
南无度一切法佛　南无不取諸法佛
南无一切清淨佛　南无一切義成就佛
南无一切通佛　南无華通佛
南无俱蘇摩通佛
南无波頭摩樹提奮迅佛
南无海住持勝智慧奮迅通佛
次礼十二部尊經大藏法輪
南无賢愚經　南无雜寶藏經
南无賢劫經　南无大般涅槃經
南无十住毗婆沙經　南无三藏經
南无大莊嚴論經　南无阿育王經
南无優婆塞經　南无道行經
南无小品經　南无菩薩地經
南无菩薩地持經　南无阿衰尼經
南无雜心經　南无中阿含經

BD03684號　佛名經（十六卷本）卷一　（46–39）

南无小品經　南无菩薩地經
南无菩薩地持經　南无阿衰尼經
南无雜心經　南无中阿含經
南无弥勒成佛經　南无大臣經
南无百緣經　南无華手經
南无悲華經　南无觀佛三昧經
南无大哀經　南无中論經
南无法華經　南无普曜經
南无大樓炭經　南无佛本行經
次礼十方諸大菩薩
南无勝成就菩薩　南无勝藏菩薩
南无波頭摩勝菩薩　南无成就有菩薩
南无地持菩薩　南无寶掌菩薩
南无寶印手菩薩　南无師子意菩薩
南无師子奮迅吼聲菩薩　南无虛空藏菩薩
南无發心即轉法輪菩薩　南无一切聲差別樂說菩薩
南无山樂說菩薩　南无大海意菩薩
南无大山菩薩　南无憂見菩薩

BD03684號　佛名經（十六卷本）卷一　（46–40）

南无師子奮迅叫聲菩薩　南无虛空藏菩薩
南无發心即轉法輪菩薩　南无一切聲差別樂說菩薩
南无山樂說菩薩　南无大海意菩薩
南无大山菩薩　南无憂見菩薩
南无歡喜王菩薩　南无无邊觀菩薩
南无无邊觀行菩薩　南无破耶見魔菩薩
南无憂德菩薩　南无成就一切義菩薩
南无師子菩薩　南无善住意菩薩
南无无比心菩薩　南无那羅德菩薩
次礼聲聞緣覺一切賢聖
從此以上九百佛十二部經一切賢聖
南无毗耶離辟支佛　南无俱薩羅辟支佛
南无波數陁羅辟支佛　南无无毒淨心辟支佛
南无實无垢辟支佛　南无福德辟支佛
南无黑辟支佛　南无唯黑辟支佛
南无直福德辟支佛　南无識辟支佛
南无香辟支佛　南无有香辟支佛

BD03684號　佛名經（十六卷本）卷一　（46–41）

南无黑辟支佛　南无唯黑辟支佛
南无直福德辟支佛　南无識辟支佛
南无香辟支佛　南无有香辟支佛
歸命如是等无量无邊辟支佛
礼三寶已次復懺悔
夫論懺悔者本是改往修來滅惡興善人生居世
誰能无過學人失念尚起煩惱羅漢結習動身口
業豈況凡夫而當無過但智者先覺便能改悔愚
者覆藏遂使滋漫所以積習長夜曉悟无期若
能慙愧發露懺悔者豈惟止是滅罪亦復增長
无量功德樹立如來涅槃妙果若欲行此法者先當
外肅形儀瞻奉尊像內起敬意緣於想法懇望
到生二種心何等為二一者自念我此形命不可常保
一朝散壞不知此身何時可復若復不值諸佛賢
聖忽遭逢惡友造衆罪業復應墮落深坑險趣二者
自念我此生中雖得值遇如來正法為佛弟子
之法紹繼聖衆淨身口意善法自居而今我等自

BD03684號　佛名經（十六卷本）卷一　（46–42）

自念我此生中雖得值遇如來正法爲佛弟子弟子
之法紹繼聖衆淨身口意善法自居而今我等皆自
作惡而復覆藏言他不知謂彼不見隱匿在心傲然无
愧此實天下愚惑之甚即今現有十方諸佛諸大地
菩薩諸天神仙何曾不以清淨天眼見於我等所作
罪惡又復幽顯靈祇注記罪福纖豪无差夫論作罪
之人命終之後牛頭獄卒録其精神在閻羅王所辯覈
是非當尒之時一切怨對皆來證據各言汝先屠裂我
身炮煮蒸炙或言汝先剝奪於我一切財寶離我眷
屬我於今者始得汝便於時現前證據何得敢諱唯
應甘心分受宿殃如經所明地獄之中不枉治人若其平
素所作衆罪心自忘失者是其生時造惡之處一切諸
相皆現在前各言汝昔在於我邊作如是罪今何得諱
是爲作罪无藏隱處於是閻魔羅王切齒呵責將付
地獄歷劫窮年求出莫由此事不遠不關他人正是我身
自作自受雖父子至親一旦對至无代受者衆等相與
及其形休體无衆疾各自努力與性命競大怖一至時

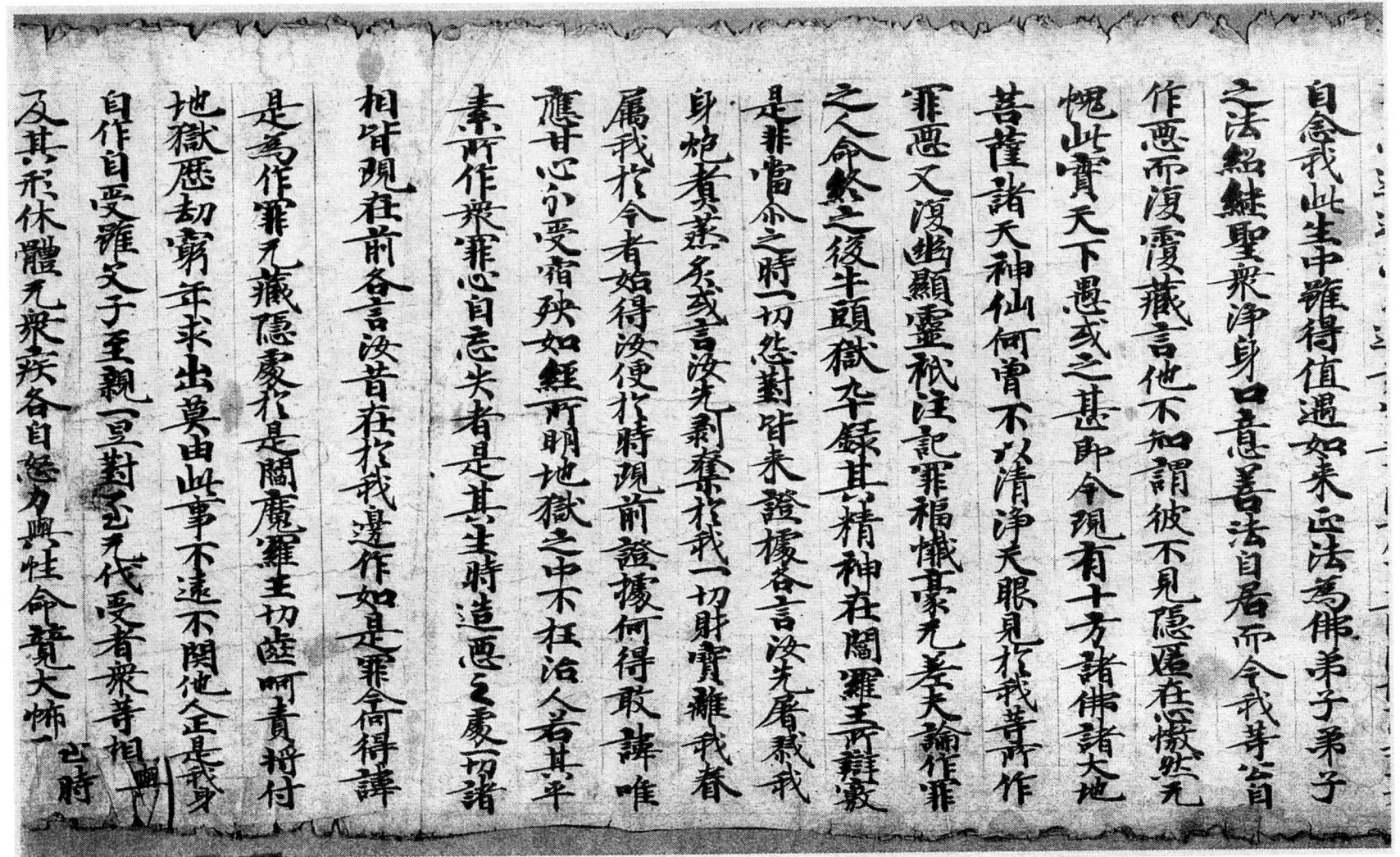

BD03684號　佛名經（十六卷本）卷一

（46–43）

地獄歷劫窮年求出莫由此事不遠不關他人正是我身
自作自受雖父子至親一旦對至无代受者衆等相與
及其形休體无衆疾各自努力與性命競大怖一至時
悔无所及是故弟子至心
歸命東方破疑淨光佛　南无南方无憂功德佛
南无西方花嚴神通佛　南无北方月殿清淨佛
南无東南方破一切闇佛　南无西南方大衆觀衆生佛
南无西北方香氣放光明佛　南无東北方无量功德海佛
南无下方斷一切疑佛　南无上方離一切憂佛
如是十方盡虛空界一切三寶弟子等從无始以來至
於今日積聚无明障蔽心目隨煩惱性造三世罪或
躭深愛著起於貪欲煩惱或瞋恚忿怒懷害煩惱或
惛懵瞪瞢不了煩惱或我慢自高輕傲煩惱疑或正道
猶豫煩惱謗无因果耶見煩惱不識緣假著我煩惱迷於
三世執斷常煩惱明狎惡法起見取煩惱僻稟耶師造戒
取煩惱乃至一切四執橫計煩惱今日至誠皆悉懺悔
又復无始以來至於今日守惜堅著起慳恡煩惱不

BD03684號　佛名經（十六卷本）卷一

（46–44）

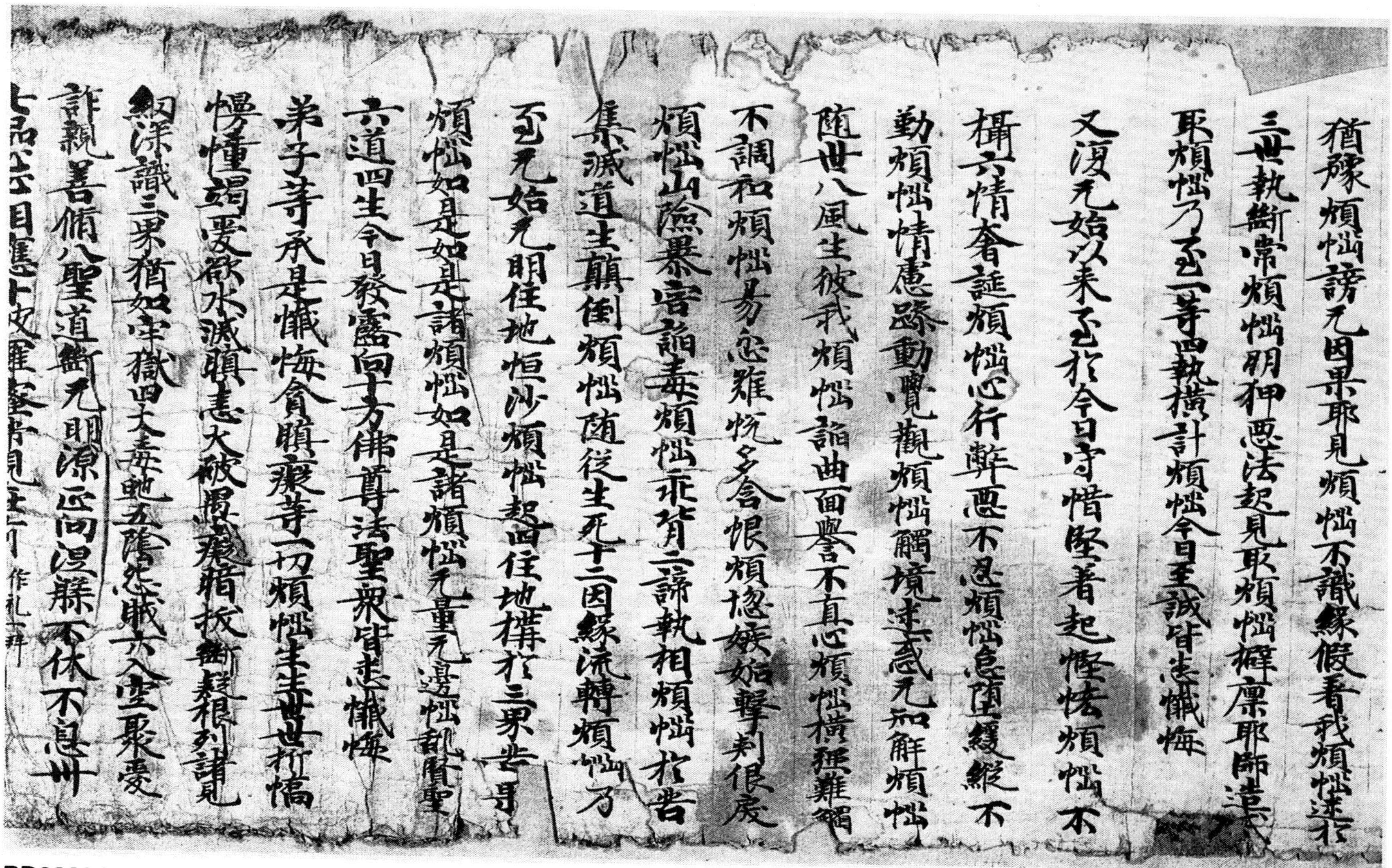
猶豫煩惱謗无因果邪見煩惱不識緣假著我煩惱迷於
三世執斷常煩惱朋狎惡法起見取煩惱僻稟邪師造戒
取煩惱乃至一切四執橫計煩惱今日至誠皆悉懺悔
又復无始以來至於今日守惜堅著起慳恡煩惱不
攝六情奢誕煩惱心行弊惡不忍煩惱怠墮緩縱不
勤煩惱猜慮躁動覺觀煩惱觸境迷惑无知解煩惱
隨世八風生彼我煩惱諂曲面譽不直心煩惱橫强難觸
不調和煩惱易忿難悅多含恨煩惱嫉妒擊刺很戾
煩惱凶險暴害諂毒煩惱乖背二諦執相煩惱於苦
集滅道生顛倒煩惱隨從生死十二因緣流轉煩惱乃
至无始无明住地恒沙煩惱起四住地構於三界苦
煩惱如是如是諸煩惱如是諸煩惱无量无邊惱亂賢聖
六道四生今日發露向十方佛尊法聖衆皆悉懺悔
弟子等承是懺悔貪瞋癡等一切煩惱生生世世折憍
慢幢竭愛欲水滅瞋恚火破愚癡暗拔斷疑根裂諸見
網深識三界猶如牢獄四大毒蛇五陰怨賊六入空聚愛
詐親善脩八聖道斷无明源正向涅槃不休不息卅
七品心心相應十波羅蜜常現在前 作礼一拜

BD03684 號　佛名經（十六卷本）卷一

（46–45）

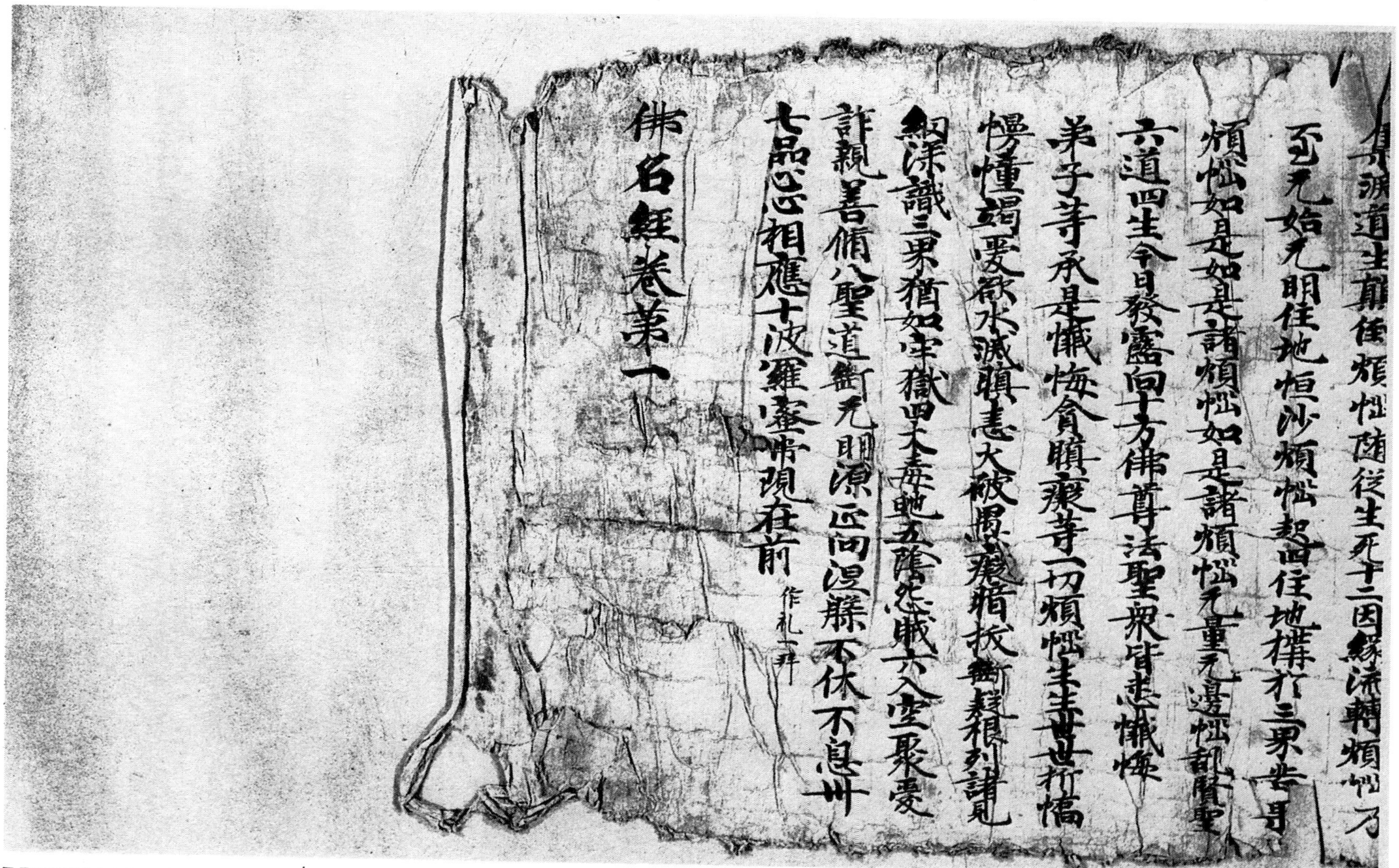
集滅道生顛倒煩惱隨從生死十二因緣流轉煩惱乃
至无始无明住地恒沙煩惱起四住地構於三界苦
煩惱如是如是諸煩惱如是諸煩惱无量无邊惱亂賢聖
六道四生今日發露向十方佛尊法聖衆皆悉懺悔
弟子等承是懺悔貪瞋癡等一切煩惱生生世世折憍
慢幢竭愛欲水滅瞋恚火破愚癡暗拔斷疑根裂諸見
網深識三界猶如牢獄四大毒蛇五陰怨賊六入空聚愛
詐親善脩八聖道斷无明源正向涅槃不休不息卅
七品心心相應十波羅蜜常現在前 作礼一拜
佛名經卷第一

BD03684 號　佛名經（十六卷本）卷一

（46–46）

BD03684號背　雜寫　　（2–1）

BD03684號背　雜寫　　（2–2）

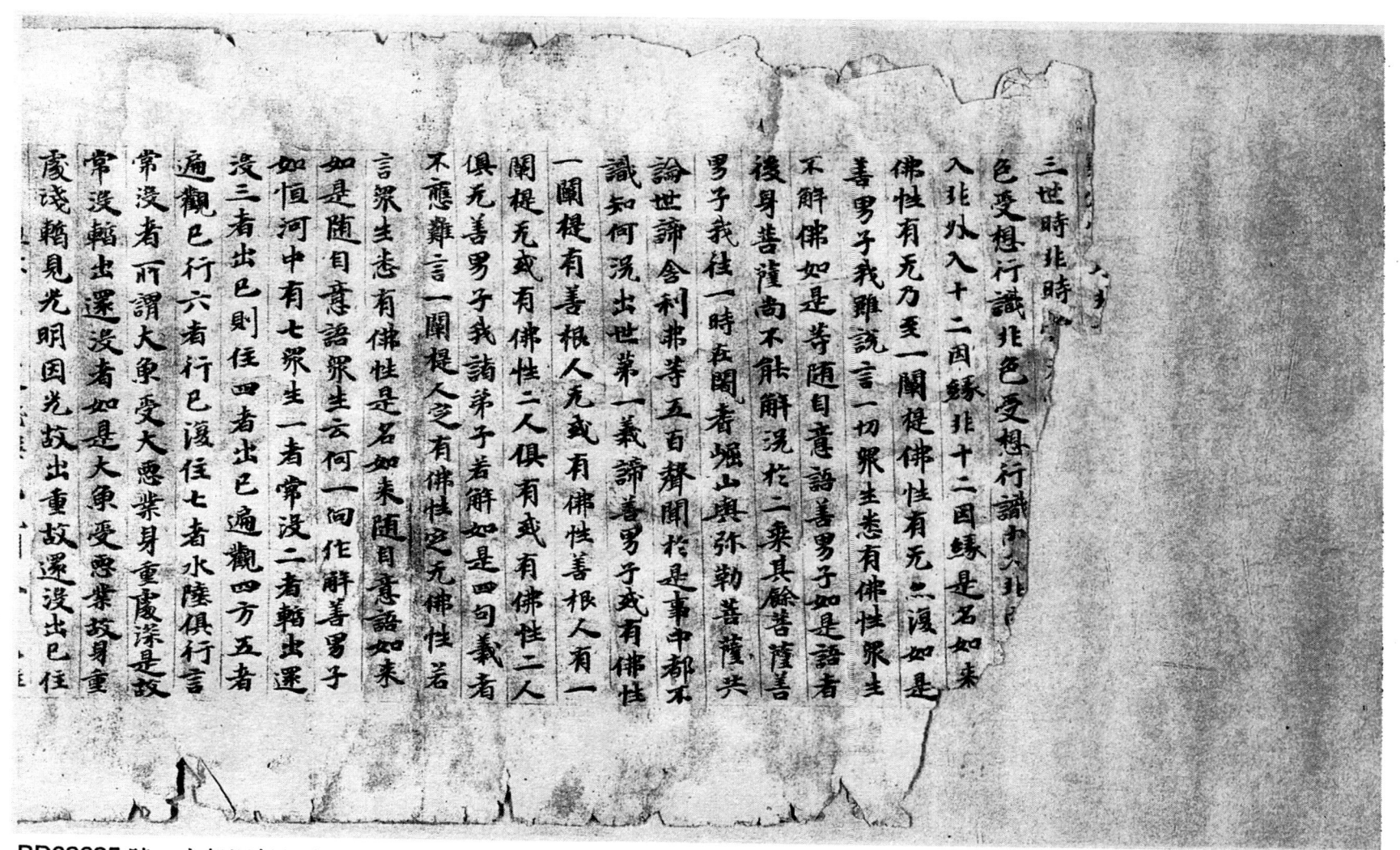

三世時非時
色受想行識非色受想行識非入非
入非外入十二因緣非十二因緣是名如来
佛性有无乃至一闡提佛性有无亦復如是
善男子我雖說言一切衆生悉有佛性衆生
不解佛如是等隨自意語善男子如是語者
後身菩薩尚不能解况於二乘其餘菩薩善
男子我往一時在耆闍崛山與弥勒菩薩共
論世諦舍利弗等五百聲聞於是事中都不
識知何况出世第一義諦善男子或有佛性
一闡提有善根人无或有佛性善根人有一
闡提无或有佛性二人俱有或有佛性二人
俱无善男子我諸弟子若解如是四句義者
不應難言一闡提人定有佛性定无佛性若
言衆生悉有佛性是名如来隨自意語如来
如是隨自意語衆生云何一向作解善男子
如恒河中有七衆生一者常沒二者暫出還
沒三者出已則住四者出已遍觀四方五者
遍觀已行六者行已復住七者水陸俱行言
常沒者所謂大魚受大惡業身重處深是故
常沒暫出還沒者如是大魚受惡業故身重
處淺暫見光明因光故出重故還沒出已住

BD03685 號　大般涅槃經（北本）卷三六

（24–1）

如恒河中有七衆生一者常沒二者暫出還
沒三者出已則住四者出已遍觀四方五者
遍觀已行六者行已復住七者水陸俱行言
常沒者所謂大魚受大惡業身重處深是故
常沒暫出還沒者如是大魚受惡業故身重
處淺暫見光明因光故出重故還沒出已住
者謂坻弥魚身處淺樂見光明故出已住
遍觀四方者所謂鯌魚為求食故遍觀四方
是故觀方觀已行者謂是鯌魚遙見餘物謂
是可食疾行趣之觀已行行已住者是魚
趣已既得可食即便停住故行已復住水陸
俱行者即是龜也善男子如是微妙大涅槃
河其中亦有七種衆生從初常沒乃至第七
或入或出所言常沒者有人聞是大涅槃經
如来常住无有變易常樂我淨終不畢竟入
於涅槃一切衆生悉有佛性一闡提人謗方
等經作五逆罪犯四重禁必當得成菩提之
道須陁洹人斯陁含人阿那含人阿羅漢人
辟支佛等必當得成阿耨多羅三藐三菩提
聞是語已生不信心即作是念作是念已即
作是言是涅槃典即外道書非是佛經是人
尒時遠離善友不聞正法雖時得聞不能思
惟雖復思惟不思惟善不思善故如惡法住
惡法住者則有六種一者惡二者无善三者
汙法四者增有五者惱熱六者惡果是名為
沒何故名沒无善心故常行惡故不脩對治
故是名為沒所言惡者聖人呵責故心生怖
畏故善人遠離故不益衆生故是名為惡言
无善者能生无量惡果報故常為无明所纏

BD03685 號　大般涅槃經（北本）卷三六

（24–2）

汙法四者增長五者惱熱六者遠離是名
沒何故名沒无善心故常行惡故不脩對治
故是名為沒所言惡者聖人呵責故心生怖
畏故善人遠離故不益眾生故是名為惡言
无善者能生无量惡果報故常為无明所纏
遶故常与惡人為等侶故无有脩善諸方便
故具心顛倒常錯謬故是名无善言汙法者
常汙身口故汙淨眾生故增不善業故遠離
善法故是名汙法言增有者如上三人所行
之法能增地獄畜生餓鬼不能脩習解脫之
法身口意業不厭諸有是名增有言惱熱者
是人具行如是四事能令身心二事煩熱遠
離寂靜則名為熱受地獄報故名為熱燒諸
眾生故名為熱燒諸善法故名為熱善男子
信心清淨是人不具是故名熱言受惡果者
是人具足行上五事死墮地獄餓鬼畜生善
男子有三惡事復名惡果一者煩惱惡二者
業惡三者報惡是名受惡果報善男子是人
具足如上六事能斷善根作五逆罪能犯四
重能謗三寶用僧祇物能作種種非法之事
是因緣故沉沒在於阿鼻地獄所受身形廣
縱八万四千由旬是人身口心業重故不能
得出何以故其心不能生善法故雖有无量
諸佛出世不聞不見是名常沒如恒河中大
魚善男子我雖復說一闡提等名為常沒復
有常沒非一闡提何者是耶如人為有脩施
戒善是名常沒善男子有四善事獲得惡果
何等為四一者為勝他故讀誦經典二者為
利養故受持禁戒三者為他屬故而行布施

BD03685號　大般涅槃經（北本）卷三六　（24–3）

魚善男子我雖復說一闡提等名為常沒復
有常沒非一闡提何者是耶如人為有脩施
戒善是名常沒善男子有四善事獲得惡果
何等為四一者為勝他故讀誦經典二者為
利養故受持禁戒三者為他屬故而行布施
四者為於非想非非想處故繫念思惟是四
善事得惡果報若人脩習如是四事是名
沒已還出出已還沒何故名沒樂三有故何
故名出以見明故明者即是聞戒施定何故還
沒增長邪見生憍慢故是故我於經中說偈
若有眾生樂三有　為有造作善惡業
是人迷失涅槃道　是名暫出還復沒
行於黑闇生死海　雖得解脫雜煩惱
是人還受惡果報　是名暫出還復沒
善男子如彼大魚因見光故暫得出水其身
重故還復沉沒如上二人亦復如是善男子
或復有人樂著三有是名為沒得聞如是大
涅槃經生於信心是名為出何因緣故名之
為出聞是經已遠離惡法脩習善法是名為
出是人雖信亦不具足何因緣故信不具足
是人雖信大般涅槃常樂我淨言如來身无
常无我无樂无淨如來則有二種涅槃一者
有為二者无為有為涅槃无常樂我淨无為
涅槃有常樂我淨雖信佛性是眾生有不必
一切皆悉有之是故名為信不具足善男子
信有二種一者信二者求如是之人雖復有
信不能推求是故名為信不具足信復有二
一從聞生二從思生是人信心從聞而生不
從思生是故名為信不具足復有二種一信

BD03685號　大般涅槃經（北本）卷三六　（24–4）

一切皆悉有之是故名為信不具足善男子
信有二種一者信二者求如是之人雖復有
信不能推求是故名為信不具足信復有二
一從聞生二從思生是人信心從聞而生不
從思生是故名為信不具足復有二種一信
有道二信得者是人信心唯信有道都不信
有得道之人是故名為信不具足復有二種
一者信正二者信邪言有因果有佛法僧是
名信正言无因果三寶性異信諸邪語富蘭
那等是名信邪是人雖信佛法僧寶不信三
寶同一性相雖信因果不信得者是故名為
信不具足是人成就不具足信所受禁戒亦
不具足何因緣故名不具足因不具故所得
禁戒亦不具足復何因緣名不具足戒有二
種一威儀戒二從戒戒是人唯威儀等戒不
戒具足戒是故名為戒不具足復有二種一
者作戒二者无作戒是人唯具作戒不具无
作是故名為戒不具足復有二種一從身口
得正命二從身口不得正命是人雖從身
口不得正命是故名為戒不具足復有二種
一者求戒二者捨戒是人唯具求有之戒不
得捨戒是故名為戒不具足復有二種一者
隨有二者隨道是人唯具隨有之戒不具隨
道是故名為戒不具足復有二種一者善戒
二者惡戒身口意善是名善戒牛戒狗戒是
名惡戒是人深信是二種戒俱有善果是故
名為戒不具足是人不具信戒二事所脩多
聞亦不具足云何名為聞不具足如來所說

BD03685號　大般涅槃經（北本）卷三六

（24-5）

道是故名為戒不具足復有二種一者善戒
二者惡戒身口意善是名善戒牛戒狗戒是
名惡戒是人深信是二種戒俱有善果是故
名為戒不具足是人不具信戒二事所脩多
聞亦不具足云何名為聞不具足如來所說
十二部經唯信六部不信六部是故名為聞
不具足雖復受持是六部經不能讀誦為他
解說无所利益是故名為聞不具足又復受
是六部經已為論議故為勝他故為利養故
為諸有故持讀誦說是故名為聞不具足善
男子我於經中說聞具足云何具足若有比
丘身口意善先能供養和上諸師有德之人
是諸師等於是人所生愛念心以是因緣教
授經法是人至心受持誦習持誦習已獲得
智慧得智慧已能善思惟如法而住善思惟
已則得正義得正義已身心寂靜身心寂靜
已則生喜心喜心因緣心則得定因得定故
得正知見正知見已於諸有中心生厭悔、
諸有故能得解脫是人无有如是等事是故
名為聞不具足是人不具如是三事施亦不
具施有二種一者財施二者法施是人雖復
行於財施為求有故雖行法施亦不具足何
以故祕不盡說畏他勝故是故名為施不具
足財法二施各有二種一者聖二者非聖聖
者施已不求果報非聖施已求於果報聖者
法施為增長法非聖法施為增諸有如是之
人為增財故而行財施為增有故而行法施
是故名為施不具足復次是人受六部經見
受法者而共論之不受法者則不共論是故

BD03685號　大般涅槃經（北本）卷三六

（24-6）

足財法二施名利二種一者財二者聖財
者施已不求果報非聖施已求於果報聖者
法施為增長法非聖法施為增諸有如是之
人為增財故而行財施為增有故而行法施
是故名為施不具足復次是人受六部經見
受法者而供給之不受法者則不供給是故
名為施不具足是人不具如上四事所脩戒
慧二不具足戒慧之性性能分別是人不能
分別如來是常无常如來於此涅槃經中說
言如來即是解脫解脫即是如來如來即是
涅槃涅槃即是解脫於是義中不能分別梵
行即是如來如來即是慈悲喜捨慈悲喜捨
即是解脫解脫即是涅槃涅槃即是慈悲喜
捨於是義中不能分別是故名為戒不具足
復次不能分別佛性即是如來如是即是一
切不共之法不共之法即是解脫解脫即是
涅槃涅槃即是不共之法於是義中不能分
別是故名為戒不具足復次不能分別四諦
苦集滅道不能分別四真諦故不知聖行不
知聖行故不知如來不知如來故不知解脫
不知解脫故不知涅槃是故名為戒不具足
是人不具如是五事有二種一增善法二增
惡法云何名為增長惡法是人不見已不具
足自言具足而生著心於同行中自謂為勝
是故親近同已惡友既親近已復得更聞不
具足法聞已心喜其心染著起於憍慢多行
放逸因放逸故親近在家亦樂聞說在家之
事遠離清淨出家之法以是因緣增長惡法
增惡法故身口意等起不淨業三業不淨故

BD03685 號　大般涅槃經（北本）卷三六　（24-7）

足自言具足而生著心於同行中自謂為勝
是故親近同已惡友既親近已復得更聞不
具足法聞已心喜其心染著起於憍慢多行
放逸因放逸故親近在家亦樂聞說在家之
事遠離清淨出家之法以是因緣增長惡法
增惡法故身口意等起不淨業三業不淨故
增長地獄畜生餓鬼是名輪出還沒輪出還
沒者我佛法中其誰是耶謂提婆達多瞿和
離比丘撫手比丘善星比丘瑥舍比丘滿宿
比丘慈地比丘尼曠野比丘尼方比丘尼慢
比丘尼淨潔長者求有優婆塞舍勒釋種象
長者名稱優婆夷光明優婆夷難陀優婆夷
軍優婆夷鈴優婆夷如是等人名為輪出還
沒譬如大魚見明故出身重故沒第二之人
深自知見行不具足不具足故求近善友近
善友故樂諮未聞聞已樂受受已樂善思惟
善思惟已能如法住如法住故增長善法增
善法故終不復沒是名為住我佛法中其誰
是耶謂舍利弗大目揵連阿若憍陳如等五
比丘耶舍等五比丘阿㝹樓陀童子迦葉摩
訶迦葉十力迦葉瘦瞿曇彌比丘尼波吒羅
華比丘尼勝比丘尼實義比丘尼意比丘尼
跋陀比丘尼淨比丘尼不退轉比丘尼頻婆
婆羅王耶伽長者須達多長者釋摩男貧須
達多鼠狼長者子名稱長者具足長者師子
將軍優波離長者刀長者无畏優婆塞善住
優婆夷愛法優婆夷勇健優婆夷天得優婆
夷善生優婆夷具身優婆夷牛得優婆夷曠
野優婆夷摩訶斯那優婆夷如是等比丘比

BD03685 號　大般涅槃經（北本）卷三六　（24-8）

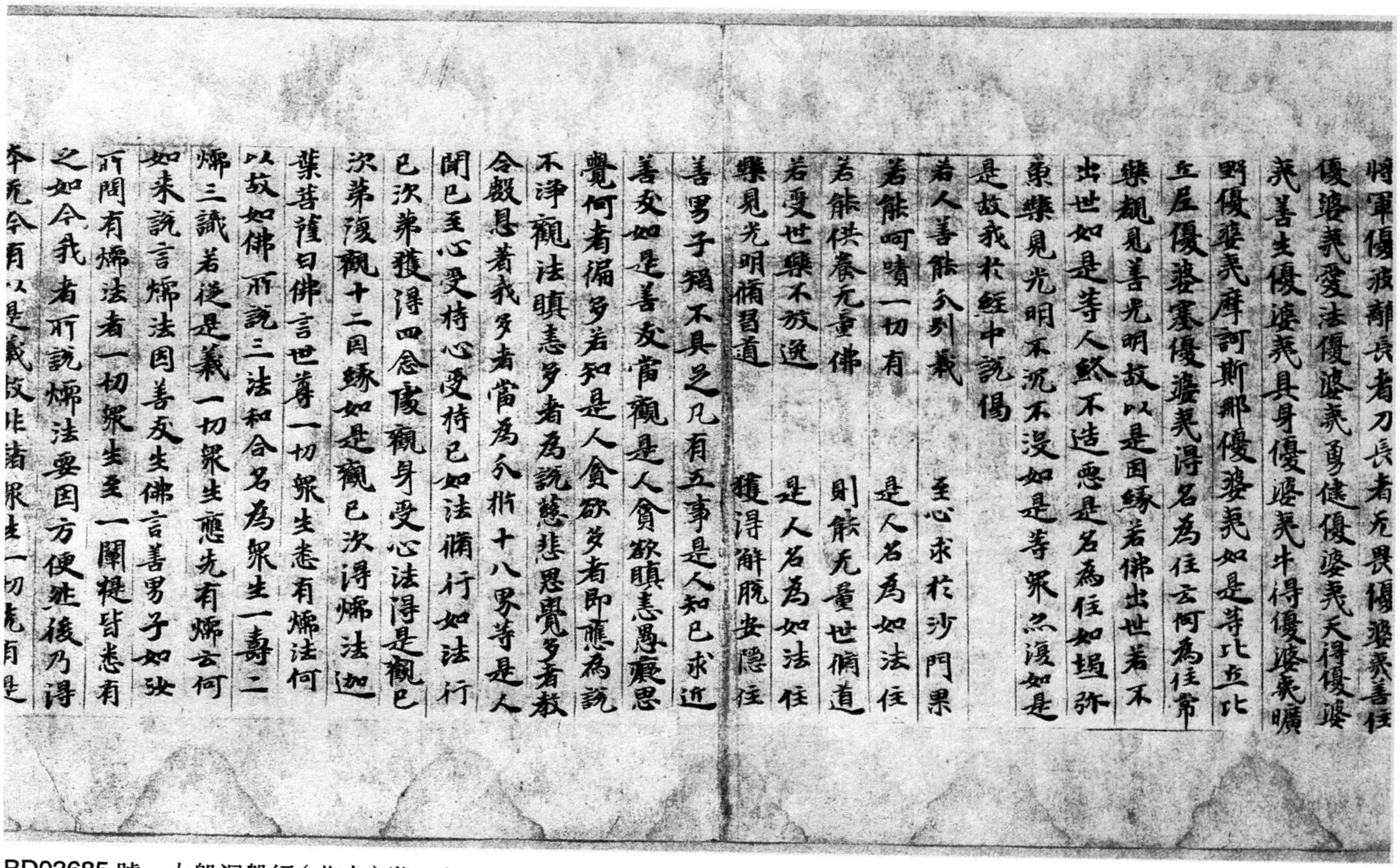
將軍優婆夷善住
優婆夷愛法優婆夷勇健優婆夷天得優婆
夷善生優婆夷具身優婆夷牛得優婆夷曠
野優婆夷摩訶斯那優婆夷如是等比丘比
丘尼優婆塞優婆夷得名為住云何為住常
樂觀見善光明故以是因緣若佛出世若不
出世如是等人終不造惡是名為住如蟻弥
魚樂見光明不沉不沒如是等衆亦復如是
是故我於經中說偈
若人善能分別義　至心求於沙門果
若能呵嘖一切有　是人名為如法住
若能供養无量佛　則能无量世脩道
若受世樂不放逸　是人名為如法住
樂見光明脩習道　獲得解脫安隱住
善男子猶不具足凡有五事是人知已求近
善友如是善友當觀是人貪欲瞋恚愚癡思
覺何者偏多若知是人貪欲多者即應為說
不淨觀法瞋恚多者為說慈悲思覺多者教
令數息著我多者當為分析十八界等是人
聞已至心受持心受持已如法脩行如法行
已次第獲得四念處觀身受心法得是觀已
次第復觀十二因緣如是觀已次得煖法迦
葉菩薩白佛言世尊一切衆生悉有煖法何
以故如佛所說三法和合名為衆生一壽二
煖三識若從是義一切衆生應先有煖云何
如來說言煖法因善友生佛言善男子如汝
所問有煖法者一切衆生乃至一闡提皆悉有
之如今我者所說煖法要因方便然後乃得
本无今有以是義故非諸衆生一切先有是

BD03685號　大般涅槃經（北本）卷三六

（24–9）

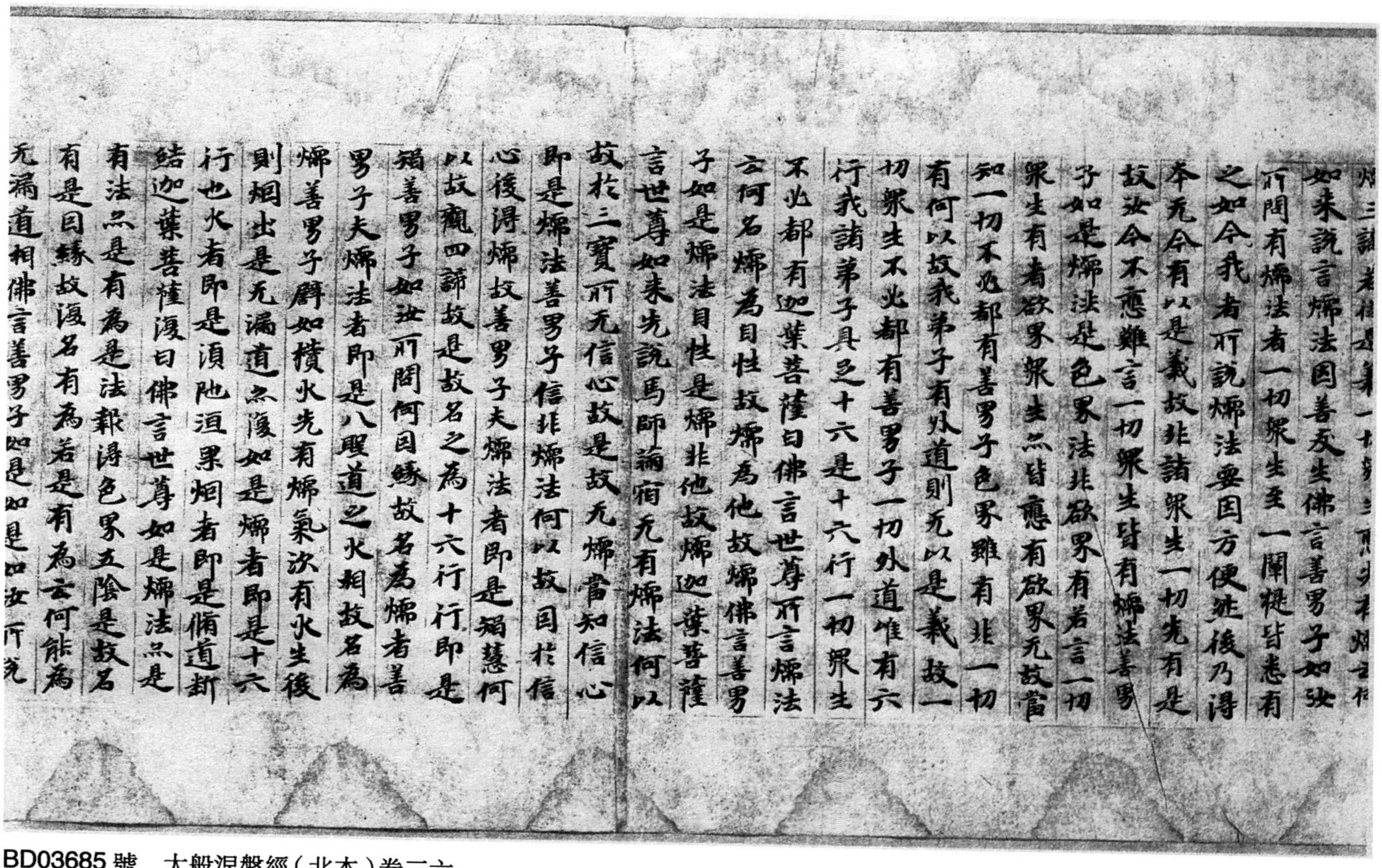
煖三識若從是義一切衆生應先有煖云何
如來說言煖法因善友生佛言善男子如汝
所問有煖法者一切衆生乃至一闡提皆悉有
之如今我者所說煖法要因方便然後乃得
本无今有以是義故非諸衆生一切先有是
故汝今不應難言一切衆生皆有煖法善男
子如是煖法是色界法非欲界有若言一切
衆生有者欲界衆生亦皆應有欲界无故當
知一切不必都有善男子色界雖有非一
切有何以故我弟子有外道則无以是義故一
切衆生不必都有善男子一切外道唯有六
行我諸弟子具足十六是十六行一切衆生
不必都有迦葉菩薩白佛言世尊所言煖法
云何名煖為自性故煖為他故煖佛言善男
子如是煖法自性是煖非他故煖迦葉菩薩
言世尊如來先說馬師滿宿无有煖法何以
故於三寶所无信心故是故无煖當知信心
即是煖法善男子信非煖法何以故因於信
心後得煖故善男子夫煖法者即是智慧何
以故觀四諦故是故名之為十六行行即是
智善男子如汝所問何因緣故名為煖者善
男子夫煖法者即是八聖道之火相故名為
煖善男子譬如攢火先有煖氣次有火生後
則烟出是无漏道亦復如是煖者即是十六
行也火者即是須陁洹果烟者即是脩道斷
結迦葉菩薩復白佛言世尊如是煖法亦是
有法亦是有為是法能得色界五陰是故名
有是因緣故復名有為若是有為云何能為
无漏道相佛言善男子如是如是如汝所說

BD03685號　大般涅槃經（北本）卷三六

（24–10）

結迦葉菩薩復白佛言世尊如是煖法亦是
有法亦是有為是法報得色界五陰是故名
有是因緣故復名有為若是有為云何能為
无漏道相佛言善男子如是如是如汝所說
善男子如是煖法雖是有為有法還能破壞
有為有法是故能為无漏道相善男子如人
乘馬亦愛亦棄煖心亦尒愛故受生厭故觀
行是故雖復有法有為而能与彼正道作相
得煖法人七十三種欲界十種是人具足一
切煩惱從斷一分至於九分如欲界初禪乃
至无所有處亦復如是七名十三種如是
等人得煖法已則不復能斷於善根作五逆
罪犯四重禁是人二種一遇善友二遇惡友
遇惡友者輪出還沒遇善友者遍觀四方觀
四方者即是頂法是法雖復性是五陰亦緣
四諦是故得名遍觀四方得頂法已次得忍
法是忍亦尒性亦五陰亦緣四諦是人次得
世弟一法是法雖復性是五陰亦緣四諦是
人次弟得苦法忍忍性是慧緣於一諦如是
忍法緣一諦已乃至見斷煩惱得須陁洹果
是名弟四遍觀四方四方者即是四諦迦葉
菩薩白佛言世尊如佛先說須陁洹人所斷
煩惱猶如縱廣卌里水其餘在者如一毛渧
此中云何說斷三結須陁洹一者我見二
者非因見因三者疑网世尊何因緣故名須
陁洹遍觀四方復何因緣名須陁洹復何因
緣說須陁洹喻以鑄魚佛言善男子須陁洹
人雖復能斷无量煩惱此三重故亦攝一切

BD03685號　大般涅槃經（北本）卷三六　（24-11）

者非因見因三者疑网世尊何因緣故名須
陁洹遍觀四方復何因緣名須陁洹復何因
緣說須陁洹喻以鑄魚佛言善男子須陁洹
人雖復能斷无量煩惱此三重故亦攝一切
須陁洹人所斷結故善男子譬如大王出遊
巡時雖有四兵世人但言王來王去何以故
世間重故是三煩惱亦復如是何因緣故名
之為重一切衆生常所起故微難識故是故
名重如是三結難可斷故能為一切煩惱因
故是三對治之怨敵故謂之戒慧善男子有
諸衆生聞須陁洹能斷如是无量煩惱則生
退心便作是言衆生云何能斷如是无量煩
惱是故如来方便說三如汝所問何因緣故
須陁洹人喻觀四方善男子須陁洹人觀於
四諦獲得四事一者住堅固道二者能遍觀
察三者能如實知見四者能壞大怨堅固道
者是須陁洹所有五根无能動者是故名為
住堅固道能遍觀者悉能呵嘖内外煩惱如
實見者即是忍智壞大怨者謂四顛倒如汝
所問何因緣故名須陁洹者善男子須名无
漏須陁洹名脩習脩習无漏故名須陁洹善男
子復有須者名流流有二種一者順流二者
逆流以逆流故名須陁洹迦葉菩薩言世尊
若從是義何因緣故斯陁含人阿那含人阿
羅漢人不得名為須陁洹耶善男子從須陁
洹乃至諸佛亦得名為須陁洹若斯陁含乃
至諸佛无須陁洹云何得名斯陁含乃至諸
佛一切衆生名有二種一者舊二者客凡夫

BD03685號　大般涅槃經（北本）卷三六　（24-12）

羅漢人不得名為須陁洹耶善男子從須陁
洹乃至諸佛亦得名為須陁洹若斯陁含乃
至諸佛无須陁洹云何得名斯陁含乃至諸
佛一切衆生名有二種一者舊二者客凡夫
之時有世名字既得道已更為立名名須陁
洹以先得故名須陁洹以後得故名斯陁含
是人亦名須陁洹亦名斯陁含乃至佛亦復
如是善男子流有二種一者解脫二者涅槃
一切聖人皆有是二亦可得名須陁洹亦名
斯陁含乃至佛亦復如是善男子須陁洹者
亦名菩薩何以故菩薩者即是盡智及无生
智須陁洹人亦復求索如是二智是故當知
須陁洹人得名菩薩須陁洹人亦得名覺何
以故正覺見道斷煩惱故正覺因果故正覺
共道及不共道故斯陁含乃至阿羅漢亦復
如是善男子是須陁洹凡有二種一者利根
二者鈍根鈍根之人人天七反是鈍根人復
有五種或有六五四三二種利根之人現在
獲得須陁洹果阿羅漢果
善男子如汝所問何因緣故須陁洹人以喻
鐺象者善男子鐺象有四事一者骨細故輕
二者有翅故輕三者樂見光明四者銜物堅
持須陁洹人亦有四事言骨細者喻煩惱微
言有翅者喻奢摩他毗婆舍那樂見光明喻
於見道銜物堅持喻聞如來說无常苦无我
不淨堅持不捨猶如魔王化作佛像首羅長
者見已心驚魔見長者其心動已即語長者
我先所說四真諦者是說不真今當為汝更

於見道銜物堅持喻聞如來說无常苦无我
不淨堅持不捨猶如魔王化作佛像首羅長
者見已心驚魔見長者其心動已即語長者
我先所說四真諦者是說不真今當為汝更
說五諦六陰十三入十九界長者聞已尋觀
法相都无此理是故堅持其心不動迦葉菩
薩白佛言世尊須陁洹先得道故名須陁
洹以初果故名須陁洹若先得道名須陁洹
者得苦法忍時何故不得名須陁洹乃名為
向若以初果名須陁洹外道之人先斷煩惱
至无所有處脩无漏道得阿那含果何故不
名為須陁洹善男子以初果故名須陁洹如
汝所問外道之人先斷煩惱至无所有處脩
无漏道得阿那含何故不名須陁洹者善男
子以初果故名須陁洹是人尒時具足八智
及十六行迦葉言世尊得阿那含亦復如是
亦得八智具十六行何故不得名須陁洹善
男子有漏十六行有二種一者共二者不共
无漏十六行有二種一者向果二者得果
八智亦二一者向果二者得果須陁洹人捨
共十六行得不共十六行捨向果八智得果
八智阿那含人則不如是是故初果名須陁
洹善男子須陁洹人緣於四諦阿那含人唯
緣一諦是故初果名須陁洹以是因緣喻以
鐺象遍觀已行行者即是斯陁含人繫心
脩道為斷貪欲瞋癡憍慢如彼鐺象遍觀方已
為食故行行已復住喻阿那含得食已住是
阿那含凡有二種一者現在得阿那含進脩

縛一諦是故初果名須陀洹以是[illegible]縛喻以
鍇魚適觀已行行者即是斯陀含人繫心
脩道為斷貪欲瞋癡憍慢如彼鍇魚遍觀方已
為食故行行已復住喻阿那含得食已住是
阿那含凡有二種一者現在得阿那含進脩
即得阿羅漢果二者貪著色界无色界中寂
靜三昧是人不受欲界身故名阿那含是阿
那含復有五種一者中般涅槃二者受身般
涅槃三者行般涅槃四者无行般涅槃五者
上流般涅槃復有六種五種如上加現在般
涅槃復有七種六種如上加无色界般涅槃
行般涅槃復有二種或受二身或受四身若
受二身是名利根若受四身是名鈍根復有
二種一者精進无自在定二者懈怠有自在
定復有二種一者具精進定二者不具是二
善男子欲界眾生有二種業一者作業二受
生業中涅槃者唯有作業无受生業是故於
中而般涅槃捨欲界身未至色界以利根故
於中涅槃是中涅槃阿那含人有四種心一
者非學非无學二者學三者无學四者非學
非无學入於涅槃云何復名中般涅槃善男
子是阿那含四種心中二是涅槃二非涅槃
是故名為中般涅槃受身涅槃復有二種一
者作業二者生業是人捨欲界身受色界身
精懃脩道盡其壽命入於涅槃迦葉菩薩
言世尊若言盡命壽入涅槃者云何而言受身
涅槃佛言善男子是人受身然後乃斷三界煩
惱是故名為受身涅槃善男子行般涅槃者
常脩行道有為三昧力故能斷煩惱入於涅

BD03685號　大般涅槃經（北本）卷三六　（24–15）

精懃脩道盡其壽命入於涅槃迦葉菩薩
言世尊若言盡命壽入涅槃者云何而言受身
涅槃佛言善男子是人受身然後乃斷三界煩
惱是故名為受身涅槃善男子行般涅槃者
常脩行道有為三昧力故能斷煩惱入於涅
槃是名行般涅槃无行般涅槃者是人定知
當得涅槃是故懈怠亦以有為三昧力故壽
盡則得入於涅槃是名无行般涅槃上流般
涅槃者若有人得第四禪已是人生於初禪
愛心以是因緣退生初禪是有二流一煩惱
流二者道流以道流故是人壽盡生二禪愛
以愛因緣生於二禪至第四禪亦復如是是
四禪中復有二種一者入无色界二者入五
淨居如是二人一樂三昧二樂智慧樂智慧
者入五淨居樂三昧者入无色界如是二人
一者脩第四禪有五階差二者不脩云何為
五下中上上中上上上脩上上者處无小天脩
上中者處善見天脩上品者處善可見天脩
中品者處无熱天脩下品者處少廣天如是
二人一樂論議二樂寂靜樂寂靜者入无色
界樂論議者處五淨居復有二種一者脩動
禪二者不脩動禪脩動禪者入五淨居不脩
動禪者生无色界盡其壽命而般涅槃是名
上流般涅槃若欲入於无色界者則不能脩
四禪五差若脩四禪五差則能呵嘖无色界
定迦葉菩薩白佛言世尊中涅槃者則是利
根若利根者何不現在入涅槃耶何故欲界
有中涅槃色界則无
佛言善男子是人現在四大羸劣不能脩道

BD03685號　大般涅槃經（北本）卷三六　（24–16）

四禪五羗若脩四禪五羗則能呵嘖无色界
迦葉菩薩白佛言世尊中涅槃者則是利
根若利根者何不現在入涅槃耶何故欲界
有中涅槃色界則无
佛言善男子是人現在四大羸劣不能脩道
雖有比丘四大康健无有房舍飲食衣服卧
具醫藥衆緣不具是故不得現在涅槃善男
子我昔一時在舍衛國阿那邠坻精舍有一
比丘来至我所作如是言世尊我常脩道而
不能得須陁洹果至阿羅漢果我時即告阿
難言汝今當為如是比丘具諸所須尒時阿
難將是比丘至祇陁林与好房舍是時比丘
語阿難言大德唯願為我莊嚴房舍淨潔脩
治七寶嚴飾懸繒幡蓋阿難言世間貧者乃
名沙門我當云何能辦是事是比丘言大德
若能為我作者善哉若不能者我當還
往至世尊所尒時阿難即往佛所作如是言
世尊向者比丘從我求索種種莊嚴七寶幡
蓋不審是事當云何耶我於尒時復告阿難
汝今還去隨比丘意所須之物為辦具之尒
時阿難即還房中為是比丘事事具之比丘
得已繫念脩道不久即得須陁洹果至阿羅
漢果善男子无量衆生應入涅槃以所乏故
妨亂其心是故不得善男子復有衆生多喜
教化其心忩務不能得之是故不得現在涅
槃善男子如汝所問何因緣故捨欲界身有
中涅槃色界无者善男子是人觀於欲界煩
惱因緣有二一者內二者外而色界中无外
因緣欲界復有二種愛心一者欲愛二者色

BD03685號　大般涅槃經（北本）卷三六

（24-17）

槃善男子如汝所問何因緣故捨欲界身有
中涅槃色界无者善男子是人觀於欲界煩
惱因緣有二一者內二者外而色界中无外
因緣欲界復有二種愛心一者欲愛二者色
愛觀是二愛至心呵嘖既呵責已得入涅槃
是欲界中能得呵嘖諸麁煩惱所謂慳貪瞋
妬无慙无愧以是因緣能得涅槃又欲界道
其性勇健何以故得向果故是故欲界有中
涅槃色界中无善男子中涅槃者凡有三種
謂上中下上者捨身未離欲界便得涅槃中
者始離欲界未至色界便得涅槃下者離欲
界已至色界邊乃得涅槃喻以錯象得食已
住是人亦尒云何名住處在色界及无色界
得受身故名住不受欲界人天地獄畜
生餓鬼是故名住已斷无量諸煩惱結餘少
在故是故名住復何因緣名之為住終不造
作共凡夫事是故名住自无所畏不令他畏
是故名住遠離二愛慳貪瞋恚是故名住善
男子到彼岸者喻阿羅漢辟支佛菩薩佛猶
如神龜水陸俱行何因緣故喻之以龜善藏
五根故是阿羅漢乃至諸佛亦復如是善覆
五根是故喻龜言水陸者水喻世間陸喻出
世是諸聖等亦復如是能觀一切惡煩惱故
到於彼岸是故喻以水陸俱行善男子如恒
河中七種衆生雖有象龜之名不離於水如
是微妙大涅槃中從一闡提上至諸佛雖有
異名然亦不離於佛性水善男子是七衆生
者善去者不善法者方便道者解脫道者次

BD03685號　大般涅槃經（北本）卷三六

（24-18）

河中七種衆生雖有象龜之名不離於水如
是微妙大涅槃中從一闡提上至諸佛雖有
異名然不離於佛性水善男子是七衆生
若善法若不善法若方便道若解脫道若次
苐道若因若果悉是佛性是名如来隨自意
語迦葉菩薩言世尊若有因則有果若无因
則无果涅槃名果常故无因若无因者云何
名果而是涅槃亦名沙門名沙門果云何沙
門云何沙門果善男子一切世間有七種果
一者方便果二者報恩果三者親近果四者
餘殘果五者平等果六者果報果七者遠離
果方便果者如世間人秋多收穀咸相謂言
得方便果方便果者名業行果如是果者有
二種因一者近因二者遠因近因者所謂種
子遠因者謂水糞人功是名方便果報恩果
者如世間人供養父母父母咸言我今已得
恩養之果子能報恩名之為果如是果者因
亦二種一者近因二者遠因近因者即是父
母過去純善之業遠者即是所生孝子是名
報恩果親近果者譬如有人親近善友或得
須陁洹果至阿羅漢果是人唱言我今已得
親近果報如是果者因有二種一者近因二
者遠因近者信心遠者善友是名親近果餘
殘果者如因不煞得苐三身延年益壽是名
殘果如是果者有二種因一者近因二者遠
因近者即是身口意淨遠者是延年益壽是
名殘果平等果者謂世間器如是果者亦有
二種因一者近因二者遠因近因者所謂衆

殘果者如因不煞得苐三身延年益壽是名
殘果如是果者有二種因一者近因二者遠
因近者即是身口意淨遠者是延年益壽是
名殘果平等果者謂世間器如是果者亦有
二種因一者近因二者遠因近因者所謂衆
生脩十善業遠因者所謂三灾是名平等果
果報果者如人獲得清淨身已脩身口意清
淨三業是人便說我得報果如是果者因有
二種一者近因二者遠因近因者所謂現在
身口意淨遠因者所謂過去身口意淨是名
果報果遠離果者即是涅槃離諸煩惱一切
善業是涅槃因復有二種一者近因二者遠
因近因者即是三解脫門遠因者即无量世
所脩善法善男子如世用法或說生因或說
了因出世之法亦復如是亦說生因亦說了
因善男子三解脫門三十七品能為一切煩
惱作不生生因亦為涅槃而作了因善男子
遠離煩惱則得了了見於涅槃是故涅槃唯
有了因无有生因善男子如汝所問云何沙
門云何沙門果者善男子沙門那者即八正
道沙門果者從道畢竟永斷一切貪瞋癡等
是名沙門沙門果迦葉菩薩言世尊何因緣
故八正道者名沙門那善男子世言沙門名
之為乏那者名道如是道者斷一切乏斷一
切道以是義故名八正道為沙門那從是道
中獲得果故名沙門果善男子又沙門那者
如世間人有樂靜者亦名沙門如是道者亦
復如是能令行者離身口意惡耶命等得樂
寂靜是故名之為沙門那善男子如世下

之煩之用者名道如是道者斷一切之斷一
切道以是義故名八正道為沙門那徒是道
中獲得果故名沙門果善男子又沙門那者
如世間人有樂靜者亦名沙門如是道者亦
復如是能令行者離身口意惡耶命等得樂
寂靜是故名之為沙門那善男子如世下人
能作上人是名沙門如是道者亦復如是能
令下人作上人故是故得名為沙門那善男
子阿羅漢人脩是道者得沙門果是故得名
到於彼岸阿羅漢果者即是无學五分法身
戒定慧解脫解脫知見因是五分得到彼岸
是故名為到於彼岸到彼岸故而自說言我
生已盡梵行已立所作已辦更不受有善男
子是阿羅漢永斷三世生因緣故是故自說
我生已盡亦斷三界五陰身故是故復言我
生已盡所脩梵行已畢竟故是故唱言梵行
已立又捨學道亦名已立如本所求今日已
得是故唱言所作已辦脩道得果亦言已辦
獲得盡智无生智故唱言我生已盡盡諸有
結以是義故名阿羅漢得到彼岸如阿羅漢
辟支佛亦復如是菩薩及佛具足成就六波
羅蜜名到彼岸是佛菩薩得阿耨多羅三藐
三菩提已名為具足六波羅蜜何以故得六
波羅蜜果故以得果故名為具足善男子是
七眾生不脩身不脩戒不脩心不脩慧不能
脩習如是四事則能造作五逆重罪能斷善
根犯四重禁謗佛法僧是名得名為常沉沒
善男子是七人中有能親近善知識者至心
聽受如来正法內善思惟如法而住精懃脩

BD03685號　大般涅槃經（北本）卷三六

（24–21）

七眾生不脩身不脩戒不脩心不脩慧不能
脩習如是四事則能造作五逆重罪能斷善
根犯四重禁謗佛法僧是名得名為常沉沒
善男子是七人中有能親近善知識者至心
聽受如来正法內善思惟如法而住精懃脩
習身戒心慧是故得名度生死河到於彼岸
若有說言一闡提人得阿耨多羅三藐三菩
提者是名染著若言不得是名虛妄善男子
是七種人或有一人具七或有七人各一善
男子若有心口異相異說言一闡提得阿耨
多羅三藐三菩提者當知是人謗佛法僧若
人心口異相異說言一闡提不得阿耨多羅
三藐三菩提是人亦名謗佛法僧善男子若
有說言八聖道分凡夫所得是人亦名謗佛
法僧若有說言八聖道分非凡夫得是人亦
名謗佛法僧善男子若有說言一切眾生定
佛有性定无佛性是人亦名謗佛法僧善男
子是故我於契經中說有二種人謗佛法僧
一者不信瞋恚心故二者雖信不解義故善
男子若人信心无有智慧是人則能增長无
明若有智慧无有信心是人則能增長耶見
善男子不信之人瞋恚心故說言无有佛法
僧寶信者无慧顛倒解義令聞法者謗佛法
僧善男子是故我說不信之人瞋恚心故有
信之人无智慧故是人能謗佛法僧寶善男
子若有說言一闡提等未生善法便得阿耨
多羅三藐三菩提是人亦名謗佛法僧若復
有言一闡提人捨一闡提於異身中得阿耨
多羅三藐三菩提是人亦名謗佛法僧若復

BD03685號　大般涅槃經（北本）卷三六

（24–22）

信之人无慚愧故是人能謗佛法僧寶善男
子若有說言一闡提等未生善法便得阿耨
多羅三藐三菩提是人名謗佛法僧若復
有言一闡提人捨一闡提於異身中得阿耨
多羅三藐三菩提是人亦名謗佛法僧若復
說言一闡提人能生善根生善根已相續不
斷得阿耨多羅三藐三菩提故言一闡提得
阿耨多羅三藐三菩提當知是人不謗三寶
善男子若有人言一切衆生定有佛性常樂
我淨不作不生煩惱因緣故不可見當知是
人謗佛法僧若有說言一切衆生都无佛性
猶如兎角從方便生本无今有已有還无當
知是人謗佛法僧若有說言衆生佛性非有
如虛空非无如兎角何以故虛空常故兎角
无故是故得言亦有亦无有故破兎角无故
破虛空如是說者不謗三寶善男子夫佛性
者不名一法不名十法不名百法不名千法
不名万法未得阿耨多羅三藐三菩提時一
切善不善无記盡名佛性如來或時因中說
果果中說因是名如來隨自意語隨自意語
故名為如來如來隨意語故名阿羅呵隨意
語故名三藐三佛陁

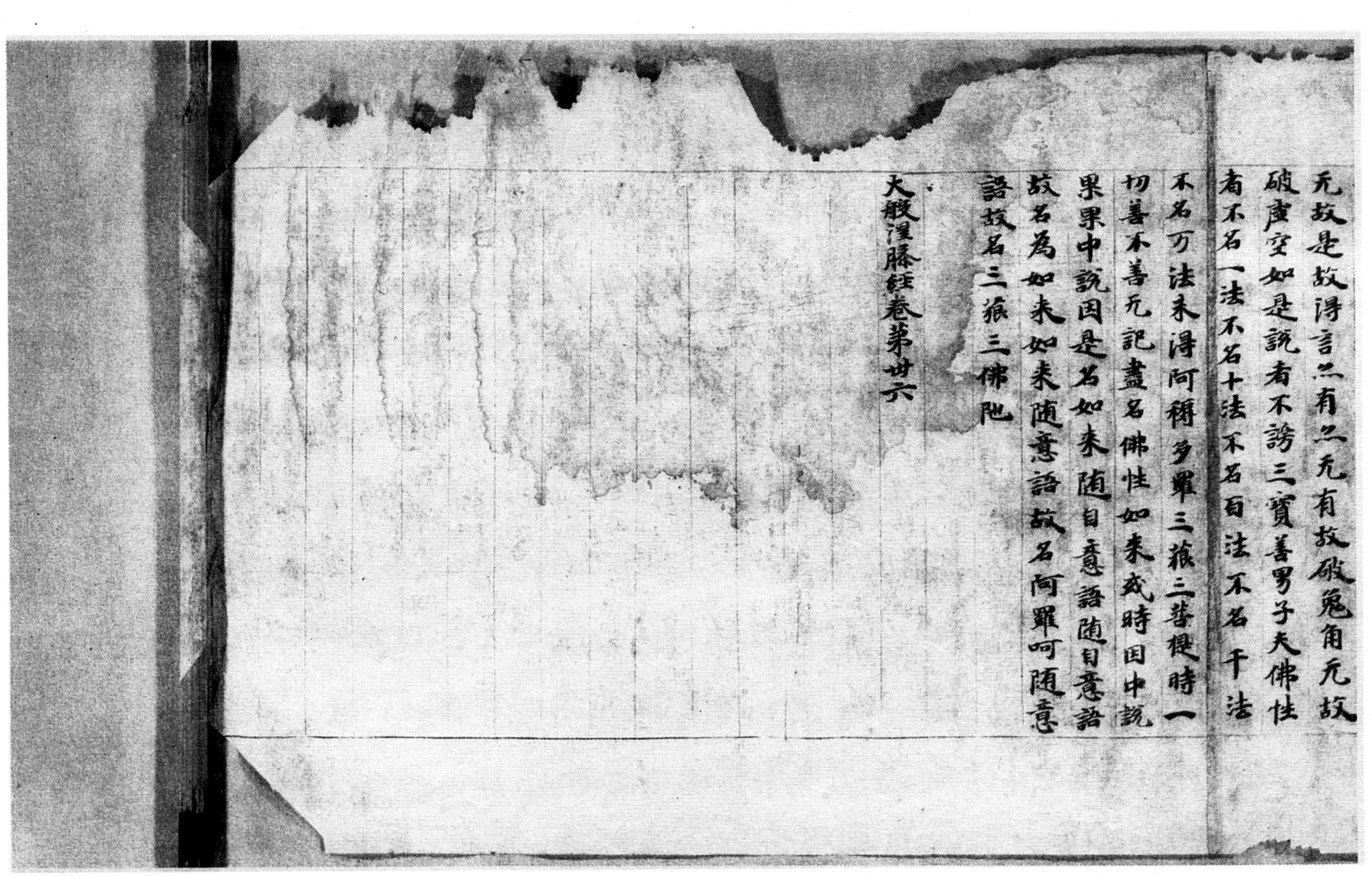

大般涅槃經卷第卅六

BD03685號　大般涅槃經（北本）卷三六　（24–23）

无故是故得言亦有亦无有故破兎角无故
破虛空如是說者不謗三寶善男子夫佛性
者不名一法不名十法不名百法不名千法
不名万法未得阿耨多羅三藐三菩提時一
切善不善无記盡名佛性如來或時因中說
果果中說因是名如來隨自意語隨自意語
故名為如來如來隨意語故名阿羅呵隨意
語故名三藐三佛陁

大般涅槃經卷第卅六

BD03685號　大般涅槃經（北本）卷三六　（24–24）

聞鄉大富家　[illegible]王言
使至唯見門閤七重舍宅堂宇七寶莊嚴
無餘物唯見婦女端政少雙使還具以白王王意謂斯解時近
難超智王願已便於王前以手承指即時空中七寶雨下齊腰量
滿餘三方亦復如是王見乃知是大福德王所詣寺請問比丘有
何至得阿羅漢三明六通王問上座比丘此迦羅越宿殖何福所須自然
比丘答王上坐答王乃往過去九十一劫毗婆尸佛入涅槃後迦羅越命時與
共四人同共造塔用心偏勤造塔成已復以七寶及取好華上塔頭
四面散下而以供養發願言使我世世食福自然恒不斷絕緣是功
德從是以來九十一劫不墮惡道天上人中食福自然快樂無極爾時
願食福無盡不願度脫故至今日唯受勝福未得道迹大悲經
云佛告阿難若人樂著三有果報於佛福田若行布施諸餘善根願
我世世莫入涅槃以此善根不入涅槃無有是處是人雖不樂求涅槃於佛所
種諸善根我說是人必入涅槃　金地國王過去治故塔得報緣出賢愚經第
昔在佛世時南方有金地國王名摩訶劫賓寧聰慧聰明大力勇健
統國土三万六千兵衆熾盛無能敵者威風遠振莫不摧伏佛以神力感
勢伏之將領一万八千小王來至佛所佛為說法悉皆獲得須陀洹果求
出家佛即聽之既出家已得阿羅漢三明六通具八解脫阿難見已而
[illegible]

諸善根。我説是已入涅槃。
金地國王過去治故塔得報緣出賢愚經略要
昔在佛世時，南方有金地國王，名摩訶劫賓寧，體性聰明，大力勇健，所
統國土三万六千，兵衆熾盛，无能敵者，威風遠振，莫不摧伏。佛以神力威
勢伏之，將領一万八千小王來至佛所。佛為説法，悉皆獲得須陀洹果，求
出家。佛即聽之，既出家已，得阿羅漢，三明六通，具八解脱。阿難見已，而
白佛言：金地國王宿殖何福，生在豪尊，功德魏魏，又与一万八千諸王
值世尊，出家得道？佛告阿難：乃往過去有佛出世，号曰迦葉。入涅槃後有一
長者，為起塔寺，供養衆僧。年歲漸久，其塔崩壞，衣食斷絶。長者有
子作比丘僧，便行勸化人民之類，共治斯塔，復設飲食床卧之具，供養
衆僧。因發禮願：當來世所富貴長壽，值佛出世，聞法獲證，行願无遺。
今是彼從是以來，不墮惡道，天上人中常受福樂，豪尊自在。今
值我故，出家得道。所將諸王一万八千得道之者，悉是往共治塔人侶也，果
皆得度脱。
蘇曼女十子過去治故塔得報緣出賢愚經略要
昔佛在世時，舍衛城中有一長者家下小女，字曰須曼，面首端政，世間
雙其。父憐愛，特於諸子。若遊行時，每將共去。父於後時，將到祇洹寺
佛。歡喜心念，欲得香塗佛室。女後還家，買種種香，持詣祇洹，躬自
塗磨用佛室。時有特叉尸利國王兒到國，入祇洹，看見蘇曼女在磨香
香。心生愛念，欲得為婦。啓波斯匿王，見賜。王語之言：卿自從索。
我不能得。聞王此語，即立謀計，發遣徒伴先歸本國，唯留一象，獨在。
於後乘入祇洹寺象，近女畢騎還國。須達遣人逐不能得。既至本國，
使納為婦。後時懷任，生卵十枚，卵後開敷，生十男兒，形根端政，勇
健非凡。聞佛出世在舍衛國，即辭父母，詣舍衛國。先到外家，須達者見
歡喜，將至佛所。佛為説法，得須陀洹，即求出家。既出家已，得阿羅漢，三
明六通，具八解脱。阿難見已，而白佛言：此十比丘宿殖何福，生尊豪貴，
必面根端政，又值世尊，出家得道？佛告阿難：乃往過去九十一劫，毗婆尸佛
入涅槃後，収取舍利，起无量塔。時有一塔，朽故崩壞，有一老母而修治之，有

[illegible]

歡喜持至佛所佛為說法得須陀洹果求出家既出家已得阿羅漢三
明六通具八解脫阿難見已而白佛言此十比丘宿殖何福生尊貴
家面貌端政又值世尊出家得道佛告阿難乃往過去九十一劫毗婆尸佛
入涅槃後分布舍利起無量塔時有一塔朽故毀壞有一老母而修治之有
十子因行過見母共修治竟見塔嚴飾常求世世為母子兄弟同生緣
是善願從是以來九十一劫不墮惡道天上人中恒與俱生受福快樂
有三事勝一者端政二人所愛三者長壽今值我故出家得道
僧祇律偈說　真金百千擔持用布施不如一團泥敬心治佛塔
金色遍身治故塔得金色好像出百像經略要
昔佛在世時迦羅衛城中有一長者其家巨富財寶無量不可稱計生一
男兒身紫金色端政殊特世所希有身色光明遍照城內皆作金
色父母見已歡喜無量因為立字名曰金色年漸長大求佛出家得阿
羅漢三明六通具八解脫比丘見已而白佛言金色比丘宿殖何福生於
豪族身體金色又值世尊出家得道佛告比丘乃往過去九十一劫毗
婆尸佛入涅槃後時有王名槃頭末帝收其舍利造四寶塔高一由旬而
供養之時有一人因行見塔少有破落和泥補治并買金薄而以
薄之發願而去緣是功德從是以來九十一劫不墮惡道天上人中身常
金色受福快樂乃至今者遭值於我出家得道出曜經說彌勒王
過去化九万二千人共治迦葉佛塔治竟發願常來世恒共同處
後時命終右生忉利天上至釋迦佛出世從天下生作彌勒王九万二
千人志同生王國王與共詣佛所佛為說法悉皆獲得須陀洹果
婆多竭梨過去持塔得報緣出菩薩本行經略要
昔佛在世時吉五百阿羅漢共等自說前世宿行所作功德今得值我得道
因緣時有阿羅漢名婆多竭梨即從坐起白佛言世尊我念過去無央

[illegible]

千人志同生王國王与共詣仏所仏爲説法志皆獲得須陀洹果
婆多竭梨過去掃塔得報緣出并本行經略要
昔仏在世時吉五百阿羅漢汝等各説前世宿行所作功德今得值我得道
因緣時有阿羅漢名婆多竭梨即從坐起白仏言世尊我念過去无央
數劫有仏出世号曰寶光入涅槃後分布舍利起七寶塔供養法欲末時有
一貧人无方自濟賣薪爲業向澤採薪遥見澤中有一塔寺荒爲
草木荊棘不淨滿中迥絶无人復无行跡无供養者貧人覩見心
觀之即到塔邊瞻覩形像歡喜作礼唯見狼狐飛鳥之所止宿之
處愴然而不曉知如來神德但以歡喜誅伐草木掃除不淨掃訖歡喜
遶之八匝作礼而去緣此功德命終之後生光音天衆寶宮殿光明晃耀
諸天中巍巍寂藤不可計量盡其天壽而復百返作轉輪王七寶自
典四天下後復壽盡常生國王大姓長者財富无數顏容端政殊
光覺人見歡喜莫不愛敬欲行之時道路自淨虛空之中散
衆花婆多竭言昔貧人者今我身是由昔掃塔生處自然二阿僧
祇九十劫中不堕惡道天上人間富貴尊榮封受自然快樂无極
今最後身值釋迦仏捨家出家得阿羅漢三明六通具八解脫若有
人能於仏法僧少作微善如毛髮許所生之處受報弘大无有窮盡
譬喻經説祇陁太子昔毗婆尸仏時布施一奴掃給塔寺緣此功德
常得七寶宮宅門戶兩邊常有自然金銀男女執持寶餚滿
七寶衣服无窮盡夜中常有自然天兵五百餘騎衛護其舍宅
轉輪王七寶者一金輪寶二白象寶三紺馬寶四神珠寶五玉女
…寶七主兵寶
[illegible]
德意掃塔香燈供養得生天緣出百緣經略要
□仏在世時王舍城主頻婆娑羅奉仏敬祈宮中造塔王及宮人懸繒
幡蓋香花燈明日三供養後時太子阿闍世王信用調達惡友之言勅
宮其又內五百王約勅宮內不聽礼拜供養掃塔有犯者斬殺七月十五日

德意掃塔香燈供養得生天緣出百緣經略要
昔佛在世時王舍城主頻婆娑羅爲佛於宮中造塔王及宮人懸繒
幡蓋香花燈明日三供養後時太子阿闍世王信用調達惡友之言殺
其父王自立爲王約勑宮內不聽禮拜供養彼塔有犯者斬後十月十五日
他僧自恣時有一宮人名功德意見塔汙穢无人掃灑而自念言我今
此身不受飛驟當用掃灑香花燈明供養彼塔念已尋即掃灑
供養阿闍世王樓上遙見遣人喚來尋即殺之死已即生忉利天
上照曜滿四十里時天帝釋及餘諸天皆來觀看既生天已
頭戴天冠瓔珞其身將諸天衆齎散香花下供養佛佛爲說法得
須陁洹果已還歸天上　掃塔天掃治塔寺得生天緣出雜寶藏經略要
昔舍衛國中有一長者造立塔寺後時命終生忉利天其婦晝夜追
憶夫故愁憂苦惱以憶夫故常掃治夫所造塔寺夫下觀見尋來
其所問訊其婦而語之言汝憶我故大憂愁耶婦即語言汝爲是誰夫
答言我是汝夫以作塔寺功德因緣得生天上見汝憶我循治塔
寺故來至此婦言近我夫即言人身臭穢不復可近汝復欲得爲我
婦者勤供佛僧循掃塔寺願生我天容得生天我當還以汝爲
婦用夫語作諸功德後壽命終生天其後命終得生天上還爲夫婦
俱來至佛所佛爲說法夫婦並得須陁洹果既得果已還歸
天上增壹阿含經說掃佛塔有五功德一水灑地二除去瓦石三平正其
地四隨意掃地五除穢惡　老比丘由掃塔得道緣出别功德論略要
昔舍衛城中有夫婦二人而无子息夫婦精進信敬三寶時婦早亡由
於生忉利天以爲天女面首端政天中少雙天女自念我極端政今
生閻誰任我夫便以天眼觀見本夫今已出家年老闇短專
而已常懃掃除爲業見其掃塔必應生天女尋下光明照曜
其夫前比丘見已問其因緣天女答曰我是君妻今爲天女我觀天
无任我夫見君精進常懃掃塔必應生天若得生天願同

殊生忉利天以爲天女面首端政天中少雙天女自念我福誰致令
聞誰任我夫使以天眼觀見本夫今已出家年老闇短尊
而已常懃掃除爲業見其掃塔必應生天女尋下光明照曜
其夫前比丘見已問其因緣天女答曰我是君妻今爲天女我觀夫
允任我夫見君精進常懃掃塔必應生天若得生天願同
還爲我夫是以故來陳其情狀白意已訖還歸天上時夫比丘
以寧天上天女憶夫復來諮言君福轉勝應生兜率我今得
並事已從是以後倍加精進循補塔廟積功轉勝應生第四
君爲夫語訖還去比丘見已倍更精進遂便獲得阿羅漢果三
六通具八解脫雜寶藏偈說若掃僧房如一閻浮提不如掃佛塔
如一掌處　寶手過去金錢著塔下得報緣出百緣經略要
佛在世時舍衛城中有一長者其家巨富財寶無量不可稱計
生一男兒端政殊妙世所希有兒兩手中把金錢取已還生無
有窮盡父母歡喜因爲立字名曰寶手年漸長大慈心孝順好
喜布施有人來乞申其兩手出好金錢尋即施之後與諸親
出城遊觀行到祇洹見佛相好心懷歡喜頭礼請佛及比丘僧願
受我供阿難語言設供財須於是寶手申兩手金錢雨落滿須臾
滿地積聚過人佛勅阿難令爲營供飯食訖已佛爲說法得須
陁洹歸辭父母求乞出家既出家已得阿羅漢三明六通具八解脫
難見已而白佛言寶手比丘宿殖何福生於豪族手出金錢
無有窮盡又值世尊出家得道佛告阿難昔迦葉佛入涅槃後有迦
迦王收其舍利造四寶塔時彼長者見竪塔業心生歡喜持一金錢
著塔下發願而去緣是功德無量世天上人中常有金錢
受福快樂乃至今者遭值於我出家得道　　像緣第十六
若人作佛像得報緣出優填王作佛形像經略要

家重又作世尊[illegible]
迦王收其舍利造四寶塔時彼長者見竪塔業心生隨喜持一金錢
以著塔下發願而去緣是功德不墮惡道天上人中常有金錢
受福技果乃至今者遭值於我出家得道
若人作仏像得報緣出優填王作仏形像經略要
像緣第十六
昔仏在世時投者國王名曰優填來至仏所頭面頂礼合掌白仏言世
尊若仏滅後其後衆生作仏形像當得何福仏告王曰若當有
作仏形像功德無量不可稱計世世所生不墮惡道天上人中受福徒
學身體常作紫磨金色眼目淨潔面相端政身體手足奇兢
特好常為衆人之所愛敬若生人中常生帝王大臣長者賢善家
所生之處豪尊富貴財產珍寶不可稱數常為父母兄弟宗親之
所愛重若作帝王中特尊為諸國王之所歸仰乃至得作轉輪聖王
王四天下七寶自然千子具足飛昇天上無所不至若生天上天中最勝
乃至得作六欲天王於六天中尊貴第一若生梵天作大梵王端政無
勝諸梵天常為諸侯之所尊敬後皆得生無量壽國作大菩
薩尊第一過無數劫當得成仏入涅槃道以為當有人作仏形像後
世如是法花經說若人為仏故建立諸形像乃至童子戲若
草木及筆或以指爪甲而畫作仏像皆已成仏道
報緣過去作辟支仏像得報緣出智度論略要
仏在世時迦毗羅衛城中淨飯王子仏弟難陀身體端政有卅相
王為納釋家孫陀利面首端政世間少雙難陀晝夜受好故不欲
出家仏以方便化令出家既出家已得阿羅漢三明六通具八解脫
並見已而仏白言難陀比丘宿種何福与仏同生有卅相身體端政
諸比丘又捨豪家貴出家得道仏告比丘乃往過去九十一劫毗婆
尸仏入涅槃後難陀爾時為大長者於辟支仏塔廟之中青黛塗壁
以畫作辟支仏像因而發願願我世世生尊貴家得端政身相金色

家仏以方便化令出家既出家已得阿羅漢三明六通具八解脫
並見已而仏白言難陁比丘宿殖何福与仏同生有卅相身體端政
蘭元比又捨豪貴出家得道仏告比丘乃往過去九十一劫毗婆
仏入涅槃後難陁尓時為大長者於辟支仏塔廟之中青黛塗壁
以畫作辟支仏像因而發願願我世世生尊貴家得端政身相金色
値仏得道緣此善根發願功德從是以来九十一劫不墮惡道天上人中
身體端政有卅相豪尊富貴快樂元極乃至今日与我同生出家得
道元上依住說四果聖人及辟支仏滿四天下聞元空缺若有一人盡
供養四事元乏及入涅槃為起塔廟繒蓋幢幡花香瓔珞種種供養
在復有人仏涅槃後造像如麦子大所得功德百千万億不可為喻
葉夫婦過去金薄像面得報緣出付法藏經略要
過去九十一劫毗婆尸仏入涅槃後四部弟子起七寶塔時彼塔中有仏像
面上金色少處缺壞有一貧女遊行乞匂得一金錢見像面壞
薄像面迦葉尓時作鍛金師女即持往倩令補造金師聞福歡喜
治用補像面因共立願願我二人常為夫婦身真金色恒受快
樂從是以来九十一劫身真金色生天人中快樂元極家後託生梵天
時摩竭國有婆羅門名俱律陁過去脩福聰明多智庄
元量金銀七寶牛羊田宅奴婢車乘比瓶沙王千倍為勝
王有金犁千具彼婆羅門悉与王齊畏招罪咎其家但
有九百九十九具金犁唯少一具其家有疊寡下之者其價猶直
千兩金有六十草人金粟一草有三百四十斛其家雖富而无兒息
其舍側有一樹神夫婦常往祈請祭祠求之有子多年无應瞋
恚語言會更七日盡心奉事若復无驗老相燒壇樹神愁怖
王告帝釋帝釋觀閻浮无堪彼子即詣梵王廣宣上事梵王即以天
眼遍觀見一梵天臨當命終即往語之勸其往生梵天受教即來
生滿足十月生一男兒顏很端政身真金色光明照耀四十里

其舍側有一樹神夫婦常往祈請祭祀求之有子多年无應時
忽瞋言令更七日盡心奉事若復无驗當相燒燌樹神愁怖嘗
王王告帝釋釋觀閻浮无堪彼子即詣梵王廣宣上事梵王即以天
眼遍觀見一梵天臨當命終即往語之勸其往生梵天受教即來
生滿足十月生一男兒顏貌端政身真金色光明赫弈照四十里
相師占曰此兒宿福必當出家父母聞之甚懷愁惱夫婦議曰當
以何方斷絕其意覆自思惟世所耽著唯有美色當為娉取端
妙女用斷其情至年十五欲為娉妻語父母言我志清淨不須婦也
父母不聽兒知難免便設權計語父母言能為我得紫金色女
取爾世我當納之父母即召諸婆羅門遍行求諸婆羅門鑄一
金女端政奇特舉行村落高聲唱言若有女人得見金神礼
拜之者後出嫁時必得好婿身真金色端政殊特女聞是出唯有
一女紫金色端政殊好即是往日金珠女也以昔勝緣有此好身
樂清潔獨不肯出諸女雖將共見金神此女既到金色光明映蔽
其神婆羅門見即為娉得到夫家夫婦相對各皆清潔乃无欲意
共立要契各住一房父母知已毀除一屋令共同室安置一床迦葉語
婦我若眠息汝當經行汝若眠卧我當經行彼次婦卧垂手床
下有毒虵入室欲螫其手迦葉見已以衣裹手舉著床上婦便
驚覺語而責之曰共我立誓要不相近今復何緣竊舉吾手迦葉
答言有虵來入恐傷汝手故舉之耳即指虵示婦意乃悟夫婦節
操深厭世間辭父母求欲出家父母見已遂便聽許於是夫婦俱
共出家來至佛所佛與久坐佛為說法即於坐上得羅漢三明六
通具八解脫婦於後時亦得羅漢迦葉在世常與如來對坐說
法佛度滅後所有法藏悉付迦葉後時結三藏竟至雞足
山入般涅槃今身不散後待弥勒佛出世之時從山而出於大眾中作十八變度

BD03686 號 1　金藏論卷五

共出家來至佛所，佛與各坐，佛為說法，即於坐上得羅漢，三明六
通具八解脫。得於後時，悉得羅漢。迦葉與如來對坐說
法。佛度滅後，所有法藏，志付迦葉。後時結三藏竟，至難足
入般涅槃。今身不散，後彌勒佛出世之時，從山而出，在大眾中作十八變，度
无量眾，後滅身。未來成佛，號曰光明。六千尊者出，菩薩嬰兒多傳來
成佛出
花經說

燈指過去治像指得報緣出燈指因緣經略要

昔佛在世時，舍衛王城中有一長者，其家巨富，庫藏盈溢，好眾眼門。
將產一男，端政福德，奇相非常。其兒初生，一指放光，明照十里。父母歡
喜，因其指光，字曰燈指。美名上徹，阿闍世王。王時聞已，即勅將
來。長者抱兒詣王宮門，其兒指光照於王身及以宮觀，一切雜
物皆作金色，譬如大水湛然盈滿。王即投問：此是何光，忽照吾宮？
將非世尊至我門耶？即遣使人出門往看。使見，白王：所喚小兒
指所出光明。王勅喚入，既入，王見，自捉兒手，生希有想，尋留到足。
王於小兒置於膝上，在前而行，共入園看，兒指放光，所照幽闇，與
晝无異。王見歡喜，大賜珍寶，放令還家。燈指漸大，父為娶妻。
資產轉盛。父母亡後，居家漸貧，復為賊劫，父母財物一切都盡。遂
至大貧，指光忽滅。妻復獸聘捨棄而去，奴婢逃走，親理斷絕。昔與
情睦，見畏從乞。又命忽家，昔知貧窮，與死无別。先時富樂，今
羅窮困，失所依帰，極寄无處，形容消瘦，又无衣裳，身形赤
露，親見不識，應巷乞食，猶如餓鳥。便自思惟：我今云何貧
窮伶俜，忽至如此？幸若榮華，世所无偶。正欲捨身，不能自殞。
因不存濟，便者擔屍。燈指負屍，棄於塚間，屍抱燈指，燈指不能却。
捍擲狂之，得還入城，門人遮打，身體皆破，心懷懊惱，發聲大哭：
由貧困作斯賤役，如何一旦復遭此苦？若知此事，寧自貧死，不負
屍生門。人惡之故，令還家。既到家已，屍自滿地，寶成黃金。燈指以

[illegible]
因不存濟便害檀尸燈指負尸棄於塚間尸抱燈指挽不可離
惶怖狂走還負入城門人逐打身軀皆破心懷懊惱發聲大哭
由貧困作斯賊後如何一旦復遭此苦若知此事寧住負死不負
尸生門人怨之放令還家屍到家已屍自領地寶成黃金燈指以
刀剪割頭手尋剪尋生須臾之間金頭手足積聚過人燈指
見已如王失國還復本位燈指歡喜立復如是庫藏珍寶
倍勝於前廣施名譽又過先日親里多友妻子奴婢一切還來
燈指歎曰富有大力能使世人來歸極疾貧有大力能使所親捨
我棄遠我先貧時聊無一人與我語者今日富貴一切顒顒合掌
恭敬阿闍世王聞其還富尋遣人來取其金寶以其所取者
盡是死人還擲屋中耳寶真金燈指知王欲得此寶尋便
取以金頭手足以用奉王王乃得用燈指於後尋以珍寶施與
眾人厭世出家得阿羅漢三明六通具八解脫雖得羅漢此
死寶常逐之比丘問佛燈指比丘以何因緣有是指光以
何因緣受此貧困復何因緣有此屍寶常隨逐之佛言
過去燈指往昔生波羅捺國為大長者子在外遊戲闇乃歸家
打門而喚無人來應良久母來與兒開戶瞋罵母言舉家投屍
賊來劫耶何以無人與我開門以罵母業死墮地獄受苦無量她
賊罪畢還生人中餘殃不盡受斯貧困指光屍寶復於過去
一切毗婆尸佛入涅槃後燈指爾時為大長者往禮塔寺見有法像一
指破落尋治此指以金薄之備治已訖尋發願言治像功德
令生天人豪尊富貴假令漏失尋還得之又願值佛出家得道
治佛指得是指光及死屍寶以罵母故墮地獄出得是貧窮
賊所劫檀屍之報以是因緣於形像所少種善根得福無量形
尚有豈況佛也於父母所加惡業受大苦報是故智者應當孝養

[illegible]首言治僧之供
生天人衆尊重貴假令漏失尋還得之又爲值佛出家得道
治佛指得是指光及死屍寶以買母故從地獄出得是貧窮
賊所劫檐屍之報以是因緣於形像所少種善根得福無量形
以尚尒豈況佛也於父母所力加惡業受大苦報是故智者應當孝養
護身口意懃修福業　　僧護過去治塔白僧得報緣出賢愚經略要
佛在世時王舍城中有一長者生一男兒面貌端政世之少雙其兒生
藏中自然出一金像父母歡喜因爲立字名曰僧護兒年漸大僧亦隨大隨
衛護常不相離出入乘騎遲疾任意若意不用便住在內意須尋至
無適人情其大小便純出好金阿闍世王聞有此僧頭欲奪之即白僧護
僧與至父子乘僧往到王所王歡喜賜與飲食食訖已竟辭欲去
告僧護卿去留僧我意欲得僧護歡喜奉教即留步出宮
既到門外僧從於地踊出前於父子見已還乘歸家後時厭世
辭佛出家得阿羅漢三明六通具八解脫雖得羅漢僧恒隨護人民聞
競集觀看衆聚憒鬧妨廢行道諸比丘等以事白佛佛告僧護卿
遣之僧護白佛久欲遣之無不肯去佛告僧護汝可語言我今此
生分已盡不復須汝如是至三僧當滅去僧護受教來至僧
白僧三說吾不須汝金僧聞之即入地中比丘見已而白佛言僧護
比丘宿殖何福乃獲斯報巍巍如是佛告比丘乃往過去有佛
出世號曰迦葉入涅槃後分布舍利起塔供養有一塔中素作菩薩兒乘
大所乘白象來入母胎時象耳久少有剝破時有一人回行遶塔
見象身破取泥用補些塗之補治已訖發願而去緣是之功
從不墮惡道天上人中所生之處豪尊富貴快樂無極恒有金象
隨侍衛護今值我故出家得道　　香緣第十七
栴檀香過去香塗塔地得報緣出百緣經略要
佛在世時迦比羅衛[illegible]

從不墮惡道天上人中所生之處家尊富貴快樂无極恒有金傳
晅侍衛護今值我故出家得道

香像第十七

栴檀香過去香塗塔地得報緣出百緣經略要

昔佛在世時迦毗羅衛城中有一長者其家巨富財寶无量不可稱計
生一男兒容貌端政世所希有身諸毛孔出栴檀香從其口出優鉢花香
父母見已歡喜无量因為立字名栴檀香年漸長大求佛出家得阿羅漢
三明六通具八解脫比丘見已而白佛言此栴檀香宿殖何福生於豪族
身口出香又值世尊出家得道佛告比丘乃往過去九十一劫毗婆尸佛入
涅槃後時有王名槃頭末帝收其舍利造四寶塔高一由旬而供養之時有
長者入佛塔中見地破落和泥塗治以栴檀香塗散其上發願
去緣是功德從是以來九十一劫不墮惡道天上人中身中常香受
福快樂乃至今者遭值於我出家得道

紺色百人過去香花供養塔得報緣出百緣經略要

昔佛在世時迦毗羅衛城中有一長者其家巨富財寶无量
不可稱計其婦懷任十月滿足生一肉摶謂為非祥往問
佛言長者但好養育長者聞已心大歡喜到七日頭肉摶開敷
有百童子端政殊特世所希有年漸長大求佛出家佛告
人一時俱得阿羅果三明六通具八解脫比丘見已而白佛言此百比丘宿
殖何福兄弟同生端政殊特又值世尊出家得道佛告比丘乃往
過去九十一劫毗婆尸佛入涅槃後時有王名槃頭末帝收其舍利造四
寶塔高一由旬而供養之時有同邑一百餘人作唱伎樂賚持香
花供養發塔各共發願使我來世恒為兄弟緣此善根種福
故從是以來九十一劫不墮惡道上天人中常共同生受福快樂乃
至今者遭值於我出家得道

園監持花散佛得授記緣出阿闍世王受决經略要

昔佛在世時阿闍世王遣人請佛宮中設福晨朝早起勅諸園監持

BD03686號1　金藏論卷五

花供養彼塔名共發願使我來世恒爲兄弟緣此善根稽顙
故從是以來九十一劫不墮惡道上天人中常共同生受福快樂乃
至今者值佛出家得道
園監持花散佛得授記緣出阿闍世王受吏經略要
昔佛在世時阿闍世王遣人請佛宮中設福晨朝早起勑諸園監持
花奉王供佛有一園監持華出園至於路首正值佛來欲入王宮園
監見佛歡喜頂禮即時便持所採之花悉散佛上花住空中正當佛
頂佛見此已即與授記却後過百四十劫當得成佛号曰覺花其人
歡喜即時輊舉身昇虛空還下頂禮禮畢念言我王嚴惡勑人
花者以供養而我今日自持上佛空手而往必當煞我使往歸家語婦
稱戶外入告婦言爲我辦食王當煞我採園惶怖而語夫言何故相
與夫便向婦具說本末婦即辦食時天帝釋便以天花置滿箱
中婦持食來見箱中花即以告夫夫見歡喜尋持奉王王見花好
語園監言我此園中好花前後來而不上我合罪應死園監白
王王勑採花出園逢佛不勝歡喜尋以王華盡散佛上便家
授記自知當死使住歸家須臾之間花滿箱中此花天花非園
所有身既畢賊拘制猶王王若見煞我天可在目此而死必生天上
十方佛前無有拘制自恣循道王聞慚愧衣毛豎即起作禮
長跪懺悔智度論說若人以人一花散佛像及散虛空其人
得福畢苦不盡法花經偈說若人散亂心乃至以一花供養花
畫像漸見無數佛皆已成佛道
華天過去以花散僧得報緣出愚賢經略要
昔佛在世時舍衛城中有一長者生一男兒面很端政世之少雙其家
上時家內自然天雨衆花積滿舍宅父母見已歡喜無量因爲立字
名曰華天年漸長大往至佛所禮拜問訊因請佛僧詣家設供佛僧
到舍華天化住衆寶床坐種種嚴飾佛僧坐已華天復化種種飲

華天過去以花散僧得報緣出愚賢經略要
昔日佛在世時舍衛城中有一長者生一男兒面很端政世之少雙其兒
生時家內自然天雨衆花積滿舍宅父母見已歡喜無量因為立字
名曰華天年漸長大往至佛所礼拜問訊因請佛僧詣家設供佛僧
到舍華天化作衆寶床坐種種嚴飾佛僧坐已華天復化種種飲
食百味具足奉佛及僧食訖已竟佛為說法合家悉得須陁洹華天
即辭父母出家既出家已得阿羅漢三明六通具八解脫阿難見已而
白佛言華天比丘宿殖何福生豪族家感得如是自然天花又能化作
床坐飲食无有窮盡佛告阿難乃往過去九十一劫有佛出世號毗婆尸
時有衆僧遊行村落豪貴長者設見共供養有一貧人見僧歡喜
恨无供養即於野澤採衆草花用散衆僧至心作礼發願而去緣
是功德從是以來九十一劫不墮惡道所生之處身體端政意有所
須自然而至乃於今者遭值我故出家得道是故衆生莫輕小施以為无福
威德過去佛塔中著花塵得報緣出百緣經略要
昔佛在世時迦毗羅衛城中有一長者其家巨富財寶无量不可稱計生
一男兒身體柔軟顏色鮮淨端政殊特世所希有父母見已歡喜無
量因為立字名曰威德年漸長大求佛出家得阿羅漢三明六通具八
解脫比丘見已而白佛言威德比丘宿殖何福身體柔軟顏色鮮明有
大威德衆人敬仰又值世尊出家得道佛告比丘乃往過去九十一劫毗
婆尸佛入涅槃後時有王名槃頭末帝收其舍利造四寶塔高一由旬而
供養之時有一人行到塔上見有萎花塵土污坌尋即取之拂拭使
淨還用供養發願而去緣是功德從是以來九十一劫不墮惡道
天上人中顏色鮮鮮有大威德受福快樂乃至今者遭值於我出家得道
燈緣第八
聖友共弟燃燈供養佛得成佛緣出賢愚經略要
昔過去久遠此閻浮提有佛出世號曰寶髻時有王名波塞奇請佛
及僧三月供養有一比丘名曰聖友於三月中與佛及僧作檀越日日入城求

淨邃用供養發願而去緣是功德從是以來九十一劫不墮惡道
天上人中顏色端正有大威德受福快樂乃至今者遭值於我出家得道
燈緣第八　聖友共牟尼施燈供養佛得成佛緣出賢愚經略要
昔過去久遠此閻浮提有佛出世號曰寶髻時有王名波塞奇請佛
及僧三月供養有一比丘名曰聖友於三月中與佛及僧作檀越日日入城乞
化燈油時王有女名曰牟尼在高樓上遙見比丘日日入城經歷所須
人往問比丘具報女聞歡喜即語比丘自今以後莫復行乞我當給施燈油
之具比丘可之於是王女日日遣人常送麻油燈炷之具聖友比丘日日然燈
發意曠濟誠心殊著竟三月已佛與授記於未來世當得作佛號曰定光
一人聞佛授聖友記即作是念言燈油之具是我所有比丘然燈
今獨得記而我不得念已懊惱即來佛所自陳所懷佛復與記於來世
過二阿僧祇九十一劫當得作佛號釋迦牟尼王女聞記歡喜踊躍化成男
子求作沙門佛即聽之佛告阿難比丘乃往過去定光佛是王女牟尼今
我身是由因燃燈供養佛故无數劫中天上人間受福自然身體特妙
超絕人倫乃至今日得成佛道
貧女難陀燃燈供養佛得授記緣出賢愚經略要
昔佛在世時舍衛國中有一女人名曰難陀貧窮孤獨乞匃自活見諸
國王大人民各供養佛及眾僧心自念言我宿何罪生處貧賤雖遭福
田无有種子酸切感傷深自咎悔便行乞匃欲設小微竟日乞匃唯得
一錢持詣油家將用買油燃燈供佛油主愍之增益與油足成一燈
燈向祇洹於前然之因立誓願我今貧窮用此小燈供養於佛以此功德令
我來世得智慧燈滅除一切眾生垢闇作是願已禮佛而去以重心故於眾燈
中明好獨朗至曉天明目連當直收燈燈皆滅取滅之盡力不能佛見語
目連此是曠濟發心人所施之燈非汝聲聞所能傾動正使汝注四大海水
以隨嵐風吹不能滅天曉難陀復來詣佛佛與授記汝於來世過二阿僧祇百劫之
中當得作佛號曰燈光十號具足難陀歡喜即求出家作比丘尼

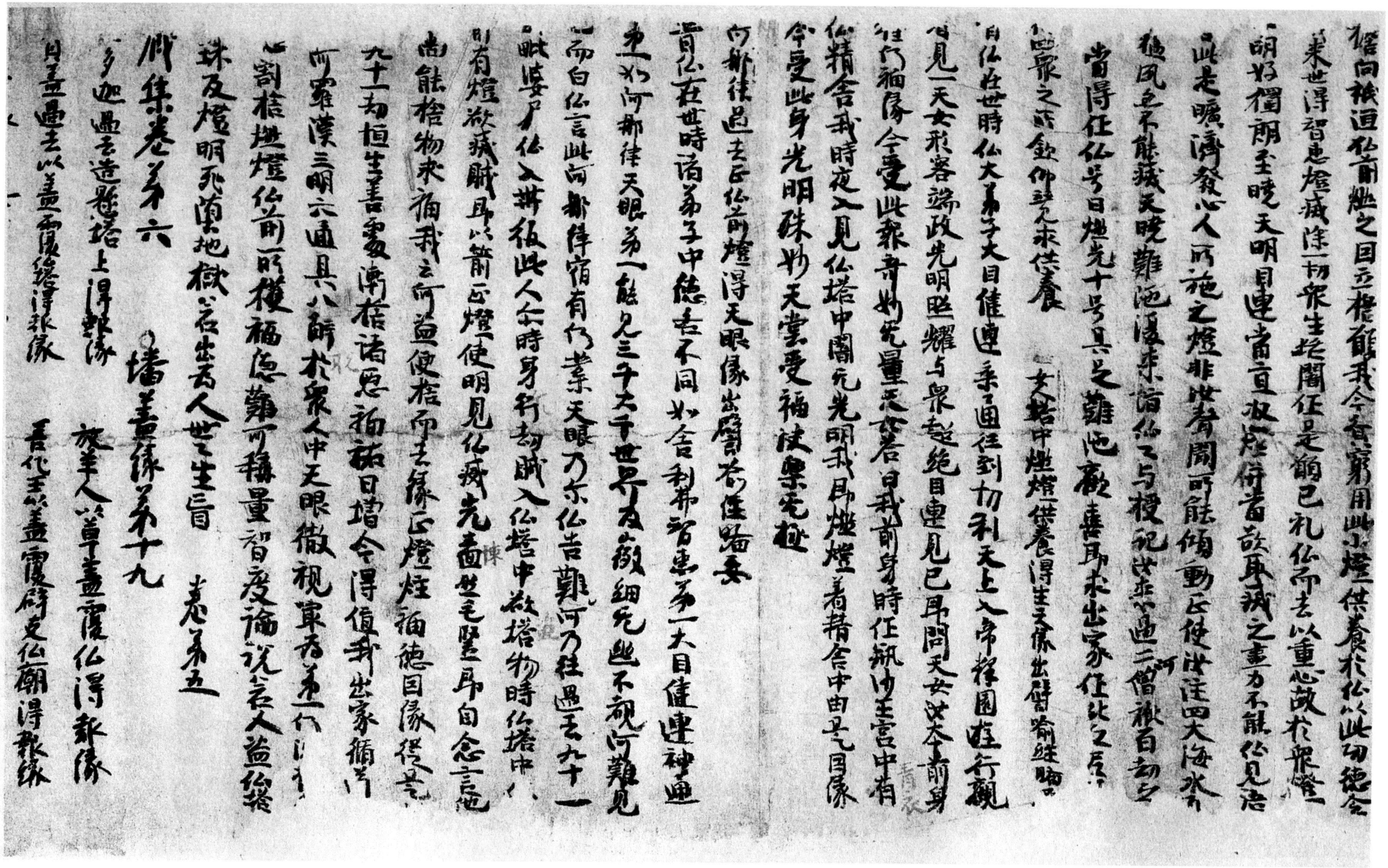

BD03686 號 1　金藏論卷五　（18–17）

而羅漢三明六通具八解脫於衆人中天眼徹視衆舍第五代[illegible]
割捨燈燭仏前所獲福德難可稱量智度論說若人益燈
珠及燈明死墮地獄若出為人世世生盲　恙第五
賦集卷第六　幡蓋縁第十九
多迦過去造懸塔上得報縁　放羊人以草蓋覆仏得報縁
阿育王過去以蓋覆塔得報縁　昔代王以蓋覆辟支仏廟得報縁
出家縁第廿　鄭人出家得惡報縁　在家過患出家功德縁
增長者出家得道縁　優陁羨王婦一日出家得天報縁
比羅美頻那一日出家得生天縁　袈裟縁第廿一
沙門有五功德縁　龍著袈裟得免金翅鳥食縁
獵師子敢著袈裟沙人得報縁　村獦着袈裟人得罪報縁
養縁第廿二　鸚鵡孝養盲父母得成仏縁　須闍提太子身宍供養父母
蓋縁第十九　波多迦過去上得報縁出百縁註略要
仏在世時迦毗羅衛城中有一大家巨富財寶無量不可稱計
端政殊妙與衆超絕日八虛空中有大幡遍覆城上父母
歡喜无量因為立字名波多迦年漸長大来仏出家得阿羅漢三
明具八解脫比丘見已而白仏言此波多迦宿殖何福生便瑞
應於虛空中有大幡蓋遍覆城上又值世尊出家得道仏告比丘乃往
過去九十一劫毗婆尸仏入涅槃後時有王名槃頭末収其舍利造四寶塔高一
由旬而供養之時有一人於彼塔邊施設大會作一長幡懸著塔上發願
[illegible]惡道天上人中常有大幡覆

BD03686 號 2　金藏論卷六

（18–18）

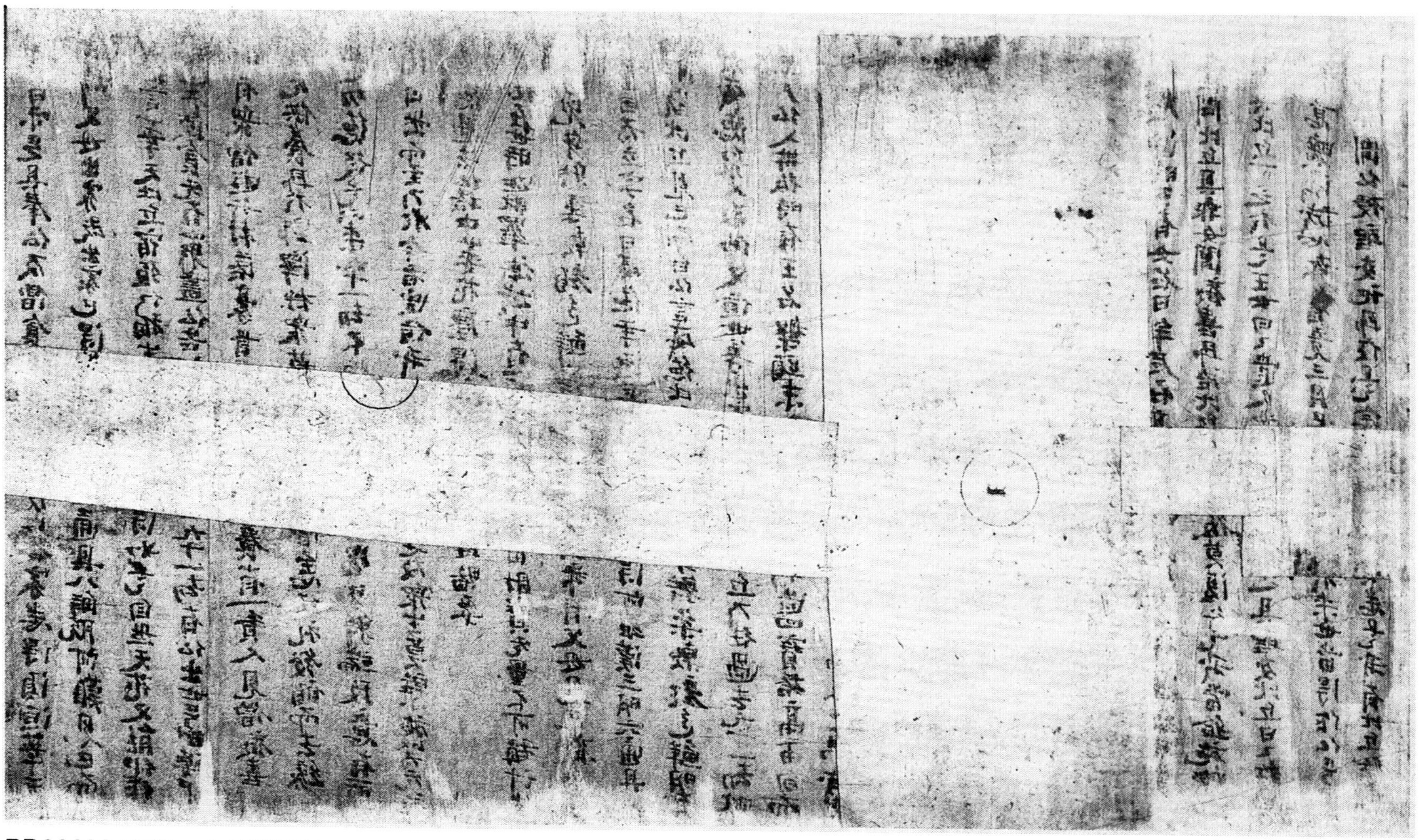

BD03686 號背　古代裱補紙　　（10–1）

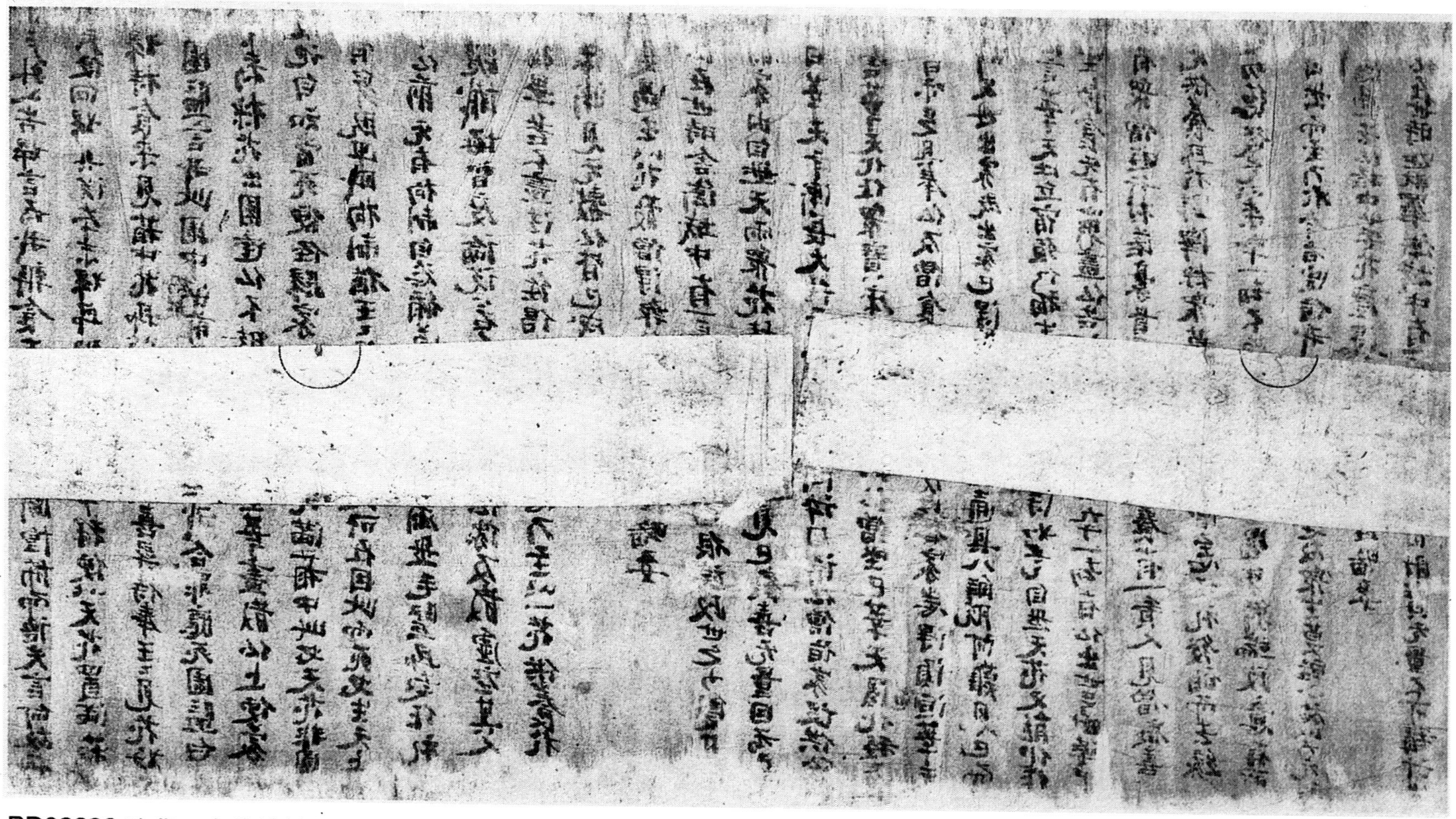

BD03686 號背　古代裱補紙　　（10–2）

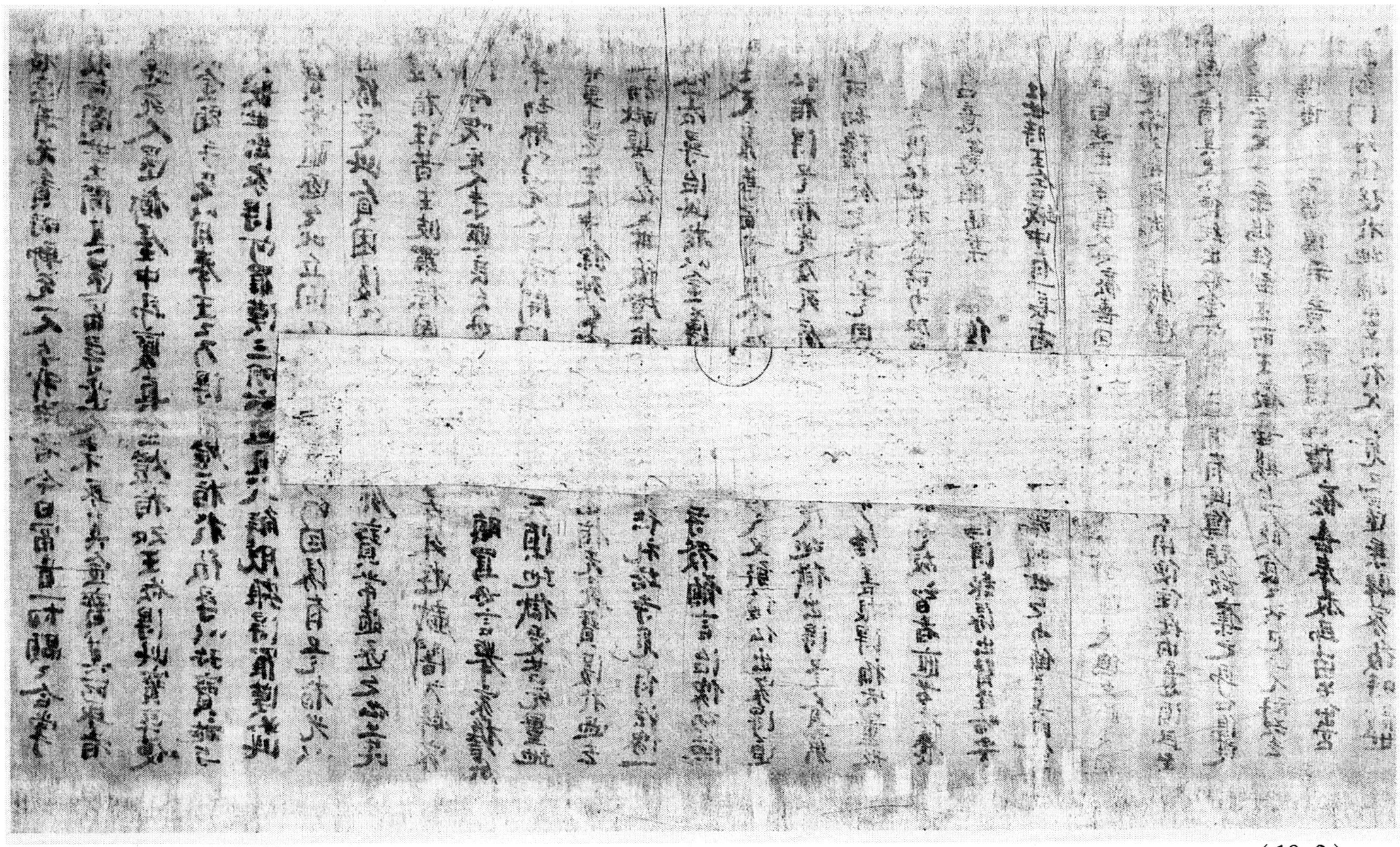

BD03686 號背　古代裱補紙　（10–3）

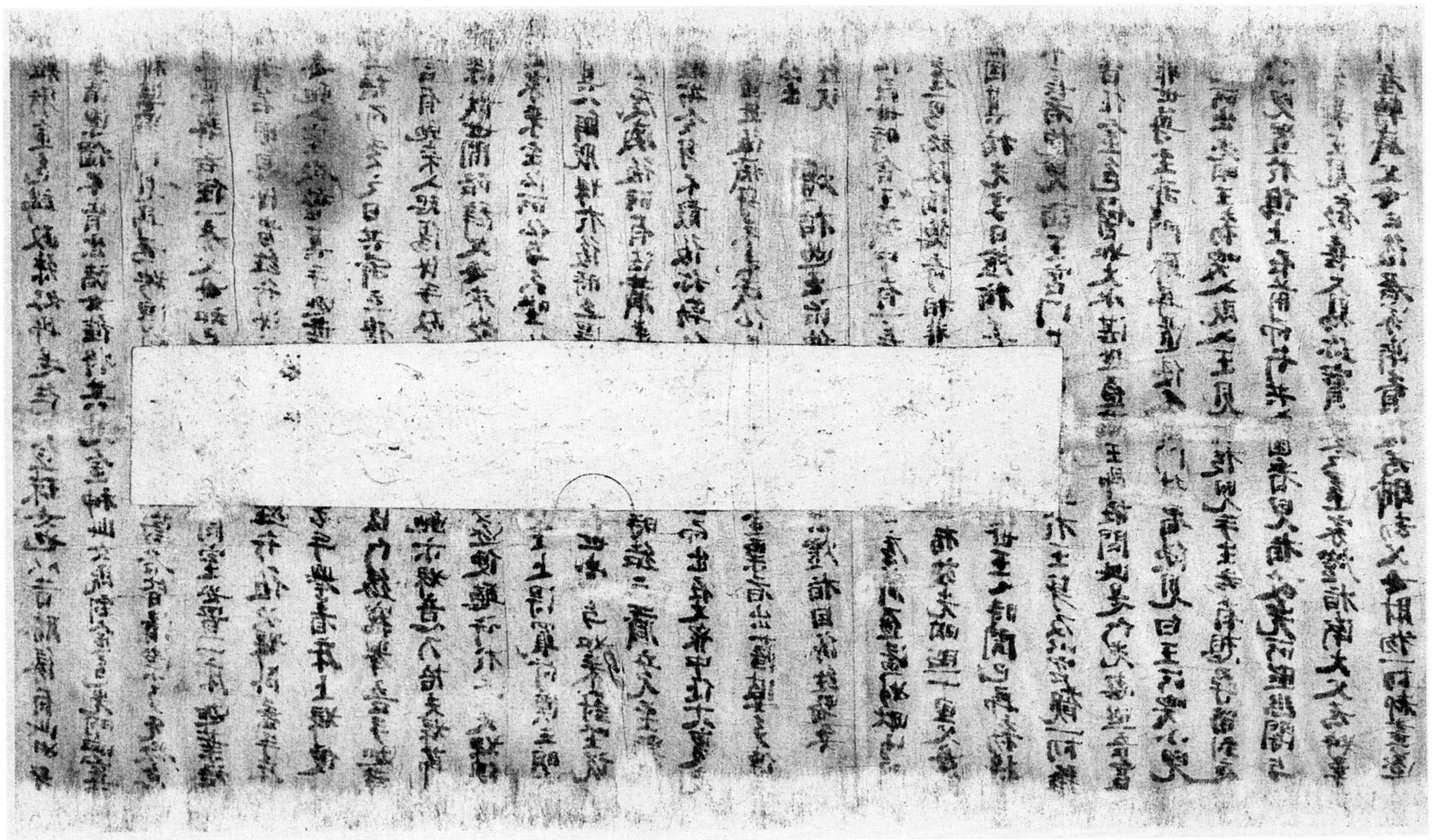

BD03686 號背　古代裱補紙　（10–4）

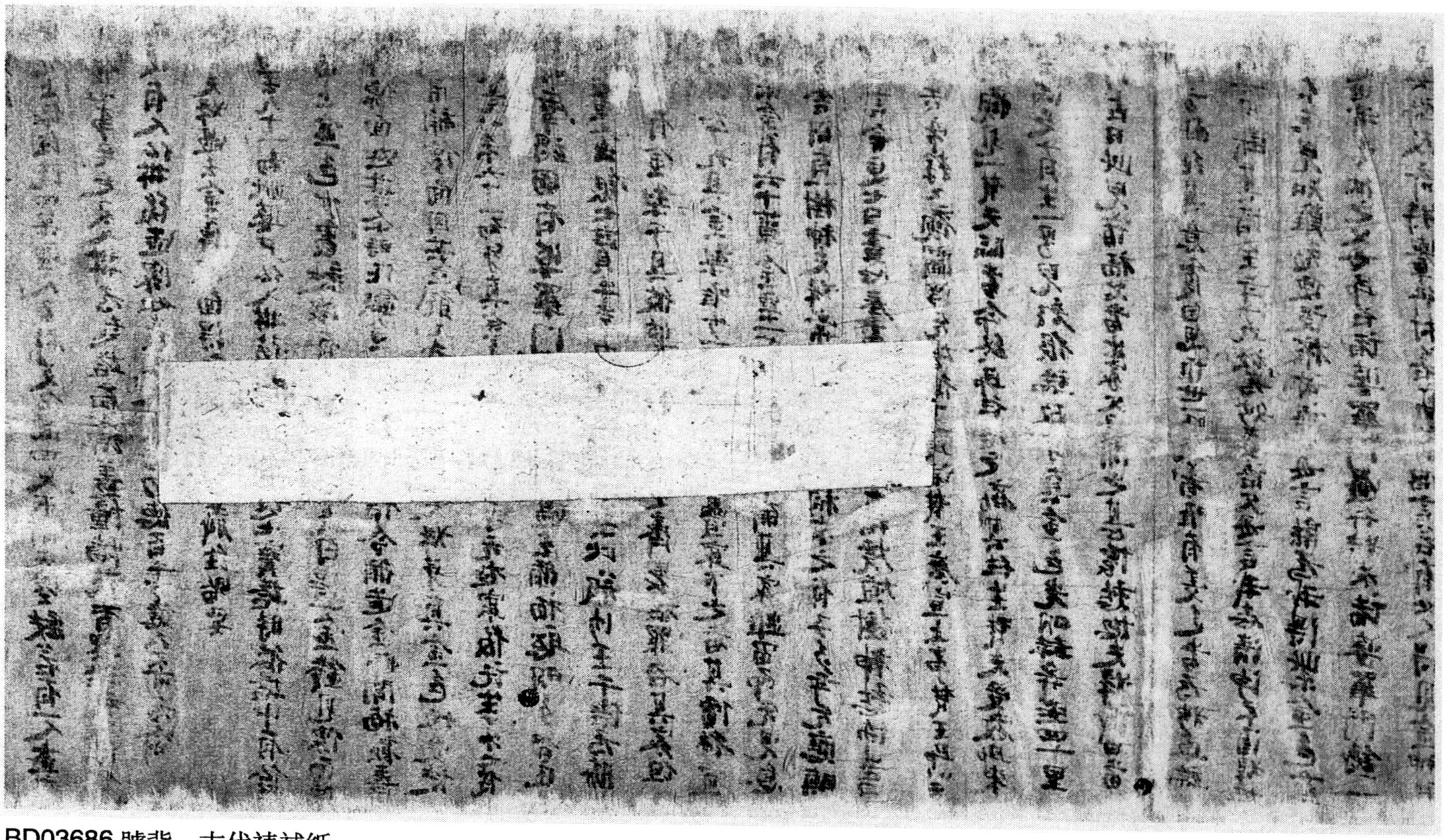

BD03686 號背　古代裱補紙

（10–5）

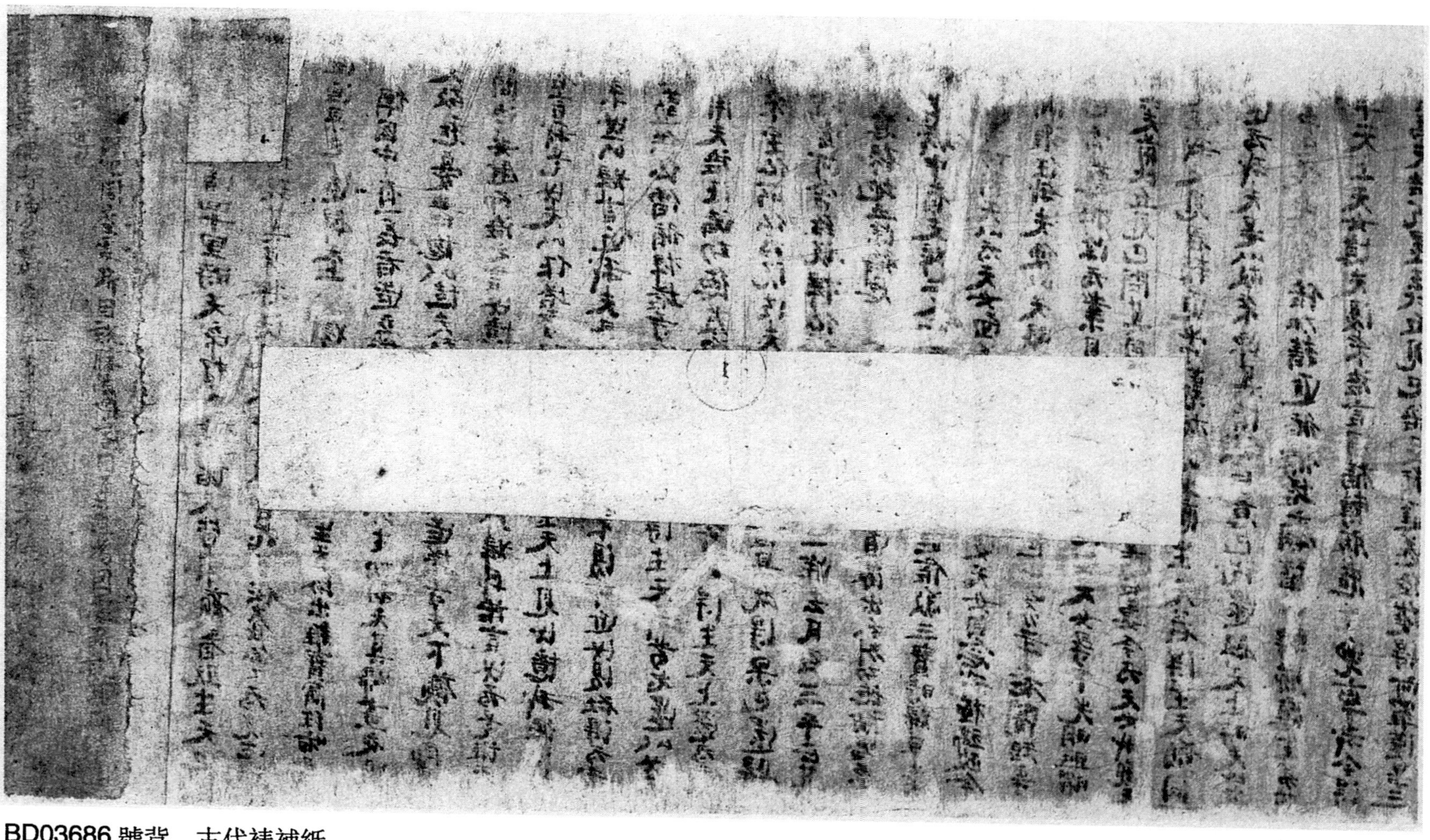

BD03686 號背　古代裱補紙

（10–6）

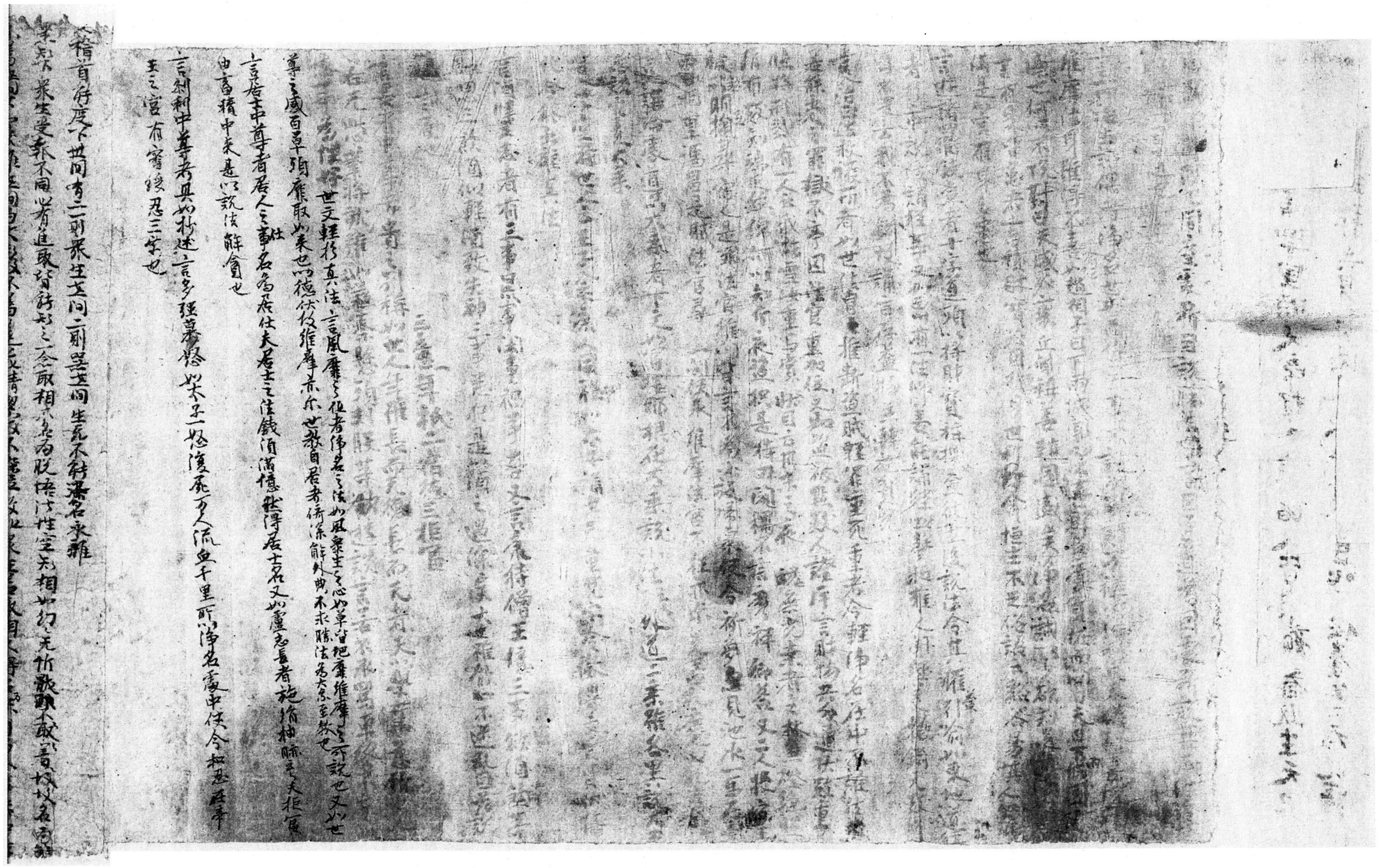

BD03686號背　維摩經疏（擬）

（10–7）

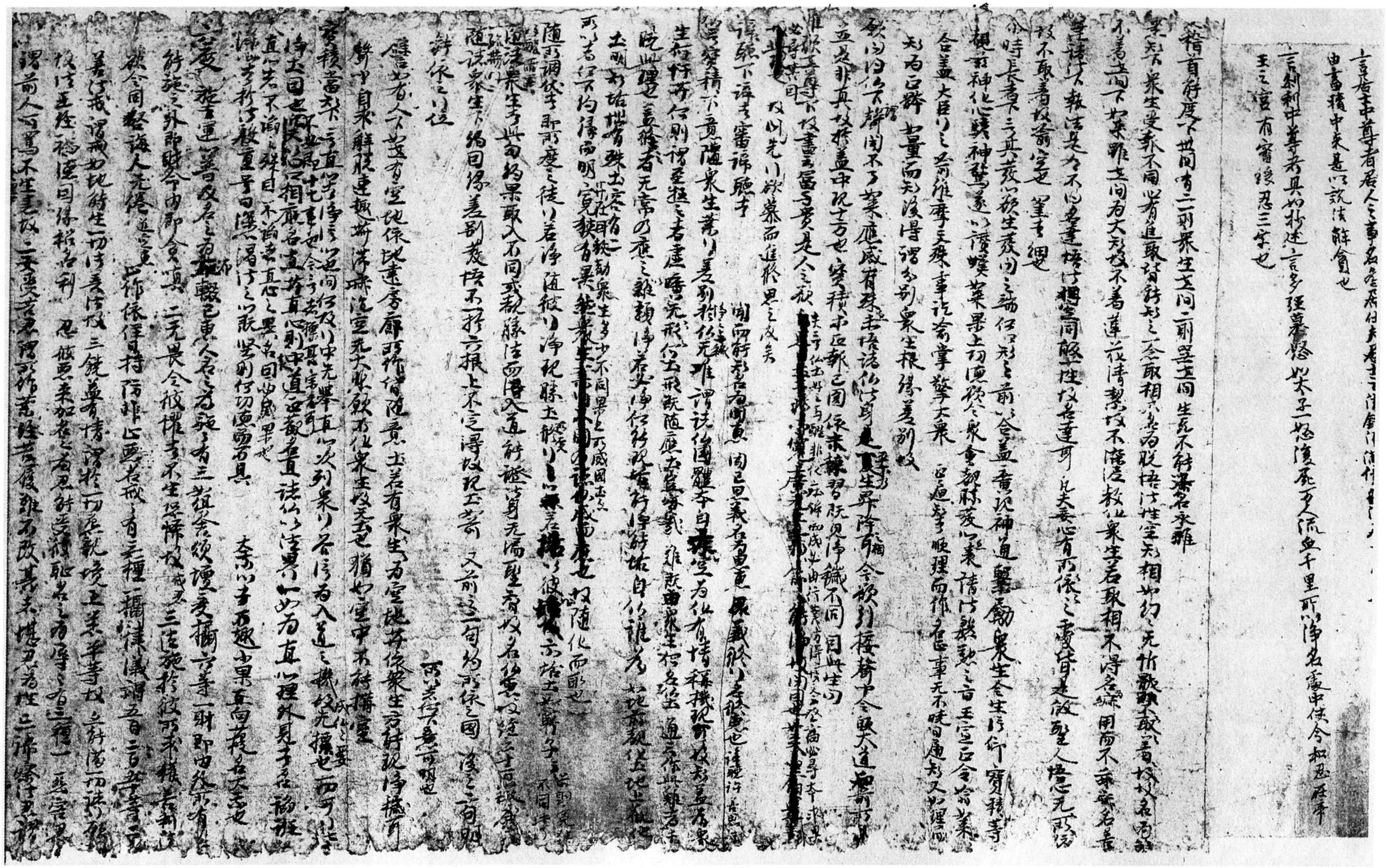

BD03686號背　維摩經疏（擬）

（10–8）

BD03686號背　維摩經疏（擬）

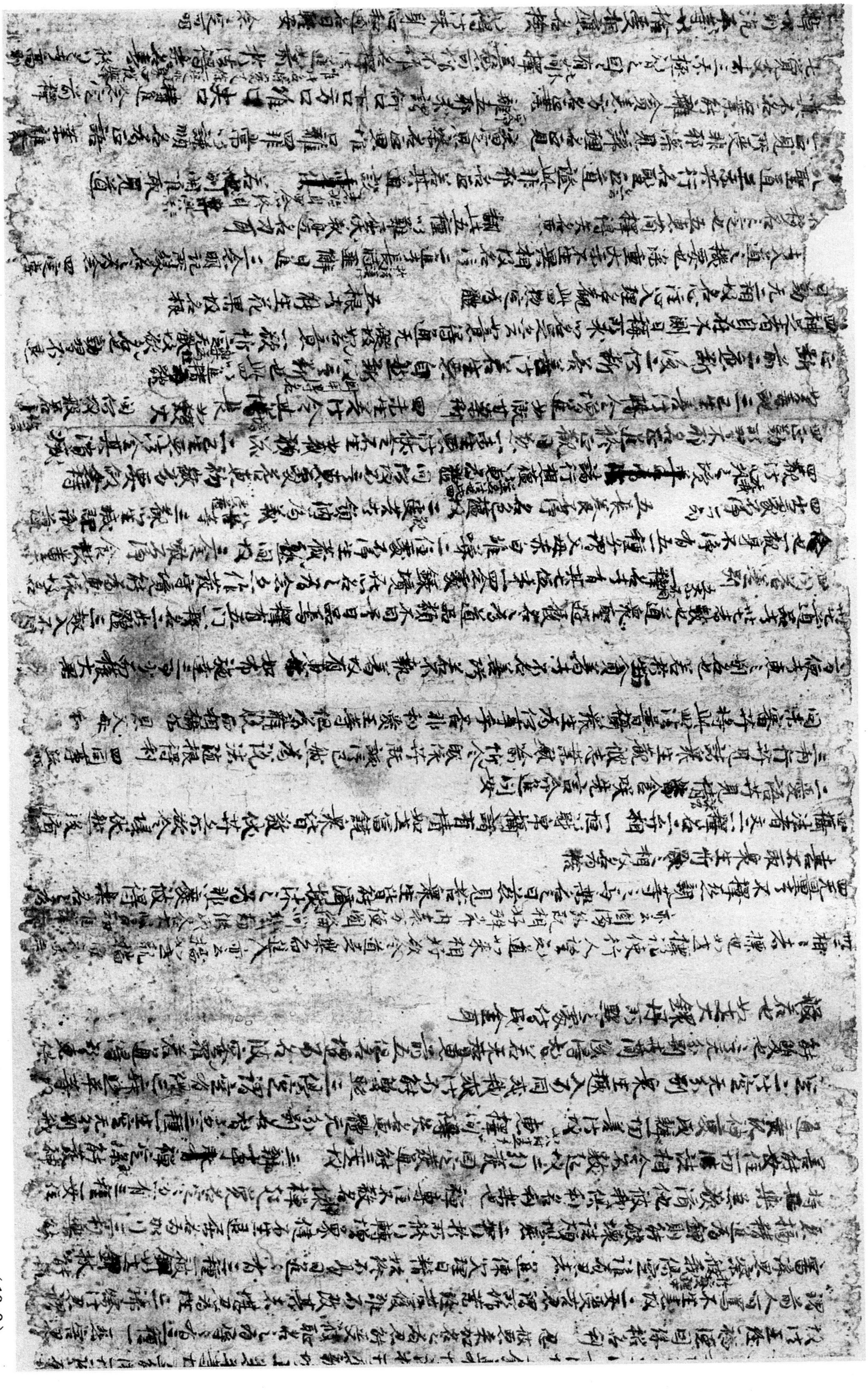

（10–9）

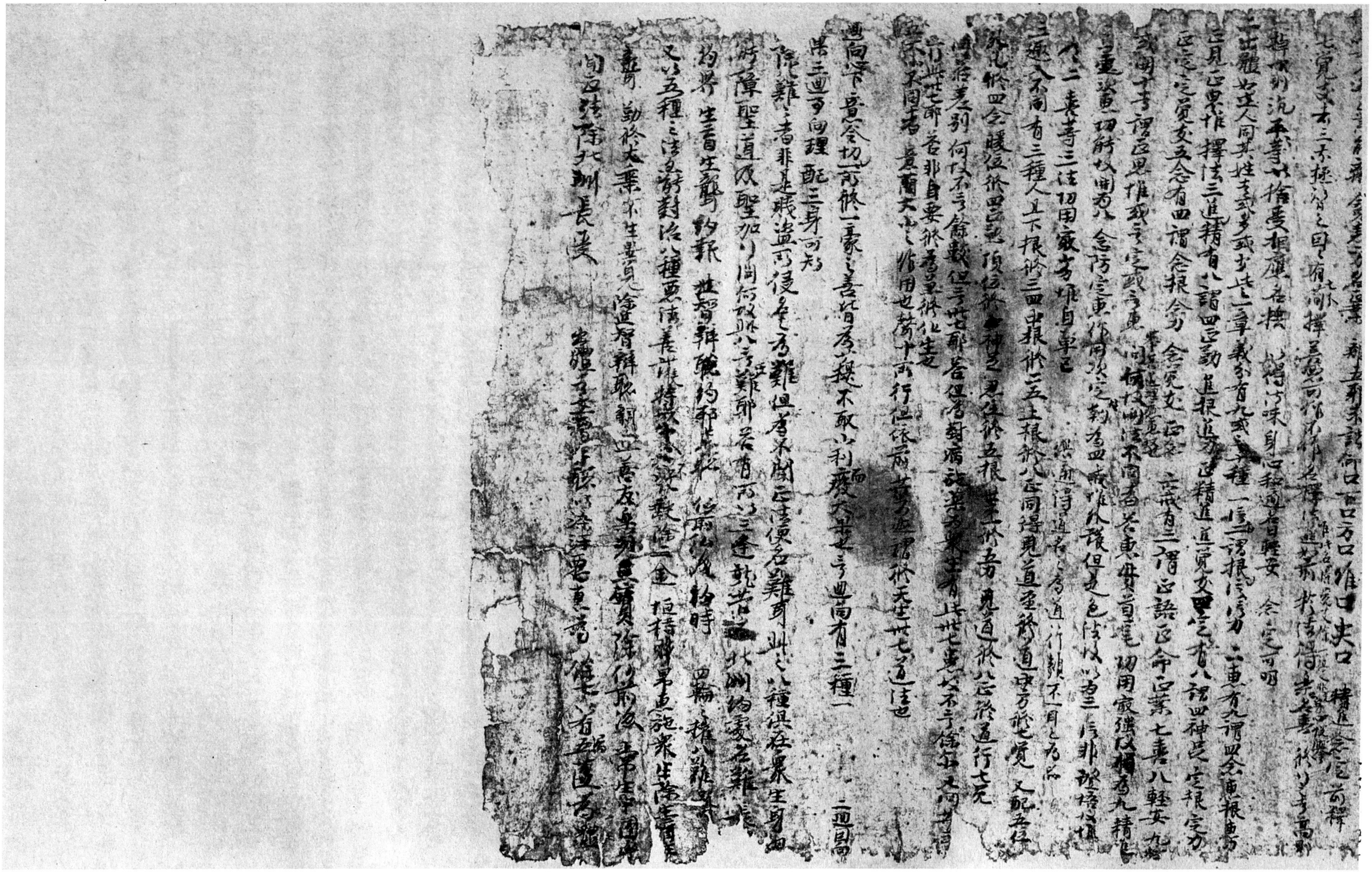

(10–10)

BD03686號背　維摩經疏（擬）

德菩薩阿耨多羅三藐三
菩提
南无不空見世界名不空奮迅如來彼如
來授名不空發行菩薩阿耨多羅三藐三
菩提
南无普世界名普光明如來彼如來授名寶
藏菩薩阿耨多羅三藐三菩提
南无无量吼聲世界名无障㝵聲如來彼如
來授名无分別發行菩薩阿耨多羅三藐
三菩提
南无月輪光明世界名穪力王如來彼如來
授名智穪菩薩阿耨多羅三藐三菩提
南无寶輪世界名寶上勝如來彼如來授
名大導師菩薩阿耨多羅三藐三菩提
南无寶輪世界名普眼如來彼如來授名
藥行菩薩阿耨多羅三藐三菩提
南无法世界名波頭摩勝如來彼如來授名
大法菩薩阿耨多羅三藐三菩提
南无名須弥頂上王如來彼如來授名智力
菩薩阿耨多羅三藐三菩提
南无名波頭摩勝如來彼如來授名勝得菩
薩阿耨多羅三藐三菩提
南无陁羅尼輪世界名普光明如來彼如來

BD03687 號　佛名經（十六卷本）卷三　（16–1）

南无名須弥頂上王如來彼如來授名智力
菩薩阿耨多羅三藐三菩提
南无名波頭摩勝如來彼如來授名勝得菩
薩阿耨多羅三藐三菩提
南无陁羅尼輪世界名普光明如來彼如來
授名陁羅尼自在王菩薩阿耨多羅三藐
三菩提
南无金光明世界名十方穪發如來彼如
來授名智穪發行菩薩阿耨多羅三藐三
菩提
南无智起世界名普清淨增上雲聲王如
來彼如來授名星宿王菩薩阿耨多羅三
藐三菩提
南无常光明世界名无量光明如來彼如
來授名大光明菩薩阿耨多羅三藐三
菩提
南无燃燈世界名无量智成如來彼如來
授名功德王光明菩薩阿耨多羅三藐
三菩提
南无然燈住世界名无量種奮迅如來彼
如來授名无障㝵菩薩阿耨多羅三藐三
菩提
南无種種幢世界名上首如來彼如來授
名那延菩薩阿耨多羅三藐三菩提
南无十方穪世界名佛花成就勝如來彼

BD03687 號　佛名經（十六卷本）卷三　（16–2）

如来授名无障号菩薩阿耨多羅三藐三
菩提
南无種種幢世界名上首如来彼如来授
名那延菩薩阿耨多羅三藐三菩提
南无十方稱世界名佛花成就勝如来彼
如来授名无鈌奮迅菩薩阿耨多羅三
藐三菩提
南无金剛住世界名佛花增上王如来彼如
来授名寶火菩薩阿耨多羅三藐三菩
提
南无旃檀窟世界寶住如来彼如来授名
觀世音菩薩阿耨多羅三藐三菩提
従此以前一千八百佛十二部經一切賢聖
南无藥王世界名不空說如来彼如来授
名不空發行菩薩阿耨多羅三藐三菩提
南无藥王勝上世界名无邊功德精進發
如来彼如来授名不受戒稱受菩薩阿
耨多羅三藐三菩提
南无普莊嚴世界名發心生莊嚴一切衆
生心如来彼如来授名佛華手菩薩阿耨
多羅三藐三菩提
南无普蓋世界名蓋驕如来彼如来授名
寶行菩薩阿耨多羅三藐三菩提
南无花上光明世界名曰輪威德王如来彼
如来授名善住菩薩阿耨多羅三藐三

南无普蓋世界名蓋驕如来彼如来授名
寶行菩薩阿耨多羅三藐三菩提
南无花上光明世界名曰輪威德王如来彼
如来授名善住菩薩阿耨多羅三藐三
菩提
南无善莊嚴世界名衆生光明如来彼如来
授名寶面菩薩阿耨多羅三藐三菩提
南无賢世界名无畏如来彼如来授名不驚
怖菩薩阿耨多羅三藐三菩提
南无波頭摩世界名波頭摩勝光明如来
彼如来授名智為菩薩阿耨多羅三藐
三菩提
南无憂鉢羅世界名智憂鉢勝如来彼
如来授名无境界行菩薩阿耨多羅三藐
三菩提
南无寶上世界名寶住如来彼如来受法
住菩薩阿耨多羅三藐三菩提
南无月世界名量顏如来彼如来受名散
花菩薩阿耨多羅三藐三菩提
南无善住世界名寶聚如来彼如来受名藥
王菩薩阿耨多羅三藐三菩提
南无香光明世界名波羅自在王如来彼如
来授名勝慧菩薩阿耨多羅三藐三菩提
南无花手世界名寶光明如来彼如来授
名曰德菩薩阿耨多羅三藐三菩提

南无雷光明世界名娑羅自在王如来彼如
来授名勝慧菩薩阿耨多羅三藐三菩提
南无花手世界名寶光明如来彼如来授
名曰德菩薩阿耨多羅三藐三菩提
南无普山世界名寶山如来彼如来受火
得菩薩阿耨多羅三藐三菩提
南无憂蓋入世界名上首如来彼如来授
名上莊嚴菩薩阿耨多羅三藐三菩提
南无无憂世界名發无邊功德如来彼如来
受名不發觀菩薩阿耨多羅三藐三菩提
南无一切功德住世界名善上首如来彼
如来受名普至菩薩阿耨多羅三藐三
菩提
南无寶光明世界名須弥光明如来彼如来
受善住菩薩阿耨多羅三藐三菩提
南无一切得住世界名无量境界如来彼如
来授名藥王菩薩阿耨多羅三藐三菩提
南无莊嚴菩提世界名高妙吉如来彼如来
受名思益勝慧菩薩阿耨多羅三藐三
菩提
南无无垢世界名寶花成就功德如来彼
如来受名得勝慧菩薩阿耨多羅三藐三
菩提
南无雲世界名奮迅如来彼如来受名自
在觀菩薩阿耨多羅三藐三菩提

BD03687號　佛名經（十六卷本）卷三　（16–5）

如来受名得勝慧菩薩阿耨多羅三藐三
菩提
南无雲世界名奮迅如来彼如来受名自
在觀菩薩阿耨多羅三藐三菩提
南无花因廣世界名一切發衆生信發心如
来彼如来授名勝惠菩薩阿耨多羅三藐
三菩提
南无星宿行世界名樂星宿起如来彼如
来授名无憂菩薩阿耨多羅三藐三菩
提
南无寶花世界名勝衆如来彼如来受名妙
勝菩薩阿耨多羅三藐三菩提
南无无量至世界名无量花如来彼如来受
名雷鳥菩薩阿耨多羅三藐三菩提
南无花世界名寶勝如来彼如来受名遠
離諸有菩薩阿耨多羅三藐三菩提
南无種種幢世界名月功德如来彼如来
受名斷一切諸難菩薩阿耨多羅三藐三
菩提
南无可樂世界名即發心轉法輪如来彼如
来受名不退轉輪菩薩阿耨多羅三藐三
菩提
南无无畏世界名十方稱名如来彼如来
授名智稱菩薩阿耨多羅三藐三菩提
南无自在世界迦陵伽佛

BD03687號　佛名經（十六卷本）卷三　（16–6）

南无无畏世界名十方稱名如来彼如来
授名智稱菩薩阿耨多羅三藐三菩提
南无自在世界迦陵伽佛
南无安樂世界日輪登明佛
南无无畏世界寶勝佛
南无智成就世界智起佛
南无純樂世界功德王住佛
南无蓋行花世界无障导眼佛
南无金剛輪世界无畏佛
南无發起世界智積佛
南无善清淨世界无觀相發行佛
南无普光明世界光明輪威德王勝佛
南无高幢世界慧佛
南无得世界那羅延佛
南无垢世界无垢幢佛
南无遠離一切憂障世界安隱佛
南无賢上世界遠離諸煩惱佛
南无一切安樂清淨慧佛
南无无量功德具足世界善思惟發佛
南无平等世界降伏諸惡佛
南无无畏世界憂波羅勝佛
南无十方光明世界勝力王佛
南无常光明世界无量光明雲香弥留佛
南无常莊嚴世界降伏男女佛
南无沉水香世界種種花佛

BD03687號　佛名經（十六卷本）卷三

（16–7）

南无十方光明世界勝力王佛
南无常光明世界无量光明雲香弥留佛
南无常莊嚴世界降伏男女佛
南无沉水香世界種種花佛
南无香蓋世界无邊智佛
南无旃檀香世界寶上王佛
南无香世界弥留佛
南无普喜世界知見一切衆生信佛
南无不可量世界无邊聲佛
南无佛花莊嚴世界智功德勝佛
南无善住世界不動步佛
南无花世界无障导吼聲佛
南无月世界普寶藏佛
南无堅住世界迦葉佛
南无普波頭摩世界觀一切境界鏡佛
南无旃檀世界上首佛
南无寶世界成就義佛
南无有月世界成就勝佛
南无无障导世界名稱佛
南无安樂世界斷一切疑佛
南无王世界智勝佛
南无普畏世界月佛
南无種種成就世界功德徵佛
南无種種花世界星宿王佛
南无廣世界无量幢佛

BD03687號　佛名經（十六卷本）卷三

（16–8）

南无普畏世界月佛
南无種種成就世界功德微佛
南无種種花世界星宿王佛
南无廣世界无量幢佛
南无羅因世界羅因光明佛
南无无驚怖世界淨聲佛
南无可樂世界觀寶勝佛
南无離觀世界一切法无所發佛
南无常稱世界不斷一切衆生發行佛
南无常歡喜世界无量奮迅佛
南无普鏡世界達一切法佛
南无普照世界普見一切佛
南无一切功德成就世界成就无邊勝
功德佛
南无无垢世界智起光佛
南无怖憂鉢羅世界波頭摩勝佛
南无波頭摩怖世界十方勝佛
南无天世界堅固衆生佛
南无光明世界智光明佛
南无安樂調世界脩智佛
南无安樂世界遠離胎佛
南无无添世界明　王佛
南无雲世界斷一切煩惱佛
南无普色世界无邊智稱佛
從此以上千九百佛十二部經一切賢聖

BD03687號　佛名經（十六卷本）卷三　（16–9）

南无雲世界斷一切煩惱佛
南无普色世界无邊智稱佛
從此以上千九百佛十二部經一切賢聖
南无堅固世界旃檀屋勝佛
南无无比功德世界成就无比勝花佛
次礼十二部尊經大藏法輪
南无道神足經　南无轉輪本起經
南无瑞應本起經　南无法敬經
南无阿鼻曇薩經　南无日光三昧經
南无住形像經　南无轉女身經
南无威儀經　南无比羅三昧經
南无放食五種福經　南无梵經
南无龍樹因緣經　南无龍樹所問經
南无阿難四事經　南无七婦經
南无誰佛經　南无五福德子經
南无五濁世經　南无滅十方冥經
南无時食經　南无大頭陁經
南无孚妙經　南无門妙分起經
南无四帝經　南无居宅迴王經
南无菩提經　南无稱楊佛經
次礼十方諸大菩薩摩訶薩
南无堅勝菩薩　南无斷諸惡道菩薩
南无不疲惓菩薩　南无須弥山菩薩
南无大須弥山菩薩　南无心勇猛菩薩
南无師子奮迅行菩薩　南无不可思議菩薩

BD03687號　佛名經（十六卷本）卷三　（16–10）

南无善根生　南无種種作生
次礼十方諸大菩薩摩訶薩
南无堅勝菩薩　南无斷諸惡道菩薩
南无不疲惓菩薩　南无須弥山菩薩
南无大須弥山菩薩　南无心勇猛菩薩
南无師子奮迅行菩薩　南无不可思議菩薩
南无善勝菩薩　南无善意菩薩
南无寶語菩薩　南无愛見菩薩
南无无障导菩薩　南无斷諸疑菩薩
南无寶作菩薩　南无廣德菩薩
南无誰賢劫菩薩　南无寶月菩薩
南无湯陁婆吉菩薩　南无樂作菩薩
南无垢稱菩薩　南无思益菩薩
南无普華菩薩　南无月勝菩薩
南无月山菩薩　南无智山菩薩
南无若鳩羅菩薩　南无遠鳩羅菩薩
南无鳩陁羅菩薩　南无秀伽伽羅菩薩
南无日陳羅菩薩
歸命如是等十方无量无邊菩薩
復次應稱辟支佛
南无善快辟支佛　南无違陁辟支佛
南无吉沙辟支佛　南无夏波吉沙辟支佛
南无斷有辟支佛　南无夏波支羅辟支佛
南无斷愛辟支佛　南无施婆羅辟支佛
南无轉覺辟支佛　南无吉垢辟支佛
南无高去辟支佛　南无阿恣多辟支佛

BD03687號　佛名經（十六卷本）卷三

（16–11）

南无吉沙辟支佛　南无夏波吉沙辟支佛
南无斷有辟支佛　南无夏波支羅辟支佛
南无斷愛辟支佛　南无施婆羅辟支佛
南无轉覺辟支佛　南无吉垢辟支佛
南无高去辟支佛　南无阿恣多辟支佛
歸命如是等无量无邊辟支佛
次復懺悔
弟子今以總相懺悔一切諸業今當次第更
復一一別相懺悔若總若別若麁若細若輕
若重若說不說品類相從願皆消滅別相懺
者先懺身三次懺口四其餘諸障次第發露
身三業者第一殺害如經所明恕己可為
喻勿煞勿行杖雖復禽獸之殊保命畏死其
事是一若尋此衆生死始以來或是我父
母兄弟六親眷屬以業因緣輪迴六道出
生入死改形易報不復相識而今興害食噉
其肉傷慈之甚是故佛言設得餘食當如
飢世食子肉想何況食噉此魚肉耶又言為
利煞衆生以錢網衆生肉二俱是惡業死墮
叫呼地獄故殺害及以食噉罪深河海過
重丘岳然弟子等无始以來不遇善友皆
為此業是故經言殺害之罪能令衆生墮於
地獄餓鬼受苦若在畜生則受虎豹豺狼鷹鷂
等身或受毒虵蝮蝎等身常懷惡心或受麞
鹿熊羆等身常懷恐怖若生人中得二種果
[illegible]

BD03687號　佛名經（十六卷本）卷三

（16–12）

為此業是故經言殺害之罪能令衆生墮於
地獄餓鬼受苦若在畜生則受虎豹豺狼鷹鷂
等身或受毒虵蝮蝎等身常懷惡心或受麞
鹿熊羆等身常懷恐怖若生人中得二種果
報一者多病二者斷命殺肉食噉既有如是
无量種種諸惡果報是故弟子至到稽顙
歸依
東方滅諸怖畏佛　南方日月燈明佛
西方覺華光佛　北方發功德佛
東南方除衆憂冥佛　西南方无生自在佛
西北方大通王佛　東北方空離垢心佛
下方同像空无佛　上方瑠璃藏勝佛
如是十方盡虛空界一切三寶
弟子自從无始以來至於今日有此心識常
懷慘毒无慈愍心或因貪起殺因瞋因癡及
以傷殺或興惡方便誓殺願殺及以呪殺或
破決湖池焚燒山野田獵魚捕或因放火飛
鷹放犬惱害一切如是等罪今悉懺悔
或以檻弶杌撥杈戟弓弩彈射飛鳥走獸之
類或以罘網罾釣撩漉水性魚鱉黿鼉蝦蜆
螺蚌濕居之屬使水陸之與空行藏竄无地
或畜養雞豬牛羊犬豕鵝鴨之屬自供庖廚
或貨他宰殺使其哀聲未盡毛羽脫落鱗甲
傷毀身首分離骨肉銷碎剝裂屠割炮燒煑炙
楚毒酸切橫加无辜但取一時之快口得味

螺蚌濕居之屬使水陸之與空行藏竄无地
或畜養雞豬牛羊犬豕鵝鴨之屬自供庖廚
或貨他宰殺使其哀聲未盡毛羽脫落鱗甲
傷毀身首分離骨肉銷碎剝裂屠割炮燒煑炙
楚毒酸切橫加无辜但取一時之快口得味
甚寡不過三寸舌根而已然其罪報殃累永
劫如是等罪今日至誠皆悉懺悔
又復无始以來至于今日或復興師相伐壃
場交諍兩陣相向更相殺害或自殺教殺聞
殺歡喜或習屠膾儈為刑戮宰他命行於
不忍或恣忿怒揮戈儛刃或斬或剌或推
著坑塹或以水沉溺或塞穴壞巢土石磓砰
或以車馬雷轢踐蹹一切衆生如是等罪无
量无邊今日發露皆悉懺悔
又復无始以來或墮胎破卵毒藥蠱道傷
殺衆生墾土掘地種殖田園養蠶煑繭傷
殺滋甚或打撲蚊蚋嚙蚤虱或燒除糞
掃開決溝渠枉害一切或噉菓實或用穀米或
水或菜橫殺衆生或然燈薪或露燈燭燒諸
虫類或食醬酢不看搖動或瀉湯水澆殺蟲
蟻如是乃至行住坐卧四威儀中恒常傷殺
飛空著地細微衆生弟子以凡夫識暗不覺
不知今日發露皆悉懺悔
又復弟子无始以來至于今日或以鞭杖枷
鏁桁械壓立考掠打擲手腳蹴蹹的縛籠

蟻如是乃至行住坐卧四威儀中恒常傷煞
飛空著地細微衆生弟子以凡夫識暗不覺
不知今日發露皆悉懺悔
又復弟子无始以來至于今日或以鞭杖枷
鏁桁械壁立考掠打擲手脚蹴蹹拘縛籠
繫斷絶水穀如是種種諸惡方便苦惱衆生
今日至誠向十方佛尊法聖衆皆悉懺悔
願弟子等承是懺悔煞害等罪所生功德
生生世世得金剛身壽命无窮永離怨憎
无煞害想於諸衆生得一子地若見危難
危厄之者不惜身命方便救解令得解脫
然後爲説微妙正法使諸衆生覩形見影
皆蒙安樂聞名聽聲恐怖悉除 禮一拜
南无寶世界善住力王佛
南无十方上首世界趣月光佛
南无龍王世界上首佛
南无善住世界善高聚佛
南无无怖畏世界作稱佛
南无愛香世界斷諸難佛
南无成就一切功德善住世界稱覩佛
南无憂慧世界遠離諸憂佛
南无成就一切勢善住世界稱堅固佛
南无稱世界起波頭摩功德王佛
南无花俱蘇摩住世界善散花幢佛
南无十方名稱世界放光明普蓋佛

BD03687號　佛名經（十六卷本）卷三

（16–15）

南无愛香世界斷諸難佛
南无成就一切功德善住世界稱覩佛
南无憂慧世界遠離諸憂佛
南无成就一切勢善住世界稱堅固佛
南无稱世界起波頭摩功德王佛
南无花俱蘇摩住世界善散花幢佛
南无十方名稱世界放光明普蓋佛
南无十方上首世界名稱眼佛
南无炎慧世界放炎佛
從此以上二千佛十二部經一切賢聖
南无吼世界十方稱名佛
南无光世界自在稱留佛
南无寶光明世界大光明佛
南无常歡喜世界炎熾佛
南无有世界三界自在奮迅佛
南无无畏界放光明輪佛
南无常懸世界衆寶勝佛
南无波頭摩王世界无盡勝佛
南无普吼世界妙鼓聲佛
南无无畏世界普勝佛
南无十方名稱世界智稱佛

BD03687號　佛名經（十六卷本）卷三

（16–16）

南无地世界山王佛
南无地功德世界波頭摩勝王佛
南无然燈輪世界善住佛
南无普莊嚴世界大莊嚴佛
南无倚世界住一切功德佛
南无歡喜世界畢竟成就佛
南无星宿行世界智上勝佛
南无蓋行莊嚴世界智起光明威德王勝佛
南无波頭摩世界波頭摩生王佛 胡本中自此以下皆有世界略不明矣
南无法境界自在佛
南无月中光明佛 南无雷鳥佛
南无阿弥陁光明佛 南无波頭山佛
南无波頭摩生勝佛 南无栴檀勝佛
南无寶精佛 南无智慧佛
南无无畏住王佛 南无功德成就勝佛
南无光明幢佛 南无无量功德住佛
南无功德成就勝佛
南无一切功德成就勝佛
南无波頭摩成就勝佛
南无炬住持佛 南无寶上勝佛
南无金色花佛 南无上王佛

BD03688號　佛名經（十六卷本）卷三　（14–1）

南无功德成就勝佛
南无一切功德成就勝佛
南无波頭摩成就勝佛 南无寶上勝佛
南无炬住持佛 南无上王佛
南无金色花佛 南无无量称留佛
南无星宿王佛 南无无量聲佛
南无虛空輪清淨王佛
南无寶山佛
南无種種寶俱蘇摩花佛
南无勝衆佛 南无无塵離塵佛
南无不宿發備行佛
南无金色花佛 南无寶舍佛
南无種種花成就佛 南无放光明佛
南无俱蘇摩成佛 南无散蓋佛
南无彌刀王佛 南无淨聲佛
南无淨勝佛 南无无量衆佛
南无上首佛 南无无障导眼佛
南无破散一切起諸佛
南无斷一切疑佛 南无无相聲佛
南无畢竟得无邊功德佛
南无寶成就勝佛 南无波頭摩上勝佛
南无寶上佛 南无无障导發備佛
南无无邊佛 南无寶称留佛
南无日然燈上勝佛 南无智成就勝佛
南无憂鉢羅然燈佛 南无十方然燈佛
南无[illegible]佛 南无[illegible]自在王佛

BD03688號　佛名經（十六卷本）卷三　（14–2）

南无无邊佛　南无寶称留佛
南无日然燈上勝佛　南无智成就勝佛
南无憂鉢羅然燈佛　南无十方然燈佛
南无賢勝佛　南无娑羅自在王佛
南无師子佛　南无大寶称留佛
南无毗婆尸佛　南无妙勝光明佛
南无功德王光明佛　南无花王佛
南无无量眼佛　南无功德一味佛
南无十方然燈佛　南无賢勝佛
南无娑羅自在王佛　南无師子王佛
南无寶称留堅佛　南无毗婆尸羅佛
南无明王佛　南无上首佛
南无月上王佛　南无大龍佛
南无香上勝佛　南无香勝幢佛
南无旃檀屋佛　南无香幢佛
南无旃檀香佛　南无无邊精進佛
從此以上二千一百佛十二部經一切賢聖
南无十方光明佛　南无波頭摩上佛
南无鷲怖波頭摩花成就上王佛
南无寶同佛　南无善住王佛
南无香烏王佛　南无與一切樂佛
南无示一切念佛　南无不空說佛
南无能滅一切怖畏佛　南无不住王佛
南无寶光明佛
南无与一切衆生安隱佛
南无觀无邊境界佛　南无虛空莊嚴勝佛

BD03688 號　佛名經（十六卷本）卷三　　（14–3）

南无能滅一切怖畏佛　南无不住王佛
南无寶光明佛
南无与一切衆生安隱佛
南无觀无邊境界佛　南无虛空莊嚴勝佛
南无无憂莊嚴佛　南无脩行幢佛
南无成就鷲怖勝花佛
南无賢勝佛　南无清淨明佛
南无大將軍佛　南无上勝高佛
南无不可勝幢佛　南无可依佛
南无无量无邊佛　南无香称留佛
南无月輪闡王佛
南无妙称留寶成就勝佛　南无淨勝佛
南无聞称留善勝佛　南无无障导眼佛
南无无邊功德作佛　南无威德王佛
南无願善思惟成就佛　南无清淨輪王佛
南无智上佛　南无精進山佛
南无智山佛　南无方作佛
南无大會上首佛　南无最上首佛
南无智誰佛　南无上勝佛
南无不成境界佛
南无現示衆生境界无障导佛
南无无障导光明佛　南无發光明无导佛
南无佛波頭摩上成就勝佛
南无觀一切佛境界現形佛
南无說堅佛　南无化聲佛

BD03688 號　佛名經（十六卷本）卷三　　（14–4）

南无佛波頭摩上成就勝佛
南无觀一切佛境界現形佛
南无說堅佛　南无化聲佛
南无波頭摩勝佛　南无寶成就勝佛
南无海弥留佛　南无无垢慧佛
南无智花成就佛
南无積勝上威德寂靜佛
南无離貪境界佛　南无離一切取佛
南无現成就勝佛　南无无畏去佛
南无香風佛　南无无等香光佛
南无雲妙鼓聲佛　南无功德成就勝佛
南无无量奮迅境界弥留聚佛
南无香勝弥留佛　南无无量弥留佛
南无无量光明佛　南无普見佛
南无无畏佛　南无得无畏佛
南无月然燈佛　南无火然燈佛
南无勝勝脩佛　南无勝衆佛
南无金剛成佛　南无智自在王佛
南无智力稱佛　南无无畏勝佛
南无功德王光明佛　南无善眼佛
南无堅自在佛　南无弥留王佛
南无虛空弥留寶勝佛
南无堅上勝佛　南无梵吼聲佛
南无寶花佛　南无波頭摩成就勝佛
南无栴檀香佛　南无須弥劫佛

南无堅自在佛　南无弥留王佛
南无虛空弥留寶勝佛
南无堅上勝佛　南无梵吼聲佛
南无寶花佛　南无波頭摩成就勝佛
南无栴檀香佛　南无須弥劫佛
南无勝莊嚴佛　南无寶蓋佛
南无香烏佛　南无邊勝佛
南无不空說名佛
南无不可思議功德王光明佛
南无无畏王佛　南无波頭摩上勝佛
從此以上二千二百佛十二部經一切賢聖
南无常得精進佛　南无藥王佛
南无安隱佛　南无无邊意行佛
南无无邊境界佛　南无无邊光明佛
南无无邊眼佛　南无无邊虛空境界佛
南无金色境界佛　南无星宿王佛
南无香上勝佛　南无虛空勝佛
南无妙勝佛　南无方作佛
南无妙弥留佛　南无无障导眼佛
南无金剛經佛　南无然炬佛
歸命如是等无量无邊佛應知
南无火幢佛　南无賢无垢威德光佛
南无智積佛　南无稱力王佛
南无功德王光明佛　南无見智佛
南无波頭摩妙勝佛　南无成就勝佛

南无火幢佛　南无賢无垢威德光佛
南无智積佛　南无彌力王佛
南无一切德王光明佛　南无見智佛
南无波頭摩妙勝佛　南无成就勝佛
南无寶光佛　南无寶華華勝佛
南无迷離耶成就佛　南无衆上首佛
南无拘留孫佛　南无幢王佛
南无波頭摩一切德佛　南无放光明佛
南无彌勒佛　南无光明波頭摩光佛
南无勝王佛　南无法幢佛
南无无量奮迅佛　南无海須彌佛
南无妙佛　南无釋迦牟尼佛
南无不空見佛　南无无障导吼聲佛
南无无量功德勝名光明佛
南无无分別脩行佛　南无无邊光明佛
南无善眼佛　南无南方普寶藏佛
南无无垢遠離垢解脫佛
歸命如是等无量无邊佛應知
南无西方无量華佛　南无无量照佛
南无无量光明佛　南无无量明佛
南无无量境界佛　南无无量自在佛
南无无量奮迅佛　南无普蓋佛
南无蓋行佛　南无寶蓋佛
南无星宿王佛　南无善星宿佛
南无光明輪佛　南无明王佛

BD03688號　佛名經（十六卷本）卷三

（14–7）

南无无量境界佛　南无无量自在佛
南无无量奮迅佛　南无普蓋佛
南无蓋行佛　南无寶蓋佛
南无星宿王佛　南无善星宿佛
南无光明輪佛　南无明王佛
南无光明上勝佛　南无无邊見佛
南无勝佛　南无无邊境界奮迅佛
南无无障导吼聲佛　南无大雲光明佛
南无羅网王佛　南无善得平等光明佛
南无波頭摩勝藏佛　南无山王佛
南无月衆增上佛　南无高光明佛
南无合聚佛　南无不空光明佛
南无須勝王佛　南无北方不空說燈佛
南无不空奮迅佛　南无不空境界佛
南无不空光明佛　南无无邊精進佛
南无娑羅自在王佛　南无寶娑羅王佛
南无普蓋佛　南无蓋莊嚴佛
南无寶積佛　南无旃檀屋佛
南无旃檀香佛　南无无量光明佛
南无光明輪莊嚴彌留佛
南无无障导明佛　南无无量眼佛
南无寶成就佛　南无一切功德佛
南无佛華成就功德佛
南无善住慧佛　南无无量步佛
南无不空勝佛　南无寶步佛

BD03688號　佛名經（十六卷本）卷三

（14–8）

南无寶成就佛　南无一切功德佛
南无佛華成就功德佛
南无善住慧佛　南无无量步佛
南无不空勝佛　南无寶步佛
南无无邊脩行佛　南无无邊莊嚴勝佛
南无虛空輪光明佛　南无无量聲佛
南无藥王佛　南无无畏佛
次礼十二部尊經大藏法輪
南无枯樹經　南无當來變經
南无放牛經　南无乇真羅經
南无相續經　南无灌食經
從此以上二千三百佛十二部經一切賢聖
南无本文丈經　南无目連問經
南无持戒所經　南无太子恩休經
南无忍辱經　南无微密經
南无離泄經　南无菩薩經
南无孔雀王呪經　南无迦羅子經
南无重寶太子菩現經　南无彌勒成佛經
南无唯意長者子經　南无龍女經
南无稚兒鋼長者子經　南无燎瀰經
南无泥梨經　南无沙彌五母子經
南无月光童子經　南无太子須達拏經
南无勝鬘經　南无寶頭盧經
次礼十方諸菩薩摩訶薩
南无勝山菩薩　南无光山菩薩

南无泥梨經　南无沙彌五母子經
南无月光童子經　南无太子須達拏經
南无勝鬘經　南无寶頭盧經
次礼十方諸菩薩摩訶薩
南无勝山菩薩　南无光山菩薩
南无賢首菩薩　南无功德山菩薩
南无勝離菩薩　南无那羅延菩薩
南无龍德菩薩　南无龍勝菩薩
南无龍持色菩薩　南无摩留大菩薩
南无入功德菩薩　南无然燈首菩薩
南无常舉手菩薩　南无光明常照王菩薩
南无寶手菩薩　南无普光菩薩
南无星宿王菩薩　南无金剛步菩薩
南无不動華步菩薩　南无步三界菩薩
南无无邊步奮迅菩薩　南无海慧菩薩
南无善光无垢住持威德菩薩
南无智山菩薩　南无常觀菩薩
南无高精進菩薩　南无遠多羅菩薩
南无无邊陁羅菩薩　南无因陁羅菩薩
南无无量明菩薩　南无勇力菩薩
南无寶藏菩薩
歸命如是等十方世界无量无邊菩薩
復次應禮辟支佛名
南无无漏辟支佛　南无憍慢辟支佛
南无盡憍慢辟支佛　南无親辟支佛

南无寶藏菩薩
歸命如是等十方世界无量无邊菩薩
復次應禮辟支佛名
南无无漏辟支佛　南无憍慢辟支佛
南无盡憍慢辟支佛　南无親辟支佛
南无得脫辟支佛　南无无垢辟支佛
南无獨辟支佛　南无難盡辟支佛
南无能作憍慢辟支佛　南无退辟支佛
南无不退盡辟支佛　南无尋辟支佛
歸命如是等无量无邊辟支佛
次復懺悔
次懺劫盜之業經中說言若物屬他他
所守護於此物中一草一葉不与不取何
況盜竊但自衆生唯見現在利故以種種
不道而取致使未來受此殃累是故經言劫
盜之罪能令衆生墮於地獄餓鬼受苦若在
畜生則受牛馬驢騾駱駝等形以其所有身
力血肉償他宿債若生人中為他奴婢衣不
蔽形食不充命貧寒困苦人理殆盡劫盜
既有如是苦報是故弟子今日至到稽首
歸依佛
東方壞諸煩惱佛　南方妙音自在佛
西方大雲光佛　北方雲自在王佛
東南方无緣莊嚴佛　西南方過諸魔界佛
西北方見无恐懼佛　東北方一切德嚴佛

BD03688號　佛名經（十六卷本）卷三　（14–11）

東方壞諸煩惱佛　南方妙音自在佛
西方大雲光佛　北方雲自在王佛
東南方无緣莊嚴佛　西南方過諸魔界佛
西北方見无恐懼佛　東北方一切德嚴佛
上方蓮華藏光佛　南无下方妙善住王佛
如是十方盡虛空界一切三寶
弟子自從无始以來至于今日或盜他財寶
興刃強奪或自恃身逼迫而取恃公
王或假勢力高桁大械枉碑良善吞納
姦貨抂直為曲為此因緣身羅憲網或任邪
治領他財物侵公益私侵私益公損彼利此
損此利彼割他自饒口與心違或竊沒租估偷
度關稅匿公課輸藏隱使役如是等罪今悉
懺悔或是佛法僧物不与而取或經像物或
治塔寺物或供養常住僧物或擬招提僧物
或盜取悞用恃勢不還或自借或借人或復
換貸漏妄或三寶混亂雜用或以衆物穀米
蕉薪壜豉醬酢菜茹菓實錢帛竹木繒綵
幡蓋香花油燭隨情逐意或自用或与人
或摘佛花菓用僧鬘物因三寶財私自利
已如是等罪无量无邊今日慚愧皆悉懺
悔
又復无始以來至於今日或作周旋朋友
師僧同學父母兄弟六親眷屬共住同止
百一所須更相欺罔或於鄉鄰比近移籬

BD03688號　佛名經（十六卷本）卷三　（14–12）

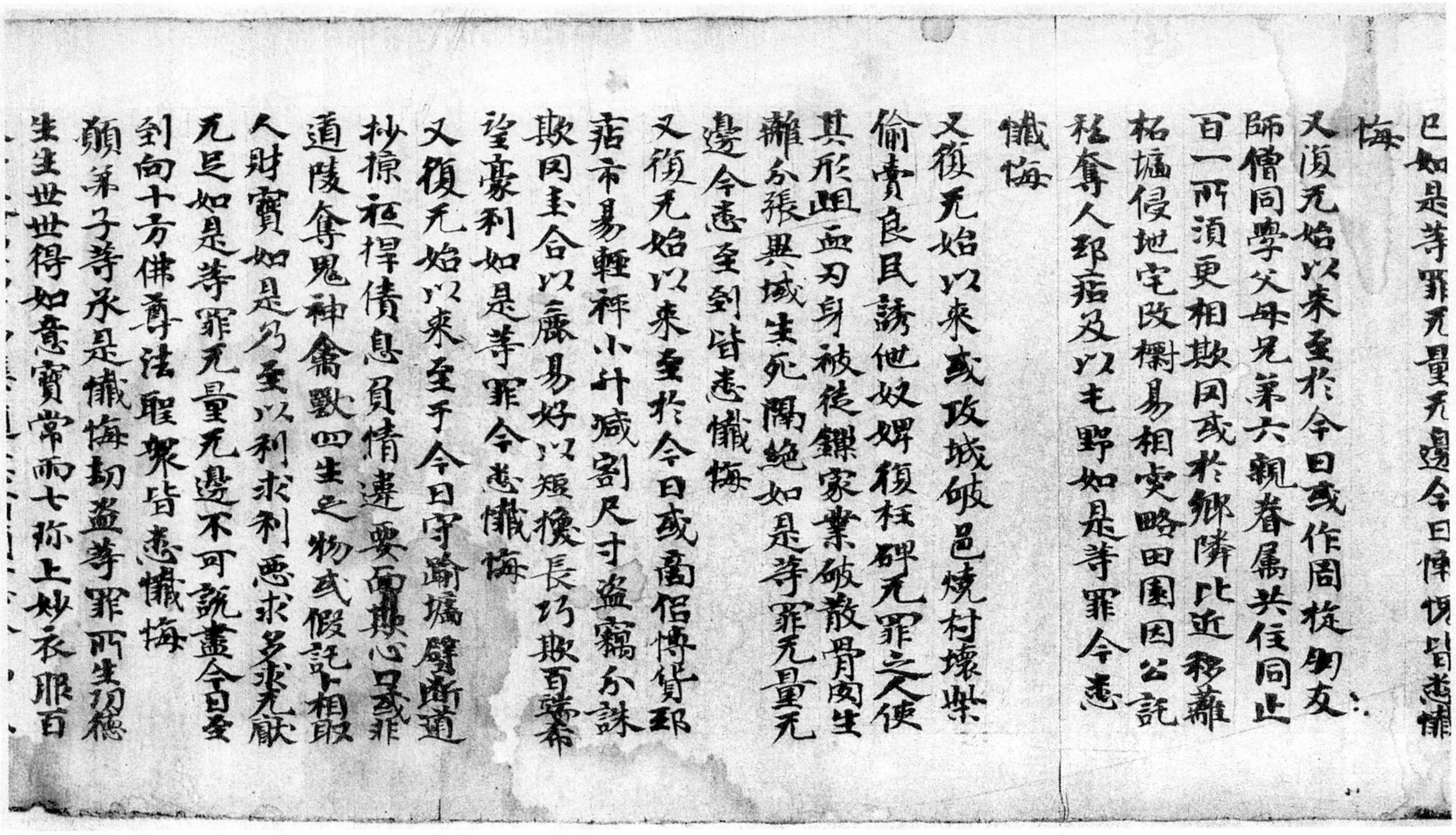

已如是等罪无量无邊今日慚愧皆悉懺
悔
又復无始以來至於今日或作周旋朋友
師僧同學父母兄弟六親眷属共住同止
百一所須更相欺罔或於鄉隣比近移籬
拓墙侵地宅改標易相侵略田園因公託
私奪人邸店及以毛野如是等罪今悉
懺悔
又復无始以來或攻城破邑燒村壞柴
偷賣良民誘他奴婢復枉殺无罪之人使
其形骸血刃身被徒鏁家業破散骨肉生
離分張異域生死隔絶如是等罪无量无
邊今悉至到皆悉懺悔
又復无始以來至於今日或商估博貨邸
店市易輕秤小斗減割尺寸盜竊分銖
欺因圭合以麁易好以短換長巧欺百端希
望毫利如是等罪今悉懺悔
又復无始以來至于今日穿踰墻壁斷道
抄掠抵捍債息負情違要面欺心口或非
道陵奪鬼神禽獸四生之物或假託卜相取
人財寶如是乃至以利求利悪求多求无猒
无足如是等罪无量无邊不可說盡今日至
到向十方佛尊法聖衆皆悉懺悔
願弟子等承是懺悔劫盜等罪所生功德
生生世世得如意寶常雨七珎上妙衣服百

BD03688號　佛名經（十六卷本）卷三　（14–13）

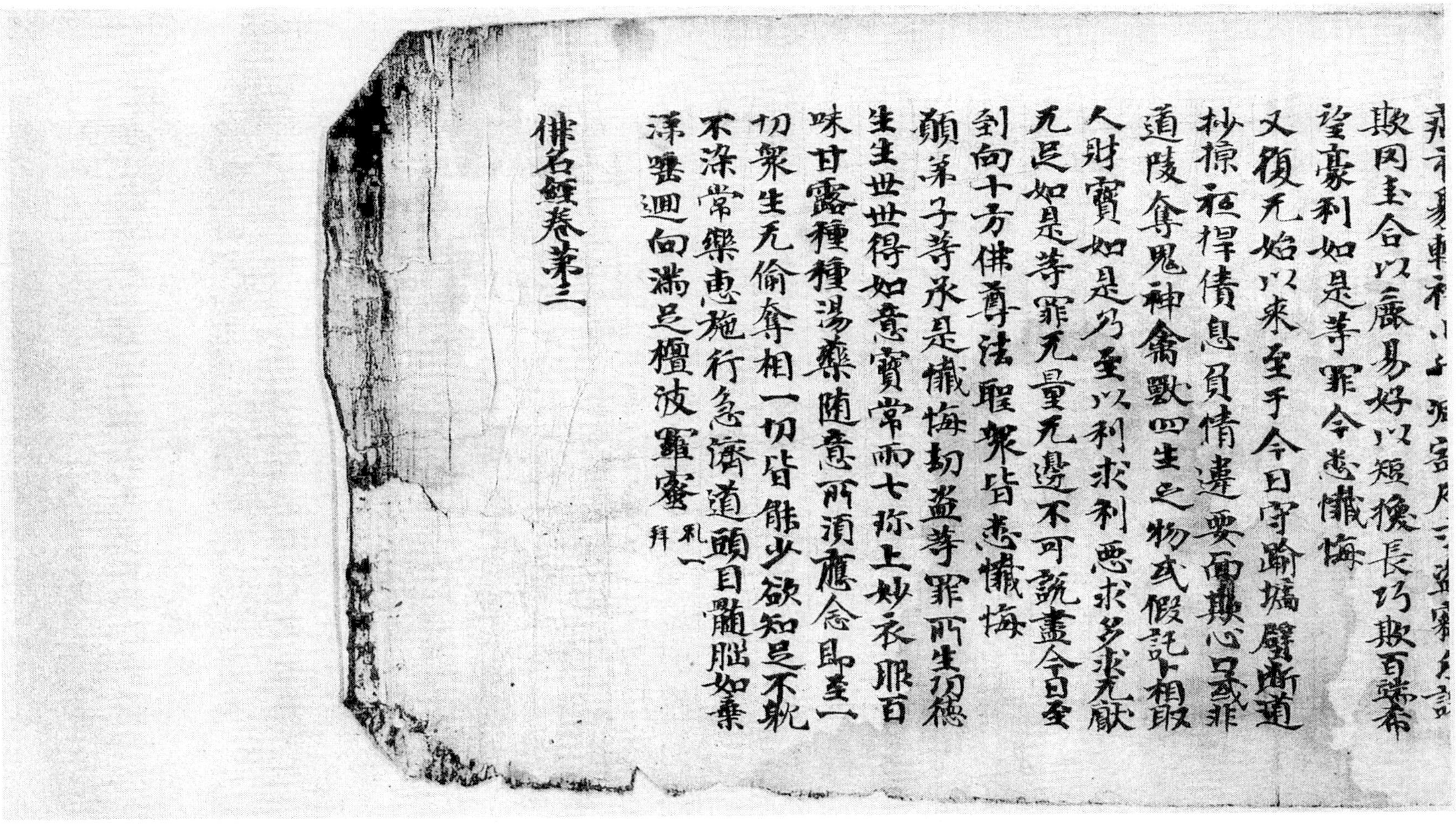

店市易輕秤小斗減割尺寸盜竊分銖
欺因圭合以麁易好以短換長巧欺百端希
望毫利如是等罪今悉懺悔
又復无始以來至于今日穿踰墻壁斷道
抄掠抵捍債息負情違要面欺心口或非
道陵奪鬼神禽獸四生之物或假託卜相取
人財寶如是乃至以利求利悪求多求无猒
无足如是等罪无量无邊不可說盡今日至
到向十方佛尊法聖衆皆悉懺悔
願弟子等承是懺悔劫盜等罪所生功德
生生世世得如意寶常雨七珎上妙衣服百
味甘露種種湯藥隨意所須應念即至一
切衆生无偷奪相一切皆能少欲知足不耽
不染常樂惠施行急濟道頭目髓腦如棄
涕唾迴向滿足檀波羅蜜　禮一拜

佛名經卷第三

BD03688號　佛名經（十六卷本）卷三　（14–14）

於諸佛世尊　生无上父想　破於憍慢心　說法无障礙
第三法如是　智者應守護　一心安樂行　无量衆所敬
又文殊師利菩薩摩訶薩於後末世法欲滅時
有持法華經者於在家出家人中生大慈心
於非菩薩人中生大悲心應作是念如是
之人則為大失如來方便隨宜說法不聞不
知不覺不問不信不解其人雖不問不信不
解是經我得阿耨多羅三藐三菩提時隨在
何地以神通力智慧力引之令得住是法中
文殊師利是菩薩摩訶薩於如來滅後有成
就此第四法者說是法時无有過失常為比
丘比丘尼優婆塞優婆夷國王王子大臣人
民婆羅門居士等供養恭敬尊重讚歎虛空
諸天為聽法故亦常隨侍若在聚落城邑空
閑林中有人來欲難問者諸天晝夜常為法
故而衛護之能令聽者皆得歡喜所以者何
此經是一切過去未來現在諸佛神力所護
故文殊師利是法華經於无量國中乃至名
字不可得聞何況得見受持讀誦文殊師利
譬如强力轉輪聖王欲以威勢降伏諸國而

故而衛護之能令聽者皆得歡喜所以者何
此經是一切過去未來現在諸佛神力所護
故文殊師利是法華經於无量國中乃至名
字不可得聞何況得見受持讀誦文殊師利
譬如强力轉輪聖王欲以威勢降伏諸國而
諸小王不順其命時轉輪王起種種兵而往
討伐王見兵衆戰有功者即大歡喜隨功賞
賜或與田宅聚落城邑或與衣服嚴身之具
或與種種珍寶金銀瑠璃車𤦲馬瑙珊瑚虎
珀象馬車乘奴婢人民唯髻中明珠不以與
之所以者何獨王頂上有此一珠若以與之
王諸眷屬必大驚怪文殊師利如來亦復如是
是以禪定智慧力得法國土王於三界而諸魔
王不肯順伏如來賢聖諸將與之共戰其
有功者心亦歡喜於四衆中為說諸經令其
心悅賜以禪定解脫无漏根力諸法之財又
復賜與涅槃之城言得滅度引導其心令皆
歡喜而不為說是法華經文殊師利如轉輪
王見諸兵衆有大功者心甚歡喜以此難信
之珠久在髻中不妄與人而今與之如來亦
復如是於三界中為法王以法教化一切
衆生見賢聖軍與五陰魔煩惱魔死魔共戰
有大功勳滅三毒出三界破魔網尒時如來亦
大歡喜此法華經能令衆生至一切智一切
世間多怨難信先所未說而今說之文殊
師利此法華經是諸如來第一之說於諸說
中最為甚深末後賜與如彼强力之王久護

有大功勳滅三毒出三界破魔網尒時如來亦
大歡喜此法華經能令眾生至一切智一切
世間多怨難信先所未說而今說之文殊
師利此法華經是諸如來第一之說於諸說
中最為甚深末後賜與如彼強力之王久護
明珠今乃與之文殊師利此法華經諸佛如
來秘密之藏於諸經中最在其上長夜守護
不妄宣說始於今日乃與汝等而敷演之尒
時世尊欲重宣此義而說偈言
常行忍辱　哀愍一切　乃能演說　佛所讚經
後末世時　持此經者　於家出家　及非菩薩
應生慈悲　斯等不聞　不信是經　則為大失
我得佛道　以諸方便　為說此法　令住其中
譬如強力　轉輪之王　兵戰有功　賞賜諸物
象馬車乘　嚴身之具　及諸田宅　聚落城邑
或與衣服　種種珍寶　奴婢財物　歡喜賜與
如有勇健　能為難事　王解髻中　明珠賜之
如來亦尒　為諸法王　忍辱大力　智慧寶藏
以大慈悲　如法化世　見一切人　受諸苦惱
欲求解脫　與諸魔戰　為是眾生　說種種法
以大方便　說此諸經　既知眾生　得其力已
末後乃為　說是法華　如王解髻　明珠與之
此經為尊　眾經中上　我常守護　不妄開示
今正是時　為汝等說　我滅度後　求佛道者
欲得安隱　演說斯經　應當親近　如是四法
讀是經者　常无憂惱　又无病痛　顏色鮮白
不生貧窮　卑賤醜陋　眾生樂見　如慕賢聖

BD03689號　妙法蓮華經卷五　（24–3）

今正是時　為汝等說　我滅度後　求佛道者
欲得安隱　演說斯經　應當親近　如是四法
讀是經者　常无憂惱　又无病痛　顏色鮮白
不生貧窮　卑賤醜陋　眾生樂見　如慕賢聖
天諸童子　以為給使　刀杖不加　毒不能害
若人惡罵　口則閉塞　遊行无畏　如師子王
智慧光明　如日之照　若於夢中　但見妙事
見諸如來　坐師子座　諸比丘眾　圍繞說法
又見龍神　阿脩羅等　數如恒沙　恭敬合掌
自見其身　而為說法　又見諸佛　身相金色
放无量光　照於一切　以梵音聲　演說諸法
佛為四眾　說无上法　見身處中　合掌讚佛
聞法歡喜　而為供養　得陀羅尼　證不退智
佛知其心　深入佛道　即為授記　成最正覺
汝善男子　當於來世　得无量智　佛之大道
國土嚴淨　廣大无比　亦有四眾　合掌聽法
又見自身　在山林中　脩習善法　證諸實相
深入禪定　見十方佛
諸佛身金色　百福相莊嚴　聞法為人說　常有是好夢
又夢作國王　捨宮殿眷屬　及上妙五欲　行詣於道場
在菩提樹下　而處師子座　求道過七日　得諸佛之智
成无上道已　起而轉法輪　為四眾說法　經千萬億劫
說无漏妙法　度无量眾生　後當入涅槃　如煙盡燈滅
若後惡世中　說是第一法　是人得大利　如上諸功德

妙法蓮華經從地踊出品第十五

尒時他方國土諸來菩薩摩訶薩過八恒河
沙數於大眾中起合掌作禮而白佛言世尊
若聽我等於佛滅後在此娑婆世界勤加精

BD03689號　妙法蓮華經卷五　（24–4）

若後惡世中　説是第一法　是人得大利　如上諸功德

妙法蓮華經從地踊出品第十五

尒時他方國土諸來菩薩摩訶薩過八恒河
沙數於大衆中起合掌作礼而白佛言世尊
若聽我等於佛滅後在此娑婆世界勤加精
進護持讀誦書冩供養是經典者當於此土
而廣説之尒時佛告諸菩薩摩訶薩衆止善
男子不須汝等護持此經所以者何我娑婆
世界自有六万恒河沙等菩薩摩訶薩一一
菩薩各有六万恒河沙眷屬是諸人等能於
我滅後護持讀誦廣説此經佛説是時娑婆
世界三千大千國土地皆震裂而於其中有
无量千万億菩薩摩訶薩同時踊出是諸菩
薩身皆金色三十二相无量光明先盡在此
娑婆世界之下此界虚空中住是諸菩薩聞
釋迦牟尼佛所説音聲從下發來一一菩薩
皆是大衆唱導之首各將六万恒河沙眷屬
況將五万四万三万二万一万恒河沙等眷
屬者況復乃至一恒河沙半恒河沙四分之
一乃至千万億那由他分之一況復千万億
那由他眷屬況復億万眷屬況復千万百万
乃至一万況復一千一百乃至一十況復將
五四三二一弟子者況復單己樂遠離行如
是等比无量无邊筭數譬喻所不能知是諸
菩薩從地出已各詣虚空七寶妙塔多寶如
來釋迦牟尼佛所到已向二世尊頭面礼已
及至諸寶樹下師子座上佛所亦皆作礼右

BD03689號　妙法蓮華經卷五

（24–5）

五四三二一弟子者況復單己樂遠離行如
是等比无量无邊筭數譬喻所不能知是諸
菩薩從地出已各詣虚空七寶妙塔多寶如
來釋迦牟尼佛所到已向二世尊頭面礼已
及至諸寶樹下師子座上佛所亦皆作礼右
繞三帀合掌恭敬以諸菩薩種種讃法而以
讃歎住在一面欣樂瞻仰於二世尊是諸菩薩
摩訶薩從初踊出以諸菩薩種種讃法而
讃於佛如是時間經五十小劫是時釋迦牟
尼佛嘿然而坐及諸四衆亦皆嘿然五十小
劫佛神力故令諸大衆謂如半日尒時四衆
亦以佛神力故見諸菩薩遍滿无量百千万
億國土虚空是菩薩衆中有四導師一名上
行二名无邊行三名淨行四名安立行是四
菩薩於其衆中最為上首唱導之師在大衆
前各共合掌觀釋迦牟尼佛而問訊言世尊
少病少惱安樂行不所應度者受教易不不
令世尊生疲勞耶尒時四大菩薩而説偈言
世尊安樂　少病少惱　教化衆生　得无疲惓
又諸衆生　受化易不　不令世尊　生疲勞耶
尒時世尊於菩薩大衆中而作是言如是如
是諸善男子如來安樂少病少惱諸衆生等
易可化度无有疲勞所以者何是諸衆生世
世已來常受我化亦於過去諸佛供養尊重
種諸善根此諸衆生始見我身聞我所説即
皆信受入如來慧除先脩習學小乘者如是
之人我今亦令得聞是經入於佛慧尒時諸

BD03689號　妙法蓮華經卷五

（24–6）

世已來常受我化亦於過去諸佛供養尊重
種諸善根此諸衆生始見我身聞我所說即
皆信受入如来慧除先脩習學小乘者如是
之人我今亦令得聞是經入於佛慧尒時諸
大菩薩而說偈言
善哉善哉　大雄世尊　諸衆生等　易可化度
能問諸佛　甚深智慧　聞已信行　我等隨喜
於時世尊讚歎上首諸大菩薩善哉善哉善
男子汝等能於如來發隨喜心尒時弥勒菩
薩及八千恒河沙諸菩薩衆皆作是念我等
從昔已來不見不聞如是大菩薩摩訶薩衆
從地踊出住世尊前合掌供養問訊如来時
弥勒菩薩摩訶薩知八千恒河沙諸菩薩等
心之所念并欲自決所疑合掌向佛以偈問曰
无量千万億　大衆諸菩薩　昔所未曾見　願兩足尊說
是從何所來　以何因緣集　巨身大神通　智慧叵思議
其志念堅固　有大忍辱力　衆生所樂見　為從何所来
一一諸菩薩　所將諸眷屬　其數无有量　如恒河沙等
或有大菩薩　將六万恒沙　如是諸大衆　一心求佛道
是諸大師等　六万恒河沙　俱來供養佛　及護持此經
將五万恒沙　其數過於是　四万及三万　二万至一万
一千一百等　乃至一恒沙　半及三四分　億万分之一
千万那由他　万億諸弟子　乃至於半億　其數復過上
百万至一万　一千及一百　五十與一十　乃至三二一
單已无眷屬　樂於獨處者　俱來至佛所　其數轉過上
如是諸大衆　若人行籌數　過於恒沙劫　猶不能盡知
是諸大威德　精進菩薩衆　誰為其說法　教化而成就

BD03689號　妙法蓮華經卷五　（24–7）

百万至一万　一千及一百　五十與一十　乃至三二一
單已无眷屬　樂於獨處者　俱來至佛所　其數轉過上
如是諸大衆　若人行籌數　過於恒沙劫　猶不能盡知
是諸大威德　精進菩薩衆　誰為其說法　教化而成就
從誰初發心　稱揚何佛法　受持行誰經　脩習何佛道
如是諸菩薩　神通大智力　四方地震裂　皆從中踊出
世尊我昔來　未曾見是事　願說其所從　國土之名号
我常遊諸國　未曾見是衆　我於此衆中　乃不識一人
忽然從地出　願說其因緣　今此之大會　无量百千億
是諸菩薩等　皆欲知此事　是諸菩薩衆　本末之因緣
无量德世尊　唯願決衆疑
尒時釋迦牟尼佛分身諸佛從无量千万億
他方國土來者在於八方諸寶樹下師子座
上結跏趺坐其佛侍者各各見是菩薩大衆
於三千大千世界四方從地踊出住於虛空
各白其佛言世尊此諸无量无邊阿僧祇菩
薩大衆從何所來尒時諸佛各告侍者諸善
男子且待須臾有菩薩摩訶薩名弥勒釋迦
牟尼佛之所授記次後作佛已問斯事佛今
答之汝等自當因是得聞尒時釋迦牟尼佛
告弥勒菩薩善哉善哉阿逸多乃能問佛如
是大事汝等當共一心被精進鎧發堅固意
如來今欲顯發宣示諸佛智慧諸佛自在神
通之力諸佛師子奮迅之力諸佛威猛大勢之
力尒時世尊欲重宣此義而說偈言
當精進一心　我欲說此事　勿得有疑悔　佛智叵思議
汝今出信力　住於忍善中　昔所未聞法　今皆當得聞

BD03689號　妙法蓮華經卷五　（24–8）

道之力 諸佛師子奮迅之力 諸佛威猛大勢之
力 尒時世尊欲重宣此義而說偈言
當精進一心 我欲說此事 勿得有疑悔 佛智叵思議
汝今出信力 住於忍善中 昔所未聞法 今皆當得聞
我今安慰汝 勿得懷疑懼 佛无不實語 智慧不可量
所得第一法 甚深叵分別 如是今當說 汝等一心聽
尒時世尊說此偈已 告彌勒菩薩 我今於此
大衆宣告汝等 阿逸多 是諸大菩薩摩訶薩
无量无數阿僧祇從地踊出 汝等昔所未見
者 我於是娑婆世界得阿耨多羅三藐三菩
提已 教化示導是諸菩薩 調伏其心 令發道
意 此諸菩薩皆於是娑婆世界之下此界虛
空中住 於諸經典讀誦通利 思惟分別正憶
念 阿逸多 是諸善男子等不樂在衆多有所
說 常樂靜處 勤行精進 未曾休息 亦不依止
人天而住 常樂深智 无有障礙 亦常樂於諸
佛之法 一心精進求无上慧 尒時世尊欲重宣
此義而說偈言
阿逸汝當知 是諸大菩薩 從无數劫來 脩習佛智慧
悉是我所化 令發大道心 此等是我子 依止是世界
常行頭陀事 志樂於靜處 捨大衆憒閙 不樂多所說
如是諸子等 學習我道法 晝夜常精進 為求佛道故
在娑婆世界 下方空中住 志念力堅固 常勤求智慧
說種種妙法 其心无所畏 我於伽耶城 菩提樹下坐
得成最正覺 轉无上法輪 尒乃教化之 令初發道心
今皆住不退 悉當得成佛 我今說實語 汝等一心信
我從久遠來 教化是等衆

BD03689號　妙法蓮華經卷五

（24–9）

在娑婆世界 下方空中住 志念力堅固 常勤求智慧
說種種妙法 其心无所畏 我於伽耶城 菩提樹下坐
得成最正覺 轉无上法輪 尒乃教化之 令初發道心
今皆住不退 悉當得成佛 我今說實語 汝等一心信
我從久遠來 教化是等衆
尒時彌勒菩薩摩訶薩及无數諸菩薩等心
生疑惑 怪未曾有 而作是念 云何世尊於少
時間教化如是无量无邊阿僧祇諸大菩薩
令住阿耨多羅三藐三菩提 即白佛言 世尊
如來為太子時 出於釋宮 去伽耶城不遠 坐
於道場 得成阿耨多羅三藐三菩提 從是已
來 始過四十餘年 世尊 云何於此少時大作
佛事 以佛勢力 以佛功德 教化如是无量大
菩薩衆 當成阿耨多羅三藐三菩提 世尊 此
大菩薩衆 假使有人於千万億劫數不能盡
不得其邊 斯等久遠已來 於无量无邊諸佛
所殖諸善根 成就菩薩道 常脩梵行 世尊 如
此之事 世所難信 譬如有人 色美髮黑 年二
十五 指百歲人 言是我子 其百歲人亦指年
少 言是我父 生育我等 是事難信 佛亦如是
得道已來 其實未久 而此大衆諸菩薩等 已
於无量千万億劫 為佛道故 勤行精進 善入
出住无量百千万億三昧 得大神通 久脩梵
行 善能次第習諸善法 巧於問荅 人中之寶
一切世間甚為希有 今日世尊方云得佛道
時 初令發心 教化示導 令向阿耨多羅三藐
三菩提 世尊得佛未久 乃能作此大功德事

BD03689號　妙法蓮華經卷五

（24–10）

出住无量百千万億三昧得大神通久脩梵
行善能次第習諸善法巧於問荅人中之寶
一切世間甚為希有今日世尊方云得佛道
時初令發心教化示導令向阿耨多羅三藐
三菩提世尊得佛未久乃能作此大功德事
我等雖復信佛隨宜所說佛所出言未曾虛
妄佛所知者皆悉通達然諸新發意菩薩於
佛滅後若聞是語或不信受而起破法罪業
因緣唯然世尊願為解說除我等疑及未來
世諸善男子聞此事已亦不生疑尒時弥勒菩
薩欲重宣此義而說偈言
佛昔從釋種　出家近伽耶　坐於菩提樹　尒來尚未久
此諸佛子等　其數不可量　久已行佛道　住神通智力
善學菩薩道　不染世間法　如蓮華在水　從地而踊出
皆起恭敬心　住於世尊前　是事難思議　云何而可信
佛得道甚近　所成就甚多　願為除衆疑　如實分別說
譬如少壯人　年始二十五　示人百歲子　髮白而面皺
是等我所生　子亦說是父　父少而子老　舉世所不信
世尊亦如是　得道來甚近　是諸菩薩等　志固无怯弱
從无量劫來　而行菩薩道　巧於難問荅　其心无所畏
忍辱心決定　端正有威德　十方佛所讚　善能分別說
不樂在人衆　常好在禪定　為求佛道故　於下空中住
我等從佛聞　於此事无疑　願佛為未來　演說令開解
若有於此經　生疑不信者　即當墮惡道　願今為解說
是无量菩薩　云何於少時　教化令發心　而住不退地
妙法蓮華經如來壽量品第十六
尒時佛告諸菩薩及一切大衆諸善男子汝

若有於此經　生疑不信者　即當墮惡道　願今為解說
是无量菩薩　云何於少時　教化令發心　而住不退地
妙法蓮華經如來壽量品第十六
尒時佛告諸菩薩及一切大衆諸善男子汝
等當信解如來誠諦之語復告大衆汝等當
信解如來誠諦之語又復告諸大衆汝等當
信解如來誠諦之語是時菩薩大衆弥勒為
首合掌白佛言世尊唯願說之我等當信受
佛語如是三白已復言唯願說之我等當信
受佛語尒時世尊知諸菩薩三請不止而告
之言汝等諦聽如來秘密神通之力一切世
間天人及阿脩羅皆謂今釋迦牟尼佛出釋
氏宮去伽耶城不遠坐於道場得阿耨多羅
三藐三菩提然善男子我實成佛已來无量
无邊百千万億那由他劫譬如五百千万億
那由他阿僧祇三千大千世界假使有人末
為微塵過於東方五百千万億那由他阿僧
祇國乃下一塵如是東行盡是微塵諸善男
子於意云何是諸世界可得思惟挍計知其
數不弥勒菩薩等俱白佛言世尊是諸世界
无量无邊非筭數所知亦非心力所及一切
聲聞辟支佛以无漏智不能思惟知其限數
我等住阿惟越致地於是事中亦所不達世
尊如是諸世界无量无邊尒時佛告大菩薩
衆諸善男子今當分明宣語汝等是諸世界
若著微塵及不著者盡為塵一塵一劫我
成佛已來復過於此百千万億那由他阿僧

我等住阿惟越致地於是事中亦所不達世
尊如是諸世界无量无邊尒時佛告大菩薩
衆諸善男子今當分明宣語汝等是諸世界
若著微塵及不著者盡以為塵一塵一劫我
成佛已來復過於此百千万億那由他阿僧
祇劫自從是來我常在此娑婆世界說法教
化亦於餘處百千万億那由他阿僧祇國導
利衆生諸善男子於是中間我說燃燈佛等
又復言其入於涅槃如是皆以方便分別諸
善男子若有衆生來至我所我以佛眼觀其
信等諸根利鈍隨所應度處處自說名字不
同年紀大小亦復現言當入涅槃又以種種
方便說微妙法能令衆生發歡喜心諸善男
子如來見諸衆生樂於小法德薄垢重者為
是人說我少出家得阿耨多羅三藐三菩提
然我實成佛已來久遠若斯但以方便教化
衆生令入佛道作如是說諸善男子如來所
演經典皆為度脫衆生或說己身或說他身
或示己身或示他身或示己事或示他事諸
所言說皆實不虛所以者何如來如實知見
三界之相无有生死若退若出亦无在世及
滅度者非實非虛非如非異不如三界見於
三界如斯之事如來明見无有錯謬以諸衆
生有種種性種種欲種種行種種憶想分別
故欲令生諸善根以若干因緣譬喻言辭種
種說法所作佛事未曾暫廢如是我成佛已
來甚大久遠壽命无量阿僧祇劫常住不滅

BD03689號　妙法蓮華經卷五

（24–13）

三界如斯之事如來明見无有錯謬以諸衆
生有種種性種種欲種種行種種憶想分別
故欲令生諸善根以若干因緣譬喻言辭種
種說法所作佛事未曾暫廢如是我成佛已
來甚大久遠壽命无量阿僧祇劫常住不滅
諸善男子我本行菩薩道所成壽命今猶未
盡復倍上數然今非實滅度而便唱言當取
滅度如來以是方便教化衆生所以者何若
佛久住於世薄德之人不種善根貧窮下賤
貪著五欲入於憶想妄見網中若見如來常
在不滅便起憍恣而懷厭怠不能生難遭之
想恭敬之心是故如來以方便說比丘當知諸
佛出世難可值遇所以者何諸薄德人過
无量百千万億劫或有見佛或不見者以此
事故我作是言諸比丘如來難可得見斯衆
生等聞如是語必當生於難遭之想心懷戀
慕渴仰於佛便種善根是故如來雖不實滅
而言滅度又善男子諸佛如來法皆如是為
度衆生皆實不虛譬如良醫智慧聰達明練
方藥善治衆病其人多諸子息若十二十乃
至百數以有事緣遠至餘國諸子於後飲他
毒藥藥發悶亂宛轉于地是時其父還來歸
家諸子飲毒或失本心或不失者遙見其父
皆大歡喜拜跪問訊善安隱歸我等愚癡誤
服毒藥願見救療更賜壽命父見子等苦惱
如是依諸經方求好藥草色香美味皆悉具
足擣篩和合與子令服而作是言此大良藥

BD03689號　妙法蓮華經卷五

（24–14）

皆大歡喜拜跪問訊善安隱歸我等愚癡誤
服毒藥願見救療更賜壽命父見子等苦惱
如是依諸經方求好藥草色香美味皆悉具
足擣篩和合與子令服而作是言此大良藥
色香美味皆悉具足汝等可服速除苦惱无
復衆患其諸子中不失心者見此良藥色香
俱好即便服之病盡除愈餘失心者見其父
來雖亦歡喜問訊求索治病然與其藥而不
肯服所以者何毒氣深入失本心故於此好
色香藥而謂不美父作是念此子可愍為毒
所中心皆顛倒雖見我喜求索救療如是好
藥而不肯服我今當設方便令服此藥即作
是言汝等當知我今衰老死時已至是好良
藥今留在此汝可取服勿憂不差作是教已
復至他國遣使還告汝父已死是時諸子聞
父背喪心大憂惱而作是念若父在者慈愍
我等能見救護今者捨我遠喪他國自惟孤
露无復恃怙常懷悲感心遂醒悟乃知此藥
色味香美即取服之毒病皆愈其父聞子悉
已得差尋便來歸咸使見之諸善男子於意
云何頗有人能說此良醫虛妄罪不不也世
尊佛言我亦如是成佛已來无量无邊百千
万億那由他阿僧祇劫為衆生故以方便力
言當滅度亦无有能如法說我虛妄過者尒
時世尊欲重宣此義而說偈言
自我得佛來　所經諸劫數　无量百千万　億載阿僧祇
常說法教化　无數億衆生　令入於佛道　尒來无量劫

万億那由他阿僧祇劫為衆生故以方便力
言當滅度亦无有能如法說我虛妄過者尒
時世尊欲重宣此義而說偈言
自我得佛來　所經諸劫數　无量百千万　億載阿僧祇
常說法教化　无數億衆生　令入於佛道　尒來无量劫
為度衆生故　方便現涅槃　而實不滅度　常住此說法
我常住於此　以諸神通力　令顛倒衆生　雖近而不見
衆見我滅度　廣供養舍利　咸皆懷戀慕　而生渴仰心
衆生既信伏　質直意柔軟　一心欲見佛　不自惜身命
時我及衆僧　俱出靈鷲山　我時語衆生　常在此不滅
以方便力故　現有滅不滅　餘國有衆生　恭敬信樂者
我復於彼中　為說无上法　汝等不聞此　但謂我滅度
我見諸衆生　沒在於苦惱　故不為現身　令其生渴仰
因其心戀慕　乃出為說法　神通力如是　於阿僧祇劫
常在靈鷲山　及餘諸住處　衆生見劫盡　大火所燒時
我此土安隱　天人常充滿　園林諸堂閣　種種寶莊嚴
寶樹多花菓　衆生所遊樂　諸天擊天鼓　常作衆伎樂
雨曼陁羅華　散佛及大衆　我淨土不毀　而衆見燒盡
憂怖諸苦惱　如是悉充滿　是諸罪衆生　以惡業因緣
過阿僧祇劫　不聞三寶名　諸有脩功德　柔和質直者
則皆見我身　在此而說法　或時為此衆　說佛壽无量
久乃見佛者　為說佛難值　我智力如是　慧光照无量
壽命无數劫　久脩業所得　汝等有智者　勿於此生疑
當斷令永盡　佛語實不虛　如醫善方便　為治狂子故
實在而言死　无能說虛妄　我亦為世父　救諸苦患者
為凡夫顛倒　實在而言滅　以常見我故　而生憍恣心
放逸著五欲　墮於惡道中　我常知衆生　行道不行道

壽命无數劫 久脩業所得 汝等有智者 勿於此生疑
當斷令永盡 佛語實不虛 如醫善方便 為治狂子故
實在而言死 无能說虛妄 我亦為世父 救諸苦患者
為凡夫顛倒 實在而言滅 以常見我故 而生憍恣心
放逸著五欲 墮於惡道中 我常知眾生 行道不行道
隨應所可度 為說種種法 每自作是意 以何令眾生
得入无上道 速成就佛身
妙法蓮華經分別功德品第十七
尒時大會聞佛說壽命劫數長遠如是无量
无邊阿僧祇眾生得大饒益於時世尊告弥
勒菩薩摩訶薩阿逸多我說是如來壽命長
遠時六百八十万億那由他恒河沙眾生得
无生法忍復千倍菩薩摩訶薩得聞持陀羅
尼門復有一世界微塵數菩薩摩訶薩得樂
說无礙辯才復有一世界微塵數菩薩摩訶
薩得百万億无量旋陀羅尼復有三千大千
世界微塵數菩薩摩訶薩能轉不退法輪復
有二千中國土微塵數菩薩摩訶薩能轉清
淨法輪復有小千國土微塵數菩薩摩訶薩
八生當得阿耨多羅三藐三菩提復有四四
天下微塵數菩薩摩訶薩四生當得阿耨多
羅三藐三菩提復有三四天下微塵數菩薩
摩訶薩三生當得阿耨多羅三藐三菩提復
有二四天下微塵數菩薩摩訶薩二生當得
阿耨多羅三藐三菩提復有一四天下微塵
數菩薩摩訶薩一生當得阿耨多羅三藐三
菩提復有八世界微塵數眾生皆發阿耨多

有二四天下微塵數菩薩摩訶薩二生當得
阿耨多羅三藐三菩提復有一四天下微塵
數菩薩摩訶薩一生當得阿耨多羅三藐三
菩提復有八世界微塵數眾生皆發阿耨多
羅三藐三菩提心佛說是諸菩薩摩訶薩得
大法利時於虛空中雨曼陀羅華摩訶曼陀
羅華以散无量百千万億寶樹下師子座上
諸佛并散七寶塔中師子座上釋迦牟尼佛
及久滅度多寶如來亦散一切諸大菩薩及
四部眾又雨細末栴檀沈水香等於虛空中
天鼓自鳴妙聲深遠又雨千種天衣垂諸瓔
珞真珠瓔珞摩尼珠瓔珞如意珠瓔珞遍於
九方眾寶香爐燒无價香自然周至供養大
會一一佛上有諸菩薩執持幡蓋次第而上
至于梵天是諸菩薩以妙音聲歌无量頌讚
歎諸佛尒時弥勒菩薩從座而起偏袒右肩合
掌向佛而說偈言
佛說希有法 昔所未曾聞 世尊有大力 壽命不可量
无數諸佛子 聞世尊分別 說得法利者 歡喜充遍身
或住不退地 或得陀羅尼 或无礙樂說 万億旋總持
或有大千界 微塵數菩薩 各各皆能轉 不退之法輪
或有中千界 微塵數菩薩 各各皆能轉 清淨之法輪
復有小千界 微塵數菩薩 餘各八生在 當得成佛道
復有四三二 如是四天下 微塵諸菩薩 隨數生成佛
或一四天下 微塵數菩薩 餘有一生在 當成一切智
如是等眾生 聞佛壽長遠 得无量无漏 清淨之果報
復有八世界 微塵數眾生 聞佛說壽命 皆發无上心

復有小千界 微塵數菩薩 餘各八生在 當得成佛道
復有四三二 如是四天下 微塵諸菩薩 隨數生成佛
或一四天下 微塵數菩薩 餘有一生在 當成一切智
如是等衆生 聞佛壽長遠 得无量无漏 清淨之果報
復有八世界 微塵數衆生 聞佛說壽命 皆發无上心
世尊說无量 不可思議法 多有所饒益 如虛空无邊
雨天曼陁羅 摩訶曼陁羅 釋梵如恒沙 无數佛土來
雨栴檀沉水 繽紛而亂墜 如鳥飛空下 供散於諸佛
天鼓虛空中 自然出妙聲 天衣千万種 旋轉而來下
衆寶妙香爐 燒无價之香 自然悉周遍 供養諸世尊
其大菩薩衆 執七寶幡蓋 高妙万億種 次第至梵天
一一諸佛前 寶幢懸勝幡 亦以千万偈 歌詠諸如來
如是種種事 昔所未曾有 聞佛壽无量 一切皆歡喜
佛名聞十方 廣饒益衆生 一切具善根 以助无上心
尒時佛告弥勒菩薩摩訶薩阿逸多其有衆
生聞佛壽命長遠如是乃至能生一念信解
所得功德无有限量若有善男子善女人為
阿耨多羅三藐三菩提於八十万億那由他
劫行五波羅蜜檀波羅蜜尸羅波羅蜜羼提
波羅蜜毗梨耶波羅蜜禪波羅蜜除般若波
羅蜜以是功德比前功德百分千分百千万
億分不及其一乃至筭數譬喻所不能知若
善男子有如是功德於阿耨多羅三藐三菩
提退者无有是處尒時世尊欲重宣此義而
說偈言
若人求佛慧 於八十万億 那由他劫數 行五波羅蜜
於是諸劫中 布施供養佛 及緣覺弟子 并諸菩薩衆

BD03689號　妙法蓮華經卷五　（24–19）

善男子有如是功德於阿耨多羅三藐三菩
提退者无有是處尒時世尊欲重宣此義而
說偈言
若人求佛慧 於八十万億 那由他劫數 行五波羅蜜
於是諸劫中 布施供養佛 及緣覺弟子 并諸菩薩衆
珍異之飲食 上服與臥具 栴檀立精舍 以園林莊嚴
如是等布施 種種皆微妙 盡此諸劫數 以迴向佛道
若復持禁戒 清淨无缺漏 求於无上道 諸佛之所歎
若復行忍辱 住於調柔地 設衆惡來加 其心不傾動
諸有得法者 懷於增上慢 為此所輕惱 如是亦能忍
若復勤精進 志念常堅固 於无量億劫 一心不懈息
又於无數劫 住於空閑處 若坐若經行 除睡常攝心
以是因緣故 能生諸禪定 八十億万劫 安住心不亂
持此一心福 願求无上道 我得一切智 盡諸禪定際
是人於百千 万億劫數中 行此諸功德 如上之所說
有善男女等 聞我說壽命 乃至一念信 其福過於彼
若人悉无有 一切諸疑悔 深心須臾信 其福為如此
其有諸菩薩 无量劫行道 聞我說壽命 是則能信受
如是諸人等 頂受此經典 願我於未來 長壽度衆生
如今日世尊 諸釋中之王 道場師子吼 說法无所畏
我等未來世 一切所尊敬 坐於道場時 說壽亦如是
若有深心者 清淨而質直 多聞能總持 隨義解佛語
如是諸人等 於此无有疑
又阿逸多若有聞佛壽命長遠解其言趣是
人所得功德无有限量能起如來无上之慧
何況廣聞是經若教人聞若自持若教人持若
自書若教人書若以華香瓔珞幢幡繒蓋香

BD03689號　妙法蓮華經卷五　（24–20）

如是諸人等　於此无有疑
又阿逸多若有聞佛壽命長遠解其言趣是
人所得功德无有限量能起如來无上之慧
何况廣聞是經若教人聞若自持若教人持若
自書若教人書若以華香瓔珞幢幡繒蓋香
油蘇燈供養經卷是人功德无量无邊能
生一切種智阿逸多若善男子善女人聞我
說壽命長遠深心信解則為見佛常在耆闍
崛山共大菩薩諸聲聞眾圍繞說法又見此
娑婆世界其地瑠璃坦然平正閻浮檀金以
界八道寶樹行列諸臺樓觀皆悉寶成其菩
薩眾咸處其中若有能如是觀者當知是為
深信解相又復如來滅後若聞是經而不毀
呰起隨喜心當知已為深信解相何况讀誦
受持之者斯人則為頂戴如來阿逸多是善
男子善女人不須為我復起塔寺及作僧坊
以四事供養眾僧所以者何是善男子善女
人受持讀誦是經典者為已起塔造立僧坊
供養眾僧則為以佛舍利起七寶塔高廣漸
小至于梵天懸諸幡蓋及眾寶鈴華香瓔珞
末香塗香燒香眾鼓伎樂簫笛箜篌種種儛
戲以妙音聲歌唄讚頌則為於无量千万億
劫作是供養已阿逸多若我滅後聞是經典
有能受持若自書若教人書則為起立僧坊
以赤栴檀作諸殿堂三十有二高八多羅樹
高廣嚴好百千比丘於其中止園林流池經
行禪窟衣服飲食床褥湯藥一切樂具充滿
其中如是僧坊堂閣若干百千万億其數无

BD03689號　妙法蓮華經卷五

(24–21)

有能受持若自書若教人書則為起立僧坊
以赤栴檀作諸殿堂三十有二高八多羅樹
高廣嚴好百千比丘於其中止園林流池經
行禪窟衣服飲食床褥湯藥一切樂具充滿
其中如是僧坊堂閣若干百千万億其數无
量以此現前供養於我及比丘僧是故我說
如來滅後若有受持讀誦為他人說若自書
若教人書供養經卷不須復起塔寺及造僧
坊供養眾僧况復有人能持是經兼行布施
持戒忍辱精進一心智慧其德最勝无量无
邊譬如虛空東西南北四維上下无量无邊
是人功德亦復如是无量无邊疾至一切種
智若人讀誦受持是經為他人說若自書若
教人書復能起塔及造僧坊供養讚歎聲聞
眾僧亦以百千万億讚歎之法讚歎菩薩功
德又為他人種種因緣隨義解說此法華經
復能清淨持戒與柔和者而共同止忍辱无
瞋志念堅固常貴坐禪得諸深定精進勇猛
攝諸善法利根智慧善答問難阿逸多若我
滅後諸善男子善女人受持讀誦是經典者
復有如是諸善功德當知是人已趣道場近
阿耨多羅三藐三菩提坐道樹下阿逸多是
善男子若坐若立若行處此中便應起塔一
切天人皆應供養如佛之塔尒時世尊欲重宣
此義而說偈言
若我滅度後　能奉持此經　斯人福无量　如上之所說
是則為具足　一切諸供養　以舍利起塔　七寶而莊嚴

BD03689號　妙法蓮華經卷五

(24–22)

阿耨多羅三藐三菩提坐道樹下阿逸多是
善男子若坐若立若行處此中便應起塔一
切天人皆應供養如佛之塔尒時世尊欲重宣
此義而說偈言
若我滅度後　能奉持此經　斯人福无量　如上之所說
是則為具足　一切諸供養　以舍利起塔　七寶而莊嚴
表刹甚高廣　漸小至梵天　寶鈴千万億　風動出妙音
又於无量劫　而供養此塔　華香諸瓔珞　天衣衆伎樂
燃香油蘇燈　周帀常照明　惡世法末時　能持是經者
則為已如上　具足諸供養　若能持此經　則如佛現在
以牛頭栴檀　起僧坊供養　堂有三十二　高八多羅樹
上饌妙衣服　床卧皆具足　百千衆住處　園林諸流池
經行及禪窟　種種皆嚴好　若有信解心　受持讀誦書
若復教人書　及供養經卷　散華香末香　以須曼瞻蔔
阿提目多伽　薰油常然之　如是供養者　得无量功德
如虛空无邊　其福亦如是　况復持此經　兼布施持戒
忍辱樂禪定　不瞋不惡口　恭敬於塔廟　謙下諸比丘
遠離自高心　常思惟智慧　有問難不瞋　隨順為解說
若能行是行　功德不可量　若見此法師　成就如是德
應以天華散　天衣覆其身　頭面接足礼　生心如佛想
又應作是念　不久詣道樹　得无漏无為　廣利諸人天
其所住止處　經行若坐卧　乃至說一偈　是中應起塔
莊嚴令妙好　種種以供養　佛子住此地　則是佛受用
常在於其中　經行及坐卧

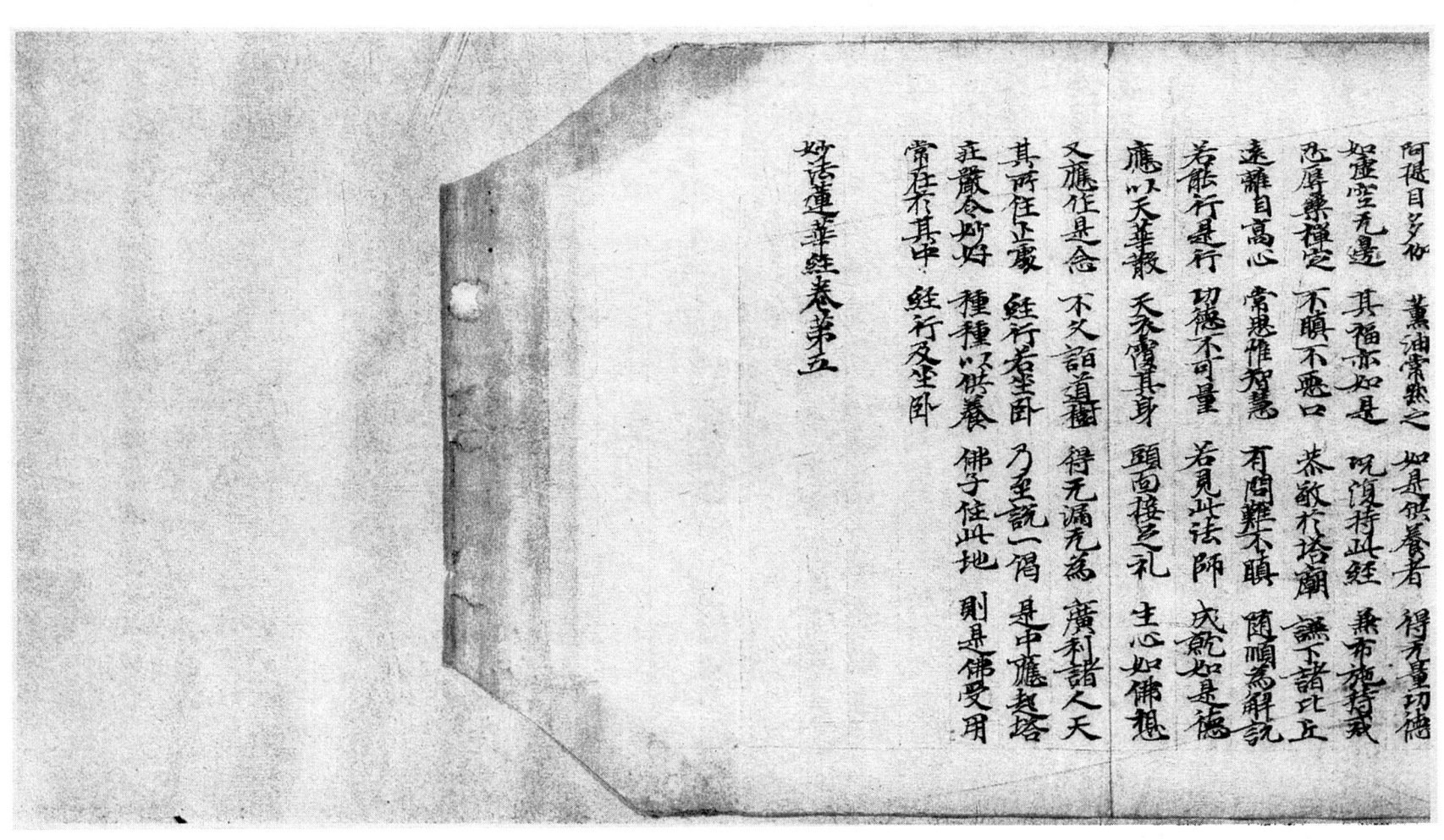

妙法蓮華經卷第五

BD03689號　妙法蓮華經卷五　（24–23）

阿提目多伽　薰油常然之　如是供養者　得无量功德
如虛空无邊　其福亦如是　况復持此經　兼布施持戒
忍辱樂禪定　不瞋不惡口　恭敬於塔廟　謙下諸比丘
遠離自高心　常思惟智慧　有問難不瞋　隨順為解說
若能行是行　功德不可量　若見此法師　成就如是德
應以天華散　天衣覆其身　頭面接足礼　生心如佛想
又應作是念　不久詣道樹　得无漏无為　廣利諸人天
其所住止處　經行若坐卧　乃至說一偈　是中應起塔
莊嚴令妙好　種種以供養　佛子住此地　則是佛受用
常在於其中　經行及坐卧

妙法蓮華經卷第五

BD03689號　妙法蓮華經卷五　（24–24）

唯獨自明了 餘人所不見 三千世界中 一切諸群萠
天人阿脩羅 地獄鬼畜生 如是諸色像 皆於身中現
諸天等宮殿 乃至於有頂 鐵圍及彌樓 摩訶彌樓山
諸大海水等 皆於身中現 諸佛及聲聞 佛子菩薩等
若獨若在衆 說法悉皆現 雖未得无漏 法性之妙身
以清淨常體 一切於中現
復次常精進若善男子善女人如來滅後受持
是經若讀若誦若解說若書寫得千二百
意功德以是清淨意根乃至聞一偈一句
通達无量无邊之義解是義已能演說一句一
偈至於一月四月乃至一歲諸所說法隨其
義趣皆與實相不相違背若說俗間經書治
世語言資生業等皆順正法三千大千世界
六趣衆生心之所行心所動作心所戲論皆
悉知之雖未得无漏智慧而其意根清淨如
此是人有所思惟籌量言說皆是佛法无不
真實亦是先佛經中所說尒時世尊欲重宣
此義而說偈言
是人意清淨 明利无穢濁 以此妙意根 知上中下法
乃至聞一偈 通達无量義 次第如法說 月四月至歲
是世界內外 一切諸衆生 若天龍及人 夜叉鬼神等

BD03690號　妙法蓮華經卷六

（11-1）

真實亦是先佛經中所說尒時世尊欲重宣
此義而說偈言
是人意清淨 明利无穢濁 以此妙意根 知上中下法
乃至聞一偈 通達无量義 次第如法說 月四月至歲
是世界內外 一切諸衆生 若天龍及人 夜叉鬼神等
其在六趣中 所念若干種 持法華之報 一時皆悉知
十方无數佛 百福莊嚴相 為衆生說法 悉聞能受持
思惟无量義 說法亦无量 終始不忘錯 以持法華故
悉知諸法相 隨義識次第 達名字語言 如所知演說
此人有所說 皆是先佛法 以演此法故 於衆无所畏
持法華經者 意根淨若斯 雖未得无漏 先有如是相
是人持此經 安住希有地 為一切衆生 歡喜而愛敬
能以千万種 善巧之語言 分別而說法 持法華經故
妙法蓮華經常不輕菩薩品第二十
尒時佛告得大勢菩薩摩訶薩汝今當知若
比丘比丘尼優婆塞優婆夷持法華經者
若有惡口罵詈誹謗獲大罪報如前所說其
所得功德如向所說眼耳鼻舌身意清淨得
大勢乃往古昔過无量无邊不可思議阿僧
祇劫有佛名威音王如來應供正遍知明行足
善逝世間解无上士調御丈夫天人師佛世
尊劫名離衰國名大成其威音王佛於彼世
中為天人阿脩羅說法為求聲聞者說應四
諦法度生老病死究竟涅槃為求辟支佛者
說應十二因緣法為諸菩薩因阿耨多羅三
藐三菩提說應六波羅蜜法究竟佛慧得

BD03690號　妙法蓮華經卷六

（11-2）

真劫名離衰國名大成其威音王佛於彼世
中為天人阿脩羅說法為求聲聞者說應四
諦法度生老病死究竟涅槃為求辟支佛者
說應十二因緣法為諸菩薩因阿耨多羅三
藐三菩提說應六波羅蜜法究竟佛慧得
大勢是威音王佛壽四十万億那由他恒河沙
劫正法住世劫數如一閻浮提微塵像法住世
劫數如四天下微塵其佛饒益衆生已然
後滅度正法像法滅盡之後於此國土復有
佛出亦号威音王如來應供正遍知明行足
善逝世間解无上士調御丈夫天人師佛世
尊如是次苐有二万億佛皆同一号㝡初威
音王如來既已滅度正法滅後於像法中增上
慢比丘有大勢力尒時有一菩薩比丘名常
不輕得大勢以何因緣名常不輕是比丘凡
有所見若比丘比丘尼優婆塞優婆夷皆
悉礼拜讚歎而作是言我深敬汝等不敢輕
慢所以者何汝等皆行菩薩道當得作佛而
是比丘不專讀誦經典但行礼拜乃至遠見
四衆亦復故往礼拜讚歎而作是言我不敢
輕於汝等汝等皆當作佛故四衆之中有生
瞋恚心不淨者悪口罵詈言是无智比丘從
何所來自言我不輕汝而與我等受記當得
作佛我等不用如是虚妄受記如此經歷多
年常被罵詈不生瞋恚常作是言汝當作佛
說是語時衆人或以杖木瓦石而打擲之避
走遠住猶高聲唱言我不敢輕於汝等

BD03690號　妙法蓮華經卷六　（11-3）

何所來自言我不輕汝而與我等受記當得
作佛我等不用如是虚妄受記如此經歷多
年常被罵詈不生瞋恚常作是言汝當作佛
說是語時衆人或以杖木瓦石而打擲之避
走遠住猶高聲唱言我不敢輕於汝等汝等
皆當作佛以其常作是語故增上慢比丘比
丘尼優婆塞優婆夷号之為常不輕是比
丘臨終時於虚空中具聞威音王佛先所說
法華經二十千万億偈悉能受持即得如上
眼根清淨耳鼻舌身意根清淨得是六根清
淨已更增壽命二百万億那由他歲廣為人
說是法華經於時增上慢四衆比丘比丘尼
優婆塞優婆夷輕賤是人為作不輕名者見
其得大神通力樂說辯力大善寂力聞其所
說皆信伏隨從是菩薩復化千万億衆令住
阿耨多羅三藐三菩提命終之後得值二千
億佛皆号日月燈明於其法中說是法華經
以是因緣復值二千億佛同号雲自在燈王
於此諸佛法中受持讀誦為諸四衆說此經
典故得是常眼清淨耳鼻舌身意諸根清淨
於四衆中說法心无所畏得大勢是常不輕
菩薩摩訶薩供養如是若干諸佛恭敬尊
重讚歎種諸善根於後復值千万億佛亦於
諸佛法中說是經典功德成就當得作佛得
大勢於意云何尒時常不輕菩薩豈異人乎
則我身是若我於宿世不受持讀誦此經為
他人說者不能疾得阿耨多羅三藐三菩提
我於先佛所受持讀誦此經為人說故疾得

BD03690號　妙法蓮華經卷六　（11-4）

諸佛法中說是經典功德成就當得作佛得
大勢於意云何尒時常不輕菩薩豈異人乎
則我身是若我於宿世不受持讀誦此經為
他人說者不能疾得阿耨多羅三藐三菩提
我於先佛所受持讀誦此經為人說故疾得阿
耨多羅三藐三菩提得大勢彼時四衆比丘
比丘尼優婆塞優婆夷以瞋恚意輕賤我故
二百億劫常不值佛不聞法不見僧千劫於
阿鼻地獄受大苦惱畢是罪已復遇常不輕
菩薩教化阿耨多羅三藐三菩提得大勢於
意意云何尒時四衆常輕是菩薩者豈異人
乎今此會中跋陀婆羅等五百菩薩師子月
等五百比丘尼思佛等五百優婆塞皆於阿
耨多羅三藐三菩提不退轉者是得大勢當
知是法華經大饒益諸菩薩摩訶薩能令至
於阿耨多羅三藐三菩提是故諸菩薩摩訶
薩於如來滅後常應受持讀誦解說書寫是
經尒時世尊欲重宣此義而說偈言
過去有佛 号威音王 神智无量 將導一切
天人龍神 所共供養 是佛滅後 法欲盡時
有一菩薩 名常不輕 時諸四衆 計著於法
不輕菩薩 往到其所 而語之言 我不輕汝
汝等行道 皆當作佛 諸人聞已 輕毀罵詈
不輕菩薩 能忍受之 其罪畢已 臨命終時
得聞此經 六根清淨 神通力故 增益壽命
復為諸人 廣說是經 諸著法衆 皆蒙菩薩
教化成就 令住佛道 不輕命終 值无數佛
說是經故 得无量福 漸具功德 疾成佛道

BD03690號　妙法蓮華經卷六　（11–5）

不輕菩薩 能忍受之 其罪畢已 臨命終時
得聞此經 六根清淨 神通力故 增益壽命
復為諸人 廣說是經 諸著法衆 皆蒙菩薩
教化成就 令住佛道 不輕命終 值无數佛
說是經故 得无量福 漸具功德 疾成佛道
彼時不輕 則我身是 時四部衆 著法之者
聞不輕言 汝當作佛 以是因緣 值无數佛
此會菩薩 五百之衆 并及四部 清信士女
今於我前 聽法者是 我於前世 勸是諸人
聽受斯經 第一之法 開示教人 令住涅槃
世世受持 如是經典 億億万劫 至不可議
時乃得聞 是法華經 億億万劫 至不可議
諸佛世尊 時說是經 是故行者 於佛滅後
聞如是經 勿生疑惑 應當一心 廣說此經
世世值佛 疾成佛道
妙法蓮華經如來神力品第二十一
尒時千世界微塵等菩薩摩訶薩從地踊出
者皆於佛前一心合掌瞻仰尊顏而白佛言
世尊我等於佛滅後世尊分身所在國土滅
度之處當廣說此經所以者何我等亦自欲
得是真淨大法受持讀誦解說書寫而供養
之尒時世尊於文殊師利等无量百千万億
舊住娑婆世界菩薩摩訶薩及諸比丘比丘
尼優婆塞優婆夷天龍夜叉乾闥婆阿脩羅
迦樓羅緊那羅摩睺羅伽人非人等一切衆
前現大神力出廣長舌上至梵世一切毛孔
放於无量无數色光皆悉遍照十方世界衆
寶樹下師子座上諸佛亦復如是出廣長舌

BD03690號　妙法蓮華經卷六　（11–6）

迦樓羅緊那羅摩睺羅伽人非人等一切衆
前現大神力出廣長舌上至梵世一切毛孔
放於无量无數色光皆悉遍照十方世界衆
寶樹下師子座上諸佛亦復如是出廣長舌
放无量光釋迦牟尼佛及寶樹下諸佛現神
力時滿百千歲然後還攝舌相一時謦欬俱
共彈指是二音聲遍至十方諸佛世界地皆
六種震動其中衆生天龍夜叉乾闥婆阿脩
羅迦樓羅緊那羅摩睺羅伽人非人等以佛
神力故皆見此娑婆世界无量无邊百千萬
億衆寶樹下師子座上諸佛及見釋迦牟尼
佛共多寶如来在寶塔中坐師子座又見无
量无邊百千万億菩薩摩訶薩及諸四衆恭
敬圍繞釋迦牟尼佛既見是已皆大歡喜得
未曾有即時諸天於虚空中高聲唱言過此
无量无邊百千万億阿僧祇世界有國名娑
婆是中有佛名釋迦牟尼今為諸菩薩摩訶
薩說大乘經名妙法蓮華教菩薩法佛所護
念汝等當深心隨喜亦當礼拜供養釋迦牟
尼佛彼諸衆生聞虚空中聲已合掌向娑婆
世界作如是言南无釋迦牟尼佛南无釋迦牟
尼佛以種種華香瓔珞幡蓋及諸嚴身之
具珎寶妙物皆共遥散娑婆世界所散諸物
從十方来譬如雲集變成寶帳遍覆此間諸
佛之上于時十方世界通達无礙如一佛土
尒時佛告上行等菩薩大衆諸佛神力如是
无量无邊不可思議若我以是神力於无量
无邊百千万億阿僧祇劫為囑累故說此經

從十方来譬如雲集變成寶帳遍覆此間諸
佛之上于時十方世界通達无礙如一佛土
尒時佛告上行等菩薩大衆諸佛神力如是
无量无邊不可思議若我以是神力於无量
无邊百千万億阿僧祇劫為囑累故說此經
功德猶不能盡以要言之如来一切所有之
法如来一切自在神力如来一切祕要之藏
如来一切甚深之事皆於此經宣示顯說是
故汝等於如来滅後應一心受持讀誦解說
書寫如說脩行所在國土若有受持讀誦解
說書寫如說脩行若經卷所住之處若於園
中若於林中若於樹下若於僧坊若白衣舍
若在殿堂若山谷曠野是中皆應起塔供養
所以者何當知是處即是道場諸佛於此得
阿耨多羅三藐三菩提諸佛於此轉于法輪
諸佛於此而般涅槃尒時世尊欲重宣此義
而說偈言

諸佛救世者　住於大神通　為悅衆生故　現无量神力
舌相至梵天　身放无數光　為求佛道者　現此希有事
諸佛謦欬聲　及彈指之聲　周聞十方國　地皆六種動
以佛滅度後　能持是經故　諸佛皆歡喜　現无量神力
囑累是經故　讃美受持者　於无量劫中　猶故不能盡
是人之功德　无邊无有窮　如十方虚空　不可得邊際
能持是經者　則為已見我　亦見多寶佛　及諸分身者
又見我今日　教化諸菩薩　能持是經者　令我及分身
滅度多寶佛　一切皆歡喜　十方現在佛　并過去未来
亦見亦供養　亦令得歡喜　諸佛坐道場　所得祕要法
能持是經者　不久亦當得　[illegible]

能持是經者　則為已見我　亦見多寶佛　及諸分身者
又見我今日　教化諸菩薩　能持是經者　令我及分身
滅度多寶佛　一切皆歡喜　十方現在佛　并過去未來
亦見亦供養　亦令得歡喜　諸佛坐道場　所得祕要法
能持是經者　不久亦當得　能持是經者　於諸法之義
名字及言辭　樂說无窮盡　如風於空中　一切无障礙
於如來滅後　知佛所說經　因緣及次第　隨義如實說
如日月光明　能除諸幽瞑　斯人行世間　能滅衆生闇
教无量菩薩　畢竟住一乘　是故有智者　聞此功德利
於我滅度後　應受持斯經　是人於佛道　決定无有疑
妙法蓮華經囑累品第二十二
尒時釋迦牟尼佛從法座起現大神力以右
手摩无量菩薩摩訶薩頂而作是言我於无
量百千萬億阿僧祇劫脩習是難得阿耨多
羅三藐三菩提法今以付囑汝等汝等應當
一心流布此法廣令增益如是三摩諸菩
薩摩訶薩頂而作是言我於无量百千万億
阿僧祇劫脩習是難得阿耨多羅三藐三菩
提法今以付囑汝等汝等當受持讀誦廣宣
此法令一切衆生普得聞知所以者何如來有
大慈悲无諸慳悋亦无所畏能與衆生佛之
智慧如來智慧自然智慧如來是一切衆生
之大施主汝等亦應隨學如來之法勿生慳
悋於未來世若有善男子善女人信如來智
慧者當為演說此法華經使得聞知為令其
人得佛慧故若有衆生不信受者當於如來
餘深法中示教利喜汝等若能如是則為已
報諸佛之恩時諸菩薩摩訶薩聞佛作是說

BD03690號　妙法蓮華經卷六

(11–9)

餘深法中示教利喜汝等若能如是則為已
報諸佛之恩時諸菩薩摩訶薩聞佛作是說
已皆大歡喜遍滿其身益加恭敬曲躬低頭
合掌向佛俱發聲言如世尊勑當具奉行唯
然世尊願不有慮諸菩薩摩訶薩衆如是三
反俱發聲言如世尊勑當具奉行唯然世尊
願不有慮尒時釋迦牟尼佛令十方來諸分
身佛各還本土而作是言諸佛各隨所安多
寶佛塔還可如故說是語時十方无量分身
諸佛坐寶樹下師子座上者及多寶佛并上
行等无邊阿僧祇菩薩大衆舍利弗等聲聞
四衆及一切世間天人阿脩羅等聞佛所說
皆大歡喜
妙法蓮華經藥王菩薩本事品第二十三
尒時宿王華菩薩白佛言世尊藥王菩薩云
何遊於娑婆世界世尊是藥王菩薩有若干
百千万億那由他難行苦行善哉世尊願少
解說諸天龍神夜叉乾闥婆阿脩羅迦樓羅
緊那羅摩睺羅伽人非人等又他國土諸來菩
薩及此聲聞衆聞皆歡喜尒時佛告宿王華
菩薩乃往過去无量恒河沙劫有佛号日月
淨明德如來應供正遍知明行足善逝世間
解无上士調御丈夫天人師佛世尊其佛有
八十億大菩薩摩訶薩七十二恒河沙大
聲聞衆佛壽四万二千劫菩薩壽命亦等彼
國无有女人地獄餓鬼畜生阿脩羅等及以
諸難地平如掌瑠璃所成寶樹莊嚴寶帳覆

BD03690號　妙法蓮華經卷六

(11–10)

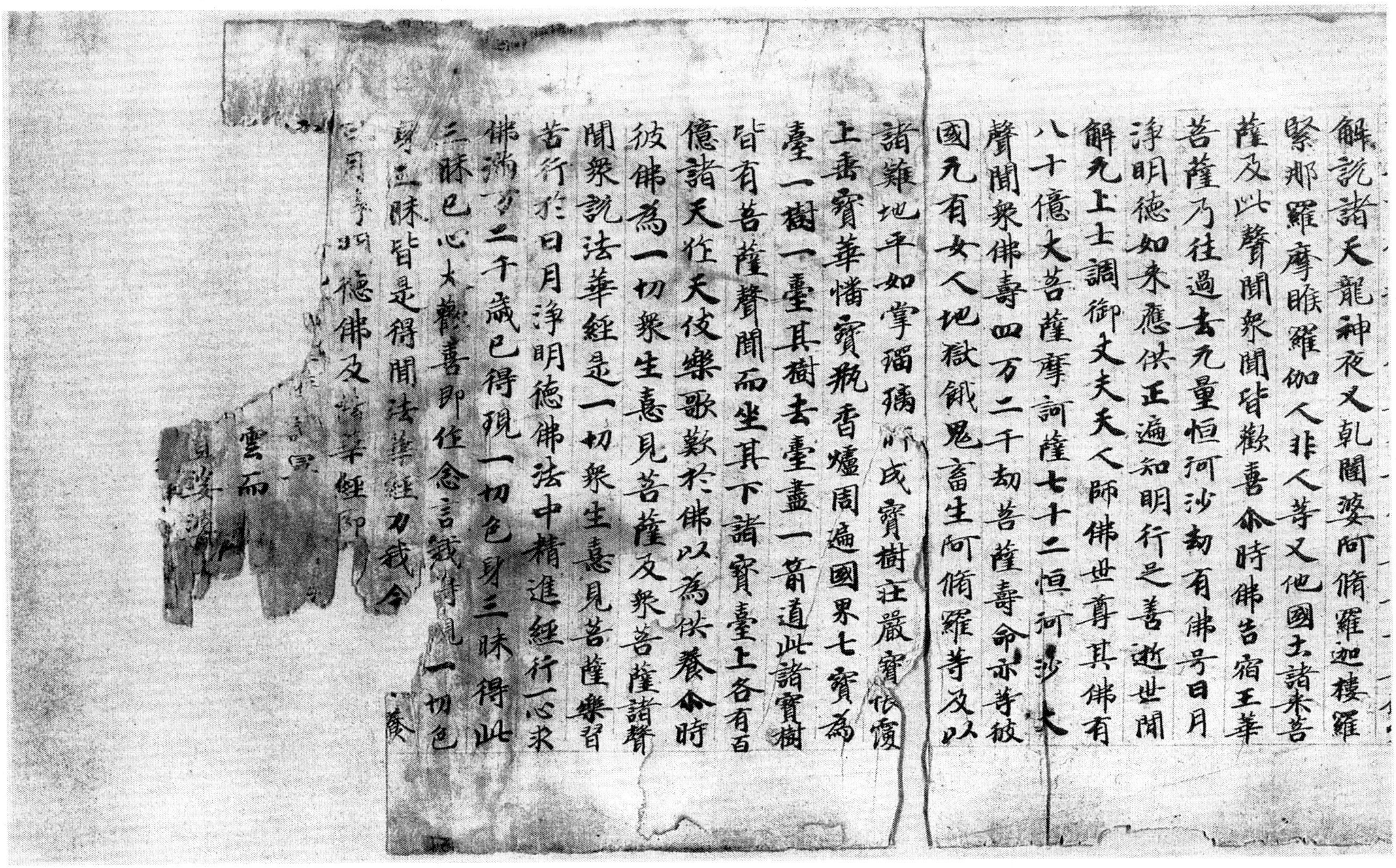
解說諸天龍神夜叉乾闥婆阿脩羅迦樓羅
緊那羅摩睺羅伽人非人等又他國土諸來菩
薩及此聲聞皆歡喜尒時佛告宿王華
菩薩乃往過去无量恒河沙劫有佛号日月
淨明德如來應供正遍知明行足善逝世間
解无上士調御丈夫天人師佛世尊其佛有
八十億大菩薩摩訶薩七十二恒河沙大
聲聞衆佛壽四万二千劫菩薩壽命亦等彼
國无有女人地獄餓鬼畜生阿脩羅等及以
諸難地平如掌瑠璃所成寶樹莊嚴寶帳覆
上垂寶華幡寶瓶香爐周遍國界七寶為
臺一樹一臺其樹去臺盡一箭道此諸寶樹
皆有菩薩聲聞而坐其下諸寶臺上各有百
億諸天作天伎樂歌歎於佛以為供養尒時
彼佛為一切衆生憙見菩薩及衆菩薩諸聲
聞衆說法華經是一切衆生憙見菩薩樂習
苦行於日月淨明德佛法中精進經行一心求
佛滿万二千歲已得現一切色身三昧得此
三昧已心大歡喜即作念言我得現一切色
身三昧皆是得聞法華經力我今
□月淨明德佛及法華經即
雲而

BD03690號　妙法蓮華經卷六　（11–11）

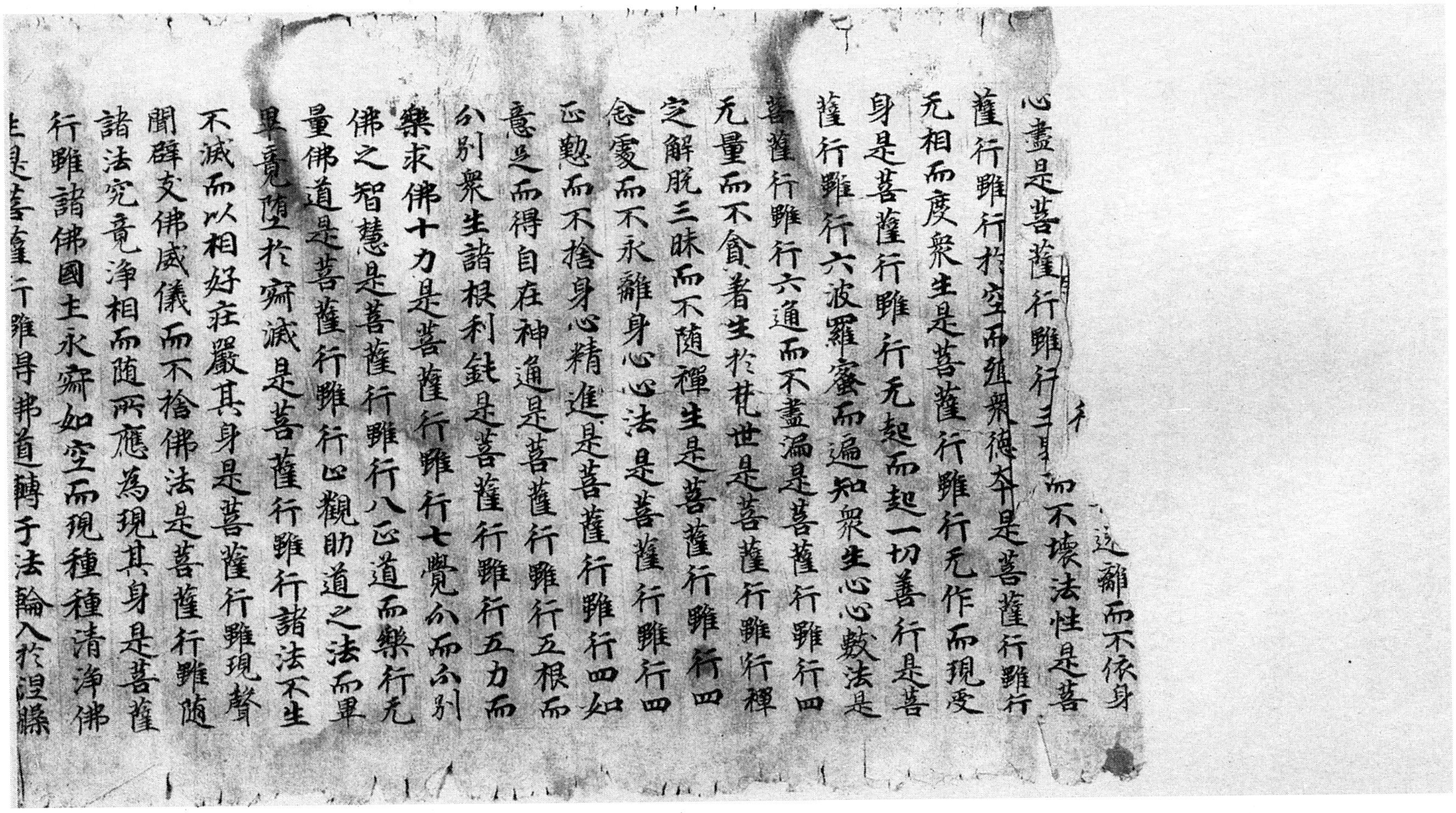
遠離而不依身
心盡是菩薩行雖行三界而不壞法性是菩
薩行雖行於空而植衆德本是菩薩行雖行
无相而度衆生是菩薩行雖行无作而現受
身是菩薩行雖行无起而起一切善行是菩
薩行雖行六波羅蜜而遍知衆生心心數法是
菩薩行雖行六通而不盡漏是菩薩行雖行四
无量而不貪著生於梵世是菩薩行雖行禪
定解脫三昧而不隨禪生是菩薩行雖行四
念處而不永離身心心法是菩薩行雖行四
正勤而不捨身心精進是菩薩行雖行四如
意足而得自在神通是菩薩行雖行五根而
分別衆生諸根利鈍是菩薩行雖行五力而
樂求佛十力是菩薩行雖行七覺分而分別
佛之智慧是菩薩行雖行八正道而樂行无
量佛道是菩薩行雖行止觀助道之法而畢
竟不墮於寂滅是菩薩行雖行諸法不生
不滅而以相好莊嚴其身是菩薩行雖現聲
聞辟支佛威儀而不捨佛法是菩薩行雖隨
諸法究竟淨相而隨所應為現其身是菩薩
行雖諸佛國土永寂如空而現種種清淨佛
土是菩薩行雖得佛道轉于法輪入於涅槃

BD03691號　維摩詰所說經卷中　（22–1）

畢竟墮於寂滅是菩薩行雖行諸法不生
不滅而以相好莊嚴其身是菩薩行雖現聲
聞辟支佛威儀而不捨佛法是菩薩行雖隨
諸法究竟淨相而隨所應為現其身是菩薩
行雖諸佛國土永寂如空而現種種清淨佛
土是菩薩行雖得佛道轉于法輪入於涅槃
而不捨於菩薩之道是菩薩行說是語時
文殊師利所將大眾其中八千天子皆發阿耨
多羅三藐三菩提心
維摩經不思議品第六
尒時舍利弗見此室中无有床坐作是念斯
諸菩薩大弟子眾當於何坐長者維摩詰知
其意語舍利弗言云何仁者為法來耶求床
坐耶舍利弗言我為法來非為床坐維摩詰
言唯舍利弗夫求法者不貪軀命何况床坐
夫求法者非有色受想行識之求非有界入
之求非有欲色无色之求唯舍利弗夫求法
者不著佛求不著法求不著眾求夫求法者
无見苦求无斷集求无造盡證脩道之求所
以者何法无戲論若言我當見苦斷集滅證
脩道是則戲論非求法也唯舍利弗法名寂
滅若行生滅是求生滅非求法也法名无染
若染於法乃至涅槃是則染著非求法也法
无行處若行於法是則行處非求法也法无
取捨若取捨法是則取捨非求法也法无處
所著若著處所是則著處非求法也法名无
相若隨相識是則求相非求法也法不可住若
住於法是則住法非求法也法不可見聞覺

BD03691 號　維摩詰所說經卷中

（22–2）

无行處若行於法是則行處非求法也法无
取捨若取捨法是則取捨非求法也法无處
所著若著處所是則著處非求法也法名无
相若隨相識是則求相非求法也法不可住若
住於法是則住法非求法也法不可見聞覺
知若行見聞覺知是則見聞覺知非求法也
法名无為若行有為是求有為非求法也是
故舍利弗若求法者於一切法應无所求說
是語時五百天子於諸法中得法眼淨
尒時長者維摩詰問文殊師利仁者遊於无
量千万億阿僧祇國何等佛土好上妙功
德成就師子之坐文殊師利言居士東方度
卅六恒河沙國有世界名須弥相其佛号須
弥燈王今現在彼佛身長八万四千由旬其
師子坐高八万四千由旬嚴飾第一於是長
者維摩詰現神通力即時彼佛遣三万二千
師子坐高廣嚴淨來入維摩詰室諸菩薩
大弟子釋梵四天王等昔所未見其室廣博
悉苞容三万二千師子坐无所妨閡於毗耶離
城及閻浮提四天下亦不迫迮悉見如故
尒時維摩詰語文殊師利就師子坐與諸菩
薩上人俱坐當自立身如彼坐像其得神通
菩薩即自變形為四万二千由旬坐師子坐
諸新發意菩薩及大弟子皆不能昇
尒時維摩詰語舍利弗就師子坐舍利弗言
居士此坐高廣吾不能昇
維摩詰言唯舍利弗為須弥燈王如來作礼
乃可得坐於是新發意菩薩及大弟子即

BD03691 號　維摩詰所說經卷中

（22–3）

菩薩即自變形為四万二千由旬坐師子坐
諸新發意菩薩及大弟子皆不能昇
尒時維摩詰語舍利弗就師子坐舍利弗言
居士此坐高廣吾不能昇
維摩詰言唯舍利弗為須弥燈王如来作礼
乃可得坐於是新發意菩薩及大弟子即
為須燈王如来作礼便得坐師子坐舍利弗
言居士未曾有也如是小室乃容受此高廣
之坐於毗耶離城无所妨导又於閻浮提聚
落城邑及四天下諸天龍王鬼神宫殿亦不
迫迮
維摩詰言唯舍利弗諸佛菩薩有解脫名不
可思議若菩薩住是解脫者以須弥之高
内芥子中无所增減須弥山王夲相如故而
四天王忉利諸天不覺不知己之所入唯應
度者乃見須弥入芥子中是名不可思議解
脫法門又以四大海水入一毛孔不嬈魚鼈
黿鼉水性之屬而彼大海夲相如故諸龍鬼
神阿脩羅等不覺不知己之所入於此衆生
亦无所嬈又舍利弗住不可思議解脫菩
薩斷取三千大世界如陶家輪着右掌中
擲過恒河沙世界之外其中衆生不覺不知
己之所往又復還置本處都不使人有往来
想而此世界夲相如故又舍利弗或有衆生
樂久住世而可度者菩薩即演七日以為一
劫令彼衆生謂之一劫或有衆生不樂久住
而可度者菩薩即促一劫以為七日令彼衆
生謂之七日又舍利弗住不可思議解脫菩

BD03691號　維摩詰所說經卷中　　（22–4）

樂久住世而可度者菩薩即演七日以為一
劫令彼衆生謂之一劫或有衆生不樂久住
而可度者菩薩即促一劫以為七日令彼衆
生謂之七日又舍利弗住不可思議解脫菩
薩以一切佛土嚴飾之事集在一國示於衆
生又菩薩以一佛土衆生置之右掌飛到十
方遍示一切而不動夲處又舍利弗十方衆
生供養諸佛之具菩薩於一毛孔皆令得見
又十方國土所有日月星宿於一毛孔普使
見之又舍利弗十方世界所有諸風菩薩悉
能吸着口中而身无損外諸樹木亦不摧折
又十方世界劫盡燒時以一切火内於腹中
火事如故而不為害又於下方過恒河沙等
諸佛世界取一佛土舉着上方過恒河沙无
數世界如持針鍱舉一棗葉而无所嬈又舍
利弗住不可思議解脫菩薩能以神通現作
佛身或現辟支佛身或現聲聞身或現帝
釋身或現梵王身或現世主身或現轉輪王身
又十方世界所有衆聲上中下音皆能變之
令作佛聲演出无常苦空无我之音及十方
諸佛所說種種之法皆於其中普令得聞舍
利弗我今略說菩薩不可思議解脫之力若
廣說者窮劫不盡是時大迦葉聞說菩薩
不可思議解脫法門歎未曾有謂舍利弗譬
如有人於盲者前現衆色像非彼所見一切聲
聞聞是不可思議解脫法門不能解了為
若此也智者聞是其誰不發阿耨多羅三
藐三菩提心我等可為永絶其根於此大乘

BD03691號　維摩詰所說經卷中　　（22–5）

廣說者窮劫不盡是時大迦葉聞說菩薩
不可思議解脫法門歎未曾有謂舍利弗辟
如有人於盲者前現衆色像非彼所見一切聲
聞聞是不可思議解脫法門不能解了為
若此也智者聞是其誰不發阿耨多羅三
藐三菩提心我等何為永絕其根於此大乘
已如敗種一切聲聞聞是不可思議解脫法門
皆應號泣聲震三千大千世界一切菩薩應
大慶喜頂受此法若有菩薩信解不可思
議解脫門者一切魔衆无如之何大迦葉說是
語時三万二千天子皆發阿耨多羅三藐三
菩提心
尒時維摩詰語大迦葉仁者十方无量阿僧
祇世界中作魔王者多是住不可思議解脫
菩薩以方便力教化衆生現作魔王又迦葉
十方无量菩薩或有人從乞手足耳鼻頭目
髓腦血肉皮骨聚落城邑妻子奴馬象婢車
乘金銀瑠璃車𤦲馬瑙珊瑚虎珀真珠珂貝
衣服飲食如是乞者多是住不可思議解脫
菩薩以方便力而往試之令其堅固所以者
何住不可思議解脫菩薩有威德力故行逼
迫示諸衆生如是難事凡夫下劣无有力勢
不能如是逼迫菩薩譬如龍象蹴踏非驢
所堪是名住不可思議解脫菩薩智慧方
便之門
維摩經觀衆生品第七
尒時文殊師利問維摩詰言菩薩云何觀於

BD03691 號　維摩詰所說經卷中

（22–6）

所堪是名住不可思議解脫菩薩智慧方
便之門
維摩經觀衆生品第七
尒時文殊師利問維摩詰言菩薩云何觀於
衆生維摩詰言譬如幻師見所幻人菩薩觀
衆生為若此如智者見水中月如鏡中見其
面像如熱時炎如呼聲響如空中雲如水聚
沫如水上泡如芭蕉堅如電久住如第五大
如第六陰如第七情如十三入如十九界菩
薩觀衆生為若此如无色界色如燋穀牙如
須陁洹身見如阿那含入胎如阿羅漢三毒
如得忍菩薩貪恚毀禁如佛煩惱習如盲者
見色如入滅定出入息如空中鳥跡如石女
兒如化人生煩惱如夢所見已寤如滅度者
受身如无烟之火菩薩觀衆生為若此文
殊師利言若菩薩作是觀者云何行慈維摩
詰言菩薩作是觀已自念我當為衆生說如
斯法是即真實慈也行寂滅慈无所生故行
不熱慈无煩惱故行等之慈等三世故行无
諍慈无所起故行不二慈內外不合故行不
壞慈畢竟盡故行堅固慈心无毀故行清
淨慈諸法性淨故行无邊慈如虛空故行阿
羅漢慈破結賊故行菩安衆生故行如來慈
得如相故行佛之慈覺衆生故行自然慈无
因得故行菩薩慈等一味故行无等慈斷諸
愛故行大悲慈導以大乘故行无猒慈觀空
无我故行法施慈无遺惜故行持戒慈化

BD03691 號　維摩詰所說經卷中

（22–7）

得如相故行佛之慈覺衆生故行自然慈无
因得故行菩薩慈等一味故行无等慈斷諸
愛故行大悲慈導以大乘故行无猒慈觀空
无我故行法施慈无遺惜故行持戒慈化
毀禁故行忍辱慈護彼我故行精進慈荷
負衆生故行禪定之慈不受味故行智慧慈无不
知時故行方便慈一切亦現故行无隱慈直心
清淨故行深心慈无雜无故行无誑慈不虛
假故行安樂慈令得佛樂故菩薩之慈為
若此也
文殊師利又問何謂為悲荅曰菩薩所作功
德皆與一切衆生共之何謂為喜荅曰有所
饒益歡喜无悔何謂為捨荅曰所作福祐无
所悕望文殊師利又問生死有畏菩薩當何
所依維摩詰言菩薩於生死畏中當依如來
功德之力文殊師利又問菩薩欲依如來功
德之力當於何住荅曰菩薩欲依如來功德
力者當住度脫一切衆生又問欲度衆生當
何所除荅曰欲度衆生除其煩惱又問欲除
煩惱當何所行荅曰當行正念又問云何行
於正念荅曰當行不生不滅又問何法不生
何法不滅荅曰不善不生善法不滅又問善
不善孰為本荅曰身為本又問身孰為本荅
曰欲貪為本又問欲貪孰為本荅曰虛妄分
別為本又問虛妄分別孰為本荅曰顛倒想
為本又問顛倒想孰為本荅曰无住為本又
問无住孰為本荅曰无住則无本文殊師利

日欲貪為本又問欲貪孰為本荅曰虛妄分
別為本又問虛妄分別孰為本荅曰顛倒想
為本又問顛倒想孰為本荅曰无住為本又
問无住孰為本荅曰无住則无本文殊師利
從无住本立一切法
時維摩詰室有一天女見諸大人聞所說法
便現其身即以天華散諸菩薩大弟子上華
至諸菩薩即皆墮落至大弟子便著不墮一
切弟子神力去華不能令去尒時天問舍利
弗何故去華荅曰此華不如法是以去之天曰
勿謂此華為不如法所以者何是華无所分
別仁者自生分別想耳若於佛法出家有所
分別為不如法若无所分別是則如法觀諸
菩薩華不著者以斷一切分別想故譬如人
畏時非人得其便如是弟子畏生死故色聲
香味觸得其便已離畏者一切五欲无能為
也結習未盡華著身耳結習盡者華不著
也舍利弗言天止此室其已久如荅曰我止此
室如耆年解脫舍利弗言止此久耶天曰耆
年解脫之何如久舍利弗言嘿然不荅天曰如
何耆舊大智而嘿荅曰解脫者无所言說故
吾於是不知所云天曰言說文字皆解脫相
所以者何解脫者不內不外不在兩閒文字
亦不內不外不在兩閒是故舍利弗无離文
字說解脫也所以者何一切諸法是解脫相
舍利弗言不復已離婬怒癡為解脫乎天曰
佛為增上慢人說離婬怒癡為解脫耳若无

亦不內不外不在兩間是故舍利弗无離文
字說解脫也所以者何一切諸法是解脫相
舍利弗言不復以離婬怒癡為解脫乎天曰
佛為增上慢人說離婬怒癡為解脫耳若无
增上慢者佛說婬怒癡性即是解脫舍利弗
言善哉善哉天女汝何所得以何為證辯乃
如是天曰我无得无證故辯如是所以者何
若有得有證者則於佛法為增上慢舍利弗
問天汝於三乘為何志求天曰以聲聞法化
眾生故我為聲聞以因緣法化眾生故我為
辟支佛以大悲化眾生故我為大乘舍利弗
如人入瞻蔔林唯嗅瞻蔔不嗅餘香如是若
入此室但聞佛功德之香不樂聞聲聞辟支佛
功德香也舍利弗其有釋梵四天王諸天龍
鬼神等入此室者聞斯上人講說正法皆樂
佛功德之香發心而出舍利弗吾止此室十
有二年初不聞說聲聞辟支佛法但聞菩薩
大慈大悲不可思議諸佛之法舍利弗此室
常現八未曾有難得之法何等為八此室常
以金色光照晝夜无異不以日月所照為明
是為一未曾有難得之法此室入者不為諸
垢之所惱也是為二未曾有難得之法此室
常有釋梵四天王他方菩薩來會不絕是為
三未曾有難得之法此室常說六波羅蜜不
退轉法是為四未曾有難得之法此室常作
天人第一之樂絃出无量法化之聲是為五
未曾有難得之法此室有四大藏眾寶積滿
周窮濟乏求得无盡是為六未曾有難得之

三未曾有難得之法此室常說六波羅蜜不
退轉法是為四未曾有難得之法此室常作
天人第一之樂絃出无量法化之聲是為五
未曾有難得之法此室有四大藏眾寶積滿
周窮濟乏求得无盡是為六未曾有難得之
法此室釋迦牟尼佛阿彌陀佛阿閦佛寶德
寶炎寶月寶嚴難勝師子響一切利成如是
等十方无量諸佛是上人念時即皆為來廣
說諸佛秘要法藏說已還去是為七未曾有
難得之法此室一切諸天嚴飾宮殿諸佛淨
土皆於中現是為八未曾有難得之法舍利
弗此室常現八未曾有難得之法誰有見
斯不思議事而復樂於聲聞法乎
舍利弗言汝何以不轉女身天曰我從十二
年來求女人相了不可得當何所轉譬如幻
師化作幻女若有人問何以不轉女身是人
為正問不舍利弗言不也幻无定相當何所
轉天曰一切諸法亦復如是无有定相云何
乃問不轉女身即時天女以神通力變舍利
弗令如天女天自化身如舍利弗而問言何
以不轉女身舍利弗以天女像而荅言我今
不知何轉而變為女身天曰舍利弗若能轉
此女身則一切女人亦當能轉如舍利弗非
女而現女身一切女人亦復如是雖現女身
而非女也是故佛說一切諸法非男非女即
時天女還攝神力舍利弗身還復如故天問
舍利弗女身色相今何所在舍利弗言女身
色相无在无不在天曰一切諸法亦復如是无

女而現女身一切女人亦復如是雖現女身
而非女也是故佛説一切諸法非男非女即
時天女還攝神力舍利弗身還復如故天問
舍利弗女身色相今何所在舍利弗言女身
色相无在无不在天曰一切諸法亦復如是无
在无不在夫无在无不在者佛所説也舍
利弗問天汝於此没當生何所天曰佛化所
生吾如彼生曰佛化所生非没生也天曰衆
生猶然无没生也舍利弗問天汝久如當得
阿耨多羅三藐三菩提天曰如舍利弗還爲
凡夫我乃當成阿耨多羅三藐三菩提舍利
弗言我作凡夫无有是處天曰我得阿耨多
羅三藐三菩提亦无是處所以者何菩提无
住處是故无有得者舍利弗言今諸佛得阿
耨多羅三藐三菩提已得當得如恒河沙皆
謂何乎天曰皆以世俗文字數故説有三世
非謂菩提有去來今天曰舍利弗汝得阿羅
漢道耶曰无所得故而得天曰諸佛菩薩亦
復如是无所得故而得尒時維摩詰語舍利
弗是天女曾已供養九十二億佛已能遊戲
菩薩神通所願具足得无生忍住不退轉以
本願故隨意能現教化衆生

維摩經佛道品第八

尒時文殊師利問維摩詰言菩薩云何通達
佛道維摩詰言若菩薩行於非道是爲通達
佛道又問云何菩薩行於非道荅曰若菩薩
行五无間而无惱恚至于地獄无諸罪垢至

維摩經佛道品第八

尒時文殊師利問維摩詰言菩薩云何通達
佛道維摩詰言若菩薩行於非道是爲通達
佛道又問云何菩薩行於非道荅曰若菩薩
行五无間而无惱恚至于地獄无諸罪垢至
于畜生无有无明憍慢等過至于餓鬼而具
足功德行色无色界道不以爲勝示行貪欲
離諸染著示行瞋恚於諸衆生无有恚㝵示
行愚癡而以智慧調伏其心示行慳貪而捨
内外所有不惜身命示行毁禁而安住淨戒乃
至小罪猶懷大懼示行瞋恚而常慈忍示
行懈怠而懃脩功德示行乱意而常念定示
行愚癡而通達世間出世間慧示行諂僞而
善方便隨諸經義示行憍慢而於衆生猶如
橋梁示行諸煩惱而心常清淨示入於魔而
順佛智慧不隨他教示入聲聞而爲衆生説
未聞法示入辟支佛而成就大悲教化衆生
示入貧窮而有寶手功德无盡示入形殘而
具諸相好以自莊嚴示入下賤而生佛種姓
中具諸功德示入羸劣醜陋而得那羅延身
一切衆生之所見見示入老病而永斷病根
超越死畏示有資生而恒觀无常實无所
貪示有妻妾采女而常遠離五欲淤泥現於
訥鈍而成就辯才摠持无失示入耶濟而以正
濟度諸衆生現遍入諸道而斷其因緣現於
涅槃而不斷生死文殊師利菩薩能如是行
於非道是爲通達佛道

貪亦有妻妾釆女而常遠離五欲淤泥現於
訥鈍而成就辯才捴持无失亦入耶濟而以正
濟度諸衆生現遍入諸道而斷其因緣現於
涅槃而不斷生死文殊師利菩薩能如是行
於非道是為通達佛道
於是維摩詰問文殊師利何等為如来種文
殊師利言有身為種无明有愛為種貪恚癡
為種四顛倒為種五蓋為種六入為種七識
處為種八耶法為種九惱處為種十不善道
為種以要言之六十二見及一切煩惱皆是
佛種曰何謂也荅曰若見无為入正位者不
能復發阿耨多羅三藐三菩提心譬如高原
陸地不生蓮華卑濕淤泥乃生此華如是見
无為法入正位者終不復能生於佛法煩惱
泥中乃有衆生起佛法耳又如殖種於空終
不得生糞壤之地乃能滋茂如是入无為正
位者不生佛法起我見心如須弥山猶能發
于阿耨多羅三藐三菩提心生佛法矣是故
當知一切煩惱為如来種譬如不下巨海不
能得无價寶珠如是不入煩惱大海則不
能一切智寶
尒時大迦葉嘆言善哉善哉文殊師利快說
此語誠如所言塵勞之事為如来種我等今
者不復堪任發阿耨多羅三藐三菩提心乃
至五无間罪猶能發意生於佛法而今我等
永不能發譬如根敗之士其於五欲不能復
利如是聲聞諸結斷者於佛法中所无復益
[illegible]

至五无間罪猶能發意生於佛法而今我等
永不能發譬如根敗之士其於五欲不能復
利如是聲聞諸結斷者於佛法中所无復益
永不志願是故文殊師利凡夫於佛法有反
復而聲聞无也所以者何凡夫聞佛法能起
无上道心不斷三寶正使聲聞終身聞佛法
力无畏等永不能發无上道意
尒時會中有菩薩名普現色身問維摩詰言
居士父母妻子親戚眷屬吏民知識悉為是
誰奴婢僮僕象馬車乘皆何所在於是維摩
詰以偈荅曰
智度菩薩母　方便以為父　一切衆導師　无不由是生
法喜以為妻　慈悲心為女　善心誠實男　畢竟空寂舍
弟子衆塵勞　隨意之所轉　道品善知識　由是成正覺
諸度法等侶　四攝為伎女　歌詠誦法言　以此為音樂
捴持之園苑　无漏法林樹　覺意淨妙華　解脫智慧果
八解之浴池　定水湛然滿　布以七淨華　浴此无垢人
象馬五通馳　大乘以為車　調御以一心　遊於八正路
相具以嚴容　衆好飾其姿　慚愧之上服　深心為華鬘
富有七財寶　教授以滋息　如所說脩行　迴向為大利
四禪為牀坐　從於淨命生　多聞增智慧　以為自覺音
甘露法之食　解脫味為漿　淨心以澡浴　戒品為塗香
摧滅煩惱賊　勇健无能踰　降伏四種魔　勝幡建道場
雖知无起滅　示彼故有生　悉現諸國土　如日无不見
供養於十方　无量億如来　諸佛及已身　无有分別相
雖知諸佛國　及與衆生空　而常脩淨土　教化於羣生
諸有衆生類　形聲及威儀　无畏力菩薩　一切能盡現

摧滅煩惱賊　勇健无能踰　降伏四種魔　勝幡建道場
雖知无起滅　示彼故有生　悉現諸國土　如日无不見
供養於十方　无量億如來　諸佛及己身　无有分別相
雖知諸佛國　及與衆生空　而常脩淨土　教化於羣生
諸有衆生類　形聲及威儀　无畏力菩薩　一切能盡現
覺知衆魔事　而示隨其行　以善方便智　隨意皆能現
或示老病死　成就諸羣生　了知如幻化　通達无有㝵
或現劫盡燒　天地皆洞然　衆人有常想　照令知无常
无數億衆生　俱來請菩薩　一時到其舍　化令向佛道
經書禁呪術　工巧諸伎藝　盡現行此事　饒益諸羣生
世間衆道法　悉於中出家　因以解人惑　而不墮邪見
或作日月天　梵王世界主　或時作地水　或復作風火
劫中有疾疫　現作諸藥草　若有服之者　除病消衆毒
劫中有飢饉　現身作飲食　先救彼飢渴　却以法語人
劫中有刀兵　為之起慈悲　化彼諸衆生　令住无諍地
若有大戰陣　立之以等力　菩薩現威勢　降伏使和安
一切國土中　諸有地獄處　輙往到于彼　勉濟其苦惱
一切國土中　畜生相食噉　皆現生於彼　為之作利益
示受於五欲　亦復現行禪　令魔心憒亂　不能得其便
火中生蓮華　是可謂希有　在欲而行禪　希有亦如是
或現作婬女　引諸好色者　先以欲鉤牽　後令入佛智
或為邑中主　或作商人導　國師及大臣　以祐利衆生
諸有貧窮者　現作无盡藏　因以勸導之　令發菩提心
我心憍慢者　為現大力士　消伏諸貢高　令住佛上道
其有恐懼衆　居前而慰安　先施以无畏　後令發道心
或現離婬欲　為五通仙人　開導諸羣生　令住戒忍慈
見須供事者　現為作僮僕　既悅可其意　乃發以道心
隨彼之所須　得入於佛道　以善方便力　皆能給足之

我心憍慢者　為現大力士　消伏諸貢高　令住佛上道
其有恐懼衆　居前而慰安　先施以无畏　後令發道心
或現離婬欲　為五通仙人　開導諸羣生　令住戒忍慈
見須供事者　現為作僮僕　既悅可其意　乃發以道心
隨彼之所須　得入於佛道　以善方便力　皆能給足之
如是道无量　所行无有涯　智慧无邊際　度脫无數衆
假令一切佛　於无數億劫　讚嘆其功德　猶尚不能盡
誰聞如是法　不發菩提心　除彼不肖人　癡冥无智者

維摩經入不二門法品第九

尒時維摩詰謂衆菩薩言　諸仁者云何菩薩入不二法門（各隨所樂說之　會中有菩薩名）
法自在說言　諸仁者生滅為二　法本不生今
則无滅　得此无生法忍　是為入不二法門
德首菩薩曰　我我所為二　因有我故便有我
所　若无有我　則无我所　是為入不二法門
不眴菩薩曰　受不受為二　若法不受則不可
得　以不可得故无取无捨　无作无行　是為入
不二法門
德頂菩薩曰　垢淨為二　見垢實性則无淨相
順於滅相　是為入不二法門
善宿菩薩曰　是動是念為二　不動則无念无
念即无分別　通達此者　是為入不二法門
善眼菩薩曰　一相无相為二　若知一相即是
无相　亦不取无相　入於平等　是為入不二法
門
妙臂菩薩曰　菩薩心聲聞心為二　觀心相空
如幻化者　无菩薩心　无聲聞心　是為入不二
法門
弗沙菩薩曰　善不善為二　若不起善不善入

門
妙臂菩薩曰菩薩心聲聞心為二觀心相空
如幻化者无菩薩心无聲聞心是為入不二
法門
弗沙菩薩曰善不善為二若不起善不善入
无相際而通達者是為入不二法門
師子菩薩曰罪福為二若達罪性則與福无
異以金剛慧決了此相无縛无解者是為入
不二法門
師子意菩薩曰有漏无漏為二若得諸法等
則不起漏不漏相不著於相亦不住无相是
為入不二法門
淨解菩薩曰有為无為為二若離一切數則
心如虛空以清淨慧无所閡者是為入不二
法門
那羅延菩薩曰世間出世間為二世間性空
即是出世間於其中不入不出不溢不散是
為入不二法門
善意菩薩曰生死涅槃為二若見生死性則
无生死无縛无解不然不滅如是解者是為
入不二法門
現見菩薩曰盡不盡為二法若究竟盡若不
盡相如是入者是為入不二法門
普守菩薩曰我无我為二我尚不可得非我
何可得見我實性者不復起二是為入不二
法門
電天菩薩曰明无明為二无明實性即是明

普守菩薩曰我无我為二我尚不可得非我
何可得見我實性者不復起二是為入不二
法門
電天菩薩曰明无明為二无明實性即是明
明亦不可取離一切數於其中平等无二者
是為入不二法門
喜見菩薩曰色色空為二色即是空非色滅
空色性自空如是受想行識識空為二識即
是空非識滅空識性自空於其中而通達者
是為入不二法門
明相菩薩曰四種異空種異為二四種性即
是空種性如前際後際空故中際亦空若能
如是知諸種性者是為入不二法門
妙意菩薩曰眼色為二若知眼性於色不貪
不恚不癡是名寂滅如是耳聲鼻香舌味身
觸意法為二若知意性於法不貪不恚不癡
是名寂滅安住其中是為入不二法門
无盡意菩薩曰布施迴向一切智為二布施
性即是迴向一切智性如是持戒忍辱精進
禪定智慧迴向一切智為二智慧性即是迴
向一切智性於其中入一相者是為入不二
法門
深慧菩薩曰是空是无相是无作為二空即
无相无相即无作若空无相无作則无心意
識於一解脫門即是三解脫門者是為入不
二法門
寂根菩薩曰佛法眾為二佛即是法法即是

深慧菩薩曰是空是无相是无作為二空即
无相无相即无作若空无相无作則无心意
識於一解脫門即是三解脫門者是為入不
二法門
寂根菩薩曰佛法衆為二佛即是法法即是
衆是三寶皆无為相與虛空等一切法亦尒
能隨此行者是為入不二法門
心无㝵菩薩曰身身滅為二身即是身滅所
以者何見身實相者不起見身及見滅身身
與滅身无二无分別於其中不驚不懼者是
為入不二法門
上善菩薩曰身口意善為二是三業皆无作
相身无作相即口无作相口无作相即意无
作相是三業无作相即一切法无作相能如
是隨无作慧者是為入不二法門
福田菩薩曰福行罪行不動行為二三行實
性即是空空則无福行无罪行无不動行於
此三行而不起者是為入不二法門
華嚴菩薩曰從我起二為二見我實相者不
起二法若不住二法則无有識无所識者是
為入不二法門
德藏菩薩曰有所得相為二若无所得則无
取捨无取捨者是為入不二法門
月上菩薩曰闇與明為二无闇无明則无有
二所以者何如入滅受想定无闇无明一切法
相亦復如是於其中平等入者是為入不
二法門
寶印手菩薩曰樂涅槃不樂世間為二若不

BD03691號　維摩詰所說經卷中　（22–20）

取捨无取捨者是為入不二法門
月上菩薩曰闇與明為二无闇无明則无有
二所以者何如入滅受想定无闇无明一切法
相亦復如是於其中平等入者是為入不
二法門
寶印手菩薩曰樂涅槃不樂世間為二若不
樂涅槃不猒世間則无有二所以者何若有
縛則有解若本无縛其誰求解无縛无解則
无樂猒是為入不二法門
珠頂王菩薩曰正道邪道為二住正道者則
不分別是邪是正離此二者是為入不二法
門
樂實菩薩曰實不實為二實見者尚不見
實何况非實所以者何非肉眼所見慧眼乃
能見而此慧眼无見无不見是為入不二法門
如是諸菩薩各各說已問文殊師利何等是
菩薩入不二法門文殊師利曰如我意者於
一切法无言无說无示无識離諸問荅是為
入不二法門
於是文殊師利問維摩詰我等各自說已仁
者當說何等是菩薩入不二法門時維摩詰
嘿然无言文殊師利歎曰善哉善哉乃至无
有文字語言是真入不二法門說是入不二
法門時於此衆中五千菩薩皆入不二法門
得无生法忍

維摩詰經卷中

BD03691號　維摩詰所說經卷中　（22–21）

如是諸菩薩各各說已問文殊師利何等是
菩薩入不二法門文殊師利曰如我意者於
一切法无言无說无示无識離諸問荅是為
入不二法門
於是文殊師利問維摩詰我等各自說已仁
者當說何等是菩薩入不二法門時維摩詰
嘿然无言文殊師利嘆曰善哉善哉乃至无
有文字語言是真入不二法門說是入不二
法門時於此衆中五千菩薩皆入不二法門
得无生法忍
維摩詰經卷中

BD03691 號　維摩詰所說經卷中　（22–22）

BD03692 號背　金光明最勝王經卷七護首　（1–1）

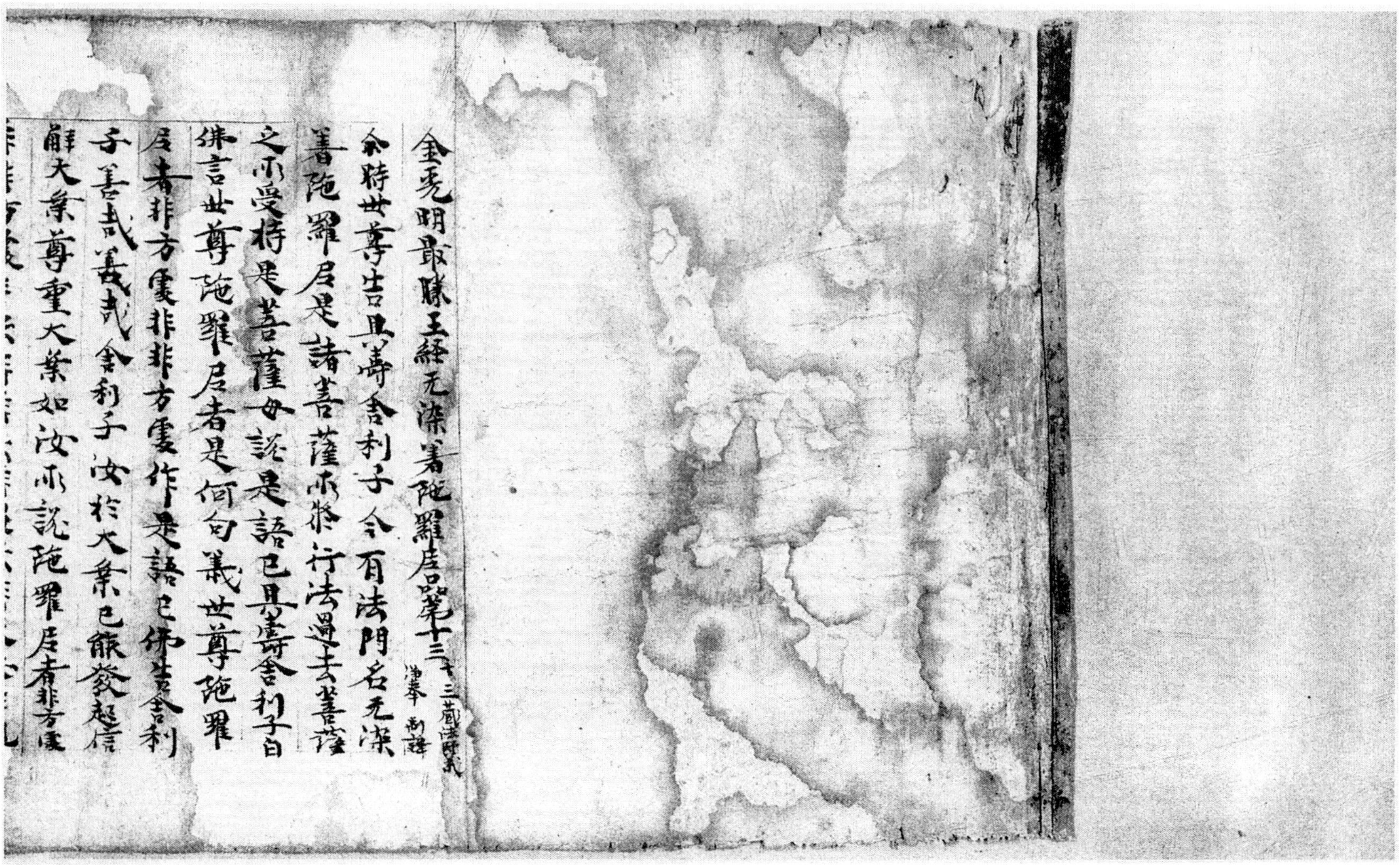

金光明最勝王經无染著陀羅尼品第十三 三藏法師義淨奉 制譯
尒時世尊告具壽舍利子今有法門名无染
著陀羅尼是諸菩薩所修行法過去菩薩
之所受持是菩薩母說是語已具壽舍利子白
佛言世尊陀羅尼者是何句義世尊陀羅
尼者非方處非非方處作是語已佛告舍利
子善哉善哉舍利子汝於大乘已能發起信
解大乘尊重大業如汝所說陀羅尼者非方處

BD03692號　金光明最勝王經卷七　（20–1）

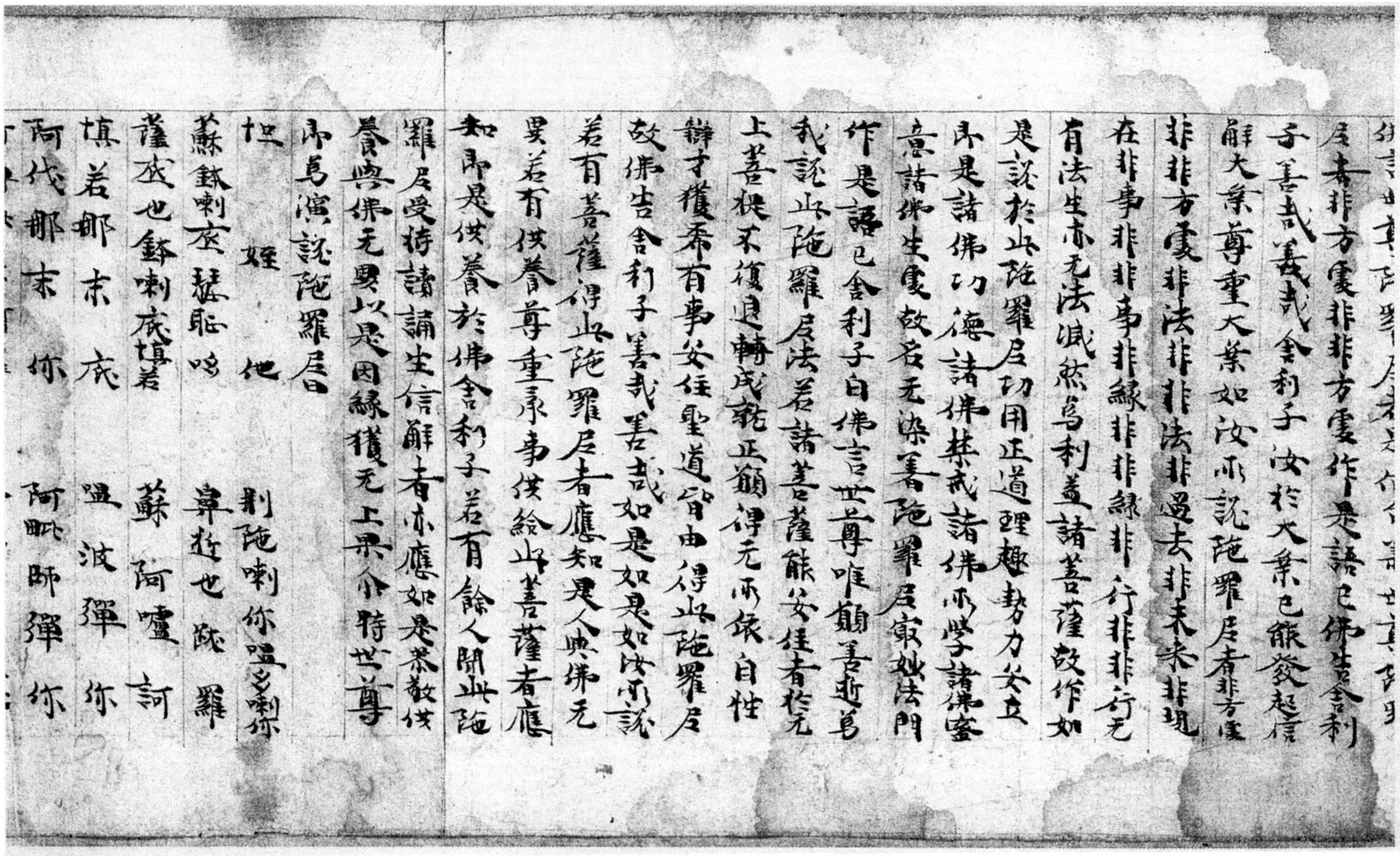

子善哉善哉舍利子汝於大乘已能發起信
解大乘尊重大業如汝所說陀羅尼者非方處
非非方處非法非非法非過去非未來非現
在非事非非事非緣非非緣非行非非行无
有法生亦无法滅然為利益諸菩薩故作如
是說於此陀羅尼功用正道理趣勢力安立
即是諸佛功德諸佛禁戒諸佛所學諸佛密
意諸佛生處故名无染著陀羅尼最妙法門
作是語已舍利子白佛言世尊唯願善逝為
我說此陀羅尼法若諸菩薩能安住者於无
上菩提不復退轉成就正願得无所依自性
辯才獲希有事安住聖道皆由得此陀羅尼
故佛告舍利子善哉善哉如是如是如汝所說
若有菩薩得此陀羅尼者應知是人與佛无
異若有供養尊重承事供給此菩薩者應
知即是供養於佛舍利子若有餘人聞此陀
羅尼受持讀誦生信解者亦應如是恭敬供
養與佛无異以是因緣獲无上果尒時世尊
即為演說陀羅尼曰
怛姪他 剎陀喇你 嗢多喇你
蘇鉢喇底瑟恥哆 鼻逝也跋羅
薩底也鉢喇底慎若 蘇阿嚧訶
慎若鄔末底 嗢波彈你
阿伐鄔末你 阿毗師彈你

BD03692號　金光明最勝王經卷七　（20–2）

薩衣也鉢喇底慎若　蘇阿嚧訶
慎若鄔末底　嗢波彈你
阿伐鄔末你　阿毗師彈你
阿鞞毗耶訶囉　輸婆伐底
蘇尼室唎多引　薄虎郡社引
阿毗婆馱引　莎訶
佛告舍利子此无染著陁羅尼句若有菩薩
能善安住能正受持者當知是人若於一劫
若百劫若千劫若百千劫所發正願无有窮
盡身亦不被刀杖毒藥水猛火獸之所損害
何以故舍利子此无染著陁羅尼是過去諸
佛母未來諸佛母現在諸佛母舍利子若復
有人以十阿僧企耶三千大千世界滿中七
寶奉施諸佛及以上妙衣服飲食種種供養
經无數劫若有人於此陁羅尼乃至一句
能受持者所生之福倍多於彼何以故舍利
子此无染著陁羅尼甚深法門是諸佛母故
時具壽舍利子及諸大衆聞是法已皆大
歡喜咸願受持
金光明冣勝王經如意寶珠品第十四
尒時世尊於大衆中告阿難陁曰汝等當知
有陁羅尼名如意寶珠遠離一切災厄亦能
遮止諸惡雷電過去如來應正覺等所共
宣說我於今時於此經中亦為汝等大衆宣
說能於人天為大利益哀愍世間擁護一切

BD03692號　金光明最勝王經卷七

（20–3）

尒時世尊於大衆中告阿難陁曰汝等當知
有陁羅尼名如意寶珠遠離一切災厄亦能
遮止諸惡雷電過去如來應正覺等所共
宣說我於今時於此經中亦為汝等大衆宣
說能於人天為大利益哀愍世間擁護一切
令得安樂時諸大衆及阿難陁聞佛語已各
各至誠瞻仰世尊聽受神呪佛言汝等諦聽
於此東方有光明電王名阿揭多南方有光
明電王名設羅嚕西方有光明電王名主光
北方有光明電王名蘇多末尼若有善男子
善女人得聞如是電王名字及知方處者此
人即便遠離一切怖畏之事及諸災橫悉皆
消殄若有住處書此四方電王名者於所住
處无雷電怖亦无災厄及諸障惱非特枉死
悉皆遠離尒時世尊即說呪曰
怛　姪　他　你弭你弭你弭
尼　民　達　哩　室哩盧迦盧羯你
室哩輸攞波你　曷喇叉遏喇叉
我某甲及此住處一切恐怖所有苦惱雷電
霹靂乃至枉死悉皆遠離莎訶
尒時觀自在菩薩摩訶薩在大衆中即從
座起偏袒右肩合掌恭敬白佛言世尊我今
亦於佛前略說如意寶珠神呪於諸人天為
大利益哀愍世間擁護一切令得安樂有大
威力所求如願即說呪曰
怛姪他　喝帝　毗喝帝你喝帝

BD03692號　金光明最勝王經卷七

（20–4）

……偏袒右肩合掌恭敬白佛言世尊我今
亦於佛前略說如意寶珠神咒於諸人天為
大利益哀愍世間擁護一切令得安樂有大
威力所求如願即說咒曰
怛姪他 喝帝 毗喝帝 你喝帝
鉢喇窒體雞 鉢喇底丁帝窒窒囇
安荼入聲囇 般荼囇 稅平聲帝
般荼囉婆死你 喝囇羯荼引囇
劫畢麗 氷揭羅 惡綺
達地 目企 曷略叉 曷略叉
我某甲及此住處一切恐怖所有苦惱乃至
枉死悉皆遠離願我莫見罪惡之事常
蒙聖觀自在菩薩大悲威光之所護念莎
訶 爾時執金剛秘密主菩薩即從座起合掌恭
敬白佛言世尊我今亦說陀羅尼咒名曰無
勝於諸人天為大利益哀愍世間擁護一切
有大威力所求如願即說咒曰
怛姪他 母你 母你 母尼囇 末底末底
蘇末底 莫訶末底 呵呵呵 麼婆以
鄔悉底帝引波跋 跋折攞波你
惡蚶火含 姪嚩荼 莎訶
世尊我此神咒名曰無勝擁護若有男女一
心受持書寫讀誦憶念不忘我於晝夜
常護是人於一切恐怖乃至枉死悉皆遠離
爾時索訶世界主梵天王即從座起合掌恭
敬白佛言世尊我亦有陀羅尼微妙法門於

BD03692號　金光明最勝王經卷七　（20–5）

……世尊我此神咒名曰無勝擁護若有男女一
心受持書寫讀誦憶念不忘我於晝夜
常護是人於一切恐怖乃至枉死悉皆遠離
爾時索訶世界主梵天王即從座起合掌恭
敬白佛言世尊我亦有陀羅尼微妙法門於
諸人天為大利益哀愍世間擁護一切有大
威力所求如願即說咒曰
怛姪他 醯里 弭里 地里莎訶
跋囉蚶麼布囇 跋囉蚶末涅
跋囉甜麼揭鞞 補澀跛僧塞怛囇莎訶
世尊我此神咒名曰梵治悉能擁護持是咒
者令離憂惱及諸罪業乃至枉死悉皆遠
離 爾時帝釋天主即從座起合掌恭敬白佛
言世尊我亦有陀羅尼名跋折羅扇你是大
明咒能除一切恐怖厄難乃至枉死悉皆遠離
救苦與樂利益人天即說咒曰
怛姪他 毗你 婆喇你 畔稚 麼彈滯
麼膩你 擻擻亦瞿哩 健陁哩 旃荼哩
麼登耆上卜羯死 薩羅跋喇鞞去
四娜末住畚麼嚕剌你 莫呼剌你 達剌你計
斫羯囉婆杞 捨代哩 畚代哩莎訶
爾時多聞天王持國天王增長天王廣目天
王俱從座起合掌恭敬白佛言世尊我今
亦有神咒名施一切眾生無畏於諸苦惱常
為擁護令得安樂增益壽命無諸患苦乃
至枉死悉皆遠離即說咒曰
怛姪他 甫翌判 係甫翌判

BD03692號　金光明最勝王經卷七　（20–6）

王俱從座起合掌恭敬白佛言世尊我今
亦有神呪名施一切衆生无畏於諸苦惱常
為擁護令得安樂增益壽命无諸患苦乃
至枉死悉皆遠離即説呪曰
怛姪他 補澀閉 蘇補澀閉
度麼鉢喇呵囉 阿離耶鉢喇設悉帝
扇帝涅目帝 怛揭例 窣覩帝
悉 吵鼻帝 莎訶
尒時復有諸大龍王所謂末那斯龍王電
光龍王无熱池龍王電舌龍王妙光龍王俱從
座起合掌恭敬白佛言世尊我亦有如意寶
珠陁羅尼能遮惡電除諸怖畏能於人天為
大利益哀愍世間擁護一切有大威力所求
如願乃至枉死悉皆遠離一切毒藥皆令止
息一切造作蠱道呪術不吉祥事悉令除滅
我今以此神呪奉獻世尊唯願哀愍慈悲納
受當令我等離此龍趣永捨慳貪何以故由
此慳貪於生死中受諸苦惱我等願斷慳貪
種子即説呪曰
怛姪他 阿折囉 阿末囉 阿蜜㗚帝
惡叉裔 阿弊裔 奔尼鉢喇耶法帝
薩婆 波跛 鉢喇苫摩尼裴娑訶
阿 離 裔 般豆羅 波尼裴娑訶
世尊若有善男子善女人口中説此陁羅尼
明呪或書經卷受持讀誦恭敬供養者終无
雷電霹靂及諸恐怖苦惱憂患乃至枉

阿 離 裔 般豆羅 波尼裴娑訶
世尊若有善男子善女人口中説此陁羅尼
明呪或書經卷受持讀誦恭敬供養者終无
雷電霹靂及諸恐怖苦惱憂患乃至枉
死悉皆遠離所有毒藥蠱魅厭禱害人虎
狼師子毒蛇之類乃至蚊虻悉不為害
尒時世尊普告大衆善哉善哉此等神呪
皆有大力能隨衆生心所求事悉令圓滿為
大利益除不至心汝等勿疑時諸大衆聞佛
語已歡喜信受
金光明最勝王經大辯才天女品第十五
尒時大辯才天女於大衆中即從座起頂礼
佛足白佛言世尊若有法師説是金光明
最勝王經者我當益其智慧具足莊嚴言
説之辯若彼法師於此經中文字句義所有
忘失皆令憶持能善開悟復與陁羅尼總
持无礙又此金光明最勝王經為彼有情已於
百千佛所種諸善根當受持者於贍部洲廣
流行布不速隱沒復令无量有情聞是經典
皆得不可思議捷利辯才无盡大慧善解衆
論及諸伎術能出生死速趣无上正等菩提
於現世中增益壽命資身之具悉令圓滿
世尊我當為彼持經法師及餘有情於此經
典樂聽聞者説其呪藥洗浴之法彼人所有
惡星災變與初生時星屬相違疫病之苦
闘諍戰陣惡夢鬼神蠱毒厭魅呪術起屍如

世尊我當為依持法師及餘有情於此經
典樂聽聞者說其呪藥洗浴之法彼人所有
惡星災變與初生時星屬相違疫病之苦
鬪諍戰陣惡夢鬼神蠱毒厭魅呪術起屍如
是諸惡為障難者悉令除滅諸有智者應作
如是洗浴之法當取香藥三十二味所謂
昌蒲 跋者 牛黃 瞿嚧折娜 苜蓿香 塞畢力迦
麝香 莫訶婆伽 雄黃 末捺眵羅 合昏樹 尸利灑
白及 因達羅喝悉哆 芎藭 闍莫迦 苟杞根 苫弭
松脂 室利薜瑟得迦 桂皮 咄者 香附子 目窣哆
沈香 惡揭嚕 旃檀 旃檀娜 零凌香 多揭羅
丁子 索瞿者 鬱金 荼矩麼 婆律膏 曷羅婆
葉香 捺剌拖 竹黃 鵠路戰娜 細豆蔻 蘇泣迷羅
甘松 苫弭哆 藿香 鉢怛羅 茅根香 嗢尸囉
叱脂 薩洛計 艾納 世黎也 安息香 窶具攞
芥子 薩利杀跛 馬芹 葉婆你 龍花鬚 那伽雞薩羅
白膠 薩折羅婆 青木 矩瑟侘 皆等分
以布灑星日一處擣篩取其香末當以此
呪呪一百八遍呪曰
怛姪他蘇訖栗帝 訖栗帝訖栗帝
劫摩怛里 繕怒羯囒滯
郝羯喇滯 因達囉闍利膩
鑠羯囒滯 鉢設姪囇
阿伐底羯細 計娜矩覩矩覩
脚迦鼻囇 劫鼻囇劫鼻囇
劫毗羅末底丁里 尸羅末底

BD03692號　金光明最勝王經卷七　（20–9）

鑠羯囒滯 鉢設姪囇
阿伐底羯細 計娜矩覩矩覩
脚迦鼻囇 劫鼻囇劫鼻囇
劫毗羅末底丁里 尸羅末底
刪底度囉末底里 波伐雞畔稚囇
室囇室囇 薩底悉體羝莎訶
若樂如法洗浴時 應作壇場方八肘
可於寂靜安隱處 念所求事不離心
應塗牛糞作其壇 於上普散諸花彩
當以淨潔金銀器 盛滿美味并乳蜜
於彼壇場四門所 四人守護法如常
令四童子好嚴身 各於一角持瓶水
於此常燒安息香 五音之樂聲不絕
幡蓋莊嚴懸繒綵 安在壇場之四邊
復於場內置明鏡 利刀兼箭各四枚
於壇中心埋大盆 應以漏版安其上
用前香末以和湯 亦復安在於壇內
既作如斯布置已 然後誦呪結其壇
結界呪曰
怛姪他 頞喇計 娜也泥 去呬囇
弭囇 祇囇 企企囇 娑訶
如是結界已 方於壇內 呪水三七遍 散灑於四方
次可呪香湯 滿一百八遍 四邊安幛幔 然後洗浴身
呪水呪湯呪曰
怛姪他一 索揭智貞勵反下同二 毗揭智三 毗揭荼
伐底四 莎訶五

BD03692號　金光明最勝王經卷七　（20–10）

如是結界已方於壇內　呪水三七遍散灑於四方
次可呪香湯滿一百八遍　四邊安幔障然後洗浴身
呪水呪湯呪曰
怛姪他一　索揭智(貞勵反下同二)　毘揭智三　毘揭荼
伐底四　莎訶五
若洗浴訖其洗浴湯及壇場中供養飲食
棄河池內餘皆收攝如是浴已方著淨衣既出
壇場入淨室內呪師教其發弘誓願永斷衆
惡常脩諸善於諸有情興大悲以是因緣
當獲无量隨心福報復說頌曰
若有病苦諸衆生　種種方藥治不差
若依如是洗浴法　并復讀誦斯經典
常於日夜念不散　專想慇懃生信心
所有患苦盡消除　解脫貧窮足財寶
四方星辰及日月　威神擁護得延年
吉祥安隱福德增　災變厄難皆除遣
次誦護身呪三七遍呪曰
怛姪他　三謎　毘三謎　莎訶
索揭滯　毘揭滯　莎訶
毘揭荼伐底(停耶反)　莎訶
娑揭囉　三步多也　莎訶
塞建陀　摩多也　莎訶
尼攞建佗也　莎訶
阿鉢囉市多　毘唎耶也　莎訶
呬摩槃多　三步多也　莎訶

BD03692號　金光明最勝王經卷七　（20–11）

塞建陀　摩多也　莎訶
尼攞建佗也　莎訶
阿鉢囉市多　毘唎耶也　莎訶
呬摩槃多　三步多也　莎訶
阿你蜜攞　薄怛囉也　莎訶
南謨薄伽伐都　跋囉甜(大舍)摩寫　莎訶
南謨薩囉酸(蘇活反)底　莫訶提鼻裔　莎訶
悉甸覩漫(山玄反我慕反)　曼怛囉鉢柂　莎訶
怛喇覩仳姪哆　跋囉甜(大舍)摩拏覩莎訶
尒時大辯才天女說洗浴法壇場呪已前礼
佛足白佛言世尊若有苾芻苾芻尼鄔波
索迦鄔波斯迦受持讀誦書寫流布是妙經
王如說行者若在城邑聚落曠野山林僧尼
住處我爲是人將諸眷屬作天伎樂來詣其
所而爲擁護除諸病苦流星變怪疫疾鬪
諍王法所拘惡夢惡神爲障礙者蠱道厭
術悉皆除殄饒益是等持經之人苾芻等衆及
諸聽者皆令速渡生死大海不退菩提
尒時世尊聞是說已讚辯才天女言善哉善
哉天女汝能安樂利益无量无邊有情說此
神呪及以香水壇場法式果報難思汝當擁
護最勝王經勿令隱沒常得流通尒時大辯
才天女礼佛足已還復本坐
尒時法師授記憍陳如婆羅門承佛威力於
大衆前讚請辯才天女曰

BD03692號　金光明最勝王經卷七　（20–12）

才天女礼佛足已還復本坐
爾時法師授記憍陳如婆羅門承佛威力於
大衆前讃請辯才天女曰
聰明勇進辯才天　人天供養悉應受
名聞世間遍充滿　能與一切衆生願
依高山頂勝住處　葺茅為室在中居
恒結耎草以為衣　在處常翹於一足
諸天大衆皆來集　咸同一心申讚請
唯願智慧辯才天　以妙言詞施一切
爾時辯才天女即便受請為説呪曰
怛姪他　慕囇只囇　阿伐帝(貞勵)　阿伐吒伐底(丁里下同)
馨遇𨱎　名具𨱎　名具羅伐底
鴦具師　末唎只　三末底　毗三末底　惡近(入)唎
莫近唎　怛囉呂　怛囉者伐底
質哩室里　蜜里　末難地　曇(去)
末唎只　八囉婆畢唎裏
盧迦逝瑟䶵(丑世反)　盧迦失囇瑟恥
盧迦畢唎裏　悉馱跋唎帝
毗麼目企(輕利反)　輸只　折唎
阿鉢唎底喝帝　阿鉢唎底喝哆勃地
喃母只喃母呂　莫訶提鼻
鉢唎底近(入)唎奮(大上)　南摩塞迦羅
我某甲勃地　達哩奢(四)
勃地阿鉢唎底喝哆　婆(上)跋覩
市婆謎毗輸姪覩　舍悉怛囉輸路迦

BD03692 號　金光明最勝王經卷七　（20–13）

鉢唎底近唎奮　南摩塞迦羅
我某甲勃地　達哩奢(四)
勃地阿鉢唎底喝哆　婆(上)跋覩
市婆謎毗輸姪覩　舍悉怛囉輸路迦
慕怛囉畢得迦　迦婢耶地數
怛姪他　莫訶鉢喇婆鼻
四哩蜜里四里蜜里　毗折喇覩謎勃地
我某甲勃地輸提　薄伽伐點提毗談
薩羅酸(蘇活)點(丁餤引)　雞囉(音家)滞雞由囇
雞由里末底　四里蜜里呬蜜里
阿婆訶耶彌　莫訶提鼻
勃陁薩帝娜　達摩薩帝娜
僧伽薩帝耶　因達囉薩帝娜
跋嚕拏薩帝娜　裏盧雞薩底婆地娜
羯鉉(引)薩帝娜　薩底伐者涅娜
阿婆訶耶彌　莫訶提鼻
四里蜜里四里蜜里　毗折喇覩
我某甲勃地　南謨薄伽伐底(丁利)
莫訶提鼻薩囉酸底　悉甸覩
莫怛囉鉢陁彌　莎訶
爾時辯才天女説是呪已告婆羅門言善
哉大士能為衆生求妙辯才及諸珍寶神通
智慧廣利一切速證菩提如是應知受持
法式即説頌曰
先可誦此陁羅尼　令使純熟无謬失
歸敬三寶諸天衆　請求加護願隨心

BD03692 號　金光明最勝王經卷七　（20–14）

法式即說頌曰
先可誦此陀羅尼　令使純熟无謬失
歸敬三寶諸天眾　請求加護願隨心
敬礼諸佛及法寶　菩薩獨覺聲聞眾
次礼梵王并帝釋　及護世者四天王
一切常脩梵行人　悉可至誠慇重敬
可於寂靜蘭若處　大聲誦前呪讚法
應在佛像天龍前　隨其所有脩供養
於彼一切眾生類　發起慈悲哀愍心
世尊妙相紫金身　繫相正念心无亂
世尊護念說教法　隨彼根機令習定
於其句義善思惟　復依空性而脩習
應在世尊形像前　一心正念而安坐
即得妙智三摩地　并獲最勝陀羅尼
如來金口演說法　妙響調伏諸人天
舌相隨緣現希有　廣長能覆三千界
如是諸佛妙音聲　至誠憶念心无畏
諸佛皆由發弘願　得此舌相不思議
宣說諸法皆非有　譬如虛空无所著
諸佛音聲及舌相　繫念思量願圓滿
若見供養辯才天　或見弟子隨師教
授此秘法令脩學　尊重隨心皆得成
若人欲得最上智　應當一心持此法
增長福智諸功德　必定成就勿生疑
若求財者得多財　求名稱者獲名稱

BD03692 號　金光明最勝王經卷七

（20–15）

若人欲得最上智　應當一心持此法
增長福智諸功德　必定成就勿生疑
若求財者得多財　求名稱者獲名稱
求出離者得解脫　必定成就勿生疑
无量无邊諸功德　隨其內心之所願
若能如是依行者　必定成就勿生疑
當依淨處著淨衣　應作壇場隨大小
以四淨瓶盛美味　香花供養可隨時
懸諸繒綵并幡蓋　塗香末香遍嚴飾
供養佛及辯才天　求見天身皆遂願
應三七日誦前呪　可對大辯天神前
若其不見此天神　應更用心經九日
於後夜中猶不見　更求清淨勝妙處
如應法畫辯才天　供養誦持心无捨
晝夜不生於懈怠　自利利他无窮盡
所獲果報施群生　於所求願皆成就
若不隨意經三月　六月九月或一年
慇勤求請心不移　天眼他心皆悉得
尒時憍陳如婆羅門聞是說已歡喜踊躍
歎未曾有告諸大眾作如是言汝等人天一
切大眾如是當知皆一心聽我今更欲依世諦
讚法彼勝妙辯才天女即說頌曰
敬礼天女那羅延　於世界中得自在
我今讚歎彼尊者　皆如往昔仙人說
吉祥成就心安隱　聰明慚愧有名聞
為母能生於世間　勇猛常行大精進

BD03692 號　金光明最勝王經卷七

（20–16）

讚請彼勝妙辯才天女即說頌曰
敬礼天女那羅延　於世界中得自在
我今讚歎彼尊者　皆如往昔仙人說
吉祥成就心安隱　聰明慚愧有名聞
為母能生於世間　勇猛常行大精進
於軍陣處戰恒勝　長養調伏心慈忍
現為閻羅之長姊　常著青色野蠶衣
好醜容儀皆具有　眼目能令見者怖
无量勝行超世間　歸信之人咸攝受
或在山巖深險處　或居坎窟及河邊
或在大樹諸叢林　天女多依此中住
假使山林野人輩　亦常供養於天女
以孔雀羽作幢旗　於一切時常護世
師子虎狼恒圍遶　牛羊雞等亦相依
振大鈴鐸出音聲　頻陁山眾皆聞響
或執三戟頭圓髻　左右恒持日月旗
黑月九日十一日　於此時中當供養
或現婆藪大天妹　見有鬪戰心常愍
觀察一切有情中　天女最勝无過者
權現牧牛歡喜女　與天戰時常得勝
能久安住於世間　亦為和忍及暴惡
大婆羅門四明法　幻化呪等皆通達
於天仙中得自在　能為種子及大地
諸天女等集會時　如大海潮必來應
於諸龍神藥叉眾　咸為上首能調伏
於王住處如蓮花　若在河津喻橋栰

BD03692 號　金光明最勝王經卷七　（20–17）

大婆羅門四明法　幻化呪等皆通達
於天仙中得自在　能為種子及大地
諸天女等集會時　如大海潮必來應
於諸龍神藥叉眾　咸為上首能調伏
於王住處如蓮花　若在河津喻橋栰
面貌猶如盛滿月　具足多聞作依處
辯才勝出若高峯　念者皆與為洲渚
阿蘇羅等諸天眾　咸共稱讚其功德
乃至天眼帝釋王　以殷重心而觀察
眾生若有希求事　悉能令彼速得成
亦令聰辯具聞持　於大地中為第一
於此十方世界中　如大燈明常普照
乃至神鬼諸禽獸　咸皆遂彼所求心
於諸女中若山峯　同昔仙人久住世
如少女天常離欲　實語猶如大世主
普見世間差別類　乃至欲界諸天宮
唯有天女獨稱尊　不見有情能勝者
若於戰陣恐怖處　或見墮在火坑中
河津險難賊盜時　悉能令彼除怖畏
或被王法所枷縛　或為怨讎行殺害
若能專注心不移　決定解脫諸憂苦
於善惡人皆擁護　慈悲愍念常現前
是故我以至誠心　稽首歸依大天女
尒時婆羅門復以呪讚天女曰
敬礼敬礼世間尊　於諸母中最為勝
三種世間咸供養　面貌容儀人樂觀

BD03692 號　金光明最勝王經卷七　（20–18）

若能專注心不移……

於善惡人皆攝護　慈悲愍念常現前
是故我以至誠心　稽首歸依大天女
尒時婆羅門復以呪讚天女曰
敬礼敬礼世間尊　於諸母中最為勝
三種世間咸供養　面貌容儀人樂觀
種種妙德以嚴身　目如脩廣青蓮葉
福智光明名稱滿　譬如无價末尼珠
我今讚歎最勝者　悉能成辦所求心
真實功德妙吉祥　譬如蓮花極清淨
身色端嚴皆樂見　衆相希有不思議
能放无垢智光明　於諸念中為最勝
猶如師子獸中上　常以八辟自莊嚴
各持弓箭刀稍斧　長釵鐵輪并羂索
端正樂觀如滿月　言詞无滯出和音
若有衆生心願求　善士隨念令圓滿
帝釋諸天咸供養　皆共稱讚可歸依
衆德能生不思議　一切時中起恭敬
莎訶（此呪頌是呪亦是讚　若持呪時必須誦之）
若欲祈請辯才天　依此呪讚言詞句
晨朝清淨至誠誦　於所求事悉隨心
尒時佛告婆羅門善哉善哉　善哉汝能如是利益
衆生施與安樂讚彼天女請求加護獲福无
邊（此品呪法有略有廣或開或合前後不同梵本既多但依一譯後勘者知之）

金光明最勝王經卷第七

BD03692號　金光明最勝王經卷七　（20–19）

莎訶（此呪頌是呪亦是讚　若持呪時必須誦之）
若欲祈請辯才天　依此呪讚言詞句
晨朝清淨至誠誦　於所求事悉隨心
尒時佛告婆羅門善哉善哉　善哉汝能如是利益
衆生施與安樂讚彼天女請求加護獲福无
邊（此品呪法有略有廣或開或合前後不同梵本既多但依一譯後勘者知之）

金光明最勝王經卷第七

殰多可　澀色立　蠢麦庚　薐力夜　蹟衆俞　謎迷計　欏衆可　菁候入　薩作合　七賤曰　杞取巳

BD03692號　金光明最勝王經卷七　（20–20）

大乘无量壽經
如是我聞一時薄伽梵在舍衛國祇樹給孤獨園與大苾蒭僧千二百五十人大菩薩摩訶薩
衆俱同會坐尒時世尊告曼殊室利童子曼殊上方有世界名无量功德聚
号无量壽智決定王如來阿羅訶三藐三菩提現為衆生開示說法曼殊諦聽南閻
浮提人皆短壽大限百年於中殀橫死者衆曼殊如是无量壽如來功德名稱法要若
有衆生得聞名号若自書寫或使人書能為經卷受持讀誦若於舍宅所住之處以雜
種花鬘瓔珞塗香末香而為供養如其命盡復長壽滿足百歲如是曼殊若衆生得
聞是无量壽智決定王如來一百八名号者益其長壽若有衆生大命將盡憶念是如來
名号更得增壽如是曼殊若有善男子善女人欲求長壽於是无量壽如來一百八名号有
得聞者或自書若使人書受持讀誦得是等果報福德具足陀羅尼曰
南謨薄伽勃底一阿波唎蜜哆二阿儞紇硯娜三須毗你柰指陀四囉佐耶五怛他揭他耶六怛姪他唵七
薩婆桑柰迦囉八波唎輸底九達磨底十伽迦娜十一莎訶某特迦底十二薩婆娑毗輸底十三摩訶娜耶
波唎婆羅莎訶十五　世尊復告曼殊室利如是如來一百八名号若有自書或使人書為
經卷受持讀誦如壽命盡復滿百年壽終此身後得往生无量福智世界无量壽淨
土陀羅尼曰　南謨薄伽勃底一阿波唎蜜哆二阿儞紇硯娜三須毗你柰指陀四囉佐耶五怛他揭
耶六怛姪他唵七薩婆桑柰迦囉八波唎輸底九達磨底十伽迦娜十一莎訶某特迦底十二薩婆娑毗輸底十三
摩訶娜耶十四波唎婆羅莎訶十五　尒時有九十九俱胝佛等一時同聲說是无量壽宗要經陀羅
尼曰　南謨薄伽勃底一阿波唎蜜哆二阿儞紇硯娜三須毗你柰指陀四囉佐耶五怛他揭他耶六怛姪他
唵七薩婆桑柰迦囉八波唎輸底九達磨底十伽迦娜十一莎訶某特迦底十二薩婆娑毗輸底十三摩訶
娜耶十四波唎婆羅莎訶十五　尒時復有一百四俱胝佛一時同聲說是无量壽宗要經陀羅尼曰　南謨薄伽
勃底一阿波唎蜜哆二阿儞紇硯娜三須毗你柰指陀四囉佐耶五怛他揭他耶六怛姪他唵七薩婆桑柰迦
囉八波唎輸底九達磨底十伽迦娜十一莎訶某特迦底十二薩婆娑毗輸底十三摩訶娜耶十四波唎婆羅莎訶十五
尒時復有七俱胝佛一時同聲說是无量壽宗要經陀羅尼曰　南謨薄伽勃底一阿波唎蜜哆二
阿儞紇硯娜三須毗你柰指陀四囉佐耶五怛他揭他耶六怛姪他唵七薩婆桑柰迦囉八波唎輸底九
達磨底十伽迦娜十一莎訶某特迦底十二薩婆娑毗輸底十三摩訶娜耶十四波唎婆羅莎訶十五
尒時復有六十五俱胝佛一時同聲說是无量壽宗要經陀羅尼曰　南謨薄伽勃底一阿波唎蜜哆二阿
儞紇硯娜三須毗你柰指陀四囉佐耶五……

BD03693號　無量壽宗要經　(5-1)

囉八波唎輸底九達磨底十伽迦娜十一莎訶某特迦底十二薩婆娑毗輸底十三摩訶娜耶十四波唎婆羅莎訶十五
尒時復有七俱胝佛一時同聲說是无量壽宗要經陀羅尼曰　南謨薄伽勃底一阿波唎蜜哆二
阿儞紇硯娜三須毗你柰指陀四囉佐耶五怛他揭他耶六怛姪他唵七薩婆桑柰迦囉八波唎輸底九
達磨底十伽迦娜十一莎訶某特迦底十二薩婆娑毗輸底十三摩訶娜耶十四波唎婆羅莎訶十五
尒時復有六十五俱胝佛一時同聲說是无量壽宗要經陀羅尼曰　南謨薄伽勃底一阿波唎蜜哆二阿
儞紇硯娜三須毗你柰指陀四囉佐耶五怛他揭他耶六怛姪他唵七薩婆桑柰迦囉八波唎輸底九達磨底十伽
迦娜十一莎訶某特迦底十二薩婆娑毗輸底十三摩訶娜耶十四波唎婆羅莎訶十五　尒時復有五十五俱胝
佛一時同聲說是无量壽宗要經陀羅尼曰　南謨薄伽勃底一阿波唎蜜哆二阿儞紇硯
娜三須毗你柰指陀四囉佐耶五怛他揭他耶六怛姪他唵七薩婆桑柰迦囉八波唎輸底九達磨底十伽迦娜
莎訶某特迦底十二薩婆娑毗輸底十三摩訶娜耶十四波唎婆羅莎訶十五　尒時復有四十五俱胝佛一時同
聲說是无量壽宗要經陀羅尼曰　南謨薄伽勃底一阿波唎蜜哆二阿儞紇硯娜三須毗你
柰指陀四囉佐耶五怛他揭他耶六怛姪他唵七薩婆桑柰迦囉八波唎輸底九達磨底十伽迦娜十一莎訶某特
迦底十二薩婆娑毗輸底十三摩訶娜耶十四波唎婆羅莎訶十五　尒時復有三十六俱胝佛一時同聲
說是无量壽宗要經陀羅尼曰　南謨薄伽勃底一阿波唎蜜哆二阿儞紇硯娜三須毗你
柰指陀四囉佐耶五怛他揭他耶六怛姪他唵七薩婆桑柰迦囉八波唎輸底九達磨底十伽迦娜十一莎訶
某特迦底十二薩婆娑毗輸底十三摩訶娜耶十四波唎婆羅莎訶十五　尒時復有二十五俱胝佛一時同
聲說是无量壽宗要經陀羅尼曰　南謨薄伽勃底一阿波唎蜜哆二阿儞紇硯娜三須
毗你柰指陀四囉佐耶五怛他揭他耶六怛姪他唵七薩婆桑柰迦囉八波唎輸底九達磨底十伽迦娜十一莎
訶某特迦底十二薩婆娑毗輸底十三摩訶娜耶十四波唎婆羅莎訶十五　尒時復有恒河沙俱胝佛一時同
聲說是无量壽宗要經陀羅尼曰　南謨薄伽勃底一阿波唎蜜哆二阿儞紇硯娜三須毗
你柰指陀四囉佐耶五怛他揭他耶六怛姪他唵七薩婆桑柰迦囉八波唎輸底九達磨底十伽迦娜十一莎
訶某特迦底十二薩婆娑毗輸底十三摩訶娜耶十四波唎婆羅莎訶十五　善男子若有自書寫教人
書寫是无量壽宗要經如其命盡復得長壽而滿年陀羅尼曰　南謨薄伽勃底一阿波唎
蜜哆二阿儞紇硯娜三須毗你柰指陀四囉佐耶五怛他揭他耶六怛姪他唵七薩婆桑柰迦囉八波唎
輸底九達磨底十伽迦娜十一莎訶某特迦底十二薩婆娑毗輸底十三摩訶娜耶十四波唎婆羅莎訶十五
若有自書寫教人書寫是无量壽宗要經讀誦受持畢竟不墮地獄在在所生得宿命
智陀羅尼曰　南謨薄伽勃底一阿波唎蜜哆二阿儞紇硯娜三須毗你柰指陀四囉佐耶五怛他揭
他耶六怛姪他唵七薩婆桑柰迦囉八波唎輸底九達磨底十伽迦娜十一莎訶某特迦底十二薩婆娑毗輸底十三
摩訶娜耶十四波唎婆羅莎訶十五　若有自書寫教人書寫是无量壽宗要經受持讀誦如同
書寫八万四千一切經典陀羅尼曰　南謨薄伽勃底一阿波唎蜜哆二阿儞紇硯娜三須毗你柰指陀

BD03693號　無量壽宗要經　(5-2)

[illegible]摩訶娜耶　波唎婆嚟莎訶十五
若有自書寫是无量壽宗要經讀誦受持畢竟不墮地獄在在所生得宿命
智陁羅尼曰　南謨薄伽勃底一阿波唎蜜哆二阿喻紇硯娜三須毗你失指陁四囉佐耶五怛他羯
耶六怛姪他唵七薩婆桑塞迦囉八波唎輸底九達磨底十伽迦娜十一莎訶某迦底十二薩婆婆毗輸底十三
摩訶娜耶十四　波唎婆嚟莎訶十五　若有自書寫教人書寫是无量壽宗要經受持讀誦如同
書寫八万四千一切經典　陁羅尼曰　南謨薄伽勃底一阿波唎蜜哆二阿喻紇硯娜三須毗你失指陁
囉佐耶五怛他羯他耶六怛姪他唵七薩婆桑塞迦囉八波唎輸底九達磨底十伽迦娜十一莎訶某特迦底十二薩
婆婆毗輸底十三摩訶娜耶十四波唎婆嚟莎訶十五　若有自書寫教人書寫是无量壽壽宗
要經即是書寫八万四千部建立塔廟陁羅尼曰　南謨薄伽勃底一阿波唎蜜哆二阿
喻紇硯娜三須毗你失指陁四囉佐耶五怛他羯他耶六怛姪他唵七薩婆桑塞迦囉八波利輸底九達
磨底十伽迦娜十一莎訶某特迦底十二薩婆婆毗輸底十三摩訶娜耶十四波唎婆嚟莎訶十五
若有自書寫教人書寫是无量壽宗要經能消五无間等一切重罪陁羅尼曰
南謨薄伽勃底一阿波唎蜜哆二阿喻紇硯娜三須毗你失指陁四囉佐耶五怛他羯他耶六怛姪他唵七
薩婆桑塞迦囉八波唎輸底九達磨底十伽迦娜十一莎訶某特迦底十二薩婆婆毗輸底十三摩訶娜
耶十四波唎婆嚟莎訶十五　若有自書寫教人書寫是无量壽宗要經讀誦設有重罪猶如
須彌盡能除滅陁羅尼曰　南謨薄伽勃底一阿波唎蜜哆二阿喻紇硯娜三須毗你失指陁四
囉佐耶五怛他羯他耶六怛姪他唵七薩婆桑塞迦囉八波唎輸底九達磨底十伽迦娜十一莎訶某特迦底十二薩
婆婆毗輸底十三摩訶娜耶十四波唎婆嚟莎訶十五　若有自書寫教人書寫是无壽宗要經受
持讀誦若魔魔之眷屬夜叉羅剎不得其便終无枉死陁羅尼曰　南謨薄伽勃底一阿波
唎蜜哆二阿喻紇硯娜三須毗你失指陁四囉佐耶五怛他羯他耶六怛姪他唵七薩婆桑塞迦囉八波唎輸
底九達磨底十伽迦娜十一莎訶某特迦底十二薩婆婆毗輸底十三摩訶娜耶十四波唎婆嚟莎訶十五
若有自書寫是无量壽宗要經受持讀誦當命終時有九十九俱胝佛現其
人前來千佛授手能遊一切佛剎莫於此經生於疑惑陁羅尼曰　南謨薄伽勃底一阿
波唎蜜哆二阿喻紇硯娜三須毗你失指陁四囉佐耶五怛他羯他耶六怛姪他唵七薩婆桑塞迦囉八波
唎輸底九達磨底十伽迦娜十一莎訶某特迦底十二薩婆婆毗輸底十三摩訶娜耶十四波唎婆嚟莎訶十五
若有自書寫教人書寫是无量壽宗要經受持讀誦者得四天大王隨其衛護陁羅尼曰
南謨薄伽勃底一阿波唎蜜哆二阿喻紇硯娜三須毗你失指陁四囉佐耶五怛他羯他耶六怛姪他唵七薩
婆桑塞迦囉八波唎輸底九達磨底十伽迦娜十一莎訶某特迦底十二薩婆婆毗輸底十三摩訶娜耶
波唎婆嚟莎訶十五　若有自書寫教人書寫是无量壽宗要經受持讀誦當得往生西
方極樂世界阿弥陁淨土陁羅尼曰　南謨薄伽勃底一阿波唎蜜哆二阿喻紇硯娜三須毗
你失指陁四囉佐耶五怛他羯他耶六怛姪他唵七薩婆桑塞迦囉八波唎輸底九達磨底十伽迦娜十一莎

BD03693號　無量壽宗要經　（5–3）

若有自書寫教人書寫是无量壽宗要經受持讀誦者得四天大王隨其衛護陁羅尼曰
南謨薄伽勃底一阿波唎蜜哆二阿喻紇硯娜三須毗你失指陁四囉佐耶五怛他羯他耶六怛姪他唵七薩
婆桑塞迦囉八波唎輸底九達磨底十伽迦娜十一莎訶某特迦底十二薩婆婆毗輸底十三摩訶娜耶
波唎婆嚟莎訶十五　若有自書寫教人書寫是无量壽宗要經受持讀誦當得往生西
方極樂世界阿弥陁淨土陁羅尼曰　南謨薄伽勃底一阿波唎蜜哆二阿喻紇硯娜三須毗
你失指陁四囉佐耶五怛他羯他耶六怛姪他唵七薩婆桑塞迦囉八波唎輸底九達磨底十伽迦娜十一莎
訶某特迦底十二薩婆婆毗輸底十三摩訶娜耶十四波唎婆嚟莎訶十五
若有方所自書寫使人書寫是无量壽經典之處則為是塔皆應恭敬作禮若是畜
生或為鳥獸得聞是經如是等類皆當不久得成一切種智陁羅尼曰
南謨薄伽勃底一阿波唎蜜哆二阿喻紇硯娜三須毗你失指陁四囉佐耶五怛他羯他耶六怛姪他唵七薩
婆桑塞迦囉八波唎輸底九達磨底十伽迦娜十一莎訶某特迦底十二薩婆婆毗輸底十三摩訶娜耶十四波
唎婆嚟莎訶十五　若有於是无量壽經自書寫若使人書寫畢竟不受女人之身陁羅
尼曰　南謨薄伽勃底一阿波唎蜜哆二阿喻紇硯娜三須毗你失指陁四囉佐耶五怛他羯他耶六怛姪他唵七
薩婆桑塞迦囉八波唎輸底九達磨底十伽迦娜十一莎訶某特迦底十二薩婆婆毗輸底十三摩訶娜耶
波唎婆嚟莎訶十五　若有能於是經少分能惠施者等於三千大千世界滿中七寶而施
陁羅尼曰　南謨薄伽勃底一阿波唎蜜哆二阿喻紇硯娜三須毗你失指陁四囉佐耶五怛他羯他
耶六怛姪他唵七薩婆桑塞迦囉八波唎輸底九達磨底十伽迦娜十一莎訶某特迦底十二薩婆婆毗輸底十三
摩訶娜耶十四波唎婆嚟莎訶十五　若有能供養是經者則是供養一切諸等經无有
別異陁羅尼曰　南謨薄伽勃底一阿波唎蜜哆二阿喻紇硯娜三須毗你失指陁四囉
佐耶五怛他羯他耶六怛姪他唵七薩婆桑塞迦囉八波唎輸底九達磨底十伽迦娜十一莎訶某特
迦底十二薩婆婆毗輸底十三摩訶娜耶十四波唎婆嚟莎訶十五
如是毗婆尸佛　尸棄佛　毗舍浮佛　拘留孫佛　俱那含牟尼佛　加葉佛　釋迦牟尼佛
若有人以七寶供養如是七佛其福有限書寫受持是无量壽經典所有功德不可限量
陁羅尼曰　南謨薄伽勃底一阿波唎蜜哆二阿喻紇硯娜三須毗你失指陁四囉佐耶五怛
他羯他耶六怛姪他唵七薩婆桑塞迦囉八波唎輸底九達磨底十伽迦娜十一莎訶某特迦底十二薩
婆婆毗輸底十三摩訶娜耶十四波唎婆嚟莎訶十五　若有七寶等於須彌以用布施其福上可
知其限量是无壽經典其福不可知數　陁羅尼曰　南謨薄伽勃底一阿波唎蜜
哆二阿喻紇硯娜三須毗你失指陁四囉佐耶五怛他羯他耶六怛姪他唵七薩婆桑塞迦囉八波唎輸底
達磨底十伽迦娜十一莎訶某特迦底十二薩婆婆毗輸底十三摩訶娜耶十四波唎婆嚟莎訶十五
如是四大海水可知滴數是无量壽經典所生果報不可數量　陁羅尼曰　南謨薄
伽勃底一阿波唎蜜哆二阿喻紇硯娜三須毗你失指陁四囉佐耶五怛他羯他耶六怛姪他

BD03693號　無量壽宗要經　（5–4）

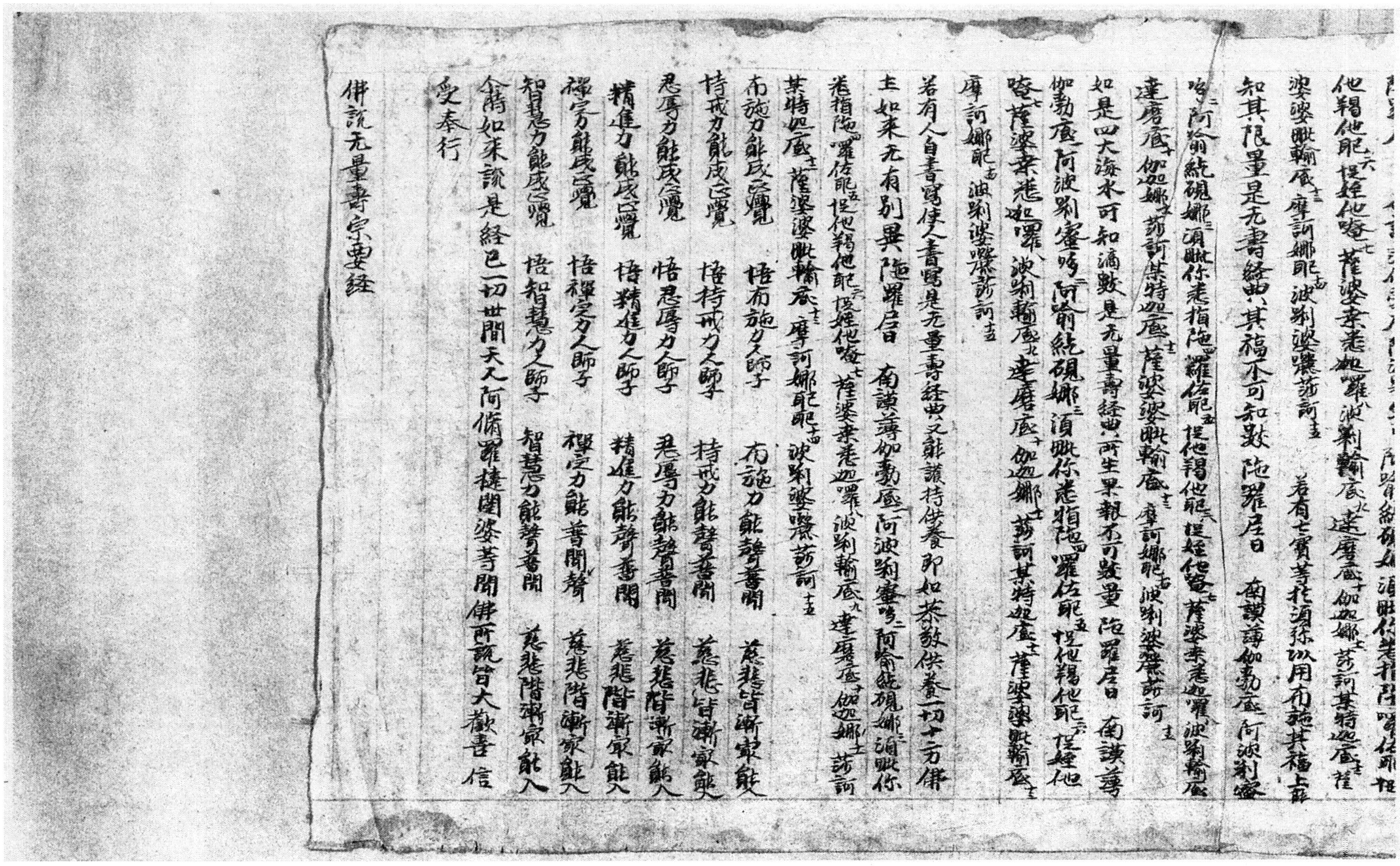
他羯他𠰒六怛姪他唵七薩婆桑塞迦羅八波唎輸底九達摩底十伽迦娜十一莎訶某特迦底十二薩
婆婆毗輸底十三摩訶娜耶十四波唎婆嚩莎訶十五　若有七寶等於須弥以用布施其福上
知其限量是无壽經典其福不可知數　陁羅尼曰　南謨薄伽勃底阿波利蜜
哆二阿喻紇硯娜三須毗你悉指陁四羅佐𠰒五怛他羯他𠰒六怛姪他唵七薩婆桑塞迦羅八波唎輸底
達摩底十伽迦娜十一莎訶某特迦底十二薩婆婆毗輸底十三摩訶娜耶十四波唎婆嚩莎訶十五
如是四大海水可知滴數　是无量壽經典所生果報不可數量　陁羅尼曰　南謨薄
伽勃底一阿波唎蜜哆二阿喻紇硯娜三須毗你悉指陁四羅佐𠰒五怛他羯他𠰒六怛姪他
唵七薩婆桑塞迦嚩八波唎輸底九達摩底十伽迦娜十一莎訶某特迦底十二薩婆婆毗輸底十三
摩訶娜耶十四波唎婆嚩莎訶十五
若有人自書寫使人書寫是无量壽經典又能護持供養即如恭敬供養一切十方佛
土如來无有別異　陁羅尼曰　南謨薄伽勃底一阿波唎蜜哆二阿喻紇硯娜三須毗你
悉指陁四羅佐𠰒五怛他羯他𠰒六怛姪他唵七薩婆桑塞迦嚩八波唎輸底九達摩底十伽迦娜十一莎訶
某特迦底十二薩婆婆毗輸底十三摩訶娜耶十四波唎婆嚩莎訶十五
布施力能成正覺　悟布施力人師子　布施力能聲普聞　慈悲皆漸家能入
持戒力能成正覺　悟持戒力人師子　持戒力能聲普聞　慈悲皆漸家能入
忍辱力能成正覺　悟忍辱力人師子　忍辱力能聲普聞　慈悲階漸家能入
精進力能成正覺　悟精進力人師子　精進力能聲普聞　慈悲階漸家能入
禪定力能成正覺　悟禪定力人師子　禪定力能普聞聲　慈悲階漸家能入
智慧力能成正覺　悟智慧力人師子　智慧力能聲普聞　慈悲階漸家能入
尒時如來說是經已一切世間天人阿脩羅揵闥婆等聞佛所說皆大歡喜信
受奉行
佛說无量壽宗要經

BD03693 號　無量壽宗要經　　（5–5）

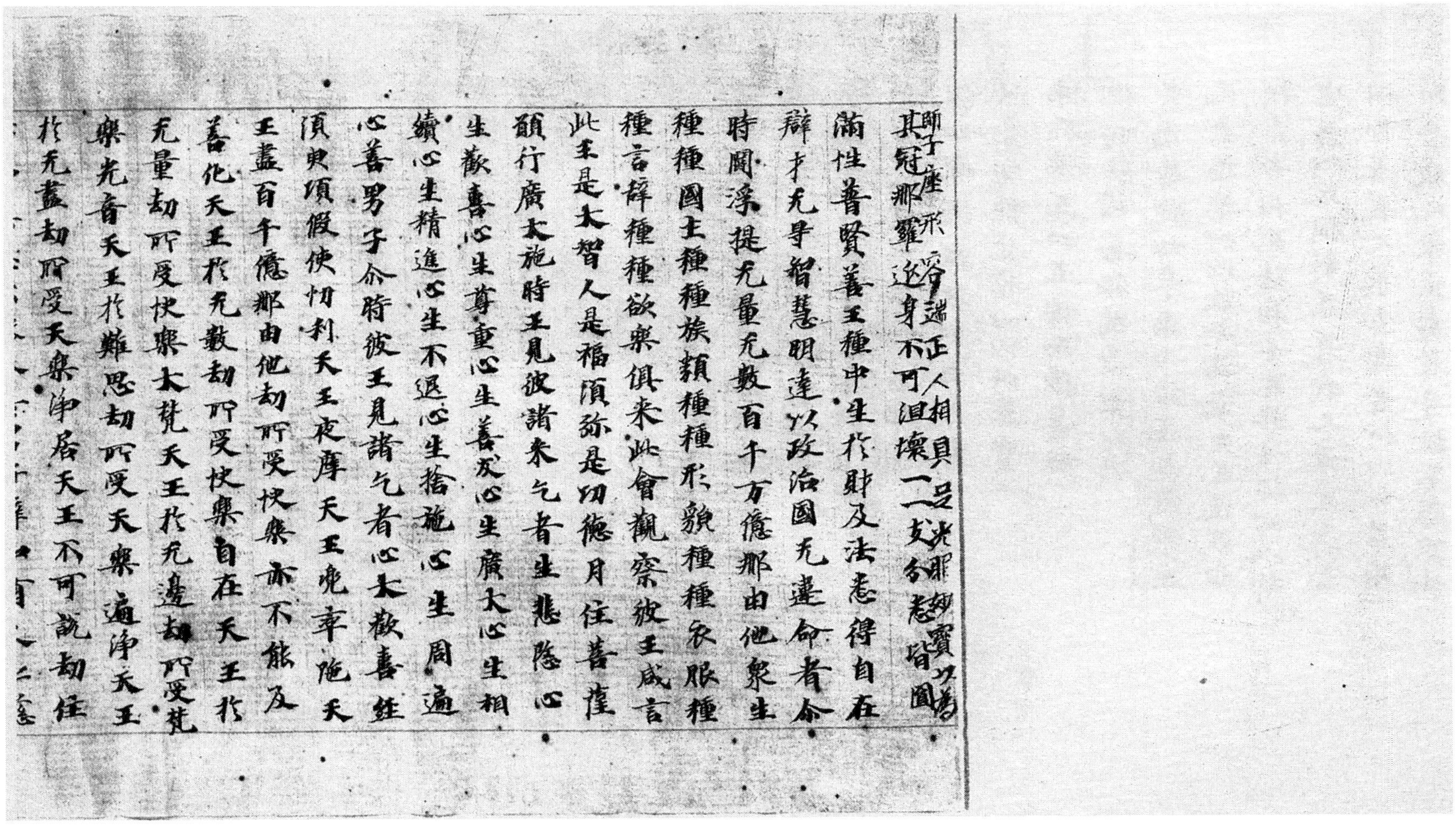
師子座形容端正人相具足光明妙寶以為其冠那羅延身不可沮壞一一支分悉皆圓
滿性普賢善王種中生於財及法悉得自在
辯才无导智慧明達以政治國无違命者
時閻浮提无量无數百千万億那由他衆生
種種國土種種族類種種形貌種種衣服種
種言辭種種欲樂俱來此會觀察彼王咸言
此王是大智人是福須弥是功德月住菩薩
願行廣大施時王見彼諸來乞者生悲愍心
生歡喜心生尊重心生善友心生廣大心生相
續心生精進心生不退心生捨施心生周遍
心善男子尒時彼王見諸乞者心大歡喜經
須臾頃假使忉利天王夜摩天王兜率陀天
王盡百千億那由他劫所受快樂亦不能及
善化天王於无數劫所受快樂自在天王於
无量劫所受快樂大梵天王於无邊劫所受梵
樂光音天王於難思劫所受天樂遍淨天王
於无盡劫所受天樂淨居天王不可說劫住

BD03694 號　大方廣佛華嚴經（唐譯八十卷本）卷七二　　（2–1）

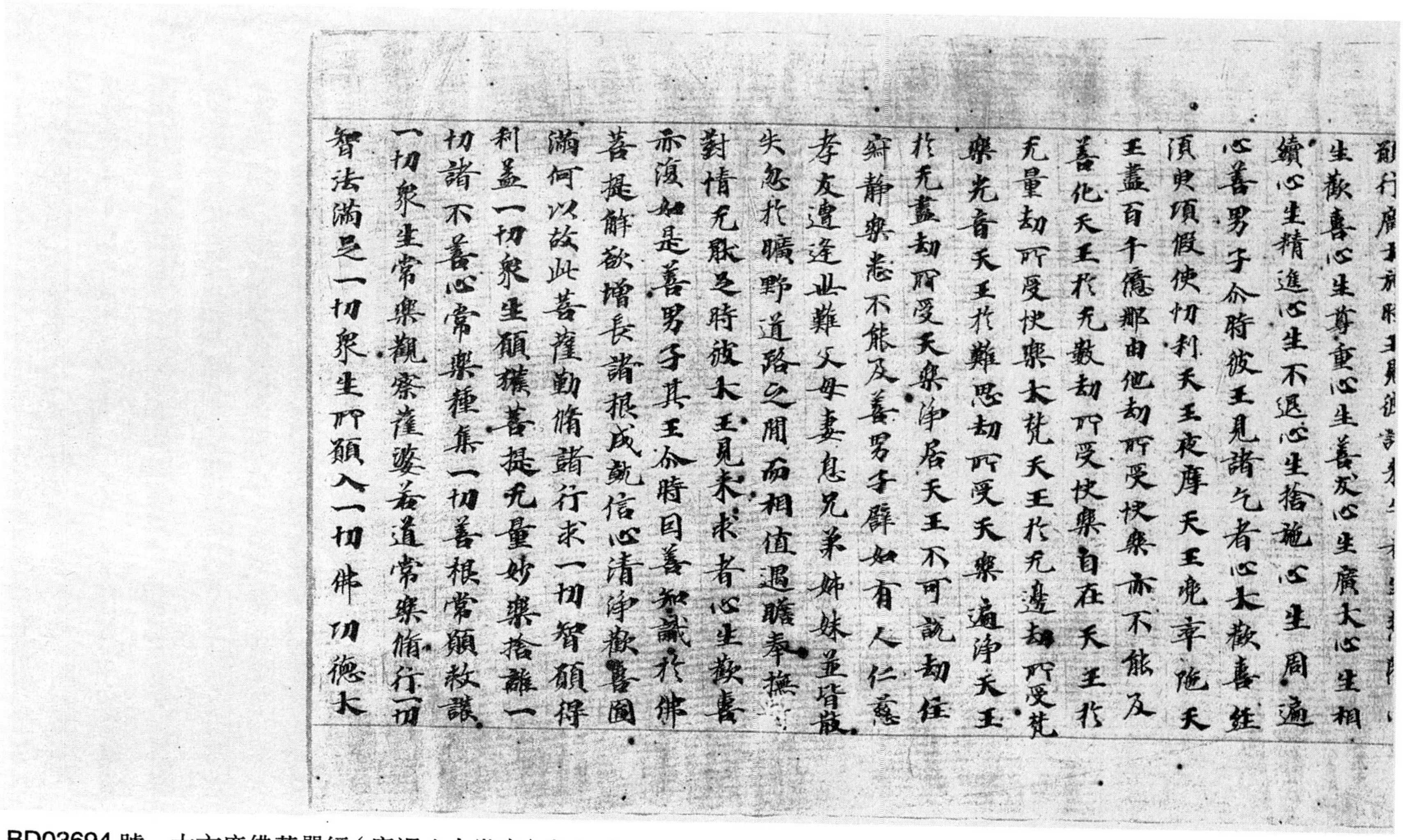

願行廣
生歡喜心生尊重心生善友心生廣大心生相
續心生精進心生不退心生捨施心生周遍
心善男子佘時彼王見諸乞者心大歡喜經
須臾頃假使忉利天王夜摩天王兜率陁天
王盡百千億那由他劫所受快樂亦不能及
善化天王於无數劫所受快樂自在天王於
无量劫所受快樂大梵天王於无邊劫所受梵
樂光音天王於難思劫所受天樂遍淨天王
於无盡劫所受天樂淨居天王不可說劫住
寂靜樂悉不能及善男子辟如有人仁慈
孝友遭逢世難父母妻息兄弟姊妹並皆散
失忽於曠野道路之間而相值遇瞻奉撫
對情无猒足時彼大王見來求者心生歡喜
亦復如是善男子其王佘時因善知識於佛
菩提解欲增長諸根成熟信心清淨歡喜圓
滿何以故此菩薩勤脩諸行求一切智願得
利益一切衆生願獲菩提无量妙樂捨離一
切諸不善心常樂種集一切善根常願救護
一切衆生常樂觀察薩婆若道常樂脩行一切
智法滿足一切衆生所願入一切佛功德大

BD03694號　大方廣佛華嚴經（唐譯八十卷本）卷七二

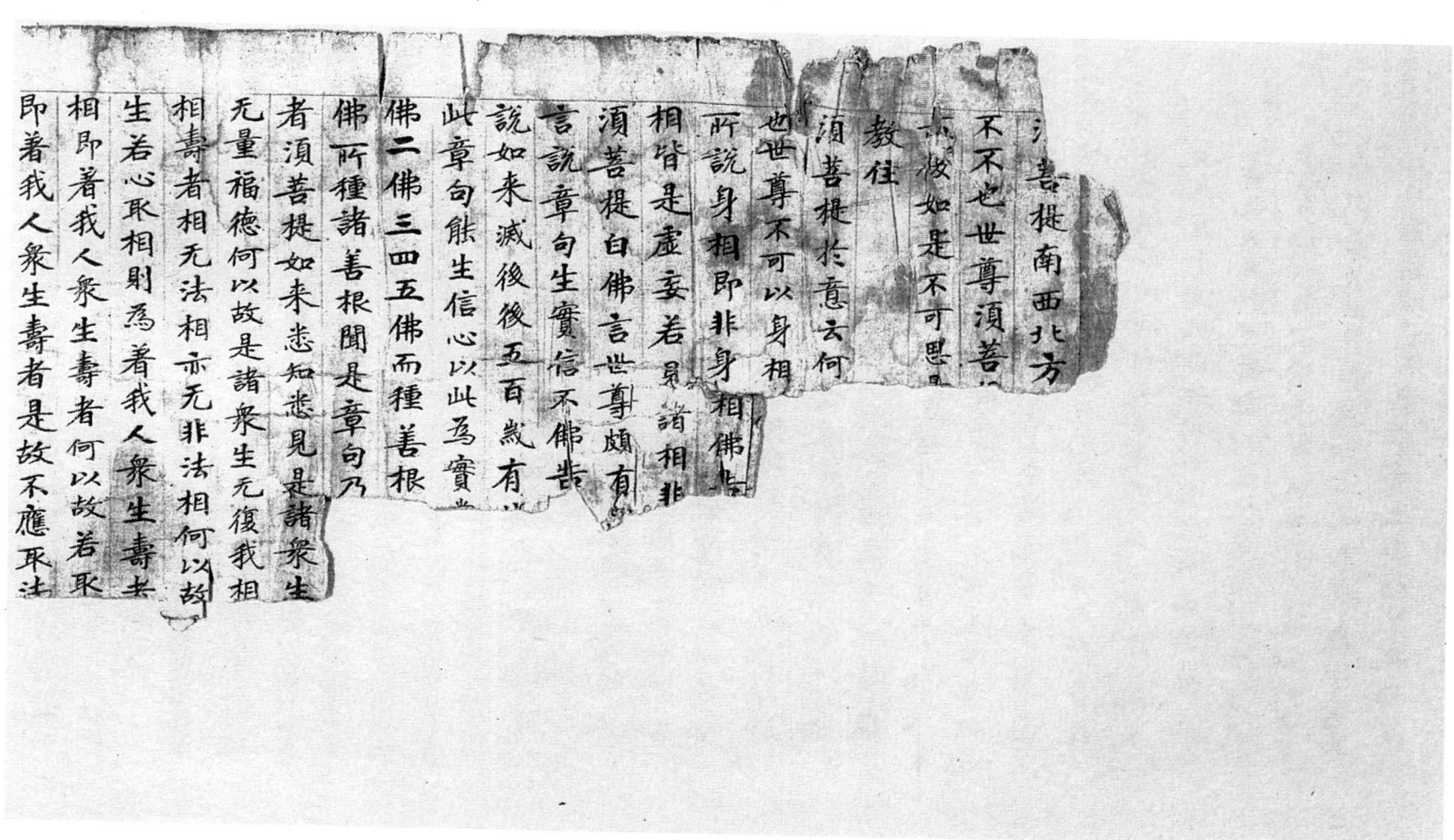

（2–2）

菩提南西北方
不不也世尊須菩
亦復如是不可思
教住
須菩提於意云何
也世尊不可以身相
所說身相即非身相佛告
相皆是虛妄若見諸相非
須菩提白佛言世尊頗有
言說章句生實信不佛告
說如来滅後後五百歲有
此章句能生信心以此為實
佛二佛三四五佛而種善根
佛所種諸善根聞是章句乃
者須菩提如来悉知悉見是諸衆生
无量福德何以故是諸衆生无復我相
相壽者相无法相亦无非法相何以故
生若心取相則為著我人衆生壽者
相即著我人衆生壽者何以故若取
即著我人衆生壽者是故不應取法

BD03695號　金剛般若波羅蜜經

（2–1）

者須菩提如来悉知悉見是諸衆生
无量福德何以故是諸衆生无復我相
相壽者相无法相亦无非法相何以故
生若心取相則爲着我人衆生壽者
相即着我人衆生壽者何以故若取
即着我人衆生壽者是故不應取法
非法以是義故如来常說汝等比丘
法如筏喻者法尚應捨何况非法
須菩提於意云何如来得阿耨多羅
菩提耶如来有所說法耶須菩提言
佛所說義无有定法名阿耨多羅三藐
提亦无有定法如来可說何以故如来所說
法皆不可取不可說非法非非法所以者何
一切賢聖皆以无爲法而有差別
須菩提於意云何若人滿三千大千世界七
寶以用布施是人所得福德寧爲多不須菩
提言甚多世尊何以故是福德即非福德
性是故如来說福德多若復有人於此經中
受持乃至四句偈等爲他人說其福勝彼何以故
須菩提一切諸佛及諸佛阿耨多羅三藐三
菩提法皆從此經出須菩提所謂佛法者即
非佛法
須菩提於意云何須陁洹能作是念我得須
陁洹果不須菩提言不也世尊何以故須陁

BD03695 號　金剛般若波羅蜜經　（2–2）

無量
淨佛土
故常勤精進教化衆生漸漸具足菩薩之道
過無量阿僧祇劫當於此土得阿耨多羅三
藐三菩提号曰法明如来應供正遍知明行
足善逝世間解無上士調御丈夫天人師佛
世尊其佛以恒河沙等三千大千世界爲一佛
土七寶爲地地平如掌無有山陵谿澗溝
壑七寶臺觀充滿其中諸天宮殿近處虛空
人天交接兩得相見無諸惡道亦無女人一
切衆生皆以化生無有婬欲得大神通身出
光明飛行自在志念堅固精進智慧普皆金
色三十二相而自莊嚴其國衆生常以二食
一者法喜食二者禪悅食有無量阿僧祇
千萬億那由他諸菩薩衆得大神通四無礙
智善能教化衆生之類其聲聞衆筭數校
計所不能知皆得具足六通三明及八解脫其
佛國土有如是等無量功德莊嚴成就劫名
寶明國名善淨其佛壽命無量阿僧祇劫法

BD03696 號　妙法蓮華經卷四　（31–1）

千萬億那由他諸菩薩眾得大神通四無礙
智善能教化眾生之類其聲聞眾筭數挍
計所不能知皆得具足六通三明及八解脫其
佛國土有如是等無量功德莊嚴成就劫名
寶明國名善淨其佛壽命無量阿僧祇劫法
住甚久佛滅度後起七寶塔遍滿其國爾時
世尊欲重宣此義而說偈言
諸比丘諦聽 佛子所行道 善學方便故 不可得思議
知眾樂小法 而畏於大智 是故諸菩薩 作聲聞緣覺
以無數方便 化諸眾生類 自說是聲聞 去佛道甚遠
度脫無量眾 皆悉得成就 雖小欲懈怠 漸當令作佛
內祕菩薩行 外現是聲聞 少欲厭生死 實自淨佛土
示眾有三毒 又現邪見相 我弟子如是 方便度眾生
若我具足說 種種現化事 眾生聞是者 心則懷疑惑
今此富樓那 於昔千億佛 勤脩所行道 宣護諸佛法
為求無上慧 而於諸佛所 現居弟子上 多聞有智慧
所說無所畏 能令眾歡喜 未曾有疲倦 而以助佛事
已度大神通 具四無礙智 知諸根利鈍 常說清淨法
演暢如是義 教諸千億眾 令住大乘法 而自淨佛土
未來亦供養 無量無數佛 護助宣正法 亦自淨佛土
常以諸方便 說法無所畏 度不可計眾 成就一切智
供養諸如來 護持法寶藏 其後得成佛 号名曰法明
其國名善淨 七寶所合成 劫名為寶明 菩薩眾甚多
其數無量億 皆度大神通 威德力具足 充滿其國土
聲聞亦無數 三明八解脫 得四無礙智 以是等為僧
其國諸眾生 婬欲皆已斷 純一變化生 具相莊嚴身

BD03696 號 妙法蓮華經卷四 (31-2)

供養諸如來 護持法寶藏 其後得成佛 号名曰法明
其國名善淨 七寶所合成 劫名為寶明 菩薩眾甚多
其數無量億 皆度大神通 威德力具足 充滿其國土
聲聞亦無數 三明八解脫 得四無礙智 以是等為僧
其國諸眾生 婬欲皆已斷 純一變化生 具相莊嚴身
法喜禪悅食 更無餘食想 無有諸女人 亦無諸惡道
富樓那比丘 功德悉成滿 當得斯淨土 賢聖眾甚多
如是無量事 我今但略說
爾時千二百阿羅漢心自在者作是念我等歡
喜得未曾有若世尊各見授記如餘大弟
子者不亦快乎佛知此等心之所念告摩訶
迦葉是千二百阿羅漢我今當現前次第與
授阿耨多羅三藐三菩提記於此眾中我大
弟子憍陳如比丘當供養六萬二千億佛然
後得成為佛号曰普明如來應供正遍知明
行足善逝世間解無上士調御丈夫天人師
佛世尊其五百阿羅漢優樓頻螺迦葉伽耶
迦葉那提迦葉迦留陀夷優陀夷阿㝹樓馱
離婆多劫賓那薄拘羅周陀莎伽陀等皆當得
阿耨多羅三藐三菩提盡同一号名曰普明爾
時世尊欲重宣此義而說偈言
憍陳如比丘 當見無量佛 過阿僧祇劫 乃成等正覺
常放大光明 具足諸神通 名聞遍十方 一切之所敬
常說無上道 故号為普明 其國土清淨 菩薩皆勇猛
咸昇妙樓閣 遊諸十方國 以無上供具 奉獻於諸佛

BD03696 號 妙法蓮華經卷四 (31-3)

時世尊欲重宣此義而說偈言
憍陳如比丘　當見無量佛　過阿僧祇劫　乃成等正覺
常放大光明　具足諸神通　名聞遍十方　一切之所敬
常說無上道　故號為普明　其國土清淨　菩薩皆勇猛
咸昇妙樓閣　遊諸十方國　以無上供具　奉獻於諸佛
作是供養已　心懷大歡喜　須臾還本國　有如是神力
佛壽六萬劫　正法住倍壽　像法復倍是　法滅天人憂
其五百比丘　次第當作佛　同號曰普明　轉次而授記
我滅度之後　某甲當作佛　其所化世間　亦如我今日
國土之嚴淨　及諸神通力　菩薩聲聞眾　正法及像法
壽命劫多少　皆如上所說　迦葉汝已知　五百自在者
餘諸聲聞眾　亦當復如是　其不在此會　汝當為宣說
尒時五百阿羅漢於佛前得受記已歡喜踊躍
即從座起到於佛前頭面礼足悔過自責世
尊我等常作是念自謂已得究竟滅度今乃
知之如無智者所以者何我等應得如來智慧
而便自以小智為足世尊譬如有人至親友
家醉酒而臥是時親友官事當行以無價
寶珠繫其衣裏與之而去其人醉臥都不
覺知起已遊行到於他國為衣食故勤力求
索甚大艱難若少有所得便以為足於後親
友會遇見之而作是言咄哉丈夫何為衣食
乃至如是我昔欲令汝得安樂五欲自恣於
某年日月以無價寶珠繫汝衣裏今故現在
而汝不知勤苦憂惱以求自活甚為癡也汝

BD03696號　妙法蓮華經卷四　（31–4）

友會遇見之而作是言咄哉丈夫何為衣食
乃至如是我昔欲令汝得安樂五欲自恣於
某年日月以無價寶珠繫汝衣裏今故現在
而汝不知勤苦憂惱以求自活甚為癡也汝
今可以此寶貿易所須常可如意無所乏短
佛亦如是為菩薩時教化我等令發一切智
心而尋廢忘不知不覺既得阿羅漢道自謂
滅度資生艱難得少為足一切智願猶在不
失今者世尊覺悟我等作如是言諸比丘汝
等所得非究竟滅我久令汝等種佛善根以
方便故示涅槃相而汝謂為實得滅度世尊我
今乃知實是菩薩得受阿耨多羅三藐三菩
提記以是因緣甚大歡喜得未曾有尒時阿
若憍陳如等欲重宣此義而說偈言
我等聞無上　安隱授記聲　歡喜未曾有　礼無量智佛
今於世尊前　自悔諸過咎　於無量佛寶　得少涅槃分
如無智愚人　便自以為足　譬如貧窮人　往至親友家
其家甚大富　具設諸餚饍　以無價寶珠　繫著內衣裏
默與而捨去　時臥不覺知　是人既已起　遊行詣他國
求衣食自濟　資生甚艱難　得少便為足　更不願好者
不覺內衣裏　有無價寶珠　與珠之親友　後見此貧人
苦切責之已　示以所繫珠　貧人見此珠　其心大歡喜
富有諸財物　五欲而自恣　我等亦如是　世尊於長夜
常愍見教化　令種无上願　我等無智故　不覺亦不知
得少涅槃分　自足不求餘　今佛覺悟我　言非實滅度

BD03696號　妙法蓮華經卷四　（31–5）

苦切責之已 示以所繫珠 貧人見此珠 其心大歡喜
富有諸財物 五欲而自恣 我等亦如是 世尊於長夜
常愍見教化 令種无上願 我等無智故 不覺亦不知
得少涅槃分 自足不求餘 今佛覺悟我 言非實滅度
得佛無上慧 尒乃為真滅 我今從佛聞 受記莊嚴事
及轉次受決 身心遍歡喜

妙法蓮華經授學无學人記品第九

尒時阿難羅睺羅而作是念我等每自思惟設
得受記不亦快乎即從座起到於佛前頭面
禮足俱白佛言世尊我等於此亦應有分唯
有如來我等所歸又我等為一切世間天人
阿脩羅所見知識阿難常為侍者護持法藏
羅睺羅是佛之子若佛見授阿耨多羅三藐
三菩提記者我願既滿眾望亦足尒時學无
學聲聞弟子二千人皆從座起偏袒右肩到
於佛前一心合掌瞻仰世尊如阿難羅睺羅
所願住立一面尒時佛告阿難汝於來世當
得作佛号山海慧自在通王如來應供正遍
知明行足善逝世間解無上士調御丈夫天
人師佛世尊當供養六十二億諸佛護持
法藏然後得阿耨多羅三藐三菩提教化二十
千萬億恒河沙諸菩薩等令成阿耨多羅三
藐三菩提國名常立勝幡其土清淨琉璃為
地劫名妙音遍滿其佛壽命無量千萬億阿
僧祇劫若人於千萬億無量阿僧祇劫中算

BD03696號　妙法蓮華經卷四

（31–6）

法藏然後得阿耨多羅三藐三菩提教化二十
千萬億恒河沙諸菩薩等令成阿耨多羅三
藐三菩提國名常立勝幡其土清淨琉璃為
地劫名妙音遍滿其佛壽命無量千萬億阿
僧祇劫若人於千萬億無量阿僧祇劫中算
數校計不能得知正法住世倍於壽命像法
住世復倍正法阿難是山海慧自在通王佛
為十方無量千萬億恒河沙等諸佛如來所
共讚歎稱其功德尒時世尊欲重宣此義而
說偈言
我今僧中說 阿難持法者 當供養諸佛 然後成正覺
号曰山海慧 自在通王佛 其國土清淨 名常立勝幡
教化諸菩薩 其數如恒沙 佛有大威德 名聞滿十方
壽命無有量 以愍眾生故 正法倍壽命 像法復倍是
如恒河沙等 無數諸眾生 於此佛法中 種佛道因緣
尒時會中新發意菩薩八千人咸作是念我等
尚不聞諸大菩薩得如是記有何因緣而諸
聲聞得如是決尒時世尊知諸菩薩心之所念
而告之曰諸善男子我與阿難等於空王佛
所同時發阿耨多羅三藐三菩提心阿難常
樂多聞我常勤精進是故我已得成阿
耨多羅三藐三菩提而阿難護持我法亦護將
來諸佛法藏教化成就諸菩薩眾其本願
如是故獲斯記阿難面於佛前自聞受記及
國土莊嚴所願具足心大歡喜得未曾有即

BD03696號　妙法蓮華經卷四

（31–7）

來諸佛法藏教化成就諸菩薩衆其本願
如是故獲斯記阿難面於佛前自聞受記及
國土莊嚴所願具足心大歡喜得未曾有即
時憶念過去無量千萬億諸佛法藏通達无
礙如今所聞亦識本願尒時阿難而說偈言
世尊甚希有 令我念過去 无量諸佛法 如今日所聞
我今無復疑 安住於佛道 方便爲侍者 護持諸佛法
尒時佛告羅睺羅汝於來世當得作佛号蹈
七寶華如來應供正遍知明行足善逝世間解
無上士調御丈夫天人師佛世尊當供養十
世界微塵等數諸佛如來常爲諸佛而作
長子猶如今也是蹈七寶華佛國土莊嚴
壽命劫數所化弟子正法像法亦如山海慧自
在通王如來無異亦爲此佛而作長子過是
已後當得阿耨多羅三藐三菩提尒時世尊欲
重宣此義而說偈言
我爲太子時 羅睺爲長子 我今成佛道 受法爲法子
於未來世中 見無量億佛 皆爲其長子 一心求佛道
羅睺羅密行 唯我能知之 現爲佛長子 以示諸衆生
無量億千萬 功德不可數 安住於佛法 以求无上道
尒時世尊見學无學二千人其意柔軟寂然
清淨一心觀佛佛告阿難汝見是學无學二
千人不唯然已見阿難是諸人等當供養五
十世界微塵數諸佛如來恭敬尊重護持法
藏末後同時於十方國各得成佛皆同一号名

清淨一心觀佛佛告阿難汝見是學无學二
千人不唯然已見阿難是諸人等當供養五
十世界微塵數諸佛如來恭敬尊重護持法
藏末後同時於十方國各得成佛皆同一号名
曰寶相如來應供正遍知明行足善逝世間
解無上士調御丈夫天人師佛世尊壽命一
劫國土莊嚴聲聞菩薩正法像法皆悉同
等尒時世尊欲重宣此義而說偈言
是二千聲聞 今於我前住 悉皆與授記 未來當成佛
所供養諸佛 如上說塵數 護持其法藏 後當成正覺
各於十方國 悉同一名号 俱時坐道場 以證无上慧
皆名爲寶相 國土及弟子 正法與像法 悉等无有異
咸以諸神通 度十方衆生 名聞普周遍 漸入於涅槃
尒時學无學二千人聞佛授記歡喜踊躍而
說偈言
世尊慧燈明 我聞授記音 心歡喜充滿 如甘露見灌

妙法蓮華經法師品第十

尒時世尊因藥王菩薩告八萬大士藥王汝見
是大衆中無量諸天龍王夜叉乾闥婆阿
脩羅迦樓羅緊那羅摩睺羅伽人與非人及
比丘比丘尼優婆塞優婆夷求聲聞者求辟
支佛者求佛道者如是等類咸於佛前聞妙
法華經一偈一句乃至一念隨喜者我皆與授
記當得阿耨多羅三藐三菩提佛告藥王又
如來滅度之後若有人聞妙法華經乃至一偈
一句一念隨喜者我亦與授阿耨多羅三藐

法華經一偈一句乃至一念隨喜者我皆與授
記當得阿耨多羅三藐三菩提佛告藥王又
如來滅度之後若有人聞妙法華經乃至一偈
一句一念隨喜者我亦與授阿耨多羅三藐
三菩提記若復有人受持讀誦解說書寫
妙法華經乃至一偈於此經卷敬視如佛種
種供養華香瓔珞抹香塗香燒香繒蓋幢
幡衣服伎樂乃至合掌恭敬藥王當知是諸
人等已曾供養十萬億佛於諸佛所成就大
願愍衆生故生此人間藥王若有人問何等
衆生於未來世當得作佛應示是諸人等於
未來世必得作佛何以故若善男子善女人
於法華經乃至一句受持讀誦解說書寫種
種供養經卷華香瓔珞抹香塗香燒香繒
蓋幢幡衣服伎樂合掌恭敬是人一切世間
所應瞻奉應以如來供養而供養之當知此人
是大菩薩成就阿耨多羅三藐三菩提哀愍
衆生願生此間廣演分別妙法華經何況盡
能受持種種供養者藥王當知是人自捨清
淨業報於我滅度後愍衆生故生於惡世廣
演此經若是善男子善女人我滅度後能竊
為一人說法華經乃至一句當知是人則如
來使如來所遣行如來事何況於大衆中廣
為人說藥王若有惡人以不善心於一劫中
現於佛前常毀罵佛其罪尚輕若人以一惡

BD03696號　妙法蓮華經卷四　(31–10)

為人說藥王若有惡人以不善心於一劫中
現於佛前常毀罵佛其罪尚輕若人以一惡
言毀訾在家出家讀誦法華經者其罪甚
重藥王其有讀誦法華經者當知是人以佛莊
嚴而自莊嚴則為如來肩所荷擔其所至方
應隨向禮一心合掌恭敬供養尊重讚歎華
香瓔珞抹香塗香燒香繒蓋幢幡衣服餚饌
作諸伎樂人中上供而供養之應持天寶而
以散之天上寶聚應以奉獻所以者何是
人歡喜說法須臾聞之即得究竟阿耨多羅
三藐三菩提故尒時世尊欲重宣此義而說
偈言
若欲住佛道　成就自然智　常當勤供養　受持法華者
其有欲疾得　一切種智慧　當受持是經　并供養持者
若有能受持　妙法華經者　當知佛所使　愍念諸衆生
諸有能受持　妙法華經者　捨於清淨土　愍衆故生此
當知如是人　自在所欲生　能於此惡世　廣說無上法
應以天華香　及天寶衣服　天上妙寶聚　供養說法者
吾滅後惡世　能持是經者　當合掌禮敬　如供養世尊
上饌衆甘美　及種種衣服　供養是佛子　兾得須臾聞
若能於後世　受持是經者　我遣在人中　行於如來事
若於一劫中　常懷不善心　作色而罵佛　獲無量重罪
其有讀誦持　是法華經者　須臾加惡言　其罪復過彼
有人求佛道　而於一劫中　合掌在我前　以無數偈讚
由是讚佛故　得無量功德　歎美持經者　其福復過彼

BD03696號　妙法蓮華經卷四　(31–11)

若於一劫中　常懷不善心　作色而罵佛　獲無量重罪
其有讀誦持　是法華經者　須臾加惡言　其罪復過彼
有人求佛道　而於一劫中　合掌在我前　以無數偈讚
由是讚佛故　得無量功德　歎美持經者　其福復過彼
於十八億劫　以最妙色聲　及與香味觸　供養持經者
如是供養已　若得須臾聞　則應自欣慶　我今獲大利
藥王今告汝　我所說諸經　而於此經中　法華最第一
尒時佛復告藥王菩薩摩訶薩我所說經典无
量千万億已說今說當說而於其中此法華
經最為難信難解藥王此經是諸佛秘要之
藏不可分布妄授與人諸佛世尊之所守護
從昔已來未曾顯說而此經者如來現在猶
多怨嫉況滅度後藥王當知如來滅後其能
書持讀誦供養為他人說者如來則為以衣
覆之又為他方現在諸佛之所護念是人有
大信力及志願力諸善根力當知是人與
如來共宿則為如來手摩其頭藥王在在處
處若說若讀若誦若書若經卷所住處皆應
起七寶塔極令高廣嚴飾不須復安舍利所
以者何此中已有如來全身此塔應以一切華
香瓔珞繒蓋幢幡伎樂歌頌供養恭敬尊
重讚歎若有人得見此塔禮拜供養當知是
等皆近阿耨多羅三藐三菩提藥王多有人
在家出家行菩薩道若不能得見聞讀誦
書持供養是法華經者當知是人未善行菩

BD03696 號　妙法蓮華經卷四　（31–12）

香瓔珞繒蓋幢幡伎樂歌頌供養恭敬尊
重讚歎若有人得見此塔禮拜供養當知是
等皆近阿耨多羅三藐三菩提藥王多有人
在家出家行菩薩道若不能得見聞讀誦
書持供養是法華經者當知是人未善行菩
薩道若有得聞是經典者乃能善行菩薩之道
其有衆生求佛道者若見若聞是法華經聞
已信解受持者當知是人得近阿耨多羅三藐
三菩提藥王譬如有人渴乏須水於彼高原
穿鑿求之猶見乾土知水尚遠施功不已
轉見濕土遂漸至泥其心決定知水必近菩
薩亦復如是若未聞未解未能修習是法華
經當知是人去阿耨多羅三藐三菩提尚遠
若得聞解思惟修習必知得近阿耨多羅三
藐三菩提所以者何一切菩薩阿耨多羅三
藐三菩提皆屬此經此經開方便門示真實
相是法華經藏深固幽遠無人能到今佛教化
成就菩薩而為開示藥王若有菩薩聞是法
華經驚疑怖畏當知是為新發意菩薩若
聲聞人聞是經驚疑怖畏當知是為增上慢
者藥王若有善男子善女人如來滅後欲為
四衆說是法華經者云何應說是善男子善
女人入如來室著如來衣坐如來座尒乃應
為四衆廣說斯經如來室者一切衆生中大
慈悲心是如來衣者柔和忍辱心是如來座
者一切法空是安住是中然後以不懈怠心

BD03696 號　妙法蓮華經卷四　（31–13）

女人入如來室著如來衣坐如來座尒乃應
爲四衆廣說斯經如來室者一切衆生中大
慈悲心是如來衣者柔和忍辱心是如來座
者一切法空是安住是中然後以不懈怠心
爲諸菩薩及四衆廣說是法華經藥王我於
餘國遣化人爲其集聽法衆亦遣化比丘比
丘尼優婆塞優婆夷聽其說法是諸化人聞
法信受隨順不逆若說法者在空閑處我時
廣遣天龍鬼神乾闥婆阿脩羅等聽其說法
我雖在異國時時令說法者得見我身若於
此經忘失句逗我還爲說令得具足尒時世尊
欲重宣此義而說偈言
欲捨諸懈怠　應當聽此經　是經難得聞　信受者亦難
如人渴須水　穿鑿於高原　猶見乾燥土　知去水尚遠
漸見濕土泥　決定知近水　藥王汝當知　如是諸人等
不聞法華經　去佛智甚遠　若聞是深經　決了聲聞法
是諸經之王　聞已諦思惟　當知此人等　近於佛智慧
若人說此經　應入如來室　著於如來衣　而坐如來座
處衆無所畏　廣爲分別說　大慈悲爲室　柔和忍辱衣
諸法空爲座　處此爲說法　若說此經時　有人惡口罵
加刀杖瓦石　念佛故應忍　我千萬億土　現淨堅固身
於無量億劫　爲衆生說法　若我滅度後　能說此經者
我遣化四衆　比丘比丘尼　及清信士女　供養於法師
引導諸衆生　集之令聽法　若人欲加惡　刀杖及瓦石
則遣變化人　爲之作衛護　若說法之人　獨在空閑處

BD03696號　妙法蓮華經卷四　（31–14）

加刀杖瓦石　念佛故應忍　我千萬億土　現淨堅固身
於無量億劫　爲衆生說法　若我滅度後　能說此經者
我遣化四衆　比丘比丘尼　及清信士女　供養於法師
引導諸衆生　集之令聽法　若人欲加惡　刀杖及瓦石
則遣變化人　爲之作衛護　若說法之人　獨在空閑處
寂寞無人聲　讀誦此經典　我尒時爲現　清淨光明身
若忘失章句　爲說令通利　若人具是德　或爲四衆說
空處讀誦經　皆得見我身　若人在空閑　我遣天龍王
夜叉鬼神等　爲作聽法衆　是人樂說法　分別無罣㝵
諸佛護念故　能令大衆喜　若親近法師　速得菩薩道
隨順是師學　得見恒沙佛
妙法蓮華經見寶塔品第十一
尒時佛前有七寶塔高五百由旬縱廣二百五
十由旬從地踊出住在空中種種寶物而莊
校之五千欄楯龕室千萬無數幢幡以爲嚴
飾垂寶瓔珞寶鈴萬億而懸其上四面皆出
多摩羅跋栴檀之香充遍世界其諸幡蓋金
銀琉璃車𤦲馬瑙真珠玫瑰七寶合成高至
四天王宮三十三天雨天曼陀羅華供養寶
塔餘諸天龍夜叉乾闥婆阿脩羅迦樓羅緊
那羅摩睺羅伽人非人等千萬億衆以一
切華香瓔珞幡蓋伎樂供養寶塔恭敬尊
重讚歎尒時寶塔中出大音聲歎言善哉善
哉釋迦牟尼世尊能以平等大慧教菩薩法
佛所護念妙法華經爲大衆說如是如是釋
迦牟尼世尊如所說者皆是真實尒時四衆

BD03696號　妙法蓮華經卷四　（31–15）

重讚歎尒時寶塔中出大音聲歎言善哉善
哉釋迦牟尼世尊能以平等大慧教菩薩法
佛所護念妙法華經為大眾說如是如是釋
迦牟尼世尊如所說者皆是真實尒時四眾
見大寶塔住在空中又聞塔中所出音聲皆
得法喜怪未曾有從座而起恭敬合掌却住
一面尒時有菩薩摩訶薩名大樂說知一切
世間天人阿脩羅等心之所疑而白佛言世
尊以何因緣有此寶塔從地踊出又於其中
發是音聲尒時佛告大樂說菩薩此寶塔
中有如來全身乃往過去東方無量千萬億
阿僧祇世界國名寶淨彼中有佛號曰多寶其
佛行菩薩道時作大誓願若我成佛滅度之
後於十方國土有說法華經處我之塔廟為
聽是經故踊現其前為作證明讚言善哉彼
佛成道已臨滅度時於天人大眾中告諸比丘
我滅度後欲供養我全身者應起一大塔
其佛以神通願力十方世界在在處處若有
說法華經者彼之寶塔皆踊出其前全身在
於塔中讚言善哉善哉大樂說今多寶如來
塔聞說法華經故從地踊出讚言善哉善哉
是時大樂說菩薩以如來神力故白佛言世
尊我等願欲見此佛身佛告大樂說菩薩
摩訶薩是多寶佛有深重願若我寶塔為聽
法華經故出於諸佛前時其有欲以我身示四

尊我等願欲見此佛身佛告大樂說菩薩
摩訶薩是多寶佛有深重願若我寶塔為聽
法華經故出於諸佛前時其有欲以我身示四
眾者彼佛分身諸佛在於十方世界說法盡
還集一處然後我身乃出現耳大樂說我分
身諸佛在於十方世界說法者今應當集大
樂說白佛言世尊我等亦願欲見世尊分身
諸佛禮拜供養尒時佛放白毫一光即見東
方五百萬億那由他恒河沙等國土諸佛彼
諸國土皆以頗梨為地寶樹寶衣以為莊嚴
無數千萬億菩薩充滿其中遍張寶幔寶
網羅上彼國諸佛以大妙音而說諸法及見無
量千萬億菩薩遍滿諸國為眾說法南西北方
四維上下白毫相光所照之處亦復如是尒時
十方諸佛各告眾菩薩言善男子我今應
如來寶塔時娑婆世界即變清淨琉璃為地
寶樹莊嚴黃金為繩以界八道無諸聚落村
營城邑大海江河山川林藪燒大寶香曼陀
羅華遍布其地以寶網幔羅覆其上懸諸寶
鈴唯留此會眾移諸天人置於他土是時諸佛
各將一大菩薩以為侍者至娑婆世界各到
寶樹下一一寶樹高五百由旬枝葉華菓次
第莊嚴諸寶樹下皆有師子之座高五由
旬亦以大寶而校飾之尒時諸佛各於此座
結加趺坐如是展轉遍滿三千大千世界而於

寶樹下一一寶樹高五百由旬枝葉華菓次
第莊嚴諸寶樹下皆有師子之座高五由
旬亦以大寶而挍飾之尒時諸佛各於此座
結跏趺坐如是展轉遍滿三千大千世界而於
釋迦牟尼佛一方所分之身猶故未盡時釋
迦牟尼佛欲容受所分身諸佛故八方各更
變二百萬億那由他國皆令清淨無有地獄
餓鬼畜生及阿脩羅又移諸天人置於他土所
化之國亦以琉璃爲地寶樹莊嚴樹高五
百由旬枝葉華果次第嚴飾樹下皆有寶師
子座高五由旬種種諸寶以爲莊挍亦無大
海江河及目真隣陁山摩訶目真隣陁山鐵
圍山大鐵圍山須弥山等諸山王通爲一佛
國土寶地平正寶交露幔遍覆其上懸諸
幡蓋燒大寶香諸天寶華遍布其地釋迦牟
尼佛爲諸佛當來坐故復於八方各變二百
萬億那由他國皆令清淨無地獄餓鬼畜
生及阿脩羅又移諸天人置於他土所化之國亦
以琉璃爲地寶樹莊嚴樹高五百由旬枝葉
華菓次第莊嚴樹下皆有寶師子座高五
由旬亦以大寶而挍飾之亦無大海江河及
目真隣陁山摩訶目真隣陁山鐵圍大鐵圍
須弥山等諸山王通爲一佛國土寶地平正
寶交露幔遍覆其上懸諸幡蓋燒大寶香諸
天寶華遍布其地尒時東方釋迦牟尼所分之
身百千萬億那由他恒河沙等國土中諸佛

目真隣陁山摩訶目真隣陁山鐵圍大鐵圍
須弥山等諸山王通爲一佛國土寶地平正
寶交露幔遍覆其上懸諸幡蓋燒大寶香諸
天寶華遍布其地尒時東方釋迦牟尼所分之
身百千萬億那由他恒河沙等國土中諸佛
各各說法來集於此如是次第十方諸佛
皆悉來坐於八方尒時一一方四百萬億那
由他國土諸佛如來遍滿其中是時諸佛各
在寶樹下坐師子座皆遣侍者問訊釋迦
牟尼佛各賷寶華滿掬而告之言善男子
汝往詣耆闍崛山釋迦牟尼佛所如我辭曰
少病少惱氣力安樂及菩薩聲聞衆悉安隱
不以此寶華散佛供養而作是言彼某甲佛
與欲開此寶塔諸佛遣使亦復如是尒時釋
迦牟尼佛見所分身佛悉已來集各各坐於
師子之座皆聞諸佛與欲同開寶塔即從座起
住虚空中一切四衆起立合掌一心觀佛於
是釋迦牟尼佛以右指開七寶塔戶出大
音聲如却關鑰開大城門即時一切衆會皆
見多寶如來於寶塔中坐師子座全身不散
如入禪定又聞其言善哉善哉釋迦牟尼佛
快說是法華經我爲聽是經故而來至此尒
時四衆等見過去無量千萬億劫滅度佛說
如是言歎未曾有以天寶華聚散多寶佛及
釋迦牟尼佛上尒時多寶佛於寶塔中分半

快說是法華經我為聽是經故而來至此尒
時四衆等見過去無量千萬億劫滅度佛說
如是言歎未曾有以天寶華聚散多寶佛及
釋迦牟尼佛上尒時多寶佛於寶塔中分半
座與釋迦牟尼佛而作是言釋迦牟尼佛可
就此座即時釋迦牟尼佛入其塔中坐其半
座結加趺坐尒時大衆見二如來在七寶塔
中師子座上結加趺坐各作是念佛坐高遠
唯願如來以神通力令我等輩俱處虛空
即時釋迦牟尼佛以神通力接諸大衆皆在
虛空以大音聲普告四衆誰能於此娑婆國
土廣說妙法華經今正是時如來不久當入涅
槃佛欲以此妙法華經付屬有在尒時世尊
欲重宣此義而說偈言
聖主世尊　雖久滅度　在寶塔中　尚為法來
諸人云何　不勤為法　此佛滅度　無央數劫
處處聽法　以難遇故　彼佛本願　我滅度後
在在所往　常為聽法　又我分身　无量諸佛
如恒沙等　來欲聽法　及見滅度　多寶如來
各捨妙土　及弟子衆　天人龍神　諸供養事
令法久住　故來至此　為坐諸佛　以神通力
移無量衆　令國清淨　諸佛各各　詣寶樹下
如清淨池　蓮華荘嚴　其寶樹下　諸師子座
佛坐其上　光明嚴飾　如夜闇中　然大炬火
身出妙香　遍十方國　衆生蒙熏　喜不自勝
譬如大風　吹小樹枝　以是方便　令法久住

BD03696號　妙法蓮華經卷四　（31–20）

如清淨池　蓮華荘嚴　其寶樹下　諸師子座
佛坐其上　光明嚴飾　如夜闇中　然大炬火
身出妙香　遍十方國　衆生蒙熏　喜不自勝
譬如大風　吹小樹枝　以是方便　令法久住
告諸大衆　我滅度後　誰能護持　讀說斯經
今於佛前　自說誓言　其多寶佛　雖久滅度
以大誓願　而師子吼　多寶如來　及與我身
所集化佛　當知此意　諸佛子等　誰能護法
當發大願　令得久住　其有能護　此經法者
當發供養　我及多寶　此多寶佛　處於寶塔
常遊十方　為是經故　亦復供養　諸來化佛
荘嚴光飾　諸世界者　若說此經　則為見我
多寶如來　及諸化佛　諸善男子　各諦思惟
此為難事　宜發大願　諸餘經典　數如恒沙
雖說此等　未足為難　若接須彌　擲置他方
無數佛土　亦未為難　若以足指　動大千界
遠擲他國　亦未為難　若立有頂　為衆演說
無量餘經　亦未為難　若佛滅後　於惡世中
能說此經　是則為難　假使有人　手把虛空
而以遊行　亦未為難　於我滅後　若自書持
若使人書　是則為難　若以大地　置足甲上
昇於梵天　亦未為難　佛滅度後　於惡世中
暫讀此經　是則為難　假使劫燒　擔負乾草
入中不燒　亦未為難　我滅度後　若持此經
為一人說　是則為難　若持八萬　四千法藏
十二部經　[illegible]

BD03696號　妙法蓮華經卷四　（31–21）

昇於梵天 亦未為難 佛滅度後 於惡世中
暫讀此經 是則為難 假使劫燒 擔負乾草
入中不燒 亦未為難 我滅度後 若持此經
為一人說 是則為難 若持八萬 四千法藏
十二部經 為人演說 令諸聽者 得六神通
雖能如是 亦未為難 於我滅後 聽受此經
問其義趣 是則為難 若人說法 令千萬億
無量無數 恒沙衆生 得阿羅漢 具六神通
雖有是益 亦未為難 於我滅後 若能奉持
如斯經典 是則為難 我為佛道 於無量土
從始至今 廣說諸經 而於其中 此經第一
若有能持 則持佛身 諸善男子 於我滅後
誰能受持 讀誦此經 今於佛前 自說誓言
此經難持 若暫持者 我則歡喜 諸佛亦然
如是之人 諸佛所歎 是則勇猛 是則精進
是名持戒 行頭陀者 則為疾得 無上佛道
能於來世 讀誦此經 是真佛子 住淳善地
佛滅度後 能解其義 是諸天人 世間之眼
於恐畏世 能須臾說 一切天人 皆應供養

妙法蓮華經提婆達多品第十二

尒時佛告諸菩薩及天人四衆 吾於過去無
量劫中求法華經無有懈惓於多劫中常作
國王發願求於無上菩提心不退轉為欲滿足
六波羅蜜勤行布施心無悋惜象馬七珎國
城妻子奴婢僕從頭目髓腦身肉手足不惜
軀命時世人民壽命無量為於法故捐捨

量劫中求法華經無有懈惓於多劫中常作
國王發願求於無上菩提心不退轉為欲滿足
六波羅蜜勤行布施心無悋惜象馬七珎國
城妻子奴婢僕從頭目髓腦身肉手足不惜
軀命時世人民壽命無量為於法故捐捨
國位委政太子擊皷宣令四方求法誰能為
我說大乘者吾當終身供給走使時有仙人
來白王言我有大乘名妙法華經若不違我當
為宣說王聞仙言歡喜踊躍即隨仙人供養
所須採菓汲水拾薪設食乃至以身而為
牀座身心無惓于時奉事經於千歲為於法
故精勤給侍令无所乏尒時世尊欲重宣此
義而說偈言
我念過去劫 為求大法故 雖作世國王 不貪五欲樂
搥鍾告四方 誰有大法者 若為我解說 身當為奴僕
時有阿私仙 來白於大王 我有微妙法 世間所希有
若能脩行者 吾當為汝說 時王聞仙言 心生大喜悅
即便隨仙人 供給於所須 採薪及菓蓏 隨時恭敬與
情存妙法故 身心无懈惓 普為諸衆生 勤求於大法
亦不為己身 及以五欲樂 故為大國王 勤求獲此法
遂致得成佛 今故為汝說
佛告諸比丘尒時王者則我身是時仙人者今
提婆達多是由提婆達多善知識故令我具
足六波羅蜜慈悲喜捨三十二相八十種好紫
磨金色十力四无所畏四攝法十八不共神
通道力成等正覺廣度衆生皆由提婆達多

道至得成佛令故為汝說
佛告諸比丘尒時王者則我身是時仙人者今
提婆達多是由提婆達多善知識故令我具
足六波羅蜜慈悲喜捨三十二相八十種好紫
磨金色十力四无所畏四攝法十八不共神
通道力成等正覺廣度衆生皆因提婆達多
善知識故告諸四衆提婆達多却後過無量劫
當得成佛號曰天王如来應供正遍知行明
足善逝世間解無上士調御丈夫天人師佛
世尊世界名天道時天王佛住世二十中劫廣
為衆生說於妙法恒河沙衆生得阿羅
漢果無量衆生發緣覺心恒河沙衆生發
無上道心得無生忍至不退轉時天王佛般
涅槃後正法住世二十中劫全身舍利起七
寶塔高六十由旬縱廣四十由旬諸天人民
悉以雜華抹香燒香塗香衣服瓔珞幢幡
寶蓋伎樂歌頌禮拜供養七寶妙塔无量
衆生得阿羅漢果無量衆生悟辟支佛不可
思議衆生發菩提心至不退轉佛告諸比丘未
來世中若有善男子善女人聞妙法華經提
婆達多品淨心信敬不生疑惑者不墮地獄餓
鬼畜生生十方佛前所生之處常聞此經若
生人天中受勝妙樂若在佛前蓮華化生於
時下方多寶世尊所從菩薩名曰智積白多
寶佛當還本土釋迦牟尼佛告智積曰善
男子且待須臾此有菩薩名文殊師利可與相

時下方多寶世尊所從菩薩名曰智積白多
寶佛當還本土釋迦牟尼佛告智積曰善
男子且待須臾此有菩薩名文殊師利可與相
見論說妙法可還本土尒時文殊師利坐千
葉蓮華大如車輪俱來菩薩亦坐寶蓮華
從於大海娑竭羅龍宮自然踊出住虛空中
詣靈鷲山從蓮華下至於佛所頭面敬礼二
世尊足脩敬已畢往智積所共相慰問却坐
一面智積菩薩問文殊師利仁往龍宮所化
衆生其數幾何文殊師利言其數無量不可
稱計非口所宣非心所測且待須臾自當證知
所言未竟無數菩薩坐寶蓮華從海踊出
詣靈鷲山住在虛空此諸菩薩皆是文殊師
利之所化度具菩薩行皆共論說六波羅蜜
本聲聞人在虛空中說聲聞行今皆脩行大
乘空義文殊師利謂智積曰於海教化其事
如是尒時智積菩薩以偈讃曰
大智德勇健　化度無量衆　今此諸大會　及我皆已見
演暢實相義　開闡一乘法　廣導諸衆生　令速成菩提
文殊師利言我於海中唯常宣說妙法華經智
積問文殊師利言此經甚深微妙諸經中寶
世所希有頗有衆生勤加精進脩行此經速得
佛不文殊師利言有娑竭羅龍王女年始八
歲智慧利根善知衆生諸根行業得陀羅
尼諸佛所說甚深秘藏悉能受持深入禪定

世所希有頗有衆生勤加精進脩行此經速得
佛不文殊師利言有娑竭羅龍王女年始八
歲智慧利根善知衆生諸根行業得陁羅
尼諸佛所說甚深秘藏悉能受持深入禪定
了達諸法於刹那頃發菩提心得不退轉辯
才無㝵慈念衆生猶如赤子功德具足心念
口演微妙廣大慈悲仁讓志意和雅能至
菩提智積菩薩言我見釋迦如來於无量劫
難行苦行積功累德求菩薩道未曾止息觀
三千大千世界乃至无有如芥子許非是菩薩
捨身命處為衆生故然後乃得成菩提道
不信此女於須臾頃便成正覺言論未訖時
龍王女忽現於前頭面礼敬却住一面以偈
讚曰
深達罪福相　遍照於十方　微妙淨法身　具相三十二
以八十種好　用莊嚴法身　天人所戴仰　龍神咸恭敬
一切衆生類　無不宗奉者　又聞成菩提　唯佛當證知
我闡大乘教　度脫苦衆生
時舍利弗語龍女言汝謂不久得無上道是事
難信所以者何女身垢穢非是法器云何能
得無上菩提佛道懸曠經無量劫勤苦積
行具脩諸度然後乃成又女人身猶有五障一
者不得作梵天王二者帝釋三者魔王四者轉
輪聖王五者佛身云何女身速得成佛尒時
龍女有一寶珠價直三千大千世界持以上
佛佛即受之龍女謂智積菩薩尊者舍利

BD03696號　妙法蓮華經卷四

（31–26）

行具脩諸度然後乃成又女人身猶有五障一
者不得作梵天王二者帝釋三者魔王四者轉
輪聖王五者佛身云何女身速得成佛尒時
龍女有一寶珠價直三千大千世界持以上
佛佛即受之龍女謂智積菩薩尊者舍利
弗言我獻寶珠世尊納受是事疾不答言甚
疾女言以汝神力觀我成佛復速於此當時
衆會皆見龍女忽然之間變成男子具菩
薩行即往南方無垢世界坐寶蓮華成等正
覺三十二相八十種好普為十方一切衆生演
說妙法尒時娑婆世界菩薩聲聞天龍八部
人與非人皆遥見彼龍女成佛普為時會人
天說法心大歡喜悉遥敬礼無量衆生聞法
解悟得不退轉無量衆生得受道記無垢世界
六反震動娑婆世界三千衆生住不退地三千
衆生發菩提心而得受記智積菩薩及舍利
弗一切衆會默然信受
妙法蓮華經持品第十三
尒時藥王菩薩摩訶薩及大樂說菩薩摩訶
薩與二萬菩薩眷屬俱皆於佛前作是誓言
唯願世尊不以為慮我等於佛滅後當奉持
讀誦說此經典後惡世衆生善根轉少多增
上慢貪利供養增不善根遠離解脫雖難可
教化我等當起大忍力讀誦此經持說書寫
種種供養不惜身命尒時衆中五百阿羅漢
得受記者白佛言世尊我等亦自誓願於

BD03696號　妙法蓮華經卷四

（31–27）

讀誦說此經典後惡世衆生善根轉少多增
上慢貪利供養增不善根遠離解脫雖難可
教化我等當起大忍力讀誦此經持說書寫
種種供養不惜身命尒時衆中五百阿羅漢
得受記者白佛言世尊我等亦自誓願於
異國土廣說此經復有學無學八千人得受
記者從座而起合掌向佛作是誓言世尊我
等亦當於他國土廣說此經所以者何是娑婆
國中人多弊惡懷增上慢功德淺薄瞋濁諂曲
心不實故尒時佛姨母摩訶波闍波提比丘尼
與學無學比丘尼六千人俱從座而起一心
合掌瞻仰尊顏目不暫捨於時世尊告憍曇
彌何故憂色而視如來汝心將無謂我不說
汝名授阿耨多羅三藐三菩提記耶憍曇彌
我先惣說一切聲聞皆已授記今汝欲知記
者將來之世當於六萬八千億諸佛法中為
大法師及六千學無學比丘尼俱為法師汝
如是漸漸具菩薩道當得作佛号一切衆生
喜見如來應供正遍知明行足善逝世間解無
上士調御丈夫天人師佛世尊憍曇彌是一
切衆生喜見佛及六千菩薩轉次授記得
阿耨多羅三藐三菩提尒時羅睺羅母耶輸
陁羅比丘尼作是念世尊於授記中獨不
說我名佛告耶輸陁羅汝於來世百千万億
諸佛法中脩菩薩行為大法師漸具佛道於

BD03696號　妙法蓮華經卷四　（31–28）

阿耨多羅三藐三菩提尒時羅睺羅母耶輸
陁羅比丘尼作是念世尊於授記中獨不
說我名佛告耶輸陁羅汝於來世百千万億
諸佛法中脩菩薩行為大法師漸具佛道於
善國中當得作佛号具足千萬光相如來應
供正遍知明行足善逝世間解無上士調御
丈夫天人師佛世尊佛壽无量阿僧祇劫尒
時摩訶波闍波提比丘尼及耶輸陁羅比丘
尼并其眷屬皆大歡喜得未曾有即於佛
前而說偈言
世尊導師　安隱天人　我等聞記　心安具足
諸比丘尼說是偈已白佛言世尊我等亦能
於他方國廣宣此經尒時世尊視八十万億那
由他諸菩薩摩訶薩是諸菩薩皆是阿惟
越致轉不退法輪得諸陁羅尼即從座起至於
佛前一心合掌而作是念若世尊告勑我等
持說此經者當如佛教廣宣斯法復作是念
佛今默然不見告勑我當云何時諸菩薩敬順
佛意并欲自滿本願便於佛前作師子吼而
發誓言世尊我等於如來滅後周旋往反十方
世界能令衆生書寫此經受持讀誦解說其
義如法脩行正憶念皆是佛之威力唯願世尊
在於他方遙見守護即時諸菩薩俱同發
聲而說偈言
唯願不為慮　於佛滅度後　恐怖惡世中　我等當廣說
有諸無智人　惡口罵詈等　及加刀杖者　我等皆當忍

BD03696號　妙法蓮華經卷四　（31–29）

義如法脩行正憶念皆是佛之威力唯願世尊
在於他方遥見守護即時諸菩薩俱同發
聲而說偈言
唯願不爲慮　於佛滅度後　恐怖惡世中　我等當廣說
有諸無智人　惡口罵詈等　及加刀杖者　我等皆當忍
惡世中比丘　邪智心諂曲　未得謂爲得　我慢心充滿
或有阿練若　納衣在空閑　自謂行真道　輕賤人間者
貪著利養故　與白衣說法　爲世所恭敬　如六通羅漢
是人懷惡心　常念世俗事　假名阿練若　好出我等過
而作如是言　此諸比丘等　爲貪利養故　說外道論議
自作此經典　誑惑世間人　爲求名聞故　分別於是經
常在大衆中　欲毀我等故　向國王大臣　婆羅門居士
及餘比丘衆　誹謗說我惡　謂是邪見人　說外道論議
我等敬佛故　悉忍是諸惡　爲斯所輕言　汝等皆是佛
如此輕慢言　皆當忍受之　濁劫惡世中　多有諸恐怖
惡鬼入其身　罵詈毀辱我　我等敬信佛　當著忍辱鎧
爲說是經故　忍此諸難事　我不愛身命　但惜无上道
我等於來世　護持佛所囑　世尊自當知　濁世惡比丘
不知佛方便　隨宜所說法　惡口而顰蹙　數數見擯出
遠離於塔寺　如是等衆惡　念佛告勅故　皆當忍是事
諸聚落城邑　其有求法者　我皆到其所　說佛所囑法
我是世尊使　處衆无所畏　我當善說法　願佛安隱住
我於世尊前　諸來十方佛　發如是誓言　佛自知我心
妙法蓮華經卷第四

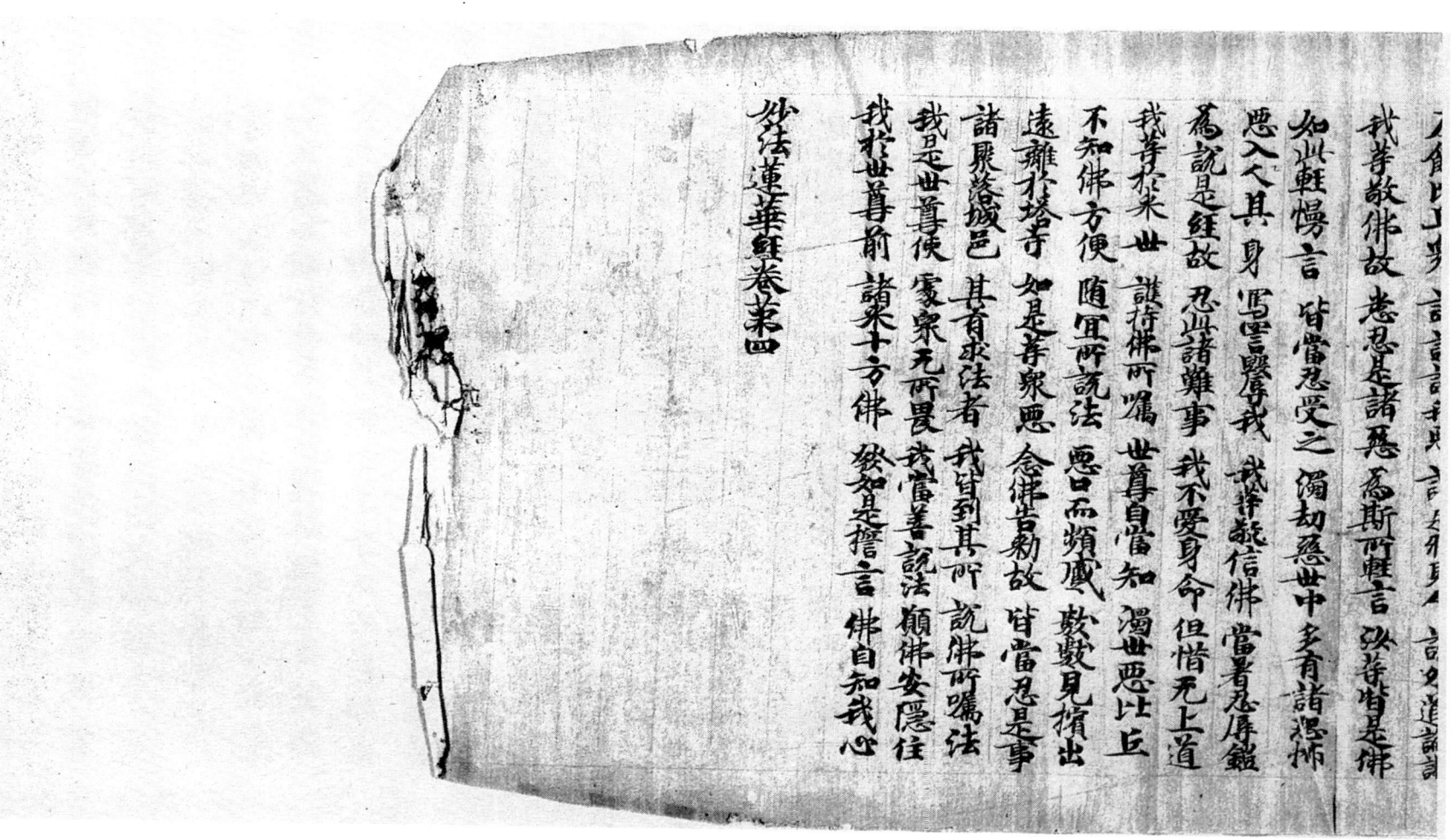

BD03696 號　妙法蓮華經卷四　（31–30）

我等敬佛故　悉忍是諸惡　爲斯所輕言　汝等皆是佛
如此輕慢言　皆當忍受之　濁劫惡世中　多有諸恐怖
惡鬼入其身　罵詈毀辱我　我等敬信佛　當著忍辱鎧
爲說是經故　忍此諸難事　我不愛身命　但惜无上道
我等於來世　護持佛所囑　世尊自當知　濁世惡比丘
不知佛方便　隨宜所說法　惡口而顰蹙　數數見擯出
遠離於塔寺　如是等衆惡　念佛告勅故　皆當忍是事
諸聚落城邑　其有求法者　我皆到其所　說佛所囑法
我是世尊使　處衆无所畏　我當善說法　願佛安隱住
我於世尊前　諸來十方佛　發如是誓言　佛自知我心
妙法蓮華經卷第四

BD03696 號　妙法蓮華經卷四　（31–31）

亦見彼諸佛　菩提樹下坐　神通遍十方　說法度衆生
我有清淨耳　普聞一切聲　亦聞佛說法　歡喜而信受
我有他心智　无二无所礙　能於一念中　悉了諸心海
我得宿命智　能知一切劫　自身及他人　分別悉明了
我於一念知　刹海微塵劫　諸佛及菩薩　五道衆生類
憶知彼諸佛　始發菩提願　乃至修諸行　一一悉圓滿
亦知彼諸佛　成就菩提道　以種種方便　為衆轉法輪
亦知彼諸佛　所有諸乘海　正法住久近　衆生度多少
我於无量劫　脩習此法門　我今為汝說　佛子汝應學
善男子我唯知此菩薩出生廣大喜光明解
脫門如諸菩薩摩訶薩親近供養一切諸佛
入一切智大願海滿一切佛諸願海得勇猛
智於一菩薩地普入一切菩薩地海得清淨願
於一菩薩行普入一切菩薩行海得自在力於一菩薩
於一菩薩解脫門普入一切菩薩解脫門海
而我云何能知能說彼功德行善男子此道
場中有一夜神名大願精進力救護一切衆
生汝詣彼問菩薩云何教化衆生令趣阿
耨多羅三藐三菩提云何嚴淨一切佛刹云何
承事一切如來云何脩行一切佛法時善財
童子頂礼其足遶无數帀殷勤瞻仰辭退而
去

BD03697號　大方廣佛華嚴經（唐譯八十卷本）卷七二　　（2-1）

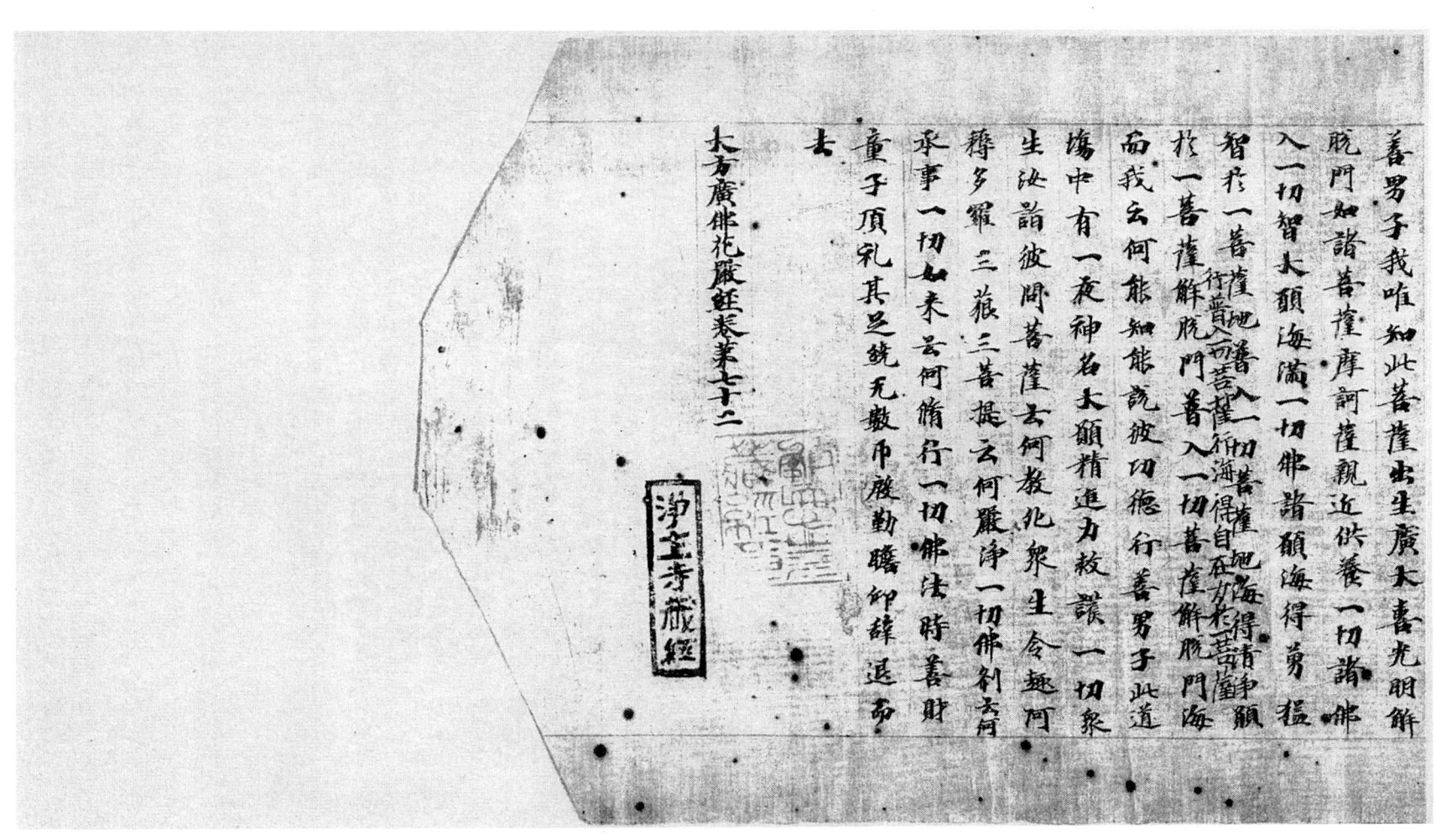

善男子我唯知此菩薩出生廣大喜光明解
脫門如諸菩薩摩訶薩親近供養一切諸佛
入一切智大願海滿一切佛諸願海得勇猛
智於一菩薩地普入一切菩薩地海得清淨願
於一菩薩行普入一切菩薩行海得自在力於一菩薩
於一菩薩解脫門普入一切菩薩解脫門海
而我云何能知能說彼功德行善男子此道
場中有一夜神名大願精進力救護一切衆
生汝詣彼問菩薩云何教化衆生令趣阿
耨多羅三藐三菩提云何嚴淨一切佛刹云何
承事一切如來云何脩行一切佛法時善財
童子頂礼其足遶无數帀殷勤瞻仰辭退而
去

大方廣佛花嚴經卷第七十二

BD03697號　大方廣佛華嚴經（唐譯八十卷本）卷七二　　（2-2）

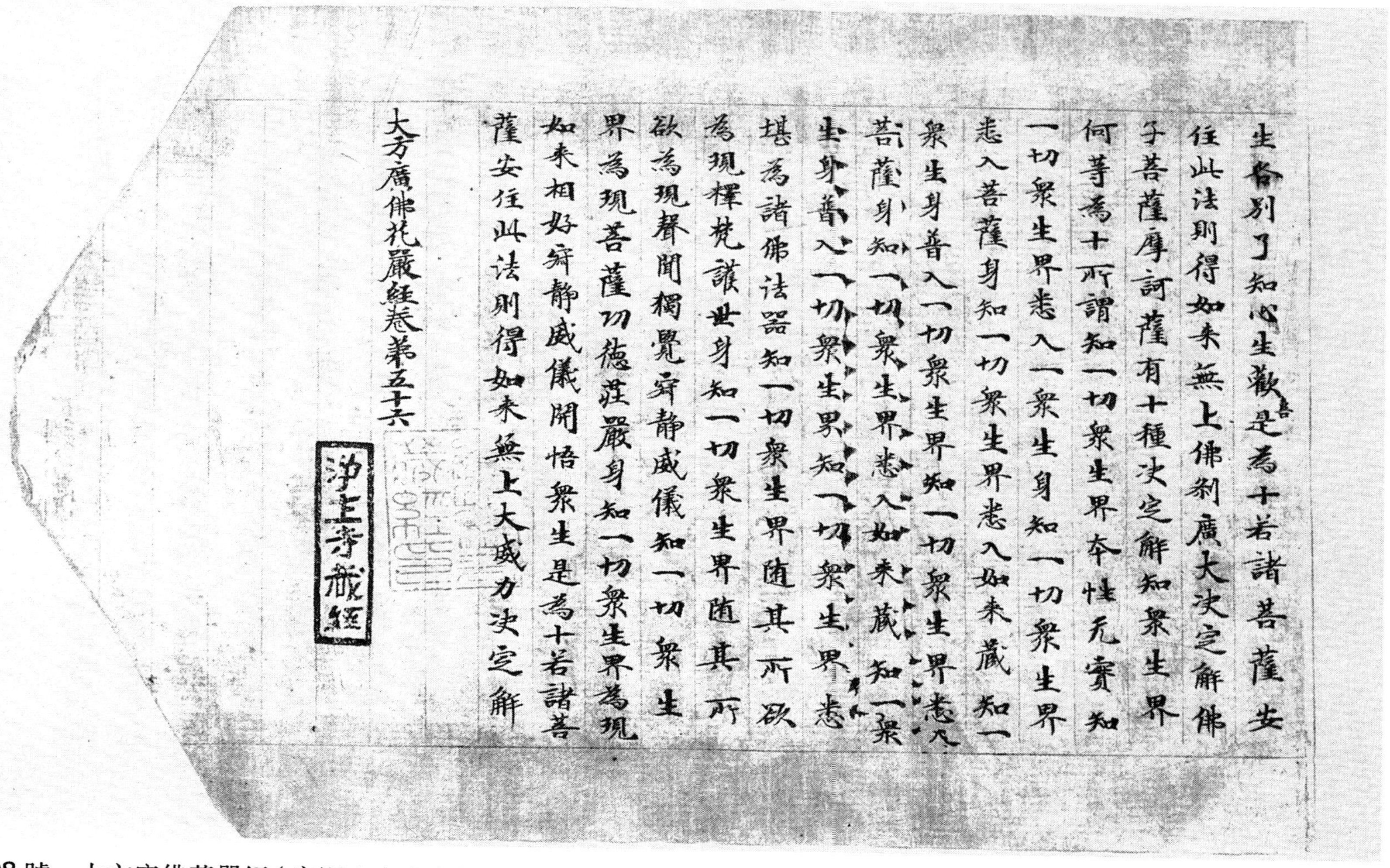
生各別了知心生歡喜是為十若諸菩薩安
住此法則得如來無上佛刹廣大決定解佛
子菩薩摩訶薩有十種決定解知衆生界
何等為十所謂知一切衆生界本性无實知
一切衆生界悉入一衆生身知一切衆生界
悉入菩薩身知一切衆生界悉入如來藏知一
衆生身普入一切衆生界知一切衆生界悉入
菩薩身知一切衆生界悉入如來藏知一衆
生身普入一切衆生界知一切衆生界悉
堪為諸佛法器知一切衆生界隨其所欲
為現釋梵護世身知一切衆生界隨其所
欲為現聲聞獨覺寂靜威儀知一切衆生
界為現菩薩功德莊嚴身知一切衆生界為現
如來相好寂靜威儀開悟衆生是為十若諸菩
薩安住此法則得如來無上大威力決定解
大方廣佛花嚴經卷第五十六
淨土寺藏經

BD03698 號　大方廣佛華嚴經（唐譯八十卷本）卷五六

（1–1）

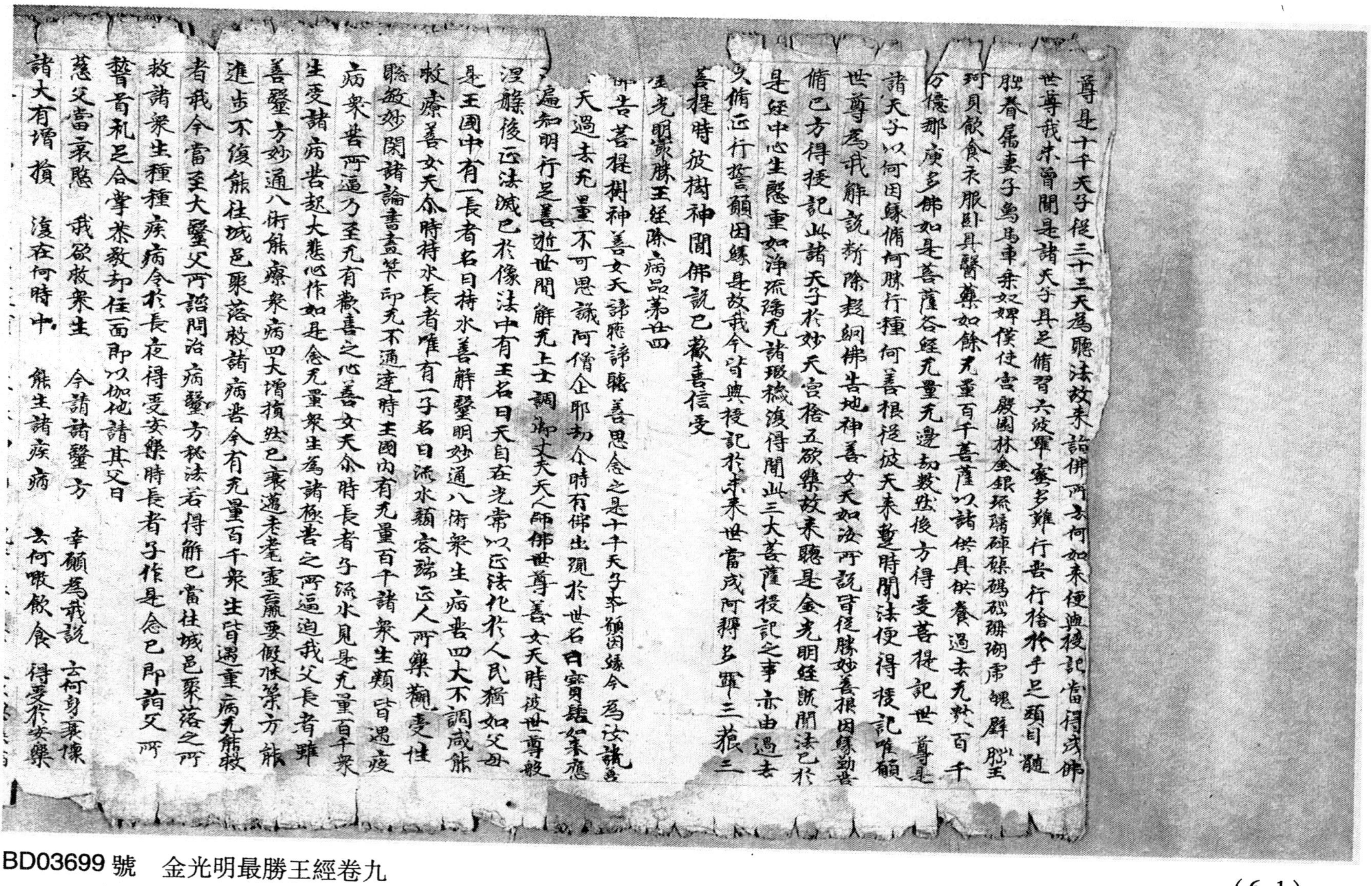
尊是十千天子從三十三天為聽法故來詣佛所云何如來便與授記當得成佛
世尊我未曾聞是諸天子具足脩習六波羅蜜多難行苦行捨於手足頭目髓
腦眷屬妻子象馬車乘奴婢僕使宮殿園林金銀琉璃硨磲碼碯珊瑚虎魄璧玉
珂貝飲食衣服臥具醫藥如餘无量百千菩薩以諸供具供養過去无數百千
万億那庾多佛如是菩薩各經无量无邊劫數然後方得受菩提記世尊是
諸天子以何因緣脩何勝行種何善根從彼天來暫時聞法便得授記唯願
世尊為我解說斷除疑網佛告地神善女天如汝所說皆從勝妙善根因緣勤苦
脩已方得授記此諸天子於妙天宮捨五欲樂故來聽是金光明經既聞法已於
是經中心生慇重如淨琉璃无諸瑕穢復得聞此三大菩薩授記之事亦由過去
久脩正行誓願因緣是故我今皆與授記於未來世當成阿耨多羅三藐三
菩提時彼樹神聞佛說已歡喜信受
金光明最勝王經除病品第廿四
佛告菩提樹神善女天諦聽諦聽善思念之是十千天子本願因緣今為汝說善
天過去无量不可思議阿僧企耶劫尒時有佛出現於世名曰寶髻如來應
遍知明行足善逝世間解无上士調御丈夫天人師佛世尊善女天時彼世尊般
涅槃後正法滅已於像法中有王名曰天自在光常以正法化於人民猶如父母
是王國中有一長者名曰持水善解醫明妙通八術衆生病苦四大不調咸能
救療善女天尒時持水長者唯有一子名曰流水顏容端正人所樂觀受性
聰敏妙閑諸論書畫筭印无不通達時王國內有无量百千諸衆生類皆遇疫
病衆苦所逼乃至无有歡喜之心善女天尒時長者子流水見是无量百千衆
生受諸病苦起大悲心作如是念无量衆生為諸極苦之所逼迫我父長者雖
善醫方妙通八術能療衆病四大增損然已衰邁老耄虛羸要假扶策方能
進步不復能往城邑聚落救諸病苦今有无量百千衆生皆遇重病无能救
者我今當至大醫父所諮問治病醫方秘法若得解已當往城邑聚落之所
救諸衆生種種疾病令於長夜得受安樂時長者子作是念已即詣父所
稽首禮足合掌恭敬却住一面即以伽他請其父曰
慈父當哀愍　我欲救衆生　今請諸醫方　幸願為我說　云何身衰損
諸大有增損　復在何時中　能生諸疾病　云何噉飲食　得受於安樂

BD03699 號　金光明最勝王經卷九

（6–1）

生受諸病苦起大悲心作如是念无量衆生為諸極苦之所逼迫我父長者雖
善醫方妙通八術能療衆病四大增損然已衰邁老耄虛羸要假扶策方能
進步不復能往城邑聚落救諸病苦今有无量百千衆生皆遇重病无能救
者我今當至大醫父所諮問治病醫方秘法若得解已當往城邑聚落之所
救諸衆生種種疾病令於長夜得受安樂時長者子作是念已即詣父所
稽首禮足合掌恭敬却住一面即以伽他請其父曰
慈父當哀愍　我欲救衆生　今請諸醫方　幸願為我說　云何身衰壞
諸大有增損　復在何時中　能生諸疾病　云何噉飲食　得受於安樂
能使內身中　火勢不衰損　衆生有四病　風黃熱痰癊　及以總集病
云何而療治　何時風病起　何時熱病發　何時動痰癊　何時總集生
時彼長者聞子請已復以伽他而答之曰
我今依古仙　所有療病法　次第為汝說　善聽救衆生　三月是春時
三月名為夏　三月名秋分　三月謂冬時　此據一年中　三三而別說
二二為一節　便成歲六時　初二是花時　三四名熱際　五六名雨際
七八謂秋時　九十是寒時　後二名冰雪　既知如是別　授藥勿令差
當隨此時中　調息於飲食　入腹令消散　衆病則不生　節氣若變改
四大有推移　此時无藥資　必生於病苦　醫人解四時　復知其六節
明閑身七界　食藥使无差　謂味界血肉　膏骨及髓腦　病入此中時
知其可療不　病有四種別　謂風熱痰癊　及以總集病　應知發動時
春中痰癊動　夏內風病生　秋時黃熱增　冬節三俱起　春食澀熱辛
夏膩熱鹹醋　秋時冷甜膩　冬酸澀膩甜　於此四時中　服藥及飲食
若依如是味　衆病无由生　食後病由癊　食消時由熱　消後起由風
准時須識病　既識病源已　隨病而設藥　假令患狀殊　先須療其本
風病服油膩　患熱利為良　癊病應變吐　總集須三藥　風熱癊俱有
是名為總集　雖知病起時　應觀其本性　如是觀知已　順時而授藥
飲食藥无差　斯名善醫者　復應知八術　總攝諸醫方　於此若明閑
可療衆生病　謂針刺傷破　身疾并鬼神　惡毒及孩童　延年增氣力
先觀彼形色　語言及性行　然後問其夢　知風熱癊殊　乾瘦少頭髮
其心无定住　多語夢飛行　斯人是風性　少年生白髮　多汗及多瞋
聰明夢見火　斯人是熱性　心定身平整　慮審頭津膩　夢見水白物
是癊性應知　總集性俱有　或二或具三　隨有一偏增　應知是其性
既知本性已　准病而授藥　驗其无死相　方名可救人　諸根倒取境
尊醫人起慢　親友生瞋恚　是死相應知　左眼白色變　舌黑鼻梁攲
耳輪與舊殊　下脣垂向下　訶梨勒一種　具足有六味　能除一切病

BD03699號　金光明最勝王經卷九　（6–2）

其心无定住　多語夢飛行　斯人是風性　少年生白髮　多汗及多瞋
聰明夢見火　斯人是熱性　心定身平整　慮審頭津膩　夢見水白物
是癊性應知　總集性俱有　或二或具三　隨有一偏增　應知是其性
既知本性已　准病而授藥　驗其无死相　方名可救人　諸根倒取境
尊醫人起慢　親友生瞋恚　是死相應知　左眼白色變　舌黑鼻梁攲
耳輪與舊殊　下脣垂向下　訶梨勒一種　具足有六味　能除一切病
无畏藥中王　又三果三辛　諸藥中易得　沙糖蜜蘇乳　此能療衆病
自餘諸藥物　隨病可增加　先起慈愍心　莫規於財利　我已為汝說
療疾中要事　以此救衆生　當獲无邊果
善女天爾時長者子流水親問其父八術之要四大增損時節不同餌藥方法既
善了知自忖堪能救療衆病即便遍至城邑聚落所在之處隨有百千万
億病苦衆生皆至其所善言慰喻作如是語我是醫人我是醫人善知
藥方今為汝等療治衆病悉令除愈善女天爾時衆人聞長者子善言慰喻
許為治病時有无量百千衆生遇極重病聞是語已身心踊躍得未曾有
以此因緣所有病苦悉得蠲除氣力充實平復如本善女天爾時復有无量百
千衆生病苦深重難療治者即共往詣長者子所重請醫療時長者子即
以妙藥令服皆蒙除差善女天是長者子於此國內百千万億衆生病苦悉得除差

金光明最勝王經長者子流水品第廿五

爾時佛告菩提樹神善女天爾時長者子流水於往昔時在天自在光王國內療
諸衆生所有病苦令得平復受安隱樂時諸衆生以病除故多修福業廣
行惠施以自歡娛即共往詣長者子所咸生尊敬作如是言善哉善哉大
長者子善能滋長福德之事增益我等安隱壽命仁今實是大力醫王
慈悲菩薩妙閑醫藥善療衆生无量病苦如是稱歎周遍城邑善女天
時長者子妻名水肩藏有其二子一名水滿二名水藏是時流水將其二
子漸次遊行城邑聚落過空澤中深險之處見諸禽獸豺狼狐玃鵰鷲之
屬食血肉者皆悉奔飛一向而去時長者子作如是念此諸禽獸何因緣
故一向飛走我當隨後暫往觀之即便隨去見有大池名曰野生其水將盡於
此池中多有衆魚流水見已生大悲心時有樹神示現半身作如是語善哉
善男子汝有實義名流水者可愍此魚應與其水有二因緣名為流
水一能流水二能與水汝今應當隨名而作是時流水問樹神言此魚頭數
為有幾何樹神答曰數滿十千善女天時長者子聞是數已倍益悲心時
此大池為日所暴餘水无幾是十千魚將入死門旋身婉轉見是長者心有
所希隨逐瞻視目未曾捨時長者子見是事已馳趣四方欲覓於水竟不
能得復望一邊見有大樹即便昇上折取枝葉為作蔭涼復更推求是池中水
從何處來尋覓不已見一大河名曰水生時此河邊有諸漁人為取魚故於河

BD03699號　金光明最勝王經卷九　（6–3）

[illegible]隨名[illegible]時流水問樹神言此魚頭數
為有幾何樹神答曰數滿十千善女天時長者子聞是數已倍益悲心時
此大池為日所暴餘水无幾是十千魚將入死門旋身婉轉見是長者心有
所希隨逐瞻視目未曾捨時長者子見是事已馳趣四方欲覓於水竟不
能得復望一邊見有大樹即便昇上折取枝葉為作蔭涼復更推求是池中水
從何處來尋覓不已見一大河名曰水生時此河邊有諸漁人為取魚故於河
上流懸險之處決棄其水不令下過於所決處卒難修補便作是念此崖深
峻設百千人時經三月亦未能斷況我一身而堪濟辦時長者子速還本城
至大王所頭面礼足卻住一面合掌恭敬作如是言我為大王國土人民治種種
病悉令安隱漸次遊行至某空澤見有一池名曰野生其水欲涸有十千魚為日
所暴將死不久唯願大王慈悲愍念與二十大象暫往負水濟彼魚命如我與
諸病人壽命尒時大王即勅大臣速疾與此醫王大象時彼大臣奉王勅已白長
者子善哉大士仁今自可至象廄中隨意選取二十大象利益眾生令得安樂
是時流水及其二子將二十大象又從酒家多借皮囊往決水處以囊盛水
象負至池寫置池中水即弥滿還復如故善女天時長者子於池四邊周旋
而視時彼眾魚亦復隨逐循岸而行時長者子復作是念眾魚何故隨我
而行必為飢火之所惱逼復欲從我求索於食我今當與尒時長者子流水
告其子言汝取一象最大力者速至家中啓父長者家中所有可食之物乃至
父母食噉之分及以妻子奴婢之分悉皆收取即可持來尒時二子受父教已
乘最大象速往家中至祖父所說如上事收取家中可食之物置於象上疾
還父所至彼池邊是時流水見其子來身心喜躍遂取餅食遍散池中魚
得食已悉皆飽足便作是念我今施食令魚得命願於來世當施法食充濟
无邊復更思惟我先曾於空閑林處見一苾蒭讀大乘經說十二緣生甚深
法要又經中說若有眾生臨命終時得聞寶髻佛名即生天上我今當
為是十千魚演說甚深十二緣起亦當稱說寶髻佛名然贍部洲有二種
人一者深信上 二者不信毀呰亦當為彼增長信心時長者子作如是念我
入池中可為此魚說深妙法作是念已即便入水唱言南謨過去寶髻如來應
正遍知明行足善逝世間解无上士調御丈夫天人師佛世尊此佛往昔修菩
薩行時作是誓願於十方界所有眾生臨命終時聞我名者命終之後得
生三十三天尒時流水復為池魚演說如是甚深妙法此有故彼有此生故彼生
所謂无明緣行行緣識識緣名色名色緣六處六處緣觸觸緣受受緣愛
愛緣取取緣有有緣生生緣老死憂悲苦惱此滅故彼滅所謂无明滅則行滅
行滅則識滅識滅則名色滅名色滅則六處滅六處滅則觸滅觸滅則受滅受
滅則愛滅愛滅則取滅取滅則有滅有滅則生滅生滅則老死滅老死滅則憂悲
苦惱滅如是純極苦蘊悉皆除滅說是法已復為宣說十二緣起相應陀羅尼曰
怛姪他 [illegible]

BD03699號　金光明最勝王經卷九

（6–4）

[illegible]
生三十三天尒時流水復為池魚演說如是甚深妙法此有故彼有此生故彼生
所謂无明緣行行緣識識緣名色名色緣六處六處緣觸觸緣受受緣愛
愛緣取取緣有有緣生生緣老死憂悲苦惱此滅故彼滅所謂无明滅則行滅
行滅則識滅識滅則名色滅名色滅則六處滅六處滅則觸滅觸滅則受滅受
滅則愛滅愛滅則取滅取滅則有滅有滅則生滅生滅則老死滅老死滅則憂悲
苦惱滅如是純極苦蘊悉皆除滅說是法已復為宣說十二緣起相應陀羅尼曰
怛姪他 毗折你毗折你 毗折你 僧塞枳你 僧塞枳你 僧塞枳你
毗尒你毗尒你 毗尒你莎訶 怛姪他 那弭你那弭你 那弭你殺雉你 殺雉你殺雉你
颯鉢唎設你 颯鉢唎設你 颯鉢唎設你莎訶
怛姪他 薛達你薛達你 薛達你 室里瑟你你 室里瑟你你 室里瑟你你
鄔波地你 鄔波地你 鄔波地你莎訶 怛姪他 婆毗你婆毗你 婆毗你
闍底(丁里反 下同)你 闍底你 闍底你 闍摩你你 闍摩你你 闍摩你你莎訶
尒時世尊為諸大眾說長者子昔緣之時諸人天眾歎未曾有時四大天王各於其處
異口同音作如是說
善哉釋迦尊 說妙法明呪 生福除眾惡 十二支相應 我等亦說呪
擁護如是法 若有生違逆 不善隨順者 頭破作七分 猶如蘭香梢
我等於佛前 共說其呪曰
怛姪他 呬里謎 揭勝健陀哩 旃茶里地囉 騷伐囉石呬伐囉
補囉布囉矩矩末底 崎羅末底達地具 窶嚕窶嚕窶 婆具茶毋嚕健提
杜嚕杜嚕毗 囉 翳泥悉泥 悉泥沓(徒洽 下同)婆 達香娑鄔悉但里 鳥率吒羅伐底
頻剌婆伐底 鉢杜摩伐底 俱蘊摩伐底 莎訶
佛告善女天尒時長者子流水及其二子為彼池魚施水施食并說法已俱共還
家是長者子流水復於後時因有眾會設眾伎樂醉酒而臥時十千魚同時命
過生三十三天起如是念我等以何善業因緣生此天中便相謂曰我等先於贍
部洲內墮傍生中共受魚身長者子流水施我等水及以餅食復為我等說甚
深法十二緣起及陀羅尼復稱寶髻如來名号以是因緣能令我等得生此天
是故我今咸應詣彼長者子所報恩供養尒時十千天子即於天沒至贍部洲
大醫王所時長者子在高樓上安隱而睡時十千天子共以十千真珠瓔珞置其
頭邊復以十千置其足處復以十千置於右脅復以十千置左脅邊雨曼陀
羅花摩訶曼陀羅花積至于膝光明普照種種天樂出妙音聲令贍部洲有
睡眠者皆悉覺悟長者子流水亦從睡寤是時十千天子為供養已即於空中
飛騰而去於天自在光王國內處處皆雨天妙蓮花是諸天子復至本處空澤
池中雨眾天花便於此沒還天宮殿隨意自在受五欲樂天自在光王至天曉
已問諸大臣昨夜何緣忽現如是希有瑞相放大光明大臣答言大王當知有
者天眾於長者子流水家中雨四十千真珠瓔珞及天曼陀羅花積至于膝王

BD03699號　金光明最勝王經卷九

（6–5）

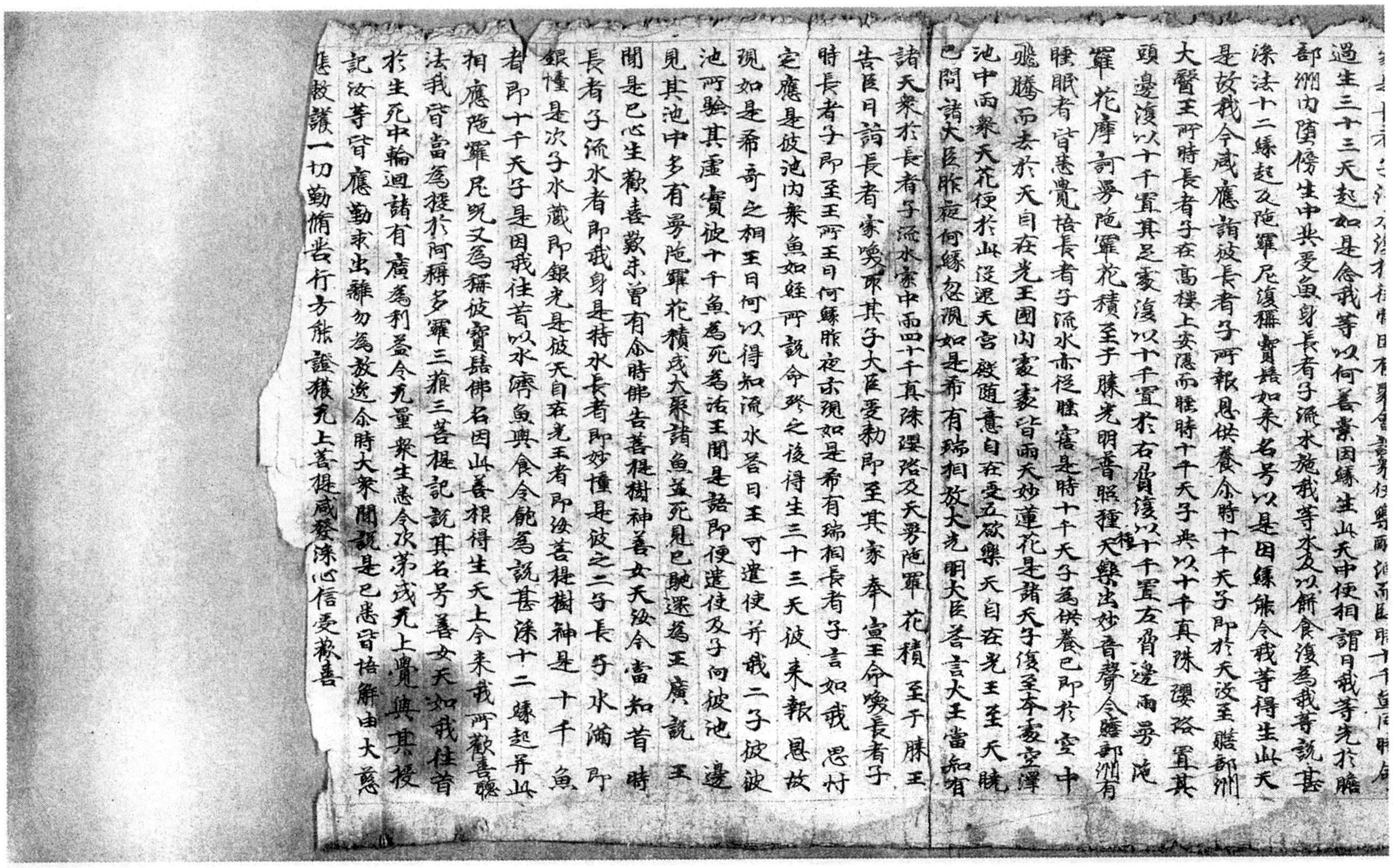

過生三十三天起如是念我等以何善業因緣生此天中便相謂曰我等先於贍
部洲內墮傍生中共受魚身長者子流水施我等水及以餅食復為我等說甚
深法十二緣起及陀羅尼復稱寶髻如來名號以是因緣能令我等得生此天
是故我今咸應詣彼長者子所報恩供養尒時十千天子即於天沒至贍部洲
大醫王所時長者子在高樓上安隱而睡時十千天子共以十千真珠瓔珞置其
頭邊復以十千置其足處復以十千置於右脅復以十千置左脅邊雨曼陀
羅花摩訶曼陀羅花積至于膝光明普照種種天樂出妙音聲令贍部洲有
睡眠者皆悉覺悟長者子流水亦從睡寤是時十千天子為供養已即於空中
飛騰而去於天自在光王國內處處皆雨天妙蓮花是諸天子復至本處空澤
池中雨眾天花便於此沒還天宮殿隨意自在受五欲樂天自在光王至天曉
已問諸大臣昨夜何緣忽現如是希有瑞相放大光明大臣答言大王當知有
諸天眾於長者子流水家中雨四十千真珠瓔珞及天曼陀羅花積至于膝王
告臣曰詣長者家喚取其子大臣受勅即至其家奉宣王命喚長者子
時長者子即至王所王曰何緣昨夜示現如是希有瑞相長者子言如我思忖
定應是彼池內眾魚如經所說命終之後得生三十三天彼來報恩故
現如是希奇之相王曰何以得知流水答曰王可遣使并我二子彼彼
池所驗其虛實彼十千魚為死為活王聞是語即便遣使及子向彼池邊
見其池中多有曼陀羅花積成大聚諸魚並死見已馳還為王廣說王
聞是已心生歡喜歎未曾有尒時佛告菩提樹神善女天汝今當知昔時
長者子流水者即我身是持水長者即妙幢是彼之二子長子水滿即
銀幢是次子水藏即銀光是彼天自在光王者即汝菩提樹神是十千魚
者即十千天子是因我往昔以水濟魚與食令飽為說甚深十二緣起并此
相應陀羅尼呪又為稱彼寶髻佛名因此善根得生天上今來我所歡喜聽
法我皆當為授阿耨多羅三藐三菩提記說其名號善女天如我往昔
於生死中輪迴諸有廣為利益令無量眾生悉令次第成無上覺與其授
記汝等皆應勤求出離勿為放逸尒時大眾聞說是已悉皆悟解由大慈
悲救護一切勤脩苦行方能證獲無上菩提咸發深心信受歡喜

BD03699 號　金光明最勝王經卷九　　（6–6）

BD03699 號背　布歷（擬）　　（1–1）

金光明經卷第九

金光明最勝王經捨身品第廿六　三藏法師義淨奉　制譯
尒時世尊已為大眾說此十千天子往昔因緣復告菩提樹神及諸大眾我於過去行
菩薩道非但施水及食濟彼魚命乃至亦捨所愛之身如是因緣可共觀察尒時如
來應正等覺天上天下最勝最尊百千光明照十方界具一切智功德圓滿將諸苾芻
及於大眾至般遮羅聚落詣一林中其地平正無諸荊棘名花軟草遍布其處佛告
具壽阿難陀汝可於此樹下為我敷座時阿難陀受教敷已白言世尊其座敷訖唯垂
知時尒時世尊即於座上跏趺而坐端身正念告諸苾芻汝等樂欲見彼往昔苦行菩
薩本舍利不諸苾芻言我等樂見世尊即以百福莊嚴相好之手而按其地于時
大地六種震動即便開裂七寶制底忽然涌出眾寶羅網莊嚴其上大眾見已生
希有心尒時世尊即從座起作禮右繞還就本座告阿難陀汝可開此制底之戶
阿難陀即開其戶見七寶函奇珍間飾白言世尊有七寶函眾寶莊校佛言汝可開
函時阿難陀奉教開已見有舍利白如珂雪拘物頭花即白佛言函有舍利色妙異常
佛言阿難陀汝可持此大士骨來時阿難陀即取其骨奉授世尊受已告諸苾芻
汝等應觀苦行菩薩遺身舍利而說頌曰
菩薩勝德相應慧　勇猛精勤六度圓　常修不息為菩提　大捨堅固心無倦
汝等苾芻咸應禮敬菩薩本身此之舍利乃是無量戒定慧香之所熏馥最上福田
極難逢遇時諸苾芻及諸大眾咸皆至心合掌恭敬頂禮舍利歎未曾有時阿難
陀前禮佛足白言世尊如來大師出過一切為諸有情之所恭敬何因緣故禮此身骨佛
告阿難陀我因此骨速得無上正等菩提為報往恩我今致禮復告阿難陀吾今為
汝及諸大眾斷除疑惑說是舍利往昔因緣汝等善思當一心聽阿難白佛我樂聞
願為開闡阿難陀過去世時有一國王名曰大車臣富多財庫藏盈滿軍兵武勇眾所
欽伏常以正法施化黔黎人民熾盛無有怨敵國大夫人誕生三子顏容端正人所樂觀
太子名曰摩訶波羅次子名曰摩訶提婆幼子名曰摩訶薩埵是時大王為欲遊觀
縱賞山林其三王子亦皆隨從為求花果捨父周旋至大竹林於中憩息第一王子作如
是言我於今日心甚驚惶於此林中將無猛獸損害於我第二王子復作是言我於

BD03700號　金光明最勝王經卷一〇

（10–1）

告阿難陀我因此骨速得無上正等菩提為報往恩我今致禮復告阿難陀吾今為
汝及諸大眾斷除疑惑說是舍利往昔因緣汝等善思當一心聽阿難白佛我樂聞
願為開闡阿難陀過去世時有一國王名曰大車臣富多財庫藏盈滿軍兵武勇眾所
欽伏常以正法施化黔黎人民熾盛無有怨敵國大夫人誕生三子顏容端正人所樂觀
太子名曰摩訶波羅次子名曰摩訶提婆幼子名曰摩訶薩埵是時大王為欲遊觀
縱賞山林其三王子亦皆隨從為求花果捨父周旋至大竹林於中憩息第一王子作如
是言我於今日心甚驚惶於此林中將無猛獸損害於我第二王子復作是言我於
自身初無惜恐於所愛有別離苦第三王子白二兄曰
此是神仙所居處　我無恐怖別離憂　身心充遍生歡喜　當獲殊勝諸功德
時諸王子各說本心所念之事次復前行見有一虎產生七子纔經七日諸子圍繞飢
渴所逼身形羸瘦將死不久第一王子作如是言哀哉此虎產來七日七子圍繞無
暇求食飢渴所逼必還噉子薩埵王子問言此虎每常所食何物第一王子答曰
虎豹豺師子　唯噉熱血肉　更無餘飲食　可濟此虛羸
第二王子聞此語已作如是言此虎羸瘦飢渴所逼餘命無幾我等何能為求如是
難得飲食誰復為斯自捨身命濟其飢苦第一王子言一切難捨無過己身薩埵
王子言我等今者於自己身各生愛戀復無智慧不能於他而興利益然有上士懷大
悲心常為利他忘身濟物復作是念我今此身於百千生虛棄爛壞曾無所益云
何今日而不能捨以濟飢苦如捐涕唾時諸王子作是議已各起慈心悽傷愍念共
觀羸虎目不暫移徘徊久之俱捨而去尒時薩埵王子便作是念我捨身命今正
是時何以故
我從久來持此身　臭穢膿流不可愛　供給敷具并衣食　象馬車乘及珍財
變壞之法體無常　恒求難滿難保守　雖常供養懷怨害　終歸棄我不知恩
復次此身不堅於我無益可畏如賊不淨如糞我於今日當使此身修廣大業於生死
海作大舟航棄捨輪迴令得出離復作是念若捨此身則捨無量癰疽惡疾百千
怖畏是身唯有大小便利不堅如泡諸蟲所集血脈筋骨共相連持甚可厭患
是故我今應當棄捨以求無上究竟涅槃永離憂患無常苦惱生死休息斷
諸塵累以定慧力圓滿熏修百福莊嚴成一切智諸佛所讚微妙法身既證得
已施諸眾生無量法樂是時王子興大勇猛發弘誓願以大悲念增益其心
慮彼二兄情懷怖懼共為留難不果所祈即便白言二兄前去我且於後尒時王子
摩訶薩埵還入林中至其虎所脫去衣服置於竹上作是誓言
我為法界諸眾生　志求無上菩提處　起大悲心不傾動　當捨凡夫所愛身
菩提無患無熱惱　諸有智者之所樂　三界苦海諸眾生　我今拔濟令安樂
是時王子作是言已於餓虎前委身而臥由此菩薩慈悲威勢虎無能為菩
薩見已即上高山投身於地復作是念虎今羸瘦不能食我即起求刀竟不
能得即以乾竹刺頸出血漸近虎邊是時大地六種震動如風激水涌沒不安日

BD03700號　金光明最勝王經卷一〇

（10–2）

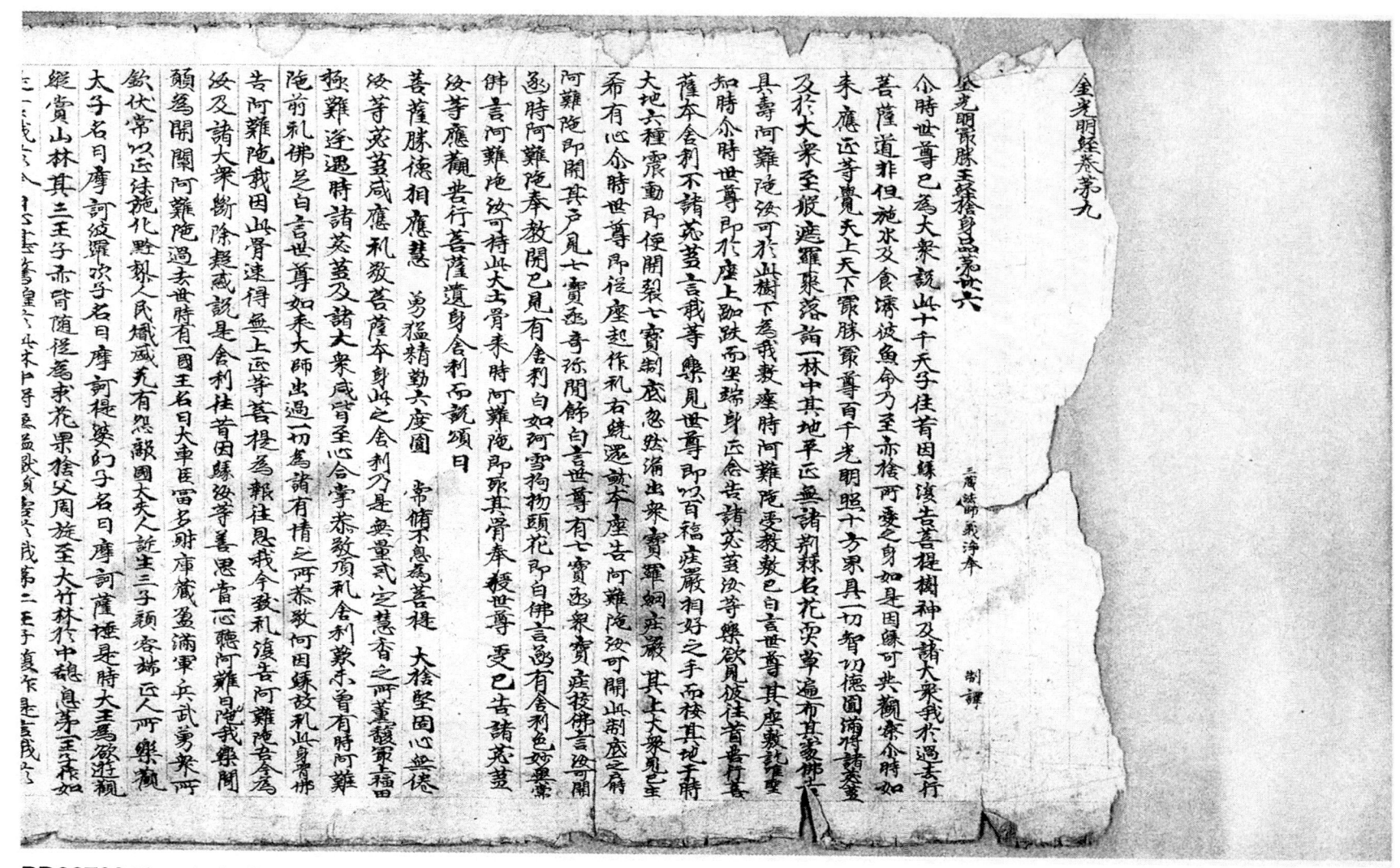

愿彼二兄情懷怖懼共為留難不果所祈即便白言二兄前去我且於後尒時王子
摩訶薩埵遽入林中至其虎所脫去衣服置於竹上作是誓言
我為法界諸衆生　志求無上菩提處　起大悲心不傾動　當捨凡夫所愛身
菩提無患無熱惱　諸有智者之所樂　三界苦海諸衆生　我今救濟令安樂
是時王子作是言已於餓虎前委身而卧由此菩薩慈悲威勢虎無能為菩
薩見已即上高山投身于地復作是念虎今羸痩不能食我即起求刀竟不
能得即以乾竹刺頸出血漸近虎邊是時大地六種震動如風激水涌沒不安日
無精明如羅睺障諸方闇蔽無復光輝天雨名花及妙香末繽紛亂墜遍滿林
中尒時虛空有諸天衆見是事已生隨喜心歎未曾有咸共讚言善哉大士即
說頌曰
大士救護運悲心　等視衆生如一子　勇猛大喜情無悋　捨身濟苦福難思
定至真常勝妙處　永離生死諸纏縛　不久當獲菩提果　寂靜安樂證無生
是時餓虎既見菩薩頸下血流即便䑛血噉肉皆盡唯留餘骨尒時第一王子見地動已告
其弟曰
大地山河皆震動　諸方闇蔽日無光　天花亂墜遍空中　定是我弟捨身相
第二王子聞兄語已說伽他曰
我聞薩埵作悲言　見彼餓虎身羸痩　飢苦所纏恐食子　我今疑弟捨其身
時二王子生大愁苦啼泣悲歎即共相隨還至虎所見弟衣服在竹枝上骸骨及髮
在處縱橫流血成泥霑汙其地見已悶絕不能自持投身骨上久乃得蘇即起舉
手哀號大哭俱時歎曰
我弟貌端嚴　父母偏愛念　云何俱共出　捨身而不歸　父母若問時
我等如何答　寧可同捐命　豈復自存身
時二王子悲泣懊惱漸捨而去時小王子所將侍從互相謂曰王子何在宜共推求
尒時國大夫人寢高樓上便於夢中見不祥相被割兩乳牙齒墮落得三鴿鶵一為
鷹奪二被驚怖地動之時夫人遂覺心大愁惱作如是言
何故今時大地動　江河林樹皆搖震　日無精光如覆蔽　目瞤乳動異常時
如箭射心憂苦逼　遍身戰掉不安隱　我之所夢不祥徵　必有非常災變事
夫人兩乳忽然流出念此必有變怪之事時有侍女聞外人言求覓王子今猶未得
心大驚怖即入宮中白夫人曰大家知不外聞諸人散覓王子遍求不得時彼夫人
聞是語已生大憂惱悲淚盈目至大王所白言大王我聞外人作如是語失我最
小所愛之子王聞語已驚惶失所悲哽而言苦哉今日失我愛子即便抆淚慰
喻夫人告言賢首汝勿憂戚吾今共出求覓愛子王與大臣及諸人衆即共出
城各各分散隨處求覓未久之頃有一大臣前白王曰聞王子在願勿憂愁其
最小者今猶未見王聞是語悲歎而言苦哉苦哉失我愛子
初有子時歡喜少　後失子時憂苦多　若使我兒重壽命　縱我身亡不為苦

BD03700 號　金光明最勝王經卷一〇　（10–3）

聞是語已生大憂惱悲淚盈目至大王所白言大王我聞外人作如是語失我最
小所愛之子王聞語已驚惶失所悲哽而言苦哉今日失我愛子即便抆淚慰
喻夫人告言賢首汝勿憂戚吾今共出求覓愛子王與大臣及諸人衆即共出
城各各分散隨處求覓未久之頃有一大臣前白王曰聞王子在願勿憂愁其
最小者今猶未見王聞是語悲歎而言苦哉苦哉失我愛子
初有子時歡喜少　後失子時憂苦多　若使我兒重壽命　縱我身亡不為苦
夫人聞已憂惱纏懷如被箭中而嗟歎曰
我之三子并侍從　俱往林中共遊賞　最小愛子獨不還　定有乖離災厄事
次第二臣來至王所王問臣曰愛子何在第二大臣懊惱啼泣喉舌乾燥口不能言
竟無所答夫人問曰
速報小子今何在　我身熱惱遍燒然　悶亂荒迷失本心　勿使我胸今破裂
時第三臣即以王子捨身之事具白王知王及夫人聞其事已不勝悲噎望捨身處
驟駕前行詣竹林所至彼菩薩捨身之地見其骸骨隨處交橫俱時投地悶絕將死
猶如猛風吹倒大樹心迷失緒都無所知時大臣等以水遍灑王及夫人良久乃蘇舉手而
哭咨嗟歎曰
禍哉愛子端嚴相　因何死苦先來逼　若我得在汝前亡　豈見如斯大苦事
尒時夫人迷悶稍止頭髮蓬亂兩手推胸宛轉于地如魚處陸若牛失子悲泣而言
我子誰屠割　餘骨散于地　失我所愛子　憂悲不自勝　苦哉誰殺子
致斯憂惱事　我心非金剛　云何而不破　我夢中所見　兩乳皆被割
牙齒悉墮落　今遭大苦痛　又夢三鴿鶵　一被鷹擒去　今失所愛子
惡相表非虛
尒時大王及於夫人并二王子盡哀號哭瓔珞不御與諸人衆共收菩薩遺身舍利為
於供養置窣覩波中阿難陀汝等應知此即是彼菩薩舍利復告阿難陀我於昔時
雖具煩惱貪瞋癡等能於地獄餓鬼傍生五趣之中隨緣救濟令得出離何況今時
煩惱都盡無復餘習号天人師具一切智而不能為一一衆生經於多劫在地獄中及
餘處代受衆苦令出生死煩惱輪迴尒時世尊欲重宣此義而說頌言
我念過去世　無量無數劫　或時作國王　或復為王子　常行於大施
及捨所愛身　願出離生死　至妙菩提處　昔時有大國　國主名大車
王子名勇猛　常施心無悋　王子有二兄　号大渠大天　三人同出遊
漸至山林所　見虎飢所逼　便生如是心　此虎飢火燒　更無餘可食
大士觀如斯　恐其噉食子　捨身無所顧　救子不令傷　大地及諸山
一時皆震動　江海皆騰躍　驚波水逆流　天地失光明　昏冥無所見
林野諸禽獸　飛奔失所依　二兄怪不還　憂戚生悲苦　即與諸侍從
林藪遍尋求　兄弟共籌議　復往深山處　四顧無所有　見虎處空林
其母并七子　口皆有血汙　殘骨并餘髮　縱橫在地中　復見有流血

BD03700 號　金光明最勝王經卷一〇　（10–4）

漸至山林所 見虎飢所逼 便生如是心 此虎飢火燒 更無餘可食
大士覩如斯 恐其將食子 捨身無所顧 救子不令傷 大地及諸山
一時皆震動 江海皆騰躍 驚波水逆流 天地失光明 昏闇無所見
林野諸禽獸 飛奔豈所依 二兒怯不還 憂感生悲苦 即与諸侍從
林藪遍尋求 兄弟共籌議 復往深山處 四顧無所有 見虎處空林
其母并七子 口皆有血汙 殘骨并餘髮 縱橫在地中 復見有流血
散在竹林所 二兒既見已 心生大恐怖 悶絕俱投地 荒迷不覺知
塵土坌其身 六情皆失念 王子諸侍從 啼泣心憂惱 以水灑令蘇
舉手號咷哭 菩薩捨身時 慈母在宮內 五百諸婇女 共受於妙樂
夫人之兩乳 忽然自流出 遍體如針刺 苦痛不能安 欻生失子想
憂箭苦傷心 即白大王知 陳斯苦惱事 悲泣不堪忍 哀聲向王說
大王今當知 我生大苦惱 兩乳忽流出 禁止不隨心 如針遍刺身
煩冤胸欲破 我先夢惡徵 必當失愛子 願王濟我命 知兒存與亡
夢見三鴿鷇 小者是愛子 忽被鷹奪去 悲愁難具陳 我今沒憂海
趣死皆不久 恐子命不全 願為速求覓 又聞外人語 小子求不得
我今意不安 願王哀憨我 夫人白王已 舉身而躃地 悲痛心悶絕
荒迷不覺知 婇女見夫人 悶絕在於地 舉聲皆大哭 憂惶失所依
王聞如是語 懷憂不自勝 因命諸群臣 尋求所愛子 皆共出城外
隨處而追覓 涕泣問諸人 王子今何在 今者為存亡 誰知所去處
云何令得見 適我憂惱心 諸人悉共傳 咸言王子死 聞者皆傷悼
悲歎苦難裁 尒時大車王 悲號從座起 即就夫人處 以水灑其身
夫人蒙水灑 久乃得醒悟 悲啼以問王 我兒今在不 王告夫人曰
我已使諸人 四向求王子 尚未有消息 王又告夫人 汝莫生煩惱
且當自安慰 可共出追尋 王即与夫人 嚴駕而前進 號慟聲悽感
憂心若火然 士庶百千万 亦隨王出城 各欲求王子 悲號聲不絕
王求愛子故 目視於四方 見有一人來 被髮身塗血 遍體蒙塵土
悲哭逆前來 王見是惡相 倍復生憂惱 王便舉兩手 哀號不自裁
初有一大臣 忩忙至王所 進白大王曰 幸願勿悲哀 王之所愛子
今雖求未獲 不久當來至 以釋大王憂 王復更前行 見次大臣至
其臣詣王所 流淚白王言 二子今見存 被憂火所逼 其第三王子
已被無常吞 見餓虎初生 將欲食其子 彼薩埵王子 見此起悲心
願求無上道 當度一切眾 繫想妙菩提 廣大深如海 即上高山頂
投身餓虎前 虎羸不能食 以竹自傷頸 遂噉王子身 唯有餘骸骨
時王及夫人 聞已俱悶絕 心沒於憂海 煩惱火燒然 臣以栴檀水
灑王及夫人 俱起大悲號 舉手推胸臆 第三大臣來 白王如是語

BD03700號 金光明最勝王經卷一〇

(10–5)

今雖求未獲 不久當來至 以釋大王憂 王復更前行 見次大臣至
其臣詣王所 流淚白王言 二子今見存 被憂火所逼 其第三王子
已被無常吞 見餓虎初生 將欲食其子 彼薩埵王子 見此起悲心
願求無上道 當度一切眾 繫想妙菩提 廣大深如海 即上高山頂
投身餓虎前 虎羸不能食 以竹自傷頸 遂噉王子身 唯有餘骸骨
時王及夫人 聞已俱悶絕 心沒於憂海 煩惱火燒然 臣以栴檀水
灑王及夫人 俱起大悲號 舉手推胸臆 第三大臣來 白王如是語
我見二王子 悶絕在林中 臣以冷水灑 尒乃暫蘇息 顧視於四方
如猛火周遍 暫起而還伏 悲號不自勝 舉手以哀言 稱歎弟希有
王聞如是說 倍增憂火煎 夫人大號咷 高聲作是語
我之小子偏鍾愛 已為無常羅剎吞 餘有二子今現在 復被憂火所燒逼
我今速可之山下 安慰令其保餘命 即便馳駕望前路 一心詣彼捨身崖
路逢二子行啼泣 搥胸懊惱失容儀 父母見已抱憂悲 俱往山林捨身處
既至菩薩捨身地 共聚悲號生大苦 脫去瓔珞盡哀心 收取菩薩身餘骨
与諸人眾同供養 共造七寶窣覩波 以彼舍利置函中 整駕懷憂趣城邑
復告阿難陁 往時薩埵者 即我牟尼是 勿生於異念 王是父淨飯
后是母摩耶 太子謂慈氏 次曼殊室利 虎是大世主 五兒五苾芻
一是大目連 一是舍利子 我為汝等說 往昔利他緣 如是菩薩行
成佛因當學 菩薩捨身時 發如是弘誓 願我身餘骨 來世益眾生
此是捨身處 七寶窣覩波 以經无量時 遂沉於厚地 由昔本願力
隨緣興濟度 為利於人天 從地而涌出
尒時世尊說是往昔因緣之時無量阿僧企耶人天大眾皆大悲喜歎未曾有
悉發阿耨多羅三藐三菩提心復告樹神我為報恩故致礼敬佛攝神力其
窣覩波還沒于地
金光明最勝王經十方菩薩讚歎品第廿七
尒時釋迦牟尼如來說是經時於十方世界有無量百千万億諸菩薩眾各
從本土詣鷲峯山至世尊所五輪著地礼世尊已一心合掌異口同音而讚歎曰
佛身微妙真金色 其光普照等金山 清淨柔耎若蓮花 无量妙彩而嚴飾
三十二相遍莊嚴 八十種好皆圓備 光明晒著無与等 離垢猶如淨滿月
其聲清徹甚微妙 如師子吼震雷音 八種微妙應群機 超勝迦陵頻伽等
百福妙相以嚴容 光明具足淨无垢 智慧澄明如大海 功德廣大若虛空
圓光遍滿十方界 隨緣普濟諸有情 煩惱愛染習皆除 法炬恒然不休息
哀愍利益諸眾生 現在未來能与樂 常為宣說第一義 令證涅槃真寂靜
佛說甘露殊勝法 能与甘露微妙義 引入甘露涅槃城 令受甘露无為樂
常於生死大海中 解脫一切眾生苦 令彼能住安隱處 恒与難思如意樂

BD03700號 金光明最勝王經卷一〇

(10–6)

[illegible]
其聲清徹甚微妙 如師子吼震雷音 八種微妙應群機 超勝迦陵頻伽等
百福妙相以嚴容 光明具足淨无垢 智慧澄明如大海 功德廣大若虛空
圓光遍滿十方界 隨緣普濟諸有情 煩惱愛染習皆除 法炬恒然不休息
哀愍利益諸眾生 現在未來能与樂 常為宣說第一義 令證涅槃真寂靜
佛說甘露殊勝法 能与甘露微妙義 引入甘露涅槃城 令受甘露无為樂
常於生死大海中 解脫一切眾生苦 令彼能住安隱露 恒与難思如意樂
如來德海甚深廣 非諸譬喻所能知 於眾常起大悲心 方便精勤恒不息
如來智海无邊際 一切人天共測量 假使千万億劫中 不能得知其少分
我今略讚佛功德 於德海中唯一渧 迴斯福聚施群生 皆願速證菩提果
尒時世尊告諸菩薩言：善哉善哉！汝等善能如是讚佛功德，利益有情，廣興
佛事，能滅諸罪，生無量福。

金光明最勝王經妙幢菩薩讚歎品第廿八

尒時妙幢菩薩即從座起，偏袒右肩，右膝著地，合掌向佛而說讚曰：
牟尼百福相圓滿 無量功德以嚴身 廣大清淨人樂觀 猶如千日光明照
焰彩無邊光熾盛 如妙寶聚相端嚴 如日初出映虛空 紅白分明間金色
亦如金山光普照 悉能周遍百千土 能滅眾生無量苦 皆与無邊勝妙樂
諸相具足悉嚴淨 眾生樂觀無猒足 頭髮柔軟紺青色 猶如黑蜂集妙花
大喜大捨淨莊嚴 大慈大悲皆具足 眾妙相好為嚴飾 菩提分法之所成
如來能施眾福利 令彼常獲大安樂 種種妙德共莊嚴 光明普照千万土
如來光明極圓滿 猶如赫日遍空中 佛如須弥功德具 示現能周於十方
如來金口妙端嚴 齒白齊密如珂雪 如來面貌無倫匹 眉間毫相常右旋
光潤鮮白等頗梨 猶如滿月居空界
佛告妙幢菩薩：汝能如是讚佛功德，不可思議，利益一切，令未知者隨順修學。

金光明最勝王經菩提樹神讚歎品第廿九

尒時菩提樹神亦以伽他讚世尊曰：
敬礼如來清淨慧 敬礼常求正法慧 敬礼能離非法慧 敬礼恒無分別慧
希有世尊無邊行 希有難見如優曇 希有如海鎮山王 希有善逝无量光
希有調御弘慈願 希有釋種明燈日 能說如是經中寶 哀愍利益諸群生
牟尼寂靜諸根定 能入寂靜涅槃城 能住寂靜等持門 能知寂靜深境界
兩足中尊住空寂 聲聞弟子身亦空 一切法體性皆无 一切眾生悉空寂
我常憶念於諸佛 我常樂見諸世尊 我常發起慇重心 常得值遇如來日
我常頂礼於世尊 願常渴仰心不捨 悲泣流淚情无間 常得奉事不知猒
唯願世尊起悲心 和顏常得令我見 佛及聲聞眾清淨 願常普濟於人天
佛身本淨若虛空 亦如幻焰及水月 願說涅槃甘露法 能生一切功德聚
世尊所有淨境界 慈悲正行不思議 聲聞獨覺非所量 大仙菩薩不能測

BD03700 號　金光明最勝王經卷一〇　（10–7）

[illegible]
牟尼寂靜諸根定 能入寂靜涅槃城 能住寂靜等持門 能知寂靜深境界
兩足中尊住空寂 聲聞弟子身亦空 一切法體性皆无 一切眾生悉空寂
我常憶念於諸佛 我常樂見諸世尊 我常發起慇重心 常得值遇如來日
我常頂礼於世尊 願常渴仰心不捨 悲泣流淚情无間 常得奉事不知猒
唯願世尊起悲心 和顏常得令我見 佛及聲聞眾清淨 願常普濟於人天
佛身本淨若虛空 亦如幻焰及水月 願說涅槃甘露法 能生一切功德聚
世尊所有淨境界 慈悲正行不思議 聲聞獨覺非所量 大仙菩薩不能測
唯願如來哀愍我 常令覩見大悲身 三業無倦奉慈尊 速出死歸真際
尒時世尊聞是讚已，以梵音聲告樹神曰：善哉善哉！善女天，汝能於我真實
无妄清淨法身，自利利他，宣揚妙相，以此功德，令汝速證最上菩提，一切有情同所修
習，若得聞者，皆入甘露無生法門。

金光明最勝王經大辯才天女讚歎品第卅

尒時大辯才天女即從座起，合掌恭敬，以直言詞讚世尊曰：
南謨釋迦牟尼如來應正等覺，身真金色，咽如螺貝，面如滿月，目類青蓮，脣口
赤好如頗梨色，鼻高脩直如截金鋌，齒白齊密如拘物頭花，身光普照如百千日，
光彩暎徹如瞻部金，所有言詞皆無謬失，示三解門，開三菩提路，心常清淨，
意樂亦然，佛所住處及所行境亦常清淨，離非威儀，進止無謬，六年苦行，三
轉法輪，度苦眾生，令歸彼岸，身相圓滿如拘陁樹，六度薰脩，三業無失，具一切
智，自他利滿，所有宣說常為眾生，言不虛設，於釋種中為大師子，堅固勇猛，
具八解脫，我今隨力稱讚如來少分功德，猶如蚊子飲大海水，願以此福廣及有情，
永離生死，成無上道。
尒時世尊告大辯才天曰：善哉善哉！汝久脩習，具大辯才，今復於我廣陳讚歎，
令汝速證无上法門，相好圓明，普利一切。

金光明最勝王經付囑品第卅一

尒時世尊普告無量菩薩及諸人天一切大眾：汝等當知，我於無量無數大劫勤脩
苦行，獲甚深法菩提正因，已為汝說。汝等誰能發勇猛心，恭敬守護，我涅槃後
於此法門廣宣流布，能令正法久住世間？尒時眾中有六十俱胝諸大菩薩、六十俱
胝諸天大眾，異口同音作如是語：世尊！我等咸有欣樂之心，於佛世尊无量大
劫勤脩苦行所獲甚深微妙之法菩提正因，恭敬護持，不惜身命，佛涅槃後，於
此法門廣宣流布，當令正法久住世間。尒時諸大菩薩即於佛前說伽他曰：
世尊真實語 安住於實法 由彼真實故 護持於此經 大悲為甲冑
安住於大慈 由彼慈悲力 護持於此經 福資粮圓滿 生起智資粮
由資粮滿故 護持於此經 降伏一切魔 破滅諸邪論 斷除惡見故
護持於此經 護世并釋梵 乃至阿蘇羅 龍神藥叉等 護持於此經
地上及虛空 久住於斯者 奉持佛教故 護持於此經 四梵住相應

BD03700 號　金光明最勝王經卷一〇　（10–8）

胝諸天大衆異口同音作如是語世尊我等咸有欣樂之心於佛世尊无量大
劫勤脩苦行所獲甚深微妙之法菩提正因恭敬護持不惜身命佛涅槃後於
此法門廣宣流布當令正法久住世間尒時諸大菩薩即於佛前說伽他曰
世尊真實語　安住於實法　由彼真實故　護持於此經　大悲為甲胄
安住於大慈　由彼慈悲力　護持於此經　福資粮圓滿　生起智資粮
由資粮滿故　護持於此經　降伏一切魔　破滅諸邪論　斷除惡見故
護持於此經　護世并釋梵　乃至阿蘇羅　龍神藥叉等　護持於此經
地上及虛空　久住於斯者　奉持佛教故　護持於此經　四梵住相應
四聖諦嚴飾　降伏四魔故　護持於此經　虛空成質礙　質礙成虛空
諸佛所護持　無能傾動者
尒時四大天王聞佛說此護持妙法各生隨喜護正法心一時同聲說伽他曰
我今於此經　及男女眷屬　皆一心擁護　令得廣流通　若有持經者
能作菩提因　我常於四方　擁護而承事
尒時天帝釋合掌恭敬說伽他曰
諸佛證此法　為欲報恩故　饒益菩薩衆　出世演斯經　我於彼諸佛
報恩常供養　護持如是經　及以持經者
尒時覩史多天子合掌恭敬說伽他曰
佛說如是經　若有能持者　當住菩提位　來生覩史天　世尊我慶悅
捨天殊勝報　住於贍部洲　宣揚是經典
尒時索訶世界主梵天王合掌恭敬說伽他曰
諸靜慮无量　諸乘及解脫　皆從此經出　是故演斯經　若說是經處
我捨梵天樂　為聽如是經　亦常為擁護
尒時魔王子名曰商主合掌恭敬說伽他曰
若有受持此　正義相應經　不隨魔所行　淨除魔惡業　我等於此經
亦當勤守護　發大精進意　隨處廣流通
尒時魔王合掌恭敬說伽他曰
若有持此經　能伏諸煩惱　如是衆生類　擁護令安樂　若有說是經
諸魔不得便　由佛威神故　我當擁護彼
尒時妙吉祥天子亦於佛前說伽他曰
諸佛妙菩提　於此經中說　若持此經者　是供養如來　我當持此經
為俱胝天說　恭敬聽聞者　勸至菩提處
尒時慈氏菩薩合掌恭敬說伽他曰
若見住菩提　與為不請友　乃至捨身命　為護此經王　我聞如是法
當往覩史天　由世尊加護　廣為人天說
尒時上座大迦攝波合掌恭敬說伽他曰

BD03700號　金光明最勝王經卷一〇　（10–9）

[illegible]合掌恭敬說伽他曰
若有受持此　正義相應經　不隨魔所行　淨除魔惡業　我等於此經
亦當勤守護　發大精進意　隨處廣流通
尒時魔王合掌恭敬說伽他曰
若有持此經　能伏諸煩惱　如是衆生類　擁護令安樂　若有說是經
諸魔不得便　由佛威神故　我當擁護彼
尒時妙吉祥天子亦於佛前說伽他曰
諸佛妙菩提　於此經中說　若持此經者　是供養如來　我當持此經
為俱胝天說　恭敬聽聞者　勸至菩提處
尒時慈氏菩薩合掌恭敬說伽他曰
若見住菩提　與為不請友　乃至捨身命　為護此經王　我聞如是法
當往覩史天　由世尊加護　廣為人天說
尒時上座大迦攝波合掌恭敬說伽他曰
佛於聲聞衆　說我為智慧　我今隨自力　護持如是經　若有於此經
我當攝受彼　授其詞辯力　常隨讚善哉
尒時具壽阿難陀合掌向佛說伽他曰
我親從佛聞　無量衆經典　未曾聞如是　深妙法中王　我今聞是經
親於佛前受　諸樂菩提者　當為廣宣通
尒時世尊見諸菩薩人天大衆各各發心於此經典流通擁護勸進菩薩
廣利衆生讚言善哉善哉汝等能於如是微妙經王虔誠流布乃至於
我般涅槃後不令散滅即是无上菩提正因所獲功德於恒沙劫說不能
盡若有苾芻苾芻尼鄔波索迦鄔波斯迦及餘善男子善女人等供養恭
敬書寫流通為人解說所獲功德亦復如是是故汝等應勤修習尒時
無量無邊恒河沙大衆聞佛說已皆大歡喜信受奉行
金光明最勝王經卷第十

BD03700號　金光明最勝王經卷一〇　（10–10）

妙法蓮華經安樂行品第十四　　卷五
尒時文殊師利法王子菩薩摩訶薩白佛言
世尊是諸菩薩甚爲難有敬順佛故發大誓
願於後惡世護持讀誦是法華經世尊菩薩
摩訶薩於後惡世云何能說是經佛告文殊
師利若菩薩摩訶薩於後惡世欲說是經當
安住四法一者安住菩薩行處親近處能爲衆
生演說是經文殊師利云何名菩薩摩訶薩
行處若菩薩摩訶薩住忍辱地柔和善順
而不卒暴心亦不驚又復於法无所行而觀諸
法如實相亦不行不分別是名菩薩摩訶
薩行處云何名菩薩摩訶薩親近處菩薩
摩訶薩不親近國王王子大臣官長不親近諸
外道梵志尼揵子等及造世俗文筆讚詠外
書及路伽耶陀逆路伽耶陀者亦不親近諸
有兇戲相扠相撲及那羅等種種變現之戲
又不親近旃陀羅及畜猪羊雞狗田獵漁捕
諸惡律儀如是人等或時來者則爲說法无
所悕望又不親近求聲聞比丘比丘尼優婆
塞優婆夷亦不問訊若於房中若經行處若

BD03701號　妙法蓮華經卷五　　（2–1）

行處若菩薩摩訶薩住忍辱地柔和善順
而不卒暴心亦不驚又復於法无所行而觀諸
法如實相亦不行不分別是名菩薩摩訶
薩行處云何名菩薩摩訶薩親近處菩薩
摩訶薩不親近國王王子大臣官長不親近諸
外道梵志尼揵子等及造世俗文筆讚詠外
書及路伽耶陀逆路伽耶陀者亦不親近諸
有兇戲相扠相撲及那羅等種種變現之戲
又不親近旃陀羅及畜猪羊雞狗田獵漁捕
諸惡律儀如是人等或時來者則爲說法无
所悕望又不親近求聲聞比丘比丘尼優婆
塞優婆夷亦不問訊若於房中若經行處若
在講堂中不共住止或時來者隨宜說法无
所悕求文殊師利又菩薩摩訶薩不應於女
人身取能生欲想相而爲說法亦不樂見若
入他家不與小女處女寡女等共語亦復不
近五種不男之人以爲親厚不獨入他家若
有因緣須獨入時但一心念佛若爲女人說法
不露齒笑不現胷臆乃至爲法猶不親

BD03701號　妙法蓮華經卷五　　（2–2）

化生
若非有想若非无想我
度之如是滅度无量无
得滅度者何以故
相衆生相壽者相
復次須菩提菩薩
所謂不住色布施不
菩提菩薩應如是布
菩薩不住相布施其福德不可思
於意云何東方虛空可思量不不
菩提南西北方四維上下虛空可思
也世尊須菩提菩薩无住相布施福
如是不可思量須菩提菩薩但應如所教住須
菩提於意云何可以身相見如來不不也世
尊不可以身相得見如來何以故如來所說
身相即非身相佛告須菩提凡所有相皆是
虛妄若見諸相非相則見如來
須菩提白佛言世尊頗有衆生得聞如是言
說章句生實信不佛告須菩提莫作是說如
來滅後後五百歲有持戒脩福者於此章句
能生信心以此為實當知是人不於一佛二
佛三四五佛而種善根已於无量千万佛所
種諸善根聞是章句乃至一念生淨信者須

BD03702 號　金剛般若波羅蜜經

（14–1）

身相即非身相佛告須菩提凡所有相皆是
虛妄若見諸相非相則見如來
須菩提白佛言世尊頗有衆生得聞如是言
說章句生實信不佛告須菩提莫作是說如
來滅後後五百歲有持戒脩福者於此章句
能生信心以此為實當知是人不於一佛二
佛三四五佛而種善根已於无量千万佛所
種諸善根聞是章句乃至一念生淨信者須
菩提如來悉知悉見是諸衆生得如是无量
福德何以故是諸衆生无復我相人相衆生
相壽者相无法相亦无非法相何以故是諸
衆生若心取相則為著我人衆生壽者若取
法相即著我人衆生壽者何以故若取非法
相即著我人衆生壽者是故不應取法不應
取非法以是義故如來常說汝等比丘知我
說法如筏喻者法尚應捨何况非法
須菩提於意云何如來得阿耨多羅三藐三
菩提耶如來有所說法耶須菩提言如我解
佛所說義无有定法名阿耨多羅三藐三菩
提亦无有定法如來可說何以故如來所說法
皆不可取不可說非法非非法所以者何
一切賢聖皆以无為法而有差別
須菩提於意云何若人滿三千大千世界七
寶以用布施是人所得福德寧為多不須菩
提言甚多世尊何以故是福德即非福德性
是故如來說福德多若復有人於此經中受
持乃至四句偈等為他人說其福勝彼何以
故須菩提一切諸佛及諸佛阿耨多羅三藐三

BD03702 號　金剛般若波羅蜜經

（14–2）

提言甚多世尊何以故是福德即非福德性
是義故如來說福德多若復有人於此經中受
持乃至四句偈等為他人說其福勝彼何以
故須菩提一切諸佛及諸佛阿耨多羅三藐三
菩提法皆從此經出須菩提所謂佛法者即非佛
法須菩提於意云何須陀洹能作是念我得須
陀洹果不須菩提言不世尊何以故須陀
洹名為入流而无所入不入色聲香味觸法
是名須陀洹須菩提於意云何斯陀含能作是
念我得斯陀含果不須菩提言不世尊何
以故斯陀含名一往來而實无往來是名斯
陀含須菩提於意云何阿那含能作是念我
得阿那含果不須菩提言不世尊何以故
阿那含名為不來而實无來是故名阿那
含須菩提於意云何阿羅漢能作是念我得
阿羅漢道不須菩提言不世尊何以故實
无有法名阿羅漢世尊若阿羅漢作是念我
得阿羅漢道即為著我人衆生壽者世尊
佛說我得无諍三昧人中最為第一是第一
離欲阿羅漢我不作是念我是離欲阿羅漢
世尊我若作是念我得阿羅漢道世尊則不
說須菩提是樂阿蘭那行者以須菩提實无
所行而名須菩提樂阿蘭那行
佛告須菩提於意云何如來昔在然燈佛所
於法有所得不世尊如來在然燈佛所於法
實无所得須菩提於意云何菩薩莊嚴佛土
不不也世尊何以故莊嚴佛土者則非莊嚴

BD03702 號　金剛般若波羅蜜經　（14–3）

佛告須菩提於意云何如來昔在然燈佛所
於法有所得不世尊如來在然燈佛所於法
實无所得須菩提於意云何菩薩莊嚴佛土
不不也世尊何以故莊嚴佛土者則非莊嚴
是名莊嚴是故須菩提諸菩薩摩訶薩應如
是生清淨心不應住色生心不應住聲香味
觸法生心應无所住而生其心須菩提譬如
有人身如須彌山王於意云何是身為大不須
菩提言甚大世尊何以故佛說非身是名大身
須菩提如恒河中所有沙數如是沙等恒河
於意云何是諸恒河沙寧為多不須菩提言
甚多世尊但諸恒河尚多无數何況其沙須
菩提我今實言告汝若有善男子善女人以
七寶滿尒所恒河沙數三千大千世界以用布
施得福多不須菩提言甚多世尊佛告須菩
提若善男子善女人於此經中乃至受持四
句偈等為他人說而此福德勝前福德復次
須菩提隨說是經乃至四句偈等當知此處
一切世間天人阿脩羅皆應供養如佛塔廟
何況有人盡能受持讀誦須菩提當知是人
成就最上第一希有之法若是經典所在之
處則為有佛若尊重弟子
尒時須菩提白佛言世尊當何名此經我等
云何奉持佛告須菩提是經名為金剛般若
波羅蜜以是名字汝當奉持所以者何須菩
提佛說般若波羅蜜則非般若波羅蜜須菩
提於意云何如來有所說法不須菩提白佛

BD03702 號　金剛般若波羅蜜經　（14–4）

云何奉持佛告須菩提是經名爲金剛般若
波羅蜜以是名字汝當奉持所以者何須菩
提佛説般若波羅蜜則非般若波羅蜜須菩
提於意云何如來有所説法不須菩提白佛
言世尊如來无所説須菩提於意云何三千
大千世界所有微塵是爲多不須菩提言甚
多世尊須菩提諸微塵如來説非微塵是
名微塵如來説世界非世界是名世界須菩
提於意云何可以卅二相見如來不不也世尊
不可以卅二相得見如來何以故如來説卅二相
即是非相是名卅二相須菩提若有善男子善女
人以恒河沙等身命布施若復有人於此經中乃
至受持四句偈等爲他人説其福甚多
尒時須菩提聞説是經深解義趣涕淚悲泣
而白佛言希有世尊佛説如是甚深經典我
從昔來所得慧眼未曾得聞如是之經世尊
若復有人得聞是經信心清淨則生實相當
知是人成就第一希有功德世尊是實相者
則是非相是故如來説名實相世尊我今得
聞如是經典信解受持不足爲難若當來世
後五百歲其有衆生得聞是經信解受持是
人則爲第一希有何以故此人无我相人相
衆生相壽者相所以者何我相即是非相人相
衆生相壽者相即是非相何以故離一切諸
相則名諸佛佛告須菩提如是如是若復有
人得聞是經不驚不怖不畏當知是人甚爲
希有何以故須菩提如來説第一波羅蜜非

BD03702 號　金剛般若波羅蜜經

（14–5）

衆生相壽者相所以者何我相即是非相人相
衆生相壽者相即是非相何以故離一切諸
相則名諸佛佛告須菩提如是如是若復有
人得聞是經不驚不怖不畏當知是人甚爲
希有何以故須菩提如來説第一波羅蜜非
第一波羅蜜是名第一波羅蜜
須菩提忍辱波羅蜜如來説非忍辱波羅蜜
何以故須菩提如我昔爲歌利王割截身體
我於尒時无我相无人相无衆生相无壽者
相何以故我於往昔節節支解時若有我
相人相衆生相壽者相應生瞋恨須菩提又
念過去於五百世作忍辱仙人於尒所世无我
相无人相无衆生相无壽者相是故須菩提
菩薩應離一切相發阿耨多羅三藐三菩提
心不應住色生心不應住聲香味觸法生心
應生无所住心若心有住則爲非住是故佛
説菩薩心不應住色布施須菩提菩薩爲利
益一切衆生應如是布施如來説一切諸相
即是非相又説一切衆生則非衆生須菩提
如來是真語者實語者如語者不誑語者不
異語者須菩提如來所得法此法无實无虛須
菩提若菩薩心住於法而行布施如人入闇
則无所見若菩薩心不住法而行布施如人
有目日光明照見種種色須菩提當來之世
若有善男子善女人能於此經受持讀誦則
爲如來以佛智慧悉知是人悉見是人皆得
成就无量无邊功德

BD03702 號　金剛般若波羅蜜經

（14–6）

則无所見若菩薩心不住法而行布施如人
有目日光明照見種種色須菩提當來之世
若有善男子善女人能於此經受持讀誦則
為如來以佛智慧悉知是人悉見是人皆得
成就无量无邊功德
須菩提若有善男子善女人初日分以恒河
沙等身布施中日分復以恒河沙等身布施
後日分亦以恒河沙等身布施如是无量百
千万億劫以身布施若復有人聞此經典信
心不逆其福勝彼何況書寫受持讀誦為人
解說須菩提以要言之是經有不可思議不
可稱量无邊功德如來為發大乘者說為發
最上乘者說若有人能受持讀誦廣為人說
如來悉知是人悉見是人皆得成就不可量不
可稱无有邊不可思議功德如是人等則為
荷擔如來阿耨多羅三藐三菩提何以故須
菩提若樂小法者著我見人見眾生見壽者
見則於此經不能聽受讀誦為人解說須菩
提在在處處若有此經一切世間天人阿脩
羅所應供養當知此處則為是塔皆應恭敬
作禮圍繞以諸華香而散其處
復次須菩提善男子善女人受持讀誦此經
若為人輕賤是人先世罪業應墮惡道以今
世人輕賤故先世罪業則為消滅當得阿耨
多羅三藐三菩提須菩提我念過去无量阿
僧祇劫於然燈佛前得值八百四千万億那
由他諸佛悉皆供養承事无空過者若復有
人於後末世能受持讀誦此經所得功德於

BD03702號　金剛般若波羅蜜經　（14–7）

世人輕賤故先世罪業則為消滅當得阿耨
多羅三藐三菩提須菩提我念過去无量阿
僧祇劫於然燈佛前得值八百四千万億那
由他諸佛悉皆供養承事无空過者若復有
人於後末世能受持讀誦此經所得功德於
我所供養諸佛功德百分不及一千万億分
乃至筭數譬喻所不能及須菩提若善男子
善女人於後末世有受持讀誦此經所得功德
我若具說者或有人聞心則狂亂狐疑不信須
菩提當知是經義不可思議果報亦不可思議
尒時須菩提白佛言世尊善男子善女人發
阿耨多羅三藐三菩提心云何應住云何降
伏其心佛言須菩提善男子善女人發阿耨
多羅三藐三菩提者當生如是心我應滅度
一切眾生滅度一切眾生已而无有一切眾生
實滅度者何以故若菩薩有我相人相眾生
相壽者相則非菩薩所以者何須菩提實无
有法發阿耨多羅三藐三菩提者須菩提於
意云何如來於然燈佛所有法得阿耨多羅
三藐三菩提不不也世尊如我解佛所說義
佛於然燈佛所无有法得阿耨多羅三藐三
菩提佛言如是如是須菩提實无有法如來
得阿耨多羅三藐三菩提須菩提若有法如
來得阿耨多羅三藐三菩提者然燈佛則不
與我受記汝於來世當得作佛號釋迦牟尼
以實无有法得阿耨多羅三藐三菩提是故
然燈佛與我受記作是言汝於來世當得作
佛號釋迦牟尼何以故如來者即諸法如義

BD03702號　金剛般若波羅蜜經　（14–8）

來得阿耨多羅三藐三菩提者然燈佛則不
與我受記汝於來世當得作佛号釋迦牟尼
以實无有法得阿耨多羅三藐三菩提是故
然燈佛與我受記作是言汝於來世當得作
佛号釋迦牟尼何以故如來者即諸法如義
若有人言如來得阿耨多羅三藐三菩提須
菩提實无有法佛得阿耨多羅三藐三菩提
須菩提如來所得阿耨多羅三藐三菩提於
是中无實无虛是故如來說一切法皆是佛
法須菩提所言一切法者即非一切法是故
名一切法須菩提譬如人身長大須菩提言
世尊如來說人身長大則為非大身是名大
身須菩提菩薩亦如是若作是言我當滅度
无量衆生則不名菩薩何以故須菩提實无
有法名為菩薩是故佛說一切法无我无人
无衆生无壽者須菩提若菩薩作是言我當
莊嚴佛土是不名菩薩何以故如來說莊嚴
佛土者即非莊嚴是名莊嚴須菩提若菩薩
通達无我法者如來說名真是菩薩
須菩提於意云何如來有肉眼不如是世尊
如來有肉眼須菩提於意云何如來有天眼
不如是世尊如來有天眼須菩提於意云何
如來有慧眼不如是世尊如來有慧眼須菩
提於意云何如來有法眼不如是世尊如來
有法眼須菩提於意云何如來有佛眼不如
是世尊如來有佛眼須菩提於意云何恒河
中所有沙佛說是沙不如是世尊如來說是

BD03702號　金剛般若波羅蜜經　（14–9）

如來有慧眼不如是世尊如來有慧眼須菩
提於意云何如來有法眼不如是世尊如來
有法眼須菩提於意云何如來有佛眼不如
是世尊如來有佛眼須菩提於意云何恒河
中所有沙佛說是沙不如是世尊如來說是
沙須菩提於意云何如一恒河中所有沙有
如是等恒河是諸恒河所有沙數佛世界如
是寧為多不甚多世尊佛告須菩提尒所國
土中所有衆生若干種心如來悉知何以故如
來說諸心皆為非心是名為心所以者何須
菩提過去心不可得現在心不可得未來
心不可得須菩提於意云何若有人滿三千
大千世界七寶以用布施是人以是因緣得
福多不如是世尊此人以是因緣得福甚多
須菩提若福德有實如來不說得福德多以
福德无故如來說得福德多
須菩提於意云何佛可以具足色身見不不
世世尊如來不應以具足色身見何以故如來
說具足色身即非具足色身是名具足色
身須菩提於意云何如來可以具足諸相見
不不世世尊如來不應以具足諸相見何以故
如來說諸相具足即非具足是名諸相具
足須菩提汝勿謂如來作是念我當有所說
法莫作是念何以故若人言如來有所說法
即為謗佛不能解我所說故須菩提說法者
无法可說是名說法須菩提白佛言世尊如
是須菩提我於阿耨多羅三藐三菩提乃

BD03702號　金剛般若波羅蜜經　（14–10）

是須菩提汝勿謂如來作是念我當有所說
法莫作是念何以故若人言如來有所說法
即為謗佛不能解我所說故須菩提說法者
无法可說是名說法須菩提白佛言世尊如
是須菩提我於阿耨多羅三藐三菩提乃
至无有少法可得是名阿耨多羅三藐三菩
提復次須菩提是法平等无有高下是名阿
耨多羅三藐三菩提以无我无人无衆生无
壽者脩一切善法則得阿耨多羅三藐三菩
提須菩提所言善法者如來說非善法是名
善法須菩提若三千大千世界中所有諸須
弥山王如是等七寶聚有人持用布施若人
以此般若波羅蜜經乃至四句偈等受持為
他人說於前福德百分不及一百千万億分
乃至筭數譬喻所不能及
須菩提於意云何汝等勿謂如來作是念我
當度衆生須菩提莫作是念何以故實无有
衆生如來度者若有衆生如來度者如來則
有我人衆生壽者須菩提如來說有我者則
非有我而凡夫之人以為有我須菩提凡夫
者如來說則非凡夫須菩提於意云何可以
卅二相觀如來不須菩提言如是如是以卅
二相觀如來佛言須菩提若以卅二相觀如
來者轉輪聖王則是如來須菩提白佛言世
尊如我解佛所說義不應以卅二相觀如來
尒時世尊而說偈言
若以色見我　以音聲求我　是人行邪道　不能見如來

BD03702 號　金剛般若波羅蜜經　（14–11）

二相觀如來佛言須菩提若以卅二相觀如
來者轉輪聖王則是如來須菩提白佛言世
尊如我解佛所說義不應以卅二相觀如來
尒時世尊而說偈言
若以色見我　以音聲求我　是人行邪道　不能見如來
須菩提汝若作是念如來不以具足相故得阿
耨多羅三藐三菩提須菩提莫作是念如來
不以具足相故得阿耨多羅三藐三菩提
須菩提汝若作是念發阿耨多羅三藐三菩
提者說諸法斷滅相莫作是念何以故發阿
耨多羅三藐三菩提者於法不說斷滅相須
菩提若菩薩以滿恒河沙等世界七寶布施
若復有人知一切法无我得成於忍此菩薩
勝前菩薩所德功德須菩提以諸菩薩不受
福德故須菩提白佛言世尊云何菩薩不受
福德須菩提菩薩所作福德不應貪着是故
說不受福德須菩提若有人言如來若來若
去若坐若卧是人不解我所說義何以故如
來者无所從來亦无所去故名如來
須菩提若善男子善女人以三千大千世界
碎為微塵於意云何是微塵衆寧為多不甚
多世尊何以故若是微塵衆實有者佛則不
說是微塵衆所以者何佛說微塵衆則非微
塵衆是名微塵衆世尊如來所說三千大千
世界則非世界是名世界何以故若世界實有
者則是一合相如來說一合相則非一合相

BD03702 號　金剛般若波羅蜜經　（14–12）

塵衆是名微塵衆世尊如来所說三千大千
世界則非世界是名世界何以故若世界實有
者則是一合相如来說一合相則非一合相
是名一合相須菩提一合相者則是不可說
但凡夫之人貪着其事須菩提若人言佛說
我見人見衆生見壽者見須菩提於意云何
是人解我所說義不也世尊是人不解如来所
說義何以故世尊說我見人見衆生見壽者
見即非我見人見衆生壽者見是名我見
人見衆生見壽者見須菩提發阿耨多羅
三藐三菩提心者於一切法應如是知如是
見如是信解不生法相須菩提所言法相
者如来說即非法相是名法相須菩提若有
人以滿无量阿僧祇世界七寶持用布施若有
善男子善女人發菩薩心者持於此經乃至
四句偈等受持讀誦為人演說其福勝彼云
何為人演說不取於相如如不動何以故
一切有為法　如夢幻泡影　如露亦如電　應作如是觀
佛說是經已長老須菩提及諸比丘比丘尼
優婆塞優婆夷一切世間天人阿脩羅聞佛
所說皆大歡喜信受奉行
金剛般若波羅蜜經

BD03702 號　金剛般若波羅蜜經　（14–13）

人見衆生見壽者見須菩提發阿耨多羅
三藐三菩提心者於一切法應如是知如是
見如是信解不生法相須菩提所言法相
者如来說即非法相是名法相須菩提若有
人以滿无量阿僧祇世界七寶持用布施若有
善男子善女人發菩薩心者持於此經乃至
四句偈等受持讀誦為人演說其福勝彼云
何為人演說不取於相如如不動何以故
一切有為法　如夢幻泡影　如露亦如電　應作如是觀
佛說是經已長老須菩提及諸比丘比丘尼
優婆塞優婆夷一切世間天人阿脩羅聞佛
所說皆大歡喜信受奉行
金剛般若波羅蜜經

BD03702 號　金剛般若波羅蜜經　（14–14）

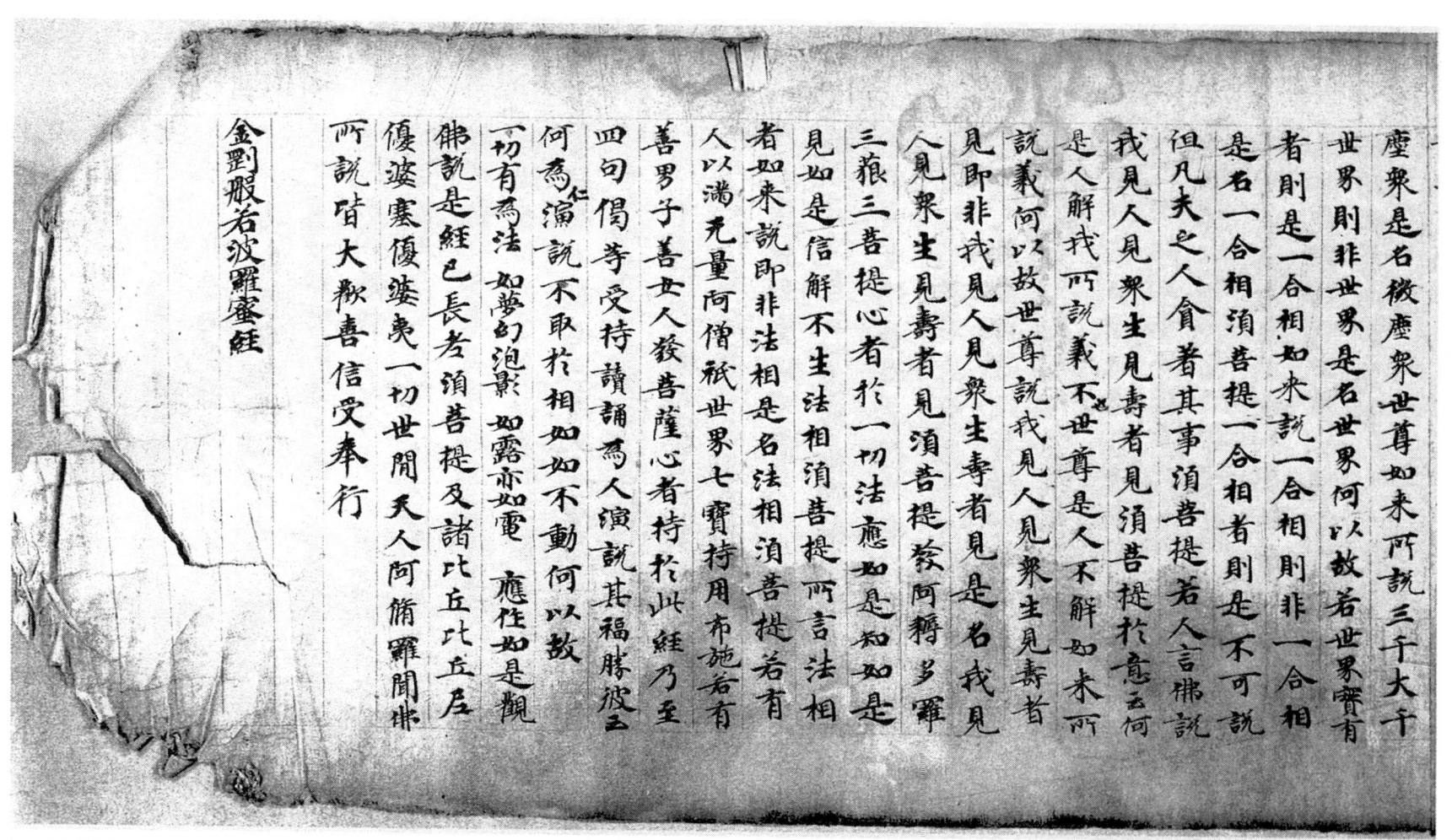

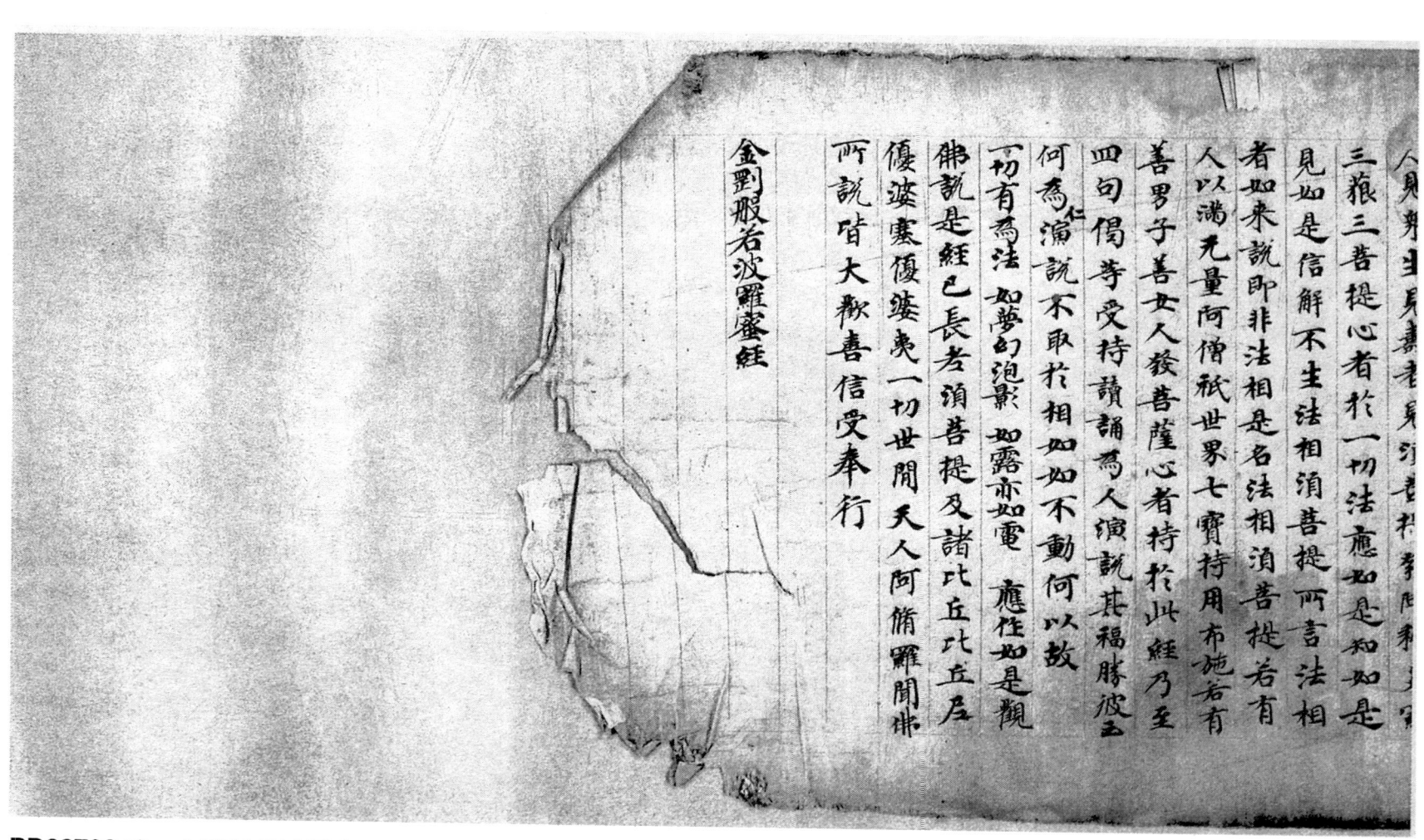

至一万
半及三四分　億万分之一
万億諸弟子　乃至於半億　其數復過上
二万　一千及一百　五十與一十　乃至三二一
單已无眷屬　樂於獨處者　俱来至佛所　其數轉過上
如是諸大衆　若人行籌數　過於恒沙劫　猶不能盡知
是諸大威德　精進菩薩衆　誰爲其說法　敎化而成就
從誰初發心　稱揚何佛法　受持行誰經　脩習何佛道
如是諸菩薩　神通大智力　四方地震裂　皆從中踊出
世尊我昔来　未曾見是事　願說其所從　國土之名号
我常遊諸國　未曾見是衆　我於此衆中　乃不識一人
忽然從地出　願說其因緣　今此之大會　无量百千億
是諸菩薩等　皆願知此事　是諸菩薩衆　本末之因緣
无量德世尊　唯願決衆疑
尒時釋迦牟尼分身諸佛從无量千万億他
方國土来者在於八方諸寶樹下師子座上
結跏趺坐其佛侍者各各見是菩薩大衆於
三千大千世界四方從地踊出住於虛空各

BD03703號　妙法蓮華經卷五　（5–1）

忽然從地出　願說其因緣　今此之大會　无量百千億
是諸菩薩等　皆願知此事　是諸菩薩衆　本末之因緣
无量德世尊　唯願決衆疑
尒時釋迦牟尼分身諸佛從无量千万億他
方國土来者在於八方諸寶樹下師子座上
結跏趺坐其佛侍者各各見是菩薩大衆於
三千大千世界四方從地踊出住於虛空各
白其佛言世尊此諸无量无邊阿僧祇菩薩
大衆從何所来尒時諸佛各告侍者諸善男
子且待須臾有菩薩摩訶薩名曰弥勒釋迦牟
尼佛之所受記次後作佛已問斯事佛今荅
之汝等自當因是得聞尒時釋迦牟尼佛告
弥勒菩薩善哉善哉阿逸多乃能問佛如是
大事汝等當共一心被精進鎧發堅固意如
来今欲顯發宣示諸佛智慧諸佛自在神通
之力諸佛師子奮迅之力諸佛威猛大勢之
力尒時世尊欲重宣此義而說偈言
當精進一心　我欲說此事　勿得有疑悔　佛智叵思議
汝今出信力　住於忍善中　昔所未聞法　今皆當得聞
我今安慰汝　勿得懷疑懼　佛无不實語　智慧不可量
所得第一法　甚深叵分別　如是今當說　汝等一心聽
尒時世尊說此偈已告弥勒菩薩我今於此
大衆宣告汝等阿逸多是諸大菩薩摩訶薩
无量无數阿僧祇從地踊出汝等昔所未見
者我於是娑婆世界得阿耨多羅三藐三菩

BD03703號　妙法蓮華經卷五　（5–2）

尒時世尊說此偈已告弥勒菩薩我今於此
大衆宣告汝等阿逸多是諸大菩薩摩訶薩
无量无數阿僧祇從地踊出汝等昔所未見
者我於是娑婆世界得阿耨多羅三藐三菩
提已教化示導是諸菩薩調伏其心令發道
意此諸菩薩皆於是娑婆世界之下此界虛
空中住於諸經典讀誦通利思惟分別正憶
念阿逸多是諸善男子等不樂在衆多有
所說常樂靜處懃行精進未曾休息亦不依
止人天而住常樂深智无有鄣导亦常樂於
諸佛之法一心精進求无上慧尒時世尊欲
重宣此義而說偈言
阿逸汝當知　是諸大菩薩　從无數劫來　脩習佛智慧
悉是我所化　令發大道心　此等是我子　依止是世界
常行頭陁事　志樂於靜處　捨大衆憒閙　不樂多所說
如是諸子等　學習我道法　晝夜常精進　為求佛道故
在娑婆世界　下方空中住　志念力堅固　常懃求智慧
說種種妙法　其心无所畏　我於伽耶城　菩提樹下坐
得成最正覺　轉无上法輪　尒乃教化之　令初發道心
今皆住不退　悉當得成佛　我今說實語　汝等一心信
我從久遠來　教化是等衆
尒時弥勒菩薩摩訶薩及无數諸菩薩等心
生疑惑怪未曾有而作是念云何世尊於少
時間教化如是无量无邊阿僧祇諸大菩薩
令住阿耨多羅三藐三菩提即白佛言世尊

BD03703號　妙法蓮華經卷五

（5-3）

令皆住不退　悉當得成佛　我今說實語　汝等一心信
我從久遠來　教化是等衆
尒時弥勒菩薩摩訶薩及无數諸菩薩等心
生疑惑怪未曾有而作是念云何世尊於少
時間教化如是无量无邊阿僧祇諸大菩薩
令住阿耨多羅三藐三菩提即白佛言世尊
如來為太子時出於釋城去伽耶城不遠坐
於道場得成阿耨多羅三藐三菩提從是以
來始過四十餘年世尊云何於此少時大作
佛事以佛勢力以佛功德教化如是无量大
菩薩衆當成阿耨多羅三藐三菩提世尊此
大菩薩衆假使有人於千万億劫數不能盡
不得其邊斯等久遠以來於无量无邊諸佛
所殖諸善根成就菩薩道常脩梵行世尊如
此之事世所難信譬如有人色美髮黑年廿五
指百歲人言是我子其百歲人亦指年少言
是我父生育我等是事難信佛亦如是得道
以來其實未久而此大衆諸菩薩等已於无
量千万億劫為佛道故懃行精進善入出住
无量百千万億三昧得大神通久脩梵行善
次第集諸善法巧於問荅人中之寶一切世
間甚為希有今日世尊方云得佛道時初令
發心教化示導令向阿耨多羅三藐三菩提
世尊得佛未久乃能作此大功德事我等
雖復信佛隨宜所說佛所出言未曾虛妄佛

BD03703號　妙法蓮華經卷五

（5-4）

聞甚爲希有今日世尊方云得佛道時初令
發心教化示導令向阿耨多羅三藐三菩提
世尊得佛未久乃能作此大功德事我等
雖復信佛隨宜所說佛所出言未曾虛妄佛
所知者皆悉通達然諸新發意菩薩於佛滅
後若聞是語或不信受而起破法罪業因緣
唯然世尊願爲解說除我等疑及未來世諸
善男子聞此事已亦不生疑尒時弥勒菩薩
欲重宣此義而說偈言
佛昔從釋種 出家近伽耶 坐於菩提樹 尒來尚未久
此諸佛子等 其數不可量 久已行佛道 住神通智力
善學菩薩道 不染世間法 如蓮華在水 從地而踊出
皆起恭敬心 住於世尊前 是事難思議 云何而可信
佛得道甚近 所成就甚多 願爲除衆疑 如實分別說
譬如少壯人 年始二十五 示人百歲子 髮白而面皺
是等我所生 子亦說是父 父少而子老 舉世所不信
世尊亦如是 得道來甚近 是諸菩薩等 志固无怯弱
從无量劫來 而行菩薩道 巧於難問答 其心无所畏
忍辱心決定 端正有威德 十方佛所讚 善能分別說
不樂在人衆 常好在禪定 爲求佛道故 於下空中住
我等從佛聞 於此事无疑 願佛爲未來 演說令開解
若有於此經 生疑不信者 即當墮惡道 願今爲解說
是无量菩薩 云何於少時 教化令發心 而住不退地

BD03703號　妙法蓮華經卷五　（5–5）

念我
也世尊何以故
而實无來是故名阿那含
善提於意云何阿羅漢能作是念我得阿
羅漢道不須菩提言不也世尊何以故實无
有法名阿羅漢世尊若阿羅漢作是念我
得阿羅漢道即爲著我人衆生壽者世尊佛
說我得无諍三昧人中最爲第一是第一離
欲阿羅漢我不作是念我是離欲阿羅漢世
尊我若作是念我得阿羅漢道世尊則不說
須菩提是樂阿蘭那行者以須菩提實无所
行而名須菩提是樂阿蘭那行
佛告須菩提於意云何如來昔在然燈佛所
於法有所得不世尊如來在然燈佛所於法實
无所得須菩提於意云何菩薩莊嚴佛土不
不也世尊何以故莊嚴佛土者則非莊嚴是
名莊嚴是故須菩提諸菩薩摩訶薩應如
是生清淨心不應住色生心不應住聲香味
觸法生心應无所住而生其心須菩提譬如有人
身如須弥山王於意云何是身爲大不須菩
提言甚大世尊何以故佛說非身是名大身
須菩提如恒河中所有沙數如是沙等恒河
於意云何是諸恒河沙寧爲多不須菩提

BD03704號　金剛般若波羅蜜經　（8–1）

身如須弥山王於意云何是身為大不須菩
提言甚大世尊何以故佛說非身是名大身
須菩提如恒河中所有沙數如是沙等恒河
於意云何是諸恒河沙寧為多不須菩提
言甚多世尊但諸恒河尚多无數何況其
沙須菩提我今實言告汝若有善男子善女
人以七寶滿尒所恒河沙數三千大千世界以
用布施得福多不須菩提言甚多世尊佛
告須菩提若善男子善女人於此經中乃至
受持四句偈等為他人說而此福德勝前福
德復次須菩提隨說是經乃至四句偈等當
知此處一切世間天人阿脩羅皆應供養如
佛塔廟何況有人盡能受持讀誦須菩提當
知是人成就最上第一希有之法若是經典所
在之處則為有佛若尊重弟子
尒時須菩提白佛言世尊當何名此經我等
云何奉持佛告須菩提是經名為金剛般若
波羅蜜以是名字汝當奉持所以者何須菩
提佛說般若波羅蜜則非般若波羅蜜須菩
提於意云何如來有所說法不須菩提白佛
言世尊如來无所說須菩提於意云何三千
大千世界所有微塵是為多不須菩提言甚
多世尊須菩提諸微塵如來說非微塵是名
微塵如來說世界非世界是名世界須菩提
於意云何可以三十二相見如來不不也世尊
不可以三十二相得見如來何以故如來說三
十二相即是非相是名三十二相須菩提若有

BD03704 號　金剛般若波羅蜜經

（8–2）

多世尊須菩提諸微塵如來說非微塵是名
微塵如來說世界非世界是名世界須菩提
於意云何可以三十二相見如來不不也世尊
不可以三十二相得見如來何以故如來說三
十二相即是非相是名三十二相須菩提若有
善男子善女人以恒河沙等身命布施若復
有人於此經中乃至受持四句偈等為他人說
其福甚多
尒時須菩提聞說是經深解義趣涕淚悲泣
而白佛言希有世尊佛說如是甚深經典我
從昔來所得慧眼未曾得聞如是之經世尊
若復有人得聞是經信心清淨則生實相當
知是人成就第一希有功德世尊是實相者
則是非相是故如來說名實相世尊我今得
聞如是經典信解受持不足為難若當來世
後五百歲其有衆生得聞是經信解受持是
人則為第一希有何以故此人无我相人相衆
生相壽者相所以者何我相即是非相人相
衆生相壽者相即是非相何以故離一切諸
相則名諸佛
佛告須菩提如是如是若復有人得聞是經
不驚不怖不畏當知是人甚為希有何以故
須菩提如來說第一波羅蜜非第一波羅蜜
是名第一波羅蜜
須菩提忍辱波羅蜜如來說非忍辱波羅蜜
何以故須菩提如我昔為歌利王割截身體
我於尒時无我相无人相无衆生相无壽者相

BD03704 號　金剛般若波羅蜜經

（8–3）

須菩提如來說第一波羅蜜非第一波羅蜜
是名第一波羅蜜
須菩提忍辱波羅蜜如來說非忍辱波羅蜜
何以故須菩提如我昔為歌利王割截身體
我於尒時无我相无人相无衆生相无壽者相
何以故我於往昔節節支解時若有我相人
相衆生相壽者相應生瞋恨須菩提又念
過去於五百世作忍辱仙人於尒所世无我相
无人相无衆生相无壽者相是故須菩提
菩薩應離一切相發阿耨多羅三藐三菩提
心不應住色生心不應住聲香味觸法生心
應生无所住心若心有住則為非住是故佛
說菩薩心不應住色布施須菩提菩薩為利
益一切衆生應如是布施如來說一切諸相
即是非相又說一切衆生則非衆生須菩提
如來是真語者實語者如語者不誑語者不
異語者須菩提如來所得法此法无實无虛
須菩提若菩薩心住於法而行布施如人入闇
則无所見若菩薩心不住法而行布施如人
有目日光明照見種種色須菩提當來之世
若有善男子善女人能於此經受持讀誦則
為如來以佛智慧悉知是人悉見是人皆得
成就无量无邊功德
須菩提若有善男子善女人初日分以恒河
沙等身布施中日分復以恒河沙等身布施
後日分亦以恒河沙等身布施如是无量百千
万億劫以身布施若復有人聞此經典信心

BD03704號　金剛般若波羅蜜經　（8-4）

成就无量无邊功德
須菩提若有善男子善女人初日分以恒河
沙等身布施中日分復以恒河沙等身布施
後日分亦以恒河沙等身布施如是无量百千
万億劫以身布施若復有人聞此經典信心
不逆其福勝彼何況書寫受持讀誦為人
解說須菩提以要言之是經有不可思議不可
稱量无邊功德如來為發大乘者說為發
最上乘者說若有人能受持讀誦廣為人說
如來悉知是人悉見是人皆得成就不可量
不可稱无有邊不可思議功德如是人等則為
荷擔如來阿耨多羅三藐三菩提何以故須
菩提若樂小法者著我見人見衆生見壽者
見則於此經不能聽受讀誦為人解說須
菩提在在處處若有此經一切世間天人阿
脩羅所應供養當知此處則為是塔皆應恭
敬作禮圍繞以諸華香而散其處
復次須菩提善男子善女人受持讀誦此經
若為人輕賤是人先世罪業應墮惡道以今
世人輕賤故先世罪業則為消滅當得阿耨
多羅三藐三菩提須菩提我念過去无量阿
僧祇劫於然燈佛前得值八百四千万億那
由他諸佛悉皆供養承事无空過者若復有
人於後末世能受持讀誦此經所得功德於
我所供養諸佛功德百分不及一千万億分乃
至筭數譬喻所不能及須菩提若善男子善
女人於後末世有受持讀誦此經所得功德我

BD03704號　金剛般若波羅蜜經　（8-5）

由他諸佛悉皆供養承事无空過者若復有
人於後末世能受持讀誦此經所得功德於
我所供養諸佛功德百分不及一千万億分乃
至筭數譬喻所不能及須菩提若善男子善
女人於後末世有受持讀誦此經所得功德我
若具說者或有人聞心則狂亂狐疑不信
須菩提當知是經義不可思議果報亦不可思
議尒時須菩提白佛言世尊善男子善女人發
阿耨多羅三藐三菩提心云何應住云何降伏
其心佛告須菩提善男子善女人發阿耨多
羅三藐三菩提者當生如是心我應滅度一
切衆生滅度一切衆生已而无有一衆生實
滅度者何以故若菩薩有我相人相衆生相
壽者相則非菩薩所以者何須菩提實无有
法發阿耨多羅三藐三菩提者須菩提於意
云何如來於然燈佛所有法得阿耨多羅三
藐三菩提不不也世尊如我解佛所說義佛
於然燈佛所无有法得阿耨多羅三藐三
菩提佛言如是如是須菩提實无有法如來
得阿耨多羅三藐三菩提須菩提若有法如
來得阿耨多羅三藐三菩提者然燈佛則不
與我受記汝於來世當得作佛号釋迦牟
尼以實无有法得阿耨多羅三藐三菩提
是故然燈佛與我受記作是言汝於來世
當得作佛号釋迦牟尼何以故如來者即諸
法如義若有人言如來得阿耨多羅三藐三

BD03704號　金剛般若波羅蜜經

（8–6）

是故然燈佛與我受記作是言汝於來世
當得作佛号釋迦牟尼何以故如來者即諸
法如義若有人言如來得阿耨多羅三藐三
菩提須菩提實无有法佛得阿耨多羅三藐
三菩提須菩提如來所得阿耨多羅三藐三
菩提於是中无實无虛是故如來說一切法
皆是佛法須菩提所言一切法者即非一切
法是故名一切法
須菩提譬如人身長大須菩提言世尊如來
說人身長大則為非大身是名大身
須菩提菩薩亦如是若作是言我當滅度无
量衆生則不名菩薩何以故須菩提實无有
法名為菩薩是故佛說一切法无我无人无
衆生无壽者須菩提若菩薩作是言我當
莊嚴佛土是不名菩薩何以故如來說莊嚴
佛土者即非莊嚴是名莊嚴須菩提若菩薩
通達无我法者如來說名真是菩薩
須菩提於意云何如來有肉眼不如是世尊
如來有肉眼須菩提於意云何如來有天眼
不如是世尊如來有天眼須菩提於意云何
如來有慧眼不如是世尊如來有慧眼須菩
提於意云何如來有法眼不如是世尊如來
有法眼須菩提於意云何如來有佛眼不如
是世尊如來有佛眼須菩提於意云何恒河
中所有沙佛說是沙不如是世尊如來說是沙
須菩提於意云何如一恒河中所有沙有如

BD03704號　金剛般若波羅蜜經

（8–7）

須菩提譬如人身長大須菩提言世尊如来
說人身長大則為非大身是名大身
須菩提菩薩亦如是若作是言我當滅度无
量衆生則不名菩薩何以故須菩提實无有
法名為菩薩是故佛說一切法无我无人无
衆生无壽者須菩提若菩薩作是言我當
莊嚴佛土是不名菩薩何以故如来說莊嚴
佛土者即非莊嚴是名莊嚴須菩提若菩薩
通達无我法者如来說名真是菩薩
須菩提於意云何如来有肉眼不如是世尊
如来有肉眼須菩提於意云何如来有天眼
不如是世尊如来有天眼須菩提於意云何
如来有慧眼不如是世尊如来有慧眼須菩
提於意云何如来有法眼不如是世尊如来
有法眼須菩提於意云何如来有佛眼不如
是世尊如来有佛眼須菩提於意云何恒河
中所有沙佛說是沙不如是世尊如来說是沙
須菩提於意云何如一恒河中所有沙有如

BD03704號　金剛般若波羅蜜經　（8–8）

如是礼已次誦薜室羅末拏王如意末
尼寶心神呪能施衆生隨意安樂尒時多聞
天王即於佛前說如意末尼寶心呪曰
南謨曷喇怛娜　怛喇夜　引也
南謨薜室囉末拏引也　莫訶引囉闍引也
怛姪他　四弭四弭　蘇母蘇母
旃荼旃荼　析囉析囉　薩囉薩囉
羯囉羯囉　枳哩枳哩　矩嚕矩嚕
母嚕母嚕　主嚕主嚕　娑大也頞貪
我名某甲　眠店頞他　達達覩莎訶
南謨薜室囉末拏也莎訶檀那䭾也莎訶
曼奴喇他鉢喇脯喇迦引也莎訶
受持呪時先誦千遍然後於淨室中瞿摩塗
地作小壇場隨時飲食一心供養常然妙香
令烟不絕誦前心呪晝夜繫心唯自耳聞勿
令他解時有薜室囉末拏王子名禪膩師
現童子形来至其所問言何故須喚我父
即可報言我為供養三寶事須財物願當施
与時禪膩師聞是語已即還父所白其父言
今有善人發至誠心供養三寶少乏財物為
斯請召其父報曰汝可速去日日与彼一百迦利
沙波拏　此是根本梵音唯日貝齒而隨方不定或是貝齒或是金銀銅

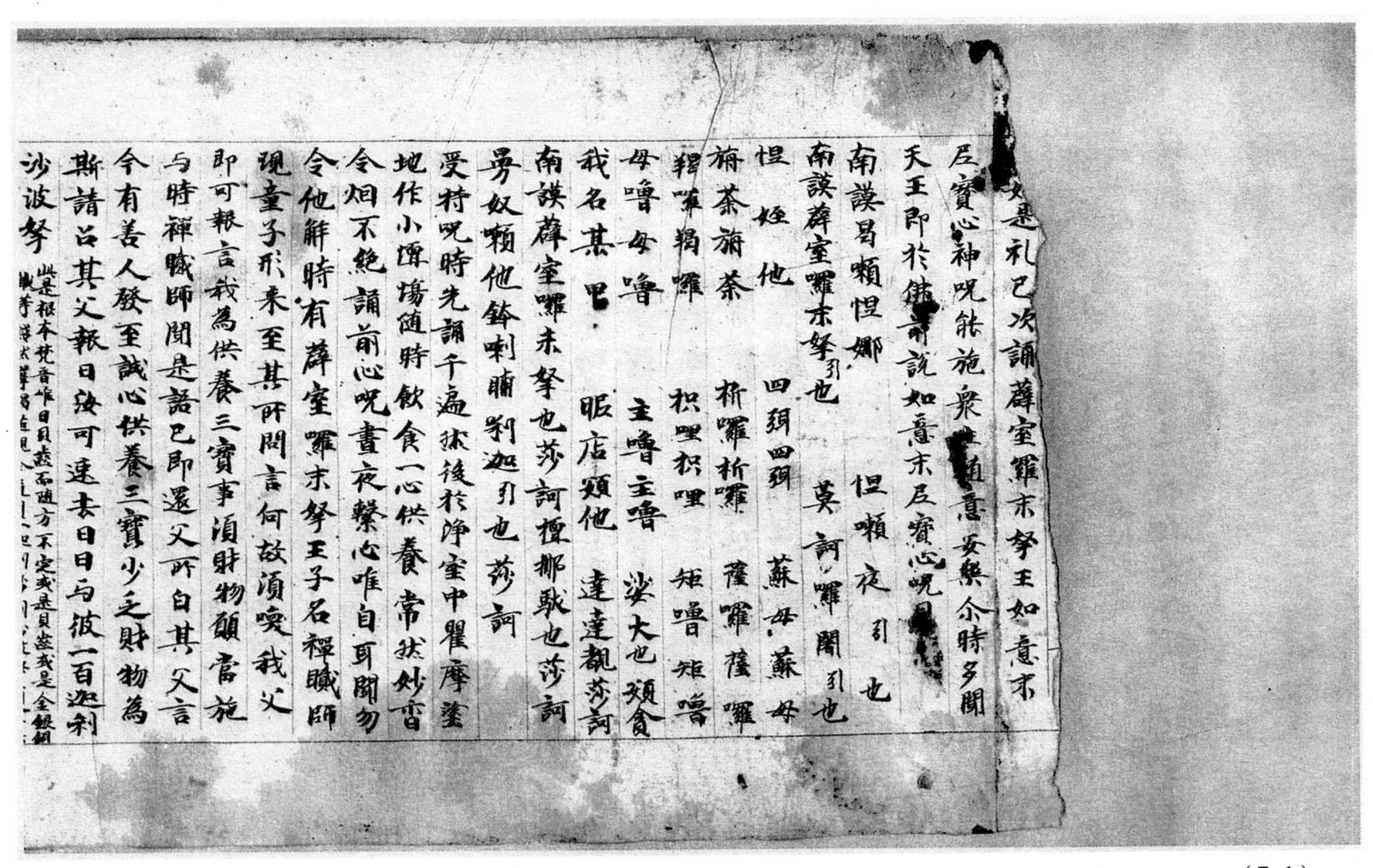

BD03705號　金光明最勝王經卷六　（7–1）

須童子所求至其所問言何故須喚我父
即可報言我為供養三寶事須財物願當施
与時禪膩師聞是語已即還父所白其父言
今有善人發至誠心供養三寶少乏財物為
斯請召其父報日汝可速去日日与彼一百迦利
沙波拏 此是根本梵音作貝齒而随方不定或是貝齒或是金銀銅鐵等錢然摩揭陀現今通用一迦利沙利沙波拏有一千六百貝齒揔數可以准知若準物直随處不定若人持呪得成就者獲物之時自知其數有本云每日与一百陳那羅即金錢也乃至盡形日日常得西方求者多有神驗除不至心也
其持呪者見是相已知事得成當須獨處淨室
燒香而卧可於牀邊置一香篋每至天曉觀
其篋中獲所求物每得物時當日即須供養
三寶香花飲食兼施貧乏皆令罄盡不得停
留於諸有情起慈悲念勿生瞋誑諂害之
心若起瞋者即失神驗常可護心勿令瞋恚
又持此呪者於每日中億我多聞天王及男
女眷屬稱揚讚歎恒以十善共相資助令彼
天等福力增明衆善普臻證菩提處彼諸天
衆見是事已皆大歡喜共來擁衛持呪之人
又持呪者壽命長遠經无量歲永離三塗常
无災厄亦令獲得如意寶珠及以伏藏神通
自在所願皆成若求官榮无不稱意亦解一切
禽獸之語
世尊若持呪時欲得見我自身現者可於月
八日或十五日於白疊上畫佛形像當用木
膠雜彩莊飾其畫像人為受八戒於佛左邊
作吉祥天女像於佛右邊作我多聞天像并
畫男女眷屬之類安置坐處咸令如法布列
花彩燒衆名香然燈續明晝夜无歇上妙飲
食種種珎奇發慇重心隨時供養受持神呪

BD03705 號　金光明最勝王經卷六　（7–2）

八日或十五日於白疊上畫佛形像當用木
膠雜彩莊飾其畫像人為受八戒於佛左邊
作吉祥天女像於佛右邊作我多聞天像并
畫男女眷屬之類安置坐處咸令如法布列
花彩燒衆名香然燈續明晝夜无歇上妙飲
食種種珎奇發慇重心隨時供養受持神呪
不得輕心請召我時應誦此呪
南謨室唎健那也　勃陀引也
南謨薜室羅末拏也　藥叉囉引也
南謨囉闍　阿地囉闍也
南麼室唎耶囊　莫訶提弊引囊
怛姪他　怛囉怛囉咄嚕咄嚕
末囉末囉　窣率吐窣率吐
漢娜漢娜　末尼羯諾迦
跋折囉薜瑠璃也目底迦楞訖㗚哆
設剎囉囊　蒲引薩婆薩埵
呬哆迦摩　薜室囉末拏
室唎夜提鼻　跋曬婆引也
翳呬翳呬麼　毗藍婆瞿㗚拏瞿㗚㗚拏
祙麻八反喇婆祙祙喇婆　達䭾呬麼麼
阿目迦那末寫自稱己名　達哩設那迦末寫
達哩設南　麼麼末那
鉢喇曷羅大也　莎訶
世尊我若見此誦呪之人復見如是盛興供
養即生慈愛歡喜之心我即變身作小兒形
或作老人苾芻之像手持如意末尼寶珠并
持金囊入道場內身現恭敬口稱佛名語持
呪者曰隨汝所求皆令如願或隱林藪或造
寶宅或次衆人[illegible]

BD03705 號　金光明最勝王經卷六　（7–3）

世尊我若見此誦呪之人復見如是盛興供
養即生慈愛歡喜之心我即變身作小兒形
或作老人苾蒭之像手持如意末尼寶珠并
持金囊入道場內身現恭敬口稱佛名語持
呪者曰隨汝所求皆令如願或隱林藪或造
寶珠或欲衆人愛寵或求金銀等物欲持諸
呪皆令有驗或欲神通壽命長遠及勝妙樂
无不稱心我今且說如是之事若更求餘皆
隨所願悉得成就寶藏无盡功德无窮假
使日月墜墮于地或可大地有時移轉我此
實語終不虛然常得安隱隨心快樂世尊若
有人能受持讀誦是經王者誦此呪時不假疲
勞法速成就世尊我今為彼貧窮困厄苦
惱衆生說此神呪令獲大利皆得富樂自在
无患乃至盡形我當擁護隨逐是人為除災
厄亦復令此持金光明最勝王經流通之者
及持呪人於百步內光明照燭我之所有千
藥叉神亦常侍衛隨欲驅使无不遂心我說
實語无有虛誑唯佛證知時多聞天王說此
呪已佛言善哉大王汝能破裂一切衆生貧
窮苦惱令得富樂說是神呪復令此經廣行
於世時四天王俱從座起偏袒一肩頂禮雙足
右膝著地合掌恭敬以妙伽他讚佛功德
佛面猶如淨滿月　亦如千日放光明
目淨脩廣若青蓮　齒白齊密猶珂雪
佛德无邊如大海　无限妙寶積其中
智慧德水鎮恒盈　百千勝定咸充滿
足下輪相皆嚴飾　轂輞千輻悉齊平

BD03705號　金光明最勝王經卷六　（7–4）

佛面猶如淨滿月　亦如千日放光明
目淨脩廣若青蓮　齒白齊密猶珂雪
佛德无邊如大海　无限妙寶積其中
智慧德水鎮恒盈　百千勝定咸充滿
足下輪相皆嚴飾　轂輞千輻悉齊平
手足鞔網遍莊嚴　猶如鵝王相具足
佛身光耀等金山　清淨殊特无倫匹
亦如妙高功德滿　故我讚首佛山王
相好如空不可測　逾於千月放光明
皆如焰幻不思議　故我稽首心无著
尒時四天王讚歎佛已世尊亦以伽他而
荅之曰
此金光明最勝經　无上十力之所說
汝等四王常擁衛　應生勇猛不退心
此妙經寶極甚深　能與一切有情樂
由彼有情安樂故　常得流通贍部洲
於此大千世界中　所有一切有情類
餓鬼傍生及地獄　如是苦趣悉皆除
住此南洲諸國王　及餘一切有情類
由經威力常歡喜　皆蒙擁護得安寧
亦使此中諸有情　除衆病苦无賊盜
賴此國土弘經故　安隱豐樂无違惱
若人聽受此經王　欲求尊貴及財利
國土豐樂无違諍　隨心所願悉皆從
能令他方賊退散　於自國界常安隱
由此最勝經王力　離諸苦惱无憂怖
如寶樹王在宅內　能生一切諸樂具
最勝經王亦復然　能與人王勝功德
譬如澄潔清冷水　能除飢渴諸熱惱

BD03705號　金光明最勝王經卷六　（7–5）

能令他方賊退散　於自國界常安隱
由此最勝經王力　離諸苦惱无憂怖
如寶樹王在宅内　能生一切諸樂具
最勝經王亦復然　能与人王勝功德
譬如澄潔清冷水　能除飢渴諸熱惱
最勝經王亦復然　令樂福者心滿足
如人室有妙寶篋　隨所受用悉從心
最勝經王亦復然　福德隨心无所乏
汝等天主及天衆　應當供養此經王
若能依教奉持經　智慧威神皆具足
現在十方一切佛　咸共護念此經王
見有讀誦及受持　稱歎善哉甚希有
若有人能聽此經　身心踊躍生歡喜
常有百千藥叉衆　隨所住處護斯人
於此世界諸天衆　其數无量不思議
悉共聽受此經王　歡喜護持无退轉
若人聽受此經王　威德勇猛常自在
增益一切人天衆　令離衰惱益光明
尒時四天王聞是頌已歡喜踊躍白佛言世
尊我從昔来未曾得聞如是甚深微妙之
法心生悲喜涕淚交流舉身戰動證不思議
希有之事以天曼陁羅花摩訶曼陁羅花而
散佛上作是殊勝供養佛已白佛言世尊我
等四王各有五百藥叉眷屬常當處處擁
護是經及說法師以智光明而為助衛若於
此經所有句義忘失之處我皆令彼憶念不忘
并與陁羅尼殊勝法門令得具足復欲令此最

BD03705號　金光明最勝王經卷六

（7–6）

增益一切人天衆　令離衰惱益光明
尒時四天王聞是頌已歡喜踊躍白佛言世
尊我從昔来未曾得聞如是甚深微妙之
法心生悲喜涕淚交流舉身戰動證不思議
希有之事以天曼陁羅花摩訶曼陁羅花而
散佛上作是殊勝供養佛已白佛言世尊我
等四王各有五百藥叉眷屬常當處處擁
護是經及說法師以智光明而為助衛若於
此經所有句義忘失之處我皆令彼憶念不忘
并與陁羅尼殊勝法門令得具足復欲令此最
勝經王所在之處為諸衆生廣宣流布不速隱
沒尒時世尊於大衆中說是法時无量衆生
皆得大智聡叡辯才攝受无量福德之聚離
諸憂惱發喜樂心善明衆論登出離道不復
退轉速證菩提

金光明最勝王經卷第六

胵陟尸　澀昌雨　齕亭從文　憼征郢　嚴四見　蝕乘力　掠良巧　譏士戒　宴切
麼摩可　颯蘇合　薜蒲閉　撦車者　拏奴加　窣孫骨　攞盧盡　四致　靴
敝末　叡以留

BD03705號　金光明最勝王經卷六

（7–7）

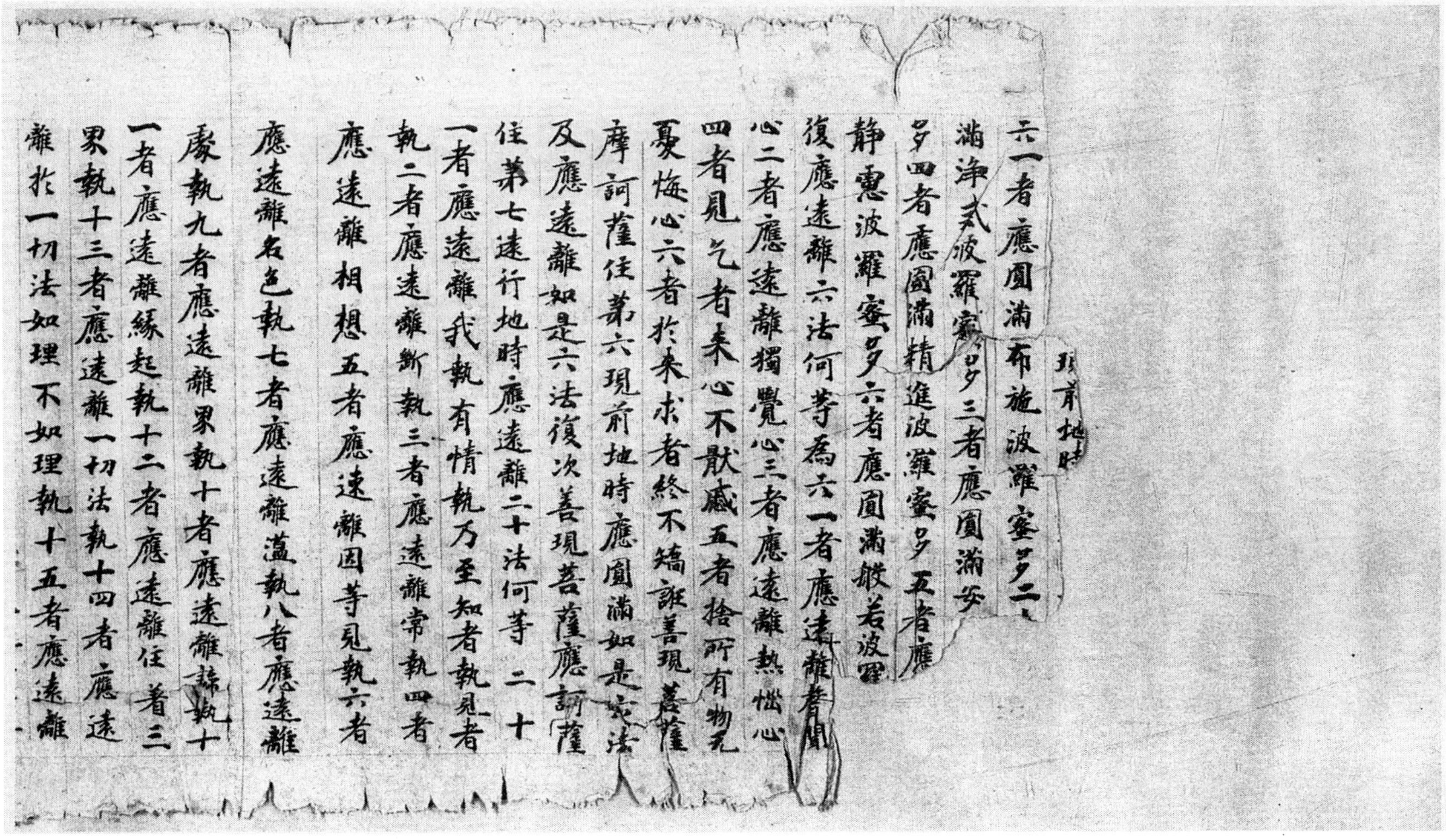

現前地時

六一者應圓滿布施波羅蜜多二者應
滿淨戒波羅蜜多三者應圓滿安
多四者應圓滿精進波羅蜜多五者應
靜慮波羅蜜多六者應圓滿般若波羅
復應遠離六法何等爲六一者應遠離著
心二者應遠離獨覺心三者應遠離熱惱心
四者見乞者來心不猒慼五者捨所有物无
憂悔心六者於來求者終不矯誑善現菩薩
摩訶薩住第六現前地時應圓滿如是六法
及應遠離如是六法復次善現菩薩摩訶薩
住第七遠行地時應遠離二十法何等二十
一者應遠離我執有情執乃至知者執見者
執二者應遠離斷執三者應遠離常執四者
應遠離相想五者應遠離因等見執六者
應遠離名色執七者應遠離蘊執八者應遠離
處執九者應遠離界執十者應遠離諦執十
一者應遠離緣起執十二者應遠離住著三
界執十三者應遠離一切法執十四者應遠
離於一切法如理不如理執十五者應遠離

BD03706 號　大般若波羅蜜多經卷五四　（22–1）

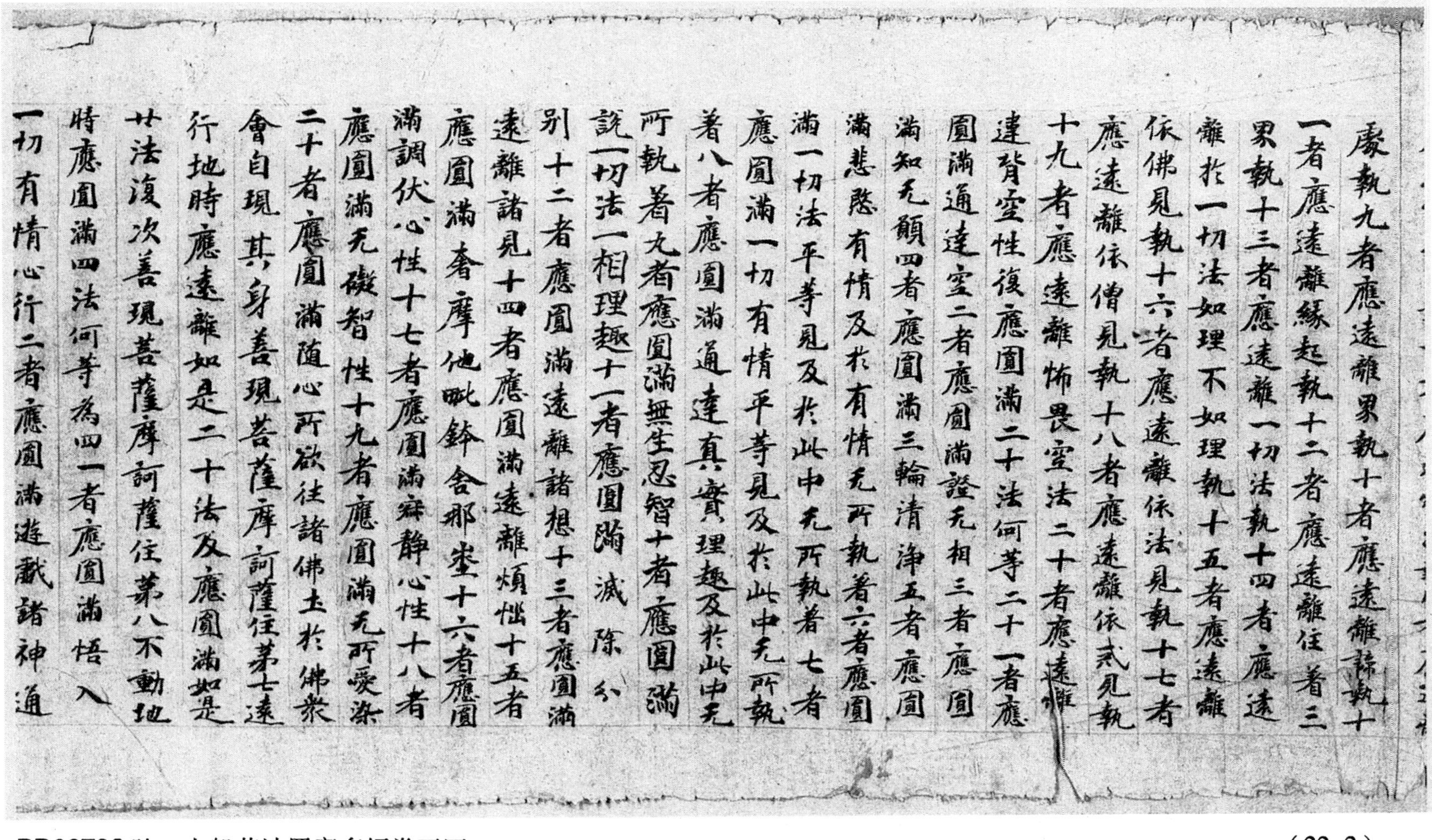

處執九者應遠離界執十者應遠離諦執十
一者應遠離緣起執十二者應遠離住著三
界執十三者應遠離一切法執十四者應遠
離於一切法如理不如理執十五者應遠離
依佛見執十六者應遠離依法見執十七者
應遠離依僧見執十八者應遠離依戒見執
十九者應遠離怖畏空法二十者應遠離
違背空性復應圓滿二十法何等二十一者應
圓滿通達空二者應圓滿證无相三者應圓
滿知无願四者應圓滿三輪清淨五者應圓
滿悲愍有情及於有情无所執著六者應圓
滿一切法平等見及於此中无所執著七者
應圓滿一切有情平等見及於此中无所執
著八者應圓滿通達真實理趣及於此中无
所執著九者應圓滿無生忍智十者應圓滿
說一切法一相理趣十一者應圓滿滅除分
別十二者應圓滿遠離諸想十三者應圓滿
遠離諸見十四者應圓滿遠離煩惱十五者
應圓滿奢摩他毗鉢舍那十六者應圓
滿調伏心性十七者應圓滿寂靜心性十八者
應圓滿无礙智性十九者應圓滿无所愛染
二十者應圓滿隨心所欲往諸佛土於佛衆
會自現其身善現菩薩摩訶薩住第七遠
行地時應遠離如是二十法及應圓滿如是
廿法復次善現菩薩摩訶薩住第八不動地
時應圓滿四法何等爲四一者應圓滿悟入
一切有情心行二者應圓滿遊戲諸神通

BD03706 號　大般若波羅蜜多經卷五四　（22–2）

會自現其身善現菩薩摩訶薩住第七遠
行地時應遠離如是二十法及應圓滿如是
廿法復次善現菩薩摩訶薩住第八不動地
時應圓滿四法何等為四一者應圓滿悟入
一切有情心行二者應圓滿遊戲諸神通
三者應圓滿見諸佛土如其所見而自嚴淨
種種佛土四者應圓滿供養承事諸佛世尊於
如來身如實觀察善現菩薩摩訶薩住第八
不動地時應圓滿如是四法復次善現菩薩
摩訶薩住第九善慧地時應圓滿四法何等
為四一者應圓滿知諸有情根勝劣智二者
應圓滿嚴淨佛土三者應圓滿如幻等持數
入諸定四者應圓滿隨諸有情善根應熟故
入諸有自現化生善現菩薩摩訶薩住第九
善慧地時應圓滿如是四法復次善現菩薩
摩訶薩住第十法雲地時應圓滿十二法何
等十二一者應圓滿攝受无邊處所大願隨
有所願皆令圓滿二者應圓滿隨諸天龍藥
叉健達縛阿素洛揭路荼緊捺洛莫呼洛伽
人非人等異類音智三者應圓滿无导辯說
智四者應圓滿入胎具足五者應圓滿出生
具足六者應圓滿家族具足七者應圓滿種
姓具足八者應圓滿眷屬具足九者應圓滿
生身具足十者應圓滿出家具足十一者應
圓滿莊嚴菩提樹具足十二者應圓滿一切
功德成辦具足善現菩薩摩訶薩住第十法
雲地時應圓滿如是十二法善現當知已圓

BD03706號　大般若波羅蜜多經卷五四

(22–3)

生身具足十者應圓滿出家具足十一者應
圓滿莊嚴菩提樹具足十二者應圓滿一切
功德成辦具足善現菩薩摩訶薩住第十法
雲地時應圓滿如是十二法善現當知已圓
滿第十法雲地菩薩摩訶薩與諸如來應言
无異
尒時具壽善現白佛言世尊云何菩薩摩訶
薩脩治淨勝意樂業佛言善現若菩薩摩訶
薩以應一切智智心脩集一切善根是為菩
薩摩訶薩脩治淨勝意樂業世尊云何菩薩
摩訶薩脩治一切有情平等心業善現若菩
薩摩訶薩以應一切智智心引發慈悲喜捨
四種无量是為菩薩摩訶薩脩治一切有情
平等心業世尊云何菩薩摩訶薩脩治布施
業善現若菩薩摩訶薩於一切有情无所分
別而行布施是為菩薩摩訶薩脩治布施業
世尊云何菩薩摩訶薩脩治親近善友業善
現若菩薩摩訶薩見諸善友勸化有情令其
脩習一切智智即便親近恭敬供養尊重讚
歎諮受正法晝夜承奉无懈惓心是為菩薩
摩訶薩脩治親近善友業世尊云何菩薩摩
訶薩脩治求法業善現若菩薩摩訶薩以應
一切智智心勤求如來无上正法不墮聲聞
獨覺等地是為菩薩摩訶薩脩治求法業世
尊云何菩薩摩訶薩脩治常樂出家業善現
若菩薩摩訶薩一切生處恒猒居家牢獄喧

BD03706號　大般若波羅蜜多經卷五四

(22–4)

訶薩脩治求法業善現若菩薩摩訶薩以應
一切智智心勤求如來无上正法不墮聲聞
獨覺等地是為菩薩摩訶薩脩治求法業世
尊云何菩薩摩訶薩脩治常樂出家業善現
若菩薩摩訶薩一切生處恒猒居家牢獄喧
雜常欣佛法清淨出家无能為㝵是為菩薩
摩訶薩脩治常樂出家業世尊云何菩薩摩
訶薩脩治愛樂佛身業善現若菩薩摩訶
薩暫一覩見佛形像已乃至證得无上菩提
終不捨於念佛作意是為菩薩摩訶薩脩治
愛樂佛身業世尊云何菩薩摩訶薩脩治開
闡法教業善現若菩薩摩訶薩於佛在世及
涅槃後為諸有情開闡法教初中後善文義
巧妙純一圓滿清白梵行所謂契經應頌記
別諷頌自說緣起譬喻本事本生方廣希法
論義是為菩薩摩訶薩脩治開闡法教業
世尊云何菩薩摩訶薩脩治破憍慢業善現
若菩薩摩訶薩常懷謙敬伏憍慢心由此不
生下姓卑族是為菩薩摩訶薩脩治破憍慢
業世尊云何菩薩摩訶薩脩治恒諦語業善
現若菩薩摩訶薩稱知而說言行相符是為
菩薩摩訶薩脩治恒諦語業
世尊云何菩薩摩訶薩清淨禁戒善現若
菩薩摩訶薩不起聲聞獨覺作意及餘破戒
鄣菩提法是為菩薩摩訶薩清淨禁戒世尊云
何菩薩摩訶薩知恩報恩善現若菩薩摩訶

BD03706號　大般若波羅蜜多經卷五四　（22-5）

菩薩摩訶薩脩治恒諦語業
世尊云何菩薩摩訶薩清淨禁戒善現若
菩薩摩訶薩不起聲聞獨覺作意及餘破戒
鄣菩提法是為菩薩摩訶薩清淨禁戒世尊云
何菩薩摩訶薩知恩報恩善現若菩薩摩訶
薩行菩薩行時於得小恩尚不忘報況大恩
惠而當不酬是為菩薩摩訶薩知恩報恩世
尊云何菩薩摩訶薩住安忍力善現若菩薩
摩訶薩設諸有情來見侵毀而於彼所无恚
害心是為菩薩摩訶薩住安忍力世尊云何
菩薩摩訶薩受勝歡喜善現若菩薩摩訶
薩所化有情既得成熟身心適悅受勝歡喜
是為菩薩摩訶薩受勝歡喜世尊云何菩薩
摩訶薩不捨有情善現若菩薩摩訶薩拔濟
有情心恒不捨是為菩薩摩訶薩不捨有情世
尊云何菩薩摩訶薩恒起大悲善現若菩
薩摩訶薩行菩薩行時作如是念我為饒益
一切有情假使各如无量无數殑伽沙劫處
大地獄受諸劇苦或燒或煮或斫或截若剌若
懸若磨若擣受如是等无量苦事乃至令彼
乘於佛乘而般涅槃如是一切有情界盡而大
悲心曾无猒倦是為菩薩摩訶薩恒起大悲
世尊云何菩薩摩訶薩於諸師長以敬信心
諮承供養如事佛想善現若菩薩摩訶薩為
求无上正等菩提恭順師長都无所
顧是為菩薩摩訶薩於諸師長以敬信心諮

BD03706號　大般若波羅蜜多經卷五四　（22-6）

諸承供養如事佛想善現若菩薩摩訶薩為
求无上正等菩提恭順師長都无所
願是為菩薩摩訶薩於諸師長以敬信心諮
承供養如事佛想世尊云何菩薩摩訶薩
勤求脩習波羅蜜多善現若菩薩摩訶薩
於諸波羅蜜多專心求學遠離餘事是為
菩薩摩訶薩勤求脩習波羅蜜多
世尊云何菩薩摩訶薩勤求多聞當无猒
足於所聞法不著文字善現若菩薩摩訶薩
發勤精進作如是念言若此佛土若十方界諸
佛世尊所說正法我皆聽習讀誦受持而於
其中不著文字是為菩薩摩訶薩勤求多
聞當无猒足於所聞法不著文字世尊云何
菩薩摩訶薩以无染心常行法施雖廣開化
而不自高善現若菩薩摩訶薩為諸有情宣
說正法尚不自為持此善根迴向菩提況求餘
事雖多化導而不自恃是為菩薩摩訶薩以无
染心常行法施雖廣開化而不自高世尊云
何菩薩摩訶薩為嚴淨土植諸善根雖用
迴向而不自舉善現若菩薩摩訶薩勇猛精
進脩諸善根為欲莊嚴諸佛淨國及為清淨
自他心土雖為是事而不自高是為菩薩摩
訶薩為嚴淨土植諸善根雖用迴向而不自舉
世尊云何菩薩摩訶薩為化有情雖不猒倦
无邊生死而不自高善現若菩薩摩訶薩為
欲成熟一切有情植諸善根嚴淨佛土乃至

BD03706 號　大般若波羅蜜多經卷五四

（22–7）

自他心土雖為是事而不自高是為菩薩摩
訶薩為嚴淨土植諸善根雖用迴向而不自舉
世尊云何菩薩摩訶薩為化有情雖不猒倦
无邊生死而不自高善現若菩薩摩訶薩為
欲成熟一切有情植諸善根嚴淨佛土乃至
未滿一切智智雖受无邊生死勤苦而无猒
倦亦不自高是為菩薩摩訶薩為化有情雖
不猒倦无邊生死而不自高世尊云何菩薩
摩訶薩雖住慚愧而无所著善現若菩薩
摩訶薩專求无上正等菩提於諸聲聞獨覺
作意具慚愧故終不暫起而於其中亦无所
著是為菩薩摩訶薩雖住慚愧而无所著
世尊云何菩薩摩訶薩住阿練若常不捨離
善現若菩薩摩訶薩為求无上正等菩提超
諸聲聞獨覺等地故常不捨阿練若處是
為菩薩摩訶薩住阿練若常不捨離世尊云
何菩薩摩訶薩少欲善現若菩薩摩訶薩尚
不自為求大菩提況欲世間利譽等事是為
菩薩摩訶薩少欲世尊云何菩薩摩訶薩喜
足善現若菩薩摩訶薩專為證得一切智
智故於餘事而无所著是為菩薩摩訶薩喜
足世尊云何菩薩摩訶薩常不捨離杜多功
德善現若菩薩摩訶薩常於深法起諦察忍是
為菩薩摩訶薩常不捨離杜多功德世尊云
何菩薩摩訶薩於諸學處未曾棄捨善現
若菩薩摩訶薩於所學戒堅守不移而於其

BD03706 號　大般若波羅蜜多經卷五四

（22–8）

足世尊云何菩薩摩訶薩常不捨離杜多功
德善現若菩薩摩訶薩常扵深法起諦察忍是
為菩薩摩訶薩常不捨離杜多功德世尊云
何菩薩摩訶薩扵諸學處未曾棄捨善現
若菩薩摩訶薩扵所學戒堅守不移而扵其
中能不取相是為菩薩摩訶薩扵諸學處未
曾棄捨世尊云何菩薩摩訶薩扵諸欲樂深
生猒離善現若菩薩摩訶薩扵妙欲樂不起欲
尋是為菩薩摩訶薩扵諸欲樂深生猒離世
尊云何菩薩摩訶薩常能發起寂滅俱心善
現若菩薩摩訶薩達一切法曾无起作是為
菩薩摩訶薩常能發起寂滅俱心世尊云何
菩薩摩訶薩捨諸所有善現若菩薩摩訶薩
扵内外法曾无所取是為菩薩摩訶薩捨諸
所有世尊云何菩薩摩訶薩心不滞没善現
若菩薩摩訶薩扵諸識住未嘗起心是為菩
薩摩訶薩心不滞没世尊云何菩薩摩訶薩
扵諸所有无所顧戀善現若菩薩摩訶薩扵
一切物无所思惟是為菩薩摩訶薩扵諸所
有无所顧戀
世尊云何菩薩摩訶薩應遠離居家善現若
菩薩摩訶薩志性好遊諸佛國土隨所生處
常樂出家剃髮去鬚執持應器被三法服現
作沙門是為菩薩摩訶薩應遠離居家世尊
云何菩薩摩訶薩應遠離苾芻尼善現若菩
薩摩訶薩常應遠離諸苾芻尼不與共居如

BD03706號　大般若波羅蜜多經卷五四　（22-9）

常樂出家剃髮去鬚執持應器被三法服現
作沙門是為菩薩摩訶薩應遠離居家世尊
云何菩薩摩訶薩應遠離苾芻尼善現若菩
薩摩訶薩常應遠離諸苾芻尼不與共居如
彈指頃亦復扵彼不起異心是為菩薩摩訶
薩應遠離苾芻尼世尊云何菩薩摩訶薩應
遠離家慳善現若菩薩摩訶薩作是思惟我
應長夜利益安樂一切有情今此有情自由
福力感得如是勝施主家故我扵中不應慳
嫉是為菩薩摩訶薩應遠離家慳世尊云何
菩薩摩訶薩應遠離眾會忿諍善現若菩薩
摩訶薩作是思惟若處眾會其中或有聲
聞獨覺或說彼乘相應法要令我退失大菩
提心是故定應遠離眾會復作是念諸忿諍
者能使有情發起瞋害造作種種惡不善業
尚違善趣況大菩提是故定應遠離忿諍是
為菩薩摩訶薩應遠離眾會忿諍世尊云何菩
薩摩訶薩應遠離自讚毀他善現若菩薩摩
訶薩扵内外法都无所見故應遠離自讚毀
他是為菩薩摩訶薩應遠離自讚毀他世尊
云何菩薩摩訶薩應遠離十不善業道善現
若菩薩摩訶薩作是思惟此十惡法尚礙善
趣二乘聖道況大菩提故應遠離是為菩薩
摩訶薩應遠離十不善業道世尊云何菩薩
摩訶薩應遠離增上慢傲善現若菩薩摩訶
薩不見有法可趣慢傲是為菩薩摩訶薩應

BD03706號　大般若波羅蜜多經卷五四　（22-10）

趣二乘聖道況大菩提故應遠離是為菩薩
摩訶薩應遠離十不善業道世尊云何菩薩
摩訶薩應遠離增上慢傲善現若菩薩摩訶
薩不見有法可趣慢傲是為菩薩摩訶薩應
遠離增上慢傲世尊云何菩薩摩訶薩應遠
離顛倒善現若菩薩摩訶薩觀顛倒事都不
可得是為菩薩摩訶薩應遠離顛倒世尊云
何菩薩摩訶薩應遠離猶豫善現若菩薩摩
訶薩觀猶豫事都不可得是為菩薩摩訶薩
應遠離猶豫世尊云何菩薩摩訶薩應遠離
貪瞋癡善現若菩薩摩訶薩都不見有貪
瞋癡事是為菩薩摩訶薩應遠離貪瞋癡
世尊云何菩薩摩訶薩應圓滿六波羅蜜多
善現若菩薩摩訶薩圓滿六種波羅蜜多超
諸聲聞及獨覺地又住此六波羅蜜多佛及
二乘能度五種所知海岸何等為五一者過
去二者未來三者現在四者无為五者不可
說是為菩薩摩訶薩應圓滿六波羅蜜多世尊
云何菩薩摩訶薩應遠離聲聞心善現若菩
薩摩訶薩作如是念諸聲聞心非證无上大
菩提道故應遠離是為菩薩摩訶薩應遠
離聲聞心世尊云何菩薩摩訶薩應遠離獨
覺心善現若菩薩摩訶薩作如是念諸獨覺
心定不能得一切智智故我今者應遠離之
是為菩薩摩訶薩應遠離獨覺心世尊云何
菩薩摩訶薩應遠離熱惱心善現若菩薩摩

心定不能得一切智智故我今者應遠離之
是為菩薩摩訶薩應遠離獨覺心世尊云何
菩薩摩訶薩應遠離熱惱心善現若菩薩摩
訶薩作如是念怖畏生死熱惱之心非證无
上正等覺道故應遠離是為菩薩摩訶薩
應遠離熱惱心世尊云何菩薩摩訶薩見乞
者來心不厭慼善現若菩薩摩訶薩作如是
念此厭慼心於大菩提非能證道故我今者定
應遠離是為菩薩摩訶薩見乞者來心不厭
慼世尊云何菩薩摩訶薩捨所有物无憂悔
心善現若菩薩摩訶薩作如是念此憂悔心
於證无上正等菩提定為障㝵故我應捨是
為菩薩摩訶薩捨所有物无憂悔心世尊云
何菩薩摩訶薩於來求者終不矯誑善現若
菩薩摩訶薩作如是念此矯誑心定非阿耨
多羅三藐三菩提道何以故菩薩摩訶薩初
發无上菩提心時作是誓言凡我所有他來
求者隨欲不空如何今時而矯誑彼是為菩
薩摩訶薩於來求者終不矯誑
世尊云何菩薩摩訶薩應遠離我執有情執
乃至知者執見者執善現若菩薩摩訶薩觀
我有情乃至知者見者畢竟不可得故是為
菩薩摩訶薩應遠離我執有情執乃至知者
執見者執世尊云何菩薩摩訶薩應遠離斷
執善現若菩薩摩訶薩觀一切法畢竟不生

我有情乃至知者
菩薩摩訶薩應遠離我執有情執乃至知者
執見者執世尊云何菩薩摩訶薩應遠離斷
執善現若菩薩摩訶薩觀一切法畢竟不生
斷无義故是為菩薩摩訶薩應遠離斷執世
尊云何菩薩摩訶薩應遠離常執善現若菩
薩摩訶薩觀一切法无常性故是為菩薩摩
訶薩應遠離常執世尊云何菩薩摩訶薩應
遠離相想善現若菩薩摩訶薩觀雜染性不
可得故是為菩薩摩訶薩應遠離相想世尊
云何菩薩摩訶薩應遠離因等見執善現若
菩薩摩訶薩都不見有諸見性故是為　菩
薩摩訶薩應遠離因等見執世尊云何菩薩
摩訶薩應遠離名色執善現若菩薩摩訶薩
觀名色性都不可得是為菩薩摩訶薩應遠
離名色執世尊云何菩薩摩訶薩應遠離蘊
執善現若菩薩摩訶薩觀五蘊性都不可得
是為菩薩摩訶薩應遠離蘊執世尊云何菩
薩摩訶薩應遠離處執善現若菩薩摩　訶
薩觀十二處性都不可得是為菩薩摩訶薩
應遠離處執世尊云何菩薩摩訶薩應遠離
界執善現若菩薩摩訶薩觀十八界等性都
不可得是為菩薩摩訶薩應遠離界執世尊
云何菩薩摩訶薩應遠離諦執善現若菩薩
摩訶薩觀諦性都不可得是為菩薩摩訶薩
應遠離諦執世尊云何菩薩摩訶薩應遠離緣
起執善現若菩薩摩訶薩觀諸緣起性不可

云何菩薩摩訶薩應遠離諦執善現若菩薩
摩訶薩觀諦性都不可得是為菩薩摩訶薩
應遠離諦執世尊云何菩薩摩訶薩應遠離緣
起執善現若菩薩摩訶薩觀諸緣起性不可
得故是為菩薩摩訶薩應遠離緣起執世尊
云何菩薩摩訶薩應遠離住著三界執善現
若菩薩摩訶薩觀三界性都不可得是為菩
薩摩訶薩應遠離住著三界執世尊云何菩
薩摩訶薩應遠離一切法執善現若菩薩摩
訶薩觀諸法性皆如虛空都不可得是為菩
薩摩訶薩應遠離一切法執世尊云何菩薩
摩訶薩應遠離於一切法如理不如理執善
現若菩薩摩訶薩觀諸法性都不可得无有
如理不如理性是為菩薩摩訶薩應遠離於
一切法如理不如理執世尊云何菩薩摩訶
薩應遠離依佛見執善現若菩薩摩訶薩知
依佛見執不得見佛故是為菩薩摩訶薩應
遠離依佛見執世尊云何菩薩摩訶薩應遠
離依法見執善現若菩薩摩訶薩達真法性
不可見故是為菩薩摩訶薩應遠離依法見
執世尊云何菩薩摩訶薩應遠離依僧見執
善現若菩薩摩訶薩知和合衆无相无為不
可見故是為菩薩摩訶薩應遠離依僧見執
世尊云何菩薩摩訶薩應遠離依戒見執善
現若菩薩摩訶薩知罪福性俱非有故是為菩
薩摩訶薩應遠離依戒見執世尊云何菩

世尊云何菩薩摩訶薩應遠離依或見執善
現若菩薩摩訶薩知罪福性俱非有故是為菩
薩摩訶薩應遠離依或見執世尊云何菩
薩摩訶薩應遠離怖畏空法善現若菩薩摩
訶薩觀諸空法皆无自性所怖畏事畢竟非
有是為菩薩摩訶薩應遠離怖畏空法世尊
云何菩薩摩訶薩應遠離違背空性善現若
菩薩摩訶薩觀一切法自性皆空非空與空有
違背故是為菩薩摩訶薩應遠離違背空
性

世尊云何菩薩摩訶薩應圓滿通達空善現
若菩薩摩訶薩達一切法自相皆空是為菩
薩摩訶薩應圓滿通達空世尊云何菩薩摩
訶薩應圓滿證无相善現若菩薩摩訶薩
不思惟一切相是為菩薩摩訶薩應圓滿證
无相世尊云何菩薩摩訶薩應圓滿知无願
善現若菩薩摩訶薩於三界法心无所住是
為菩薩摩訶薩應圓滿知无願世尊云何菩
薩摩訶薩應圓滿三輪清淨善現若菩薩摩
訶薩具足清淨十善業道是為菩薩摩
訶薩應圓滿三輪清淨世尊云何菩薩摩

次行剩

訶薩應圓滿悲愍有情及於有情无所執著
善現若菩薩摩訶薩已得大悲及嚴淨土是為
菩薩摩訶薩應圓滿悲愍有情及於有情无所執

BD03706號　大般若波羅蜜多經卷五四　（22–15）

次行剩

訶薩應圓滿悲愍有情及於有情无所執著
善現若菩薩摩訶薩已得大悲及嚴淨土是為
菩薩摩訶薩應圓滿悲愍有情及於有情无所執
著世尊云何菩薩摩訶薩應圓滿一切法平等
見及於此中无所執著善現若菩薩摩訶薩
於一切法不增不減及於此中无取无住是
為菩薩摩訶薩應圓滿一切法平等見及於
此中无所執著世尊云何菩薩摩訶薩應圓
滿一切有情平等見及於此中无所執著善
現若菩薩摩訶薩於諸有情不增不減及於
此中无取无住是為菩薩摩訶薩應圓滿一
切有情平等見及於此中无所執著世尊云
何菩薩摩訶薩應圓滿通達真實理趣及於
此中无所執著善現若菩薩摩訶薩於一切
法真實理趣雖如實通達而无所通達及於
此中无取无住是為菩薩摩訶薩應圓滿通
達真實理趣及於此中无所執著世尊云何
菩薩摩訶薩應圓滿无生忍智善現若菩薩
摩訶薩忍一切法无生无滅无所造作及知
名色畢竟不生是為菩薩摩訶薩應圓滿无
生忍智世尊云何菩薩摩訶薩應圓滿說一
切法一相理趣善現若菩薩摩訶薩於一切
法行不二相是為菩薩摩訶薩應圓滿說一
切法一相理趣世尊云何菩薩摩訶薩應圓
滿滅除分別善現若菩薩摩訶薩於一切法

BD03706號　大般若波羅蜜多經卷五四　（22–16）

切法一相理趣善現若菩薩摩訶薩於一切
法行不二相是為菩薩摩訶薩應圓滿說一
切法一相理趣世尊云何菩薩摩訶薩應圓
滿滅除分別善現若菩薩摩訶薩於一切法
不起分別是為菩薩摩訶薩應圓滿滅除分
別世尊云何菩薩摩訶薩應圓滿遠離諸想
善現若菩薩摩訶薩遠離一切小大无量想
是為菩薩摩訶薩應圓滿遠離諸想世尊云
何菩薩摩訶薩應圓滿遠離諸見善現若菩
薩摩訶薩遠離一切聲聞獨覺等見是為菩
薩摩訶薩應圓滿遠離諸見世尊云何菩薩
摩訶薩應圓滿遠離煩惱善現若菩薩摩訶
薩棄捨一切有漏煩惱習氣相續是為菩薩
摩訶薩應圓滿遠離煩惱世尊云何菩薩摩訶
薩應圓滿奢摩他毗鉢舍那地善現若菩薩
摩訶薩脩一切智道相智一切相智是為菩
薩摩訶薩應圓滿奢摩他毗鉢舍那地世尊
云何菩薩摩訶薩應圓滿調伏心性善現若
菩薩摩訶薩於三界法不樂不動是為菩薩摩
訶薩應圓滿調伏心性世尊云何菩薩摩訶
薩應圓滿寂靜心性善現若菩薩摩訶薩善
攝六根是為菩薩摩訶薩應圓滿寂靜心性
世尊云何菩薩摩訶薩應圓滿无㝵智性
善現若菩薩摩訶薩脩得佛眼是為菩薩
摩訶薩應圓滿无㝵智性世尊云何菩薩摩
訶薩應圓滿无所愛染善現若菩薩摩訶薩

BD03706 號　大般若波羅蜜多經卷五四　（22–17）

攝六根是為菩薩摩訶薩應圓滿寂靜心性
世尊云何菩薩摩訶薩應圓滿无㝵智性
善現若菩薩摩訶薩脩得佛眼是為菩薩
摩訶薩應圓滿无㝵智性世尊云何菩薩摩
訶薩應圓滿无所愛染善現若菩薩摩訶薩
於外六處能善棄捨是為菩薩摩訶薩應圓
滿无所愛染世尊云何菩薩摩訶薩應圓滿隨
心所欲往諸佛土於佛衆會自現其身善現
若菩薩摩訶薩脩勝神通從一佛國趣一佛
國供養恭敬尊重讚歎諸佛世尊請轉法輪
饒益一切是為菩薩摩訶薩應圓滿隨心所
欲往諸佛土於佛衆會自現其身
世尊云何菩薩摩訶薩應圓滿悟入一切有
情心行善現若菩薩摩訶薩以一心智如實
遍知一切有情心心所法是為菩薩摩訶薩
應圓滿悟入一切有情心行世尊云何菩薩
摩訶薩應圓滿遊戲諸神通善現若菩薩
摩訶薩遊戲種種自在神通為見佛故從一佛
國趣一佛國亦復不生遊佛國想是為菩薩
摩訶薩應圓滿遊戲諸神通世尊云何菩薩
摩訶薩應圓滿見諸佛土如其所見而自嚴
淨種種佛土善現若菩薩摩訶薩住一佛土
能見十方无邊佛國亦能示現而曾不生佛
國土想又為成熟諸有情故現處三千大千
世界轉輪王位而自莊嚴亦能棄捨而无所
執是為菩薩摩訶薩應圓滿見諸佛土如其

BD03706 號　大般若波羅蜜多經卷五四　（22–18）

淨種種佛土善現若菩薩摩訶薩住一佛土
能見十方无邊佛國亦能示現而曾不生佛
國土想又為成熟諸有情故現處三千大千
世界轉輪王位而自莊嚴亦能棄捨而无所
執是為菩薩摩訶薩應圓滿見諸佛土如其
所見而自嚴淨種種佛土世尊云何菩薩摩
訶薩應圓滿供養承事諸佛世尊於如來身
如實觀察善現若菩薩摩訶薩為欲饒益諸
有情故於法義趣如實分別如是名為以法供
養承事諸佛又諦觀察諸佛法身是為菩
薩摩訶薩應圓滿供養承事諸佛世尊於如
來身如實觀察
世尊云何菩薩摩訶薩應圓滿知諸有情根
勝劣智善現若菩薩摩訶薩住佛十力如實
了知一切有情諸根勝劣是為菩薩摩訶薩
應圓滿知諸有情根勝劣智世尊云何菩薩
摩訶薩應圓滿嚴淨佛土善現若菩薩摩訶
薩以无所得而為方便嚴淨一切有情心行
是為菩薩摩訶薩應圓滿嚴淨佛土世尊
云何菩薩摩訶薩應圓滿如幻等持數入諸
定善現若菩薩摩訶薩住此等持雖能成辦一
切事業而心不動又脩等持極成熟故不作
加行數數現前是為菩薩摩訶薩應圓滿如幻
等持數入諸定世尊云何菩薩摩訶薩應圓
滿隨諸有情善根應熟故入諸有自現化生
善現若菩薩摩訶薩為欲成熟諸有情類殊

切事業而心不動又脩等持極成熟故不作
加行數數現前是為菩薩摩訶薩應圓滿如幻
等持數入諸定世尊云何菩薩摩訶薩應圓
滿隨諸有情善根應熟故入諸有自現化生
善現若菩薩摩訶薩為欲成熟諸有情類殊
勝善根隨其所宜故入諸有而現受生是為
菩薩摩訶薩隨諸有情善根應熟故入諸
有自現化生
世尊云何菩薩摩訶薩應圓滿攝受无邊處
所大願隨有所願皆令圓滿善現若菩薩摩
訶薩已具脩六波羅蜜多極圓滿故或為嚴
淨諸佛國土或為成熟諸有情類隨心所願
皆得圓滿是為菩薩摩訶薩應圓滿攝受无
邊處所大願隨有所願皆令圓滿世尊云何
菩薩摩訶薩應圓滿隨諸天龍藥叉健達縛
阿素洛揭路荼緊捺洛莫呼洛伽人非人等
異類音智善現若菩薩摩訶薩脩習殊勝詞
无导解善知有情言音差別是為菩薩摩
訶薩應圓滿隨諸天龍藥叉健達縛阿素洛
揭路荼緊捺洛莫呼洛伽人非人等異類音智
世尊云何菩薩摩訶薩應圓滿无导辯說智
善現若菩薩摩訶薩脩習殊勝辯无导解為
諸有情能无盡說是為菩薩摩訶薩應圓滿
无导辯說智世尊云何菩薩摩訶薩應圓滿
入胎具足善現若菩薩摩訶薩雖一切生處
實恒化生而為益有情現入胎藏於中具足

无导辯說智世尊云何菩薩摩訶薩應圓滿
入胎具足善現菩薩摩訶薩雖一切生處
實恒化生而為益有情現入胎藏於中具足
種種勝事是為菩薩摩訶薩應圓滿入胎具
足世尊云何菩薩摩訶薩應圓滿出生具足
善現若菩薩摩訶薩於出胎時示現種種希
有勝事令諸有情見者歡喜獲大利樂是為
菩薩摩訶薩應圓滿出生具足世尊云何菩
薩摩訶薩應圓滿家族具足善現若菩薩摩
訶薩或生剎帝利大族姓家或生婆羅門大
族姓家所稟父母无可譏嫌是為菩薩摩訶
薩應圓滿家族具足世尊云何菩薩摩訶薩
應圓滿種姓具足善現若菩薩摩訶薩常預
過去諸大菩薩種姓中生是為菩薩摩訶薩
應圓滿種姓具足世尊云何菩薩摩訶薩應
圓滿眷屬具足善現若菩薩摩訶薩純以无
量无數菩薩而為眷屬非諸雜類是為菩薩
摩訶薩應圓滿眷屬具足世尊云何菩薩摩
訶薩應圓滿生身具足善現若菩薩摩訶薩
於初生時其身具足一切相好放大光明遍照
无邊諸佛世界亦令彼界六種變動有情遇
者无不蒙益是為菩薩摩訶薩應圓滿生
身具足世尊云何菩薩摩訶薩應圓滿出家
具足善現若菩薩摩訶薩於出家時无量无
數天龍藥叉人非人等之所翼從往詣道場
剃除鬚髮服三法服受持應器引導无量无

BD03706號　大般若波羅蜜多經卷五四　（22–21）

身具足世尊云何菩薩摩訶薩應圓滿出家
具足善現若菩薩摩訶薩於出家時无量无
數天龍藥叉人非人等之所翼從往詣道場
剃除鬚髮服三法服受持應器引導无量无
數有情令乘三乘而趣圓寂是為菩薩摩訶
薩應圓滿出家具足世尊云何菩薩摩訶薩
應圓滿莊嚴菩提樹具足善現若菩薩摩訶薩
殊勝善根廣大願力感得如是妙菩提樹吠
瑠璃寶以為其莖真金為根枝葉華菓皆以
上妙七寶所成其樹高廣遍覆三千大千佛
土光明照耀周遍十方殑伽沙等諸佛世界
是為菩薩摩訶薩應圓滿莊嚴菩提樹具
足世尊云何菩薩摩訶薩應圓滿一切功德
具足善現若菩薩摩訶薩滿足殊勝福慧資
粮成熟有情嚴淨佛土是為菩薩摩訶薩應
圓滿一切功德具足

大般若波羅蜜多經卷第五十四

BD03706號　大般若波羅蜜多經卷五四　（22–22）

之尒時賊主聞是語已心生歡喜翕共唱令
而作是言慎莫斫射徐徐捉取即前後圍遶
時而發時五百人同聲唱喚尒時化人以慈
悲力愍而哀傷尋時張弓布箭射之時五百
人人被一箭而創苦痛難可堪忍即皆躃地
宛轉大喚共拔箭其箭堅固非力所堪尒
時五百人懷恐怖我等今者必死不疑所
以者何而此一人難爲抗對由來未有即共
同聲說偈問曰
御是何等人　爲是呪術力　爲是龍鬼神　一箭射五百
苦痛難可陳　我等身歸依　爲我出毒箭　隨順不敢違
尒時化人說偈荅曰
所創无過恚　射箭无過愍　是杜莫能拔　唯從多聞除
尒時化人說是偈已即復佛身放大光明遍
炤十方一切衆生遇斯光者看者得視癃者
得申拘躃者得手足邪迷者得覩真言惣要
而言諸不稱意皆得如願尒時如來爲五百
人而敎利喜說種種法時五百人聞法歡喜
身創平復405發爲歡喜時即發阿耨多羅三
藐三菩提心即共同聲而說偈言

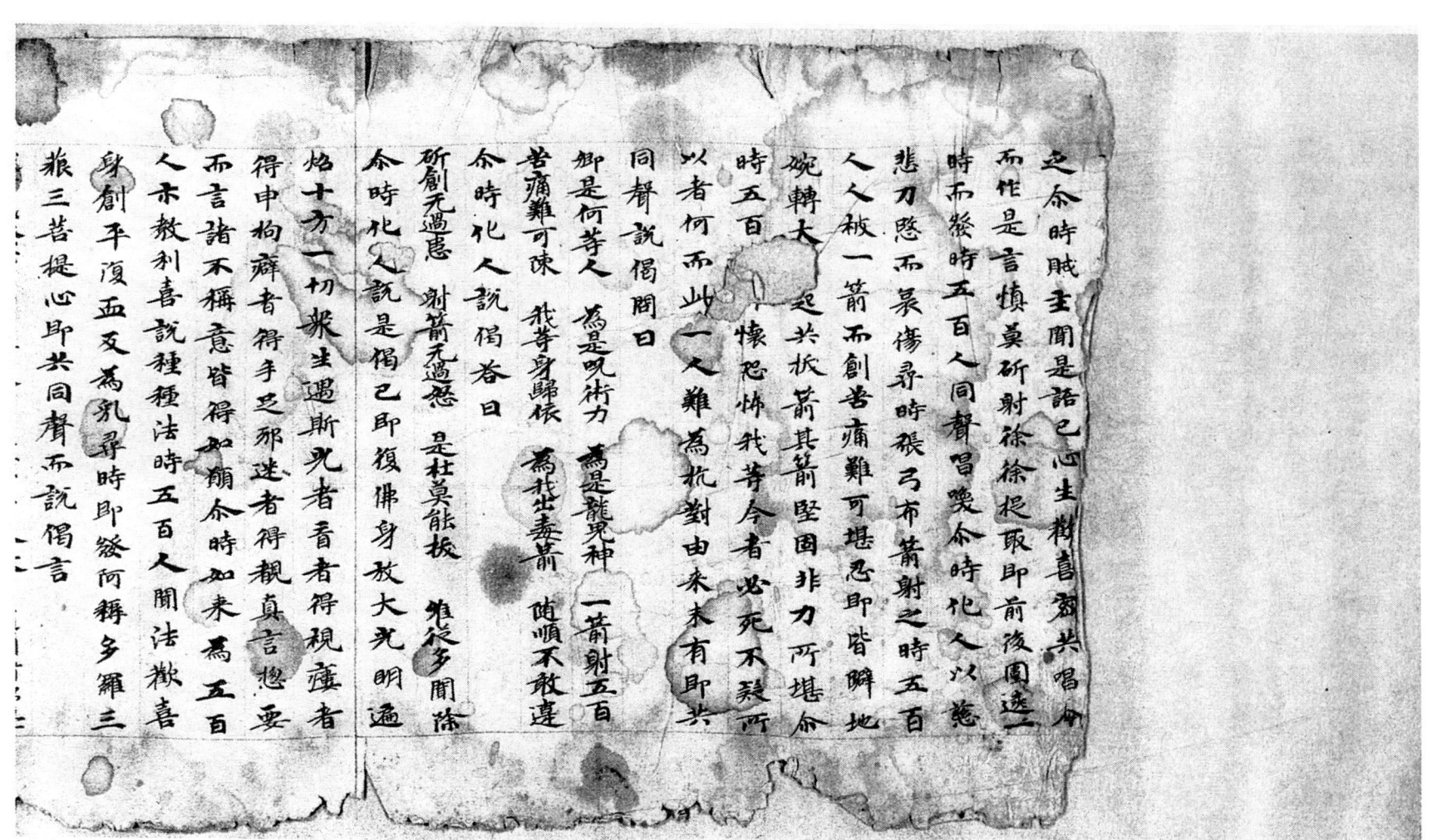

BD03707號　大方便佛報恩經卷五　（14–1）

得申拘躃者得手足邪迷者得覩真言惣要
而言諸不稱意皆得如願尒時如來爲五百
人而敎利喜說種種法時五百人聞法歡喜
身創平復405發爲歡喜時即發阿耨多羅三
藐三菩提心即共同聲而說偈言
我等已發心　廣利諸衆生　應當常恭敬　隨順諸佛學
念佛慈悲力　拔苦身心安　應當念佛恩　菩薩及善友
歸長及父母　及諸衆生類　怨親心平等　恩德无有二
尒時虛空中欲界諸天憍尸迦等雨衆天華
作天伎樂供養如來異口同音而說偈言
我等先世福　光明甚嚴餝　衆妙供養具　利益於一切
世尊甚難遇　妙法亦難聞　宿殖衆德本　今遇釋中神
我等念佛恩　亦當發道心　我今得見佛　所有三業善
爲諸衆生故　迴向无上道
尒時諸天說是偈已遶百千匝頭面禮佛飛
空而去復次如來方便慈善根力不可思議
尒時毗舍離國有一婆羅門執著邪見貪著
我慢舍利弗大目揵連往來其家說法慰喻
而不信受執著邪論其家大富財寶无量家
无有子一旦崩亡財賄沒官思惟是已奉祠
諸山及諸樹神過九十日其婦便覺有身月
滿生男其兒端政人相具足父母愛念衆人
宗敬至年十二共諸等侶出外遊觀道逢醉
象馳奔踐蹹即便命終父母聞之舉聲大哭
自投於地生狂癡心塵土坌身自拔頭髮而
作是言一何薄命生亡我孫前趣兒所抱持
死尸舉聲慟哭絕而復蘇心發狂癡裸形而

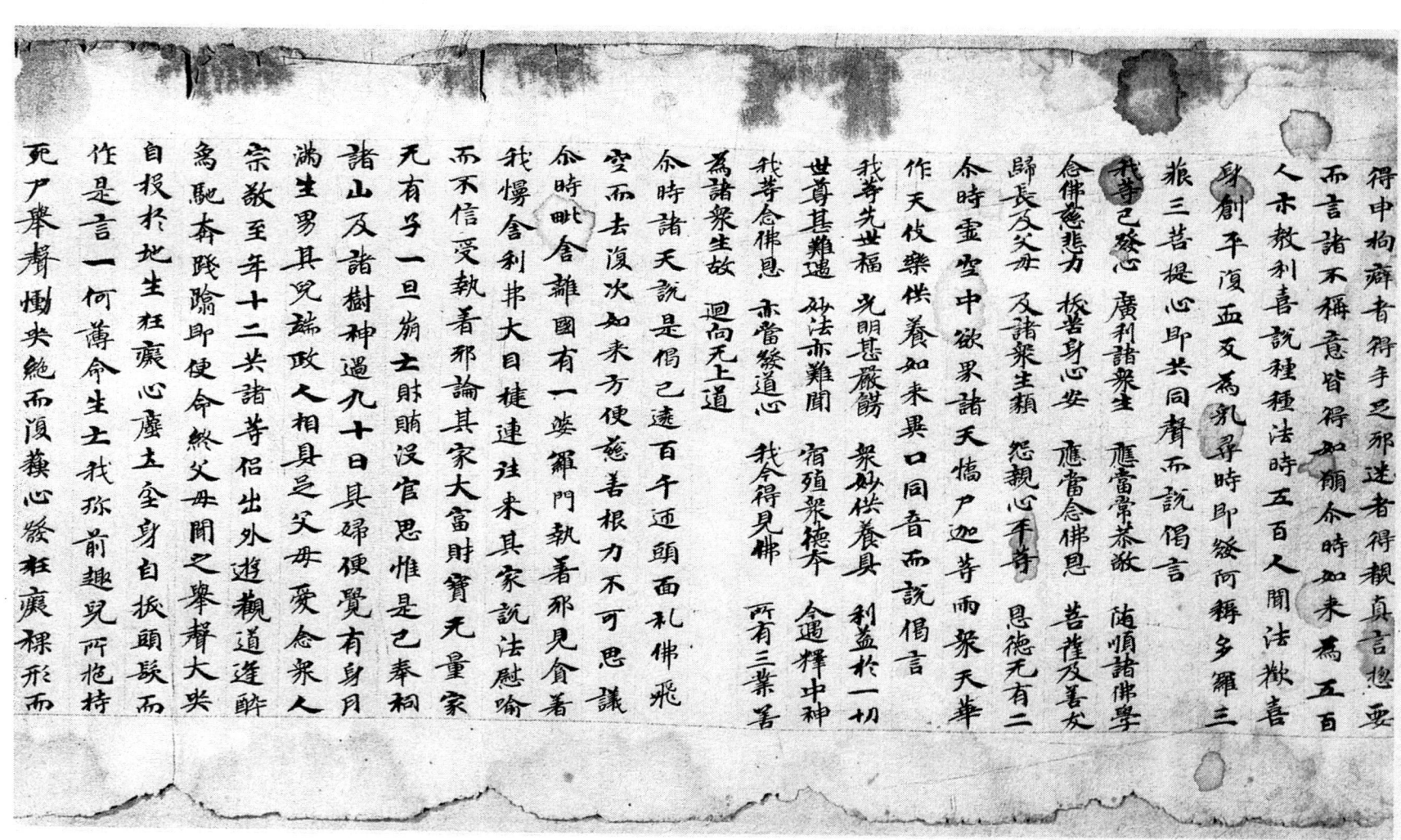

BD03707號　大方便佛報恩經卷五　（14–2）

爲馳奔踐蹹即使命終父母聞之舉聲大哭
自投於地生狂癡心塵土坌身自拔頭髮而
作是言一何薄命生土我孫前趣見所抱持
死尸舉聲慟哭絶而復穌心發狂癡裸形而
行得覩如來如來以慈善根力化作其兒尒
時父母即前抱持歡喜无量狂癡即滅還得
本心如來尒時即爲說法因聞法故即發阿
耨多羅三藐三菩提心
復次如來慈善根力不可思議尒時瑠璃王
起四種兵伐舍維國得諸釋子穿坑埋之坑
悉齊核令不動搖過一七已如來尒時以慈
善根力即化其地變成浴池其浴池水具八
功德有妙香華所謂波頭摩華分陁利華青
黃赤白大如車輪充滿其中異類衆鳥相和
悲鳴時諸釋子見是事已心生歡喜尋發阿
耨多羅三藐三菩提心已時瑠璃
即以酒飲五百黑象極令奔醉脚著鐵甲
利鋼即驅惡鼓放諸群象蹹諸釋子身
皮骨塵破狼藉在地以如來慈悲力
安樂身心安樂故發菩提心以發菩
諸衆生得平等心心平等故不生
不瞋故命終生天得生天已即以天
本緣尋相謂言我等蒙佛慈恩得生
宮殿名衣上服身諸光明微妙妓
樂具皆是如來神力是故我等發大
蓋衆生隨有佛法所流布處若城邑

本緣尋相謂言我等蒙佛慈恩得生
宮殿名衣上服身諸光明微妙妓
樂具皆是如來神力是故我等發大
蓋衆生隨有佛法所流布處若城邑
落山林樹下宮殿舍宅有誦讀書寫解說
義隨流布處稱意供給令无乏少若有刀
兵疾疫飢饉我等應當晝夜擁護心不捨離
尒時諸天發是願已身命色力光明晃燿復
倍於常歡喜踊躍飛空而去
復次如來方便慈善根力不可思議尒時瑠璃
王伐舍維國毀害諸釋種已選諸釋女釋
取端政有才能過人各兼數妓取五百人前後
圍遶作唱妓樂還歸本國夫人婇女昇正殿
上結跏趺坐告大衆言我今快樂稱善无量
時諸釋女問瑠璃王言汝今云何快樂答言
我得勝怨諸釋女言汝不得勝假使汝國一
切四兵不敵於我釋種一人然我釋種是佛
弟子不與物諍令汝得勝若起惡者汝前後
三四起兵向舍維國而常退縮汝第一往時
我諸釋種而作是言此瑠璃王不識恩分及
生惡逆若我等與彼戰者賢愚不別皂白不
明我等今者宜應恐怖令彼退散即立擔令
令者諸人齊共射之令箭莫傷即起四兵往
逆瑠璃去卌里挽弓射之箭箭相續括括相
注時瑠璃王見是事已即懷恐怖退還歸去
過九十日復起四兵伐諸釋種尒時諸釋尋

令者諸人齊共射之令箭莫傷即起四兵往
逆瑠璃去卌里挽弓射之箭箭相拄拄拄相
注時瑠璃王見是事已即懷恐怖退還歸去
過九十日復起四兵伐諸釋種爾時諸釋尋
共議言瑠璃惡人不知慚愧而復更來欲相
危害爾時諸釋復立誓限令曰諸人齊共射
鏃莫令傷人時諸釋種齊共射之悉令諸人
所著鏃杖鉀鉀斷壞裸身而住時瑠璃王心
懷怖懼即集諸臣而共議言我等今者恐不
全濟中有第一大臣白大王言是諸釋種皆
佛弟子持不煞戒脩行慈悲若不爾者我等
身命久已殞滅王言審如是者更可前進爾
時諸釋撿手而住瑠璃軍馬遂至逼近諸釋
種中有一婆羅門語諸釋言今褁禍至云何
儼然諸釋荅言我等今者不與物諍若與彼
諍非佛弟子時婆羅門即嫌其言踊出釋前
與瑠璃戰一箭射七未久之間傷煞轉多瑠
璃四兵即還卻退時諸釋種復作是念我等
今者不應與是惡人共為徒黨即集釋眾共
擯出是婆羅門種既擯出已瑠璃四兵壞合
維國以是因緣今汝得勝時瑠璃王即生慚
愧遣旃陁羅即削耳鼻截斷手足斷手足已
即以車載棄於塚間時諸釋女婉轉無復手
足悲號酸切苦毒纏身餘命無幾時諸釋女
各稱父母兄弟姊妹者或復稱天喚地者苦
切難具中有第一釋女告諸女言姊妹當知

愧遣旃陁羅即削耳鼻截斷手足斷手足已
即以車載棄於塚間時諸釋女婉轉無復手
足悲號酸切苦毒纏身餘命無幾時諸釋女
各稱父母兄弟姊妹者或復稱天喚地者苦
切難具中有第一釋女告諸女言姊妹當知
我曾從佛聞若有人能於運急之中發於一
念念佛至心歸命者即得安隱各稱所願時
五百釋女異口同音至心念佛南無釋迦牟
尼多陁阿伽度阿羅呵三藐三佛陁復更唱
言苦哉苦哉痛哉痛哉嗚呼婆伽婆脩伽陁
作是唱時於虛空中以如來慈善根力起大
悲雲而大悲雨而諸女身既蒙雨已身體手
足還生如故諸女歡喜共唱言如來慈父無
上世尊世間妙藥世間眼目於三界中能拔
具苦施與快樂所以者何我等今者得脫苦
難我等今者當念佛恩當念報恩諸女念言
當以何事而報佛恩如來身者金剛之身常
住之身無飢渴身微妙色身悉是具足百千
禪定根力覺道不可思議卅二相八十種隨
形之好具二莊嚴住大涅槃等視眾生如羅
睺羅怨親等觀亦不望報我等今者欲報佛
恩當共出家脩持禁戒護持正法思惟是已
即求衣鉢往詣王園比丘尼精舍求索出家
時有六群比丘尼見諸釋女年時幼稚美色
端政今云何能捨此難捨而共出家我等當
為說世間五欲快樂待年限過然後出家亦
不晚爭彼若還答已以衣鉢奉施代等思惟

即求衣鉢往詣王園比丘尼精舍求索出家
時有六群比丘尼見諸釋女年時幼稚美色
端政令云何能捨此難捨而共出家我等當
為說世間五欲快樂待年限過然後出家亦
不快乎彼若還俗必以衣鉢奉施我等思惟
是已於釋女前即以上事向諸女說諸女聞
已心懷苦惱此安隱處云何有大恐怖如餚
饍飲食和以毒藥此比丘尼所說亦復如是
世間五欲多諸過患我已具知云何而反讚
嘆其美而勸我等還歸本家在於五欲作是
語已舉聲大哭還出僧房時有比丘尼名曰
華色即問諸女何為啼哭諸女答言不果所
願比丘尼言汝願何等答言願欲出家不蒙
聽許時華色比丘尼聞言汝欲出家者我能
度汝諸女聞已心生歡喜即便隨從度為弟
子時諸釋女既蒙聽許悲喜交集而作是言
和上當知我等在家眾苦非一親族喪亡割
削耳鼻截斷手足禍患滋甚尒時和上報諸
弟子汝等辛苦何足言耶我在家時荷負眾
苦其事眾多時諸釋女長跪白師願說在家
眾苦因緣尒時華色比丘尼即入三昧以神
通力放大光明照閻浮提請名有緣天龍鬼
神人及非人於大眾中即自說言我在家時
是舍衛國人父母嫁我與北方人彼國風俗
具嫁有身垂欲產時還父母家如是次第數
年生子後復有身垂產之日皆乘車馬夫妻

BD03707號　大方便佛報恩經卷五　（14–7）

神人及非人於大眾中即自說言我在家時
是舍衛國人父母嫁我與北方人彼國風俗
具嫁有身垂欲產時還父母家如是次第數
年生子後復有身垂產之日皆乘車馬夫妻
相將歸父母家中路有河其水暴長其路曠
絕多諸賊難既至河已不能得度往宿岸邊
於初夜時我腹卒痛即便起坐未久之間即
便免身生一男兒岸邊草中有大毒蛇聞新
血香即來趣我未至我所我夫及奴眠在道
中蛇至奴所尋便螫煞前至夫所夫眠不覺
亦螫夫煞我時唱喚蛇來蛇來喚夫不應奴
夫已死尒時毒蛇亦螫牛馬至日出已具夫
身體膖脹爛虫骨節解散狼藉在地憂悲恐
怖悶絕躃地舉聲大哭以手推胷自拔頭髮
塵土坌身尋復悶絕舉身投骨如是憂苦經
留數日獨在岸邊其水漸小荷負小兒以手
牽持其新產者以襆盛之銜著口中即前入
水政到河半反視大兒見一猛虎奔走馳逐
開口唱喚口即失襆嬰兒沒水以手探摶而
竟不獲其背上者失手落水尋復沒喪其岸
上者為虎所食我見是已心肝分裂口吐熱
血舉聲大哭咄哉咄哉我今一旦見此楇酷
即到岸上悶絕躃地未久之間有大伴至尒
時伴中有一長者是我父母舊所知識我即
前問父母消息尒時長者即答我言汝父母
家昨夜失火所燒蕩盡父母亦喪我聞是已

BD03707號　大方便佛報恩經卷五　（14–8）

孟舉聲大哭苦哉苦哉我今一旦見此禍酷
即到岸上悶絕躃地未久之間有大伴至尒
時伴中有一長者是我父母舊所知識我即
前問父母消息尒時長者即荅我言汝父母
家昨夜失火所燒蕩盡父母亦喪我聞是已
悶絕躃地良久乃蘇未久之間有五百羣賊
即壞衆伴尒時賊主便將我去作賊婦法常
使守門若有緩急為人所逐須速開門後於
一時夫與群賊共行抄劫尒時財主王及聚
落并力馳逐即還其家尒時其婦在其舍內
娩身生子夫在門外再三喚內无人開門尒
時賊主即作是念今此婦者欲危害我思惟
是已即緣墻入語其婦言以何事故不開門
耶婦言以產生故而不及可尒時賊主見是
事已瞋恚小息語其婦言人有身者便當有
子汝為產故危害於我用是子為速殺之
尒時其婦心生憐愍不忍煞之尒時賊主尋
拔刀斫解斷手足語其婦言汝可還噉若不
食者當斷汝頭尒時其婦以怨怖故即還食
之既還食已瞋恚便息其夫於後續復劫盜
為王所得即治其罪治賊之法要斷其命合
婦生埋我時身體著妙瓔珞尒時有人貪利
瓔珞於後夜時即便開塚取我瓔珞并將我
去須臾少時王家伺官即伺捉得以律斷之
如治賊罪治賊罪法即斷其命合婦生埋埋
之不固於後夜時多諸虎狼抄發塚開食噉
死尸我因此故尋時得出既得出已荒錯迷

瓔珞於後夜時即便開塚取我瓔珞并將我
去須臾少時王家伺官即伺捉得以律斷之
如治賊罪治賊罪法即斷其命合婦生埋埋
之不固於後夜時多諸虎狼抄發塚開食噉
死尸我因此故尋時得出既得出已荒錯迷
悶不知東西即便馳走路見多人即便問言
諸人當知我今苦惱何處能有忘憂除患時
有長老婆羅門等以憐愍心即語其言曾聞
釋迦牟尼佛法之中多諸安隱无諸衰惱我
聞是已心生歡喜詣大愛道憍曇弥比丘尼
所出家次第脩習即得道果三明六通具八
解脫以是因緣汝等當知我在家時慇苦如
是以是因緣自致得道時諸釋女聞是說已
心大歡喜得法眼淨諸會聽衆各發所願
歡喜而去尒時佛姨母憍曇弥比丘尼告一切
比丘尼式叉摩尼沙弥尼優婆夷及一切女人
而作是言佛法大利一切功德三種果報唯
有如來佛法海中乃具有之一切衆生皆悉
有分而我等一切女人如來不聽以一切女人
多諸疑惑執著難捨以執著故使諸結業无
量纏縛癡愛覆心覆心重故愛水所沒不能
自出故以二寸智故懈怠懶墮故現身不能
莊嚴菩提獲得三乘二相故於生死中失轉
輪聖王所有勝果以十善法攝衆生故亦失
无上梵王之位能為建立正法勸發諮請使
一切衆生得利樂故是故如來不聽女人樂
為弟子天魔波旬及諸邪見一切外道長夜

莊嚴菩提獲得三乘二相故於生死中失轉
輪聖王所有勝果以十善法攝衆生故亦失
无上梵王之位能為建立正法勸發諮請使
一切衆生得利樂故是故如來不聽女人樂
為弟子天魔波旬及諸邪見一切外道長夜
惡邪執着邪論踐賊正法毀佛法僧是故如
來不聽女人樂入佛法我為一切諸女人故
三請如來欲求佛法如來至三亦不聽許時
我不果所願心懷悵恨憂悲苦惱即出祇洹
悲淚滿目尒時阿難即問我言女人何故憂
愁如此我時即報侍者阿難欲求出家脩行
佛法三請如來如來不許以是因緣我憂愁
耳尒時阿難即報我言女人莫愁我當啓請
如來使女人得入佛法憍曇彌聞是語已心
大歡喜尒時阿難入白佛言世尊今欲從佛
啓請一願佛言聽汝說之阿難白佛言憍曇
彌女人者乳哺養育如來色身至今得佛依
因佛女人之所成立女人於如來有大恩分
如來猶尚聽於一切衆生入佛法中況於女
人而不聽許佛告阿難如汝所說如來非不
知女人於如來所有是重恩但不樂使女人
入佛法中如來若聽女人入佛法中者正法
當漸微漸滅於五百歲是故如來不樂喜聽
女人入佛法中
尒時阿難頭面礼佛足長跪叉手重白佛言
世尊阿難自念過去諸佛具四部衆而我釋
迦如來獨不具邪佛告阿難若憍曇彌愛樂

BD03707號　大方便佛報恩經卷五　（14–11）

女人入佛法中
尒時阿難頭面礼佛足長跪叉手重白佛言
世尊阿難自念過去諸佛具四部衆而我釋
迦如來獨不具邪佛告阿難若憍曇彌愛樂
佛法欲大精進清淨脩習八敬之法者聽入
佛法阿難即時頭面礼佛右遶三匝即便出
外白女人言阿難已勸請如來得使女奉持
佛法憍曇彌聞是語已心大歡喜白阿難言
善哉阿難乃能慇懃勸請如來得使女人稱
遂本願阿難具如來慇懃之教女人聞已悲
喜交集而我身者是无常身今日乃得貿
易寶身今我命者念念遷滅代謝不定始於今
日貿易寶命今我所有身命財者衆緣所共
无有真主今日乃得貿易實財我思惟如是
功德利故於阿羅所深生恭敬供養之想白
言大德阿難願不有慮如來秘教當盡奉行
假使喪失身命終不退失如來即為宣說微
妙八敬之法難可毀犯尒時憍曇彌女人即
以大悲勳脩具心普為未來一切女人重白
佛言世尊若當未來惡世之中有善女人信
樂愛敬於佛法者唯願聽許得蒙具例佛言
善哉若有女人護持佛法漸次脩學戒施多
聞及諸善法在家出家三歸五戒乃至具戒
及諸度諸助道法皆悉聽許恣意脩習亦得
是三種果報人天泥洹時憍曇彌聞是說已
心生歡喜而白佛言世尊若是果報故是佛
恩佛言莫作是說如來終不負恩於諸衆生

BD03707號　大方便佛報恩經卷五　（14–12）

善我若有女人護持佛法漸次脩學戒施多
聞及諸善法在家出家三歸五戒乃至具戒
及諸度諸助道法皆悉聽許恣意脩習亦得
是三種果報人天泥洹時憍曇弥聞是說已
心生歡喜而白佛言世尊若是果報故是佛
恩佛言莫作是說如來然不有恩於諸衆生
如來終不於諸衆生而計有恩計有恩者則
破如來平等之心憍曇弥當知如來於諸衆
生計有恩无恩者无有平等何以故若有衆
生毀害於佛如來不瞋若有衆生以栴檀汁
塗如來身如來不喜如來普於衆生怨親等
觀雖是阿難非如來也以阿難故令諸女人
得入佛法憍曇弥未來來世若有比丘尼及
諸一切諸善女人常當至心念阿難恩稱名
供養恭敬尊重讚嘆令不斷絕若不能常晝
夜六時令心不忘時憍曇弥者諸比丘尼及
一切諸善女人而作是言我等應當至心歸
命阿難大師若有女人欲求安隱吉祥果報
常當於二月八日八月八日著淨潔衣至心
受持八戒齋法法晝夜六時建大精進阿難即
以大威神力應聲護助如願即得時會大衆
聞法歡喜右遶而去

大方便報恩經卷第五

BD03707 號　大方便佛報恩經卷五　（14–13）

一切諸善女人而作是言我等應當至心歸
命阿難大師若有女人欲求安隱吉祥果報
常當於二月八日八月八日著淨潔衣至心
受持八戒齋法法晝夜六時建大精進阿難即
以大威神力應聲護助如願即得時會大衆
聞法歡喜右遶而去

大方便報恩經卷第五

BD03707 號　大方便佛報恩經卷五　（14–14）

尒時佛告諸大衆乃往古世過无量无邊不可
思議阿僧祇劫有佛名雲雷音宿王華智多
陁阿伽度阿羅呵三藐三佛陁國名光明
莊嚴劫名憙見彼佛法中有王名妙莊嚴其
王夫人名曰淨德有二子一名淨藏二名淨
眼是二子有大神力福德智慧久脩菩薩所
行之道所謂檀波羅蜜尸羅波羅蜜羼提
波羅蜜毗梨耶波羅蜜禪波羅蜜般若波羅
蜜方便波羅蜜慈悲喜捨乃至三十七助道法
皆悉明了通達又得菩薩淨三昧日星宿三
昧淨光三昧淨色三昧淨照明三昧長莊嚴
三昧大威德藏三昧於此三昧亦悉通達尒時
彼佛欲引導妙莊嚴王及愍念衆生故說
是法華經時淨藏淨眼二子到其母所合十
指爪掌白言願母往詣雲雷音宿王華智佛
所我等亦當侍從親近供養礼拜所以者何
此佛於一切天人衆中說法華經宜應聽受
母告子言汝父信受外道深著婆羅門法汝

BD03708號　妙法蓮華經卷七　（11-1）

彼佛欲引導妙莊嚴王及愍念衆生故說
是法華經時淨藏淨眼二子到其母所合十
指爪掌白言願母往詣雲雷音宿王華智佛
所我等亦當侍從親近供養礼拜所以者何
此佛於一切天人衆中說法華經宜應聽受
母告子言汝父信受外道深著婆羅門法汝
等應往白父與共俱去淨藏淨眼合十爪指
掌白母我等是法王子而生此耶見家母告
子言汝等當憂念汝父為現神變若得見者
心必清淨或聽我等往至佛所於是二子念
其父故踊出虛空高七多羅樹現種種神變
於虛空中行住坐卧身上出水身下出火身
下出水身上出火或現大身滿虛空中而復現
小小復現大於空中滅忽然在地入地如水履
水如地現如是等種種神變令其父王心
淨信解時父見子神力如是心大歡喜得未
曾有合掌向子言汝等師為是誰之弟子
二子白言大王彼雲雷音宿王華智佛今
在七寶菩提樹下法座上坐於一切世間天人
衆中廣說法華經是我等師我是弟子父
語子言我今亦欲見汝等師可共俱往於是
二子從空中下到其母所合掌白母父王今已
信解堪任發阿耨多羅三藐三菩提心我等
為父已作佛事願母見聽於彼佛所出家脩
道尒時二子欲重宣其意以偈白母

BD03708號　妙法蓮華經卷七　（11-2）

語子言我今亦欲見汝等師可共俱往於是
二子從空中下到其母所合掌白母父王今已
信解堪任發阿耨多羅三藐三菩提心我等
為父已作佛事願母見聽於彼佛所出家修
道尒時二子欲重宣其意以偈白母
願母放我等　出家作沙門　諸佛甚難值　我等隨佛學
如優曇波羅　值佛復難是　脫諸難亦難　願聽我出家
母即告言聽汝出家所以者何佛難值故於
是二子白父母言善哉父母願時往詣雲雷
音宿王華智佛所親近供養所以者何佛難
得值如優曇波羅華又如一眼之龜值浮木
孔而我等宿福深厚生值佛法是故父母當聽
我等令得出家所以者何諸佛難值時亦難
遇彼時妙莊嚴王後宮八万四千人皆悉堪
任受持是法華經淨眼菩薩於法華三昧久已
通達淨藏菩薩已於无量百千万億劫通
達離諸惡趣三昧欲令一切衆生離諸惡趣故
其王夫人得諸佛習三昧能知諸佛秘密之
藏二子如是以方便力善化其父令心信解
好樂佛法於是妙莊嚴王與群臣眷屬俱
淨德夫人與後宮采女眷屬俱其王二子
與四万二千人俱一時共詣佛所到已頭面礼
足遶佛三帀却住一面尒時彼佛為王說法
示教利喜王大歡悅尒時妙莊嚴王及其
夫人解頸真珠瓔珞價直百千以散佛上於

BD03708號　妙法蓮華經卷七

（11–3）

淨德夫人與後宮采女眷屬俱其王二子
與四万二千人俱一時共詣佛所到已頭面礼
足遶佛三帀却住一面尒時彼佛為王說法
示教利喜王大歡悅尒時妙莊嚴王及其
夫人解頸真珠瓔珞價直百千以散佛上於
虛空中化成四柱寶臺臺中有大寶床敷百
千万天衣其上有佛結加趺坐放大光明尒
時妙莊嚴王作是念佛身希有端嚴殊特成
就第一微妙之色時雲雷音宿王華智佛告
四衆言汝等見是妙莊嚴王於我前合掌立
不此王於我法中作比丘精勤修習助佛道法
當得作佛号娑羅樹王國名大光劫名大高
王其娑羅樹王佛有无量菩薩衆及无量
聲聞其國平正功德如是其王即時以國付
弟與夫人二子并諸眷屬於佛法中出家修
道王出家已於八万四千歲常勤精進修行
妙法華經過是已後得一切淨功德莊嚴三
昧即昇虛空高七多羅樹而白佛言世尊此
我二子已作佛事以神通變化轉我邪心令
得安住於佛法中得見世尊此二子者是我
善知識為欲發起宿世善根饒益我故來生
我家尒時雲雷音宿王華智佛告妙莊嚴王
言如是如是如汝所言若善男子善女人種
善根故世世得善知識其善知識能作佛事
示教利喜令入阿耨多羅三藐三菩提大王

BD03708號　妙法蓮華經卷七

（11–4）

善知識為欲發起宿世善根饒益我故来生
我家尒時雲雷音宿王華智佛告妙荘嚴王
言如是如是如汝所言若善男子善女人種
善根故世世得善知識其善知識能作佛事
示教利喜令入阿耨多羅三藐三菩提大王
當知善知識者是大因緣所謂化導令得見
佛發阿耨多羅三藐三菩提心大王汝見此二
子不此二子已曾供養六十五百千万億那
由他恒河沙諸佛親近恭敬於諸佛所受
持法華經愍念耶見衆生令住正見妙荘嚴
王即從虚空中下而白佛言世尊如来甚希
有以功德智慧故頂上肉髻光明顯照其眼
長廣而紺青色眉間豪相白如珂月齒白
齊密常有光明脣色赤好如頻婆菓尒時妙荘
嚴王讚嘆佛如是等无量百千万億功德已
於如来前一心合掌復白佛言世尊未曾有
也如来之法具足成就不可思議微妙功德
教戒所行安隱快善我從今日不復自隨心
行不生耶見憍慢瞋恚諸悪之心說是語已
礼佛而出佛告大衆於意云何妙荘嚴王
豈異人乎今華德菩薩是其淨德夫人今佛
前光照荘嚴相菩薩是哀愍妙荘嚴王及
諸眷屬故於彼中生其二子者今藥王菩薩
藥上菩薩是是藥王藥上菩薩成就如此諸
大功德已於无量百千万億諸佛所殖衆德本

BD03708號　妙法蓮華經卷七　（11-5）

行不生耶見憍慢瞋恚諸悪之心說是語已
礼佛而出佛告大衆於意云何妙荘嚴王
豈異人乎今華德菩薩是其淨德夫人今佛
前光照荘嚴相菩薩是哀愍妙荘嚴王及
諸眷屬故於彼中生其二子者今藥王菩薩
藥上菩薩是是藥王藥上菩薩成就如此諸
大功德已於无量百千万億諸佛所殖衆德本
成就不可思議諸善功德若有人識是二菩薩
名字者一切世間天人民亦應礼拜佛說
是妙荘嚴王本事品時八万四千人遠塵離
垢於諸法中得法眼淨
妙法蓮華經普賢菩薩勸發品第二十八
尒時普賢菩薩以自在神通力威德名聞與大
菩薩无量无邊不可稱數從東方来所經諸
國普皆震動雨寶蓮華作无量百千万億種
種伎樂又與无數諸天龍夜叉乾闥婆阿脩
羅迦樓羅緊那羅摩睺羅伽人非人等大衆
圍繞各現威德神通之力到娑婆世界耆闍
崛山中頭面礼釋迦牟尼佛右繞七帀白佛
言世尊我於寶威德上王佛國遥聞此娑婆
世界說法華經與无量无邊百千万億諸菩
薩衆共来聽受唯願世尊當爲說之若善男
子善女人於如来滅後云何能得是法華經
佛告普賢菩薩若善男子善女人成就四法
於如来滅後當得是法華經一者爲諸佛護

BD03708號　妙法蓮華經卷七　（11-6）

世界說法華經與无量无邊百千万億諸菩
薩衆共来聽受唯願世尊當為說之若善男
子善女人於如来滅後云何能得是法華經
佛告普賢菩薩若善男子善女人成就四法
於如来滅後當得是法華經一者為諸佛護
念二者殖衆德本三者入正定 四者發救
一切衆生之心善男子善女人如是成就四
法於如来滅後必得是經尒時普賢菩薩
白佛言世尊於後五百歲濁惡世中其有受
持是經典者我當守護除其衰患令得安
隱使无伺求得其便者若魔若魔子若魔女
若魔民若為魔所著者若夜叉若羅刹若
鳩槃荼若毗舍闍若吉蔗若富單那若韋陀羅
等諸惱人者皆不得便是人若行立讀誦此經
我尒時乘六牙白象王與大菩薩衆俱詣其所
而自現身供養守護安慰其心亦為供養法
華經故是人若坐思惟此經尒時我復乘
白象王現其人前其人若於法華經有所忘
失一句一偈我當教之與共讀誦還令通利
尒時受持讀誦法華經者得見我身甚大歡
喜轉復精進以見我故即得三昧及陀羅尼
名為旋陀羅尼百千万億旋陀羅尼法音方
便陀羅尼得如是等陀羅尼世尊若後世後
五百歲濁惡世中比丘比丘尼優婆塞優婆
夷求索者受持者讀誦者書冩者欲脩習是

尒時受持讀誦法華經者得見我身甚大歡
喜轉復精進以見我故即得三昧及陀羅尼
名為旋陀羅尼百千万億旋陀羅尼法音方
便陀羅尼得如是等陀羅尼世尊若後世後
五百歲濁惡世中比丘比丘尼優婆塞優婆
夷求索者受持者讀誦者書冩者欲脩習是
法華經於三七日中應一心精進滿三七日已
我當乘六牙白象與无量菩薩而自圍繞
以一切衆生所憙見身現其人前而為說法
示教利喜亦復與其陀羅尼呪得是陀羅尼
故无有非人能破壞者亦不為女人之所惑
亂我身亦自常護是人唯願世尊聽我說
此陀羅尼即於佛前而說呪曰
阿檀地途賣反一 檀陀婆地二 檀陀婆帝三 檀陀鳩舍隸四
檀陀脩陀隸五 脩陀隸六 脩陀羅婆底七 佛
䭾波羶祢八 薩婆陀羅尼阿婆多尼九 薩
婆婆沙阿婆多尼十 脩阿婆多尼十一
僧伽婆履叉尼十二 僧伽涅伽陀尼十三 阿僧祇十四
僧伽波伽地十五 帝隸阿惰僧伽兜略盧遮反
波羅帝十六 薩婆僧伽三摩地伽蘭地十七 薩婆
達磨脩波利刹帝十八 薩婆薩埵樓䭾憍舍略
阿㝹伽地十九 辛阿毗吉利地帝二十
世尊若有菩薩得聞是陀羅尼者當知普
賢神通之力若法華經行閻浮提有受持者
應作此念皆是普賢威神之力若有受持讀誦

達磨脩波利剎帝八十薩婆薩埵樓䭾憍舍略
阿㝹伽地九十辛阿毗吉利地帝二十
世尊若有菩薩得聞是陁羅尼者當知普
賢神通之力若法華經行閻浮提有受持者
應作此念皆是普賢威神之力若有受持讀誦
正憶念解其義趣如說脩行當知是人行普
賢行於无量无邊諸佛所深種善根為諸如
來手摩其頭若但書寫是人命終當生忉利
天上是時八万四千天女作衆伎樂而來迎
之其人即着七寶冠於采女中娛樂快樂何
況受持讀誦正憶念解其義趣如說脩行若
有人受持讀誦解其義趣是人命終為千
佛授手令不恐怖不墮惡趣即往兜率天上彌
勒菩薩所彌勒菩薩有三十二相大菩薩衆所
共圍繞有百千万億天女眷屬而於中生有
如是等功德利益是故智者應當一心自書
若使人書受持讀誦正憶念如說脩行世
尊我今以神通力守護是經於如来滅後閻
浮提內廣令流布使不斷絕尒時釋迦牟尼佛讚
言善哉善哉普賢汝能護助是經令多所
衆生安樂利益汝已成就不可思議功德
深大慈悲從久遠來發阿耨多羅三藐三
菩提意而能作是神通之願守護是經我
當以神通力守護能受持普賢菩薩名者
普賢若有受持讀誦正憶念脩習書寫是

BD03708号　妙法莲华经卷七　（11–9）

言善哉善哉普賢汝能護助是經令多所
衆生安樂利益汝已成就不可思議功德
深大慈悲從久遠來發阿耨多羅三藐三
菩提意而能作是神通之願守護是經我
當以神通力守護能受持普賢菩薩名者
普賢若有受持讀誦正憶念脩習書寫是
法華經者當知是人則見釋迦牟尼佛如從
佛口聞此經典當知是人供養釋迦牟尼佛當
知是人佛讚善哉當知是人為釋迦牟尼佛手
摩其頭當知是人為釋迦牟尼佛衣之所覆
如是之人不復貪着世樂不好外道經書手
筆亦復不憙親近其人及諸惡者若屠兒
若畜猪羊雞狗若獵師若衒賣女色是人心意
質直有正憶念有福德力是人不為三毒所
惱亦不為嫉妬我慢邪慢增上慢所惱是人少欲
知足能脩普賢之行普賢若如来滅後後五
百歲若有人見受持讀誦法華經者應作是
念此人不久當詣道場破諸魔衆得阿耨多
羅三藐三菩提轉法輪擊法鼓吹法螺雨法
雨當坐天人大衆中師子法座上普賢若於
後世受持讀誦是經典者是人不復貪着衣
服卧具飲食資生之物所願不虛亦於現世
得其福報若有人輕毀之言汝狂人耳空作
是行終无所獲如是罪報當世世无眼若有供
養讚嘆之者當於今世得現果報若復見

BD03708號　妙法蓮華經卷七　（11–10）

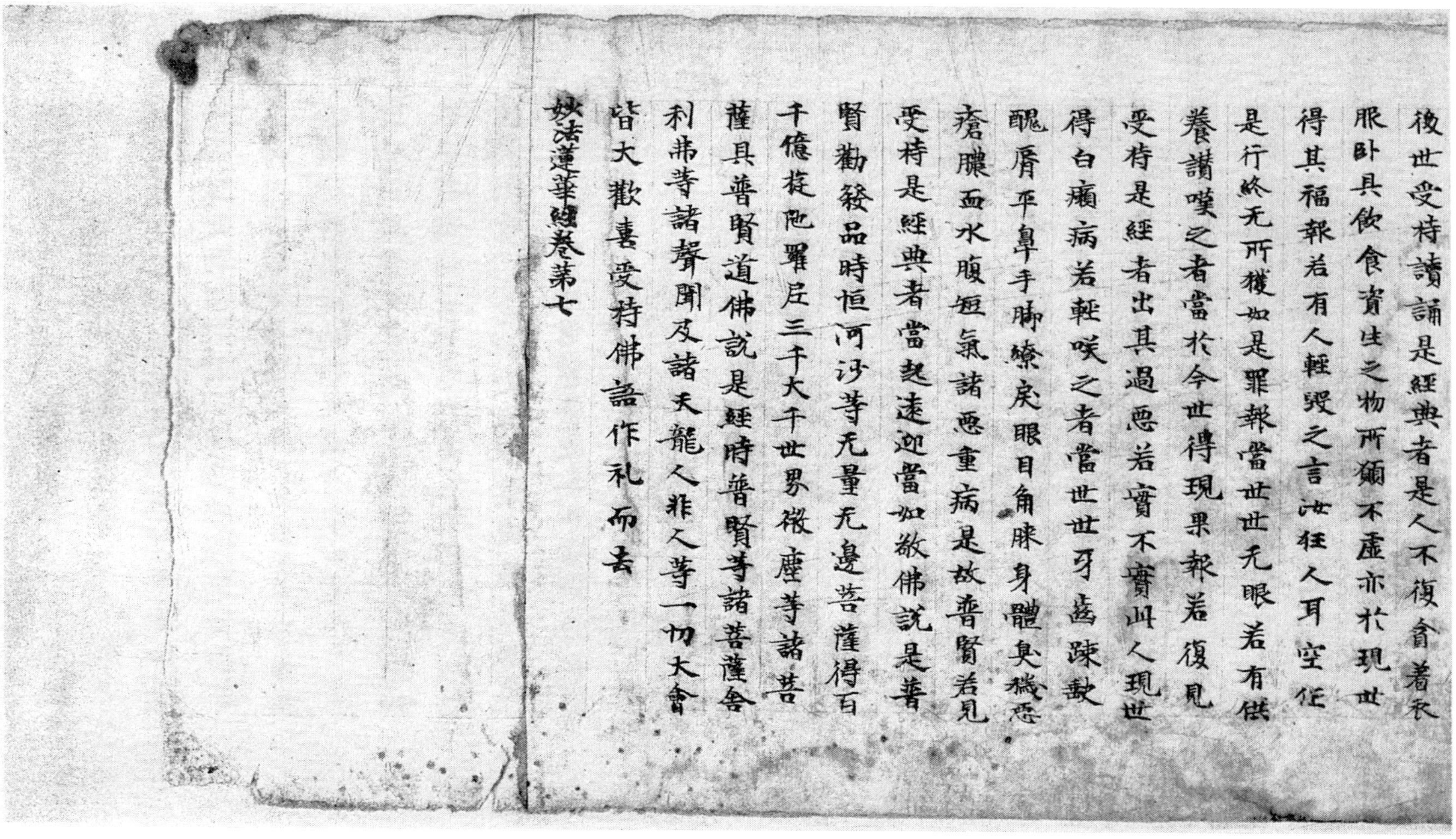
後世受持讀誦是經典者是人不復貪著衣
服卧具飲食資生之物所願不虛亦於現世
得其福報若有人輕毀之言汝狂人耳空作
是行終无所獲如是罪報當世世无眼若有供
養讚嘆之者當於今世得現果報若復見
受持是經者出其過惡若實不實此人現世
得白癩病若輕咲之者當世世牙齒踈缺
醜脣平鼻手脚繚戾眼目角睞身體臭穢惡
瘡膿血水腹短氣諸惡重病是故普賢若見
受持是經典者當起遠迎當如敬佛說是普
賢勸發品時恒河沙等无量无邊菩薩得百
千億旋陀羅尼三千大千世界微塵等諸菩
薩具普賢道佛說是經時普賢等諸菩薩舍
利弗等諸聲聞及諸天龍人非人等一切大會
皆大歡喜受持佛語作礼而去
妙法蓮華經卷第七

BD03708號　妙法蓮華經卷七　（11–11）

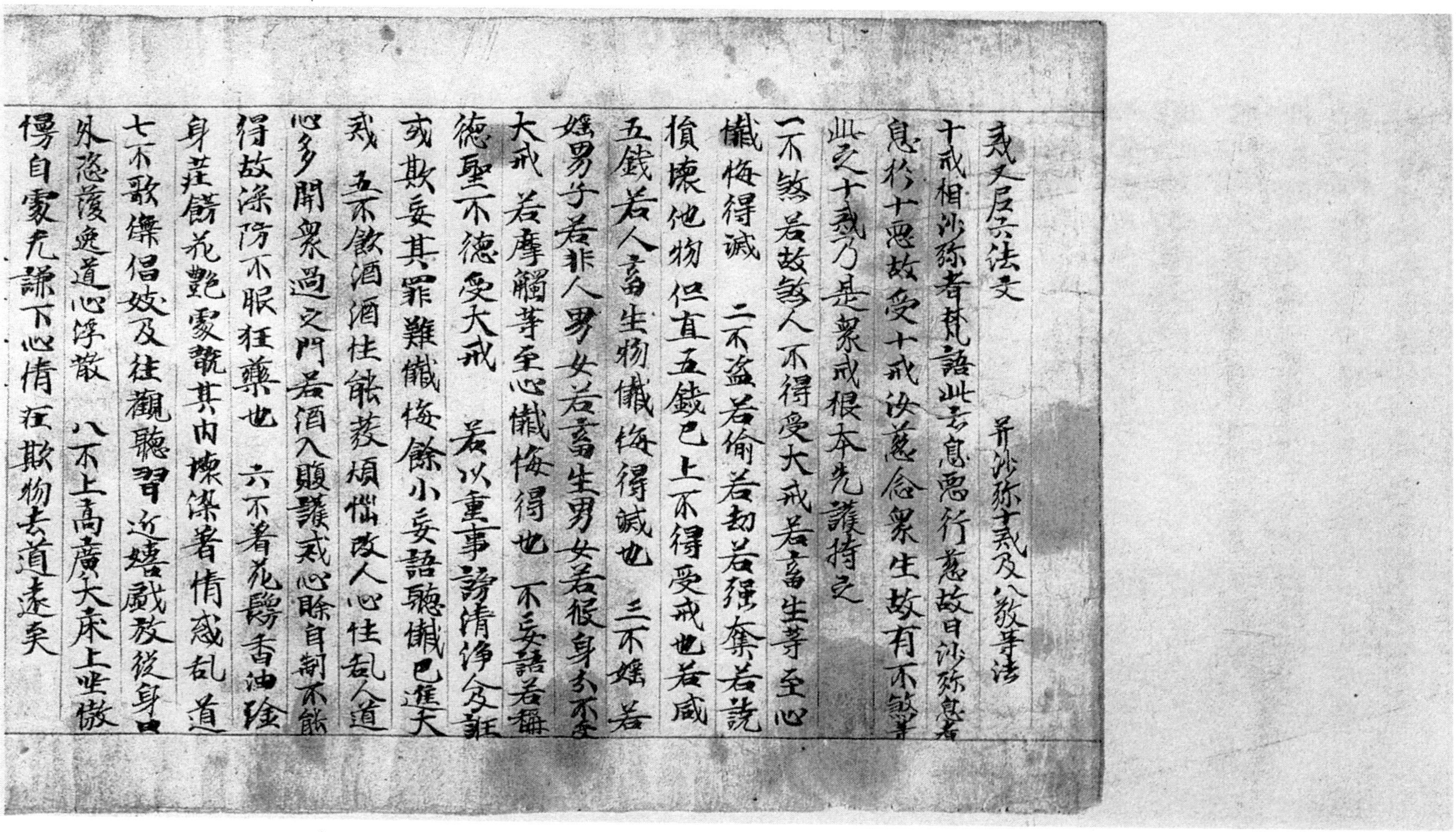
式叉尼六法文　并沙弥十戒及八敬等法
十戒相沙弥者梵語此云息惡行慈故曰沙弥息者
息於十惡故受十戒汝慈念衆生故有不煞等
此之十戒乃是衆戒根本先護持之
一不煞若故煞人不得受大戒若畜生等至心
懺悔得滅　二不盜若偷若劫若強奪若詐
債壞他物但直五錢已上不得受戒也若滅
五錢若人畜生物懺悔得滅也　三不婬若
婬男子若非人男女若畜生男女若根身不受
大戒若摩觸等至心懺悔得也　不妄語若稱
德聖不德受大戒　若以重事謗清淨人及誑
或欺妄其罪難懺悔餘小妄語聽懺已進大
戒　五不飲酒酒能發煩惱改人心性乱人道
心多聞衆過之門若酒入腹譏戒心暗自制不能
得故深防不眠狂藥也　六不著花鬘香油塗
身莊餚花艷爨龍其內懷染者情惑乱道
七不歌舞倡妓及往觀聽習近嬉戲放從身口
外恣蕩逸道心浮散　八不上高廣大床上坐傲
慢自處无謙下心情在欺物去道遠矣

BD03709號　式叉尼六法文並沙彌十戒及八敬等法　（4–1）

[illegible]
心多開衆過之門若酒入腹驕戒心蜍自制不能
得故深防不眠狂藥也　六不著花鬘香油塗
身莊飾花艷處説其内懷深著情感乱道
七不歌儛倡妓及往觀聽習近嬉戲放後身口
外逸蕩逸道心浮散　八不上高廣大床上坐傲
慢自處无謙下心情在欺物去道遠矣
九不非時食濟命養道宜須應法貪味不節
致患妨道　十不捉持生像金銀寶物洪之具儉
素為住珍眠多生人貪棄故教不捉也　此十之
中前住住重後六遮重者由自起惡處重者外
緣生惡又前四戒是業清淨戒中四戒是行清淨
戒後二戒是緣清淨戒六法戒相佛言應喚來
入衆与説六法名字　某甲諦聽如來无著等
正覺説六法盡形受不得犯
第一婬若犯婬不得受大戒若与染汙心男子身相觸
缺戒應与戒　　第二不盜若盜人五錢物已上不
得受大戒若取四錢缺戒應更与戒　　第三不殺若
防便新人命不得受大戒若故殺畜生蟻子命
缺戒應更与戒也　　四不妄語若詐聖狂他不受
大戒若説四錢下語戒應与戒　　不飲酒若无重病
貪味而飲一渧缺戒應更与戒　六不非時食若過中
食破齋缺應教懺悔更与戒　　僧尼護持禁戒
寧死莫犯者不不如來本不出家也自毀壞
道法汙辱師僧尼譏乱三寶欺乃負四恩不消信施
罪多也尼終　八敬法一者應礼大比丘（身業）恭敬　二者不得
罵謗比丘（口業无過）　三者不得舉比丘罪為作憶念（意業不欺慢也）

BD03709號　式叉尼六法文並沙彌十戒及八敬等法　（4-2）

食破齋缺應教懺悔更与戒　　僧尼護持禁戒
寧死莫犯者不不如來本不出家也自毀壞
道法汙辱師僧尼譏乱三寶欺乃負四恩不消信施
罪多也尼終　八敬法一者應礼大比丘（身業）恭敬　二者不得
罵謗比丘（口業无過）　三者不得舉比丘罪為作憶念（意業不欺慢也）
四者二歲學戒已大僧受具足戒（受戒之法由大僧）　五者若
犯僧殘應二部僧中半月行摩那埵出罪（尼應依僧）
（既犯此戒罪由僧滅治應罪之法由在大僧）
六者半月半月大僧中請教授（出家人法學戒為先清為師訓開示行則也）
七者不得无大僧處夏安居（道多難事須依護語奈聚落沙弥有則投遠去大僧面向卅里即日得往返若依沙弥要律投遠聽至七日往返戒安居也）
八者安居竟大僧中説三事自恣（人多迷己而傍臨者明懼眺違不自覺知幸無大慈亦之不及）
此八敬者前三明敬之儀中二明所遵之
法後三明請誨之方物則敬人為師次則依人取法
後則如説而行　僧祇去式叉尼應學十八法若式
叉尼不行十八法非式叉尼一在大尼下沙弥尼上三
式叉尼不淨食大尼不淨食彼亦不淨三大尼
得与三宿自与沙弥尼三宿四得与大尼受食除
火淨生種取金銀錢自從沙弥尼受食五尼
不得為説七聚名六得語云不据盜殺妄如
是等憶持七至布薩自恣日八僧中胡跪合
掌云阿梨耶僧我某甲清淨僧憶持三説
而退九十一十二後四波羅夷犯者更從始學十三
九僧已下若犯一一作吉羅悔餘如後説四
分云不知戒相故造作法制与學法
盡行學之十誦為度姙身女人後起
過佛令歲學可知若據行往法式叉不
与大[illegible]為半[illegible]戒下蓄女自下尋与沙

BD03709號　式叉尼六法文並沙彌十戒及八敬等法　（4-3）

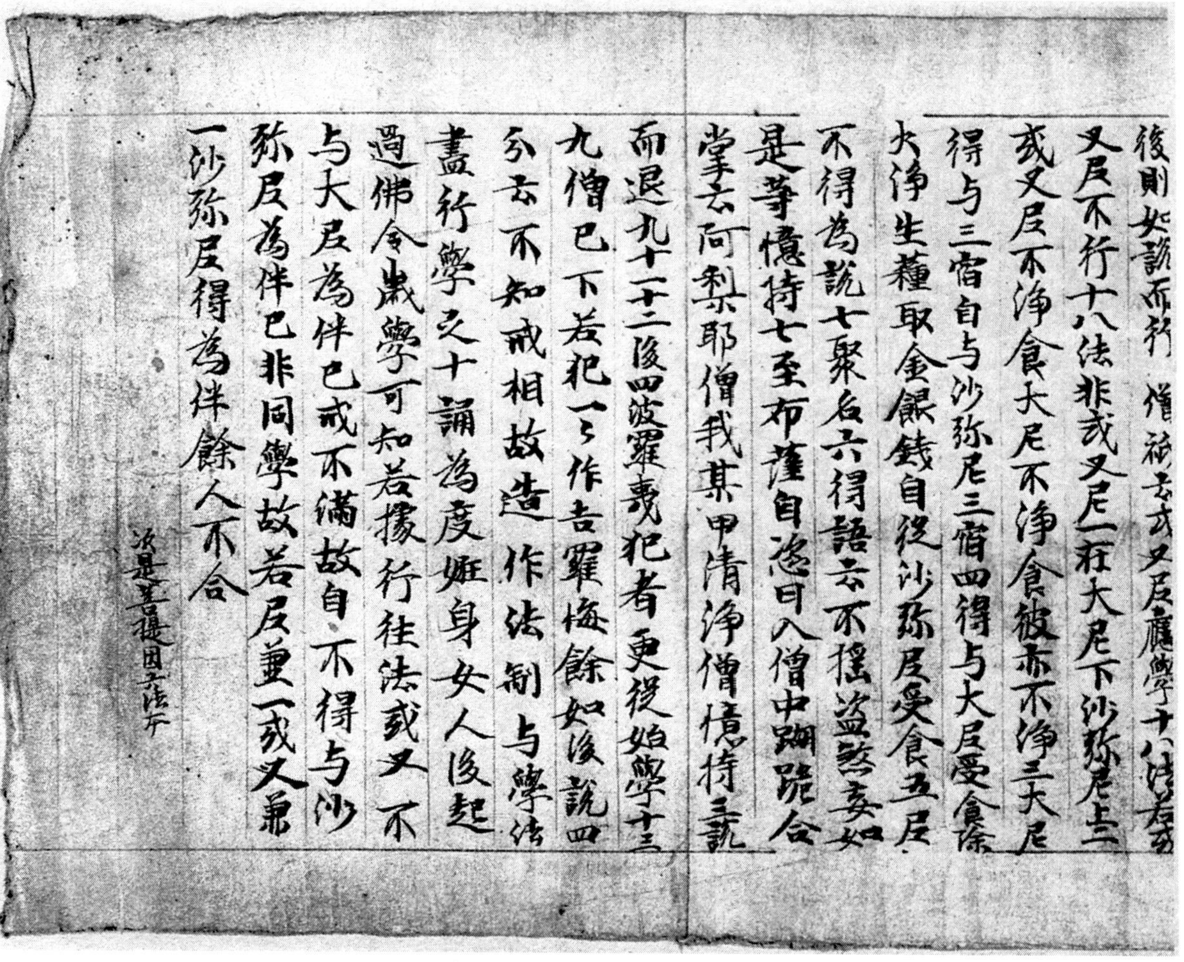

BD03709 號　式叉尼六法文並沙彌十戒及八敬等法　（4–4）

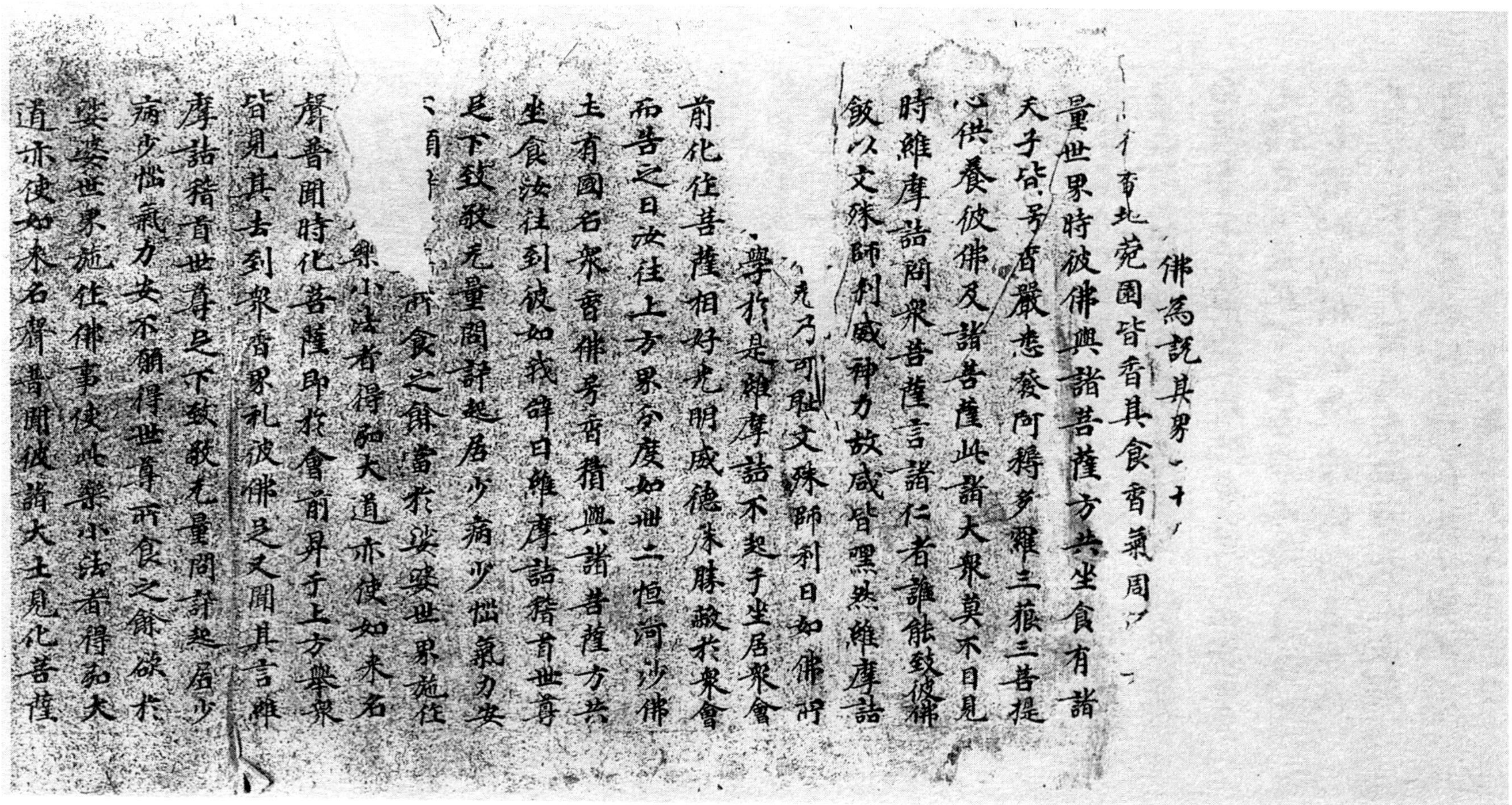

BD03710 號　維摩詰所說經卷下　（20–1）

聲普聞時化菩薩即於會前昇于上方舉衆
皆見其去到衆香界礼彼佛足又聞其言維
摩詰稽首世尊足下致敬无量問訊起居少
病少惱氣力安不願得世尊所食之餘欲於
娑婆世界施作佛事使此樂小法者得弘大
道亦使如來名聲普聞彼諸大士見化菩薩
歎未曾有今此上人從何所來娑婆世界為
在何許云何名為樂小法者即以問佛佛告
之曰下方度如四十二恒河沙佛土有世界名
娑婆佛号釋迦牟尼今現在於五濁世為樂
小法衆生敷演道教彼有菩薩名維摩詰住
不可思議解脫為諸菩薩說法故遣化來稱
揚我名并讚此土令彼菩薩增益功德彼菩
薩言其人何如乃作是化德力无畏神足若
斯佛言甚大一切十方皆遣化往施作佛事
饒益衆生於是香積如來以衆香鉢盛滿香
飯與化菩薩時彼九百万菩薩俱發聲言我
欲詣娑婆世界供養釋迦牟尼佛并欲見維
摩詰等諸菩薩衆佛言可往攝汝身香无令
彼諸衆生起惑著心又當捨汝本形勿使彼
國求菩薩者而自鄙恥又汝於彼莫懷輕賤
而作㝵想所以者何十方國土皆如虛空又諸
佛為欲化諸樂小法者不盡現其清淨土耳
時化菩薩既受鉢飯與彼九百万菩薩俱承
佛威神及維摩詰力於彼世界忽然不現須
臾之間至維摩詰舍維摩詰即化作九百万
師子之座嚴好如前諸菩薩皆坐其上化菩

BD03710 號　維摩詰所說經卷下　（20–2）

而作㝵想所以者何十方國土皆如虛空又諸
佛為欲化諸樂小法者不盡現其清淨土耳
時化菩薩既受鉢飯與彼九百万菩薩俱承
佛威神及維摩詰力於彼世界忽然不現須
臾之間至維摩詰舍維摩詰即化作九百万
師子之座嚴好如前諸菩薩皆坐其上化菩
薩以滿鉢香飯與維摩詰飯香普薰毗耶
離城及三千大千世界時毗耶離婆羅門居
士等聞是香氣身意快然歎未曾有於是
長者主月蓋從八万四千人來入維摩詰舍見
其室中菩薩甚多諸師子座高廣嚴好皆大
歡喜礼衆菩薩及大弟子却住一面諸地神
虛空神及欲色界諸天聞此香氣亦皆來入
維摩詰舍時維摩詰語舍利弗等諸大聲聞
仁者可食如來甘露味飯大悲所薰无以限
意食之使不消也有異聲聞念是飯少而此
大衆人人當食化菩薩曰勿以聲聞小德小
智稱量如來无量福慧四海有竭此飯无盡
使一切人食揣若須弥乃至一劫猶不能盡
所以者何无盡戒定智慧解脫解脫知見功
德具足者所食之餘終不可盡於是鉢飯悉
飽衆會猶故不賜其諸菩薩聲聞天人食此
飯者身安快樂譬如一切樂莊嚴國諸菩薩
世又諸毛孔皆出妙香亦如衆香國土諸樹
之香
尒時維摩詰問衆香菩薩香積如來以何說
法彼菩薩曰我土如來无文字說但以衆香
令諸天人得入律行菩薩各各坐香樹下聞

BD03710 號　維摩詰所說經卷下　（20–3）

也又諸毛孔皆出妙香亦如衆香國土諸樹
之香
尒時維摩詰問衆香菩薩香積如來以何說
法彼菩薩曰我土如來无文字說但以衆香
令諸天人得入律行菩薩各各坐香樹下聞
斯妙香即獲一切德藏三昧得是三昧者菩
薩所有功德皆悉具足彼諸菩薩問維摩詰
今世尊釋迦牟尼以何說法維摩詰言此土
衆生剛強難化故佛為說剛強之語以調伏
之言是地獄是畜生是餓鬼是諸難處是愚
人生處是身耶行是身耶行報是口耶行是
口耶行報是意耶行是意耶行報是殺生是
殺生報是不與取是不與取報是耶婬是耶
婬報是妄語是妄語報是兩舌是兩舌報是
惡口是惡口報是无義語是无義語報是貪
嫉是貪嫉報是瞋惱是瞋惱報是耶見是耶
見報是慳悋是慳悋報是毀戒是毀戒報是
瞋恚是瞋恚報是懈怠是懈怠報是亂意是
亂意報是愚癡是愚癡報是結戒是持戒是
犯戒是應作是不應作是鄣礙是不鄣礙是
得罪是離罪是淨是垢是有漏是无漏是耶
道是正道是有為是无為是世間是涅槃以
難化之人心如猨猴故以若干種法制御其
心乃可調伏譬如象馬憴悷不調加諸楚毒
乃至徹骨然後調伏如是剛強難化衆生故
以一切苦切之言乃可入律彼諸菩薩聞說
是已皆曰未曾有也如世尊釋迦牟尼佛隱
其无量自在之力乃以貧所樂法度脫衆生

難化之人心如猨猴故以若干種法制御其
心乃可調伏譬如象馬憴悷不調加諸楚毒
乃至徹骨然後調伏如是剛強難化衆生故
以一切苦切之言乃可入律彼諸菩薩聞說
是已皆曰未曾有也如世尊釋迦牟尼佛隱
其无量自在之力乃以貧所樂法度脫衆生
斯諸菩薩亦能勞謙以无量大悲生是佛土
維摩詰言此土菩薩於諸衆生大悲堅固誠
如所言然其一世饒益衆生多於彼國百千
劫行所以者何此娑婆世界有十事善法諸
餘淨土之所无有何等為十以布施攝貧窮
以淨戒攝毀禁以忍辱攝瞋恚以精進攝懈
怠以禪定攝亂意以智慧攝愚癡說除難法
度八難者以大乘法度樂小乘者以諸善根
濟无德者常以四攝成就衆生是為十彼菩
薩曰菩薩成就幾法於此世界行无瘡疣生
于淨土維摩詰言菩薩成就八法於此世界
行无瘡疣生于淨土何等為八饒益衆生而
不望報代一切衆生受諸苦惱所作功德盡
以施之等心衆生謙下无礙於諸菩薩視之
如佛所未聞經聞之不疑不與聲聞而相違
背不嫉彼供不高己利而於其中調伏其心
常省己過不訟彼短恒以一心求諸功
德是為八維摩詰文殊師利於大衆中說是
法時百千天人皆發阿耨多羅三藐三菩提
心十千菩薩得无生法忍
菩薩行品第十一

常省已過不訟彼短恒以一心求諸功
德是為八維摩詰文殊師利於大眾中說是
法時百千天人皆發阿耨多羅三藐三菩提
心十千菩薩得无生法忍

菩薩行品第十一

是時佛說法於菴羅樹園其地忽然廣博嚴
事一切眾會皆作金色阿難白佛言世尊以何
因緣有此瑞應是處忽然廣博嚴事一切
眾會皆作金色佛告阿難是維摩詰文殊師
利與諸大眾恭敬圍繞發意欲來故先為此
瑞應於是維摩詰語文殊師利可共見佛與
諸菩薩礼事供養文殊師利言善哉行矣今
正是時維摩詰即以神力持諸大眾并師子
座置於右掌往詣佛所到已著地稽首佛足
右遶七帀一心合掌在一面立其諸菩薩即
皆避坐稽首佛足亦遶七帀於一面立諸大
弟子釋梵四天王等亦皆避坐稽首佛足在
一面立於是世尊如法慰問諸菩薩已各令
復坐即皆受教眾坐已定佛語舍利弗汝見
菩薩大士自在神力之所為乎唯然已見汝
意云何世尊我覩其為不可思議非意所圖
非度所測尒時阿難白佛言世尊今所聞香
自昔未有是為何香佛告阿難是彼菩薩毛
孔之香於是舍利弗語阿難言我等毛孔亦
出是香阿難言此所從來曰是長者維摩詰
從眾香國取佛餘飯於舍食者一切毛孔皆
香若此阿難問維摩詰是香氣住當久如維

BD03710 號　維摩詰所說經卷下　（20–6）

孔之香於是舍利弗語阿難言我等毛孔亦
出是香阿難言此所從來曰是長者維摩詰
從眾香國取佛餘飯於舍食者一切毛孔皆
香若此阿難問維摩詰是香氣住當久如維
摩詰言至此飯消曰此飯久如當消曰此飯
勢力至于七日然後乃消又阿難若聲聞人
未入正位食此飯者得入正位然後乃消已
入正位食此飯者得心解脫然後乃消若未
發大乘意食此飯者至發意乃消已發意食
此飯者得无生忍然後乃消已得无生忍食
此飯者至一生補處然後乃消譬如有藥名
曰上味其有服者身諸毒滅然後乃消此飯
如是滅除一切諸煩惱毒然後乃消阿難白
佛言未曾有也世尊如此香飯能作佛事佛
言如是如是阿難或有佛土以佛光明而作
佛事有以諸菩薩而作佛事有以佛所化人
而作佛事有以菩提樹而作佛事有以佛衣
服卧具而作佛事有以飯食而作佛事有以
園林臺觀而作佛事有以卅二相八十隨形
好而作佛事有以佛身而作佛事有以虛空
而作佛事眾生應以此緣得入律行有以夢
幻影響鏡中像水中月熱時炎如是等喻而
作佛事有以音聲語言文字而作佛事或有
清淨佛土寂漠无言无說无示无識无作无
為而作佛事如是阿難諸佛威儀進止諸所
施為无非佛事阿難有此四魔八万四千諸
煩惱門而諸眾生為之疲勞諸佛即以此法

BD03710 號　維摩詰所說經卷下　（20–7）

住佛事有以音聲語言文字而住佛事或有
清淨佛土寂漠无言无說无示无識无住无
為而住佛事如是阿難諸佛威儀進止諸所
施為无非佛事阿難有此四魔八万四千諸
煩惱門而諸衆生為之疲勞諸佛即以此法
而住佛事是名入一切諸佛法門菩薩入此
門者若見一切淨妙佛土不以為喜不貪不
高若見一切不淨佛土不以為憂不礙不沒
但於諸佛生清淨心歡喜恭敬未曾有也諸
佛如來功德平等為教化衆生故而現佛土
不同阿難汝見諸佛國土地有若干而虛空
无若干也如是見諸佛色身有若干耳其无
礙慧无若干也阿難諸佛色身威相種性戒
定智慧解脫解脫知見力无所畏不共之法
大慈大悲威儀所行及其壽命說法教化成
就衆生淨佛國土具諸佛法悉皆同等是故
名為三藐三佛陀名為多陀阿伽度名為佛
陀阿難若我廣說此三句義汝以劫壽不能
盡受正使三千大千世界滿中衆生皆如阿
難多聞第一得念總持此諸人等以劫之壽
亦不能受如是阿難諸佛阿耨多羅三藐三
菩提无有限量智慧辯才不可思議阿難白
佛我從今已往不敢自謂以為多聞佛告阿
難勿起退意所以者何我說汝於聲聞中為
最多聞非謂菩薩且止阿難其有智者不應
限度諸菩薩也一切海淵尚可測量菩薩禪
定智慧總持辯才一切功德不可量也阿難

BD03710 號　維摩詰所說經卷下　（20–8）

佛我從今已往不敢[illegible]
難勿起退意所以者何我說汝於聲聞中為
最多聞非謂菩薩且止阿難其有智者不應
限度諸菩薩也一切海淵尚可測量菩薩禪
定智慧總持辯才一切功德不可量也阿難
汝等捨置菩薩所行是維摩詰一時所現神
通之力一切聲聞辟支佛於百千劫盡力變
化所不能作
尒時衆香世界菩薩來者合掌白佛言世尊
我等初見此土生下劣想今自悔責捨離是
心所以者何諸佛方便不可思議為度衆生故
隨其所應現佛國異唯然世尊願賜少法
還於彼土當念如來佛告諸菩薩有盡无盡
解脫法門汝等當學何謂為盡謂有為法何
謂无盡謂无為法如菩薩者不盡有為不住
无為何謂不盡有為謂不離大慈不捨大悲
深發一切智心而不忽忘教化衆生終不厭
惓於四攝法常念順行護持正法不惜軀命
種諸善根无有疲猒志常安住方便迴向求
法不懈說法无悋勤供諸佛故入生死而无
所畏於諸榮辱心无憂喜不輕未學敬學如
佛墮煩惱者令發正念於遠離樂不以為貴
不著己樂慶於彼樂在諸禪定如地獄想於
生死中如園觀想見來求者為善師想捨諸
所有具一切智想見毀戒人起救護想諸波
羅蜜為父母想道品之法為眷屬想發行善
根无有齊限以諸淨國嚴飾之事成己佛土
行不限施具足相好除一切惡淨身口意生

BD03710 號　維摩詰所說經卷下　（20–9）

所有具一切智想見毀戒人起救護想諸波
羅蜜為父母想道品之法為眷屬想發行善
根无有齊限以諸淨國嚴飾之事成已佛土
行不限施具足相好除一切惡淨身口意生
死无數劫意而有勇聞佛无量德志而不惓
以智慧劒破煩惱賊出陰界入荷負衆生永
使解脫以大精進摧伏魔軍常求无念實相
智慧於世間法少欲知足於出世間法求之无
猒不壞威儀而能隨俗起神通慧引導衆
生得念揔持所聞不忘善別諸根斷衆生疑
以樂說辯演法无礙淨十善道受天人福脩
四无量開梵天道勸請說法隨喜讚善得佛
音聲身口意善得佛威儀深脩善法所行轉
勝以大乘教成菩薩僧心无放逸不失衆善
行如此法是名菩薩不盡有為何謂菩薩不
住无為謂脩學空不以空為證脩學无相无
作不以无相无作為證脩學无起不以无起
為證觀於无常而不猒善本觀世間苦而不
惡生死觀於无我而誨人不惓觀於寂滅而
不永滅觀於遠離而身心脩善觀无所歸而
歸趣善法觀於无生而以生法荷負一切觀
於无漏而不斷諸漏觀无所行而以行法教
化衆生觀於空无而不捨大悲觀正法位而
不隨小乘觀諸法虛妄无牢无人无主无相
本願未滿而不虛福德禪定智慧脩如此法
是名菩薩不住无為又具福德故不住无為
具智慧故不盡有為大慈悲故不住无為滿

BD03710號　維摩詰所說經卷下　（20–10）

化衆生觀於空无而不捨大悲觀正法位而
不隨小乘觀諸法虛妄无牢无人无主无相
本願未滿而不虛福德禪定智慧脩如此法
是名菩薩不住无為又具福德故不住无為
具智慧故不盡有為大慈悲故不住无為滿
本願故不盡有為集法藥故不住无為隨授
藥故不盡有為知衆生病故不住无為滅衆
生病故不盡有為諸正士菩薩已脩此法不
盡有為不住无為是名盡无盡解脫法門汝
等當學尒時彼諸菩薩聞說是法皆大歡喜
以衆妙華若干種色若干種香散遍三千大
千世界供養於佛及此經法并諸菩薩已稽
首佛足歎未曾有言釋迦牟尼佛乃能於此
善行方便言已忽然不現還到彼國
見阿閦佛品第十二
尒時世尊問維摩詰汝欲見如來為以何等
觀如來乎維摩詰言如自觀身實相觀佛亦
然我觀如來前際不來後際不去今則不住
不觀色不觀色如不觀色性不觀受想行識
不觀識如不觀識性非四大起同於虛空六
入无積眼耳鼻舌身心已過不在三界三垢
已離順三脫門具足三明與无明等不一相
不異相不自相不他相非无相非取相不此
岸不彼岸不中流而化衆生觀於寂滅亦不
永滅不此不彼不以此不以彼不可以智知
不可以識識无晦无明无名无相无強无弱
非淨非穢不在方不離方非有為非无為无
示无說不施不慳不戒不犯不忍不恚不進

BD03710號　維摩詰所說經卷下　（20–11）

岸不彼岸不中流而化衆生觀於寂滅亦不
永滅不此不彼不以此不以彼不可以智知
不可以識識无晦无明无名无相无強无弱
非淨非穢不在方不離方非有為非无為
示无說不施不慳不戒不犯不忍不恚不進
不怠不定不亂不智不愚不誠不欺不來不
去不出不入一切言語道斷非福田非不福
田非應供非不應供非取非捨非相非无相
同真際等法性不可稱不可量過諸稱量非
大非小非見非聞非覺非知離衆結縛等諸
智同衆生於諸法无分別一切无失无濁无
惱无作无起无生无滅无畏无憂无喜无猒
无着无已有无當有无今有不可以一切言
說分別顯示世尊如來身為若此作如是觀
以斯觀者名為正觀若他觀者名為耶觀介
時舍利弗問維摩詰汝於何沒而來生此維
摩詰言汝所得法有沒生乎舍利弗言无沒
生也若諸法无沒生相云何問言汝於何沒
而來生此於意云何譬如幻師幻作男女寧
沒生耶舍利弗言无沒生也汝豈不聞佛說
諸法如幻相乎答曰如是若一切法如幻相
者云何問言汝於何沒而來生此舍利弗沒
者為虛誑法壞敗之相生者為虛誑法相續
之相菩薩雖沒不盡善本雖生不長諸惡是
時佛告舍利弗有國名妙喜佛号无動是維
摩詰於彼國沒而來生此舍利弗言未曾有
世世尊是人乃能捨清淨土而來樂此多怒

BD03710 號　維摩詰所說經卷下　(20–12)

之相菩薩雖沒不盡善本雖生不長諸惡是
時佛告舍利弗有國名妙喜佛号无動是維
摩詰於彼國沒而來生此舍利弗言未曾有
世世尊是人乃能捨清淨土而來樂此多怒
害處維摩詰語舍利弗於意云何日光出時
與冥合乎答曰不也日光出時則无衆冥維
摩詰言夫日何故行閻浮提答曰欲以明照
為之除冥維摩詰言菩薩如是雖生不淨佛
土為化衆生不與愚闇而共合也但滅衆生
煩惱闇耳是時大衆渴仰欲見妙喜世界不
動如來及其菩薩聲聞之衆佛知一切衆會
所念告維摩詰言善男子為此衆會現妙喜
國不動如來及諸菩薩聲聞之衆衆皆欲見
於是維摩詰心念吾當不起于座接妙喜國
鐵圍山川溪谷江河大海泉源須弥諸山及
日月星宿天龍鬼神梵天宮等并諸菩薩聲
聞之衆城邑聚落男女大小乃至无動如來
及菩提樹諸妙蓮華能於十方作佛事者三
道寶階從閻浮提至忉利天以此寶階諸天
來下悉為礼敬无動如來聽受經法閻浮提
人亦登其階上昇忉利見彼諸天妙喜世界
成就如是无量功德上至阿迦尼吒天下至
水際以右手斷取如陶家輪入此世界猶持
華鬘示一切衆住是念已入於三昧現神通
力以其右手斷取妙喜世界置於此土彼得
神通菩薩及聲聞衆并餘天人俱發聲言唯
然世尊誰取我去願見救護无動佛言非我

BD03710 號　維摩詰所說經卷下　(20–13)

華嚴亦一切衆住是念已入於三昧現神通
力以其右手斷取妙喜世界置於此土彼得
神通菩薩及聲聞衆并餘天人俱發聲言唯
然世尊誰取我去願見救護无動佛言非我
所為是維摩詰神力所作其餘未得神通者
不覺不知已之所往妙喜世界雖入此土而
不增減於是世界亦不迫隘如本无異
尒時釋迦牟尼佛告諸大衆汝等且觀妙喜
世界无動如來其國嚴飾菩薩行淨弟子清
白皆曰唯然已見佛言若菩薩欲得如是清
淨佛土當學无動如來所行之道現此妙喜
國時娑婆世界十四那由他人發阿耨多羅三
藐三菩提心皆願生於妙喜佛土釋迦牟
尼佛即記之曰當生彼國時妙喜世界於此
國土所應饒益其事訖已還復本處舉衆皆
見佛告舍利弗汝見此妙喜世界及无動佛
不唯然已見世尊願使一切衆生得清淨土如
无動佛獲神通力如維摩詰世尊我等快
得善利得見是人親近供養其諸衆生若今
現在若佛滅後聞此經者亦得善利況復聞
已信解受持讀誦解說如法脩行若有手得
是經典者便為已得法寶之藏若有讀誦解
釋其義如說脩行則為諸佛之所護念其有
供養如是人者當知則為供養於佛其有書
持此經卷者當知其室則有如來若聞是經
能隨喜者斯人則為取一切智若能信解此
經乃至一四句偈為他說者當知此人即是
受阿耨多羅三藐三菩提記

BD03710 號　維摩詰所說經卷下　（20–14）

供養如是人者當知則為供養於佛其有書
持此經卷者當知其室則有如來若聞是經
能隨喜者斯人則為取一切智若能信解此
經乃至一四句偈為他說者當知此人即是
受阿耨多羅三藐三菩提記
法供養品第十三
尒時釋提桓因於大衆中白佛言世尊我雖
從佛及文殊師利聞百千經未曾聞此不可
思議自在神通決定實相經典如我解佛所
說義趣若有衆生聞是經法信解受持讀誦
之者必得是法不疑何況如說脩行斯人則
為閉衆惡趣開諸善門常為諸佛之所護念
降伏外學摧滅魔怨脩治菩提安處道場履
踐如來所行之跡世尊若有受持讀誦如說
脩行者我當與諸眷屬供養給事所在聚落
城邑山林曠野有是經處我亦與諸眷屬聽
受法故共到其所其未信者當令生信其已
信者當為作護佛言善哉善哉天帝如汝所
說吾助尒喜此經廣說過去未來現在諸佛
不可思議阿耨多羅三藐三菩提是故天帝
若善男子善女人受持讀誦供養是經者則
為供養去來今佛天帝正使三千大千世界
如來滿中譬如甘蔗竹葦稻麻叢林若有善
男子善女人或一劫或減一劫恭敬尊重讚
歎供養奉諸所安至諸佛滅後以一一全身
舍利起七寶塔縱廣一四天下高至梵天表
剎莊嚴以一切華香瓔珞幢幡伎樂微妙第

BD03710 號　維摩詰所說經卷下　（20–15）

男子善女人或一劫或減一劫恭敬尊重讃
歎供養奉諸所安至諸佛滅後以一一全身
舍利起七寶塔縱廣一四天下高至梵天表
刹莊嚴以一切華香瓔珞幢幡伎樂微妙第
一若一劫若減一劫而供養之於天帝意云
何其人植福寧為多不釋提桓因言多矣世
尊彼之福德若以百千億劫說不能盡佛告
天帝當知是善男子善女人聞是不可思議
解脫經典信解受持讀誦脩行福多於彼所
以者何諸佛菩提皆從是生菩提之相不可
限量以是因緣福不可量
佛告天帝過去无量阿僧祇劫時世有佛号
曰藥王如来應供正遍知明行足善逝世間
解无上士調御丈夫天人師佛世尊世界曰
大莊嚴劫曰莊嚴佛壽廿小劫其聲聞僧卅
六億那由他菩薩僧有十二億天帝是時有
轉輪聖王名曰寶盖七寶具足主四天下王
有千子端政勇健能伏怨敵尒時寶盖與其
眷屬供養藥王如来施諸所安至滿五劫過
五劫已告其千子汝等亦當如我以深心供
養於佛於是千子受父王命供養藥王如来
復滿五劫一切施安其王一子名曰月盖獨
坐思惟寧有供養殊過此者以佛神力空中
有天曰善男子法之供養勝諸供養即問何
謂法之供養天曰汝可往問藥王如来當廣
為汝說法之供養即時月盖王子行詣藥王
如来稽首佛足却住一面白佛言世尊諸供

有天曰善男子法之供養勝諸供養即問何
謂法之供養天曰汝可往問藥王如来當廣
為汝說法之供養即時月盖王子行詣藥王
如来稽首佛足却住一面白佛言世尊諸供
養中法供養勝云何為法供養佛言善男子
法供養者謂諸佛所說深經一切世間難信
難受微妙難見清淨无染非但分別思惟之
所能得菩薩法藏所攝陁羅尼印印之至不
退轉成就六度善分別義順菩提法衆經之
上入大慈悲離衆魔事及諸邪見順因緣法
无我无人无衆生无壽命空无相无作无起
能令衆生坐於道場而轉法輪諸天龍神乾
闥婆等所共歎譽能令衆生入佛法藏攝諸
賢聖一切智慧說衆菩薩所行之道依於諸
法實相之義明宣无常苦空无我寂滅之法
能救一切毀禁衆生諸魔外道及貪著者能
使怖畏諸佛賢聖所共稱歎背生死苦示涅
槃樂十方三世諸佛所說若聞如是等經信
解受持讀誦以方便力為諸衆生分別解說
顯示分明守護法故是名法之供養又於諸
法如說脩行隨順十二因緣離諸邪見得无
生忍決定无我无有衆生而於因緣果報无
違无諍離諸我所依於義不依語依於智不
依識依了義經不依不了義經依於法不依
人隨順法相无所入无所歸无明畢竟滅故諸行亦畢竟
滅乃至生畢竟滅故老死亦畢竟滅作如是觀十二
因緣无有盡相不復起見是名最上法之供養
佛告天帝王子月盖從藥王佛聞如是法得柔

人隨順法相无所入无所歸无明畢竟諸行亦畢竟
滅乃至生畢竟滅故老死亦畢竟滅作如是觀十二
因緣无有盡相不復起見是名最上法之供養
佛告天帝王子月蓋從藥王佛聞如是法得柔
順忍即解寶衣嚴身之具以供養佛白佛言
世尊如來滅後我當行法供養守護正法願
以威神加哀建立令我得降伏魔怨脩菩薩
行佛知其深心所念而記之曰汝於末後守
護法城天帝時王子月蓋見法清淨聞佛授
記以信出家脩集善法精進不久得五神通
逮菩薩道得陀羅尼无斷辯才於佛滅後
以其所得神通揔持辯才之力滿十小劫藥
王如來所轉法輪隨而分布月蓋比丘以護持
法勤行精進即於此身化百万億人於阿
耨多羅三藐三菩提立不退轉十四那由他
人深發聲聞辟支佛心无量衆生得生天上
天帝時王寶蓋豈異人乎今現得佛号寶燄
如來其王千子即賢劫中千佛是也從迦羅鳩村
馱為始得佛最後如來号曰樓至月蓋比丘則我
身是如是天帝當知此要以法供養於諸供養為上
為最第一无比是故天帝當以法之供養供養於佛
囑累品第十四
於是佛告弥勒菩薩言弥勒我今以是无量
億阿僧祇劫所集阿耨多羅三藐三菩提付
囑於汝如是輩經於佛滅後末世之中汝等
當以神力廣宣流布於閻浮提无令斷絕所
以者何未來世中當有善男子善女人及天
龍鬼神乾闥婆羅刹等發阿耨多羅三藐三

BD03710號 維摩詰所說經卷下 （20–18）

囑於汝如是輩經於佛滅後末世之中汝等
當以神力廣宣流布於閻浮提无令斷絕所
以者何未來世中當有善男子善女人及天
龍鬼神乾闥婆羅刹等發阿耨多羅三藐三
菩提心樂于大法若使不聞如是等經則失
善利如此輩人聞是等經必多信樂發希有
心當以頂受隨諸衆生所應得利而為廣說
弥勒當知菩薩有二相何謂為二一者好於
雜句文飾之事二者不畏深義如實能入若
好雜句文飾事者當知是為新學菩薩若於
如是无深无着甚深經典无有恐畏能入其
中聞已心淨受持讀誦如說脩行當知是為
久脩道行弥勒復有二法名新學者不能決
定於甚深法何等為二一者所未聞深經聞
之驚怖生疑不能隨順毀謗不信而作是言
我初不聞從何所來二者若有護持解說如
是深經者不肯親近供養恭敬或時於中說
其過惡有此二法當知是新學菩薩為自毀
傷不能於深法中調伏其心弥勒復有二法
菩薩雖信解深法猶自毀傷而不能得无生
法忍何等為二一者輕慢新學菩薩而不教
誨二者雖解深法而取相分別是為二法弥
勒菩薩聞說是已白佛言世尊未曾有也如
佛所說我當遠離如斯之惡奉持如來无數
阿僧祇劫所集阿耨多羅三藐三菩提法若
未來世善男子善女人求大乘者當令手得
如是等經與其念力使受持讀誦為他廣說

BD03710號 維摩詰所說經卷下 （20–19）

佛所說我當遠離如斯之惡奉持如來无數
阿僧祇劫所集阿耨多羅三藐三菩提法若
未來世善男子善女人求大乘者當令手得
如是等經與其念力使受持讀誦為他廣說
世尊若後末世有能受持讀誦為他說者當
知是弥勒神力之所建立佛言善哉善哉弥
勒如汝所說佛助尒喜於是一切菩薩合掌
白佛我等亦於如來滅後十方國土廣宣流
布阿耨多羅三藐三菩提復當開導諸說法
者令得是經
尒時四天王白佛言世尊在在處處城邑聚
落山林曠野有是經卷讀誦解說者我當率
諸官屬為聽法故往詣其所擁護其人面百
由旬令无伺求得其便者是時佛告阿難受
持是經廣宣流布阿難言唯我已受持要者
世尊當何名斯經佛言阿難是經名為維摩
詰所說亦名不可思議解脫法門如是受持
佛說是經已長者維摩詰文殊師利舍利弗
阿難等及諸天人阿脩羅一切大衆聞佛所
說皆大歡喜作礼而去

維摩詰經卷下

BD03710 號　維摩詰所說經卷下

（20–20）

如是我聞一時佛在舍衛國祇樹給
與大比丘衆千二百五十人俱尒時
時著衣持鉢入舍衛大城乞食於其
第乞已還至本處飯食訖收衣鉢洗足
座而坐時長老須菩提在大衆中即從座
偏袒右肩右膝著地合掌恭敬而白佛言
有世尊如來善護念諸菩薩善付囑諸菩薩
世尊善男子善女人發阿耨多羅三藐三菩
提心應云何住云何降伏其心佛言善哉善
哉須菩提如汝所說　善護念諸菩薩善
付囑諸菩薩汝今諦聽當為汝說善男子善
女人發阿耨多羅三藐三菩提心應如是住
如是降伏其心唯然世尊願樂欲聞
佛告須菩提諸菩薩摩訶薩應如是降伏其
心所有一切衆生之類若卵生若胎生若濕生
若化生若有色若无色若有想若无想若非
有想非无想我皆令入无餘涅槃而滅度
之如是滅度无量无數无邊衆生實无衆生
得滅度者何以故須菩提若菩薩有我相人
相衆生相壽者相即非菩薩

BD03711 號　金剛般若波羅蜜經

（15–1）

若化生若有色若无色若有想若无想若非
有想若非无想我皆令入无餘涅槃而滅度
之如是滅度无量无數无邊衆生實无衆生
得滅度者何以故須菩提若菩薩有我相人
相衆生相壽者相即非菩薩
復次須菩提菩薩於法應无所住行於布施
所謂不住色布施不住聲香味觸法布施須
菩提菩薩應如是布施不住於相何以故若
菩薩不住相布施其福德不可思量須菩提
於意云何東方虛空可思量不不也世尊須
菩提南西北方四維上下虛空可思量不不
也世尊須菩提菩薩无住相布施福德亦復
如是不可思量須菩提菩薩但應如所教住
須菩提於意云何可以身相見如來不不也
世尊不可以身相得見如來何以故如來所
說身相即非身相佛告須菩提凡所有相皆
是虛妄若見諸相非相則見如來
須菩提白佛言世尊頗有衆生得聞如是言
說章句生實信不佛告須菩提莫作是說如
來滅後後五百歲有持戒脩福者於此章句
能生信心以此爲實當知是人不於一佛二
佛三四五佛而種善根已於无量千万佛所
種諸善根聞是章句乃至一念生淨信者須
菩提如來悉知悉見是諸衆生得如是无量
福德何以故是諸衆生无復我相人相衆生
相壽者相无法相亦无非法相何以故是諸
衆生若心取相則爲著[illegible]

BD03711號　金剛般若波羅蜜經　（15-2）

菩提如來悉知悉見是諸衆生得如是无量
福德何以故是諸衆生无復我相人相衆生
相壽者相无法相亦无非法相何以故是諸
衆生若心取相則爲著我人衆生壽者若取
法相即著我人衆生壽者何以故若取非法
相即著我人衆生壽者是故不應取法不應
取非法以是義故如來常說汝等比丘知我
說法如筏喻者法尚應捨何況非法
須菩提於意云何如來得阿耨多羅三藐三
菩提耶如來有所說法耶須菩提言如我解
佛所說義无有定法名阿耨多羅三藐三菩
提亦无有定法如來可說何以故如來所說
法皆不可取不可說非法非非法所以者何
一切賢聖皆以无爲法而有差別
須菩提於意云何若人滿三千大千世界七
寶以用布施是人所得福德寧爲多不須菩
提言甚多世尊何以故是福德即非福德性
是故如來說福德多若復有人於此經中受
持乃至四句偈等爲他人說其福勝彼何以
故須菩提一切諸佛及諸佛阿耨多羅三藐
三菩提法皆從此經出須菩提所謂佛法者
即非佛法
須菩提於意云何須陁洹能作是念我得須
陁洹果不須菩提言不也世尊何以故須陁
洹名爲入流而无所入不入色聲香味觸法
是名須陁洹須菩提於意云何斯陁含能作

BD03711號　金剛般若波羅蜜經　（15-3）

即非佛法
須菩提於意云何須陁洹能作是念我得須
陁洹果不須菩提言不也世尊何以故須陁
洹名為入流而无所入不入色聲香味觸法
是名須陁洹須菩提於意云何斯陁含能作
是念我得斯陁含果不須菩提言不也世尊
何以故斯陁含名一往來而實无往來是名
斯陁含須菩提於意云何阿那含能作是念
我得阿那含果不須菩提言不也世尊何以
故阿那含名為不來而實无來是故名阿那
含須菩提於意云何阿羅漢能作是念我得
阿羅漢道不須菩提言不也世尊何以故實
无有法名阿羅漢世尊若阿羅漢作是念我
得阿羅漢道即為著我人衆生壽者世尊佛
說我得无諍三昧人中最為第一是第一離
欲阿羅漢我不作是念我是離欲阿羅漢世
尊我若作是念我得阿羅漢道世尊則不說
須菩提是樂阿蘭那行者以須菩提實无所
行而名須菩提是樂阿蘭那行
佛告須菩提於意云何如來昔在然燈佛所
於法有所得不世尊如來在然燈佛所於法
實无所得
須菩提於意云何菩薩莊嚴佛土不不也世
尊何以故莊嚴佛土者則非莊嚴是名莊嚴
是故須菩提諸菩薩摩訶薩應如是生清淨
心不應住色生心不應住聲香味觸法生心
應无所住而生其心須菩提譬如有人身如

須菩提於意云何菩薩莊嚴佛土不不也世
尊何以故莊嚴佛土者則非莊嚴是名莊嚴
是故須菩提諸菩薩摩訶薩應如是生清淨
心不應住色生心不應住聲香味觸法生心
應无所住而生其心須菩提譬如有人身如
須弥山王於意云何是身為大不須菩提言
甚大世尊何以故佛說非身是名大身
須菩提如恒河中所有沙數如是沙等恒河
於意云何是諸恒河沙寧為多不須菩提言
甚多世尊但諸恒河尚多无數何況其沙須
菩提我今實言告汝若有善男子善女人以
七寶滿尒所恒河沙數三千大千世界以用
布施得福多不須菩提言甚多世尊佛告
須菩提若善男子善女人於此經中乃至受
持四句偈等為他人說而此福德勝前福德
復次須菩提隨說是經乃至四句偈等當
知此處一切世間天人阿脩羅皆應供養如佛
塔廟何況有人盡能受持讀誦須菩提當知
是人成就最上第一希有之法若是經典所
在之處則為有佛若尊重弟子
尒時須菩提白佛言世尊當何名此經我等
云何奉持佛告須菩提是經名為金剛般若
波羅蜜以是名字汝當奉持所以者何須菩
提佛說般若波羅蜜則非般若波羅蜜須菩
提於意云何如來有所說法不須菩提白佛
言世尊如來无所說須菩提於意云何三千
大千世界所有微塵是為多不須菩提言甚

提佛說般若波羅蜜則非般若波羅蜜須菩
提於意云何如來有所說法不須菩提白佛
言世尊如來无所說須菩提於意云何三千
大千世界所有微塵是為多不須菩提言甚
多世尊須菩提諸微塵如來說非微塵是名
微塵如來說世界非世界是名世界須菩提
於意云何可以三十二相見如來不不也世
尊不可以三十二相得見如來何以故如來說
三十二相即是非相是名三十二相
須菩提若有善男子善女人以恒河沙等身
命布施若復有人於此經中乃至受持四句
偈等為他人說其福甚多
尒時須菩提聞說是經深解義趣涕淚悲泣
而白佛言希有世尊佛說如是甚深經典我
從昔來所得慧眼未曾得聞如是之經世尊
若復有人得聞是經信心清淨則生實相當
知是人成就第一希有功德世尊是實相者
則是非相是故如來說名實相世尊我今得
聞如是經典信解受持不足為難若當來世
後五百歲其有衆生得聞是經信解受持是
人則為第一希有何以故此人无我相人相衆生
相壽者相所以者何我相即是非相人相衆
生相壽者相即是非相何以故離一切諸相
則名諸佛
佛告須菩提如是如是若復有人得聞是經
不驚不怖不畏當知是人甚為希有何以故
須菩提如來說第一波羅蜜非第一波羅蜜

相壽者相所以者何我相即是非相人相衆
生相壽者相即是非相何以故離一切諸相
則名諸佛
佛告須菩提如是如是若復有人得聞是經
不驚不怖不畏當知是人甚為希有何以故
須菩提如來說第一波羅蜜非第一波羅蜜
是名第一波羅蜜
須菩提忍辱波羅蜜如來說非忍辱波羅蜜
何以故須菩提如我昔為歌利王割截身體
我於尒時无我相无人相无衆生相无壽者
相何以故我於往昔節節支解時若有我相
人相衆生相壽者相應生瞋恨須菩提又念
過去於五百世作忍辱仙人於尒所世无我相
无人相无衆生相无壽者相是故須菩提
菩薩應離一切相發阿耨多羅三藐三菩提
心不應住色生心不應住聲香味觸法生心應
生无所住心若心有住則為非住是故佛說
菩薩心不應住色布施須菩提菩薩為利
益一切衆生應如是布施如來說一切諸相即
是非相又說一切衆生則非衆生
須菩提如來是真語者實語者如語者不誑
語者不異語者須菩提如來所得法此法无
實无虛
須菩提若菩薩心住於法而行布施如人入闇
則无所見若菩薩心不住法而行布施如人有
目日光明照見種種色
須菩提當來之世若善男子善女人能於此經

實无虛
須菩提若菩薩心住於法而行布施如人入闇
則无所見若菩薩心不住法而行布施如人有
目日光明照見種種色
須菩提當来之世若善男子善女人能於此經
受持讀誦則為如来以佛智慧悉知是人悉
見是人皆得成就无量无邊功德
須菩提若有善男子善女人初日分以恒河沙
等身布施中日分復以恒河沙等身布施後日
分亦以恒河沙等身布施如是无量百千万
億劫以身布施若復有人聞此經典信心不
逆其福勝彼何况書寫受持讀誦為人解
說
須菩提以要言之是經有不可思議不可稱
量无邊功德如来為發大乘者說為發冣上
乘者說若有人能受持讀誦廣為人說如来
悉知是人悉見是人皆得成就不可量不可稱
无有邊不可思議功德如是人等則為荷擔
如来阿耨多羅三藐三菩提何以故須菩提
若樂小法者著我見人見衆生見壽者見
則於此經不能聽受讀誦為人解說須菩
提在在處處若有此經一切世間天人阿脩羅所
應供養當知此處則為是塔皆應恭敬作
礼圍遶以諸華香而散其處
復次須菩提善男子善女人受持讀誦此經
若為人輕賤是人先世罪業應墮惡道以今

BD03711號　金剛般若波羅蜜經　（15–8）

礼圍遶以諸華香而散其處
復次須菩提善男子善女人受持讀誦此經
若為人輕賤是人先世罪業應墮惡道以今
世人輕賤故先世罪業則為消滅當得阿耨
多羅三藐三菩提須菩提我念過去无量阿
僧祇劫於然燈佛前得值八百四千万億那由
他諸佛悉皆供養承事无空過者若復有
人於後末世能受持讀誦此經所得功德於我
所供養諸佛功德百分不及一千万億分乃
至筭數譬喻所不能及須菩提若善男子
善女人於後末世有受持讀誦此經所得功
德我若具說者或有人聞心則狂亂狐疑不
信須菩提當知是經義不可思議果報亦不
可思議
尒時須菩提白佛言世尊善男子善女人發
阿耨多羅三藐三菩提心云何應住云何降
伏其心佛告須菩提善男子善女人發阿耨
多羅三藐三菩提者當生如是心我應滅度
一切衆生滅度一切衆生已而无有一衆生實
滅度者何以故若菩薩有我相人相衆生相
壽者相則非菩薩所以者何須菩提實无有
法發阿耨多羅三藐三菩提者
須菩提於意云何如来於然燈佛所有法得
阿耨多羅三藐三菩提不不也世尊如我解
佛所說義佛於然燈佛所无有法得阿耨多
羅三藐三菩提佛言如是如是須菩提實无

BD03711號　金剛般若波羅蜜經　（15–9）

須菩提於意云何如來於然燈佛所有法得
阿耨多羅三藐三菩提不不也世尊如我解
佛所說義佛於然燈佛所无有法得阿耨多
羅三藐三菩提佛言如是如是須菩提實无
有法如來得阿耨多羅三藐三菩提須菩提
若有法如來得阿耨多羅三藐三菩提然燈
佛則不與我受記汝於來世當得作佛号釋
迦牟尼以實无有法得阿耨多羅三藐三菩
提是故然燈佛與我受記作是言汝於來世
當得作佛号釋迦牟尼何以故如來者即諸
法如義若有人言如來得阿耨多羅三藐三
菩提須菩提實无有法佛得阿耨多羅三
藐三菩提須菩提如來所得阿耨多羅三藐三
菩提於是中无實无虛是故如來說一切法皆
是佛法須菩提所言一切法者即非一切法是
故名一切法
須菩提譬如人身長大須菩提言世尊如來
說人身長大則為非大身是名大身
須菩提菩薩亦如是若作是言我當滅度无
量衆生則不名菩薩何以故須菩提實无有
法名為菩薩是故佛說一切法无我无人无衆
生无壽者須菩提若菩薩作是言我當莊
嚴佛土是不名菩薩何以故如來說莊嚴佛
土者即非莊嚴是名莊嚴須菩提若菩薩
通達无我法者如來說名真是菩薩
須菩提於意云何如來有肉眼不如是世尊
如來有肉眼須菩提於意云何如來有天眼

BD03711號　金剛般若波羅蜜經　（15–10）

嚴佛土是不名菩薩何以故如來說莊嚴佛
土者即非莊嚴是名莊嚴須菩提若菩薩
通達无我法者如來說名真是菩薩
須菩提於意云何如來有肉眼不如是世尊
如來有肉眼須菩提於意云何如來有天眼
不如是世尊如來有天眼須菩提於意云何
如來有慧眼不如是世尊如來有慧眼須菩
提於意云何如來有法眼不如是世尊如來
有法眼須菩提於意云何如來有佛眼不如是
世尊如來有佛眼須菩提於意云何恒河中
所有沙佛說是沙不如是世尊如來說是沙
須菩提於意云何如一恒河中所有沙有如
是等恒河是諸恒河所有沙數佛世界如是
寧為多不甚多世尊佛告須菩提尒所國土
中所有衆生若干種心如來悉知何以故如
來說諸心皆為非心是名為心所以者何須
菩提過去心不可得現在心不可得未來心
不可得須菩提於意云何若有人滿三千大
千世界七寶以用布施是人以是因緣得福
多不如是世尊此人以是因緣得福甚多
須菩提若福德有實如來不說得福德多以
福德无故如來說得福德多
須菩提於意云何佛可以具足色身見不不
也世尊如來不應以具足色身見何以故如
來說具足色身即非具足色身是名具足色
身須菩提於意云何如來可以具足諸相見
不不也世尊如來不應以具足諸相見何以

BD03711號　金剛般若波羅蜜經　（15–11）

福德无故如来說得福德多
須菩提於意云何佛可以具足色身見不不
也世尊如来不應以具足色身見何以故如
来說具足色身即非具足色身是名具足色
身須菩提於意云何如来可以具足諸相見
不不也世尊如来不應以具足諸相見何以
故如来說諸相具足即非具足是名諸相具
足須菩提汝勿謂如来作是念我當有所說
法莫作是念何以故若人言如来有所說法
即為謗佛不能解我所說故須菩提說法者
无法可說是名說法
須菩提白佛言世尊佛得阿耨多羅三藐三
菩提為无所得耶如是如是須菩提我於阿
耨多羅三藐三菩提乃至无有少法可得是
名阿耨多羅三藐三菩提復次須菩提是法
平等无有高下是名阿耨多羅三藐三菩提
以无我无人无衆生无壽者修一切善法則得
阿耨多羅三藐三菩提須菩提所言善法者
如来說非善法是名善法
須菩提若三千大千世界中所有諸須弥山
王如是等七寶聚有人持用布施若人以此
般若波羅蜜經乃至四句偈等受持讀誦為
他人說於前福德百分不及一百千万億分
乃至筭數譬喻所不能及
須菩提於意云何汝等勿謂如来作是念我
當度衆生須菩提莫作是念何以故實无有
衆生如来度者若有衆生如来度者如来則

他人說於前福德百分不及一百千万億分
乃至筭數譬喻所不能及
須菩提於意云何汝等勿謂如来作是念我
當度衆生須菩提莫作是念何以故實无有
衆生如来度者若有衆生如来度者如来則
有我人衆生壽者須菩提如来說有我者則
非有我而凡夫之人以為有我須菩提凡夫者
如来說則非凡夫
須菩提於意云何可以卌二相觀如来不須
菩提言如是如是以卌二相觀如来佛言須
菩提若以卌二相觀如来者轉輪聖王則是
如来須菩提白佛言世尊如我解佛所說義
不應以卌二相觀如来尒時世尊而說偈言
若以色見我　以音聲求我　是人行耶道　不能見如来
須菩提汝若作是念如来不以具足相故得
阿耨多羅三藐三菩提須菩提莫作是念如来
不以具足相故得阿耨多羅三藐三菩提須
菩提汝若作是念發阿耨多羅三藐三菩提
者說諸法斷滅莫作是念何以故發阿耨多
羅三藐三菩提者於法不說斷滅相須菩提
若菩薩以滿恒河沙等世界七寶布施若復
有人知一切法无我得成於忍此菩薩勝前
菩薩所得功德須菩提以諸菩薩不受福
德故須菩提白佛言世尊云何菩薩不受福
德須菩提菩薩所作福德不應貪著是故說
不受福德
須菩提若有人言如来若来若去若坐若卧

有人知一切法无我得成於忍此菩薩勝前
菩薩所得功德須菩提以諸菩薩不受福
德故須菩提白佛言世尊云何菩薩不受福
德須菩提菩薩所作福德不應貪着是故說
不受福德
須菩提若有人言如来若来若去若坐若卧
是人不解我所說義何以故如来者无所從
来亦无所去故名如来
須菩提若善男子善女人以三千大千世界
碎爲微塵於意云何是微塵衆寧爲多不甚
多世尊何以故若是微塵衆實有者佛則不
說是微塵衆所以者何佛說微塵衆則非微
塵衆是名微塵衆世尊如来所說三千大千
世界則非世界是名世界何以故若世界實
有者則是一合相如来說一合相則非一合
相是名一合相須菩提一合相者則是不可
說但凡夫之人貪着其事須菩提若人言佛說
我見人見衆生見壽者見須菩提於意云何
是人解我所說義不世尊是人不解如来所
說義何以故世尊說我見人見衆生見壽者
見即非我見人見衆生見壽者見是名我
見人見衆生見壽者見須菩提發阿耨多羅
三藐三菩提心者於一切法應如是知如是
見如是信解不生法相須菩提所言法相者
如来說即非法相是名法相須菩提若有人
以滿无量阿僧祇世界七寶持用布施若有
善男子善女人發菩薩心者持於此經乃至

BD03711號　金剛般若波羅蜜經　（15–14）

[illegible]
三藐三菩提心者於一切法應如是知如是
見如是信解不生法相須菩提所言法相者
如来說即非法相是名法相須菩提若有人
以滿无量阿僧祇世界七寶持用布施若有
善男子善女人發菩薩心者持於此經乃至
四句偈等受持讀誦爲人演說其福勝彼
云何爲人演說不取於相如如不動何以故
一切有爲法　如夢幻泡影　如露亦如電　應作如是觀
佛說是經已長老須菩提及諸比丘比丘尼
優婆塞優婆夷一切世間天人阿修羅聞
佛所說皆大歡喜信受奉行

金剛般若波羅蜜經

BD03711號　金剛般若波羅蜜經　（15–15）

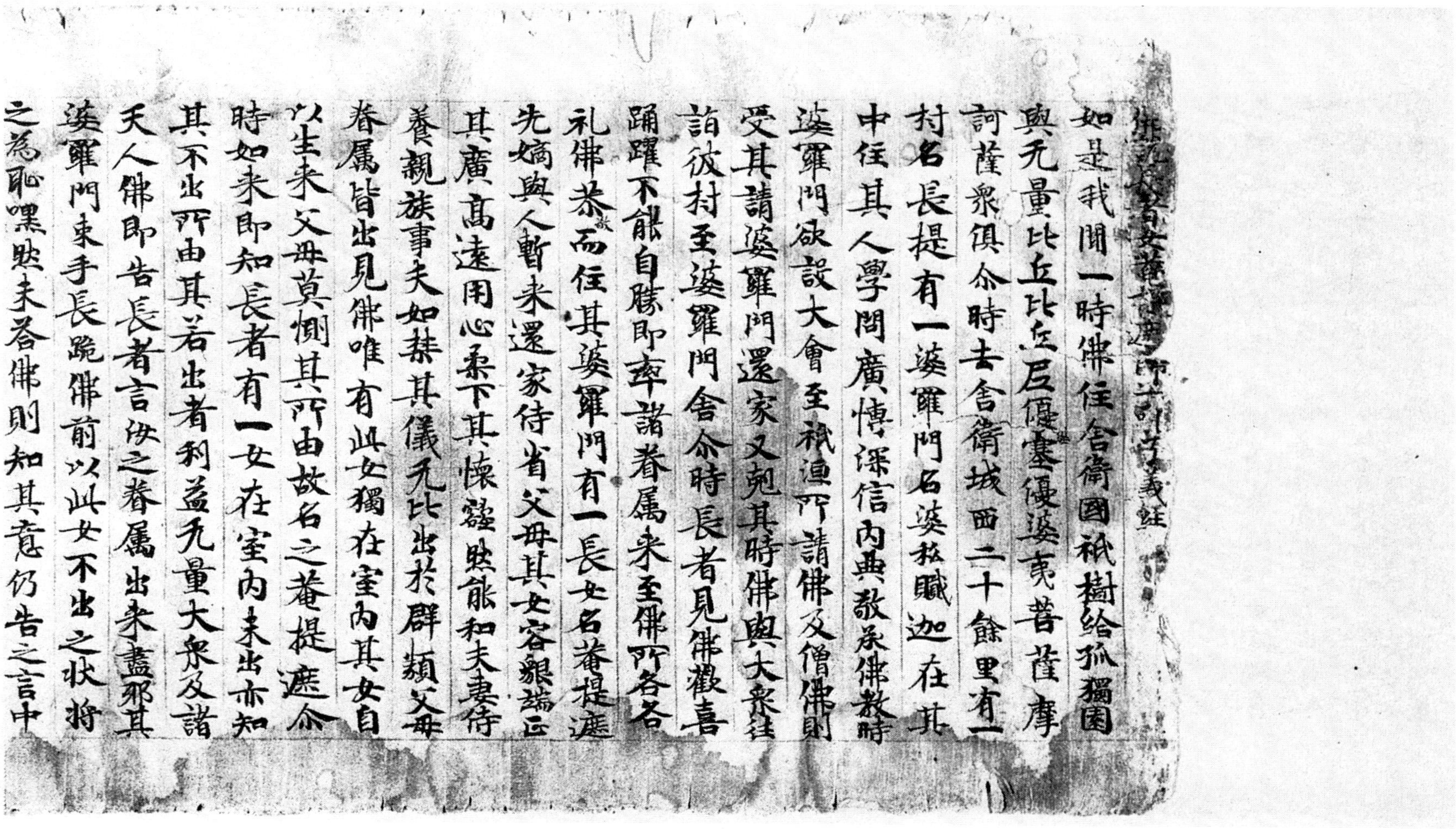

長者女菴提遮師子吼了義經

如是我聞一時佛住舍衛國祇樹給孤獨園
與无量比丘比丘尼優婆塞優婆夷菩薩摩
訶薩衆俱尒時去舍衛城西二十餘里有一
村名長提有一婆羅門名婆私膩迦在其
中住其人學問廣博深信內典敬承佛教時
婆羅門欲設大會至祇洹所請佛及僧佛則
受其請婆羅門還家又兜其時佛與大衆往
詣彼村至婆羅門舍尒時長者見佛歡喜
踊躍不能自勝即率諸眷屬來至佛所各各
礼佛恭敬而住其婆羅門有一長女名菴提遮
先嫡與人暫來還家侍省父母其女容貌端正
其廣高遠用心柔下其懷謙然能和夫妻侍
養親族事夫如恭其儀无比出於群類父母
眷屬皆出見佛唯有此女獨在室內其女自
以生來父母莫惻其所由故名之菴提遮尒
時如來即知長者有一女在室內未出亦知
其不出所由其若出者利益无量大衆及諸
天人佛即告長者言汝之眷屬出來盡邪其
婆羅門束手長跪佛前以此女不出之狀將
之爲恥嘿然未荅佛則知其意仍告之言中

BD03712 號　長者女庵提遮師子吼了義經　（7–1）

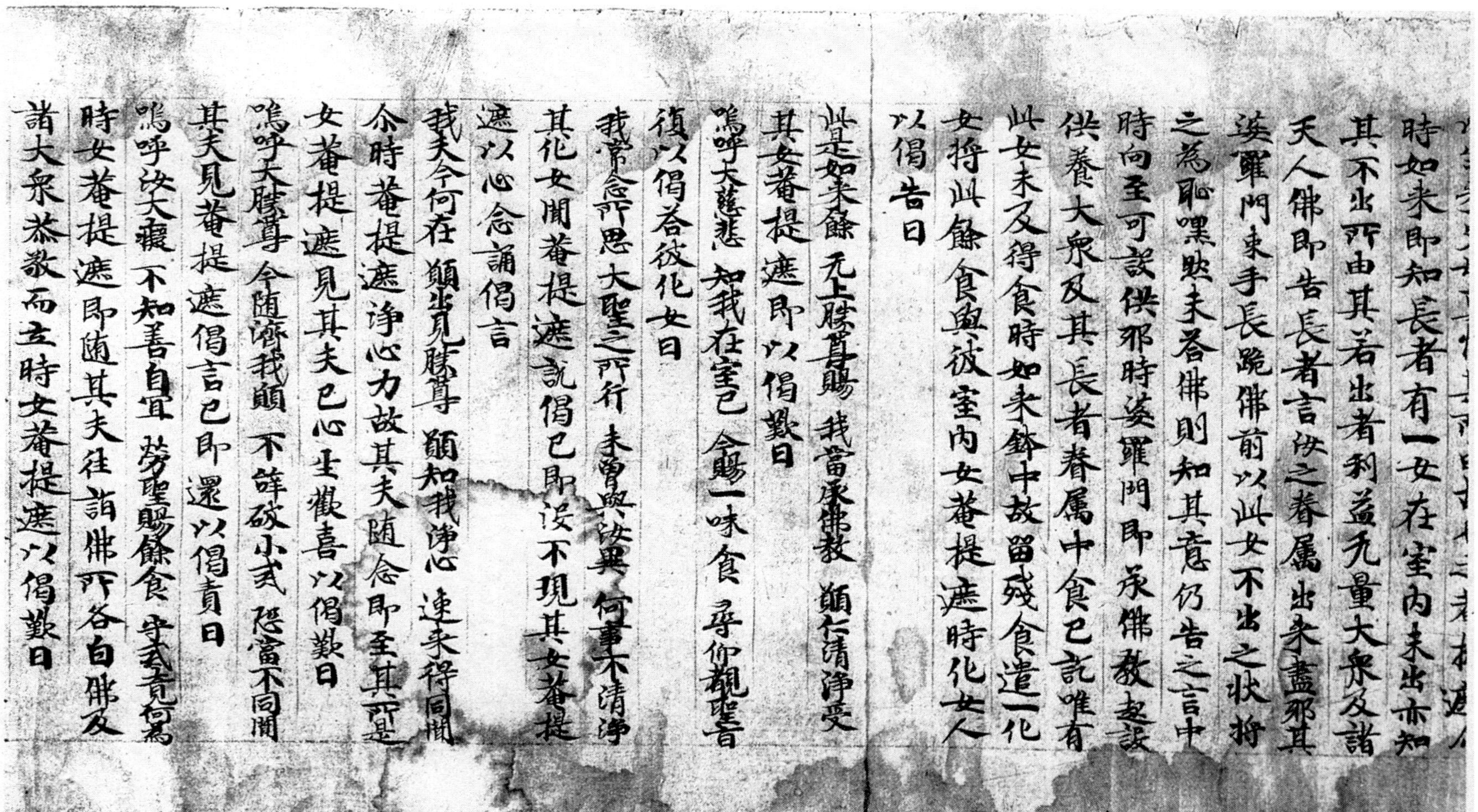

時如來即知長者有一女在室內未出亦知
其不出所由其若出者利益无量大衆及諸
天人佛即告長者言汝之眷屬出來盡邪其
婆羅門束手長跪佛前以此女不出之狀將
之爲恥嘿然未荅佛則知其意仍告之言中
時向至可設供邪時婆羅門即承佛教起設
供養大衆及其長者眷屬中食已訖唯有
此女未及得食時如來鉢中故留殘食遣一化
女將此餘食與彼室內女菴提遮時化女人
以偈告曰
此是如來餘 无上勝尊賜 我當承佛教 願仁清淨受
其女菴提遮即以偈歎曰
嗚呼大慈悲 知我在室已 今賜一味食 尋仰覲聖音
復以偈荅彼化女曰
我常念所思 大聖之所行 未曾與汝異 何事不清淨
其化女聞菴提遮說偈已即沒不現其女菴提
遮以心念誦偈言
我夫今何在 願出見勝尊 願知我淨心 速來得同聞
尒時菴提遮淨心力故其夫隨念即至其所是
女菴提遮見其夫已心生歡喜以偈歎曰
嗚呼大勝尊 今隨濟我願 不辭破小式 恐當不同聞
其夫見菴提遮偈言已即還以偈責曰
嗚呼汝大癡 不知善自宜 勞聖賜餘食 守式竟何爲
時女菴提遮即隨其夫往詣佛所各白佛及
諸大衆恭敬而立時女菴提遮以偈歎曰

BD03712 號　長者女庵提遮師子吼了義經　（7–2）

嗚呼大勝尊 今隨濟我願 不辭破小式 况當不同聞
其夫見菴提遮偈言已即還以偈責曰
嗚呼汝大癡 不知善自宜 勞聖賜餘食 守式竟何爲
時女菴提遮即隨其夫往詣佛所合白佛及
諸大衆恭敬而立時女菴提遮以偈歎曰
我念大慈悲 救護十方尊 欲說秘密藏 賜我淨餘飯
大聖甚難會 世必有所疑 誰可問法者 發衆菩提甚
尒時舍利弗即白佛言世尊此是何女人忽令
來至此復說如是法偈言得餘食佛告舍利
弗言此是長者女復問曰從何而來何因至
此佛告舍利弗此女不從遠來只在此室雖
有父母眷屬其夫不在以自試敬順夫因緣
故不從父母輒尒出遊現於大衆尒時舍利
弗白佛言是女以何善因故生此長者家其
容若此復以何因緣故得如是士夫恭約若
此不能自由見佛及僧佛即告舍利弗汝自
問之時舍利弗問其女曰汝以何因緣生此
長者家復以何因緣得如是人爲夫恭式若
此不能自由見佛及僧其女菴提遮以偈答曰
我以下惡生 生此長者家 又不執女相 得是清淨夫
我在内室中 以爲自在竟 是今未曾趣 聖知賜我餘
嗚呼今大德 不知真實由 絲毫不自趣 故名大自在
我雖内室中 尊如目前現 仁稱阿羅漢 常隨不能見
大聖非是色 亦不離色身 聲聞見汝旬 謂是大力之
嗚呼今大德 隨聖小方便 不知本元由 於我生倒見

嗚呼今大德 不知真實由 絲毫不自趣 故名大自在
我雖内室中 尊如目前現 仁稱阿羅漢 常隨不能見
大聖非是色 亦不離色身 聲聞見汝旬 謂是大力之
嗚呼今大德 隨聖小方便 不知本元由 於我生倒見
尒時舍利弗嘿然而正私自念言此是何女人
其辯若此我所不及佛即知其意而告之曰
勿退於問答生於異心是女人已經值无量
諸佛所說是法藥勿疑之也
尒時文殊師利問菴提遮曰汝今知生死義
耶答曰以佛力故知又問曰若知者生以何
爲義答曰生以不生生爲生義又問曰云何不
生生爲生義耶答曰若能明知地水火風四
緣畢竟未曾自得有所和合而能隨其所宜
有所說者以爲生義又問曰若知地水火風
畢竟不自得有所和合爲生義者即應无有
生相將何爲生義答曰雖在生處而无生者
是爲正生故說有義文殊又問曰死以何爲
義耶答曰死以不死死爲死義又問曰云何
以不死死爲死義耶答曰若能開知地水火
風畢竟不自得有所散而能隨其所宜有所
說者是爲死義又問曰若知地水火風畢竟
不自得有所散者即无死相將何爲死義答
曰雖在死處其心不亡者是爲正死故說有
義文殊師利又問曰常以何爲義答曰若能
明知諸法畢竟生滅變易无定如幻相而能

不自得有所散者即无死相將何為死義荅
曰雖在死處其心不亡者是為正死故說有
義文殊師利又問曰常以何為義荅曰若能
明知諸法畢竟生滅變易无定如幻相而能
隨其所宜有所說者是為常義又問曰若知
諸法畢竟生滅无定如幻相者即是无常義云
何將為常義耶荅曰諸法生而不自得生滅而
不自得滅乃至變易亦復如是以不自得故
說為常義也又問曰无常以何為義荅曰
若知諸法畢竟不生不滅隨如是相而能隨
其所宜有所說者是為无常義又問曰若
知諸法畢竟不生不滅者即是常義云何說
為无常義耶荅曰但以諸法自在變易无定
明不自得隨如是知者故說有无常義耶又
問曰空以何為義荅曰若能知諸法相未曾自
空不壞今有而能不空空不有有故說有
空義又問曰若不空空不有有者即无有事將
何為空義耶其女菴提遮則以偈荅曰
嗚呼真大德　不知實空義　色无有自相　豈非如空也
空若自有空　則不能容色　空不自空故　衆色從是生
尒時文殊師利又問曰頗有明知生而不生相
為生所留者不荅曰有雖自明見其力未充
而為生所留者是也又問曰頗有无知不識生
性而畢竟不為生所留者不荅曰无所以者
何若不見生性雖回調伏少得安處其不安

尒時文殊師利又問曰頗有明知生而不生相
為生所留者不荅曰有雖自明見其力未充
而為生所留者是也又問曰頗有无知不識生
性而畢竟不為生所留者不荅曰无所以者
何若不見生性雖回調伏少得安處其不安
之相常為對治若能見生性者雖在不安之
處而吉相常為現前若不如是知者雖有種
種勝辯談說甚深典籍而即是生滅心說彼
實相密要之言如盲辯色回他語故說得盲
黃赤白黒而不能自見色之正相令不能見
諸法者亦復如是但令為生所生為死所
死而有所說者乃於其人即无生死之義
耶若為常无常所繫者亦復如是當知大
德空者亦不自得空故說有空義耶
尒時佛告文殊師利如是如是菴提遮所說
真實无異日可令冷月可令熱是菴提遮
所說不可移易時舍利弗復問其女曰汝之
智慧辯才若此佛所稱歎我等聲聞之
所不及云何不能離是女身色相也其女荅
曰我欲問大德即隨意荅我大德今現是男
不舍利弗言我雖色是男而心非男也其女
言大德我亦如是如大德所言雖在女相其志
即非女也舍利弗言汝今現為夫所拘執何能
如此其女荅曰大德能自信己之所言不舍
利弗言我之自言云何不自信其女荅曰若

言大德我亦如是如大德所言雖在女相甚
即非女也舍利弗言汝今現為夫所拘執何能
如此其女荅曰大德能自信已之所言不舍
利弗言我之自言云何不自信其女荅曰若
自信者大德前言說我色是男而心非男者即
心與色有所二用也若大德自信此言者即
於我所不生有夫之惡見大德自男故生我
女相以我女色故壞大德心也而以自見彼女
者則不能於法生實信也舍利弗言我於
汝所不敢生於惡見其女荅曰但以對世尊
故不敢非是實言也若實不生惡見者云何
說我言汝今現為夫所拘執耶是言從何而
來舍利弗言我以久離習故有此之言非實心
也其女問曰大德我今問者隨意荅我大德
既言久離男女相者大德色久離耶心久離
耶時舍利弗嘿然不荅尒時菴提遮以偈頌言
若心得久離　畢竟不生見　誰為作女人　於色起不淨
若論色久離　法本不自有　畢竟不曾淨　將何為作惡
嗚呼今大德　徒學不能知　自男生我女　豈非妄相悲
悔過於大衆　於法多生疑　我上所言說　是佛神力特
時菴提遮說是偈已其比丘比丘尼優婆塞優
婆夷天及人一千餘人得阿耨多羅三藐三菩

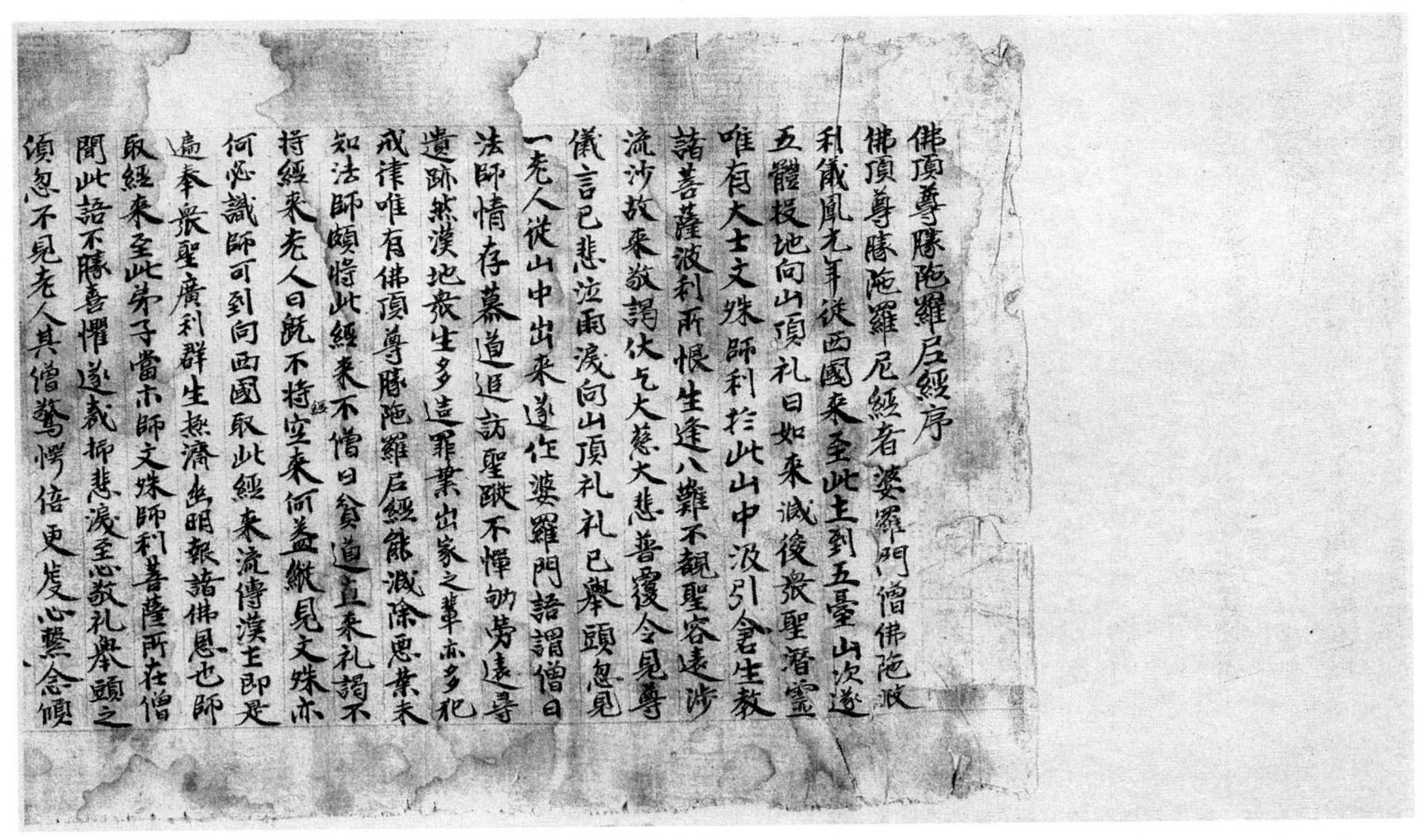

BD03712 號　長者女庵提遮師子吼了義經　（7–7）

佛頂尊勝陁羅尼經序
佛頂尊勝陁羅尼經者婆羅門僧佛陁波
利儀鳳元年從西國來至此土到五臺山次遂
五體投地向山頂礼曰如來滅後衆聖潛靈
唯有大士文殊師利於此山中汲引含生教
諸菩薩波利所恨生逢八難不覩聖容遠涉
流沙故來敬謁伏乞大慈大悲普覆令見尊
儀言已悲泣雨淚向山頂礼礼已舉頭忽見
一老人從山中出來遂作婆羅門語謂僧曰
法師情存慕道追訪聖跡不憚劬勞遠尋
遺跡然漢地衆生多造罪業出家之輩亦多犯
戒律唯有佛頂尊勝陁羅尼經能滅除惡業未
知法師頗將此經來不僧曰貧道直來礼謁不
將經來老人曰既不將經空來何益縱見文殊亦
何必識師可到向西國取此經來流傳漢土即是
遍奉衆聖廣利群生拯濟幽明報諸佛恩也師
取經來至此弟子當示師文殊師利菩薩所在僧
聞此語不勝喜躍遂裁抑悲淚至心敬礼舉頭之
頃忽不見老人其僧驚愕倍更虔心繫念傾

BD03713 號 1　佛頂尊勝陀羅尼經（佛陀波利本）序　（12–1）

將經來老人曰既不將空來何益縱見文殊亦
何必識師可到向西國取此經來流傳漢土即是
遍奉眾聖廣利群生拯濟幽明報諸佛恩也師
取經來至此弟子當示師文殊師利菩薩所在僧
聞此語不勝喜懼遂裁抑悲淚至心敬礼舉頭之
頃忽不見老人其僧驚愕倍更虔心繫念傾
誠迴還西國取佛頂尊勝陀羅尼經至永淳二
年迴至西京具以上事聞奏大帝大帝遂將其
本入內請日照三藏法師及勅司賓寺典
客令杜行顗等共譯此經施僧絹三十疋其經
本禁在內不出其僧悲泣奏曰貧道捐軀委
命遠取經來情望普濟群生拔諸苦難不
以財寶為念不以名利關懷請還經本流行庶望
含靈同有益帝遂留翻得之經還僧梵本
其僧得梵本將向西明寺訪得善梵語漢僧
順貞奏共翻譯帝隨其請僧遂對諸大德共
順貞翻譯譯訖僧將梵本向五臺山入山於今
不出今前後所翻兩本並流行於代小小語有
不同者幸勿怪焉至垂拱三年定覺寺主僧
志靜因停在神都魏國寺親見日照三藏法
師問其逗留一如前說志靜遂就三藏法師
諮受神呪法師於是口宣梵音經二七日句
句委授具足梵音一无差失仍更取舊翻梵
本勘挍所有脫錯悉皆改定其呪初注云最
後別翻者是也其呪句稍異於杜令所翻
者其新呪改定不錯并注其音訖後有學
者幸詳此焉至永昌元年八月於大敬愛
寺見西明寺上座澄法師問其逗留亦如前說

BD03713號1　佛頂尊勝陀羅尼經（佛陀波利本）序　（12–2）

本勘挍所有脫錯悉皆改定其呪初注云最
後別翻者是也其呪句稍異於杜令所翻
者其新呪改定不錯并注其音訖後有學
者幸詳此焉至永昌元年八月於大敬愛
寺見西明寺上座澄法師問其逗留亦如前說
其翻經僧順貞見在住西明寺此經救拔幽
顯最不可思議恐學者不知故具錄委曲以
傳未悟

佛頂尊勝陀羅尼經

罽賓沙門佛陀波利奉　詔譯

如是我聞一時薄伽梵在室羅筏住誓多
林給孤獨園與大苾芻眾千二百五十人俱又
與諸大菩薩僧万二千人俱尒時三十三天於
善法堂會有一天子名曰善住與諸大天
遊於園觀又與大天受勝尊貴與諸天女前
後圍遶歡喜遊戲種種音樂共相娛樂受諸
快樂尒時善住天子即於夜分聞有聲言善住
天子却後七日命將欲盡命終之後生贍部
洲受七返傍生身即受那落迦苦從地獄出
希得人身生於貧賤處於母胎即无兩目尒
時善住天子聞此聲已即大驚怖身毛皆竪
愁憂不樂速疾往詣天帝釋所悲啼號哭
惶怖无計頂礼帝釋二足尊已白帝釋言
聽我所說我與諸天女共相圍遶受諸快樂
聞有聲言善住天子却後七日命將欲盡命
終之後生贍部洲七返受傍生身即受那落迦
苦從地獄出希得人身生貧賤家而无兩目天

BD03713號1　佛頂尊勝陀羅尼經（佛陀波利本）序　（12–3）
BD03713號2　佛頂尊勝陀羅尼經（佛陀波利本）

愁憂不樂速往詣天帝釋所悲啼號哭
惶怖无計頂礼帝釋二足尊已白帝釋言
聽我所說我與諸天女共相圍遶受諸快樂
聞有聲言善住天子却後七日命將欲盡命
終之後生贍部洲七返受傍生身即受那落迦
苦從地獄出希得人身生貧賤家而无兩目天
帝云何令我得免斯苦
尒時帝釋聞善住天子語已甚大驚愕即
自思惟此善住天子受何七返惡道之身尒
時帝釋須臾靜住入定諦觀即見善住當隨
七返惡道之身所謂豬狗野干獼猴蟒蛇烏
鵰等身食諸穢惡不淨之物
尒時帝釋觀見善住天子當墮七返惡道之
身極助苦惱痛割於心諦思无計何所歸
依唯有如来應正等覺令其善住得免斯
苦尒時帝釋即於此日初夜分時以種種華
鬘塗香末香以妙天衣莊嚴執持往詣多
林園於世尊所到已頂礼佛足右繞七帀即於
佛前廣大供養於前胡跪而白佛言世尊
善住天子云何當受七返傍生惡道之身具
述前說尒時如来頂上放種種光遍滿十方一切
世界已其光還来繞佛三帀從佛口入佛便微
笑告帝釋言天帝有陁羅尼名為如来佛
頂尊勝能淨一切惡道能淨除一切生死苦惱
又能淨除諸那落迦閻摩路迦傍生之苦又破
一切地獄能迴向善道天帝此佛頂尊勝陁

BD03713號2　佛頂尊勝陀羅尼經（佛陀波利本）　（12–4）

頂尊勝能淨一切惡道能淨除一切生死苦惱
又能淨除諸那落迦閻摩路迦傍生之苦又破
一切地獄能迴向善道天帝此佛頂尊勝陁
羅尼若有人聞一經於耳先世所造一切地獄
惡業皆悉消滅當得清淨之身隨所生處憶
持不忘從一佛刹至一佛刹從一天界至一天
界遍歷三十三天所生之處憶持不忘天帝
若人命欲將終須臾憶念此陁羅尼還得
增壽得身口意淨身无苦痛隨其福利隨
處安隱一切如來之所觀視一切天神恒常侍
衛為人所敬惡障消滅一切菩薩同心覆
護天帝若人能須臾讀誦此陁羅尼者此人
所有一切地獄傍生閻摩路迦餓鬼之苦破壞
消滅無有遺餘諸佛刹土及諸天宮一切菩
薩所住之門無有障㝵隨意遊入
尒時帝釋白佛言世尊唯願如来為有情說
增益受命之法尒時世尊知帝精意心之所
念樂聞佛說是陁羅尼即說呪曰
那謨薄伽跋帝一 啼隸路迦 吉耶反 鉢囉底毗上 失瑟吒 引 反下同
歸命 世尊 三世冣 勝
耶 三余何反下同 勃陁 引 耶 三 薄伽跋帝 四 但姪他 五 唵 引 六
佛 世尊 其名曰 吉
毗輸䟦耶 七 三摩三摩三漫多縛婆娑 八
善淨 平等普 照曜
娑發 普跋反 囉拏揭底伽訶 上 那娑 引 娑縛 同上 毗 七 秫 律反下同 提
悉遍 趣甚深 一切皆清淨

BD03713號2　佛頂尊勝陀羅尼經（佛陀波利本）　（12–5）

……三摩三摩三滿多……娑娑……
善淨　平等普　照曜
娑發(音跋反)囉娑揭底伽訶(上)那娑(引)娑縛(同上)毗(七)秫(律反，下同)提
悲遍　趣甚深　一切皆清淨
阿鼻詵(去)者蘇(上)揭多伐折(音列反，下同)那(十)阿蜜栗多
以灌　善僭詵　甘露
毗(上)鑠(所界反)雞(取剛反)(十一)阿(引下同)訶(上)囉阿訶囉(十二)
授　食　食
阿(引)瑜散陁羅尼(十三)輸䭾耶輸䭾耶(十四)伽伽那毗秫提(十五)
能持　淨淨　空中淨
烏瑟尼沙毗逝耶毗秫提(十六)娑訶娑囉喝囉濕弭
頂勝　淨　千　光
珊珠地帝(十七)薩(引下同)婆怛他揭多地瑟咤(引)那
開悟　一切　如來　神力
頞(烏割反)地瑟恥帝慕㨖麗(十八)跋折囉迦(引)耶
之所　護持　印　金剛身
僧訶哆(上)那(上)秫提(十九)薩婆伐囉拏毗秫提(廿)
聚　清淨　一切　所顧皆淨
鉢羅底你伐囉多耶阿瑜秫提(廿一)薩末耶阿地瑟恥帝(廿二)
復還　壽淨　及我皆　護持
末你末你(廿三)怛闥多部多俱胝鉢唎秫提(廿四)
心心　真如　實際　皆淨
毗薩普咤勃地秫提(廿五)逝耶逝耶(廿六)毗逝耶毗逝耶(廿七)
明了智　淨勝勝　殊勝　殊勝
薩末囉薩末囉薩婆勃陁阿地瑟恥多秫提(廿八)
具式　具式弗　護皆　淨

BD03713號2　佛頂尊勝陁羅尼經（佛陀波利本）　（12–6）

心心　真如　實際　皆淨
毗薩普咤勃地秫提(廿五)逝耶逝耶(廿六)毗逝耶毗逝耶(廿七)
明了智　淨勝勝　殊勝　殊勝
薩末囉薩末囉薩婆勃陁阿地瑟恥多秫提(廿八)
具式　具式佛　護憎　淨
跋折㘑跋折囉揭鞞(廿九)跋折藍婆𤚥都(卅)麼麼(某甲)
金剛　金剛　藏金剛　所作　我我
薩婆薩埵嗚迦耶毗秫提(卅一)薩婆揭底鉢唎秫提(卅二)
一切有情　身淨清　一切皆清淨
薩婆怛他揭多三摩濕婆娑阿地瑟恥帝(卅三)
一切如來皆安　護持
勃陁勃陁(地耶反)(卅四)蒲䭾耶蒲䭾耶三滿多鉢唎秫提(卅五)
佛佛　覺者　覺者　普皆清淨
薩婆怛他揭多地瑟咤(引)那阿地瑟恥帝娑婆訶(卅六)
一切如來神力　護持
佛告帝釋言此名淨除一切惡道佛頂尊
勝陁羅尼能除一切罪業等障能破一切穢
惡道苦天帝此陁羅尼八十八殑伽沙俱胝百
千諸佛同共宣說隨喜受持大如來智印
印之為破一切有情穢惡道故為一切那落
迦傍生閻摩路迦有情得解脫故臨急苦
難墮生死海中有情得解脫故短命薄福无救
護有情樂造雜染惡業有情故說又此陁
羅尼於贍部洲住持力故能令地獄惡道有
情種種流轉生死薄福有情不信善惡業
……道有情等……許脫義故

BD03713號2　佛頂尊勝陁羅尼經（佛陀波利本）　（12–7）

難隨生死海中有情得解脫故短命薄福无救
護有情樂造雜染惡業有情故說又此陁
羅尼於贍部洲住持力故能令地獄惡道有
情種種流轉生死薄福有情不信善惡業
失正道有情等得解脫義故
佛告天帝我說此陁羅尼付囑於汝汝當授
與善住天子復當受持讀誦思惟愛樂憶念
供養於贍部洲一切有情廣為宣說此陁羅尼
亦為一切諸天子故說此陁羅尼印付囑於
汝天帝汝當善持守護勿令忘失
天帝若人須臾得聞此陁羅尼千劫已來積
造惡業重障應受種種流轉生死地獄餓鬼
傍生閻摩路迦阿素落身夜叉羅刹鬼神布
單那羯吒布單那阿婆娑摩囉蚊盲龜狗蟒
虵一切諸鳥及諸猛獸一切蠢動含靈乃至
蟻子之身更不重受即得轉生諸佛如來一
生補處菩薩同會處生或得大姓婆羅門家
生或得刹利種家生或得豪貴最勝家生天
帝此人得如上貴處生者皆由聞此陁羅尼
故轉所生處皆得清淨天帝乃至得到菩提
道場最勝之處皆由讚美此陁羅尼功德
如是天帝此陁羅尼名善吉祥能淨一切惡
道此佛頂尊勝陁羅尼猶如日藏摩尼之
寶淨无瑕穢淨等虛空光焰照徹无不周遍
若諸有情持此陁羅尼亦復如是亦如閻浮
檀金明淨柔軟令人喜見不為穢惡之所染著

BD03713 號 2　佛頂尊勝陀羅尼經（佛陀波利本）　（12–8）

道此佛頂尊勝陁羅尼猶如日藏摩尼之
寶淨无瑕穢淨等虛空光焰照徹无不周遍
若諸有情持此陁羅尼亦復如是亦如閻浮
檀金明淨柔軟令人喜見不為穢惡之所染著
天帝若諸有情持此陁羅尼亦復如是乘斯
善淨得生善道天帝此陁羅尼所在之處若
能書寫流通受持讀誦聽聞供養能如是
者一切惡道皆得清淨一切那落迦苦悉皆
消滅
佛告天帝若人能書寫此陁羅尼安高幢上
或高山或安樓上乃至安置窣堵波中天帝
若有苾芻苾芻尼優婆塞優婆夷族姓男
族姓女於幢等上或見或與相近其影暎身或
風吹陁羅尼上幢等上塵落在身上天帝彼諸
有情所有罪業應墮惡道那落迦傍生閻摩
路迦餓鬼阿素落身惡道之苦皆悉不受亦
不為罪垢染汙天帝此等有情為一切諸佛
之所授記皆得不退轉於阿耨多羅三藐三菩
提天帝何況以更以多諸供養華鬘塗香末
香幢幡蓋等衣服瓔珞作諸莊嚴於四衢道
造窣堵波安置陁羅尼合掌恭敬旋繞行道
歸依礼拜天帝彼人能如是供養者名摩訶
薩埵真是佛子持法棟梁又是如來全身
舍利窣堵波塔尒時閻摩羅法王於時夜分
來詣佛所到已以種種天衣妙華塗香莊嚴供

BD03713 號 2　佛頂尊勝陀羅尼經（佛陀波利本）　（12–9）

歸依礼拜天帝彼人能如是供養者名摩訶
薩埵真是佛子持法棟梁又是如來全身
舍利窣堵波塔尒時閻摩羅法王於時夜分
來詣佛所到已以種種天衣妙華塗香莊嚴供
養已繞佛七帀頂礼佛足而作是言我聞如
來演說讚持大力陁羅尼者我常隨逐守護
不令持者墮那落迦獄以彼隨順如來言教
而護念之尒時護世四天大王繞佛三帀白
佛言世尊唯願如來為我廣說持陁羅尼
法尒時佛告四天王汝今諦聽我當為汝宣
說受此陁羅尼方法亦為短命諸有情說當
先洗浴著新淨衣白月圓滿十五日時持齋誦此
陁羅尼滿其千遍令短命有情還得增壽永
離病苦一切業障悉皆消滅一切那落迦苦亦
得解脫諸飛鳥傍生含靈之類聞此陁羅尼
一經於耳盡此一身更不復受
佛言若遇大惡病聞陁羅尼即得永離一切
諸病亦得消滅應墮惡道亦得除斷即得
往生寂靜世界從此身已後更不受胞胎之身
所生之處蓮華化生一切生處憶持不忘常識
宿命佛言若人先造一切極重罪業遂即命
終乘斯惡業應墮地獄或墮傍生閻摩路
迦或墮餓鬼乃至墮大阿鼻地獄或生水中
或生禽獸異類之身取其亡者隨身分骨以
土一把誦此陁羅尼廿一遍散亡者骨上即

宿命佛言若人先造一切極重罪業遂即命
終乘斯惡業應墮地獄或墮傍生閻摩路
迦或墮餓鬼乃至墮大阿鼻地獄或生水中
或生禽獸異類之身取其亡者隨身分骨以
土一把誦此陁羅尼廿一遍散亡者骨上即
得生天佛言若人能日日誦此陁羅尼廿一
遍應消一切世間廣大供養捨身往生極樂
世界若常誦念得大涅槃復增壽命受勝
快樂捨此身已即得往生種種微妙諸佛剎
土常與諸佛俱會一處一切如來恒為演說
微妙之義一切世尊即授其記身光照曜一切
佛剎佛言若誦此陁羅尼法於其佛前先
取淨土作壇隨其大小方四角作以種種草華
散於壇上燒衆名香右膝著地胡跪心常
念佛作慕陁羅尼印屈其頭指以大母指押合
掌當其心上誦此陁羅尼一百八遍訖於其
壇中如雲王雨華能遍供養八十八俱胝殑
伽沙那庾多百千諸佛彼佛世尊咸共讚言
善哉希有真是佛子即得无障㝵智三昧
得大菩提心莊嚴三昧持此陁羅尼法應如
是佛言天帝我以此方便一切有情應墮那
落迦道令得解脫一切惡道亦得清淨復令持
者增益壽命天帝汝去將我陁羅尼授與善
住天子滿其七日汝與善住俱來見我尒時
天帝於世尊所受此陁羅尼法奉持還於本
天授與善住天子尒時善住天子受此陁羅

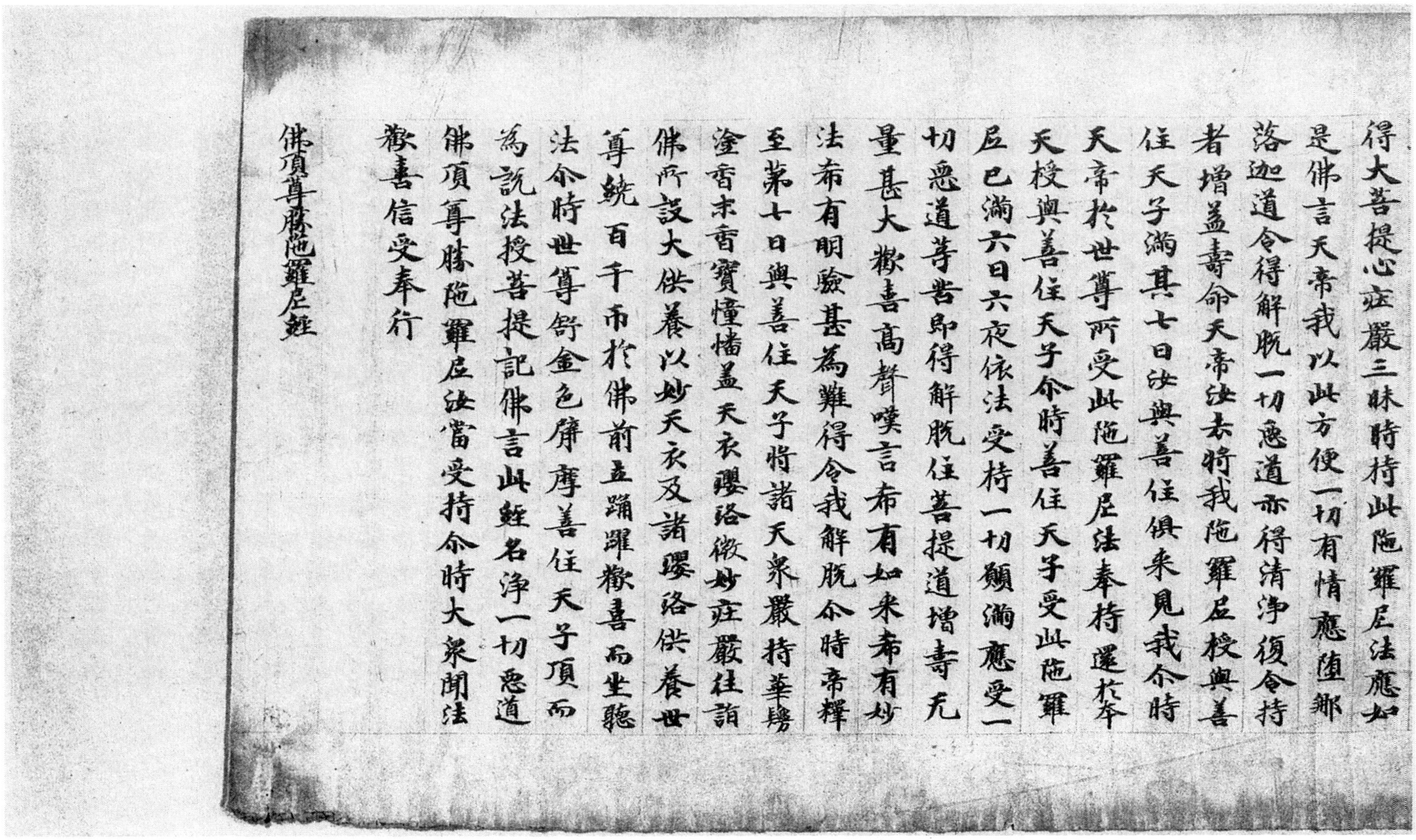
得大菩提心莊嚴三昧時持此陁羅尼法應如
是佛言天帝我以此方便一切有情應墮那
落迦道令得解脫一切惡道亦得清淨復令持
者增益壽命天帝汝去將我陁羅尼授與善
住天子滿其七日汝與善住俱來見我尒時
天帝於世尊所受此陁羅尼法奉持還於本
天授與善住天子尒時善住天子受此陁羅
尼已滿六日六夜依法受持一切願滿應受一
切惡道等苦即得解脫住菩提道增壽无
量甚大歡喜高聲嘆言希有如來希有妙
法希有明驗甚為難得令我解脫尒時帝釋
至第七日與善住天子將諸天衆嚴持華鬘
塗香末香寶幢幡蓋天衣瓔珞微妙莊嚴往詣
佛所設大供養以妙天衣及諸瓔珞供養世
尊繞百千帀於佛前立踊躍歡喜而坐聽
法尒時世尊舒金色臂摩善住天子頂而
為說法授菩提記佛言此經名淨一切惡道
佛頂尊勝陁羅尼汝當受持尒時大衆聞法
歡喜信受奉行
佛頂尊勝陁羅尼經

BD03713 號 2　佛頂尊勝陀羅尼經（佛陀波利本）　　（12–12）

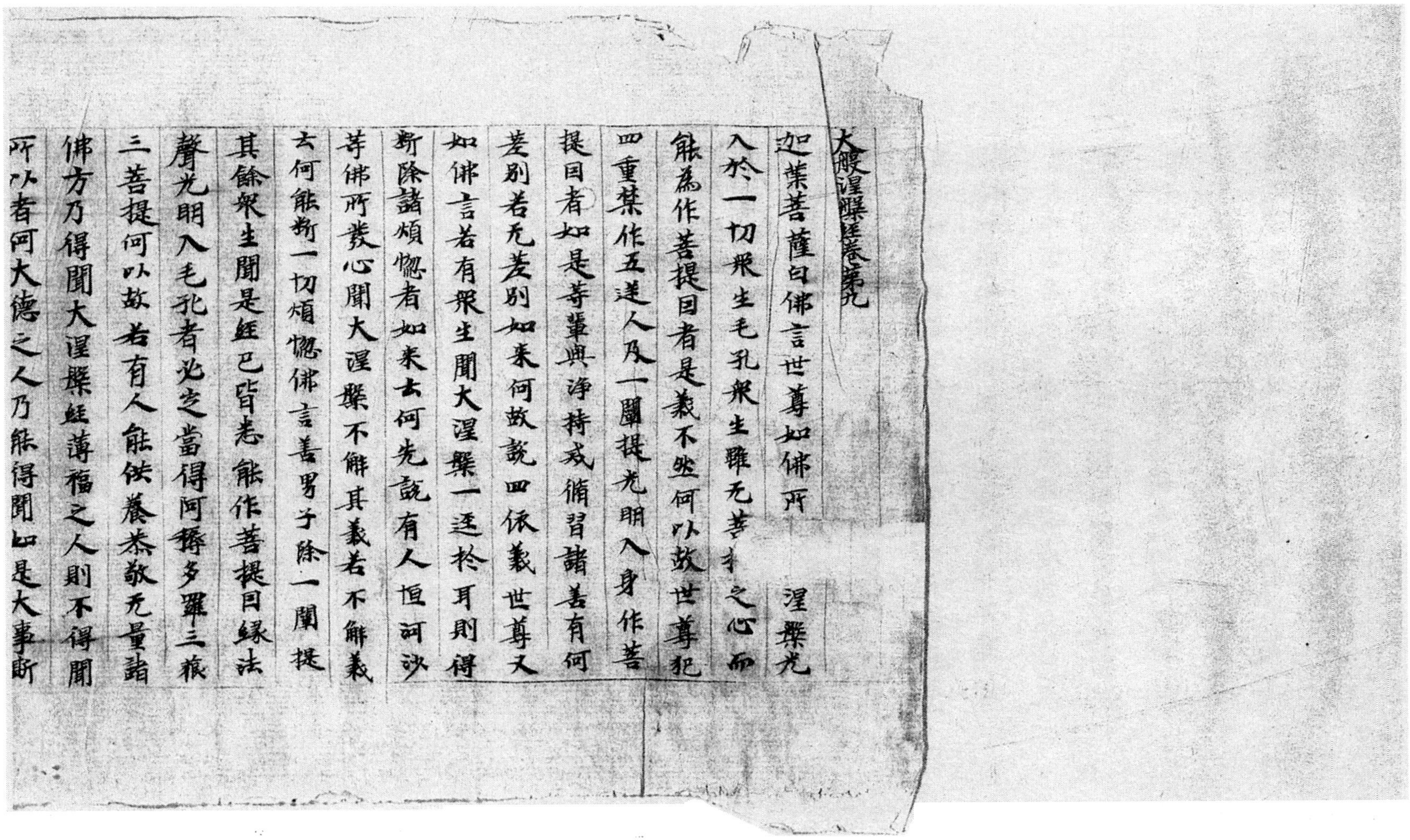
大般涅槃經卷第九
迦葉菩薩白佛言世尊如佛所　涅槃光
入於一切衆生毛孔衆生雖无菩提之心而
能為作菩提因者是義不然何以故世尊犯
四重禁作五逆人及一闡提光明入身作菩
提因者如是等輩與淨持戒脩習諸善有何
差別若无差別如來何故說四依義世尊又
如佛言若有衆生聞大涅槃一逕於耳則得
斷除諸煩惱者如來云何先說有人恒河沙
等佛所發心聞大涅槃不解其義若不解義
云何能斷一切煩惱佛言善男子除一闡提
其餘衆生聞是經已皆悉能作菩提因緣法
聲光明入毛孔者必定當得阿耨多羅三藐
三菩提何以故若有人能供養恭敬无量諸
佛方乃得聞大涅槃經薄福之人則不得聞
所以者何大德之人乃能得聞如是大事斷

BD03714 號　大般涅槃經（北本　異卷）卷九　　（22–1）

其餘衆生聞是經已皆悉能作菩提因緣法
聲光明入毛孔者必定當得阿耨多羅三藐
三菩提何以故若有人能供養恭敬无量諸
佛方乃得聞大涅槃經薄福之人則不得聞
所以者何大德之人乃能得聞如是大事斯
下小人則不得聞何等為大所謂諸佛甚深
秘藏謂佛性是以是義故名為大事迦葉菩
薩白佛言世尊云何未發菩提心者得菩提
因佛告迦葉若有聞是大涅槃經言我不用
發菩提心誹謗正法是人即於夢中見羅刹
像心中怖懼羅刹語言咄善男子汝今若不
發菩提心當斷汝命是人惶怖悟已即發菩
提之心是人命終若在三惡及在人天續復
憶念菩提之心當知是人是大菩薩摩訶薩
也以是義故是大涅槃威神力故能令未發
菩提心者作菩提因善男子是名菩薩發心
因緣非无因緣以是義故大乘妙典真佛所
說復次善男子如虛空中興大雲雨注於大
地枯木石山高原堆阜水所不住流注下田
陂池悉滿利益无量一切衆生是大涅槃微
妙經典亦復如是雨大法雨普潤衆生唯一
闡提發菩提心无有是處復次善男子譬如
焦種雖遇甘雨百千万劫終不生牙牙若生
者亦无是處一闡提輩亦復如是雖聞如是
大般涅槃微妙經典終不能發菩提心牙若

BD03714號　大般涅槃經（北本　異卷）卷九　（22–2）

闡提發菩提心无有是處復次善男子譬如
焦種雖遇甘雨百千万劫終不生牙牙若生
者亦无是處一闡提輩亦復如是雖聞如是
大般涅槃微妙經典終不能發菩提心牙若
能發者无有是處何以故是人斷滅一切善
根如彼焦種不能復生菩提根牙復次善男
子譬如明珠置濁水中以珠威德水即為清
投之淤泥不能令清是大涅槃微妙經典亦
復如是置餘衆生五无間罪四重禁法濁水
之中猶可澄清發菩提心投一闡提淤泥之
中百千万歲不能令清起菩提心何以故是
一闡提滅諸善根非其器故假使是人百千
万歲聽受如是大涅槃經終不能發菩提之心
所以者何无善心故復次善男子譬如藥
樹名曰藥王於諸藥中最為殊勝若和酪漿
若蜜若蘇若水若乳若末若丸若以塗瘡熏
身塗目若見若嗅能滅衆生一切諸病如是
藥樹不作是念一切衆生若取我根不應取
葉若取葉者不應取根若取身者不應取皮
若取皮者不應取身是樹雖復不生是念而
能除滅一切病苦善男子是大涅槃微妙經
典亦復如是能除一切衆生惡業四波羅夷
五无間罪若內若外所有諸惡有未發菩
提心者因是則得發菩提心何以故是妙經
典諸經中王如彼藥樹諸藥中王若有脩習

BD03714號　大般涅槃經（北本　異卷）卷九　（22–3）

與亦復如是能除一切衆生惡業四波羅夷
五无間罪若内若外所有諸惡有未發菩
提心者因是則得發菩提心何以故是妙經
典諸經中王如彼藥樹諸藥中王若有脩習
是大涅槃及不脩者若聞有是經典名字聞
已信敬所有一切煩惱重病皆悉除滅唯不
能令一闡提輩安止住於阿耨多羅三藐三
菩提如彼妙藥雖能療愈種種重病而不能
治必死之人復次善男子如人手瘡捉持毒
藥毒則隨入若无瘡者毒則不入一闡提輩
亦復如是无菩提因如无瘡者毒不得入所
謂瘡者即是无上菩提因緣毒者即是弟一
妙藥完无瘡者謂一闡提復次善男子譬如
金剛无能壞者而能破壞一切之物唯除龜
甲及白羊角是大涅槃微妙經典亦復如是
悉能安止无量衆生於菩提道唯不能令一
闡提輩立菩提因復次善男子如馬齒草娑
羅翅樹尼迦羅樹雖斷枝莖續生如故不如
多羅斷已不生是諸衆生亦復如是若得聞
是大涅槃經雖犯四禁及无間罪猶故能生
菩提因緣一闡提輩則不如是雖得聽受是
妙經典而不能生菩提道因復次善男子如
佉陀羅樹鎮頭伽樹斷已不生及諸燋種一
闡提輩亦復如是雖得聞是大涅槃經而不
能發菩提因緣猶如燋種復次善男子譬如

BD03714號　大般涅槃經（北本　異卷）卷九　（22-4）

妙經典而不能生菩提道因復次善男子如
佉陀羅樹鎮頭伽樹斷已不生及諸燋種一
闡提輩亦復如是雖得聞是大涅槃經而不
能發菩提因緣猶如燋種復次善男子譬如
大雨終不住空是大涅槃微妙經典亦復如
是普雨法雨於一闡提則不能住是一闡提
周體緻密猶如金剛不容外物迦葉菩薩白
佛言世尊如佛所説
不見善不作　唯見惡可作　是處可怖畏　猶如嶮惡道
世尊如是所説有何等義佛言善男子不見
者謂不見佛性善者即是阿耨多羅三藐三
菩提不作者所謂不能親近善友唯見者見
无因果惡者謂誹謗方等大乘經典可作者謂
一闡提説无方等以是義故一闡提輩无心
趣向清淨善法何等善法謂涅槃也趣涅槃
者謂能脩習賢善之行而一闡提无賢善行
是故不能趣向涅槃是處可畏謂謗正法誰
應怖畏所謂智者何以故以謗法者无有善
心及方便故嶮惡道者謂諸行也迦葉復
言如佛所説
云何見所作　云何得善法　何處不怖畏　如王夷坦道
是義何謂佛言善男子見所作者發露諸惡
從生死際所作諸惡悉皆發露至无畏處以
是義故是處无畏喻如人王所遊正路其中
盜賊悉皆逃避如是要路一切諸惡悉滅无

BD03714號　大般涅槃經（北本　異卷）卷九　（22-5）

從生死際所作諸惡悉皆發露至无至處以
是義故是處无畏喻如人王所遊正路其中
盜賊悉皆逃走如是發路一切諸惡悉滅无
餘復次不見所作者謂一闡提所作衆惡而
不自見是一闡提憍慢心故雖多作惡於是
事中初无怖畏以是義故不得涅槃喻如獼
猴捉水中月善男子假使一切无量衆生一
時成於阿耨多羅三藐三菩提已此諸如來
亦復不見彼一闡提成於菩提以是義故名
不見所作又復不見誰之所作所謂不見如來
所作佛為衆生說有佛性一闡提輩流轉生
死不能知見以是義故名為不見如來所作
又一闡提見於如來畢竟涅槃謂真无常猶
如燈滅膏油俱盡何以故是人惡業不損
故若有菩薩所作善業迴向阿耨多羅三藐
三菩提時一闡提輩雖復毀呰破壞不信然
諸菩薩猶故施与欲共成於无上之道何以
故諸佛法尒
作惡不即受　如乳即成酪　猶灰覆火上　愚者輕蹈之
一闡提者名為无目是故不見阿羅漢道如
阿羅漢不行生死嶮惡之道以无目故誹謗
方等不欲脩習如阿羅漢懃脩慈心一闡提
輩不脩方等亦復如是若人說言我今不信
聲聞經典信受大乘讀誦解說是故我今即

方等不欲脩習如阿羅漢懃脩慈心一闡提
輩不脩方等亦復如是若人說言我今不信
聲聞經典信受大乘讀誦解說是故我今即
是菩薩一切衆生悉有佛性以佛性故衆生
身中即有十力三十二相八十種好我之所
說不異佛說汝今与我俱破无量諸惡煩惱
如破水瓶以破結故即得見於阿耨多羅三
藐三菩提是人雖作如是演說其心實不信
有佛性為利養故隨文而說如是說者名為
惡人如是惡人不速受果如乳成酪譬如王
使善能談論巧於方便奉命他國寧喪身命
終不匿王所說言教智者亦尒於凡夫中不
惜身命要必宣說大乘方等如來秘藏一切
衆生皆有佛性善男子有一闡提作羅漢像
住於空處誹謗方等大乘經典諸凡夫人見
已皆謂真阿羅漢是大菩薩摩訶薩也是一
闡提惡比丘輩住阿蘭若處壞阿蘭若法見
他得利心生嫉妬作如是言所有方等大乘
經典悉是天魔波旬所說亦說如來是无常
法毀滅正法破壞衆僧復作是言波旬所說
非善順說作是宣說耶惡之法是人作惡不
即受報如乳成酪灰覆火上愚輕蹈之如是
人者謂一闡提是故當知大乘方等微妙經
典必定清淨如摩尼珠投之濁水即為清

人者謂一闡提是故當知大乘方等微妙經
典必定清淨如摩尼珠投之濁水即爲清
大乘經典亦復如是復次善男子譬如蓮華
爲日所照无不開敷一切衆生亦復如是若
得見聞大涅槃日未發心者悉念發心爲菩
提因是故我說大涅槃光所入毛孔必爲妙因
彼一闡提雖有佛性而爲无量罪垢所纏不
能得出如蠶處繭以是業緣不能生於善
提妙因流轉生死无有窮已復次善男子如
優鉢羅華鉢頭摩華拘物頭華分陀利華生
於淤泥而終不爲彼泥所汙若有衆生脩大
涅槃微妙經典亦復如是雖有煩惱終不爲
此煩惱所汙何以故以知如來性相力故善
男子譬如有國多清冷風若觸衆生身諸毛
孔能除一切鬱蒸之惱此大乘典大涅槃經
亦復如是遍入一切衆生毛孔爲作菩提微
妙因緣除一闡提何以故非法器故復次善
男子譬如良醫解八種藥滅一切病唯除必
死一切契經禪定三昧亦復如是能治一切
貪恚愚癡諸煩惱病能拔煩惱毒刺等箭而
不能治犯四重禁五无間罪善男子復有良
醫過八種術能除衆生所有病苦唯不能治

BD03714號　大般涅槃經（北本　異卷）卷九　（22–8）

死一切契經禪定三昧亦復如是能治一切
貪恚愚癡諸煩惱病能拔煩惱毒刺等箭而
不能治犯四重禁五无間罪善男子復有良
醫過八種術能除衆生所有病苦唯不能治
必死之病是大涅槃大乘經典亦復如是能
除衆生一切煩惱安住如來清淨妙因未發
心者令得發心唯除必死一闡提輩復次善
男子譬如良醫能以妙藥治諸盲人令見日
月星宿諸明一切色像唯不能治生盲之人
是大乘典大涅槃經亦復如是能爲聲聞緣
覺之人開發慧眼令其安住无量无邊大乘
經典未發心者謂犯四禁五无間罪悉能令
發菩提之心唯除生盲一闡提輩復次善男
子譬如良醫善解八術爲治衆生一切病苦
与種種方吐下諸藥及以塗身熏藥灌鼻散
藥丸藥若貧愚人不欲服之良醫慈念即將
是人還其舍宅强与令服以藥力故所患得
除女人產時兒衣不出与之令服服之即出
并令嬰兒安樂无患是大乘典大涅槃經亦
復如是所至之處若至舍宅能除衆生无量
煩惱犯四重禁五无間罪未發心者悉令發
心除一闡提迦葉菩薩白佛言世尊犯四重

BD03714號　大般涅槃經（北本　異卷）卷九　（22–9）

并令嬰兒安樂无患是大乘典大涅槃經亦
復如是所至之處若至舍宅能除衆生无量
煩惱犯四重禁五无間罪未發心者悉令發
心除一闡提迦葉菩薩白佛言世尊犯四重
禁及五无間名極重惡譬如斷截多羅樹頭
更不復生是等未發菩提之心云何能与作
菩提因佛言善男子是諸衆生若於夢中夢
墮地獄受諸苦惱即生悔心哀我我等自招
此罪若我今得脫是罪者必定當發菩提之
心我今所見最為極惡從是悟已即知正法
有大果報如彼嬰兒漸漸長大常作是念是
睛家良善解方藥我本處胎与我母藥母以
藥故身得安隱以是因緣我命得全奇哉我
母受大苦惱滿足十月懷抱我胎既生之後
推乾去濕除去不淨大小便利乳餔長養將
護我身以是義故我當報恩色養侍衛隨順
供養犯四重禁及五无間罪臨命終時念是
大乘大涅槃經雖墮地獄畜生餓鬼天上人
中如是經典亦為是人作菩提因除一闡提
復次善男子譬如良醫及良醫子所知深與
出過諸醫善知除毒无上咒術若惡毒蛇若
龍若蝮以諸咒術咒藥令良復以此藥用塗

BD03714號　大般涅槃經（北本　異卷）卷九　（22–10）

中如是經典亦為是人作菩提因除一闡提
復次善男子譬如良醫及良醫子所知深與
出過諸醫善知除毒无上咒術若惡毒蛇若
龍若蝮以諸咒術咒藥令良復以此藥用塗
革屣以此革屣觸諸毒蟲毒為之消唯除一
毒名曰大龍是大乘典大涅槃經亦復如是
若有衆生犯四重禁五无間罪悉能除滅令
住菩提如藥革屣能消衆毒未發心者悉能
令發安止住於菩提之道是彼大乘大涅槃
經威神藥故令諸衆生生於安樂唯除大龍
一闡提輩復次善男子譬如有人以新毒藥
用塗大鼓於衆人中擊之發聲雖无心欲聞
聞之皆死唯除一人不橫死者是大乘典大
涅槃經亦復如是在在處處諸行衆中有聞
聲者所有貪欲瞋恚愚癡悉皆滅盡其中
雖有无心思念是大涅槃因緣力故能滅煩惱
而結自滅犯四重禁及五无間聞是經已亦
作无上菩提因緣漸斷煩惱除不橫死一闡
提也復次善男子譬如闇夜諸所營作一切
皆息若未訖者要待日明學大乘者雖脩契
經一切諸定要待大乘大涅槃日聞於如來
微密之教然後乃當造菩提業安住正法猶
如天雨潤益增長一切諸種成就菓實悉除

BD03714號　大般涅槃經（北本　異卷）卷九　（22–11）

經一切諸定要待大乘大涅槃日聞於如來
微密之教然後乃當造菩提業安住正法猶
如天雨潤益增長一切諸種成就菓實悉除
飢饉多受豐樂如來密藏无量法雨亦復如
是悉能除滅八種熱病是經出世如彼菓實
多所利益安樂一切能令衆生見於佛性如法
華中八千聲聞得受記莂成大菓實如秋
收冬藏更无所作一闡提輩亦復如是於諸
善法无所營作復次善男子譬如良醫聞他
人子非人所持尋以妙藥并遣一使勑語使
言卿持此藥速與彼人彼人若遇諸惡鬼神
以藥力故悉當遠去卿若遲晚吾自當往終
不令彼枉橫死也如是病人若見使者及吾
威德諸苦當除得安隱樂是大乘典大涅槃
經亦復如是若比丘比丘尼優婆塞優婆夷
及諸外道有能受持如是經典讀誦通利復
爲他人分別廣說若自書寫令他書寫斯等
皆爲菩提因緣若犯四禁及五逆罪若爲邪
鬼毒惡所持聞是經典所有諸惡悉皆消滅
如見良醫惡鬼遠去當知是人是真菩薩摩
訶薩也何以故暫得聞是大涅槃故亦以生
念如來常故暫得聞者尚得如是何況書寫

BD03714號　大般涅槃經（北本　異卷）卷九　（22–12）

鬼毒惡所持聞是經典所有諸惡悉皆消滅
如見良醫惡鬼遠去當知是人是真菩薩摩
訶薩也何以故暫得聞是大涅槃故亦以生
念如來常故暫得聞者尚得如是何況書寫
受持讀誦除一闡提其餘皆是菩薩摩訶薩
復次善男子譬如聾人不聞音聲一闡提輩
亦復如是雖復欲聽是妙經典而不得聞所
以者何无因緣故復次善男子譬如良醫一
切醫方无不通達兼復廣知无量呪術是醫
見王作如是言大王今者有必死病其王答
言卿不見我腹內之事云何而言有必死病
醫即答言若不見信應服下藥既下之後王
自驗之王不肯服尒時良醫以呪術力令王
糞門遍生瘡疱兼復痢下虫血雜出王見是
已生大怖懅讚彼良醫善哉善哉卿先所白
吾不用之今乃知卿於吾此身作大利益恭
敬是醫猶如父母是大乘典大涅槃經亦復
如是於諸衆生有欲无欲悉能令彼煩惱崩
落是諸衆生乃至夢中夢見是經恭敬供養
喻如大王恭敬良醫是大良醫知必死者終
不治之是大乘典大涅槃經亦復如是終不
能治一闡提輩復次善男子譬如良醫善知
八種悉能療治一切諸病唯不能治必死之

BD03714號　大般涅槃經（北本　異卷）卷九　（22–13）

喻如大王恭敬良醫是大良醫知必死者終
不治之是大乘典大涅槃經亦復如是終不
能治一闡提輩復次善男子譬如良醫善知
八種悉能療治一切諸病唯不能治必死之
人諸佛菩薩亦復如是悉能療救一切有罪
唯不能治必死之人一闡提輩復次善男子
譬如良醫善知八種微妙經術復能博達過
於八種以己所知先教其子若水若陸山間藥
草悉令識知如是漸漸教八事已次復教餘
最上妙術如來應正遍知亦復如是先教其
子諸比丘等方便除滅一切煩惱脩學淨身
不堅固想謂水陸山間水者喻身受苦如
水上泡陸者喻身不堅如芭蕉樹其山間者
喻煩惱中脩无我想以是義故身名无我如
來如是於諸弟子漸漸教學九部經法令善
通利然後教導如來秘藏為其子故說如來
常如來如是說大乘典大涅槃經為諸眾生
已發心者及未發心作菩提因除一闡提如
是善男子是大乘典大涅槃經无量无數不
可思議未曾有也當知即是无上良醫最尊
最勝眾經中王復次善男子譬如大船從海
此岸至於彼岸復從彼岸還至此岸如來應
供正遍知亦復如是乘大涅槃大乘寶船周
旋往返濟度眾生在在處處有應度者悉令

BD03714號　大般涅槃經（北本　異卷）卷九　（22-14）

最勝眾經中王復次善男子譬如大船從海
此岸至於彼岸復從彼岸還至此岸如來應
供正遍知亦復如是乘大涅槃大乘寶船周
旋往返濟度眾生在在處處有應度者悉令
得見如來之身以是義故如來名曰无上船
師譬如有船則有船師有船師則有眾生渡
於大海如來常住化度眾生亦復如是復次
善男子譬如有人在大海中乘船欲渡若得
順風須臾之間則能得過无量由旬若不得
者雖復久住逕无量歲不離本處有時船壞
沒水而死眾生如是在於愚癡生死大海乘
諸行船若得值遇大般涅槃猛利之風則能
疾到无上道岸若不值遇當久流轉无量生
死或時破壞墮於地獄畜生餓鬼復次善男
子譬如有人不遇風王久住大海作是思惟
我等今者必在此死如是念時忽遇利風隨順
渡海復作是言快哉是風未曾有也令我等
輩安隱得過大海之難眾生如是久處愚癡
生死大海困苦窮悴未遇如是大涅槃風則
應生念我等必定墮於地獄畜生餓鬼是諸
眾生思惟是時忽遇大乘大涅槃風隨順
吹向入於阿耨多羅三藐三菩提方知真實
生奇特想嘆言快哉我從昔來未曾見聞如
是如來微密之藏爾乃於是大涅槃經生清

BD03714號　大般涅槃經（北本　異卷）卷九　（22-15）

衆生思惟是時忽遇大乘大涅槃風隨順
吹向入於阿耨多羅三藐三菩提方知真實
生奇特想嘆言快哉我從昔來未曾見聞如
是如來微密之藏尒乃於是大涅槃經生清
淨信復次男善子如蛇脫故皮為死滅耶不
也世尊善男子如來亦尒方便示現棄捨毒
身可言如來无常滅耶不也世尊如來於此
閻浮提中方便捨身如彼毒蛇捨於故皮是
故如來名為常住復次善男子譬如金師得
好真金隨意造作種種諸器如來亦尒於廿
五有悉能示現種種色身為化衆生拔生死
故是故如來名无邊身雖復示現種種諸身
亦名常住无有變易復次善男子如菴羅樹
及閻浮樹一年三變有時生華光色敷榮有
時生葉滋茂蓊鬱有時彫落狀似枯死善男
子於意云何是樹實為枯滅不耶不也世尊
善男子如來亦尒於三界中亦三種身有時
初生有時長大有時涅槃而如來身實非无
常迦葉菩薩讚言善哉善哉誠如聖教如來
常住无有變易善男子如來密語甚深難解
譬如大王告諸群臣先陁婆來先陁婆者一
名四實一者鹽二者器三者水四者馬如是
四法皆同此名有智之臣善知此名若王洗
時索先陁婆即便奉水若王食時索先陁婆

BD03714號　大般涅槃經（北本　異卷）卷九　（22–16）

名四實一者鹽二者器三者水四者馬如是
四法皆同此名有智之臣善知此名若王洗
時索先陁婆即便奉水若王食時索先陁婆
即便奉鹽若王食已將欲飲漿索先陁婆即
便奉器若王欲遊索先陁婆即便奉馬如是
智臣善解大王四種密語是大乘經亦復如
是有四无常大乘智臣應當善知若佛出世
為衆生說如來涅槃智臣當知此是如來為
計常者說无常相欲令比丘脩无常想或復
說言正法當滅智臣應知此是如來為計樂
者說於苦相欲令比丘多脩苦想或復說言
我今病苦衆僧破壞智臣當知此是如來為
計我者說无我想欲令比丘脩无我想或復
說言所謂空者是正解脫智臣當知此是如
來說正解脫无廿五有欲令比丘脩學空想
以是義故是正解脫則名為空亦名不動謂
不動者是解脫中无有苦故是名不動是正
解脫為无有相謂无相者无有色聲香味觸
等故名无相是正解脫常不變易是解脫中
无有无常熱惱變易是故解脫名曰常住不
變清涼或復說言一切衆生有如來性智臣
當知此是如來說於常法欲令比丘脩正常
法是諸比丘若能如是隨順學者當知是人

BD03714號　大般涅槃經（北本　異卷）卷九　（22–17）

等故名无相是正解脫常不變易是解脫中
无有无常熱惱變易是故解脫名曰常住不
變清涼或復說言一切衆生有如来性智臣
當知此是如来說於常法欲令比丘脩正常
法是諸比丘若能如是隨順學者當知是人
真我弟子善知如来微密之藏如彼大王智
慧之臣善知王意善男子如是大王亦有如
是密語之法何況如来而當无也善男子是
故如来微密之教難可得知唯有智者乃能
解我甚深佛法非是世間凡夫品類所能信
也復次善男子如波羅奢樹迦尼迦樹阿叔
迦樹值天亢旱不生華實及餘水陸所生之
物皆悉枯悴无有潤澤不能增長一切諸藥
无復勢力善男子是大乘典大涅槃經亦復
如是於我滅後有諸衆生不能恭敬无有
威德何以故是諸衆生不知如来微密藏故所
以者何以是衆生薄福德故復次善男子如
来正法將欲滅盡尒時多有行惡比丘不知
如来微密之藏懶墮懈怠不能讀誦宣說分
別如来正法譬如癡賊棄捨真寶擔負草𦮼
不解如来微密藏故於是經中懈怠不懃哀
哉大險當来之世甚可怖畏苦哉衆生不懃
聽受是大乘典大涅槃經唯諸菩薩摩訶薩
等能於是經取真實義不著文字隨順不逆
爲衆生說復次善男子如牧牛女爲欲賣乳

BD03714 號　大般涅槃經（北本　異卷）卷九　（22–18）

不解如来微密藏故於是經中懈怠不懃哀
哉大險當来之世甚可怖畏苦哉衆生不懃
聽受是大乘典大涅槃經唯諸菩薩摩訶薩
等能於是經取真實義不著文字隨順不逆
爲衆生說復次善男子如牧牛女爲欲賣乳
貪多利故加二分水轉賣与餘牧牛女人彼
女得已復加二分轉賣与近城女人女人
得已復加二分轉復賣与城中女人彼女得
已復加二分詣市賣之時有一人爲子納婦
當須好乳以贍賓客至市欲買是賣乳者多
索價數是人荅言此乳多水不直尒許正值
我今贍待賓客是故當取取已還家煮用作
糜都无乳味雖復无味於苦味中千倍爲勝
何以故乳之爲味諸味中最善男子我涅槃
後正法未滅餘八十年尒時是經於閻浮提
當廣流布是時當有諸惡比丘抄略是經分
作多分能滅正法色香美味是諸惡人雖復
讀誦如是經典滅除如来深密要義安置世
間莊嚴文飾无義之語抄前著後抄後著前
前後著中中著前後當知如是諸惡比丘是
魔伴侶受畜一切不淨之物而言如来悉聽
我畜如牧牛女多加水乳諸惡比丘亦復如
是雜以世語錯定是經令多衆生不得正說
正寫正取尊重讚歎供養恭敬是惡比丘爲
利養故不能廣宣流布是經所可分流少不

BD03714 號　大般涅槃經（北本　異卷）卷九　（22–19）

義畜如牧牛女多加水乳諸惡比丘亦復如
是雜以世語錯定是經令多衆生不得正說
正寫正取尊重讚嘆供養恭敬是惡比丘爲
利養故不能廣宣流布是經所可分流少不
足言如彼牧牛貧窮女人展轉賣乳乃至成
糜而无乳味是大乘典大涅槃經亦復如是
展轉薄醎无有氣味雖无氣味猶勝餘經是
一千倍如彼乳味於諸苦味爲千倍勝何以
故是大乘典大涅槃經於聲聞經冣爲上首
喻如牛乳味中冣勝以是義故名大涅槃復
次善男子若善男子善女人等无有不求男
子身者何以故一切女人皆是衆惡之所住
處復次善男子如蚊子尿不能令此大地潤
洽其女人者婬欲難滿亦復如是譬如大地
一切作丸如葶藶子如是等男与一女人共爲
欲事猶不能足假使男子數如恒沙与一女
人共爲欲事猶不能足善男子譬如大海一
切天雨百川衆流皆悉投歸而彼大海未曾
滿足女人之法亦復如是假使一切能爲男
者与一女人共爲欲事而亦不不足復次善男
子如阿那迦樹波吒羅樹迦尼迦樹春華開
敷有蜂嗅取色香細味不知厭足女人欲男
亦復如是不知厭足善男子以是義故諸善

BD03714號　大般涅槃經（北本　異卷）卷九　（22–20）

者与一女人共爲欲事而亦不不足復次善男
子如阿那迦樹波吒羅樹迦尼迦樹春華開
敷有蜂嗅取色香細味不知厭足女人欲男
亦復如是不知厭足善男子以是義故諸善
男子善女人等聽是大乘大涅槃經常應呵
責女人之相求於男子何以故是大經典有
丈夫相所謂佛性若人不知是佛性者則无
男相所以者何不能自知有佛性故若有不
能知佛性者我說是等名爲女人若能自知
有佛性者我說是人爲丈夫相若有女人能
知自身定有佛性當知是等即爲男子善男
子是大乘典大涅槃經无量无邊不可思議
功德之聚何以故以說如來祕密藏故是故
善男子善女人若欲速知如來密藏當方便
懃脩此經迦葉菩薩白佛言世尊如是如是
如佛所說我今已有丈夫之相得入如來微
密藏故如來今日始惜悟我因是即得決定
通達佛言善哉善哉善男子汝今隨順世間
之法而作是說迦葉復言我不隨順世間法
也佛讚迦葉善哉善哉汝今所知无上法味甚
深難知而能得知如蜂採味汝亦如是復次
善男子如蚊子澤不能令此大地沾洽當來
之世是經流布亦復如是如彼蚊澤正法欲
[illegible]

BD03714號　大般涅槃經（北本　異卷）卷九　（22–21）

密藏故如來今日始悟悟我目是即得決定
通達佛言善哉善哉善男子汝今隨順世間
之法而作是說迦葉復言我不隨順世間法
也佛讚迦葉善哉善哉汝今所知无上法味甚
深難知而能得知如蜂採味汝亦如是復次
善男子如蚊子渧不能令此大地沾洽當來
之世是經流布亦復如是如彼蚊渧正法欲
滅是經先當沒於此地當知即是正法衰相
復次善男子譬如過夏初月名秋秋雨連注
此大乘典大涅槃經亦復如是為於南方諸
菩薩故當廣流布降澍法雨彌滿其處正法
欲滅當至罽賓具足无缺潛沒地中或有信
者有不信者如是大乘方等經典甘露法味
悉沒於地是經沒已一切諸餘大乘經典皆
悉滅沒若得是經具足无缺人中象王諸菩
薩等當知如來无上正法將滅不久

大般涅槃經卷第九

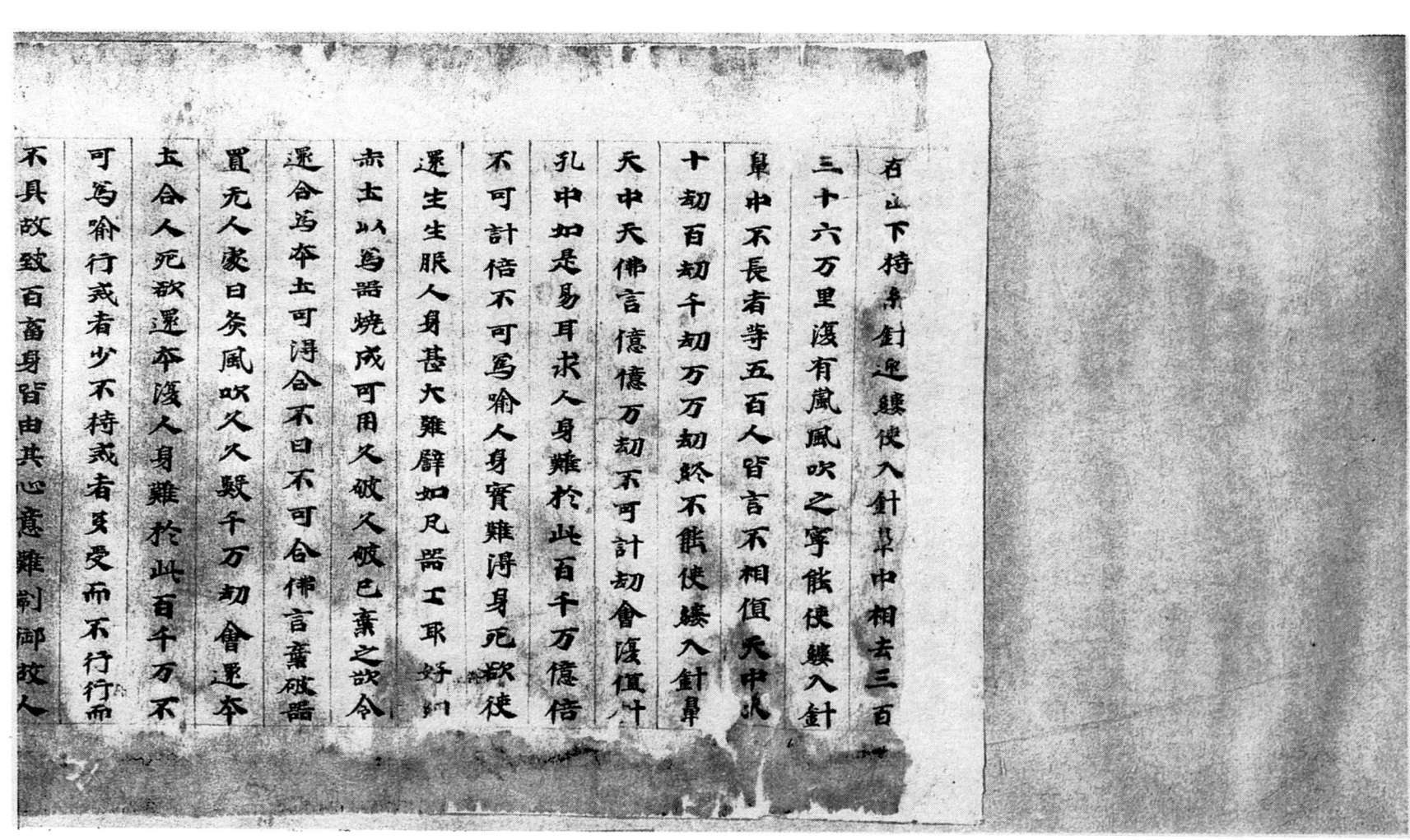

BD03714號　大般涅槃經（北本　異卷）卷九　（22–22）

右山下持棗針迎縷使入針鼻中相去三百
三十六万里復有嵐風吹之寧能使縷入針
鼻中不長者等五百人皆言不相值天中天
十劫百劫千劫万万劫終不能使縷入針鼻
天中天佛言億億万劫不可計劫會復值十
孔中如是易耳求人身難於此百千万億倍
不可計倍不可為喻人身實難得身死欲使
還生生賑人身甚大難譬如凡器工耶好納
赤土以為器燒成可用久破久破已棄之欲令
還合為本土可得合不曰不可合佛言棄破器
置无人處日炙風吹久久歷千万劫會還本
土合人死欲還本復人身難於此百千万不
可為喻行戒者少不持戒者多受而不行行而
不具故致百畜身皆由其心意難制御故人

BD03715號　提謂五戒經並威儀卷下　（21–1）

罪无人處曰殃屆叩久久對千万劫會還本
土合人死欲還本復人身難於此百千万不
可為喻行戒者少不持戒者多受而不行行而
不具故致百畜身皆由其心意難制御故人
少百畜多貴人少賤人多好人少醜人多乃
用行戒德行者少故也
佛言五道之報皆由心生念佛則有佛報
人則有人報想畜狩作畜狩想飛鳥作飛鳥
念惡得惡報念善得善報種病得病種痛得
痛不種不得種長命得長命種桓命得桓命
種好得好種醜得醜種福得福種富得富種貧
得貧種苦得苦種樂得樂種罪得罪種五道
行生五道不作五道則无五道作是則得是
報不作是則无是罪福自追如影隨形罪福
録人毛分不差然人以知罪福有報猶如種五
叅種麦得麦種麻得麻如人負責要當償不
得凶端見死者故教不凶端見六畜奴婢
來償責不凶故復貪盜不知是端知有頑闇
痾癡人故飲酒不凶知是人心迷意閇三毒
自隨未得離三惡道佛言人在五道大生死
之地厄難厄處地逢大逆賊處甚於牢獄是
[illegible]

BD03715號　提謂五戒經並威儀卷下　（21–2）

來償責不凶故復貪盜不知是端知有頑闇
痾癡人故飲酒不凶知是人心迷意閇三毒
自隨未得離三惡道佛言人在五道大生死
之地厄難厄處地逢大逆賊處甚於牢獄是
故人當求明師善友孝事三尊信敬善師
隨師教令師當以佛意教弟子令曉遠罪
了理句義教使行戒威儀令人入法律入律行
者十方佛乃吳作弟子持戒不完不行威儀
是不入律不入律者十方佛不受為非佛弟
子不勉三苦處不離十二惡道是為世間小
善人耳若人得值奉明師守戒清淨无欲道
士承士供養者辟如不肖人犯大罪知其長
者与王親厚王大敬之若有所啓王皆用語
有罪之人黠惠知長者言行語用使歸命長
者求長長者慈心教罪人言土俗財貨飲食
之屬重惠當具犯貴吾當為汝白王請命罪
人即具所當長者即行啓王王即聽之得奉
事明師持戒律道士亦如罪人事長者雖
有罪所曰者彊但當隨師師教弟子作除殃
殘罪弟子不受三途之苦不慮无常誤謬但
去无所有不肯奉師教死後入地獄悔毒不

BD03715號　提謂五戒經並威儀卷下　（21–3）

有罪所曰者彊但當隨師師教弟子作除殃
殃罪弟子不受三途之苦不應无常誤謗但
去无所有不肯奉師教死後入地獄悔毒不
可言生時不承用師教不益作善我愚癡愛
惜財物遺与妻子恨不益作福我之所有妻
子錢財田宅珍寶盡留世間不能追隨我我
今獨於此受罪慈毒都无知者无有來赦我
者師注語之卿平生時不相信不用師教當
如今日誰有益卿者其人言我實不宜父母
妻子兄弟宗親奴婢財寶盡在世間我生時
侍於師如他人如今日師親於父母妻子百
倍千倍万倍唯有三人隨我來師曰何等三
人其人曰一者福二者罪三者師是三者与
我相隨父母兄弟妻子財寶盡留世間不能
追赦我我悔不奉師教師是我累劫親父母
真師當赦我我如是悔无所益
佛以今耶地少去語長者言地去多我今上
去多耶長者白佛言地去多奈比今上去也
佛言後世人不作我弟子者如閻浮利地
去也持戒者得度者如我今上去皆入惡道
是故末世時人少有能忍蕉苦者守戒者耳

BD03715號　提謂五戒經並威儀卷下　（21–4）

去多耶長者白佛言地去多奈比今上去也
佛言後世人不作我弟子者如閻浮利地
去也持戒者得度者如我今上去皆入惡道
是故末世時人少有能忍蕉苦者守戒者耳
設有能守戒行威儀者此非凡人所不識及
共非之
佛言人持一戒完者有五福五戒完者有廿
五福失一戒有五惡五善福去之犯五戒得
廿五惡廿五善神去之諸天愁憂不樂司命
減壽諸鬼神乜守門户曰衰病之更相注續
更卧更起遂行卜問解除奉鬼神鬼神遂深
入死亡不絶世俗凡人不解法者謂事佛已
反更衰耗不知其人作行自違不親明師不
用禁戒著意自致禍殃反更怨佛佛三界尊
欲令一切得福得度不欲令得罪長者白佛
言何等為五福五惡願加解說令得奉行之
佛言人於世間慈心不殺衆生從不殺得五
福何等為五福一者身得長壽二者世世安
隱三者世世不為兵刀虎狼毒虫所傷害四
者死得上天天上壽无極五者從天上來下
生世間即長壽令現有百歲无病者皆故世

BD03715號　提謂五戒經並威儀卷下　（21–5）

除三者世世不爲兵刀虎狼毒虫所傷害四
者死得上天天上壽无極五者從天上來下
生世間即長壽今現有百歲无病者皆故世
宿命不殺所致棄死不如苦生如是分明慎
莫犯殺也
佛言人於世間不盜取他財物道不什遺心
不貪利從是得五福何等爲五一者財物日
增二者不亡遺三者无所畏四者得上天天上
多珍寶五者從天上來下生世間常保守其
財物縣官盜賊不得侵取今現有保守財物
至老者皆是故世宿命不盜他人財物所致
亡死多少令人憂惱亡遺不如保在如是分
明慎勿盜取他人財物
佛言人於世間不犯他人婦女心不念婬從
是得五福何等爲五一者不亡錢財二者不
畏縣官三者不畏人四者得生天上天上玉女
作婦五者從天來下生世間得端政今尊者
頓有若干婦皆端政好皆故世宿命不犯他人
婦女所致現在分明慎莫犯人婦女
佛言人於世間不兩舌讒人惡口忘言綺語
從是得五福何等五一者語言見信二者爲

頓有若干婦皆端政好皆故世宿命不犯他人
婦女所致現在分明慎莫犯人婦女
佛言人於世間不兩舌讒人惡口忘言綺語
從是得五福何等五一者語言見信二者爲
人所愛敬三者口氣香好四者死得上天爲
諸天所敬五者從天上來下生世間爲人好
口齒他人不敢持惡口汙之今現有從生至
老不被口語者從故世宿護口善言所致如
是分明亦可慎口也
佛言人於世間不飲酒從不飲酒得五福何
等爲五福一者傳言上事進見長吏言語不
誤士官如意二者家事脩理常有餘財三者
假借求利疾得常爲人所愛敬四者死得上
天爲諸尊所重五者從天來下生世間爲人
淨潔自喜黠慧曉事人不飲酒得若干善今
現有曉事自喜人皆從故世宿命不飲酒所
致如是分明亦可慎之也
佛言人於世間殺生无慈心從得五惡何等
爲五一者壽命短二者多驚怖三者多仇惡
四者死魂魄當入太山地獄中毒痛考治燒
炙脯煮斫剉肌肉求死不得求生不得致生
罪大久久乃出五者從地獄中來出生爲人

為五一者壽命短二者多驚怖三者多仇怨
四者死魂魄當入太山地獄中毒痛考治燒
炙脯熹斫刺肌肉求死不得求生不得致生
罪大久久乃出五者從地獄中來出生為人
當短命或傷胎而死或墮地死或數十日死
或百日死或一年數歲死今現有短命人若
刑殘肢劓身體不完具或兔缺或音聲喑痾
劓鼻塞癃或无手足孔竅不通皆故世宿命
屠殺射獵羅網捕魚賊殺所致如是分明慎
莫犯殺
佛言人於世間喜偷盜劫人強取人財物不
以道理註取人財物輕銓小斗短尺欺人謂
之盜長尺大斗重銓侵人謂之劫道中竹遺
取其物負責不償借貸不歸持頭任倆人詐
詔人物曰官勢力恐劫人從是得五惡何等為
五一者財物日耗減二者王法所疾覺得當
保辜多得少脫三者身未曾安隱多懷恐怖
亡為自欺身四者死殘魂魄當入太山地獄
中考治无數歲隨作受罪五者從太山地獄
中來出隨負輕重償其宿責或有作奴婢償
或作牛馬騾驢駝馱鳥犬猪羊雞鴿償者諸

BD03715 號　提謂五戒經並威儀卷下　（21-8）

中考治无數歲隨作受罪五者從太山地獄
中來出隨負輕重償其宿責或有作奴婢償
或作牛馬騾驢駝馱鳥犬猪羊雞鴿償者諸
下賤禽獸飛鳥領鸞之屬皆是負責者故經
言責不爾朽此之謂也今現有下賤畜生之
屬皆從故世宿命強取他人財物所致畜生
愚若如是分明慎莫取他財物也
佛言人於世間喜婬妷犯他人婦女從是得
五惡何等為五一者家室不和夫婦數諍亡
失財物二者縣官得鞭杖從是王法所疾身
自當辜多死少生三者亡自欺身當恐畏人
四者死殘魂魄當入太山地獄獄鬼燒鐵柱
迫赤身自抱之坐抱他人婦女故致是極殃
如是數千万劫受刑乃竟五者從太山地獄中
出生當為雞鶩鳥獸人神无形所著為名今
現有雞鶩當路而婬泆不避母子亡无節祀
畜生之屬皆有信是雞鴿婬泆獨无信是皆
由故世宿命犯他人婦女故致是雞鶩鵝鴨
之身當為人所食噉如是愚若不可申說現
在分明莫犯他人婦女也

BD03715 號　提謂五戒經並威儀卷下　（21-9）

[illegible]
由故世宿命犯他人婦女故致是雞鶩鵝鴨
之身當爲人所食噉如是懃苦不可申說現
在分明莫犯他人婦女也
佛言人於世間兩舌惡口忘言自貢高綺語
誹謗聖道嫉賢妬能啤呲言從是得五惡何
等爲五一者多惡增二者爲自欺從是人皆
不信三者數逢非禍四者後當入太山地獄
獄鬼從項中拔出其舌若燒鐵勾勾其舌求
死不得求生不得久久數千万歲形乃竟五
者從地獄中來出生爲人常惡口崖兔缺謇
吃重語或音瘂不能言今現有是曹人皆從
故世宿命兩舌誑人誹謗聖道所致如是分
明忠可慎口
佛言人於世間喜飲酒從醉犯卅六失何等
卅六失一者飲酒醉便子不敬父母臣不敬
君君臣父子无有上下二者醉便語言常當
訖誤三者醉便兩舌多語四者人有音私伏
匿之事醉便道之五者醉便哭天溺杜不避
忌諱六者便卧道中不能復歸或亡失所持
財物七者醉便坐起不能自端政八者醉便
互佌頭攢行或墮溝瀆九者醉便頓赴復起

訖誤三者醉便兩舌多語四者人有音私伏
匿之事醉便道之五者醉便哭天溺杜不避
忌諱六者便卧道中不能復歸或亡失所持
財物七者醉便坐起不能自端政八者醉便
互佌頭攢行或墮溝瀆九者醉便頓赴復起
傷破面目十者醉便賣買常當訖誤十一者
醉便多失事憂治生十二者醉便所有財物
日耗散藏十三者醉便不憂念妻子飢寒十
四者醉便嚾罵不𠃵王法十五者醉便妄入
人舍中牽人婦女語言手悍其過无狀十六
者醉便解衣脫褌袴倮形而走十七者醉便
人過其傍故欲共鬭十八者醉踰地嚾呼驚
怖四憐十九者醉便忘敎蚩蟗廿者醉便揭
擊舍中什物破壞之廿一者醉便不別親屬
尊卑廿二者醉便爲晲宕所輕易廿三者醉
便家室視之如酒囚言語衝口出廿四者醉
便卧覺時身體如被病廿五者醉便吐逆惡
露妻子汙見其狀廿六者醉便前飲湯㾓狼
无所畏避廿七者醉便不敬佛不敬經法不
敬朋經賢者不敬沙門道人廿八者醉便婬
泆无所畏避廿九者醉便顛狂人人見之皆走

離妻子汎見其狀廿六者醉便前故湯庯狼
无所畏避廿七者醉便不敬佛不敬經法不
敬明經賢者不敬沙門道人廿八者醉便婬
泆无所畏避廿九者醉便顛狂人人見之皆走
卅者醉便臥時如死人无所識知卅一者或
淂雹面或淂酒疸酒瘦黃熟卅二者醉便夭
龍鬼神皆共用酒爲惡卅三者醉便親辱知
識日遠離之卅四者醉便倨視長吏或淂鞭
榜或淂合明卅五者醉便死後䰟魄當入太
山地獄中於地獄中當飲銷銅銅入口口燋入
腹腹燋銅下去如是數千万歲形乃竟卅六
者醉從地獄中來出生爲人常當愚癡无所
識知今現有愚癡无所識知人皆從故世
中宿命飲酒喜醉所致如是分明亦可慎酒
酒有卅六失飲酒醉者皆犯卅六失佛說經
已諸天梵釋諸天龍鬼神四輩弟子聞佛所
說皆大歡喜作礼而去

五戒威儀

佛言賢者優婆塞已受五戒即當行七事何
等七事一者當持戒令堅二者持月六齋三
者當持歲三齋四者當從師受齋法五者當

五戒威儀

佛言賢者優婆塞已受五戒即當行七事何
等七事一者當持戒令堅二者持月六齋三
者當持歲三齋四者當從師受齋法五者當
數到寺中投膝六者當誦經七者當行道渡
有五事一者當念佛二者當念經法三者當
念比丘僧四者當念師恩五者莫違師教欲
行五事一者莫形相沙門二者莫求長短三
者若見誤失莫向他人說道四者莫盜罵沙
門五者沙門說戒經時不淂往聽之
入佛圖寺中有十一事一者當嚴正衣服二
者入門時莫左右顧視三者莫中心与人語
直前礼佛四者若見是非莫急呵之五者不
淂直著襌袴作礼六者不淂持刀倚塔七者
不淂遶塔行八者出入當隨慎九者不淂帶
刀遶塔十者不淂持刀作礼十一者一切當
行恭敬不應作礼十一事一者沙門投藥時
二者沙門飯食時三者沙門坐禪時四者沙
門睡眠時五者沙門至舍後行還時六者沙
門漱嗽時七者不淂於坐作礼八者不淂於

二者沙門飯食時三者沙門坐禪時四者沙
門睡眠時五者沙門至舍後行還時六者沙
門澡嗽時七者不得於坐作礼八者不得於
床上作礼九者不得送作礼十者不從師後
作礼也
齋日入衆人中有廿二事一者當礼佛二者
當礼比丘僧三者當小滯聲四者當随次坐
五者不得更相推讓六者當遣上坐一人處
七者不得与女人併坐八者不得在女人下
坐九者不得語喛十者不得著甲沙十一者不
得著木跂十二者不唾淨地十三者不得伏
坐上十四者若讀經誤不得大喛十五者若
賜經當徐徐下錢物莫使有聲十六者不得
著栢粉香動衣十七者不得帶持刀杖十八者
莫當沙門戶住十九者莫睡卧廿者一心聽
經廿一者當念經義廿二者當随次起出
坐有七事一者莫佗兩足二者莫垂兩足三
者莫交兩足四者莫手據地五者莫倚壁六
者莫持手住頬七者莫數起
布香有十四事一者當次住二者莫先左人
与年少三者莫与女人相雜錯四者莫与女

者莫持手住頬七者莫數起
布香有十四事一者當次住二者莫先左人
与年少三者莫与女人相雜錯四者莫与女
人相排湯五者莫調戲女人六者女人設先
布香且使過七者當下竟八者莫与世間人
香九者以入比住十者當随次持香十一者當
於塔四角住十二者莫令香烟還自熏十三
者見前有住人當呼与香十四者莫得再持
香
入講堂有八事一者莫當門凶作礼二者
莫併入門三者當随次作礼四者當随行住
坐五者莫同倡六者莫訖語七者莫訖起八
者當還行出
繞塔有八事一者當念佛二者當念經義法
三者當念比丘僧四者當低頭視地虫莫蹈
致五者莫唾塔上六者莫中凶与人語七者
若見地有草當拾去莫用足排之八者若見
有不淨繞塔竟已當畚棄之
見佛像有七事一者頭面著地作礼二者見
像上有萎華當去之三者若像上有塵當拂
試去之四者莫忘訶像好醜五者設拂拭像

有不淨繞塔竟已當叁棄之
見佛像有七事一者頭面著地作礼二者見
像上有萎華當去之三者若像上有塵當拂
試去之四者莫忘訶像好醜五者設拂拭像
莫持手摩面六者莫棠扵指七者當持淨手
巾拭之
入沙門户有六事一者當三彈指二者如法
礼三者莫當户坐四者莫唾淨地五者莫說
世間不急事六者當還向户出
宿佛圖寺中有五事一者莫卧沙門牀上二者
莫取沙門被枕三者莫調誠四者莫先卧五
者當早起
至廁左右有五事一者當三彈指二者莫從
中人使疾起三者以至廁上復彈指四者莫
自視陰五者當滌手
朝起滌手有五事一者莫偕二者莫背向塔
像若師沙門三莫背向滌手三者莫中凹与
人語四者莫凹爲人作礼五者莫於淨地滌
入浴室有五事一者當伍頭直入二者莫在
沙門上浴三者莫先沙門浴四者莫調誠五
者莫破衆家器物設有所破壞當備償之

入浴室有五事一者當伍頭直入二者莫在
沙門上浴三者莫先沙門浴四者莫調誠五
者莫破衆家器物設有所破壞當備償之
入温室有五事一者當礼比丘僧二者莫忘
訶大三者莫唾淨地四者莫試語五者設起
出當還向户牽閉之
見沙彌有五事一者當礼如大沙門法二者莫
戲桍之三者莫以小兒意待之四者設能說
經當聽受五者莫呼名使
於寺中作飯有七事一者當自助市買二者
當顧地牀廗三者當雇薪火四者當雇釜竈
梧槃五者若有所破壞當備償之六者莫訶
罵人客七者飯人當令適自助滌槃
侍沙門飯有七事一者當持兩手捷器過授
之二者莫令手著沙門手三者行視上下若
柾少悤先益之四者莫偏有所增益五者持
羹飯莫於上語唆六者益羹令汁澤均調七
者當具掃帚滌豆滌水
請沙門飯有七事一者當令淨潔二者莫先
自食三者莫持女人衣被布坐四者莫於兵
蘭下坐五者莫先食閒經六者莫念窮人經

者當具掃帚澡豆澡水
請沙門飯有七事一者當令淨潔二者莫先
自食三者莫持女人衣被布坐四者莫於兵
蘭下坐五者莫先食問經六者莫念窮人經
七者莫訶罵人客一切當恭敬
持澡瓶鉀水有五事一者當右手持下二者
當近左面三者當㞢下水手中四者水滿手
中㞢五者相視水少當益之莫令住人手侍
水
持澡槃有五事一者莫令澡槃有聲二者
莫令近人衣三者莫棄水淨地四者澡未訖
莫引去五者已當自澡手
持手巾有五事左手持頭右手授人二者莫
鄣人口三者莫倚人膝四者拭手未已莫引
去五者已當還著故處
掃地有五事一者當從上始二者莫背日師
上人三者莫汙人足四者當蠡棄之草莫去
土五者已當自澡手
入市買物有六事一者人未買肉莫先買二
者断後餘肉莫盡買三者莫言今日何以无肉
四者莫擇生魚求死魚五者莫買鷄子六者

土五者已當自澡手
入市買物有六事一者人未買肉莫先買二
者断後餘肉莫盡買三者莫言今日何以无肉
四者莫擇生魚求死魚五者莫買鷄子六者
莫㞢人婦女邊調戲
受人請飯有十二事一者當隨衆教令二者
坐起左小當相比第三者當㞢心意受四者莫
語人有所益五者莫先上人食六者莫先㞢
熟視人七者莫洟汙人席八者莫強相唤九
者莫貪味十者莫念今日飯伏膝基日十一
者若見有不可莫令人知十二者去當讀經
念道
眘左共會平曲直有五事一者莫有所佐
助二者左下坐有所語莫以力勢訶㞢之
三者莫自用四者莫畏彊長者五者莫侮未
孤寡
行道路有五事一者若逢沙門礼如法二
者莫隨後呼之三者与語即對不語即退四者
語未竟莫背去五者若有急當至誠告乃退
到優婆夷家有五事應入一者用病瘦死亡
故二者用縣官盜賊水火故三者用福會故

者莫問房中之三者与語助坐不語助退四者
語未竟莫背去五者若有急當至誠告乃退
到優婆夷家有五事應入一者用病瘦死亡
故二者用縣官盜賊水火故三者用福會故
四者爲師徒故五者若讀經故无伴輩不應
夜往
不應入優婆塞家有四事一者君无在筭羸
人二者素聞不端良三者飲酒戲會四者
莫實夜往故遇風雨不應入
君家有十六事一者朝起漱嗽當礼佛像二
者若无像者當礼十方佛三者莫持像近妻
子牀卧四者燒香莫令有乏若貧實无當供
齋日五者莫慢經法六者莫持刀兵著像邊
七者莫持器物著像承塵上八者莫於前坐世
間人飲酒九者莫背像坐十者莫當像前
卧十一者設在像前卧當自鄣頭首佛十二
者莫單著褌袴拜佛像十三者莫鄣火光
十四者莫取佛像前火去十五者設取火當
三迴照佛像十六者莫吹火滅
暮卧有六事一者當思惟行道二者當誦經
三者當言南无佛四者莫念人惡五者當念
非常六者當念樂少憂多是菩薩所行

BD03715 號　提謂五戒經並威儀卷下　（21–20）

暮卧有六事一者當思惟行道二者當誦經
三者當言南无佛四者莫念人惡五者當念
非常六者當念樂少憂多是菩薩所行
教優婆夷入佛寺有十事一者不得在男子
上坐二者莫形㗛人三者莫著脂粉畫眉四
者莫繫香著珠環五者莫与男子相㗛六者
當隨男子後七者莫相排湯八者布香莫受手
捫人手中九者當隨次持香十者當隨人教
令一心繞塔悔過自責堅持五戒轉身受福
可得男子亦可得佛
賢者優婆塞奉持此二百五十事有五福一
者長離三惡道二者疾見諦三者欲作沙門
易得師四者天龍鬼神常擁護之五者世世
在三寶中若不能奉行之轉相丈持者有五
罪一者墮三惡道二者難見諦三者欲作沙
門難得師四者鬼神繞侵之五者世世不遇
三寶處

佛說提謂五戒經并威儀卷下

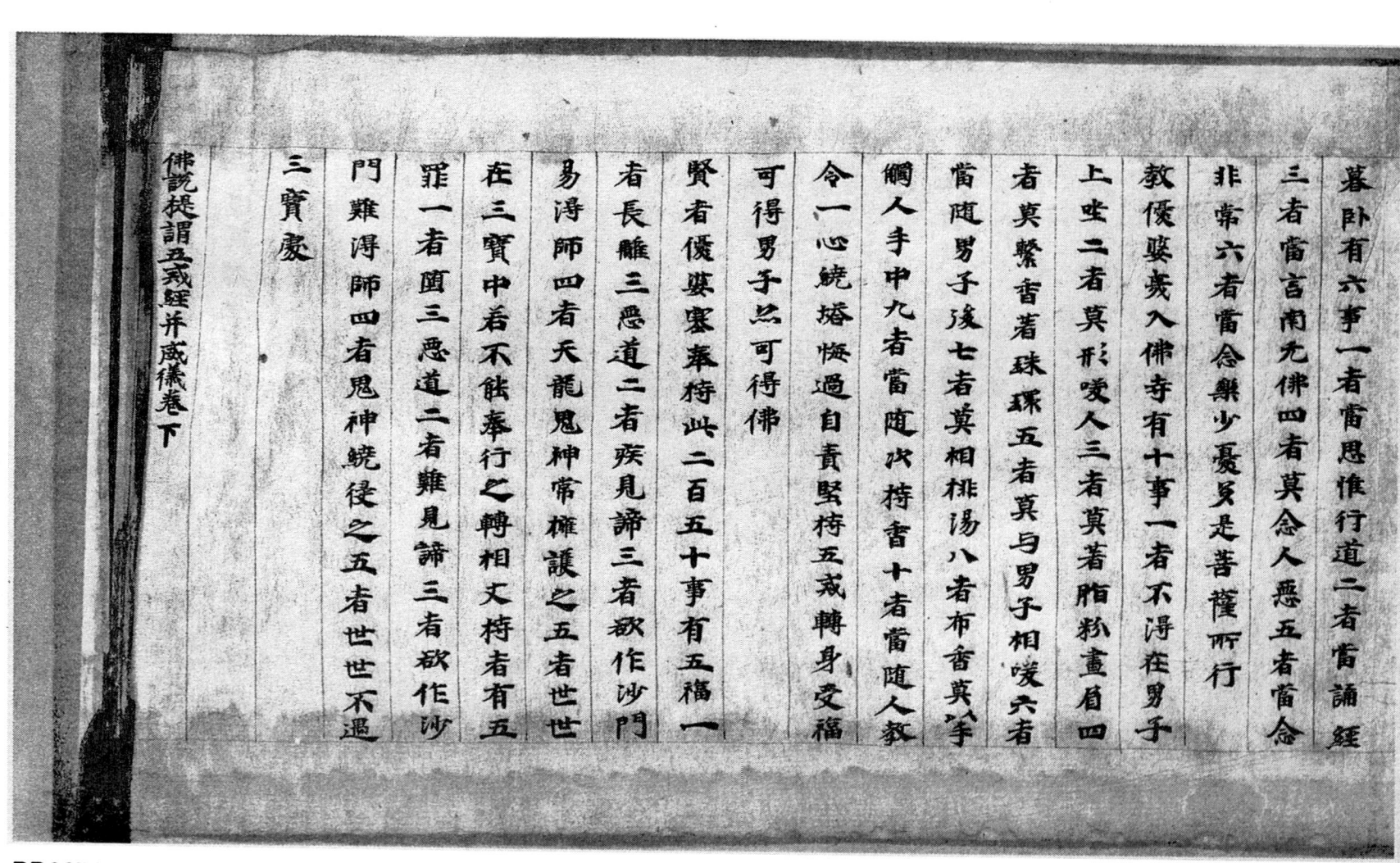

BD03715 號　提謂五戒經並威儀卷下　（21–21）

晉無傳 訴也 一時 此三門

受故且一時肇曰法王經運嘉集之

時也 佛 此名號 …剎為知者大泯方知諸法實義故大

論云菩提不智者是即解圖德備言誠物信也 在毗耶離 此下五列聽經處

有道有別通為遠者知別為近不謬此初通處肇曰毗耶離國名也秦言廣嚴

其土平廣嚴事因以為名又云好稻土之直也 菴羅樹園 別處肇曰菴羅樹

名也其菓似桃而非先言奈氏失也事在他經園者住處之通稱故云僧伽藍

摩共云衆園言僧伽藍者略也 與大比丘衆八千人俱 此下六列同聞經衆證非

已謗傳衆有三列初列聲聞形心俱勝證信最親故先列也次列菩薩心同形異證

信小疎故次列也後列天龍形心俱乖證最疎故後列也初列比丘者共也大即

極果皆大人名衆言和合肇曰比丘秦言或名淨乞食或名破煩惱或名能持戒

或名能怖魔天竺一名該此四義秦無一名以譯之故存其義名焉 菩薩

此下二列菩薩衆文五一舉不二辯數三歎德四列名五總結 此初也肇曰菩薩

正音云菩提薩埵菩提佛道也薩埵秦言大心衆生有大心入佛道也謂以大悲智無

邊行願為物求道故以名之什曰大士凡有二種一者日家二者在 化方來復次一者結業

身二者法身也此菩薩多是法身並應感之形耳 衆衆齊其所見初生

秀相故舉大數並後序德也 三万二千 二辯數也 衆所知識 此下三歎德

也又三初總歎次別歎後結歎總又三此初歎外化也閑化欽風為之知覩形欽化

為之識肇曰大士處世猶日月昇天有目之士誰不知識 大智本行皆悉成就

二自行也大智本行歎行肇曰大智一切種智也此智以六度六通衆行為本諸大

士之脩此本行 諸佛威神之所建立 三結釋也肇曰天澤無私不潤枯木佛

威雖普不立無根所建立者道根必深乎 什曰凡有二種或以神化所加令其

BD03716號 淨名經集解關中疏

（22–1）

身二善法身也此菩薩多是法身並應感之形耳此稱我者其所見知生
秀相故舉大數並後序德也　三万二千　二稱數也　眾所知識　此下三歎德
也又三初總歎次別歎後結歎總歎又三此初歎外化也聞名欽風為之知覩形敬化
為之識肇曰大士處世猶日月昇天有目之士誰不知識　大智本行皆悉成就
二自行也大智本行歎行肇曰大智一切種智也此智以六度六通眾行為本諸大
士已備此本行　諸佛威神之所建立　三結釋也肇曰天澤無私不潤枯木佛
威雖普不立無根所建立者道根必深乎　叡曰凡有二種或以神化所加令其
豎深不為違立或以於法深心化之同於己亦不違立　為護法城受持正法
此下三明別歎文三初約護法歎次約修行歎後就近果歎初文又三謂護法
護人結釋護法復二矣初歎修因也肇曰外為護法之城內有受持之固也
付曰法城即實相法也使物無異見故言護也復次一切經法皆名法藏城護
持宣說令不壞也有能持正法亦兼護之也　叡曰真理為法文字為城城壍
固則內不容文字存則理不彰也　能師子吼名聞十方　二歎功成也肇曰師子吼
無畏音也凡所言說不畏群邪異學喻師子吼眾獸下之所行滿天下故稱無
不著　眾人不請友而安之　此三歎護人亦二此先歎心也肇曰真交不待請
譬慈母之赴嬰兒也　紹隆三寶能使不絕　二歎功圓也肇曰紹佛種則三寶
隆非直顯明三寶宣通經法之謂也謂能積善累功自致成佛成佛則有法有法則有
僧不絕之功事在來劫今言不絕則必能也又於其中間自行化人亦化物物
我俱成三寶弥與眾生無盡故實亦不絕也　降伏魔怨制諸外道
此三釋歎肇曰魔四魔也外道九十六種外道也天台云禪定後愛得道以降眾魔
智慧破見發辯以制外道如問疾品明　悉以清淨　此下二歎修行文即二
別自行化他也前自行復二初歎斷德後歎智德斷德又三初總歎也　永離蓋纏
二別歎也肇曰蓋五蓋纏十纏亦有無量纏身口意淨三業悉淨則蓋纏不能累
也五蓋者一貪欲蓋二瞋恚蓋三睡眠蓋四掉悔蓋五疑蓋初二障戒睡眠障定掉悔
障定之疑障解脫及知見十纏者無慚無愧慳嫉悔眠掉舉惛沉及忿覆也　叡
凡夫心結暫滅還生三乘雖滅證處由存大士了虛情塵俱斷永處盡根生無所
寄法身存然不論故云也　心常安住無閡解脫　三結歎也什曰不思議解
解脫即其類也於物無閡故名也肇曰心住所得此解脫於諸法道達無閡故
心常安住　念定總持辯才不斷　此下二歎智德亦三此初總歎也肇曰
念定正定總持持善不失持惡不生無所漏忘謂之總持辯才七辯也大論

凡夫心結動之滅還生三業雖滅證處由存大乘乃虛情塵俱銷滅處盡根生無所
寄法身存然不論故云也　三結歎也什曰不思議解
解脫即其類也於物無礙故名也肇曰七住所得此解脫於諸法道達無礙故
心常安住　心常安住無礙解脫
念定總持　念定總持辯才不斷　此下三歎智德亦三此初總歎也肇曰
念定之正定之總持持善不失持惡不生無所漏念謂之持辯才者七辯也大論
云捷疾辯二利辯　三無盡辯四不斷辯五隨應辯六義辯七世間最上辯
此四是大士之要用故常不斷　叡曰念不忘則惠念增定不捨則心常一持
善不失則强憶識而惡不生辯不絕則化無閡備此四門可以官府萬行故曰也什
曰菩薩得此四法也深入堅固經身不失歷劫愈明故言不斷也
布施持戒忍辱精進禪定智惠及方便力無不具足　二別歎智德肇曰具足之
謂無相行也七住已上心智寂滅以心無爲故無德不爲是以施極於施戒極於戒而未嘗
施戒七德殊功其相不異乃名具足方便者智之別用耳智以通幽窮微決定法
相無知而無不知謂之智也雖達法相而能不證處有不失無在無不捨有冥
空存德彼我兩濟故曰方便也　逮無所得不起法忍　三別明忍德肇曰忍即
無生惠也以能堪受實相故以忍爲名得此忍則於法無取無得心相永滅故曰
無所得不起法忍也　已能隨順轉不退輪　此下三明化他行文三初明內具化行
後明行化利物內行復三初明說法德次明無畏德後明名聞德初說法又二此初
舉堪能轉不退輪肇曰無生之道無有德而失者名不退也流通圓通無繫于一
人名輪也諸佛說輪此輪諸大士亦能隨轉也　善解法相知衆生根
二釋能隨轉肇曰諸[illegible]無不解群生異根無不知[illegible]故
能[illegible]也
蓋諸大衆得無所畏　此下二明蓋衆無畏德[illegible]
肇曰菩薩別有四無所畏一得聞總持二知衆生根三不見能難己使不能答者
四隨問而答善決衆疑有此四德故能映蓋大衆　功德智惠以修其心相好
嚴身色像第一捨諸世間所有飾好　此三釋也什曰明備此德所以無畏肇曰
心以智德無爲嚴形以相好爲飾嚴心所以進道飾形所以靡俗亦爲尊形者示嚴
相耳豈俗飾之在心也　名稱高遠踰於須彌　此下三明名稱德是即名流
懷行聖以名化物文二此初標也肇曰名自有高而不遠遠而不高前則十方取其
遠今踰須彌取其高高勝也　深信堅固猶若金剛　二釋名高所以由信
固也肇曰七住已上無生信不壞也　法寶普照而雨甘露　此下二明正化益物文三
明生善益二明破惡益三明獲果益生善又三此初標於發說法應根善生物善

相可畫像亦在心也 名稱高遠踰於須彌 此下三明具名稱德是已 次名
悚行聖以名化物 文二 此初標也 肇曰 名自有高而不遠 遠而不高 前明十方取其
遠 今踰須彌取其高 高遠勝也 深信堅固猶若金剛 二釋名高所以由信
固也 肇曰 七住已上無生信不壞也 法寶普照而雨甘露 此下二明化益物 文三
一明生善益 二明破惡益 三明獲果益 生善文三 此初標喻 發心法應根普生物善
也 肇曰 法寶光無不照 澤無不潤 潤生死也 喻海有神寶 能放光除冥 亦因
光能雨甘露潤枯槁也 於衆言音微妙第一 二法合也 謂出世善言 故稱第一 肇
曰 殊類異音 既善其言 而復超勝 深入緣起 斷諸邪見 有無二邊 無復餘習
三釋也 凡夫不了緣生 故執無因邪因 二乘不了緣滅 故滞涅槃 皆非深也 菩薩悟生
非生 滅非滅 決智照之 深入 故經云 無無明 亦無無明盡也 深入為智深解也
解法從緣起 則邪見無由生 有无二見 斯迷多矣 大士久盡 故無餘習
演法無畏 猶師子吼 其所講說 乃如雷震 此下明破惡益 文三 初舉二喻
二總結 文前喻破見 後喻破愛 見以迷理 愛以滞事 因其見則衆惑無由而熱
其愛則善牙莫能發 故什曰 上明一切時無畏 此明說法無畏 上師子吼 德音
遠振 此明能說實法 衆咸欽順 猶師子吼 威攝群獸也 文 肇曰 法音遠震 開
適萌牙 猶春雷之動百草 二無有量已過量 此三結歎 無智依理發德 与智
真智無邊 德何可量 肇曰 既得法身 入無為境 心不可以智求 形不可以像取 故曰
無量 六住已下名有量也 集衆法寶 如海導師 此下三明獲果益 文二 初標導
師得寶喻也 六師邪導 不獲真果 八正利物 必至涅槃 故借喻焉 肇曰 導衆生
入大海採衆法寶 使必獲無難 猶海師善導 商人必獲夜光 了達諸法深妙之
義 善知衆生往來所趣及心所行 此下二釋 能導所以 權實智 達深義能
能往善提 權悲衆生往來如幻 所以悲利有情 而物不解累 大士三德 其在茲焉
故楞伽經云 智不得有無 而興大悲心 近無等等佛自在慧 十力無畏 十八不共
此三明近果 歎德也 文三 初明自證也 肇曰 佛道超絕 無与等者 唯佛佛自等 故言
無等等 所以辯其等者 明一大道 理無不極 平若虛空 豈有升降之有也 自在慧
十力四無畏十八不共 即其事也 大士雖未全真 佛慧具 以近矣
關閉一切諸惡趣門 而生五道以現其身 此二明化益 文二 初明不生而生 後明
應生利物 此初證無相 故諸趣自閉 不捨大悲 而現生五道 五道者 三趣人天也
肇曰 法身無生 而無不生 無生故惡趣閉 無不生故現生五道 為大醫王 善療
衆病 應病與藥 令得服行 二明所以應生 非已業繫 但為利他 作醫王耳 肇
曰 法藥善療 喻醫王也 無量功德皆成就 此三總結歎也 文四 此初句正報滿
[illegible] 無量佛土皆嚴淨 [illegible]

開閉一切諸惡趣門而生五道以現其身　此二明化益又二初明不生而生後明
應生利物此初證無相故諸趣自閉不捨大悲而現生五道五道者三趣人天也
肇曰法身無生而無不生故惡趣門閉無不生故現生五道　為大醫王善療
衆病應病與藥令得服行　二明所以應生非已業繫但為利他作醫王耳肇
曰法藥善療喻醫王也　無量功德皆成就　此三總結歎也又此初句正報滿
也肇曰無德不備　無量佛土皆嚴淨　二依報滿也肇曰群生無量所
好不同故修無量淨土以應彼殊好也　其見聞者無不蒙益　三利物德滿肇
曰法身無形聲應物故形聲豈有見聞而無益哉叡曰亡身無身
故感而後應感而後應則無應而不會故使其見聞者無不蒙益
諸有所作亦不唐捐　四自行德滿肇曰功不虛設叡曰法身無為為
不由己則動無非時動無非時故能諸有所作亦不唐捐
如是一切功德皆悉具足　此三總結也　其名曰等觀菩薩
此下四列名叡曰此諸菩薩或以功行為名亦有因相得稱非唯一途亦如今人字
耳宜為可望文消息無定之義也什曰等觀四等觀衆生也　不等觀菩薩
智惠分別諸法也　等不等觀菩薩　兼此二也　定自在王菩薩　什曰於諸
定中自在　法自在王菩薩　什曰於法中自在　法相菩薩　什曰功德法相現於
身也　光相菩薩　什曰光明之相現於身也　光嚴菩薩　什曰光明莊嚴
身也　大嚴菩薩　什曰明其身相大莊嚴也　寶積菩薩　什積聚智惠寶也
辯積菩薩　什曰積聚四辯也　寶手菩薩　什曰手中出無量寶也
寶印手菩薩　什曰印者相也手有出寶之相亦有寶印也
常舉手菩薩　什曰現已大慈之手撫慰衆生令不怨畏是以常舉手
向人唱言勿怖　常下手菩薩　什曰現常垂下手其現慈心居下無傷之
像　常慘菩薩　什曰悲念衆生也　喜根菩薩　什曰喜根善等也亦於
實相法中生喜及隨喜也　喜王菩薩　什曰喜有二種一不淨喜受也二清淨
法喜故言王也　辯音菩薩　什曰辯辯也　虛空藏菩薩　什曰寶想直
藏如虛空也　執寶炬菩薩　什曰執寶炬除衆冥也　寶勇菩薩
什曰勇於德寶亦德寶故能勇　寶見菩薩　什曰以惠寶見諸法
帝網菩薩　什曰幻術經名帝網又此大士神變自在猶如幻化故借帝網以名
之又曰大士施化如帝王法網也　明網菩薩　什曰明網自說手有網縵放光明
也　無緣觀菩薩　什曰觀時不取相故無緣亦深入觀莫見其所緣
慧積菩薩　什曰積衆惠也　寶勝菩薩　什曰功德寶超於世也

什曰勇於德寶亦德寶故能勇 寶見菩薩 什曰以慧寶見諸法
帝網菩薩 什曰幻術經名帝網也此大士神變自在猶如幻化故借帝網以名
之又曰大士施化如帝王法網也 明網菩薩 什曰明網自說手有網縵放光明
也 無緣觀菩薩 什曰觀時不取相故無緣亦深入觀莫見其所緣
慧積菩薩 什曰積聚慧也 寶勝菩薩 什曰功德寶超於世也
天王菩薩 什曰一假名天人王名天也二生天諸天也三賢聖天大士皆現生也
壞魔菩薩 什曰行壞魔道 電得菩薩 什曰因事爲名 自在王菩薩
什曰於諸法自在如王之於人 功德相嚴菩薩 什曰功德之相莊嚴身也
師子吼菩薩 什曰以大法音令衆生伏也 雷音菩薩 什曰所說法能令天人
歡喜摩邪振伏猶若雷音聞者喜懼也 山相擊音菩薩 什曰以大法音消
伏剛强音聲振擊若兩山相搏 香象菩薩 什曰青香象也身出香風菩
薩身香亦如此也 白香象菩薩 什曰其香最勝大士身香亦如是
常精進菩薩 什曰始終不退 不休息菩薩 什曰永善不止 妙生菩薩
什曰生時有妙瑞也又曰從法化生爲妙 華嚴菩薩 什曰以三昧力現衆花遍
滿虛空大莊嚴也 觀世音菩薩 什曰世有危難稱名自歸菩薩觀其音
聲即得解脫也亦名觀世念亦名觀世自在 得大勢菩薩 什曰有大勢力也
以大神力飛到十方所至之國六返振動惡趣休息 梵網菩薩
什曰梵四梵行慈悲喜捨網言其多 寶杖菩薩 什曰或物寶或法寶
以爲杖 無勝菩薩 功德超勝也 嚴土菩薩 什曰淨國土 金髻菩薩
什曰金在髻 珠髻菩薩 什曰如意珠在其髻中悉見十方世界及衆生行業
果報因緣 彌勒菩薩 什曰姓也此言慈氏阿逸多字也此言無勝南天竺婆
羅門子也 文殊師利法王子菩薩 什曰秦言妙德以法身遊方莫知其所生
又來補佛處故言法王子也 如是等三萬二千人 此出結衆數肇曰歎德列名
所存名以證經也 復有萬梵天王尸棄等從餘四天下來詣佛所而聽法
此下三列雜衆此梵王衆肇曰尸棄梵王名秦言頂髻 復有二千天帝從餘四天
下來在會坐 此帝釋衆忉利天王也肇曰一佛土百億四天下各有梵
釋故言餘亦或從他佛土來也 并餘大威力諸天此諸天衆肇曰除梵釋
餘大天也 龍 此下八部衆也 肇曰龍有二種地龍虛空龍種有四生也 神
肇曰神受善惡雜報其不勝人劣天身輕微難見也 夜叉 肇曰秦言輕
捷有三種一在地二在虛空三天夜叉夜下二天守天城門閣 乾闥婆 此云香
陰肇曰天樂神也居地上寶山中天須樂時此神體上有異相現然後上也

下來在會坐　此帝釋眾切利天主也　肇曰一佛土百億天下一一四天下各有梵
釋故言餘亦或從他佛土來也　并餘大威力諸天　此諸天眾　肇曰除上梵釋
餘大天也　龍　此下八部眾也　肇曰龍有二種地龍虛空龍種有四生也　神
肇曰神受善惡雜報其形勝人劣天身輕微難見也　夜叉　肇曰秦言輕
捷有三種一在地二在虛空三天夜叉天下二天守天城門閣　乾闥婆　此云香
蔭　肇曰天樂神也居地上寶山中天須樂時此神體上有異相現然後上也
阿修羅　肇曰秦言不飲酒此神類男醜女端正有大威力能與天共鬥也
迦樓羅　肇曰金翅鳥神也　緊那羅　肇曰秦人言非人其形似人而頭上有角
遂稱為人非人亦天樂神小不如乾闥婆　伽摩睺等悉來會坐　肇曰大蟒神也
此八神皆有大　目　形有此眾法　諸比丘比丘尼　此下四眾也　肇曰出
義同上尼女名　勤稱得道者　優婆塞　肇曰義名信士又曰五
戒為近事男八戒　仕男　優婆夷俱來會坐　義者大也准上可知
彼時佛與無量百千　眾敬恭圍繞而為說法　此二明佛現神變眾物令信
授人夜光再不按劍以平深妙未信而傳凡物希必相從難為理怯故神化先之
使愛行也文有二別初明佛現勝身後明寶積獻蓋肯文三法喻合也此即初
現勝身也昔說小乘法徵而相劣今將說大乘法勝而相勝法花云著弊垢衣執
除糞器此表昔說小乘現劣相也又云於其門內師子床婆羅門寶物此表說大
乘現勝相也故下偈文目淨修廣如等歎勝相說法不有不無等歎勝法於
在佛樹等歎劣相三轉法輪等歎權法也　譬如須彌山王頭于大海安處眾
寶師子之座蔽於一切諸來大眾　須彌山等喻也安處眾寶等合也　肇曰
須彌秦言妙高山處大海之中水上方三百三十六万里如來處四部之中威相
超絕光蔽大眾猶金山顯溟海也　爾時毗耶離城有長者子名曰寶積與五
長者俱持七寶蓋來詣佛所頭面禮足各以其蓋共供養佛
此二明獻蓋現瑞表說淨　二初獻蓋次合蓋後瑞信此初獻蓋表
表大慈覆物淨土化生　乎也　肇曰寶積亦法身大士也常與淨名俱
詣如來共弘道教而今　之人詣佛者將生間庶之由稍莊與之門也
佛之威神令諸寶蓋合成一蓋遍覆三千大千世界
此二合蓋文二初合蓋表內慈無緣絕於彼我二外現淨土一乘應物蓋別淨
穢不同此初也彼我未亡寶積等蓋殊而慈高執亡唯一諸佛所以蓋合而慈覆
三千　什曰現此神變其旨有二一者現神變無量顯智惠必深二者寶
積獻其所珍必獲可珍之果表此叫我必當此之妙明因小而果大

佛之威神令諸寶蓋合成一蓋遍覆三千大千世界
此二合蓋文二初合蓋表巧慈無緣絕於彼我 二示現淨土表應物差別淨
穢不同 此初也 彼我未已 寶積等蓋殊 而慈唇執已 但一 諸佛所望蓋合而慈覆
三千 什曰現此神變其旨有二 一者現神變無量顯智惠深 二者寶
積獻其所珍 必獲可珍之果 來世所成 必若此之妙 明因小而果大
而此世界廣長之相 悉於中現 又此三千大千世界 諸須彌山 雪山 目真
隣陀山 摩訶目真隣陀山 寶山 金山 黑山 鐵圍山 大鐵圍山 大海江河川流
泉及日月星辰 天宮 龍宮 諸尊神宮 悉現於寶蓋中 二示現差別
前合蓋既表法身平等 慈覆不殊 此差別亦表應身隨緣國土
不一 文二 初現此界 二現十方世界 文三 初十山表陸居眾生住處 二天海
表水族居處 三日月等表空居處 然此三類等 以慈覆故 俱現蓋
中 肇曰 蓋亦不廣 而彌八極 土亦不狹 而現蓋中
又十方諸佛 諸佛說法 亦現於寶蓋中 二現十方 其本文 十方諸
佛 諸佛國嚴淨 及十方佛所在說法 現寶蓋中 此即現相明宗
旨可見矣 肇曰 將顯佛土殊好不同 故通現十方也 諸長者子皆發
道心 而未修淨土 故現其未修之情 啟淨土之志 故因其蓋 而現
焉
尒時一切大眾 覩佛神力 歎未曾有 合掌礼佛 瞻仰尊顏
目不暫捨 此三 覩瑞三業歸信也 行曰信樂發中 現相於外也 長者子寶積即
於佛前以偈頌曰 此下二明問經者稱揚佛德 使物歸信 為發問之由 肇曰 形敬不
足以寫心 故復讚之詠之 卅六行偈 述歎 文四 初歎大乘勝應 二歎小乘劣應
三歎現瑞表發 四歎佛三密功德 前文文三 初兩行總歎內德 二兩行明神通 三
五行歎說法 此初也 目淨脩廣如青蓮 此初四句 此句歎形 肇曰 五情
百體 目最為長 瞻顏而作 故先歎目也 天竺有青蓮花 其葉脩而廣 青白
分明 有大人目相 故以為喻也 心淨已度諸禪定 此句歎心 肇曰 形長者目
之德者心 歎目則獨眾相 歎心則彌方德 故作者標二為頌首 禪定之海
深廣無際 自非如來清淨真心 無能廣者 久積淨業稱無量
此句歎因 肇曰 於無數劫積三淨業 故名稱無量 導眾以寂 故稽首
此句歎果 言與眾同遊八正 至寂滅涅槃 故敬礼也 肇曰 寂謂無為寂滅
之道也 既見大聖以神變普現十方無量土 其中諸佛演說法 於是一切
悉見聞 此二歎神通也 以見蓋中國土淨穢不同 為下致問之由也 肇曰 既
見合蓋之神變 已不可測 方於現中十方國土及諸佛演法 於是忍界一

此句歎因肇曰於無數劫積三淨業故名稱無量　導衆以寂故稽首
此句歎果言与衆同遊八正至寂滅涅槃故敬礼也肇曰寂謂無為寂滅
之道也　既見大聖以神變普現十方無量土其中諸佛演說法於是一切
悉見聞　此二歎神通也以見蓋中国土淨穢不同爲下致問之由也肇曰既
見合蓋之神變已不可測方於現中十方国土及諸佛演法於是忍界一
切衆會悲還見聞爲希有也　法王法力超群生常以法財施一切
此三歎說法文三此初標法施也肇曰俗王以俗力勝民故能澤及一国法王以法力超
衆故能導濟無壃也　能善分別諸法相於第一義而不動　此二兩行歎法王義
肇曰第一義爲諸法一相義雖分別殊相而不乖一相此美法王莫善之道動爲
乖实　已於諸法得自在是故稽首此法王　肇曰世王自在於民法王自在於諸法無定
相隨應而辯爲好異者辯異而不乖同爲好同者辯同而不乖異異莫殊辯耶
俱適法相故得自在　說法不有亦不無　此三釋歎所說大乘二空法也此初明曰
緣有故即有非有爲法空也不同小乘稱有體空此即不二於空故名法執也肇曰
欲行言其有有不自生欲言其無緣會則形會形非謂無非自非謂有且有有故
有無無有何所無有無故有有無無何有有然則自有則不有自無則不無此
法王之正說也　以因緣故諸法生　此句釋也肇曰有亦不由緣無亦不由緣法非
有無故由因緣生論曰法從緣故不有緣起故不無也　無我無造無受者
此下偈明我太不有即無無我入不二門不同二乘椓我住無我也又我造受主
計我之別名此明由業受形豈有常我主其異形哉肇曰諸法皆從緣生
耳無別有真宰主之者故無我也夫以有我故能造善惡受禍福法既無我故無
造無受者　善惡之業亦不亡　此句釋也肇曰若無受者則不應有爲善獲
福而爲惡致殃然衆生心識相傳美惡由起報應之道連鏁相襲其猶聲和響順形直
影端此自然之理無差毫分復何假常我而主之哉　始在佛樹力降魔得甘露滅覺
道成　此六偈歎昔說小乘乘權現方身益物也又四初兩行明得道二兩行明轉法輪
三兩行明得益四兩行總觀手等　此初光明降魔證滅謂如來應跡王宮剣愛踰城
歷試邪坐道樹摧取菩提魔宮振動先權已負次伏怨敵外魔既散方
證涅槃甘露釋滅結習內魔於是永盡佛樹者菩提樹也始言初也
已無心意無受行而悉摧伏諸外道　此釋伏外也一解云昔言行修禪及苦行等
菩薩無心受彼邪法但爲示同調伏耳又肇曰心者何也惑有所生受者何也苦樂
是行也人莫其真體窮盡空其懷雖万法普照而心未嘗有苦樂是經而不爲受物
我永寂自無心受之可得此無心於伏而物無不伏受者受着也　三轉法輪於

歷試邪坐道樹猶取菩提魔宮振動光權色負次伏怨敵外魔既擒方
證涅槃甘露釋滅結習內魔於是永盡佛樹者菩提樹也始言初也
已無心意無受行而悉摧伏諸外道　此釋伏外道一解云昔六行修禪及苦行等
菩薩無心受彼邪法但爲示同調伏耳又肇曰心者何也惑有以生受者何也苦樂
是行乃人冥真體寂虛空其懷雖万法普照而心未嘗有苦樂是經而不爲受稱
我永寂無心受之可得此無心於伏而物無不伏受者受著也
三轉法輪於
大千其輪本來常清淨　此三明諸魔外競轉法輪也道成即化物久以爲言大千
此先明轉法也三轉者示相轉勸修轉引證轉也謂初示四諦法相也次
勸修行此四諦也後言我已獲證令信受也大千者佛一化境也肇曰法輪
常淨猶虛空也雖復古今不同移俗易聖相傳其道不改
天人得道此爲證三寶於是現世間　此三明初成肇曰初轉法輪時得輪
等五人八万諸天得道此常清淨之明證覺道既成佛寶法輪既轉法寶
五人出家得道僧寶於是言其始也五人者橋陳如摩訶男阿湿卑跋提婆提
婆敷也　以斯妙法濟群生一受不退常寂然度老病死大醫王當禮法
法海德無邊　此三明得益明斷見修惑得涅槃益也肇曰九十六種
道上者亦能斷結生無色界天但其道不真要果還墮三塗佛以四諦然法
濟三乘衆生無有既受而還墮生死者故曰一受不退求果無邊故常寂
然也又生老病死患之重者濟以法藥故曰醫王長也此則法輪測□難測
法海流潤無涯德無邊也　毀譽不動如須彌　此歎平等之三也初八動
也肇曰利衰毀譽稱譏苦樂八法之風不動如來猶四風之吹須彌也　於善
不善等以慈　此三達順不動肇曰截手不戚捧足不欣善惡自彼慈覆
不二又順法違法及不違順心平等也　心行平等如虛空　此歎聞人寶不
敬承　三法也肇曰在天爲天寶在人爲人寶於人天者豈天人之所能敬
莫物不敬承也　今奉世尊此微蓋於中現我三千界諸天龍神所居宮乾闥
婆等及夜叉悉見世間諸所有十力哀現是化變衆覩希有皆歎佛
今我稽首三界尊　此下四行頌上獻蓋等三奉微蓋等獻蓋也於中
現等合蓋也衆覩等衆歎也肇曰微微小也所奉至微所見至廣此是如來
哀愍之所現十方者是如來別稱耳　大聖法王衆所歸淨心觀佛靡
不欣各見世尊在其前斯則神力不共法　此下第四歎佛三寶利物功德
此初身密也法王慈惠衆庶懷歸淨有信殊佛亦隨應肇曰法身圓應
猶一月昇天影現百水不分二業共也　佛以一音演說法衆生隨類各得解
皆謂世尊同其語斯則神力不共法　此下二行歎口密四辯此初二行
法詞二辯也隨類各解諸法名字不同此法辯也皆謂世尊同其言音此

衆感之所現十力者是如來別稱耳　大聖法王衆所歸淨心觀佛靡
不欣各見世尊在其前斯則神力不共法　此下第四歎佛三密利物殊德
此初身密也法王慈惠衆庶懷歸淨有信殊佛亦隨應肇曰法身圓應
猶一月升天影現百水不与二乘共也　佛以一音演說法衆生隨類各得解
皆謂世尊同其語斯則神力不共法　此下二行歎口密四辯此初二行
法詞二辯也隨類各解褚法名字不同此法辯也皆謂世尊同其言音此
詞辯也佛得一切衆生語言陁羅尼無言之言不与二乘共也　佛以一音
演說法衆生各各隨所解普得受行獲其利斯則神力不共法　此兩行歎
義辯也凡夫示以因果善惡之義二乘示以無常苦空等義大乘示義以不生
不滅實相之義肇曰好施者聞施好戒者聞戒各異受異行獲其異利
或人天樂果或二乘涅槃或究竟菩提一雨所潤三草不同豈二乘共也
佛以一音演說法或有恐畏或歡喜或生猒離或斷疑斯則神力不共法
此一行樂說辯也肇曰衆生聞苦報則恐畏聞妙果則歡喜聞不淨則猒
離聞法相則斷疑不知一音何演而令歡畏異生此豈二乘所能共也
稽首十力大精進稽首已得无所畏稽首住於不共法稽首一切大道師
此下七行歎心密文三初兩行歎智德次兩行明斷德後三行明恩德也
智与理冥相如心絕不可以意知辯不可以名數定言十力無畏等者蓋
示物方便示有智不可思力也不懼外難無畏也二乘所無不共也名數如
別　稽首能斷衆結縛稽首已到於彼岸　此下歎斷德也二乘自斷
大聖兼度此初自斷結縛也結謂九結愛恚慢無明疑此五鈍使見
結身邊邪二見也取結戒取見取見此結五利也使慳結疾結十纏
中二纏也縛者四縛貪欲縛嗔恚縛戒取縛見取縛亦云貪恚癡
三縛又一念取相違真理乃惑從起皆名結縛即一切煩惱皆名
爲結皆名爲縛也　稽首能度諸世間首稽永離生死道　此明自度結
即能度諸世間離生死也　悉知衆生來去相善於諸法得解脫　此下三明
無緣悲化即是恩德也此行知生去來於法無着肇曰衆生行往來於六趣心馳
騁於是非悉知之也又我染諸法故諸法縛我我心無染則万縛斯解
不着世間如蓮花常善入於空寂行　此行知世如幻而大悲不捨肇曰出入
自在而不乖寂故常善入也　達諸法相无罣礙稽首如空無所依　此行
明解諸法而不取着肇曰万法幽深誰識其涯唯佛無關故獨稱達而聖心
無寄猶空無依　尒時長者子寶積說此偈已白佛言世尊是五百
長者子皆已發阿耨多羅三藐三菩提心　此下明正宗前序分既合蓋顯
心讚修信發故此當根發悟證果獲益文三初佛國半品法王命宗方

自在而不乖寂故常善入也　達諸法相无罣礙稽首如空無所依　此行
明解諸法而不取著肇曰万法幽深誰識其旅唯佛無関故獨稱達而聖心
無寄猶空無依　尒時長者子寶積説此偈已白佛言世尊是五百
長者子皆已發阿耨多羅三藐三菩提心　此下明正宗前序今既合蓋顯
心讃揚信發故此當根発悟證果獲益文三初佛國半品法王命宗方
便下九品大士助佛揚化三菩薩行見阿閦二品宣揚事訖還歸本室
如王宣正令大神臣行事事訖朝還尊之類也初文二初寶積請説二如
来酬答初請文中二初明發心即堪聞法之根也肇曰阿耨多羅秦言無上
三藐三菩提秦言正遍知道莫之大無上也其道真正無法不知正遍知也
欲聞得佛國土清淨　此請問又二先問果後答因此初也佛昔説小乘以丈六
一身為真身亦立陵為真土今將返小歸大故於諸方等明佛身應物無
量倍丈六之非真於此經合蓋見諸佛國殊亦了丘陵之非實故國現蓋
有此問焉又衆生業異身殊處別諸佛道一身土合同現蓋既國土有殊故
欲聞其所以肇曰諸長者子久發無上心而未修淨土所以寶積俱諸如来
現蓋皆目覩其萌也既於蓋中見諸佛淨土殊好不同志在崇習故願聞佛
所得殊好之事也　唯願世尊説諸菩薩淨土之行　此二問因肇曰土
之所以淨豈校飾之所能淨之必由行故請説行凡行必在學地故菩薩此附
乃是如来現蓋之徵百寶積俱至之本意也　佛言善哉寶積乃能為
諸菩薩問於如来淨土之行　此下二如来酬答文四初佛讃也
諦聽諦聽善思念之當為汝説　此二明誡許也諦聽者聞恵也善思者思
恵也念之者修恵也　於是寶積及五百長者子受教而聽　三受教也
佛言寶積衆生之類是菩薩佛土　此四明如来答又四初答二問二身子
疑問三楷按現四時衆得益答二問中佛先答果有法喩合法中又三標
釋結也此初標章總答下經云雖知諸佛國及與衆生空如空而現種種清淨
清佛土又云諸佛如来功德平等為教化衆生故現佛土不同明鏡無像
即以所照面為像亦法身無處即以化衆生處為國土是以所化衆生之類是
如是来應物之國土肇曰夫至人空洞無像應物故形形無常體況國土之
有恒夫以群生万端業行不同殊化異被至令報應不一是以淨者應之以
寶玉穢者應之以石沙美惡自彼於我無定無定之土乃曰真土然則土之淨
穢繫于衆生故曰衆生之類是菩薩佛土或謂土之淨穢繫于衆生者則是
衆生報應之土非如来土此未喩報應之殊方耳嘗試言之夫如来所
修淨土以無方為體故令雜行衆生同視異見異見故淨穢所以生無方故
[illegible]

有恒夫以群生万殊業行不同致使異報[illegible]

寶王穢者應之以石沙美惡自彼於我無定無定之土乃曰真土然則土之淨

穢繫于衆生故曰衆生之類是菩薩佛土或謂土之淨穢繫于衆生者則是

衆生報應之土非如來土此蓋未喻報應之殊方耳嘗試言之夫如來所

修淨土以無方為體故令雜行衆生同視異見異見故淨穢所以生無方故

故真土所以形若夫取其淨穢衆生之報也本其無方佛土之真也豈曰殊哉

異處先聖而土然後辯其淨穢哉　所以者何菩薩隨所化衆生而取佛

土　此二明列釋四句文四此初明佛國寬狹不同所以舉曰此下釋所以衆生

即佛土也佛土者即衆生之影響耳夫形修影長形短影促日月使之然乎

形自然耳故隨所化衆生之多少而取佛土之寬狹也是以佛土或以四天下或

以三千或以恒河沙為一國也　隨所調伏衆生而取佛土　此二明佛土淨

穢不同舉曰隨所調伏衆生之深淺而取佛土之好醜　隨諸衆生應

以何國入佛智慧而取佛土　此三明聞法入慧之差別如香積根熟而淨說

大乘娑婆根鈍乃先三後一之類也舉曰衆自有見淨好慕而進修者

者亦有穢惡厭而進修者所好殊方而言之耳所因雖異然其入佛慧也

隨諸衆生應以何國起菩薩根而取佛土　此下四明起根不同如香花佛

事即於鼻起菩薩根聲為佛事即於耳起根之類也起根謂信等諸

根善即是發菩薩心也又云或有於淨起根或穢起根如前

所以者何菩薩取於淨國皆為饒益諸衆生故　此三結釋所以也舉曰法身

无定何國之有美惡斯外何淨可取取淨國者皆為彼耳故隨其所

應而取之　譬如有人欲於空地造立宮室隨意无閡

此二喻文二此初喻菩薩因化衆生故有淨土舉曰淨土必因衆生譬立室必

因地無地無衆生空土无以成　若於虛空終不能成　此喻二乘不化

衆生故无淨土也舉曰二乘澄神虛無不因衆生故无淨土也

菩薩如是為成就衆生故願取佛國願取佛國者非於空也　此三合文可

見　寶積當知直心是菩薩淨土　此二答行因也文二前橫約一十七行明

行淨不同致果各異後竪約一十三位明行既從麁階妙國土亦漸微轉淨

此約初也理實万行遍是淨土因文列十七行者略標宗首耳文此諸行皆

上半明行因菩薩成佛等皆舉果釋因後攻自行直心自行招法身之報

之果化人行直心感善眷屬得淨土之果又云自行直心教人行直心

[illegible]

見　寶積當知直心是菩薩淨土　此二答行因也文二前橫約一十七行明
行淨不同致果各異後竪約一十三位明行既從麁階妙國土亦漸微轉淨
此約初也理實万行遍是淨土因文列十七行者略標宗首耳又此諸行皆
上半明行因菩薩成佛等皆舉果釋因復次自行直心自行招法身正報
之果化人行直心感善眷屬得淨土之果又云自行直心教人行直心
讚歎直心法隨喜行直心者備此名淨土也准此直心餘行亦尔
肇曰土之淨也必在衆生衆生之穢淨必因衆生行上直舉衆
生以釋土淨今備舉衆行明其所以淨也夫行淨則衆生淨衆生
淨則佛土淨此必然之數不可差也直心等者此約三心明淨
土肇曰土无邪曲乃出于心直故曰直心是菩薩淨土此即回說
果猶指金為食也直心者謂心質直无諂此心乃万行之本故
建章有之　菩薩成佛時不諂衆生來生其國
此下舉果釋因肇曰化彼同已自土既成故令同行斯集此明
化緣相及故果報相連佛土之義顯也自下因果相對或前後
異名或前略後廣或前因後果類同行耳
深心是菩薩淨土菩薩成佛時具足功德衆生來生其國
肇曰樹心衆德深固難拔深心也　又自心既深則所化亦深道因既深則所
感國土自然功德具足也　大乘心是菩薩淨土菩薩成佛時大乘衆生
來生其國　法花云若有衆生從佛聞法懃勤精進求一切智如來知見
力無畏等愍念安樂無量衆生利益天人度脫一切是名大乘以此化物
成佛之時國土无二乘之名香積佛土即其事也　布施是菩薩淨土菩
薩成佛時一切能捨衆生來生其國　此下約六度明淨土行也一切能捨者
肇曰外捨國財身命內捨貪恚慳嫉名一切能捨也　持戒是菩薩淨土
菩薩成佛時行十善道滿願衆生來生其國　肇曰十善菩薩戒也亦
有無量戒略舉十耳戒具則無願不繹故言滿願也　忍辱是菩薩
淨土菩薩成佛時三十二相莊嚴衆生來生其國　肇曰忍辱顏和故
繫以容相耳豈直形報而已哉　精進是菩薩淨土菩薩成佛時勤修
一切功德衆生來生其國禪定是菩薩淨土菩薩成佛時攝心不亂衆生
來生其國智慧是菩薩淨土菩薩成佛時正定衆生來生其國
肇曰渴正定惠決定法相三聚衆生中名正定聚也依仁王經未發菩提心為邪
定聚十信為不定聚十住已去為正定聚　四無量心是菩薩淨土菩薩成

淨土菩薩成佛時三十二相莊嚴衆生來生其國　肇曰忍辱和故
繫以容相耳豈直形報而已哉　精進是菩薩淨土菩薩成佛時勤修
一切功德衆生來生其國禪定是菩薩淨土菩薩成佛時攝心不亂衆生
來生其國智慧是菩薩淨土菩薩成佛時正定衆生來生其國
肇曰謂正定惠決定法相三聚衆生中名正定聚也依仁王經未發菩提心為邪
定聚十信為不定聚十住已去為正定聚　四無量心是菩薩淨土菩薩成
佛時成就慈悲喜捨衆生來生其國　正慈悲喜捨也肇曰此四心周被無際
故名無量也此下雜說万行時也　四攝法是菩薩淨土菩薩成佛時解
脫所攝衆生來生其國　肇曰以四事攝衆生為四攝也一者惠施財法
彼所須二者愛心和言隨彼所適三者利行隨彼所利方便利之四者同事
遇惡同惡而濟惡遇善同善而進善菩薩以此為解脫生死而攝衆生不同
凡夫為恩愛名利王法等相攝縛也　方便是菩薩淨土菩薩成佛時
於一切法方便無閡衆生來生其國　肇曰方便巧惠也積小德而獲大功雖
就而不為證無為而無所不為此方便無礙也復次菩薩自行善功不退善根
化他善巧能進物善故云無礙方便也　三十七道品是菩薩淨土菩薩成佛
時念處正勤神足根力覺道衆生來生其國　肇曰念處四念處正懃四
正懃也神足四神足也根五根也力五力也覺七覺意也道八正道菩薩以此正
正道化物故成佛時正修生衆同生其國外道邪修土所無也
迴向心是菩薩淨土菩薩成佛時得一切具功德國土　迴已功德普施衆生
同向菩提不住餘果此大士迴向也復次施等善行招人天報若能迴向俱到
菩提此迴向為大利也復次事即世善理即菩提若能即事悟理此真迴向也
故下文云施布住即是迴向一切智性此之謂歟文迴向菩提何德不具也
說除八難是菩薩淨土菩薩成佛時國土無有三惡八難　八難者三塗北州無
想天世智邪辯佛前佛後生聾盲也有說願生善處輪除初五難發心
願輪除世智辯聰值善人輪除佛前佛後深種善根輪除生盲聾也
又諸經明或聞佛名菩薩名相好名經名陀羅尼名常住名三寶等皆除
三惡八難見佛聞法也且八難惡之極能除利之東行不至艱切滿甚
大凡諸學子者可不勉歟　自守戒行不譏彼闕是菩薩淨土菩薩成佛
時國土無有犯禁之名　肇曰犯禁惡名生于譏彼而不自守也
十善是菩薩淨土菩薩成佛時命不中夭大富梵行所言誠諦常以軟語眷

顛輭所乃廿[illegible]

又諸經明或聞佛名菩薩名相好名經名陀羅尼名常住名三字等皆除
三了惡八難見佛聞法也且八難悪之極能除剎之衆行不至艱切滿甚
大光諸學子者可不勉歟　自守戒行不譏彼闕是菩薩淨土菩薩成佛
時國土無有犯禁之名　肇曰犯禁惡名出于譏彼而不自守也
十善是菩薩淨土菩薩成佛時命不中夭大富梵行所言誠諦常以軟語眷
屬不離善和諍訟言必饒益不嫉不恚正見衆生來生其國　肇曰不中夭不
殺報也大富不盜報也誠諦不妄語軟語不惡口不離和諍不兩舌也饒益不綺語
也不嫉不恚正見嫉恚邪見心患之尤者故別名三善也
如是寶積菩薩隨其直心則能發行　此下二明竪論諸行相資之義淨
土也　叡曰上但廣明衆行因果相對此明諸行自為始終階廓至極始於
菩薩自行直心終國土衆生一切都淨也肇曰夫心直則信固信固然後能發迹
造行然始於万行者其唯直心乎此章明行之次漸微著相因是以始乎直
心終乎淨土譬猶植栽絲發其旨園直心樹其萌衆行因而成茂故言隨淺
次有以位名配此經句文雖不明說理亦無違則直心配十住乃至一切德配法
雲可知　隨其發行則得深心　肇曰既能發行則道情彌深
隨其深心則意調伏　肇曰道情既深則意無麁獷也
隨意調伏則如說行　肇曰心既調柔則斯能行也　隨如說行則能迴向
肇曰聞既能行則能迴向其所行標心勝境　隨其迴向則有方便
肇曰既迴向大乘則大方便之所由生　隨其方便則成就衆生
肇曰方便之所立期在成衆生也　隨成就衆生則佛土淨　肇曰衆生既
淨則無穢土也　隨佛土淨則說法淨　肇曰既有淨土則有淨說
隨說法淨則智慧淨　肇曰既有淨說則有淨智慧生　隨智慧淨則其
心淨　肇曰淨智既生則淨心轉明也　隨其心淨則一切德淨
肇曰積德不已者欲以淨心心既淨則無德不淨　是故寶積若菩薩欲
得淨土當淨其心隨其心淨則土淨　肇曰結成淨土義也淨土蓋是心之
影響耳夫欲響順必和其聲欲影端必正其形此報應之大數也
尒時舍利弗承佛威神作是念若菩薩心淨則佛土淨者我世尊本
為菩薩時豈意不淨而是佛土不淨若此　上佛答二問既不悟解故次
第二說緣生論文二初身子生疑後梵王見異初中又四一生疑二質問三奉
對四解釋　此初明聲聞不直土穢淨斯之應土穢淨隨物謂佛資報

得淨土當淨其心隨其心淨則土淨　肇曰結成淨土義也淨土蓋是心之
影響耳夫欲響順必和其聲欲影端必正其形此報應之大數也
尒時舍利弗承佛威神作是念若菩薩心淨則佛土淨者我世尊本
為菩薩時豈意不淨而是佛土不淨若此　上佛答三問既不悟解故次
第二說緣生論文二初身子生疑後梵王見異初中又四一生疑二質問三舉
對四解釋　此初明聲聞不直心土穢淨斯之應土穢淨隨物謂佛齊報
丈六依報丘陵故示執果疑因若必淨土不應穢也如其穢也不應成佛
故疑問焉　肇曰土之淨穢固非二乘之所能及也如來將明佛土常淨美惡
生彼故以威神發其疑念以生言端故言承也　佛知其念即告之言
於意云何日月豈淨不耶而盲者不見　此二舉喻質問　對曰不也世尊
是盲者過非日月咎　此三對以盲過也　舍利弗眾生罪故不見如來佛國
嚴淨非如來咎舍利弗我此土淨而汝不見　此下四明解釋　肇曰眾
豈不明不見自由瞽佛土豈不淨罪穢故不覩豈唯凡夫不覩身子二乘
智眼亦不見　尒時螺髻梵王語舍利弗勿作是意謂此佛土以為不淨所以
者何我見釋迦牟尼佛土清淨譬如自在天宮　此下二明螺髻見淨文三此
梵王同天見淨什曰佛國清淨階差不同或見如六天或如梵天乃至
淨居或有過淨居唯補處菩薩生此國也稱適眾心故現國不同肇曰佛
土真淨超絕三界豈直如天宮世淨而已哉此蓋齊其所見而為言耳舍利
弗在人而見土石梵王居天而見若天宮自餘所見亦各不同佛土殊應義存
于此也　舍利弗言我見此土丘陵坑坎荊棘沙礫土石諸山穢惡充滿
此二身子執穢　螺髻梵言仁者心有高下不依佛慧故見此土為不淨耳舍
利弗菩薩於一切眾生悉皆平等深心清淨依佛智慧則能見此佛土
淨清　此三釋二見所以先明身子次辯梵王也下文云雖知諸佛國及與
眾生空而常修淨土教化於群生身子不了淨穢隨緣不依佛慧行諍穢
穢心有高下非真見也大士了此淨穢應現名依佛惠知生如幻故平等既
淨穢常一名真見也　於是佛以足指按地即時三千大千世界若干百千珍寶
嚴飾譬如寶莊嚴佛無量功德寶莊嚴土一切大眾歎未曾有而皆自見
坐寶蓮花　此三明如來現淨文四此指按現淨文有現淨況淨眾見
也前佛答三問身子生疑梵王爭論眾既不悟故假現處使知淨穢無定之
返權捨實實生日現此處處本無定相以遣封穢之情使悟淨之旨肇

淨穢常一名真見也　於是佛以足指按地即時三千世界若干百千珍寶
嚴飾譬如寶莊嚴佛無量功德寶莊嚴土一切大衆歎未曾有而皆自見
坐寶蓮花　此三明如來現淨文有四此指按現淨況淨衆見
也前佛答二問身子生疑梵王發論衆既不悟故假現變使知淨穢無定之
返權悟實矣生曰現此變者示無定相以遣封穢之情使悟淨之旨肇
曰寶莊土淨土之最故以爲喻也自見坐花可解　佛語舍利弗汝且觀
是佛土嚴淨　此二勸觀淨也生曰且觀且寄嚴淨以明無穢於若乃無
事淨土矣　舍利弗言唯然世尊本所不見本所不聞今佛國土嚴淨悉現
此三對佛昔在小乘法會不見淨土亦不聞說今留在會方見嚴淨
佛語舍利弗我佛國土常淨若此爲欲度斯下劣人故示是衆惡不淨土耳
此下四釋今昔淨穢所以也文此初法說也肇曰自佛而言故常淨若此外應
下劣故不淨同彼也　譬如諸天共寶器食隨其福德飯色有異
此二喻肇曰飯在器色一在手不同飯豈有異異自天耳佛土不同亦
此可知故下文云諸佛如來功德平等爲教化衆生故現佛土不同
如是舍利弗若人心淨則便現此土功德莊嚴身淨　三合文可見
當佛現此國土嚴淨之時寶積所將五百長者子皆得無生法忍
大此段第四時衆得益文中大小二乘各有深淺二益也此深
悟無生也大品色明即空悟空色不二亦證無生法忍法花壽量
即知伽耶短壽明長壽悟法身非長非短亦悟無生忍此經即穢
明淨寶積等悟淨穢不二亦得無生忍以此而觀衆經殊唱會歸同致肇
曰佛國之興其正爲此無生同上不起法忍也　八万四千人發阿耨多羅
三藐三菩提心　此淺者發心也　佛攝神足於是世界還復如故求聲
聞乘三万二千天及人知有爲法皆悉無常遠塵離垢得法眼淨
此二小乘益既不悟淨穢應緣故執實有爲見無常也肇曰國土穢而
可淨淨而復穢因悟無常故得法眼名須陀洹道也始見道迹故得法
眼名塵垢八十八結也　八千比丘不受諸法漏盡意解　肇曰無著
之道於法無受無染漏盡九十八結漏既盡故意得解脫成羅漢也
方便品第二　此下第二名助佛闡揚淨土之化九品經文大分爲二初
三品室外彈訶後六品室內攝受又先折仕庶次訶聲聞後訶菩薩
三品淺深之次也此以歎淨名益物方便故目品也　爾時毗耶離大城中有
長者名維摩詰　肇曰此之經作起于淨名其微言幽旨亦備之文

眼名塵垢八十八結也　八千比丘不受諸法漏盡意解
之道於法無受無深漏盡九十八結漏既盡故意得解脫成羅漢也　肇曰無著
方便品第二　此下第二名助佛闡揚淨土之化九品經文大分爲二初
三品室外彈訶後六品室內攝受又先折伏庶次訶聲聞後訶菩薩
三品淺深之致也此以歎淨名益物方便故目品也　尒時毗耶離大城中有
長者名維摩詰　肇曰此之經作起于淨名其微言幽唱亦備之後文
出經者欲遠存其人以知其道教故此一品全序其德也品文二先歎德
次益物初中歎本迹二身法身十德本也應身三業迹也天台云西方貴
人稱爲長者皆具十德今淨名法身長者十德亦然十德如耕文
已曾供養無量諸佛深殖善本　第一姓貴者值佛聞法從法化生也
肇曰樹德先聖故善本深殖也　得无生忍一證位高也三賢業生七地顧
生八地已去法身生無名無生忍此法身大士名龍乌也　辯才無滯遊戲
神通逮諸揔持　此三業德藏名大富也辯才口業神通身業揔持心業
曠劫積修三輪德滿切濟庶物莫大於茲　獲無所畏降魔勞怨
四威勢肇曰菩薩四無畏也四魔勞我爲怨也　入深法門善於智度通
達方便大願成就明了衆生心之所趣又能分別諸根利鈍　五二智深
也實智深入智度圓滿權智方便弘誓成就此自行二智也了衆生心同歸
本覺見真也分別利鈍隨根教化照俗也此二化他二智也
久於仏道心以純淑決定大乘　六年耆百千僧祇精修妙智八地法身
決定真乌此年耆也　諸有所作能善思量　七行元失肇曰身口意
有所作智慧恒在前故所作無失也　住佛威儀心大如海
八禮儀備也肇曰舉動進止不失聖儀海有五德一澄淨不受死屍二
多出妙寶三大龍降雨渧如車軸受而不溢四風日不能竭五渊深難測
大士心淨不受毀戒之屍出慧明之寶佛大法雨受而不溢邪魔風日不能
彰積其智渊深莫能測者故曰心大如海　諸佛咨嗟　九上人嗟難一
一念淨信爲佛稱揚況法身哉　弟子釋梵世主所敬　此十下人歸敬
弟子聲聞也釋帝釋也梵梵王也世護世王也主諸國主也伏其首則下
羣下從之　欲度衆生故以善方便居毗耶離　此下第二歎迹化之德文三
初標益物處次列三業益物後結歎初標可見　資財無量攝諸貧民
奉戒清淨攝諸毀禁以忍調行攝諸恚怒以大精進攝諸懈怠一心禪寂
攝諸乱意以決定慧攝諸無智　此第二別三業方便初六度攝物

弟子聲聞也釋帝釋也梵梵王也世護世王也主諸國主也伏其首則下
羣下從之　欲度衆生故以善方便居毗耶離　此下第二歎迹化之德文三
初標益物處次列三業益物後結歎初標可見　資財無量攝諸貧民
奉戒清淨攝諸毀禁以忍調行攝諸恚怒以大精進攝諸懈怠一心禪寂
攝諸亂意以決定恵攝諸無智　此第二別三業方便初六度攝物
心密方便次白衣下十八事身密方便後長者中尊下十一事口密方便
品目之作其在茲財等六度者肇曰至人不現行六度現行六度者爲攝
六蔽耳此中非慳非施等法身本布施奉戒等化物迹非本可不以證真非
迹不可以化物此初六度方便也　雖爲白衣奉持沙門清淨律行
此下身密方便雖現白衣之儀而不乖法身之本法身無械即佛所持大
沙門律行也肇曰秦言義訓勤行勤行趣涅槃也亦曰休息息生死往
來也　雖處居家不著三界　三界生死之家知如幻故不著
示有妻子常修梵行　肇曰梵行清淨無欲行也又曰患欲淤泥故
現有眷屬常樂遠離　肇曰在衆生若野又曰覺受別離故　雖
服寶飾而以相好嚴身　肇曰外服飾而內修相好也　雖服飲食而以
禪悅爲味　肇曰外食世饍而內甘禪悅　若至博弈戲處輒以度人
傳云博弈圍碁也空弈光陰無裨來業肇曰因戲止戲　受諸以道不
毀正信　肇曰同於異者欲令異同於我耳豈正信之可毀受謂受學道法
也　雖明世典常樂佛法　肇曰世典雖盡明所在真法一切見敬爲供養
中最　肇曰含齒無不敬淨養無不供故曰爲致養之最也　執持正法
攝諸長幼　肇曰外國諸部曲皆立三老有德者爲執法人以決鄉訟
攝長幼也淨名現執俗法因通道法也　一切治生諧偶雖獲俗利不
以喜悅貪生益業有身皆患世利稱心終增流浪大士誠之不以喜悅
遊諸四衢饒益衆生　肇曰四衢要路人所交集隨彼所須而爲益焉
入治政法救護一切　肇曰治政法律官也導以正法使民無偏枉救護一
切也　入講論處導以大乘　外道二乘執見異論大士攝伏導以
大乘令其解脫　入諸學堂誘開童蒙　肇曰學堂童蒙書學堂也誘
開如太子入學現梵書也　入諸婬舍示欲之過　肇曰外國婬人別立聚落凡預
士流目不覽顧大士同其欲然後示其過　入諸酒肆能立其志　肇曰酒致
失志開放逸門也　若在長者長者中尊爲說勝法　此下三明口密益物

入治政法救護一切

肇曰治政法律官也道以之以伏民生……

切世　入講論處導以大乘　外道二乘執見異論大士摧伏導以
大乘令其解脫　入諸學堂誘開童蒙　肇曰學堂童蒙書學堂也誘
開如孝子入學現為書師也　入諸婬舍示欲之過　肇曰外國婬人別立聚落與
士流同不整顧大士同其欲然後示其過　入諸酒肆能立其志　肇曰酒致
失志開放逸門也　若在長者長者中尊為說勝法　此下三明口密益物
肇曰凡豪以威順難以理從大士每處其尊以弘風靡之化長者豪族望
重多以世教自居不求出世勝法外處倫過　若在居士居士中尊斷其
貪著　肇曰積財一億入居士里寶貨殖殖貪著自纏豈思出離
若在剎利剎利中尊教以忍辱　肇曰剎利王者種也秦言田主劫初人食地味轉
食自然粳米後人情漸為各有封殖遂立有德處平分田此王者之始也其尊
貴自在多強暴凌物逸意傷害自取淪迴故教以和忍　若在婆羅門婆羅
門中尊除其我慢　肇曰秦言外意以道學為業或在家或出家苦行多
恃己道術我慢自蔽沒生死流　若在大臣大臣中尊教以正法　肇曰正法治正法
也教以正法治國以道佐時亦令知泡不保榮祿　若在王子王子中尊示以忠孝
為臣子忠為子應孝肇曰所處處重宜以忠孝為先也　若在內官內官中尊
化正宮女　什曰外國法取歷世忠良耆長有德為內官化正宮女皆令之業
報以女身若不正修之豈能出離　若在庶民庶民中尊令興福力
肇曰福力微淺故生庶民衣食之間安能進道　若在梵天梵天中尊誨以
勝慧　肇曰梵天多有禪福不求出世勝慧　若在帝釋帝釋中尊示
現無常　無常者倮欲愛之神帝釋處欲欲界者豈不銘心哉什曰梵
垢薄而著淺故為說勝慧釋愛重而著深故現無常也
若在護世護世中尊護諸眾生　護世四天王也東方持國天王主二部揵闥
婆毗舍闍南方增長天王主二部鳩槃荼薜荔多西方雜語天王主二部龍及富
單那北方毗沙門天王主二部夜叉羅剎護世間也　長者維摩詰以如是等無量
方便饒益眾生　此第三結歎也肇曰法身圓應其迹無端故稱無量上略
言之耳　其以方便現身有疾　此下第二現疾益物文四一明方便現疾二明
諸人參問三因為說法四聞法得益此初也　肇曰雖復變現殊方妙迹不
一然此經之起本于現疾故作者別序其事也　以其疾故國王大臣長者
居士婆羅門等及諸王子并餘官屬無數千人皆往問疾　此下第二明
有心眾生因集參問也　其往者維摩詰因以身疾廣為說法　此三明因

門中尊除汝我慢　肇曰崇言外意以道遣學爲業或在家或出家苦行多
恃己道術我慢自高淪沒生死流　若在大臣大臣中尊教以正法　肇曰正法治正往
也教以正法治國以道佐時亦令知浮不保榮祿　若在王子王子中尊示以忠孝
爲臣之忠爲子應孝　肇曰所承處重宜以忠孝爲先也　若在內官內官中尊
化正宮女　什曰外國法取歷世忠良耆長有德爲內官化正宮女嗜欲之業
報以女身若不正修豈能出離　若在庶民庶民中尊令興福力
肇曰福力微淺故生庶民衣食之間安能進道　若在梵天梵天中尊誨以
勝慧　肇曰梵天多有禪福不求出世勝道　若在帝釋帝釋中尊示
現無常　無常者饒欲愛之神湯亦不離欲界者豈不銘心哉　什曰梵
垢薄而著淺故爲說勝慧釋愛重而著深故現無常也
若在護世護世中尊護諸衆生　護世四天王也東方持國王主二部揵闥
婆毗舍闍南方增長王主二部鳩槃荼薜荔多西方雜語王主二部龍及富
單那北方聞王主二部夜叉羅剎護世間也　長者維摩詰以如是等無量
方便饒益衆生　此第三結歎也　肇曰法身圓應其迹無端故稱無量上略
言之耳　其以方便現身有疾　此下第二現疾益物文四一明方便現疾二明
諸人參問三因爲說法四聞法得益此初也　肇曰雖復變現殊方妙迹不
一然此經之起本于現疾故作者別序其事也　以其疾故國王大臣長者
居士婆羅門等及諸王子并餘官屬無數千人皆往問疾　此下第二著
有之生因集參問也　其往者維摩詰因以身疾廣爲說法　此三明因

一繞已如是說若僧得時衣作已一切和合羯磨人總舉
衣手捉長善高聲唱作是羯磨
大姊僧聽僧得此時衣肘依覓若僧時到僧受此
迦絺那衣白如是　大姊僧聽僧得此時衣肘作衣
竟僧今受此迦絺那衣誰諸大姊忍受此迦絺那衣
忍者嘿然若不忍者便說僧已忍受此迦絺那衣
竟僧嘿然故是事如是持　應持羯磨衣著肩手中眾前䠒跪上 應從上坐次第作隨喜受
大姊憶念僧於此住處受迦絺那衣我某甲比丘尼
隨喜受齊冬四月隨所住處滿我當捨 如是三說
僧祇律捨迦絺那衣文 至臘月十五日捨人 僧中應作是唱言
大姊僧聽今日捨迦絺那衣 如是三說　十誦律受日文
出比丘律尼羯磨第二卷中殘文　大姊僧聽我比丘尼某甲受卅九夜僧
事故出界是處安居自恣故 如是三說 應一比丘尼 僧中唱言
大姊僧聽某甲比丘尼受卅九夜僧事故出界是處
安居自恣若僧時到僧忍聽某甲比丘尼受卅九夜僧
事故出界是處安居自恣白如是　大姊僧聽某甲
比丘尼受卅九夜僧事故出界是處安居自恣誰諸大
姊忍某甲比丘尼受卅九夜僧事故出界是處安居自恣
者嘿然誰不忍者說僧已忍聽某甲比丘尼受卅九夜僧
事丈出界是處安居自恣竟僧忍嘿然故是事如是持
甲法　增一膚中律文瓶沙王命終時
言我等將不內翁那佛言比丘汝謂

BD03717號　十誦比丘尼羯磨（擬）　（1-1）

著 録 凡 例

本目録採用條目式著録法。諸條目意義如下：

1.1 著録編號。用漢語拼音首字“BD”表示，意為“北京圖書館藏敦煌遺書”，簡稱“北敦號”。文獻寫在背面者，標註為“背”。一件遺書上抄有多個文獻者，用數字1、2、3等標示小號。一號中包括幾件遺書，且遺書形態各自獨立者，用字母A、B、C等區別。

1.2 著録分類號。本條記目録暫不分類，該項空缺。

1.3 著録文獻的名稱、卷本、卷次。

1.4 著録千字文編號。

1.5 著録縮微膠卷號。

2.1 著録遺書的總體數據。包括長度、寬度、紙數、正面抄寫總行數與每行字數、背面抄寫總行數與每行字數。如該遺書首尾有殘破，則對殘破部分單獨度量，用加號加在總長度上。凡屬這種情況，長度用括弧標註。

2.2 著録每紙數據。包括每紙長度及抄寫行數或界欄數。

2.3 著録遺書的外觀。包括：(1) 裝幀形式。(2) 首尾存況。(3) 護首、軸、軸頭、天竿、縹帶，經名是書寫還是貼簽，有無經名號，扉頁、扉畫。(4) 卷面殘破情況及其位置。(5) 尾部情況。(6) 有無附加物（蟲繭、油污、線繩及其他）。(7) 有無裱補及其年代。(8) 界欄。(9) 修整。(10) 其他需要交待的問題。

2.4 著録一件遺書抄寫多個文獻的情況。

3.1 著録文獻首部文字與對照本核對的結果。

3.2 著録文獻尾部文字與對照本核對的結果。

3.3 著録録文。

3.4 著録對文獻的説明。

4.1 著録文獻首題。

4.2 著録文獻尾題。

5 著録本文獻與對照本的不同之處。

6.1 著録本遺書首部可與另一遺書綴接的編號。

6.2 著録本遺書尾部可與另一遺書綴接的編號。

7.1 著録題記、題名、勘記等。

7.2 著録印章。

7.3 著録雜寫。

7.4 著録護首及扉頁的内容。

8 著録年代。

9.1 著録字體。如有武周新字、合體字、避諱字等，予以説明。

9.2 著録卷面二次加工的情況。包括句讀、點標、科分、間隔號、行間加行、行間加字、硃筆、墨塗、倒乙、刪除、兑廢等。

10 著録敦煌遺書發現後，近現代人所加内容，裝裱、題記、印章等。

11 備註。著録揭裱互見、圖版本出處及其他需要説明的問題。

上述諸條，有則著録，無則空缺。

為避文繁，上述著録中出現的各種參考、對照文獻，暫且不列版本説明。全目結束時，將統一編制本條記目録出現的各種參考書目。

本條記目録為農曆年份標註其公曆紀年時，未進行歲頭年末之換算，請讀者使用時注意自行換算。

條　記　目　錄

BD03660—BD03717

1.1　BD03660 號
1.3　大般若波羅蜜多經卷三五九
1.4　為 060
1.5　084:2986
2.1　(2.5+80.7+3)×25.4 厘米；3 紙；54 行，行 17 字。
2.2　01：2.5+14.6，10；　02：44.1，28；　03：22+3，16。
2.3　卷軸裝。首尾均殘。卷面有殘洞、殘裂。卷背有鳥糞。有烏絲欄。
3.1　首行中殘→大正 220，6/848B24。
3.2　尾 2 行下殘→6/849A19～20。
6.1　首→BD08746 號。
6.2　尾→BD04767 號。
8　8～9 世紀。吐蕃統治時期寫本。
9.1　楷書。
11　圖版：《敦煌寶藏》，76/32B～33B。

1.1　BD03661 號
1.3　大般若波羅蜜多經卷一九八
1.4　為 061
1.5　084:2497
2.1　(3.7+697.6)×26 厘米；15 紙；399 行，行 17 字。
2.2　01：3.7+21，14；　02：48.0，28；　03：48.3，28；
04：48.3，28；　05：48.2，28；　06：48.1，28；
07：48.7，28；　08：48.6，28；　09：48.4，28；
10：48.1，28；　11：48.2，28；　12：48.2，28；
13：48.7，28；　14：48.3，28；　15：48.5，21。
2.3　卷軸裝。首殘尾全。卷面殘破，紙變色。有烏絲欄。
3.1　首 3 行上下殘→大正 220，5/1060A13～15。
3.2　尾全→5/1064C2。
4.2　大般若波羅蜜多經卷第一百九十八（尾）。
7.1　首紙背有勘記“二十袟（本文獻所屬袟次），八（袟內卷次）”。
8　8～9 世紀。吐蕃統治時期寫本。
9.1　楷書。
11　圖版：《敦煌寶藏》，73/489A～498A。

1.1　BD03662 號
1.3　大寶積經卷四〇
1.4　為 062
1.5　377:8484
2.1　47.5×26.1 厘米；1 紙；28 行，行 17 字。
2.3　卷軸裝。首尾均脫。有烏絲欄。
3.1　首殘→大正 310，11/233B17。
3.2　尾殘→11/233C16。
8　8～9 世紀。吐蕃統治時期寫本。
9.1　楷書。
9.2　有行間加行。
11　圖版：《敦煌寶藏》，110/444A～B。

1.1　BD03663 號
1.3　維摩詰所說經卷中
1.4　為 063
1.5　070:1076
2.1　880×26.5 厘米；20 紙；485 行，行 17 字。
2.2　01：44.0，25；　02：44.0，25；　03：44.0，25；
04：44.0，25；　05：44.0，25；　06：44.0，25；
07：44.0，25；　08：44.0，25；　09：44.0，25；
10：44.0，25；　11：44.0，25；　12：44.0，25；
13：44.0，25；　14：44.0，25；　15：44.0，25；
16：44.0，25；　17：44.0，25；　18：44.0，25；
19：44.0，25；　20：44.0，10。
2.3　卷軸裝。首脫尾全。卷面有殘裂，接縫處有開裂。有烏絲欄。
3.1　首殘→大正 475，14/545B12。
3.2　尾全→14/551C27。
4.2　維摩詰經卷中（尾）。

8　8世紀。唐寫本。
9.1　楷書。
9.2　有硃筆行間加行。有行間校加字。
11　圖版:《敦煌寶藏》,65/95A~106A。

1.1　BD03664號
1.3　金光明最勝王經卷一
1.4　為064
1.5　083:1448
2.1　(2+576)×26.5厘米;14紙;359行,行17字。
2.2　01:02.0,01;　02:44.0,28;　03:44.4,28;
04:44.2,28;　05:44.3,28;　06:44.3,28;
07:44.2,28;　08:44.5,28;　09:44.5,28;
10:44.5,28;　11:44.5,28;　12:44.5,28;
13:44.4,28;　14:43.7,22。
2.3　卷軸裝。首殘尾全。卷端殘破嚴重,卷面有等距離殘洞,有蟲繭。背有古代裱補。有烏絲欄。
3.1　首4行上殘→大正665,16/403B1~3。
3.2　尾全→16/408A28。
4.2　金光明最勝王經卷第一(尾)。
5　尾附音義。
7.3　第3紙下邊寫"李",第9紙背雜寫"醜"字及藏文字母。
8　8~9世紀。吐蕃統治時期寫本。
9.1　楷書。
11　圖版:《敦煌寶藏》,67/625B~632B。

1.1　BD03665號
1.3　大般涅槃經(北本)卷四〇
1.4　為065
1.5　115:6533
2.1　(10+591.8)×25.5厘米;13紙;337行,行17字。
2.2　01:10+3,07;　02:49.5,28;　03:49.5,28;
04:49.7,28;　05:49.5,28;　06:49.5,28;
07:49.5,28;　08:49.5,28;　09:49.6,28;
10:49.6,28;　11:49.6,28;　12:49.7,28;
13:43.6,22。
2.3　卷軸裝。首殘尾全。首紙下部殘破。有烏絲欄。
3.1　首5行下殘→大正374,12/600A5~10。
3.2　尾全→12/603C25。
4.2　大般涅槃經卷第卌(尾)。
8　9~10世紀。歸義軍時期寫本。
9.1　楷書。
11　圖版:《敦煌寶藏》,100/185B~193B。

1.1　BD03666號
1.3　維摩詰所說經卷下
1.4　為066
1.5　070:1235
2.1　695×26厘米;15紙;392行,行17字。
2.2　01:49.0,28;　02:49.0,28;　03:49.0,28;
04:48.5,28;　05:49.0,28;　06:49.0,28;
07:49.0,28;　08:49.0,28;　09:49.0,28;
10:48.5,28;　11:49.0,28;　12:48.5,28;
13:49.0,28;　14:48.5,27;　15:11.0,01。
2.3　卷軸裝。首脫尾全。卷首下邊殘裂。有燕尾。有烏絲欄。
3.1　首殘→大正475,14/552C4。
3.2　尾全→14/557B26。
4.2　維摩詰經卷下(尾)。
5　與《大正藏》本對照,在經文尾部"皆大歡喜"之後,增加"作禮而去"一句。
8　8世紀。唐寫本。
9.1　楷書。
9.2　有刮改。
11　圖版:《敦煌寶藏》,66/225A~233B。

1.1　BD03667號
1.3　四分律(兌廢稿)卷六
1.4　為067
1.5　155:6794
2.1　47.5×28厘米;1紙;28行,行17字。
2.3　卷軸裝。首尾均脫。有烏絲欄。
3.1　首殘→大正1428,22/603C13。
3.2　尾殘→22/604A15。
8　8~9世紀。吐蕃統治時期寫本。
9.1　楷書。
9.2　有行間加行,寫到下邊。上方有"兌"字。
11　圖版:《敦煌寶藏》,101/613B~614A。

1.1　BD03668號
1.3　思益梵天所問經(異卷)卷二
1.4　為068
1.5　043:0421
2.1　210.5×26.2厘米;5紙;113行,行17字。
2.2　01:48.0,28;　02:48.0,28;　03:47.5,28;
04:47.0,28;　05:20.0,01。
2.3　卷軸裝。首脫尾全。有烏絲欄。
3.1　首脫→大正586,15/45B29。
3.2　尾全→15/47A1。
4.2　思益梵天經卷第二(尾)。
5　與《大正藏》本卷對照,該件分卷不同,相當於問談品第六的中間部分。與其餘諸藏分卷亦均不同。
8　8~9世紀。吐蕃統治時期寫本。
9.1　楷書。
11　圖版:《敦煌寶藏》,59/27B~30A。

1.1　BD03669 號 1
1.3　金光明經懺悔滅罪傳
1.4　為 069
1.5　081:1362
2.1　794.5×26.5 厘米；15 紙；460 行，行 17 字。
2.2　01：07.0，護首；　02：49.5，28；　03：74.5，45；
　　04：75.0，44；　05：75.0，45；　06：74.7，44；
　　07：75.0，45；　08：59.2，35；　09：18.3，11；
　　10：47.7，27；　11：48.3，28；　12：48.3，27；
　　13：47.5，27；　14：47.5，28；　15：47.0，26。
2.3　卷軸裝。首尾均全。卷端殘破嚴重。有烏絲欄。已修整。
2.4　本遺書包括 2 個文獻：（一）《金光明經懺悔滅罪傳》，83 行，今編為 BD03669 號 1。（二）《金光明經》卷一，377 行，今編為 BD03669 號 2。
3.1　首全→大正 663，16/358B1。
3.2　尾全→16/359B1。
4.1　［懺悔滅罪］光明經傳（首）。
4.2　金光明經傳（尾）。
8　9～10 世紀。歸義軍時期寫本。
9.1　楷書。
9.2　有刮改。
11　圖版：《敦煌寶藏》，67/162A～172A。

1.1　BD03669 號 2
1.3　金光明經卷一
1.4　為 069
1.5　081:1362
2.4　本遺書由 2 個文獻組成，本號為第 2 個，377 行。餘參見 BD03669 號 1 之第 2 項、第 11 項。
3.1　首全→大正 663，16/335B2。
3.2　尾全→16/340C10。
4.1　金光明經序品第一（首）。
4.2　金光明經卷第一（尾）。
8　9～10 世紀。歸義軍時期寫本。
9.1　楷書。
11　圖版：《敦煌寶藏》，67/162A～172A。

1.1　BD03670 號
1.3　大乘稻竿經
1.4　為 070
1.5　058:0470
2.1　133.3×30.5 厘米；3 紙；93 行，行 33～35 字不等。
2.2　01：44.5，33；　02：44.5，33；　03：44.3，27。
2.3　卷軸裝。首全尾斷。卷端破裂嚴重。尾有餘空。有烏絲欄。
3.1　首全→大正 712，16/823B20。
3.2　尾殘→16/825B13。
4.1　佛說大乘稻芉經（首）。
8　8～9 世紀。吐蕃統治時期寫本。
9.1　楷書。
11　圖版：《敦煌寶藏》，59/291A～292B。

1.1　BD03671 號
1.3　大方廣佛華嚴經（唐譯八十卷本）卷六〇
1.4　為 071
1.5　002:0063
2.1　248.2×26 厘米；6 紙；140 行，行 17 字。
2.2　01：48.0，28；　02：48.5，28；　03：48.5，28；
　　04：48.7，28；　05：48.5，27；　06：06.0，01。
2.3　卷軸裝。首殘尾全。首紙上部有殘洞，接縫處有開裂。背有古代褙補。有烏絲欄，甚淡。已修整。
3.1　首殘→大正 279，10/324A6。
3.2　尾全→10/326C15。
4.2　大方廣佛華嚴經卷第六十（尾）。
8　7～8 世紀。唐寫本。
9.1　楷書。
11　圖版：《敦煌寶藏》，56/262B～266A。

1.1　BD03672 號
1.3　十誦律（兑廢稿）卷八
1.4　為 072
1.5　198:7081
2.1　48.5×27.4 厘米；1 紙；25 行，行 17 字。
2.3　卷軸裝。首尾均脫。尾有餘空。有烏絲欄。
3.1　首殘→大正 1435，23/60A16。
3.2　尾缺→23/60B14。
7.1　背有勘記“落部袟來，般若經五卷”。
8　8～9 世紀。吐蕃統治時期寫本。
9.1　楷書。
9.2　上邊有一“兑”字。
11　《敦煌寶藏》拍爲北 7174（制 64）。
　　圖版：《敦煌寶藏》，104/103B～104A。

1.1　BD03673 號
1.3　妙法蓮華經卷三
1.4　為 073
1.5　105:5095
2.1　（8.5＋105.1）×25.3 厘米；3 紙；64 行，行 17 字。
2.2　01：8.5＋5.6，08；　02：50.1，28；　03：49.4，28。
2.3　卷軸裝。首殘尾脫。經黄打紙。卷面殘損嚴重。有烏絲欄。
3.1　首 5 行上下殘→大正 262，9/21B5～11。
3.2　尾殘→9/22A23。
8　7 世紀。唐寫本。
9.1　楷書。
9.2　有武周新字“正”、“天”、“人”、“國”、“地”，使用周

遍。
11　圖版:《敦煌寶藏》,88/640B～642A。

1.1　BD03674 號
1.3　妙法蓮華經卷六
1.4　為 074
1.5　105:5713
2.1　47.8×26 厘米;1 紙;27 行,行 17 字。
2.3　卷軸裝。首全尾脫。有烏絲欄。
3.1　首全→大正 262,9/46B17。
3.2　尾殘→9/46C20。
4.1　妙法蓮華經隨喜功德品第十八,六(首)。
8　9～10 世紀。歸義軍時期寫本。
9.1　楷書。
11　圖版:《敦煌寶藏》,94/375A～B。

1.1　BD03675 號
1.3　四分律(兌廢稿)卷三二
1.4　為 075
1.5　424:8607
2.1　45.8×26.3 厘米;1 紙;20 行,行 17 字。
2.3　卷軸裝。首尾均脫。有烏絲欄。尾有餘空。
3.1　首殘→大正 1428,22/787A8。
3.2　尾缺→22/787B6。
5　與《大正藏》本對照,缺 6 句偈,參見大正 1428,22/787B2～4。
8　8～9 世紀。吐蕃統治時期寫本。
9.1　楷書。
11　圖版:《敦煌寶藏》,111/7A～B。

1.1　BD03676 號
1.3　妙法蓮華經卷四
1.4　為 076
1.5　105:5255
2.1　(7.5+337)×26.5 厘米;9 紙;194 行,行 17 字。
2.2　01:7.5+4,06;　02:42.4,24;　03:42.0,24;
04:42.2,24;　05:42.3,24;　06:35.2,20;
07:43.1,24;　08:43.0,24;　09:42.8,24。
2.3　卷軸裝。首殘尾脫。經黄打紙,砑光上蠟。首紙有殘裂。有烏絲欄。
3.1　首 4 行中下殘→大正 262,9/27C4～8。
3.2　尾殘→9/30C7。
8　7～8 世紀。唐寫本。
9.1　楷書。
11　圖版:《敦煌寶藏》,90/374B～379B。

1.1　BD03677 號
1.3　四分律(兌廢稿)卷三二
1.4　為 077
1.5　424:8608
2.1　48×27.2 厘米;1 紙;28 行,行 17 字。
2.3　卷軸裝。首尾均脫。有烏絲欄。
3.1　首殘→大正 1428,22/787A8。
3.2　尾殘→22/787B13。
8　8～9 世紀。吐蕃統治時期寫本。
9.1　楷書。
9.2　上邊有 2 個“兌”字。有行間校加字。
11　圖版:《敦煌寶藏》,111/8A～B。

1.1　BD03678 號
1.3　十輪經卷七
1.4　為 078
1.5　020:0229
2.1　(5+582.5)×25.7 厘米;13 紙;330 行,行 17 字。
2.2　01:5+19.5,08;　02:51.5,30;　03:51.5,30;
04:52.0,30;　05:52.0,30;　06:52.0,30;
07:52.0,30;　08:19.5,11;　09:50.5,29;
10:52.0,30;　11:52.0,30;　12:52.0,30;
13:26.0,12。
2.3　卷軸裝。首殘尾全。卷面略殘。有烏絲欄,偈頌處有分欄。已修整。
3.1　首 3 行下殘→大正 410,13/711A28～B2。
3.2　尾全→13/715C29。
4.2　十輪經卷第七(尾)。
5　與《大正藏》本對照,品名不同。本卷“十善品之十”與“法施品之十一”,《大正藏》分別爲“布施品第十”、“持戒相品第十一”。
8　5～6 世紀。南北朝寫本。
9.1　隸楷。
11　圖版:《敦煌寶藏》,57/312A～320A。

1.1　BD03679 號
1.3　佛名經(十六卷本)卷六
1.4　為 079
1.5　063:0657
2.1　(22+1152.7)×32 厘米;25 紙;633 行,行 18 字。
2.2　01:22+23,24;　02:47.0,26;　03:47.0,26;
04:47.0,26;　05:47.0,26;　06:47.5,26;
07:47.0,26;　08:47.2,26;　09:47.2,26;
10:47.2,26;　11:47.5,26;　12:47.5,26;
13:47.2,26;　14:47.2,26;　15:47.2,26;
16:47.0,26;　17:47.0,26;　18:47.0,26;
19:47.0,25;　20:47.0,26;　21:47.0,26;
22:47.0,26;　23:47.0,25;　24:46.0,25;

25：47.0，14。
2.3 卷軸裝。首尾均全。首紙殘破嚴重，卷面有破損，接縫處有開裂。有烏絲欄。
3.1 首全→《七寺古逸經典研究叢書》，3/第270頁第1行。
3.2 尾全→《七寺古逸經典研究叢書》，3/第319頁第649行。
4.1 佛說佛名經卷第六（首）。
4.2 佛名經卷第六（尾）。
8 9~10世紀。歸義軍時期寫本。
9.1 楷書。
11 圖版：《敦煌寶藏》，61/31A~44A。

1.1 BD03680號
1.3 佛名經（十六卷本）卷一〇
1.4 為080
1.5 063:0710
2.1 1257.2×31.5厘米；27紙；619行，行21字。
2.2 01：47.0，22； 02：47.5，24； 03：47.5，24；
04：47.5，24； 05：47.6，24； 06：48.0，24；
07：48.0，24； 08：48.0，24； 09：48.0，24；
10：48.0，24； 11：48.0，24； 12：48.0，24；
13：48.0，24； 14：48.2，24； 15：48.0，24；
16：48.3，24； 17：48.3，24； 18：48.2，24；
19：48.2，24； 20：48.2，24； 21：48.4，24；
22：48.4，24； 23：48.4，24； 24：48.3，24；
25：48.2，24； 26：48.0，21； 27：09.0，拖尾。
2.3 卷軸裝。首尾均全。首紙有殘洞，下邊殘缺。接縫處有開裂。卷尾下部殘破。有烏絲欄。
3.1 首全→《七寺古逸經典研究叢書》，3/第482頁第1行。
3.2 尾全→《七寺古逸經典研究叢書》，3/第536頁第706行。
4.1 佛說佛名經卷第□（首）。
4.2 佛說佛名經卷第十（尾）。
5 與七寺本對照，尾部懺悔文文字略有不同。
7.1 首紙背上部有卷次勘記及寺院題名“第十、開（敦煌開元寺簡稱）”。
8 9~10世紀。歸義軍時期寫本。
9.1 楷書。
11 圖版：《敦煌寶藏》，61/441B~456A。

1.1 BD03681號
1.3 妙法蓮華經卷三
1.4 為081
1.5 105:4988
2.1 （3.1+989.8）×26.6厘米；21紙；546行，行17字。
2.2 01：3.+35.6，23； 02：49.0，27； 03：49.2，26；
04：49.4，26； 05：49.6，27； 06：49.6，28；
07：49.3，28； 08：49.0，28； 09：48.8，27；
10：48.8，27； 11：49.2，28； 12：49.2，28；
13：49.0，28； 14：49.1，27； 15：49.0，27；
16：49.1，29； 17：49.1，27； 18：49.0，27；
19：49.0，27； 20：48.8，28； 21：21.0，03。
2.3 卷軸裝。首殘尾全。卷面有殘損，接縫處有開裂。背有古代裱補。有烏絲欄。
3.1 首2行上下殘→大正262，9/19A23~25。
3.2 尾全→9/27B9。
4.2 妙法蓮華經卷第三（尾）。
7.1 卷首背有勘記“法華經第三卷”。
8 9~10世紀。歸義軍時期寫本。
9.1 楷書。
9.2 有刮改。
11 圖版：《敦煌寶藏》，87/502A~515A。

1.1 BD03682號
1.3 維摩詰所說經卷上
1.4 為082
1.5 070:0899
2.1 （5+345+1.5）×25厘米；8紙；204行，行17字。
2.2 01：5+36，25； 02：48.5，28； 03：48.5，28；
04：49.0，28； 05：48.5，28； 06：48.5，28；
07：48.5，28； 08：17.5+1.5，11。
2.3 卷軸裝。首尾均殘。通卷上下邊殘損，卷中部下邊有殘缺，有一殘片脫落，已綴接。背有古代裱補。有烏絲欄。已修整。
3.1 首3行上下殘→大正475，14/537B7~10。
3.2 尾行下殘→14/539C15。
6.2 尾→BD03683號。
8 9~10世紀。歸義軍時期寫本。
9.1 楷書。
11 圖版：《敦煌寶藏》，63/623B~628A。

1.1 BD03683號
1.3 維摩詰所說經卷上
1.4 為083
1.5 070:0993
2.1 656.5×25.5厘米；14紙；358行，行17字。
2.2 01：30.5，17； 02：49.0，28； 03：49.0，28；
04：49.0，28； 05：49.0，28； 06：49.0，28；
07：49.0，28； 08：49.0，28； 09：49.0，28；
10：49.0，28； 11：49.0，28； 12：49.0，28；
13：49.0，28； 14：38.0，05。
2.3 卷軸裝。首斷尾全。通卷下邊殘破，接縫處有開裂。卷後部脫落一殘片，可綴接。有烏絲欄。
3.1 首殘→大正475，14/539C15。
3.2 尾全→14/544A19。
4.2 維摩詰經卷上（尾）。
6.1 首→BD03682號。

8　9～10世紀。歸義軍時期寫本。
9.1　楷書。
11　圖版：《敦煌寶藏》，64/305A～314A。

1.1　BD03684號
1.3　佛名經（十六卷本）卷一
1.4　為084
1.5　061:0521
2.1　(18.5+1686.5)×29.4厘米；37紙；677行，行21字。
2.2　01：18.5，08；　02：45.5，19；　03：46.5，19；
04：46.5，19；　05：47.0，19；　06：47.0，19；
07：46.5，19；　08：46.5，19；　09：46.5，19；
10：47.0，19；　11：47.0，19；　12：47.0，19；
13：46.5，19；　14：46.5，19；　15：46.5，19；
16：46.5，19；　17：47.0，19；　18：47.0，19；
19：47.0，19；　20：47.0，19；　21：47.0，19；
22：47.0，19；　23：47.0，19；　24：47.0，19；
25：47.0，18；　26：47.0，18；　27：47.0，18；
28：47.0，18；　29：47.0，18；　30：47.0，18；
31：47.0，18；　32：47.0，18；　33：47.0，18；
34：47.0，18；　35：47.0，18；　36：47.0，18；
37：47.5，16。
2.3　卷軸裝。首殘尾全。首紙殘缺，卷面有殘損破裂。第2、3、6、7紙中部各有1尊彩畫坐式佛像，第4、8紙中部各有2尊彩畫坐式佛像。背有古代裱補，紙上有字。有烏絲欄。
3.1　首7行中下殘→《七寺古逸經典研究叢書》，3/第8頁第30行～第36行。
3.2　尾全→《七寺古逸經典研究叢書》，3/第62頁第738行。
4.2　佛名經卷第一（尾）。
5　與七寺本對照，本件多"三部合卷，罪報應經，此經有六十品，略此一品流通"。計量三寶語的插放點不同，文字略有參差。
7.3　卷背裱補紙上有字："天使"、"十七紙"。
8　9～10世紀。歸義軍時期寫本。
9.1　楷書。
11　圖版：《敦煌寶藏》，59/521B～543A。

1.1　BD03685號
1.3　大般涅槃經（北本）卷三六
1.4　為085
1.5　115:6504
2.1　(5.5+870.9)×27.2厘米；22紙；540行，行17字。
2.2　01：5.5+17，14；　02：41.5，26；　03：41.0，26；
04：41.0，26；　05：41.0，26；　06：40.8，26；
07：41.0，26；　08：41.0，26；　09：41.0，26；
10：40.8，26；　11：41.0，26；　12：41.0，26；
13：41.0，26；　14：41.1，26；　15：41.0，26；
16：41.0，26；　17：41.1，26；　18：41.2，26；
19：41.0，26；　20：41.2，26；　21：41.0，26；
22：33.2，06。
2.3　卷軸裝。首殘尾全。卷首下部破損，尾端上部殘破。尾有原軸，兩端塗黑漆，頂點硃漆。有烏絲欄。
3.1　首3行殘→大正374，12/574B24～27。
3.2　尾全→12/580C16。
4.2　大般涅槃經卷第卅六（尾）。
8　5～6世紀。南北朝寫本。
9.1　楷書。
11　圖版：《敦煌寶藏》，99/631B～642B。

1.1　BD03686號1
1.3　金藏論卷五
1.4　為086
1.5　075:1322
2.1　(8.7+654.6+3.6)×27.5厘米；18紙；正面368行，行約27字。背面120行，行約42字。
2.2　01：8.7+19.5，16；　02：38.1，21；　03：38.3，21；
04：44.0，25；　05：33.3，19；　06：38.9，21；
07：39.5，22；　08：39.2，21；　09：39.1，21；
10：39.4，21；　11：39.4，21；　12：39.5，22；
13：39.5，22；　14：39.2，22；　15：39.0，22；
16：39.2，22；　17：39.3，21；　18：10.2+3.6,08。
2.3　卷軸裝。首尾均殘。紙薄。通卷殘破，斷爲數截，中間橫裂。背有古代裱補，上面劃有圓圈。有折疊欄。
2.4　本遺書包括3個文獻：（一）《金藏論》卷五，351行，抄寫在正面，今編為BD03686號1。（二）《金藏論》卷六，17行，抄寫在正面，今編為BD03686號2。（三）《維摩經疏》（擬），硃書26行，墨書94行，抄寫在背面，今編為BD03686號背。
3.4　說明：
本文獻首5行殘，尾全。為南北朝釋道紀纂輯衆經而編纂的《金藏論》。存塔緣十五（前殘）、像緣十六、香緣十七、燈緣十八、未為歷代大藏經所收。
4.2　卷第五（尾）。
8　6世紀。南北朝寫本。
9.1　楷書。有合體字"涅槃"
9.2　有硃筆間隔號、行間校加字及校改。有硃筆科分。有墨筆行間校加字及倒乙符號。
11　圖版：《敦煌寶藏》，66/551A～561A。

1.1　BD03686號2
1.3　金藏論卷六
1.4　為086
1.5　075:1322
2.4　本遺書由3個文獻組成，本號為第2個，17行，抄寫在正面。餘參見BD03686號1之第2項、第11項。

.4 說明：
本文獻首全，尾2行上殘。與BD03686號1抄寫在一起。卷首有本卷子目，作幡蓋緣第十九、出家緣第二十、袈裟緣第二十一、［孝］養緣第二十二。每個子目下又有詳目，著錄該子目所收資料。甚爲可貴。唯存文祇剩幡蓋緣第十九之第一個故事。
.1 □藏集卷第六（首）。
6世紀。南北朝寫本。
.1 楷書。有合體字“涅槃”
.2 有硃筆間隔號、行間校加字及校改。有硃筆科分。有墨筆行間校加字及倒乙符號。

.1 BD03686號背
.3 維摩經疏（擬）
.4 為086
.5 075:1322
.4 本遺書由3個文獻組成，本號為第3個，硃書26行，墨書4行，抄寫在背面。餘參見BD03686號1之第2項、第11項。
.4 說明：
本文獻首尾均殘。從形態看，似為稿本，故行文有跳躍。其墨筆前六行，逐段疏釋《維摩詰經》方便品第二之部分重要詞句。第七行起，逐句疏釋佛國品第一之文意。其後又著重解釋重要的佛教名相。詳情待考。
9～10世紀。歸義軍時期寫本。
.1 行書。有合體字“菩薩”。

.1 BD03687號
.3 佛名經（十六卷本）卷三
.4 為087
.5 063:0617
.1 （3.5+586.8）×25.7厘米；12紙；326行，行17字。
.2 01：3.5+38.5，18； 02：49.5，28； 03：49.8，28；
04：50.0，28； 05：49.8，28； 06：49.8，28；
07：50.0，28； 08：50.0，28； 09：50.0，28；
10：49.8，28； 11：49.8，28； 12：49.8，28。
.3 卷軸裝。首殘尾脫。經黃紙。接縫處有開裂，卷面有殘裂。有烏絲欄。
.1 首2行下殘→《七寺古逸經典研究叢書》，3/第118頁第36行～第37行。
.2 尾殘→《七寺古逸經典研究叢書》，3/第143頁第354行。
與七寺本對照，個別文字有出入。“七寺本”第36行～152行文字“三菩提記”，本卷無“記”字。
.2 尾→BD03688號。
9～10世紀。歸義軍時期寫本。
.1 楷書。
1 圖版：《敦煌寶藏》，60/403B～411A。

.1 BD03688號
1.3 佛名經（十六卷本）卷三
1.4 為088
1.5 063:0626
2.1 499.2×25.8厘米；10紙；275行，行17字。
2.2 01：50.2，28； 02：50.0，28； 03：50.0，28；
04：50.0，28； 05：50.0，28； 06：50.0，28；
07：50.0，28； 08：50.0，28； 09：50.0，28；
10：49.0，23。
2.3 卷軸裝。首脫尾全。經黃紙。接縫處有開裂，卷面有殘裂。有烏絲欄。
3.1 首殘→《七寺古逸經典研究叢書》，3/第143頁第355行。
3.2 尾全→《七寺古逸經典研究叢書》，3/第163頁第619行。
4.2 佛名經卷第三（尾）。
5 與七寺本對照，文字略有出入。
6.1 首→BD03687號。
8 9～10世紀。歸義軍時期寫本。
9.1 楷書。
11 圖版：《敦煌寶藏》，60/470A～476B。

1.1 BD03689號
1.3 妙法蓮華經卷五
1.4 為089
1.5 105:5476
2.1 854.8×25.2厘米；19紙；510行，行17字。
2.2 01：46.0，28； 02：46.3，28； 03：46.3，29；
04：46.5，28； 05：46.3，28； 06：46.6，28；
07：46.5，28； 08：46.3，28； 09：46.5，28；
10：46.2，28； 11：46.3，28； 12：46.3，28；
13：46.5，28； 14：46.3，28； 15：46.2，28；
16：46.3，28； 17：46.3，28； 18：46.1，28；
19：21.0，05。
2.3 卷軸裝。首脫尾全。經黃紙。有燕尾。背有古代裱補。有烏絲欄。
3.1 首殘→大正262，9/38B29。
3.2 尾全→9/46B14。
4.2 妙法蓮華經卷第五（尾）。
8 7～8世紀。唐寫本。
9.1 楷書。
11 圖版：《敦煌寶藏》，92/379A～392A。

1.1 BD03690號
1.3 妙法蓮華經卷六
1.4 為090
1.5 105:5736
2.1 （392.6+10）×28厘米；9紙；242行，行17字。
2.2 01：47.0，27； 02：47.1，27； 03：46.3，28；
04：47.5，29； 05：47.5，29； 06：47.6，29；

07：47.5，29；　08：47.1，29；　09：15 +10，15。
2.3　卷軸裝。首脱尾殘。卷面有殘裂，接縫處有開裂，卷尾殘破嚴重。有烏絲欄。
3.1　首殘→大正262，9/50A7。
3.2　尾6行上下殘→9/53A26 ~ B3。
8　8世紀。唐寫本。
9.1　楷書。
11　圖版：《敦煌寶藏》，94/522B ~ 527B。

1.1　BD03691號
1.3　維摩詰所說經卷中
1.4　為091
1.5　070:1077
2.1　（1.5 +789.5）×25.5厘米；18紙；474行，行17字。
2.2　01：1.5 +34，22；　02：42.5，26；　03：46.0，28；
04：46.0，28；　05：46.0，28；　06：46.0，28；
07：46.0，28；　08：46.0，28；　09：46.0，28；
10：46.0，28；　11：46.0，28；　12：46.0，28；
13：46.0，28；　14：46.0，28；　15：46.0，28；
16：46.0，28；　17：46.0，28；　18：23.0，06。
2.3　卷軸裝。首殘尾全。經黄紙。卷面有殘裂，接縫處多有開裂。有燕尾。有烏絲欄。
3.1　首行上殘→大正475，14/545C5。
3.2　尾全→14/551C27。
4.2　維摩詰經卷中（尾）。
8　7 ~ 8世紀。唐寫本。
9.1　楷書。
9.2　有硃筆校改。有行間加行。
11　圖版：《敦煌寶藏》，65/106B ~ 117A。

1.1　BD03692號
1.3　金光明最勝王經卷七
1.4　為092
1.5　083:1829
2.1　722.3 ×27.2厘米；18紙；395行，行17字。
2.2　01：19.3，護首；　02：38.3，22；　03：43.1，25；
04：43.0，25；　05：43.0，25；　06：43.3，25；
07：43.1，25；　08：43.2，25；　09：43.2，25；
10：43.5，25；　11：43.6，25；　12：43.0，25；
13：43.2，25；　14：43.5，25；　15：43.5，25；
16：43.0，25；　17：43.0，23；　18：16.5，拖尾。
2.3　卷軸裝。首尾均全。有護首，有蘆葦片天竿，有經名及經名號。有燕尾。有烏絲欄。
3.1　首全→大正665，16/432C13。
3.2　尾全→16/437C13。
4.1　金光明最勝王經無染著陀羅尼品第十三，七，三藏法師義淨奉制譯（首）。
4.2　金光明最勝王經卷第七（尾）。
5　尾附音義。
7.4　護首有經名卷次“［金光明最］勝王經卷第七”。
8　9 ~ 10世紀。歸義軍時期寫本。
9.1　隸書。
11　圖版：《敦煌寶藏》，70/254B ~ 263B。

1.1　BD03693號
1.3　無量壽宗要經
1.4　為093
1.5　275:7801
2.1　177.5 ×31厘米；5紙；116行，行30餘字。
2.2　01：09.5，06；　02：45.5，31；　03：44.5，30；
04：49.0，30；　05：29.0，19。
2.3　卷軸裝。首尾均全。上邊有破裂，下邊有殘缺。有烏絲欄。
3.1　首全→大正936，19/82A3。
3.2　尾全→19/84C29。
4.1　大乘無量壽經（首）。
4.2　佛說無量壽宗要經（尾）。
8　8 ~ 9世紀。吐蕃統治時期寫本。
9.1　楷書。
9.2　有倒乙。
11　圖版：《敦煌寶藏》，107/646A ~ 648A。

1.1　BD03694號
1.3　大方廣佛華嚴經（唐譯八十卷本）卷七二
1.4　為094
1.5　376:8477
2.1　48.4 ×26厘米；1紙；29行，行17字。
2.3　卷軸裝。首尾均脱。有烏絲欄。
3.1　首殘→大正279，10/393C11。
3.2　尾殘→10/394A12。
6.3　BD03697號。
8　9 ~ 10世紀。歸義軍時期寫本。
9.1　楷書。
9.2　有行間校加字。
11　圖版：《敦煌寶藏》，110/435A ~ B。

1.1　BD03695號
1.3　金剛般若波羅蜜經
1.4　為095
1.5　094:3790
2.1　（43 +21 +1.5）×25厘米；2紙；38行，行17字。
2.2　01：43 +8，29；　02：13 +1.5，9。
2.3　卷軸裝。首尾均殘。通卷殘破嚴重，脱落殘片2塊。有烏絲欄。
3.1　首25行下殘→大正235，8/749A17 ~ B15。

3.2　尾1行上殘→8/749B27～28。
8　8～9世紀。吐蕃統治時期寫本。
9.1　楷書。
11　圖版：《敦煌寶藏》，80/357B～358A。

1.1　BD03696號
1.3　妙法蓮華經卷四
1.4　為096
1.5　105:5220
2.1　（4.5＋1127）×26厘米；27紙；631行，行17字。
2.2　01：4.5＋36.5，21；　02：42.5，24；　03：42.8，24；
04：42.5，24；　05：42.5，24；　06：42.5，24；
07：42.5，24；　08：42.5，24；　09：42.5，24；
10：43.0，24；　11：42.5，24；　12：42.0，24；
13：42.0，24；　14：42.5，24；　15：42.5，24；
16：42.5，24；　17：42.5，24；　18：42.5，24；
19：42.5，24；　20：42.0，24；　21：42.3，24；
22：42.3，24；　23：42.3，24；　24：42.3，24；
25：42.2，24；　26：42.3，24；　27：30.0，10。
2.3　卷軸裝。首殘尾全。有燕尾。有烏絲欄。
3.1　首3行上中殘→大正262，9/27C16～18。
3.2　尾全→9/37A2。
4.2　妙法蓮華經卷第四（尾）。
8　8世紀。唐寫本。
9.1　楷書。
11　圖版：《敦煌寶藏》，89/608B～626A。

1.1　BD03697號
1.3　大方廣佛華嚴經（唐譯八十卷本）卷七二
1.4　為097
1.5　002:0067
2.1　48×26厘米；1紙；22行，行17字。
2.3　卷軸裝。首脱尾全。有燕尾。有烏絲欄。已修整。
3.1　首殘→大正279，10/396A4。
3.2　尾全→10/396B6。
4.2　大方廣佛花嚴經卷第七十二（尾）。
6.3　BD03694號。
7.2　尾題下鈐有二印：右爲5×4厘米“報恩寺藏經印”，方形陽文硃印；左爲6.4×1.7厘米“淨土寺藏經”長方形陽文墨印。
8　9～10世紀。歸義軍時期寫本。
9.1　楷書。
9.2　有行間加行。有行間校加字。
11　圖版：《敦煌寶藏》，56/269A～269B。

1.1　BD03698號
1.3　大方廣佛華嚴經（唐譯八十卷本）卷五六
1.4　為098
1.5　002:0062
2.1　39×26.2厘米；1紙；16行，行17字。
2.3　卷軸裝。首脱尾全。有燕尾。有烏絲欄。已修整。
3.1　首殘→大正279，10/299A20。
3.2　尾全→10/299B5。
4.2　大方廣佛花嚴經卷第五十六（尾）。
7.2　尾題下鈐有二印：右爲5×4厘米“報恩寺藏經印”方形陽文硃印；左爲6.4×1.7厘米“淨土寺藏經”長方形陽文墨印。
8　9～10世紀。歸義軍時期寫本。
9.1　楷書。
9.2　有行間校加字。兩行經文錯抄，旁有點刪號。
11　圖版：《敦煌寶藏》，56/262A～262A。

1.1　BD03699號
1.3　金光明最勝王經卷九
1.4　為099
1.5　083:1935
2.1　（200＋1.7）×29.3厘米；5紙；正面156行，行30字。背面2行，行字不等。
2.2　01：45.2，35；　02：44.8，35；　03：44.8，35；
04：44.8，35；　05：20.4＋1.7，16。
2.3　卷軸裝。首脱尾殘。背有古代裱補，紙上有文字。有烏絲欄。與BD03700號《金光明最勝王經》卷十連抄。尾題殘落在BD03700號首部。
2.4　本遺書包括2個文獻：（一）《金光明最勝王經》卷九，156行，抄寫在正面，今編為BD03699號。（二）《布歷》（擬），2行，抄寫在背面，今編為BD03699號背。
3.1　首殘→大正665，16/447A29。
3.2　尾全→16/450C14。
6.2　尾→BD03700號。
8　8～9世紀。吐蕃統治時期寫本。
9.1　楷書。
11　圖版：《敦煌寶藏》，71/36B～39A。

1.1　BD03699號背
1.3　布歷（擬）
1.4　為099
1.5　083:1935
2.4　本遺書由2個文獻組成，本號為第2個，2行。餘參見BD03699號之第2項、第11項。
3.3　錄文：
□…□褐，二丈四；又皂褐，丈捌；又生布內接，丈七；/
盡賢者，付身。又生布，一疋；又褐，二丈四內接；又黄褐一丈四，又黄褐一丈；/
□…□。/
（錄文完）
8　9～10世紀。歸義軍時期寫本。

9.1　楷書。

1.1　BD03700 號
1.3　金光明最勝王經卷一〇
1.4　為 100
1.5　083:1961
2.1　346.7×29.5 厘米；8 紙；264 行，行 32 字。
2.2　01：61.4，46；　02：45.0，35；　03：45.0，35；
　　04：45.0，35；　05：45.0，35；　06：45.0，35；
　　07：43.3，34；　08：17.0，09。
2.3　卷軸裝。首尾均全。卷中有破裂。有烏絲欄。與 BD03699 號《金光明最勝王經》卷九連抄。首部殘留有 BD03699 號的尾題。
3.1　首全→大正 665，16/450C18。
3.2　尾全→16/456C19。
4.1　金光明最勝王經捨身品第廿六，三藏法師義淨奉制譯（首）。
4.2　金光明最勝王經卷第十（尾）。
6.1　首→BD03699 號。
8　8～9 世紀。吐蕃統治時期寫本。
9.1　楷書。
11　圖版：《敦煌寶藏》，71/102B～106B。

1.1　BD03701 號
1.3　妙法蓮華經卷五
1.4　霜 001
1.5　105:5509
2.1　(46.2+2)×25.4 厘米；1 紙；27 行，行 17～18 字。
2.3　卷軸裝。首全尾脫。卷下有破裂。有烏絲欄。
3.1　首全→大正 262，9/37A5。
3.2　尾行下殘→9/37B8。
4.1　妙法蓮華經安樂行品第十四，卷五（首）。
8　9～10 世紀。歸義軍時期寫本。
9.1　楷書。
9.2　有行間校加字。
11　圖版：《敦煌寶藏》，92/601A～B。

1.1　BD03702 號
1.3　金剛般若波羅蜜經
1.4　霜 002
1.5　094:3682
2.1　(19.5+461.3)×26 厘米；11 紙；286 行，行 17 字。
2.2　01：19.5，12；　02：46.2，28；　03：46.4，28；
　　04：46.3，28；　05：46.3，28；　06：46.4，28；
　　07：46.3，28；　08：46.4，28；　09：46.5，28；
　　10：46.5，28；　11：44.0，22。
2.3　卷軸裝。首殘尾全。經黃紙。卷首殘破嚴重，卷面有殘裂。卷尾上下有蟲繭。有燕尾。有烏絲欄。
3.1　首 12 行下殘→大正 235，8/749A7～19。
3.2　尾全→8/752C3。
4.2　金剛般若波羅蜜經（尾）。
8　7～8 世紀。唐寫本。
9.1　楷書。
11　圖版：《敦煌寶藏》，79/508A～514A。

1.1　BD03703 號
1.3　妙法蓮華經卷五
1.4　霜 003
1.5　105:5586
2.1　(7.3+162.5)×25.4 厘米；4 紙；94 行，行 17 字。
2.2　01：7.3+13.8，11；　02：49.5，28；　03：49.8，28；
　　04：49.4，27。
2.3　卷軸裝。首殘尾脫。經黃打紙，砑光上蠟。接縫處有開裂，第 2、3 紙接縫處脫開。卷尾有蟲繭。有烏絲欄。
3.1　首 4 行上殘→大正 262，9/40C7～12。
3.2　尾殘→9/42A28。
8　7～8 世紀。唐寫本。
9.1　楷書。
11　圖版：《敦煌寶藏》，93/198A～200B。《敦煌寶藏》本號圖版次序有誤。

1.1　BD03704 號
1.3　金剛般若波羅蜜經
1.4　霜 004
1.5　094:3889
2.1　(7.5+252.5+2)×25.5 厘米；6 紙；156 行，行 17 字。
2.2　01：7.5+20，16；　02：47.0，28；　03：47.0，28；
　　04：47.0，28；　05：47.0，28；　06：44.5+2，28。
2.3　卷軸裝。首殘尾脫。第 1、2 紙接縫處脫開，第 4、5 紙接縫處開裂。有烏絲欄。
3.1　首 4 行上殘→大正 235，8/749C4～6。
3.2　尾 1 行上殘→8/751B21～22。
8　8 世紀。唐寫本。
9.1　楷書。
11　圖版：《敦煌寶藏》，81/76A～79B。

1.1　BD03705 號
1.3　金光明最勝王經卷六
1.4　霜 005
1.5　083:1801
2.1　(233+1)×28.2 厘米；7 紙；145 行，行 17 字。
2.2　01：02.0，01；　02：41.5，26；　03：41.5，26；
　　04：41.5，26；　05：41.3，26；　06：41.2，26；
　　07：24+1，14。

2.3　卷軸裝。首尾均殘。有烏絲欄。
3.1　首殘→大正 665，16/431A1。
3.2　尾全→16/432C10。
4.2　金光明最勝王經卷第六（尾）。
5　尾附音義。
8　8～9 世紀。吐蕃統治時期寫本。
9.1　楷書。
11　圖版：《敦煌寶藏》，70/134A～137A。

1.1　BD03706 號
1.3　大般若波羅蜜多經卷五四
1.4　霜 006
1.5　084:2154
2.1　（7.4＋811.9）×26 厘米；18 紙；469 行，行 17 字。
2.2　01：7.4＋21，15；　02：46.2，28；　03：46.8，28；
04：47.7，28；　05：47.8，28；　06：48.5，28；
07：48.5，28；　08：48.5，28；　09：48.5，28；
10：48.5，28；　11：48.5，28；　12：48.5，28；
13：48.5，28；　14：48.4，28；　15：48.4，28；
16：48.4，28；　17：48.2，28；　18：21.0，06。
2.3　卷軸裝。首殘尾全。卷面有殘裂及殘洞，接縫處有開裂。尾有原軸，兩端塗硃漆。背有古代裱補。第 1、2 紙與以後各紙紙質字迹不同，係後補。有烏絲欄。
3.1　首 4 行下殘→大正 220，5/303C24～28。
3.2　尾全→5/309A29。
4.2　大般若波羅蜜多經卷第五十四（尾）。
7.1　第 12 紙末行未抄經文，墨書勘記“次行剩”三字。
8　8～9 世紀。吐蕃統治時期寫本。
9.1　楷書。
11　圖版：《敦煌寶藏》，72/121A～131B。

1.1　BD03707 號
1.3　大方便佛報恩經卷五
1.4　霜 007
1.5　052:0453
2.1　496.3×26 厘米；11 紙；279 行，行 17 字。
2.2　01：23.8，14；　02：47.3，28；　03：47.3，28；
04：47.3，28；　05：47.4，28；　06：47.3，28；
07：47.3，28；　08：47.3，28；　09：47.3，28；
10：47.0，28；　11：47.0，13。
2.3　卷軸裝。首殘尾全。經黄紙。卷前部上邊有缺損、殘裂。卷背有鳥糞。有燕尾。有烏絲欄。
3.1　首殘→大正 156，3/151A2。
3.2　尾全→3/154B13。
4.2　大方便報恩經卷第五（尾）。
8　7～8 世紀。唐寫本。
9.1　楷書。
11　圖版：《敦煌寶藏》，59/230B～237A。

1.1　BD03708 號
1.3　妙法蓮華經卷七
1.4　霜 008
1.5　105:6112
2.1　378.8×26 厘米；9 紙；204 行，行 17 字。
2.2　01：14.3，08；　02：50.5，28；　03：50.5，28；
04：50.5，28；　05：50.5，28；　06：50.5，28；
07：50.5，28；　08：50.5，28；　09：11，拖尾。
2.3　卷軸裝。首斷尾全。經黄紙。通卷黴爛。第 3 紙中間有殘洞，第 4 至 8 紙中間有横向破裂。背有古代裱補。有烏絲欄。已修整。
3.1　首殘→大正 262，9/59B29。
3.2　尾全→9/62B1。
4.2　妙法蓮華經卷第七（尾）。
8　7～8 世紀。唐寫本。
9.1　楷書。
11　圖版：《敦煌寶藏》，97/31A～36A。

1.1　BD03709 號
1.3　式叉尼六法文並沙彌十戒及八敬等法
1.4　霜 009
1.5　189:7138
2.1　111.5×25.3 厘米；3 紙；64 行，行 19 字。
2.2　01：46.5，27；　02：47.0，28；　03：18.0，09。
2.3　卷軸裝。首尾均全。接縫處有開裂。有烏絲欄。
3.4　說明：
本文獻首尾均全。應是敦煌當地僧團抄輯諸律而成，類似文獻形態歧雜。未為歷代大藏經所收。
4.1　式叉尼六法文並沙彌十戒及八敬等法（首）。
7.1　卷尾下部有“次是菩提因六法本”一行。
8　9～10 世紀。歸義軍時期寫本。
9.1　楷書。
9.2　有行間校加字。
11　圖版：《敦煌寶藏》，104/279A～280B。

1.1　BD03710 號
1.3　維摩詰所說經卷下
1.4　霜 010
1.5　070:1236
2.1　（3.5＋740）×24.5 厘米；17 紙；447 行，行 17 字。
2.2　01：3.5＋26.5，18；　02：46.5，28；　03：46.5，28；
04：46.5，28；　05：46.5，28；　06：46.5，28；
07：46.5，28；　08：46.5，28；　09：46.5，28；
10：46.5，28；　11：44.5，27；　12：46.0，28；
13：46.5，28；　14：42.5，26；　15：45.5，28；

16：46.0，28；　17：24.0，12。
2.3　卷軸裝。首殘尾全。經黄打紙。卷首有殘裂，接縫處有開裂。有烏絲欄。
3.1　首2行上下殘→大正475，14/552A14～16。
3.2　尾全→14/557B26。
4.2　維摩詰經卷下（尾）。
5　本卷經文與《大正藏》本對照，本件在經文尾部“皆大歡喜”之後，增加“作禮而去”4字。
8　7～8世紀。唐寫本。
9.1　楷書。
9.2　有硃筆斷句及行間校加字。
11　圖版：《敦煌寶藏》，66/234A～243B。

1.1　BD03711號
1.3　金剛般若波羅蜜經
1.4　霜011
1.5　094:3561
2.1　（7+533.1）×25厘米；12紙；312行，行17字。
2.2　01：7+34.4，26；　02：47.5，28；　03：47.3，28；
04：47.3，28；　05：47.3，28；　06：47.5，28；
07：47.4，28；　08：47.3，28；　09：47.5，28；
10：47.4，28；　11：47.2，28；　12：25.0，06。
2.3　卷軸裝。首殘尾全。經黄紙。首紙橫裂，脱落两小殘片，已綴接。第3紙有破洞，上下邊有殘損。背有古代裱補。有燕尾。有烏絲欄。已修整。
3.1　首6行下殘→大正235，8/748C20～26。
3.2　尾全→8/752C3。
4.2　金剛般若波羅蜜經（尾）。
7.3　第5紙下邊有雜寫“慈”、“行”、“住”、“子”等字。
8　7～8世紀。唐寫本。
9.1　楷書。
11　圖版：《敦煌寶藏》，78/553B～560B。

1.1　BD03712號
1.3　長者女庵提遮師子吼了義經
1.4　霜012
1.5　049:0438
2.1　246.9×25.6厘米；6紙；141行，行17字。
2.2　01：45.0，26；　02：47.0，27；　03：47.5，27；
04：47.7，27；　05：47.5，27；　06：12.2，07。
2.3　卷軸裝。首全尾脱。紙背有古代裱補。有烏絲欄。
3.1　首全→大正580，14/962C18。
3.2　尾斷→14/964C14。
4.1　佛説長者女菴提遮師子吼了義經（首）。
8　8～9世紀。吐蕃統治時期寫本。
9.1　楷書。
9.2　有硃筆校改。

11　圖版：《敦煌寶藏》，59/156B～160A。

1.1　BD03713號1
1.3　佛頂尊勝陀羅尼經（佛陀波利本）序
1.4　霜013
1.5　229:7323
2.1　431×26.4厘米；9紙；245行，行17字。
2.2　01：44.0，26；　02：49.2，28；　03：49.3，28；
04：49.2，28；　05：49.2，28；　06：49.0，28；
07：49.5，28；　08：49.5，28；　09：42.1，23。
2.3　卷軸裝。首尾均全。經黄紙。卷面上下邊殘破，有殘洞。接縫處有開裂。背有古代裱補。首紙與以後各紙字迹不同，係歸義軍時期後補。有烏絲欄。
2.4　本遺書包括2個文獻：（一）《佛頂尊勝陀羅尼經（佛陀波利本）序》，44行，今編為BD03713號1。（二）《佛頂尊勝陀羅尼經（佛陀波利本）》，201行，今編為BD03713號2。
3.1　首全→大正967，19/349B2。
3.2　尾全→19/349C19。
4.1　佛頂尊勝陀羅尼經序（首）。
8　7～8世紀。唐寫本。
9.1　楷書。
9.2　有行間校加字。
11　圖版：《敦煌寶藏》，105/466A～471B。

1.1　BD03713號2
1.3　佛頂尊勝陀羅尼經（佛陀波利本）
1.4　霜013
1.5　229:7323
2.4　本遺書由2個文獻組成，本號為第2個，201行。餘參見BD03713號1之第2項、第11項。
3.1　首全→大正967，19/349C23。
3.2　尾全→19/352A26。
4.1　佛頂尊勝陀羅尼經，罽賓沙門佛陀波利奉詔譯/（首）。
4.2　佛頂尊勝陀羅尼經（尾）。
5　咒語與《大正藏》本不同，略相當於所附的宋本，參見19/352A28～B23；每句咒語附有漢譯，如：那謨薄伽跋帝（歸命世尊）。共附漢譯20行。
8　7～8世紀。唐寫本。
9.1　楷書。

1.1　BD03714號
1.3　大般涅槃經（北本　異卷）卷九
1.4　霜014
1.5　116:6543
2.1　803.5×25.5厘米；16紙；435行，行17字。
2.2　01：50.0，27；　02：51.0，28；　03：51.0，28；
04：51.0，28；　05：51.0，28；　06：50.5，28；

07：50.5，28；　08：50.5，28；　09：50.5，28；
10：50.0，27；　11：50.0，27；　12：51.0，27；
13：51.5，28；　14：51.5，28；　15：51.5，28；
16：42.0，19。
2.3　卷軸裝。首尾均全。首紙第2、3行缺字。背有古代裱補。有烏絲欄。
3.1　首全→大正374，12/417C1。
3.2　尾全→12/422B28。
4.1　大般涅槃經卷第九（首）。
4.2　大般涅槃經卷第九（尾）。
5　與《大正藏》對照，卷首起首處不同，卷末截止處相同。與其餘諸藏起首處均不同。
8　5~6世紀。南北朝寫本。
9.1　隸楷。書法甚佳。
11　圖版：《敦煌寶藏》，100/260A~271A。

1.1　BD03715號
1.3　提謂五戒經並威儀卷下
1.4　霜015
1.5　197:7146
2.1　（5.5+759.5）×26厘米；18紙；358行，行17字。
2.2　01：5.5+37，20；　02：43.0，20；　03：43.0，20；
04：42.5，20；　05：42.5，20；　06：42.5，20；
07：42.5，20；　08：42.5，20；　09：42.5，20；
10：42.5，20；　11：42.5，20；　12：42.5，20；
13：42.5，20；　14：42.5，20；　15：42.5，20；
16：43.0，20；　17：42.5，20；　18：41.0，18。
2.3　卷軸裝。首殘尾全。卷面有破裂及殘洞，接縫處有開裂。尾有原軸，兩端塗黑漆，頂端點硃漆。有烏絲欄。
3.4　說明：
本文獻首3行上下殘，尾全。是中國人編撰的佛經，未為歷代大藏經所收。
4.2　佛說提謂五戒經並威儀卷下（尾）。
8　5~6世紀。南北朝寫本。
9.1　隸楷。
11　圖版：《敦煌寶藏》，104/302A~312A。

1.1　BD03716號
1.3　淨名經集解關中疏
1.4　霜016
1.5　078:1342
2.1　（4.5+761.1）×30.8厘米；18紙；533行，行31字。
2.2　01：4.5+16，15；　02：46.5，32；　03：43.0，30；
04：43.5，30；　05：44.0，30；　06：44.0，30；
07：44.0，30；　08：44.0，31；　09：43.3，32；
10：43.8，33；　11：43.8，30；　12：43.8，30；
13：44.0，30；　14：43.8，30；　15：43.6，30；
16：43.1，30；　17：43.8，30；　18：43.1，30。
2.3　卷軸裝。首殘尾斷。卷面殘破，多殘洞。接縫處多有開裂，第3、4紙接縫處脫開。脫落大小2塊殘片，大殘片能綴接。有烏絲欄。
3.1　首3行上中殘→《藏外佛教文獻》，2/第181頁第16~20行。
3.2　尾殘Z→《藏外佛教文獻》，2/第222頁第20行。
8　9~10世紀。歸義軍時期寫本。
9.1　楷書。
9.2　有硃筆間隔號、科分、點標、倒乙、斷句及行間校加字。
11　圖版：《敦煌寶藏》，67/52B~60A。22拍

1.1　BD03717號
1.3　十誦比丘尼羯磨（擬）
1.4　霜017
1.5　198:7155
2.1　（31+5）×26.2厘米；1紙；22行，行19字。
2.3　卷軸裝。首尾均脫。卷面有殘破。
3.4　說明：
本文獻首殘，尾3行上殘。從內容看，應屬《十誦比丘尼羯磨》。
8　5~6世紀。南北朝寫本。
9.1　楷書。
11　圖版：《敦煌寶藏》，104/345A。

新舊編號對照表

一、千字文號與北敦號、縮微膠卷號對照表

千字文號	北敦號	縮微膠卷號
為 060	BD03660 號	084：2986
為 061	BD03661 號	084：2497
為 062	BD03662 號	377：8484
為 063	BD03663 號	070：1076
為 064	BD03664 號	083：1448
為 065	BD03665 號	115：6533
為 066	BD03666 號	070：1235
為 067	BD03667 號	155：6794
為 068	BD03668 號	043：0421
為 069	BD03669 號 1	081：1362
為 069	BD03669 號 2	081：1362
為 070	BD03670 號	058：0470
為 071	BD03671 號	002：0063
為 072	BD03672 號	198：7081
為 073	BD03673 號	105：5095
為 074	BD03674 號	105：5713
為 075	BD03675 號	424：8607
為 076	BD03676 號	105：5255
為 077	BD03677 號	424：8608
為 078	BD03678 號	020：0229
為 079	BD03679 號	063：0657
為 080	BD03680 號	063：0710
為 081	BD03681 號	105：4988
為 082	BD03682 號	070：0899
為 083	BD03683 號	070：0993
為 084	BD03684 號	061：0521
為 085	BD03685 號	115：6504
為 086	BD03686 號 1	075：1322
為 086	BD03686 號 2	075：1322
為 086	BD03686 號背	075：1322
為 087	BD03687 號	063：0617
為 088	BD03688 號	063：0626
為 089	BD03689 號	105：5476
為 090	BD03690 號	105：5736
為 091	BD03691 號	070：1077
為 092	BD03692 號	083：1829
為 093	BD03693 號	275：7801
為 094	BD03694 號	376：8477
為 095	BD03695 號	094：3790
為 096	BD03696 號	105：5220
為 097	BD03697 號	002：0067
為 098	BD03698 號	002：0062
為 099	BD03699 號	083：1935
為 099	BD03699 號背	083：1935
為 100	BD03700 號	083：1961
霜 001	BD03701 號	105：5509
霜 002	BD03702 號	094：3682
霜 003	BD03703 號	105：5586
霜 004	BD03704 號	094：3889
霜 005	BD03705 號	083：1801
霜 006	BD03706 號	084：2154
霜 007	BD03707 號	052：0453
霜 008	BD03708 號	105：6112
霜 009	BD03709 號	189：7138
霜 010	BD03710 號	070：1236
霜 011	BD03711 號	094：3561
霜 012	BD03712 號	049：0438
霜 013	BD03713 號 1	229：7323
霜 013	BD03713 號 2	229：7323
霜 014	BD03714 號	116：6543
霜 015	BD03715 號	197：7146
霜 016	BD03716 號	078：1342
霜 017	BD03717 號	198：7155

二、縮微膠卷號與北敦號、千字文號對照表

縮微膠卷號	北敦號	千字文號
002：0062	BD03698 號	為 098
002：0063	BD03671 號	為 071
002：0067	BD03697 號	為 097
020：0229	BD03678 號	為 078
043：0421	BD03668 號	為 068
049：0438	BD03712 號	霜 012
052：0453	BD03707 號	霜 007
058：0470	BD03670 號	為 070
061：0521	BD03684 號	為 084
063：0617	BD03687 號	為 087
063：0626	BD03688 號	為 088
063：0657	BD03679 號	為 079
063：0710	BD03680 號	為 080
070：0899	BD03682 號	為 082
070：0993	BD03683 號	為 083
070：1076	BD03663 號	為 063
070：1077	BD03691 號	為 091
070：1235	BD03666 號	為 066
070：1236	BD03710 號	霜 010
075：1322	BD03686 號 1	為 086
075：1322	BD03686 號 2	為 086
075：1322	BD03686 號背	為 086
078：1342	BD03716 號	霜 016
081：1362	BD03669 號 1	為 069
081：1362	BD03669 號 2	為 069
083：1448	BD03664 號	為 064
083：1801	BD03705 號	霜 005
083：1829	BD03692 號	為 092
083：1935	BD03699 號	為 099
083：1935	BD03699 號背	為 099
083：1961	BD03700 號	為 100
084：2154	BD03706 號	霜 006
084：2497	BD03661 號	為 061
084：2986	BD03660 號	為 060
094：3561	BD03711 號	霜 011
094：3682	BD03702 號	霜 002
094：3790	BD03695 號	為 095
094：3889	BD03704 號	霜 004
105：4988	BD03681 號	為 081
105：5095	BD03673 號	為 073
105：5220	BD03696 號	為 096
105：5255	BD03676 號	為 076
105：5476	BD03689 號	為 089
105：5509	BD03701 號	霜 001
105：5586	BD03703 號	霜 003
105：5713	BD03674 號	為 074
105：5736	BD03690 號	為 090
105：6112	BD03708 號	霜 008
115：6504	BD03685 號	為 085
115：6533	BD03665 號	為 065
116：6543	BD03714 號	霜 014
155：6794	BD03667 號	為 067
189：7138	BD03709 號	霜 009
197：7146	BD03715 號	霜 015
198：7081	BD03672 號	為 072
198：7155	BD03717 號	霜 017
229：7323	BD03713 號 1	霜 013
229：7323	BD03713 號 2	霜 013
275：7801	BD03693 號	為 093
376：8477	BD03694 號	為 094
377：8484	BD03662 號	為 062
424：8607	BD03675 號	為 075
424：8608	BD03677 號	為 077